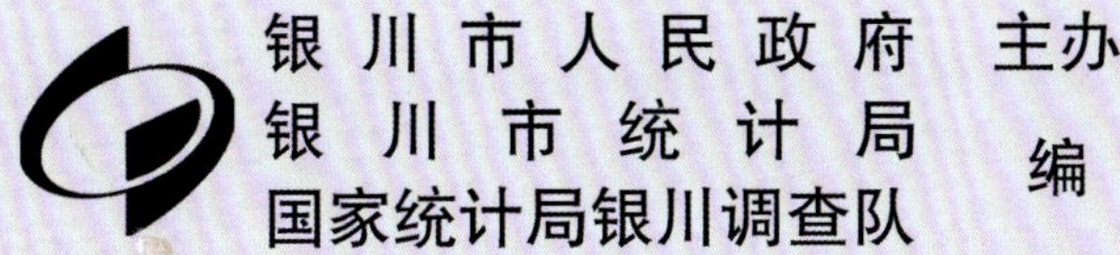

银川市人民政府 主办
银川市统计局
国家统计局银川调查队 编

银川统计年鉴

2017

YINCHUAN STATISTICAL YEARBOOK

中国统计出版社
China Statistics Press

图书在版编目(CIP)数据

银川统计年鉴. 2017 / 银川市统计局，国家统计局银川调查队编.
—北京：中国统计出版社，2017.9
ISBN 978-7-5037-8248-0
Ⅰ. ①银… Ⅱ. ①银… ②国… Ⅲ. ①统计资料－银川－2017－年鉴 Ⅳ. ①C832.431-54
中国版本图书馆 CIP 数据核字(2017)第 182695 号

银川统计年鉴-2017

作　　者 / 银川市统计局　国家统计局银川调查队
责任编辑 / 陈越月
装帧设计 / 王　丽
出版发行 / 中国统计出版社
地　　址 / 北京市丰台区西三环南路甲 6 号　邮政编码/100073
电　　话 / 邮购(010)63376909　书店(010)68783171
网　　址 / http://csp.stats.gov.cn
印　　刷 / 宁夏银报印务有限公司
经　　销 / 新华书店
开　　本 / 890mm × 1240mm　1/16
字　　数 / 1405 千字
印　　张 / 47
版　　别 / 2017 年 9 月第 1 版
版　　次 / 2017 年 9 月第 1 次印刷
定　　价 / 300.00 元

如有印装差错，由本社发行部调换。

《银川统计年鉴—2017》编辑委员会

《银川统计年鉴—2017》编辑部

编辑说明

一、《银川统计年鉴 -2017》是一部全面反映银川市经济和社会发展状况的综合性统计资料年刊。本书收录了银川市2016年经济和社会发展等方面的统计数据以及历史重要年份的全市主要统计数据,它是认识和研究银川市情、交流社会信息、制定政策、指导工作不可缺少的重要工具,也是国内外了解银川的主要窗口。

二、本年鉴内容分特载、统计资料、附记三个部分。统计资料有15个部分组成,即:1.综合;2.人口及劳动力;3.农业;4.工业;5.能源;6.固定资产投资;7.建筑业;8.交通运输与邮电;9.内贸、外贸和旅游;10.财政金融保险;11.人民生活和物价;12.城市公用事业;13.教育、科学、文化;14.卫生、体育、民政、司法及其他;15.全区分市县资料。为便于读者使用,每部分都附有主要统计指标解释。

三、本年鉴的统计范围均为"地区"口径,含三区两县一市,包括行政区划内中央、自治区属在银单位的统计资料内容,为地域统计。

四、《银川统计年鉴 -2017》是在市委、市政府和编委会领导以及各供稿单位的关心和大力支持下完成,在此谨致以诚挚的谢意!竭诚欢迎广大读者对年鉴的不足之处给予批评和指正,帮助我们进一步提高编辑水平。

编 者

2017年9月

主要年份银川市地区生产总值(亿元)

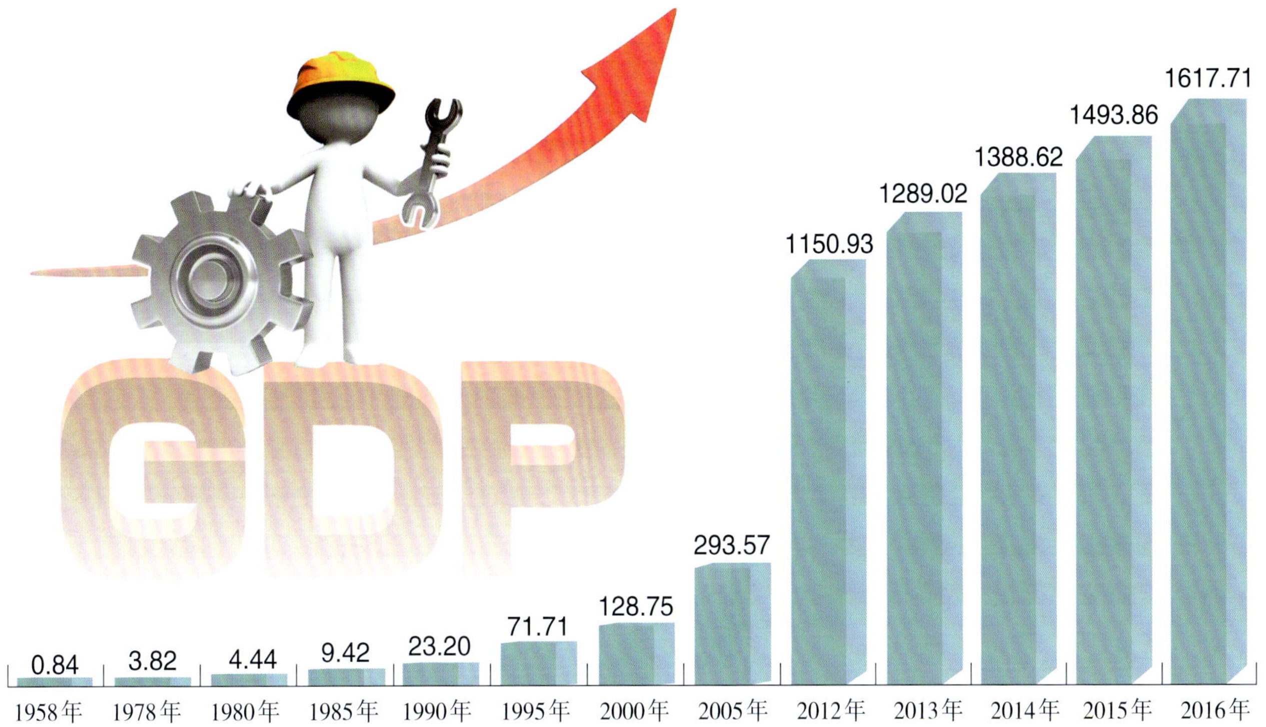

主要年份银川市人均地区生产总值(元)

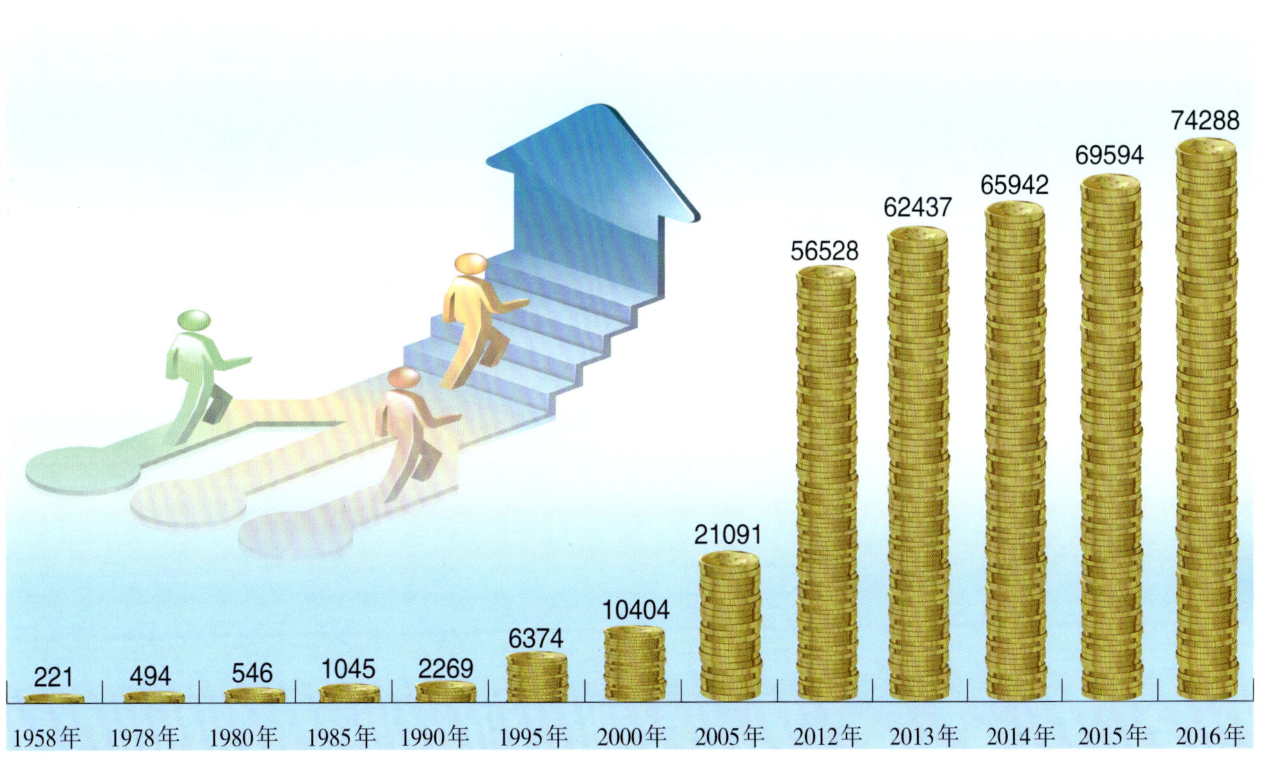

主要年份银川市地区生产总值构成(%)

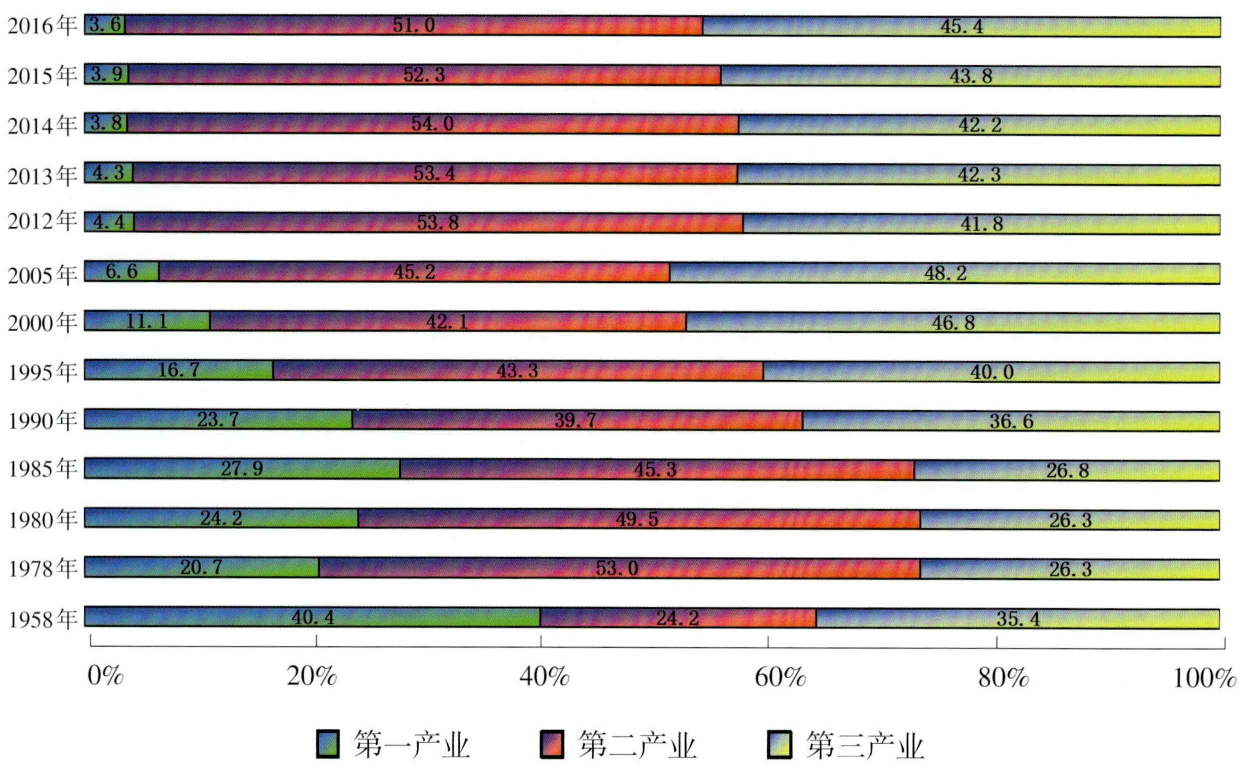

主要年份银川市全社会固定资产投资额(亿元)

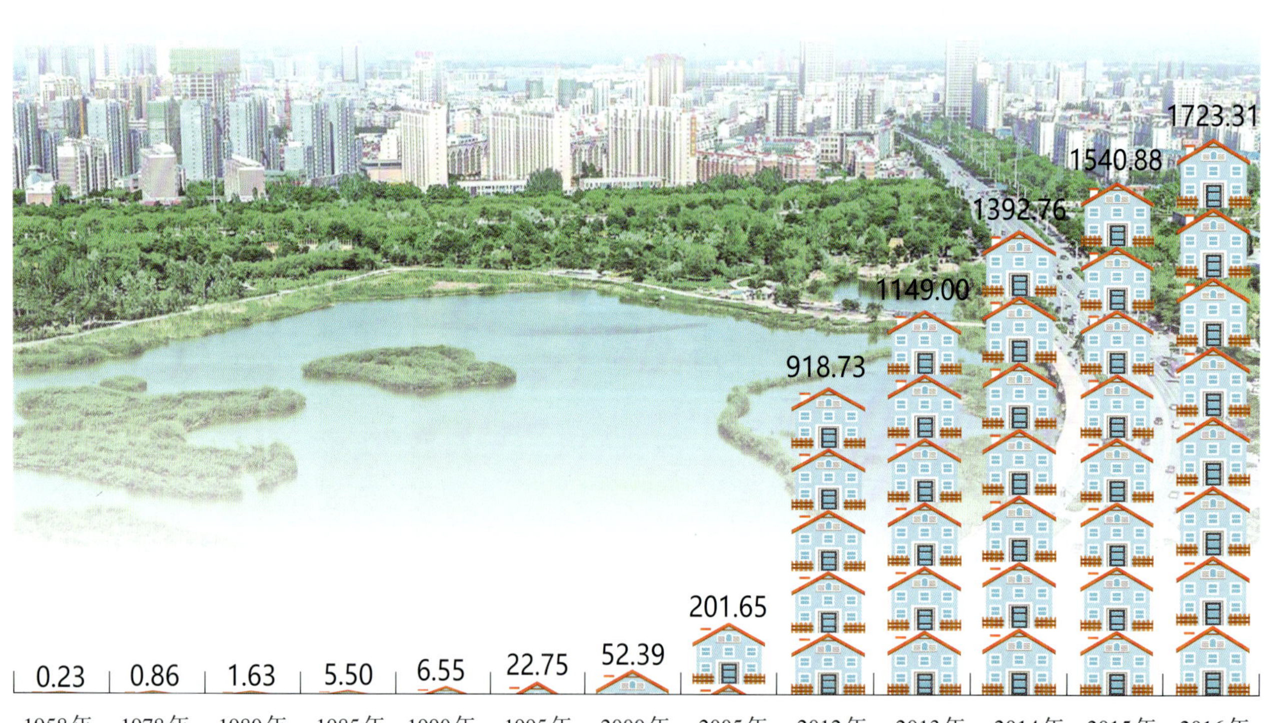

主要年份银川市社会消费品零售总额(亿元)

主要年份银川市地方财政收入、支出(亿元)

	1958年	1978年	1980年	1985年	1990年	1995年	2000年	2005年	2012年	2013年	2014年	2015年	2016年
财政收入	0.08	0.73	0.39	1.32	2.30	2.64	9.50	24.93	187.31	223.29	251.73	243.83	227.62
财政支出	0.10	0.68	0.67	1.22	2.24	4.30	12.38	34.36	267.23	307.78	368.56	371.81	397.04

主要年份银川市城镇居民人均可支配收入(元)

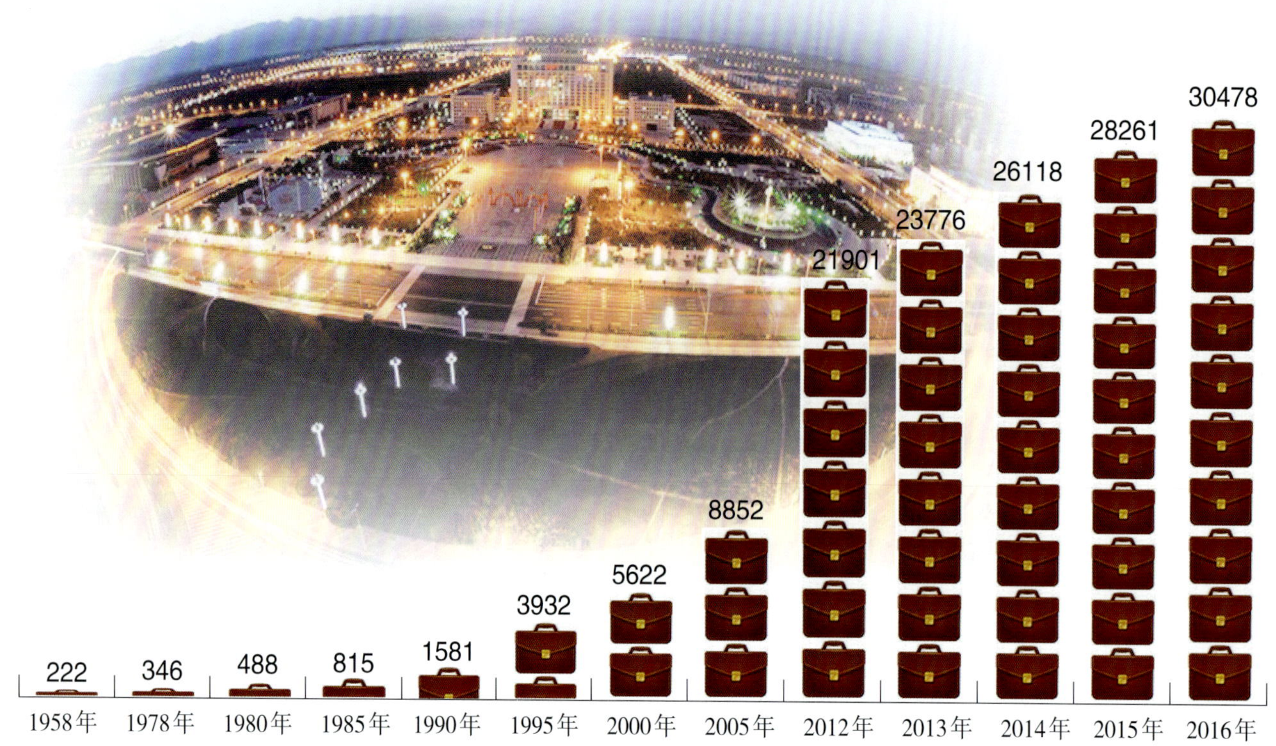

主要年份银川市农村居民人均可支配收入(元)

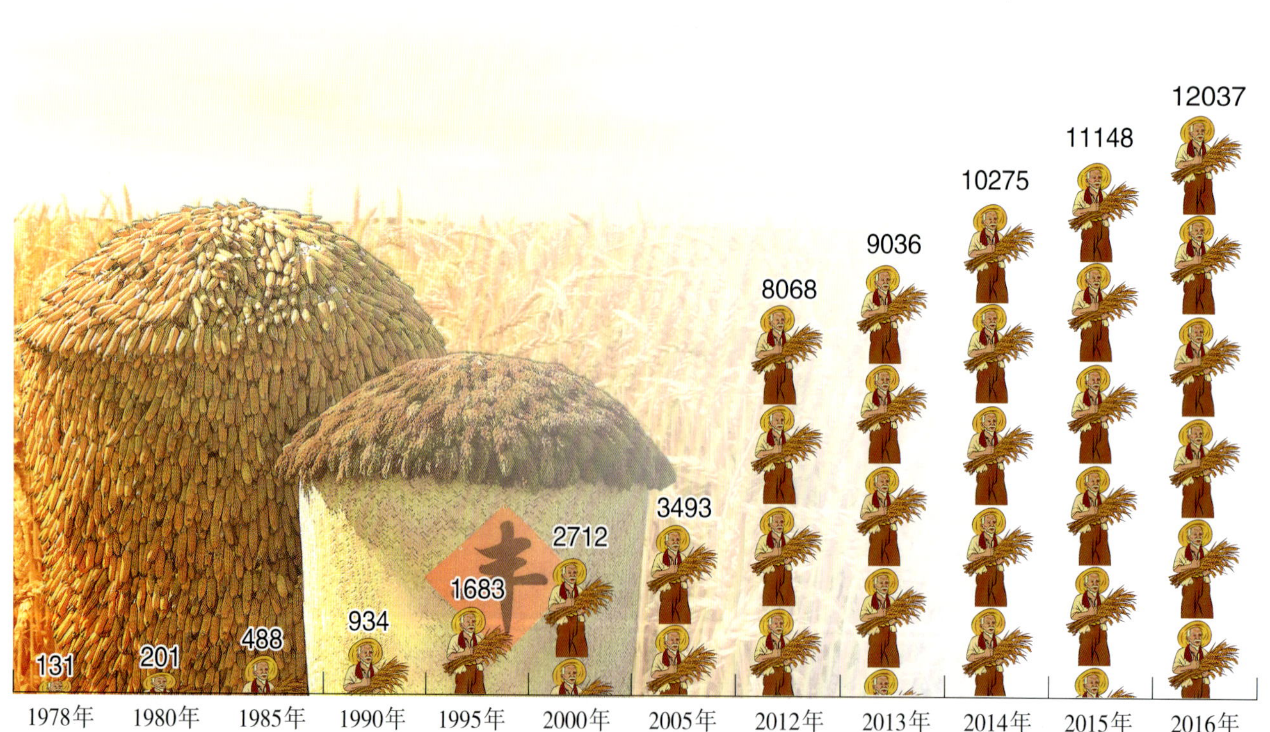

目　录
CONTENTS

特　载
Special Issue

统计资料
Statistial Data

一、综合
General Survey

二、人口及劳动力

Population and Labor Resources

三、农业

Agriculture

四、工业

Industry

五、能源

Energy

六、固定资产投资

Investment in Fixed Assets

七、建筑业

Construction

八、交通运输与邮电

Transport, Postal and Telecommunication Services

九、内贸、外贸和旅游

Domestic Trade, Foreign Trade and Tourism

十、财政金融保险

Governement Finance,Financial Intermediation and Insurance

十一、人民生活和物价

People's Living Conditions and Price Indices

十二、城市公用事业

City Public Utilities

十三、教育、科学、文化

Education, Science and Technology and Culture

十四、卫生、体育、民政、司法及其他

Public Health, Sports, Civil Administration, Justic and Others

十五、全区分市县资料

Statistical Data by City and County

附记

Apprndix

特载

Special Issue

政府工作报告

——2016年12月28日在银川市第十五届人民代表大会第一次会议上

银川市市长 白尚成

各位代表：

现在，我代表市人民政府向大会报告工作，请予审议，并请市政协委员和其他列席人员提出意见。

一、四年来的主要工作

市十四届人大一次会议以来的四年，是银川实现发展理念重大转变、发展内涵显著提升、发展动力持续增强的四年，是经受各种困难和挑战，逆势而上、顺势而为，取得改革发展新成就的四年。在自治区党委、政府和市委的坚强领导下，市政府团结带领全市人民，认真落实“2258”工作思路，加快推进开放内涵式发展，干在实处、走在前列，全市经济保持稳步快速增长。经济总量连续跨越1200亿元至1500亿元四个台阶，预计年底达到1580亿元，是2012年的1.4倍(下同)，年均增长9%，占全区半壁江山；规上工业增加值525亿元，年均增长10.1%，工业增加值跃居西北省会第二；固定资产投资1695亿元，年均增长16.5%；社会消费品零售总额513亿元，增长1.6倍，年均增长9.2%；公共财政预算收入188亿元，增长1.66倍，年均增长13.6%；城镇和农村居民人均可支配收入达到30552元和12096元，年均增长8.8%和9.7%；一二三产结构调整为3.9:51.3:44.8，三产比重提升3个百分点。

四年来，我们树立世界眼光，强化战略思维，推进开放内涵式发展，银川在全国的战略地位明显跃升。主动承担为国家和自治区向西开放闯新路、做贡献的重要任务；国务院批复《银川城市总体规划》，“西北地区重要的中心城市”定位得到强化，辐射带动功能不断增强，居住在银川、创业在银川等七大品牌进一步凸显。承担着行政审批改革、公立医院综合改革等十多项重要改革的试点任务，是国家全面深化改革“试验田”之一。举办承办的中阿博览会、WCA世界电竞大赛、TMF全球智慧城市峰会和亚洲都市景观奖颁奖礼成为四大世界级盛会品牌。银川从不沿边、不靠海的西部小省会，跃升为内陆开放的前沿阵地；从国家能源和优势农产品的“大后方”跃升为东西双向开放的重要承接地。

四年来，我们认识和引领新常态，优化布局，调转结合，积极应对经济下行。不断强化对新常态下速度换档、结构调整、动力转换的规律性认识，适时调整出台工业19条、房地产16条等150余项政策措施，综合运用财政、税收、金融等调控工具，对冲经济下行，实现了从资源型向多元型经济的转变，从土地财政向新经济财政的转变，从传统旧动能向质量和效益并重的新动能转变，经济呈现出较强“抗压性”。一是着力优化发展布局应对经济下行。在区域布局上，强化“全域银川”理念，推进永贺灵与中心城区一体化进程，开辟滨河新区功能区，城市由“阅海时代”向“黄河时代”跨越，由单核突进向双核驱动转变，城市规划面积扩展到275平方公里，建成区面积增加了34平方公里。在产业布局上，“稳一、优二、提三、育新”，规上工业中“两化融合”企业占66.5%，优势主导产业向集群化方向发展；实施“反梯度”发展战略，大数据、电子竞技等新产业新业态率先布局、蓬勃发展。在园区布局上，新建综合保税区、通航产业园和临港经济区，IBI和TMT育成中心融合发展，银川经济技术开发区等8大园区对GDP的贡献率达到40%，成为引领全区转型升级的领头羊。二是依靠科技创新引领工业转型。建成国家科技成果转移转化平台3个,省部级共建实验室20家、工程技术研究中心30家,发展高新企业51家,研发经费投入年均增长25%,为经济转型"加钢淬火"。铸件3D打印、羊绒分梳、煤基烯烃等一批关键核心技术全球领先。现代纺织、先进装备制造等优势特色产业集群占规上工业增加值的88%。以舍弗勒轴承、小巨人机床、巨能机器人、银川大河数控等为代表的先进装备制造业占据国际高端市场,智能制造水平居西北第二;以天通、佳晶蓝宝石和隆基硅为代表的新材料、新能源产业成为世界单打冠军;以伊品、泰瑞为代表的生物医药加速向"微笑曲线"两端攀升;以中银、恒天如意为代表的现代纺织崛起,带动轻工业上调6.5个百分点。三是着力培育新产业新业态促进转型。加强与中兴通讯合作,建成大数据中心一期,引进"好大夫""微医"等大数据企业13家。荣获"中国数字化转型领军用户奖"。WCA电竞大赛成为世界最大的第三方电竞平台;建成银川通航机场暨通航产业园;培育"双创"基地(空间)100个,共享装备进入国家首批"双创"示范基地,众创、众包、众筹、众扶四众拾柴添薪助力。新经济发展一枝独秀,带动税收增长12.8%,高于传统产业7.5个百分点。四是加快发展现代服务业带动转型。服务业增加值年均增长8%。大阅城、新华联、万达广场、国际会议中心、润恒城、公铁物流中心等一批"双十工程"和物流园区建成运营,现代物流总额达到2660亿元。以信息产业、知识产权转化为核心的生产性服务业加速发展,IBI育成中心实现主营业务收入60亿元。实施中阿文化园、军博园、三沙源等一批重大文化旅游项目,旅游收入达到110亿元,入选十大国家旅游休闲示范城市。会展业荣获国家"金海豚"大奖。五是大力发展"三精"农业带动转型。粮食生产"十三连丰",建成国家级现代农业示范基地27个,培育农业龙头企业223家,农产品加工转化率达到64%,贺兰山东麓葡萄酒、灵武长红枣等一批名优特农产品出口30多个国家和地区。六是优化投资结构引领转型。持续开展"准备之冬、建设之春、发展之夏、收获之秋"活动,实施项目4306个,三产投资占比达到60.8%,提高9.7个百分点。创新投融资模式,运用共享思维聚合资源、资本,打造智慧城市、恒天如意纺织产业等一批标杆。

四年来,我们着力打造"碧水蓝天明媚银川"的城市名片,推动"美丽银川"向"美好银川"转变。加快完善基础设施配套,建成三座黄河大桥,打通新建扩建主干道路13条200公里,改造小街巷55条15公里,"八横十八纵"路网构建起城市"半小时"经济圈。公共交通机动化出行分担率提高5.4个百分点。获批第二批全国地下综合管廊试点城市。实施旧城(棚户区)改造,拆迁1661万平米,新建安置区30个570万平米,20万人乔迁新居。实施既有节能改造830万平米。新建15个小城镇、49个中心村,水电路气网等基础配套七到位。被列为第三批国家新型城镇化综合试点城市。坚持城市精细化管理和农村环境综合整治并举,"数字城管""以克论净"等新模式推广应用。全国城乡环境卫生整洁行动现场会在永宁县召开。坚持生态建设和污染防治并举,实施110国道、滨河新区等大整治大绿化工程,新建续建徕龙、唐徕等市民休闲公园39个、小微公园60个,绿博园建成投用,成功举办首届中阿绿博会。治理沙化和荒漠化土地180万亩,城市绿地率、绿化覆盖率和人均公园绿地面积分别达到40.99%、41.03%和16.57平米,居全国前列。实施西部水资源综合利用及艾依河、宝湖等扩整和岸线景观提升工程,新增水域1.4万亩,湖泊湿地面积占建成区的十分之一。实施"蓝天工程",拆除燃煤小锅炉548台,淘汰黄标(老旧)车4.3万辆,启动华电灵武电厂"东热西送"工程。"塞上湖城""碧水蓝天、明媚银川"成为城市靓丽名片。开展"书香银川、银川书香"等活动,评选"最美银川人"571名。入选国家园林城市和健康城市,荣获亚洲都市景观奖和中国人居环境奖。

四年来,我们不断深化改革,打破体制坚冰,发展活力进一步迸发。一是供给侧改出新"蓝海"。去产能,淘汰钢铁加工、金属冶炼等落后产能158.16万吨;去库存,制定并落实货币化安置、农民工及乡村教师购房等政策,去化周期控制在合理范围;降成本,累计减少企业用电、税收等成本16亿元;补短板,银西高铁动工兴建,包银高铁获批实施,百姓期盼多年的高铁梦即将变为现实;青银高速、乌玛高速改扩建完工,火车站综合枢纽等重大项目加快实施。二是"放管服"改革走在全国前列。推行"一枚印章管审批,一个大厅办成事、一个平台全监管，一个号码优服务”审批服务模式，企业和群众办事效率提升86%；新增市场主体13.29万户，年均增长27%，民间投资增速居全国前列。三是金融创新实现重大突破。开展“四个清理”，盘活国有资产302亿元；搭建金融控股、西部担保等金融创新体系，设立产业基金21支，组建通联资本、新兴产业资本等国有资本运营公司12家，吸引撬动社会资本600亿元助力产业转型升级；36家企业在“新三板”挂牌；金融占服务业比重由17%提升到28%。四是农村改革顺利推进。完成农村土地承包经营权确权登记142万亩。开展农村集体经济组织股权制度改革试点，实施“双增双减”“双富”工程，102个空壳村全部脱壳。五是社会事业改革持续深化。“先住院后付费”“先诊疗后付费”模式在全国推广。文化体制改革实现了公共服务与文化产业发展的双赢。教育改革实现投资和办学体制的多元化，进入全国中小学教育质量综合改革试验区。社会保障经办实现“五险合一”。

四年来，我们搭建平台，连接通道，对外开放迈出扎实步伐。主动融入国家“一带一路”发展战略，加快建设“三位一体”开放核心区。滨河新区累计投资320亿元，实施基础设施和重大产业项目150个，“四城”建设强力推进。综合保税区获批肉类（水果、种苗）进境口岸，成功加入世界自由区组织。阅海湾中央商务区“三园一轴”及宁夏国际会堂等成为对外开放新地标，28家总部企业、419家金融企业入驻。巩固深化中阿博览会成果，推动中沙产业园进入国家国际产能合作重点项目。打通陆路、空中、网上“丝绸之路”，实现货物出口交货值87.92亿元。建成河东机场三期，开通11条国际航线、70条国内航线，年吞吐旅客突破630万人次；与丝路沿线10个关区实现通关一体化，开通“中阿号”等国际货运班列；电子口岸、丝路通中阿B2C电商平台上线运行，在约旦、埃及等国家和地区设立“海外仓”。引进500强企业24家，完成招商引资到位资金2339.3亿元，年均增长13.74%，外贸进出口总额年均增长9.5%。

四年来，我们不断加大投入，完善机制，人民生活质量稳步提升。公共财政的80%以上用于改善民生。兑现为民承诺实事47件。推进创业带动就业，高校毕业生当年就业率保持在90%以上，城镇年均新增就业6.15万人，累计转移农村劳动力就业40万人次，被国务院授予“全国创业先进城市”。加快完善社会保障体系。实施被征地农民养老保险，惠及7.47万人。首推大病医保上不封顶和特困家庭救助制度，基础养老金标准居西部省会首位；建设各类保障房240万平米，圆了7万多低收入群体安居梦。投资34.5亿元，建成半子沟等移民安置区26个，精准扶贫减少深度贫困人口7.24万人，移民人均可支配收入年均增长33%以上，闽宁协作模式全国推广。投入100亿元建成中小学、幼儿园200余所，率先在全区实现义务教育基本均衡全覆盖。实施国际医疗城、口腔医院等一批健康医疗项目，卡瓦心脏中心、韩国JK美容整形等国际高端医疗服务资源落户银川。建成韩美林艺术馆、银川当代美术馆和华夏河图艺术家村等一批重大文化项目，镇村（居）文化设施实现全覆盖，成功举办全国文化馆年会等重大节会。持续推进社会治理创新，交通、文化和体育等7项基本公共服务满意度进入全国38个主要城市前十，智慧城市建设提高了百姓的幸福指数，荣获“全国综合治理先进市”。依法妥善处置“1·05”公交纵火案。精准防控贺兰山“8·21”特大洪灾，实现零伤亡。安全生产形势稳定向好，事故起数下降41%。荣获“全国双拥模范城”八连冠和全国人民防空先进城市。民族团结、宗教和顺成为另一张靓丽名片。人才、工会、共青团、妇联、残联、文联、科协、防震减灾、气象、档案、史志、红十字会等工作都取得了新成绩。

四年来，我们坚持为民务实清廉，深入推进职能和作风转变，政府自身建设进一步加强。自觉接受人大依法监督、政协民主监督和社会监督，认真办理区市人大议案建议、政协提案2327件。健全完善法治政府建设指标体系和政府法律顾问制度。制定《智慧城市建设促进条例》等地方性法规22部、政府规章9部，每年依法公开信息8万余条。荣获“中国政府创新优秀实践奖”“中国法治政府奖提名奖”。完成新一轮政府机构改革，设立行政审批服务局、金融工作局、人才工作局和大数据管理服务局。编制政府权力清单、责任清单、市场准入负面清单，精简行政职权65.4%，行政职权在西北省会中最少。严格执行中央“八项规定”、国务院“约法三章”和区市若干规定，国家土地、审计、环保督查和自治区巡视问题整改率达到98%。制定行政问责制度13项，创新开展“电视问政、电视施政”，剑指“四风”及不作为、慢作为等突出问题，先后问责224个单位2300余人。“三公”经费大幅压减，公车改革走在西部前列。

各位代表，过去四年，从发展实践看，我们经受住了转型升级初期最严峻的考验，有效应对了经济下行，保持了一定的发展速度；从城市综合竞争力看，银川在国家大格局中的位置发生了积极变化，城市综合竞争力指数排名前移；从老百姓的收获看，我们不断补齐社会民生短板，人民群众有了更多获得感。四年的成绩来之不易，四年的体会与经验弥足珍贵，需要在今后工作中牢牢汲取，不断发扬光大。

一是必须坚持以新发展理念为指导，实施“反梯度”发展战略。理念决定思路、思路决定出路。我们牢固树立“五大发展理念”，适应和引领发展新常态这个经济工作大逻辑，在主动服务国家战略中，深刻认识和精准把握市情，认真落实“双调双转”和“2258”工作思路和任务，实施“反梯度”发展战略，一步接轨产业前沿、零度承接产业高端，新技术、新产业、新业态、新模式加速成长催生经济增长新动能。

二是必须坚持以改革创新为引领，推进开放内涵式发展。改革创新是推动发展的动力和源泉。我们始终立足银川欠发达的实际，牢牢抓住发展这个第一要务不放松，用好国家赋予宁夏内陆开放型经济试验区先行先试政策，主动融入国家“一带一路”战略，借助中阿博览会金字招牌，通过一系列创新举措，探索出了一条内陆欠发达地区开放内涵式发展的有效路径。

三是必须坚持以问题为导向，锐意进取、攻坚克难。坚持问题导向是治国理政的基本工作方法。我们直面经济社会发展重大难题和事关群众切身利益的突出问题，一件一件去研究解决和落实，逢山开路、遇河架桥，通过开辟滨河新区功能区、创新智慧城市模式等，破解了发展空间不足、发展新动能不足和城市病等瓶颈，在解决问题中突破，在突破中实现发展。

四是必须坚持以为民谋福祉为中心，切实办好民生实事。民生连着民心，民心关系国运。我们坚持把维护和发展好群众根本利益放在第一位，提出以干部的工作高度提升银川的发展高度，以干部的辛苦指数换取群众的幸福指数，不断加大民生投入，切实办好棚户区改造、道路畅通等为民实事，赢得了群众的信任和支持，全市上下凝聚起了共同干事创业的强大合力。

五是必须坚持以“功成不必在我”的境界，敢于担当、主动作为。一代人有一代人的使命，一代人有一代人的担当。我们深刻认识到银川事业是历届班子工作的传承、延续和发展，既要一任接着一任干、一张蓝图绘到底，也要立足当前、着眼未来，干好打基础利长远的事。只要以敢为人先的胆略和运筹得当的智慧，抓铁有痕、踏石留印，久久为功，就一定能够带领全市干部群众克服一切困难，创造无愧于时代、无愧于人民的辉煌业绩。

这些经验是发展实践告诉我们的，也是市十四次党代会要求我们传承和坚持的，经验十分宝贵，成绩鼓舞人心，是自治区党委和市委坚强领导以及人大、政协关心支持的结果，是全市上下同心同德奋力拼搏的结果。在这里，我代表市人民政府，向全市人民，向给予政府工作大力支持的人大代表、政协委员，向各民主党派、工商联、各人民团体和社会各界人士，向驻银中央和自治区各单位，向驻银解放军、武警消防官兵、公安干警，向关心和支持银川发展的社会各界朋友们，表示崇高的敬意和衷心的感谢！

各位代表，成绩属于过去，未来仍需努力。在银川发展新的长征路上，我们还存在一些突出问题、面临不少挑战。一是发展不足、规模较小、质量不高是我们最大的实际，尤其是与西部发展较快的城市相比还有不少的差距，亟待在新一轮发展中实现赶超。二是转型升级任务艰巨，传统产业转升步子不大，新产业新业态新经济刚刚起步，缺技术、缺人才、缺资金等发展瓶颈需持续破解。三是投资强度放缓、驱动能力减弱，缺乏一批支撑力强、关联度高的大项目、好项目。四是增收压力依然较大，受经济下行和结构性减税等因素影响，财政、居民持续增收困难加大，非税收入占比较高，刚性支出不断扩大，收支矛盾加剧。五是开放水平还不高，平台、通道和辐射源（点）建设还处在培育阶段，与内陆开放型经济试验区核心区不相匹配。六是政府职能转变还不到位，干部队伍中还存在一定的松懈情绪、不善作为等现象，责任担当和依法履职能力迫需改进。对此，我们一定要高度重视，采取有效措施，认真加以解决。

二、今后五年的工作思路和目标任务

本届政府任期内是率先建成全面小康社会的决胜阶段,也是创新发展、转型追赶的关键时期。宏伟的事业需要精准的定位和方向指引。今年,习近平总书记、李克强总理亲临宁夏·银川视察指导,对行政审批改革、智慧城市、闽宁扶贫协作等工作给予高度评价。特别是总书记亲自主持召开了载入史册的"银川会议",给我们鼓劲加压、把脉导航,作出了"贯彻新的发展理念,主动服务和融入国家发展战略,立足自身优势,努力实现经济繁荣、民族团结、环境优美、人民富裕,确保与全国同步建成全面小康"的重要指示,为银川的发展确立了新坐标、明确了新定位、赋予了新使命。自治区要求银川继续走在前列、作出表率。市第十四次党代会提出了"践行新理念、发展新经济、实现新跨越,为早日全面建成小康社会而奋斗"的目标。我们要强化首府使命和责任担当,遵循"社会主义是干出来的"质朴真理,弘扬"不到长城非好汉"的宁夏精神,主动作为、创新实干,勇当"四个宁夏"建设排头兵。

政府工作总体要求是:高举中国特色社会主义伟大旗帜,以邓小平理论、"三个代表"重要思想、科学发展观为指导,深入贯彻落实党的十八大以来中央各项决策部署、习近平总书记系列重要讲话精神,以"四个全面"战略布局统领各项工作,深入践行"五大发展理念",按照自治区第十一次党代会以来各项部署及市第十四次党代会精神,解放思想、真抓实干,全面推进开放内涵式发展,努力建设"两宜两化"和西北地区重要的中心城市,早日全面建成小康社会,谱写好"四个宁夏"和伟大中国梦的银川篇章。

各位代表,科学把握发展大势,方能紧跟时代潮流。当前,银川正处于重大历史机遇最集中的阶段,处于转型升级、新旧动能转换最紧要的当口,改革发展不进则退。纵观国际风云变幻,不确定、不稳定因素增多,新一轮科技革命、产业变革正在叠加释放发展新机遇、新空间,尤其是在"互联网+"时代,产业要向三维智能科技型转化,企业公司组织要向平台化方向演进,这种发展趋势不可逆转,发展势头不可阻挡。我国发展面临经济下行和转型升级双重压力,但经济潜力足、韧性强、回旋余地大,长期向好的基本面没有变,正在孕育着拥抱新经济体系的重大发展机遇;特别是随着国家"一带一路"战略的实施和宁夏内陆开放型经济试验区的建设,先行先试政策正逐步呈现溢出效应,为我市创新发展、转型追赶带来巨大的势能。立足当下看银川,历届班子打下的坚实基础,正在催生新的发展力量。新时代,新机遇,新期待。今后五年,我们将深入贯彻落实"五大发展理念",以推进供给侧结构性改革为主线,努力把银川开放内涵式发展推向新阶段,实现经济繁荣、民族团结、环境优美、人民富裕。

——"经济繁荣",就是引领经济发展新常态,传统产业转型升级迈向中高端,新经济新产业成为经济发展的主动力。综合实力大幅提升,位次在全国省会中前移。地区生产总值年均增长8%左右;固定资产投资年均增长10%左右;规上工业增加值年均增长8.5%以上;公共财政收入年均增长7.5%以上。

——"民族团结",就是共同团结奋斗、共同繁荣发展的主题得到深化,各民族更加和睦相处、融合共生。用团结推动发展,用发展促进团结,民族事务法制化水平显著提升,民族团结的基础更加牢固,社会主义新型民族关系更加和谐,成功创建全国民族团结进步模范市。

——"环境优美",就是舒朗、大气、清爽的城市风格更加清晰、特色更加鲜明,现代化城市功能和品质更加完善,空气质量优良天数达到80%以上,黑臭水体全面消除,工业自备井全部关停,饮用水水源地和重要水功能区水质达标率达到100%,"碧水蓝天、明媚银川"的城市品牌更加靓丽,实现"六城联创"目标。

——"人民富裕",就是实现全面小康的短板逐步消除,基本公共服务均等化和社会保障水平走在全国前列。社会消费品零售总额年均增长8%;城镇和农村居民人均可支配收入年均增长8%和8.5%;公民具备科学素质比例达到10%以上,人均预期寿命达到78岁以上,率先在自治区和西北省会城市建成全面小康社会。

(一)建平台、聚人才、强投入,建设"创新型银川"。主动融入全球科技革命浪潮,统筹理念创新、科技创新、产业创新、制度创新,建成国家"创新型城市"。优化完善创新体系,挖掘用好"3+1"动力,完善平台搭建、奖励补助、成果转化应用等全链条扶持机制，推进科技创新与金融试点城市建设，利用多层次资本市场，促进创新链、产业链、资金链、政策链紧密衔接，到2021年全社会研发投入占GDP比重达到3.5%，科技进步贡献率达到55%以上。搭建功能完备的科技创新系列平台，抓好中阿科技园建设，支持清华、浙大等知名院校搭建产业技术研究院和创新联盟，力争建设2家以上国家级研发平台，新认定10家以上区级工程技术研究中心，培育一批科技型企业。坚定不移走银川特色的自主创新之路，力争在能源化工、智能制造、现代纺织和新材料等领域掌握一批世界前沿的核心技术。加快建设人才特区，着眼产业转型升级，引进一批具有国际水准的创新型科技领军人才、专家学者和创新团队，培育一批实用型技术人才。争取建设博士后研究站、博士后创新示范中心。完善对科研人员的股权、期权及分配激励机制，让做出突出贡献的人"名利双收"，让世界级人才拿到世界级待遇。努力营造创新文化氛围，着力构建集研发、孵化、融资、服务和园区承接、知识产权保护等于一体的创新生态系统。

（二）调结构、强动能、促转型，打造银川经济升级版。主动融入国际产业分工，推动一二三产融合发展，加快构筑以新兴产业为先导、高端服务业为主体、新型工业和现代都市农业为基础的现代产业体系。着力实施"兴工强市"战略。落实"中国制造2025"，实施绿色制造工程，促进制造业研发、设计、生产、市场经营全链条信息化改造，鼓励企业建立智能化工厂、数字化车间和柔性制造单元，提高信息化水平；支持共享铸钢、巨能机器人等50家示范企业依靠互联网汇聚全球智慧，形成新的产业动能。大力实施"千百亿"工程。继续做大能源化工、现代纺织两个千亿级产业集群，推进煤化工、化纤、纺织、制衣和时尚品牌关联技术互通互融；推动先进装备制造、生物医药、新能源、新材料等10个百亿级产业集群化发展。力争到2021年规模以上工业增加值突破800亿元。着力实施新产业新业态"反梯度"发展战略。对标国际产业前沿、瞄准产业高端，促进通航、电商、电竞、新能源汽车、大健康等新产业加速布局发展，催生一批附加值高、竞争力强的新的经济增长点。着力抓好现代服务业发展。加快建设国家现代服务业综合试点城市。推动现代商贸服务、文化创意、第三方物流、融资租赁、服务外包、信息技术等生产性服务业向专业化和价值链高端延伸；推动现代物流、全域旅游、健康养老、餐饮住宿等生活性服务业向精细化和高品质转变。着力抓好"三精农业"。加快构建现代农业产业体系，大力发展"1+2+4"优势特色产业，力争占比达到90%以上；加快建立现代农业生产体系，标准化生产和农产品质量安全追溯体系全覆盖；加快建立现代农业经营体系，适度规模经营和主要农产品加工转化率均达到70%以上。创建第三批国家食品安全示范城市。

（三）搭云桥、建云链、释云能，建设新型智慧城市。加快"宽带中国"示范城市建设，以"互联网+"带动新兴产业发展、传统产业改造，通过"+互联网"为城市治理、民生改善插上互联网翅膀。大力发展信息经济。完善产业扶持政策，加快智慧银川大数据二期、智慧城市产业园等重点项目建设，再吸引一批新业态落户银川；搭建国家级云平台、数据库，培育发展基于互联网的个性化定制、众包设计、云计算、数据服务等新型产业模式，衍生一批智慧产业和传统产业融合的应用链、创新链、发展链，打造西北信息经济发展高地。持续推进信息惠民。着眼于城市治理现代化、社会服务精细化、市民生活便捷化，拓展智慧交通、智慧旅游、智慧医疗、智慧教育等服务领域，收集开放涵盖信用、科技、环境、安监、气象等300多项数据，再研究开发一批智能化应用项目，力争在社会服务领域全覆盖、有提高。

（四）抓统筹、强基础、补短板，加快建设"银川都市区"。主动担当西北重要中心城市责任，统筹推进区域空间布局、城市功能提升、城乡一体化发展。推进全域空间一体化。认真落实银川空间发展战略规划（多规合一），适时修编城市总体规划，实现一本规划、一张蓝图、一套体系管全域。加快推进永宁、贺兰撤县设市（区），与主城区一体化发展，推动灵武与宁东、滨河新区、综保区、临港经济区融合互动，申创国家级新区。按照舒朗、大气、清爽的城市风格和不同的功能定位，支持兴庆区开展城市空间修复，打造特色街区，改造老旧小区，增加公共绿地。支持金凤区优化行政服务空间布局，建设阅海经济区，打造总部经济中心、金融服务中心。支持西夏区实施"西夏突破"，实现由工业主导型向现代服务业，尤其是旅游业转型，建设一批特色鲜明的镇、街（村）、院（点）。推进全域重大基础设施一体化。坚持适度超前和适度举债原则，争取国家批复建设地铁1号和2号线，力争建成旅游环线轻轨、银川至宁东轻轨和银新铁路有轨电车、永贺线城市轨道交通、银川至巴彦浩特快速铁路、银西高铁、火车站综合客运枢纽、大团结广场客运枢纽等重大基础设施项目，力争列入全国综合客运枢纽示范城市。推进全域城乡发展一体化。按照农村人口向城镇中心村集中，就业创业人口向功能区集中的基本原则，补齐城乡基础设施和社会配套服务短板，全面消除城中村、城市棚户区，农村人均公共服务配套占有率达到西北最高，城市公共服务满意度进入全国主要城市前五。打造一批特色小镇，抓好空间布局，明确产业定位，坚持市场主体，强化项目组合，使系列特色小镇成为新型产业的聚集地、创客发展的承载地、宜居宜游的乐园。推进全域生态建设一体化。实施大绿化、城市景观提升、湖泊水系连通和城市防洪工程，严守生态红线保护好城市稻田，打造黄河两岸绿色化、湖泊湿地景观化、贺兰山东麓田园化和城区花园化的自然生态景致，建设"湖泊城市""田园城市""森林城市""花园城市"，到2021年，建成区绿化覆盖率达到43%，绿地率达到42%，森林覆盖率达到18%。

（五）强平台、筑通道、稳支点，打造内陆开放新高地。主动融入中蒙俄、新亚欧大陆桥、中巴等六大经济走廊，实施"1431"开放战略，推进基础设施和产业互联互通，打造丝绸之路经济带重要节点城市。做强开放平台。滨河新区要对标国际产业合作园区，完善服务配套、创新管理机制，承接国际国内健康、医疗、科技、教育等产业转移。综合保税区主动对接国内外自贸区，加强与乌力吉、霍尔果斯、青岛等口岸的联动发展，争取国家批复药品、整车进口等更多指定口岸，积极申建国家自贸区。力争进出口贸易总额和利用外资年均增长10%。提升陆路空中网上通道开放水平。加快完善现代化立体交通体系，启动建设银川机场四期，开通更多国际国内航班和旅游班列，争取将银川建设成中东、西亚、中亚国家与国内其他城市联通的重要空中枢纽。主动对接国家"信息丝路"，加快建设中阿贸易跨境电商产业园和中阿网上经济合作试验区。打造多侧供给的开放支点。举办承办好中阿博览会、TMF全球智慧城市峰会、WCA世界电竞大赛、亚洲都市景观奖颁奖礼和国际马拉松比赛等国际性重大节会赛事。稳步推进中沙产业园、中阿文化园等载体建设，鼓励有实力的企业走出国门收购国外品牌和核心技术，开展兼并重组。争取阿拉伯国家在银川设立领事机构、商务办事机构；争取在新能源汽车、太阳能、风能、金融、文化传播等领域开展合作。以更为务实的合作成效，为国家与海合会自贸区谈判并签署自贸协定创造有利条件，做出银川担当。

（六）兜底线、织密网、惠民生，建设"和谐银川"。坚持以发展红利和改革红利不断满足人民群众对美好生活的向往。提高城乡居民收入水平。实施收入倍增计划，增加居民经营性、财产性收入，到2020年城乡居民收入比2010年翻一番。完善落实就业创业政策，研究制定小微双创指数评价体系和科技型小微企业认定标准，争创中阿中欧中小企业国际合作区、西北"中国青创汇"创业创新平台，打造西部"双创"高地。提高脱贫质量。落实东西部扶贫协作座谈会精神，深入实施产业扶贫、教育扶贫、金融扶贫、健康扶贫四大工程，建立精准扶贫、稳定脱贫长效机制，确保贫困村提前脱贫"摘帽"，全面打赢脱贫攻坚战。提高社会保障能力。建成更高标准、更加公平、更可持续的社会保障体系。促进公共服务均等化。学前教育实现全覆盖、义务教育实现优质均衡发展，建设具有国际水平的区域职业教育高地。基本形成分级诊疗格局，实现互联网医疗和家庭签约医生广覆盖，人人享有均等化的基本医疗和基本公共卫生服务。养老护理、康复、保健等大健康产业蓬勃发展，"健康银川"成为城市品牌。公共文化服务体系更加完善，基本形成10分钟便民文化圈和运动休闲健身圈，建成具有重要影响力的区域文化中心和国家文化消费试点城市。提高社会综合治理能力。坚持以安全发展为首要，及时消除各个领域安全隐患，公共安全、社会治理能力进一步提升，公众安全感进一步提高。全面推开"互联网+"工作模式，依靠信息技术，建成更高水平的"平安银川"。争创国家社会信用体系建设示范城市、"全国双拥模范城"九连冠。巩固深化全国文明城市创建成果，培育和践行社会主义核心价值观，用中国梦凝聚共识、汇聚力量，逐步形成银川城市精神内核和城市品格，推动美丽银川加速向美好银川转变。

三、2017年主要工作

今年是新一届政府的开局之年，也是供给侧结构性改革的深化之年。我们要认真贯彻落实中央经济工作会议、农村工作会议，以及自治区党委十一届九次全会、市委十四届二次全会等重要会议精神，坚持稳中求进总基调，适应把握引领经济发展新常态，全力做好稳增长、促改革、调结构、惠民生、保稳定等各项工作。今年主要预期目标：地区生产总值增长8%左右，公共财政预算收入增长7.5%左右，全社会固定资产投资增长10%左右，社会消费品零售总额增长8%，外贸进出口总额增长8.5%左右，城镇和农村居民可支配收入分别增长8%和8.5%左右，在实际工作中争取更好结果。完成自治区下达的主要污染物控制性指标。

（一）打好项目投资攻坚战。坚持“经济工作项目化”，实施913个项目，年度计划投资2240亿元。狠抓重大项目带动。积极抓好银西高铁、包银高铁、银川至宁东轻轨、京藏高速改扩建等区级重大项目建设。全力抓好100个市级重点项目，完成投资380亿元。抓好黄河航运一期，沈阳路、宝湖路向西延伸，永宁黄河大桥东连接线、西延伸段，10条40公里城市地下综合管廊等重大基础设施建设项目。加快推进共享铸造智能工厂、西轴轨道交通轴承、隆基硅3GW单晶硅棒和切片、智慧城市产业园等重大产业项目建设。强化项目要素保障。完善落实项目包抓等推进服务机制，倒排工期、挂图作战、奖优罚劣；制定投资核准事项清单，推行工程建设项目多评合一、多审合一、多图合一、联合验收等新模式。继续做大产业基金、西部担保规模，鼓励企业对接资本市场，增强股权、债券和票据等直接融资能力，争取200亿元国家各类资金（债券），多措并举解决项目融资难题。开展大招商大引资活动。加快推进招商引资从单一引进向组团式引进转变，从注重资金引进向注重模式引进转变，从政策优惠引进向环境优化引进转变。认真落实“银川会议”精神，抓住第三届中阿博览会和全国工商联常委会在银召开等重大机遇，策划举办工商联会员企业、民营500强企业进银川等系列活动；区市联动，创新与东部地区产业合作模式，共建飞地产业园；引进世界和中国500强企业3家，力争6月底完成1200亿元招商引资任务。

（二）推进产业提升“四大工程”。深化产业成龙配套，完善链条，增强竞争力。抓好工业转型升级工程。实施180个工业项目，规模以上工业增加值增长8.5%。现代纺织产业集群，加快推进纺织园“一城三园”建设，实施恒天如意1亿米衬衫面料和1000万米精纺呢绒面料、年产16万吨涡流纺精梳纱线等项目。先进装备制造产业集群，抓好恒天国基机器人产业园、力成智能数字化工厂、利勃海尔智能化工厂等项目，推进铸造3D打印、高端精密轴承等智能制造产业化，争创国家智能制造示范区。新能源新材料产业集群，开工建设金龙、卡威新能源汽车项目，启动实施恒天碳纤维产业基地项目，支持隆基硅、天通和佳晶蓝宝石扩大产能、延伸产业链，从单打冠军向行业集团军升级。生物产业集群，加快推进伊品清洁化生产、紫荆花秸秆造纸、国际医疗城、宁医大总院生物科技信息产业园等项目，推动生物产业向生命科学领域延伸。抓好新产业新业态培育壮大工程。大数据产业集群，完善产业发展规划，加快实施智慧产业大厦等项目，支持“返空汇”、景联科技等互联网企业发展，成立大数据产业联盟。电竞产业集群，规划建设世界电竞大厦、世界网游开发创业园，吸引国际电竞、网游高端企业集聚，办好WCA常态化赛事。通航产业集群，实施通航小镇、通航博物馆、西部通航飞机制造项目，组建通航俱乐部，推动飞机制造组装、航空运动及飞行体验、航空物流产业布局发展，办好第三届西部航展。抓好农业提质增效工程。实施现代园区提升、农业品牌创优等“六大工程”。抓好贺兰山东麓葡萄文化长廊和阿瓦隆郁金香种植园、康乃馨工厂化基地建设，新增鲜花基地8000亩、酿酒葡萄4000亩。推进沿山沿河两大乡村旅游带建设，支持四十里店村、原隆村建成特色产业村。加快推进农业科技创新和推广应用，大力发展农村电商，鼓励农民创业，促进农村一二三产业融合发展。建设高标准农田45万亩。抓好服务业优化提升工程。出台支持现代物流业发展政策，试点开展物流实名制和物流行业电子票据化。加快推进西夏工人文化宫、永泰城等项目建设运营，支持公铁物流中心、穆斯林商贸城开展商业模式创新。高标准办好第三届中阿博览会、国际产业合作峰会、电商博览会等46场次展会。加快建设国家电子商务示范城市，完善电子交易、物流、结算三大服务平台，支持贺兰县、灵武市建设全国电子商务进农村综合示范县。支持IBI与TMT育成中心发展以信息技术应用为核心的高端生产服务业。统筹全域旅游“一轴两带”布局，编制五年发展规划，加快推进中阿文化园、三沙源等项目建设，新建华强方特主题文化公园、亚高原青少年足球训练基地。抓好贺兰山岩画等历史遗迹保护开发，争创2家国家5A级旅游景区。办好国际岩画艺术节、全国青少年阳光体育大会等活动赛事。

（三）推进“美丽银川”建设“三大行动”。全面提升“两宜两化”城市建设水平。开展完善城乡基础配套行动。加强大团结广场、览山公园东侧等重点区域的城市设计。改造长水巷、金城北巷等10条小街巷，改造民族花园、幸福苑等54个老旧小区86.8万平米。打造“公交都市”，启动建设西夏广场等综合枢纽及公交首末站，实施银新铁路有轨电车、109国道东移（兴庆段）、文昌街南延伸等道路畅通工程，新建停车场10处，利用小街巷增加停车位。新开辟优化调整公交线路24条。抓好闽宁、镇北堡等6个美丽小城镇及杨家寨、五渡桥等28个“美丽村庄”建设。开展生态绿化品质提升行动。实施大环境绿化、园林景观提升等53个生态建设项目，新建水洞沟生态公园、10个小微公园和一批儿童主题公园，建成国际鲜花港、花博园水街等项目，举全市之力办好第九届中国花博会、国际荷花节。推进生态绿化管护机制改革，成立园林绿化国有公司，探索政府购买服务、PPP合作等模式，实现“建管分离、效酬兼济”。开展“蓝天碧水·绿色城乡”专项行动。抓好中央环保督察问题整改落实工作。加快华电灵武电厂“东热西送”建设，建成西夏热电二期，拆除60台20蒸吨以下燃煤小锅炉，推进秸秆收集综合利用，新购100辆新能源公交车，更换一批新能源出租车，空气质量优良天数达到76%；扩整提升6760亩湖泊湿地，启动滨河生态动物园建设，完善贺兰山东麓防洪体系及葡萄产业带水利配套设施建设。升级改造一二四五污水处理厂，达到一级A排放标准。

（四）抓好改革与开放“两大任务”。坚持先行先试，为国家、自治区试水探路。深化供给侧结构性改革。落实国家支持实体经济各项政策，提升服务供给水平，推动向中高端转型发展。去产能，稳妥做好“僵尸企业”破产清算、下岗职工分流安置；淘汰化工、冶金等落后产能6万吨。去库存，研究出台释放城镇居民改善性住房需求、农民工和农民市民化购房配套政策，规范发展住房租赁市场，消化库存600万平米。去杠杆，支持商业银行不良贷款证券化、股权化处置，依法打击非法集资犯罪。降成本，落实营改增和区市工业扶持政策，低成本化改造工业园区2家，争取电力直接交易减少企业成本9000万元，全面清理规范政府性基金和收费，再取消一批行政事业性收费项目；补短板，加大力度补好基础设施、公共服务、人力资源、生态环境等领域短板。深化“放管服”改革。再取消和下放一批行政职权。推进电子证照、电子签章应用和“一窗申请、一表登记”，同步启动多证联办等商事制度改革。加快完善市县乡一体架构、多级联动体系，力争网上审批达到60%以上。搭建审批监管互动、咨询投诉、综合执法信息平台，强化事中、事后监管。开展“减证便民”专项行动，最大程度方便群众和企业。深化金融创新。做大做强银川金融资产交易中心、中阿创业投资产业园，打造全国PE之城；争取组建中阿人寿保险、中阿金融租赁公司；支持企业开展离岸金融、海外债发行等创新，大力发展金融科技。新增“新三板”挂牌企业10家。建设市综合治税管理信息平台，增强国、地税联合办税服务。深化农村综合改革。全面启动“两证合一”确权颁证，稳妥推进农村土地“三权分置”，健全农村集体“三资”管理监督和收益分配制度，增加农民财产性收入，发展新型农村合作金融。深化国资国企改革。完善以管资本为主的监管体系，强化目标考核，推进国企高管去行政化，建立现代职业经理人制度。支持国有企业开展战略合作或兼并重组，发展混合所有制经济。做强做优开放平台。滨河新区实施项目78个，力争完成投资160亿元。综保区引进拓展国际交易结算、综合信息服务、设备租赁、检测咨询等业务，力争实现进出口总额30亿元以上。阅海湾商务区加快中阿之轴东延伸、“全球汇”二期、创天国际媒体产业中心等项目建设，力争完成投资120亿元。提升通道开放水平。陆路，推进共建乌力吉口岸，启动实施机场高速专线、古青高速北延伸工程，打通与鄂尔多斯、榆林等周边区域路网。空中，完成国际航空港综合交通枢纽工程，开辟更多国际客货运航线；加快临空经济区建设，推进综保区与河东机场航空港融合发展。网上，大力培育和引进丝路通、中阿淘购等跨境电商企业，建设跨境电商交易平台和第三方综合服务平台，完善通关、结汇、退税等机制，拓展多层次网上国际贸易。

（五）实施民生“七大计划”。民生无小事，枝叶总关情。重点办好20件民生实事，持续保障和改善民生，增加人民群众获得感。实施精准脱贫计划。深化推广闽宁协作模式，抓好闽宁产业城和闽宁扶贫产业园等东西扶贫协作项目。全面落实各项精准脱贫政策措施，推进脱贫攻坚与农村低保制度有效衔接。完成10081名移民搬迁安置任务，力争13个移民村脱贫摘帽，1.4万贫困人口脱贫销号，移民人均收入增长11%。实施创业增收计划。抓好高校毕业生就业创业，建成一批低成本创业孵化基地、创客空间，健全完善下岗职工、残疾人、农民工等困难群体终身职业技能培训制度，零就业家庭实现动态清零。城镇新增就业4万人，农村劳动力转移就业8万人。实施社会保障提标计划。推进智慧社保“诊疗一卡通”。提高城乡居民基础养老金和医保补助标准，接轨全国城乡居民异地就医直接结算。全面推进国家医养结合试点城市建设，出台养老服务规范性制度。提高城乡低保标准和救助水平。推动社会慈善体系建设，争创全国七星级慈善城市。实施教育提质计划。深化政府购买普惠性幼儿园教育服务，抓好横城等10个学前教育项目。实施北京师范大学附属学校、北塔中学迁建等义务教育项目30个，信息化改造中小学100所。实行农村籍普通高中生免费教育。实施宁夏幼儿师范高等专科学校二期、兰州大学银川校区项目，推动校企合作、产教融合。实施健康银川计划。加快公立医院综合改革，全面推行分级诊疗，打造医疗服务联合体，推行家庭医生签约服务。动态调整按病种分值结算体系，实行基本医疗保险、大病保险和医疗救助在医院的一站式结算。加快生命谷产业园、国际医疗城、阅海妇产分院、滨河新区综合医院等项目建设，稳妥推进“好大夫”“微医”等互联网医疗产业发展。启动“健康细胞”工程，建成上海路、镇苏路等6条慢行系统，教育引导群众形成健康的行为和生活方式，推进大健康关口前移。实施文化惠民计划。抓好银川演艺中心和30个农村综合性文化服务中心建设，推进“四送六进”“花开四季”等群众特色文化活动常态化、品牌化。加快发展文化创意、影视动漫、知识产权交易等业态，成立小微文化企业联盟，支持宁夏网虫、智慧宫等文化创意企业拓展海外业务。实施社会治理创新计划。新建80个智慧社区，加强社区协商自治，推进物业服务提档升级，利用信息技术严密防范和依法精准打击各类违法犯罪活动，提升城乡综合治理水平。开展安全生产“十大专项整治”，坚决遏制重特大安全生产事故发生。深入开展食品药品专项整治，保障市民生命健康安全。完善防灾减灾、应急处置体制机制，提升灾害防御能力。启动全国民族团结模范市创建工作。推进军地融合，争取全国国防教育动员现场会在银召开。

四、加强政府自身建设，提高施政能力和服务水平

打铁还需自身硬，重任千钧惟担当。新一届政府要把全面建成小康社会的使命扛在肩上，把万家忧乐放在心头，努力建设人民满意的法治政府、创新政府、廉洁政府和服务型政府。

第一，严格依法行政。认真落实国家法治政府建设实施纲要，严守政治规矩、把握市场规律、遵循法治规则，自觉接受人大法律监督、工作监督和政协的民主监督，主动接受社会监督，认真做好人大议案建议和政协提案办理工作。严格执行重大事项请示报告、政府议事规则等各项制度规定，把政府活动全面纳入法治轨道。推进“七五普法”。政府工作人员要带头学法、守法、用法，自觉运用法治思维和法治方式推动工作，切实做到法无授权不可为，法定职责必须为。

第二，担当克难实干。完善绩效考评体系，重大任务重点工作全部建立台账，实行领导包抓、部门包干和责任人包定制度，责任不落实不放过，任务不完成不放过。完善行政过错追究、干部容错纠错机制，定的就坚决干、尽快干，错的就坚决改、尽快改。建立突出问题整改销号制，下决心解决一批事关群众切身利益和久拖不决的难题。坚持以人民为中心，对照群众期盼看一看担当克难实干劲头足不足，面对矛盾敢于迎难而上，面对危险敢于挺身而出，面对失误敢于承担责任，团结带领干部群众干出一番事业。

第三，优化政务服务。综合运用市场化、社会

化、信息化等手段,继续深化政务改革,优化发展环境。推进市县乡三级政务服务系统互联互通,实现信息资源共享和业务协同办理。扩大政府购买公共服务领域和范围,凡适合由社会组织提供的公共服务和解决的事项,原则以政府采购方式向社会购买;凡属于事务性公共服务,原则上一律引入市场竞争机制。探索建立行业协会监管、第三方评估考核、行政综合服务机制。拓展提升“12345”便民政务服务平台功能。深入推进政务公开,运用传统媒体和网络等新兴媒体,及时传递政务信息、回应社会关切,拉近政府与群众距离。

第四,加强廉洁自律。深入贯彻中央“八项规定”精神和区市若干规定,巩固“三严三实”“两学一做”教育成果,把全面从严治党贯穿工作始终。严格落实“两个责任”,履行“一岗双责”,强化《准则》和《条例》等纪律约束,建立健全廉政和业务工作融合机制,严格执行政府权力清单、责任清单和市场准入负面清单,减少权力寻租空间、铲除腐败滋生土壤。加强行政监察,强化审计监督,严肃执纪问责,持续加大“三不”案件查办力度,零容忍惩治腐败。努力锻造一支恪尽职守、夙夜在公、敢于负责、勤政廉洁的干部队伍。

各位代表,同志们,梦想孕育奇迹,万事出自艰辛。创新发展、转型追赶的重任落在了我们肩上,历史的接力棒交到了我们手中,政府责无旁贷。在新的长征路上,我们要更加紧密地团结在以习近平同志为核心的党中央周围,在自治区党委、政府和市委的坚强领导下,凝聚起全市各族人民的智慧和力量,不忘初心,继续前进,以铁一般的信仰,铁一般的信念,铁一般的纪律,铁一般的担当,为建设“两宜两化”和西北重要中心城市而努力奋斗!以优异的成绩迎接党的十九大和自治区第十二次党代会胜利召开!

名词解释:

“反梯度”发展战略:一步接轨产业前沿,零度承接高端产业,发展新产业、新业态、新模式。

IBI育成中心:IBI是信息技术、生物科技、知识产权转化三个英文单词的首字母的整合,指打造集“产学研资育”五位一体的高端数字化园区。

TMT育成中心:TMT是科技、媒体和通信三个英文单词的首字母的整合,指打造未来(互联网)科技、媒体和通信园区。

微笑曲线:微笑嘴型的一条曲线,两端朝上,在产业链中,附加值更多体现在两端,即设计和销售,处于中间环节的制造附加值最低。

好大夫:是一个患者可以在线选择医生,交流就医经验的发布平台。10万名主治医师实名注册。

微医:是一个移动互联网医疗健康服务平台,可为用户提供预约挂号、远程会诊、电子处方、药品配送等互联网医疗和会员服务。

四个清理:闲置土地清理、政府债务清理、政府存量资金清理、行政事业单位固定资产清理。

双十工程:10个五星级酒店、10个商业综合体。

蓝海:经济术语,是指新的市场空间。

一枚印章管审批、一个大厅办成事、一个平台全监管、一个号码优服务:26个部门153类审批事项统一划归审批服务局,实现了一枚印章管审批;505项目公共服务事项集中纳入市民办事大厅办理;建立行政审批监管信息互动平台,实现了事中事前事后有效监管;55个便民服务号码整合为“12345”便民信息服务平台。

PE:即市盈率,指衡量股票投资价值的一种动态指标。

双增双减双富:增加农民收入、增加村集体收入;减少群体性信访事件、减少刑事(治安)案件增幅;富口袋、富脑袋。

六城联创:争创联合国人居环境奖、创建国家智慧城市、国家生态园林城市、国家创新型城市、国家健康城市、国家食品安全城市。

四城:生态城、产业城、文化城、旅游城。

三园一轴:水上公园、金水园、金凤园、中阿之轴。

B2C:指直接面向消费者销售产品和服务的商业零售模式。

双调双转:调整经济结构,首先要调整知识结构;转变发展方式,首先要转变思维方式。

银川会议:指今年7月20日,习近平总书记在银川主持召开的全国东西部扶贫协作座谈会。

3+1动力:改革、开放、创新+民族区域自治政策。

1+2+4优势特色产业:1指做优优质粮食;2指打造畜牧产业、酿酒葡萄两大集群;4指做强蔬菜产业、花卉园艺、适水产业、休闲农业。

1431开放战略：1指放大中阿博览会“金字招牌”；4指壮大滨河新区、综保区、阅海湾商务区、经济开发区四大平台；3指畅通陆路、空中、网上三条通道，1指打造一流的国际营商环境。

一轴两带：一轴：即以中阿之轴为依托，以中阿文化雕塑园、中阿之轴、中阿博览会永久会址、中阿文化园、中华回乡文化园为旅游发展轴；两带：贺兰山东麓西夏文化、葡萄酒文化旅游产业带；黄河沿岸黄河文化旅游产业带。

三权分置：是指在原有集体土地所有权和农民家庭承包经营权二权分离的基础上，将农民家庭承包经营权分解为承包权和经营权，从而实行所有权、承包权、经营权三权分置并行。

健康细胞：是指健康社区、健康学校、健康企业、健康医院、健康机关、健康乡镇等各类细胞工程。

银川市2017年国民经济和社会发展计划

银川市发展和改革委员会

一、总体思路及主要预期目标

总体思路：全面贯彻党的十八大和十八届三中、四中、五中、六中全会、中央和自治区经济工作会议以及市委全会精神，主动适应新常态，用五大发展理念统揽全局，以提高经济发展质量和效益为中心，坚持经济工作项目化，保持合理较快的经济增长速度，各方面发展在自治区"走在前列，做出表率"，加快打造西北地区重要中心城市和"两宜两化"城市，建设创新协调绿色开放共享的美好银川。

根据市委第十四次党代会精神，紧密衔接"十三五"规划指标，立足银川实际，兼顾需要与可能，2017年国民经济和社会发展主要目标预期如下：

——地区生产总值增长8.0%左右。

——第一产业增加值增长4.5%；第二产业增加值增长8.0%，其中规模以上工业增加值增长8.5%；第三产业增加值增长9.0%。

——全社会固定资产投资增长10.0%左右。

——社会消费品零售总额增长8.0%。

——地方财政公共预算收入增长7.5%左右。

——外贸进出口总额增长8.5%左右。

——城镇居民人均可支配收入增长8.0%左右。

——农村居民人均可支配收入增长8.5%左右。

——城镇登记失业率控制在4.5%以内。

——居民消费价格涨幅控制在3.0%以内。

——单位生产总值综合能耗、化学需氧量排放量、二氧化硫排放量等完成自治区下达考核目标。

二、主要任务

为顺利实现上述目标，全市上下要按照市委、政府的统一部署，重点抓好以下工作：

（一）加快实施创新驱动战略，增强经济发展新动能

以2020年率先建成国家创新型城市为目标，统筹推进科技、产业、市场和体制机制创新，加快创新载体建设，提升自主创新能力。

做强创新载体。加快国家创新型城市创建步伐，打造一批领军企业，推动特色产业和新业态集群发展。挖掘用好民族区域自治、内陆开放型经济试验区先行先试等政策，加大原创政策制定力度，加大地方立法保护，形成支持创新创业长效机制。设立10亿元创新基金，加快推进科技创新与金融试点城市协同发展，广泛集聚科技优势资源，打造富有活力的产业创新生态系统。大力推动大众创业、万众创新，鼓励发展众创、众包、众扶、众筹，创建更多开放、快捷、低成本创新模式。

加强自主创新能力建设。支持引导高校科研院所与企业产学研用结合，围绕发展现代装备制造业、新材料、新能源、现代纺织等，建设一批产业公共技术平台、产业创新联盟，引进集聚一批中外合作研发中心和国家级研发机构及产业化基地，争取一批国家级实验室落户银川，支持清华、北大、浙大等国内知名院校和神华、如意等重点企业在银布局科技创新中心、产品研发和成果转移转化平台，搭建若干新技术研究院、产业技术创新联盟、区域研发总部，组织实施煤化工、智能制造、通航、大数

据、基因生命等领域重大前沿技术攻关，掌握核心技术，开发出一批关键技术和“杀手锏”产品。

探索商业模式创新。以市场为导向，发挥产业基金引导作用，复制推广产业+基金+资本市场的共享经济、分享经济发展新模式。开展全面创新改革试验，打通科技成果向现实生产力转化的通道。加强协同创新发展和创新共同体建设，推动中阿科技园建设，深化部市、院市等合作，促进科技资源向我市加快集聚。及时把国家、自治区和我市出台的有利于创新发展的政策送到企业，帮助企业用足用好，重点支持高新技术企业中的中小企业、科技小巨人企业、出口型外贸中小企业和涉农中小微企业获得信用贷款。

深入推进人才强市战略。深化人才引进、培养、激励、服务等体制机制改革，倾力打造有利于各类人才成就梦想的舞台，构建集研发、孵化、融资、服务和园区承接、知识产权保护等于一体的创新生态系统，大力引进一批国际水准的创新型科技领军人才、专家学者和创新团队，着力培养一批本地实用人才，持续打造尊重知识、尊重人才、尊重创造的社会环境，吸引全国各地高层次人才来银创新创业。

（二）加快产业转型升级步伐，增强核心竞争力

加快新型工业化进程。继续强化工业对全市经济的支撑作用，扶持重点产业、园区、项目、企业，推进传统产业和新兴产业向高端化发展，确保规模以上工业增加值增长8.5%。做大做强产业集群。集中优势资源做大工业总量规模，促进信息化与工业化深度融合，推动工业向创新驱动、绿色低碳、智能制造发展转型，培育打造“4+1”千百亿产业集群。现代纺织产业，依托“一城三园”，持续引大联强，做大做强纺纱、面料、服装、品牌、时尚消费全产业链项目，打造国内一流现代纺织产业基地。力争纺织产业产值同比增长15%以上。先进装备制造业，加快核心技术引进，强化大数据、云计算、人工智能、3D打印等新技术带动作用，培育壮大新能源汽车、智能机器人、数控机床、智能铸造、高端轴承、机电产品、节能环保装备、能源化工机械设备等产业，打响“银川制造”品牌，打造国际国内领先的智能制造示范基地。新能源、新材料产业，以单晶硅棒、蓝宝石、石墨烯等项目为主导，着力突破新技术，延伸产业链，实现规模化、高端化发展，进一步推进“单打冠军”向“集团军”转变，打造具有较强综合竞争力的新能源制造应用示范基地、国内一流新材料产业基地。生物制药发酵产业，依托银川生物科技园、永宁望远工业园，加快推进伊品生物、启元药业、多维药业、金太阳药业等技术改造项目，加大生物制药技术研发应用，力争在原料药升级、回药开发、仿制药、化学制药制剂生产等高端领域有所突破，打造国内环保高新生物医药产业基地。能源化工产业，积极推动关联企业技术升级改造，提升产品附加值，增强市场竞争力，实现节能、环保、绿色、安全发展。推动园区实现新突破。按照集约化发展要求，进一步整合资源，引导各县（市）区、开发区注重投入产出比、单位电耗工业增加值比、产业链延伸和配套等指标，引导园区向集约化发展方向转变。分类推进规划产业区块外存量工业用地调整转型。推进企业“两化”深度融合。2017年计划向全市公开征集两化融合管理体系贯标试点企业20家以上，指导10家以上企业参加国家两化融合管理体系标准评定，指导100家规模以上企业参加自治区级两化融合管理体系标准评估。大力实施节能降耗对标达标工程，重点实施10个以上清洁生产技术改造项目，严格落实淘汰落后产能政策，加强对淘汰情况的监督检查工作。大力推进180个重点工业项目建设，工业投资达到600亿元。

全力推动服务业快速发展。推动生产性服务业向专业化和价值链高端延伸、生活性服务业向精细化和高品质发展，打造极具吸引力和影响力的区域性现代服务业中心。商贸服务业，引进国内外商业巨头，加快现代商贸流通项目带动、商贸功能区集聚平台建设、名店名企名品“三名”工程提升、社区商业新业态发展、特色商业街区建设、会展经济带动六大现代商贸服务业工程建设，促进现代商贸规模化、品牌化发展。现代物流，大力培育和引进品牌企业，加快建设一批覆盖西北、辐射全国、面向国际的大型综合现代物流园区，加快物流园区与乌力吉飞地口岸、“中阿号”货运班列、外向型企业深度融合，加速推进国际航空物流园、离境免税店建设，打造“一带一路”战略区域性国际物流中心城市。现代金融，深入实施“金融强市”战略，加强金融业机构集聚和服务模式、产品、业态创新，加快阅海湾金融中心等金融集聚区建设，着力打造区域性现代金融中心，2017年金融业占GDP比重达到10%以上。休闲旅游，全面发展全域旅游，探索建立更具活力的管理和经营体制，大力推进“两带一轴”旅游观光带资源整合、服务提升和产业融合，打造国内外具有回族特色和穆斯林风情的全域旅游度假休闲目的地城市。健康养老，加快发展以医疗健康服务、休闲养老养生等为重点的健康幸福产业，构建大健康产业体系，把银川建成面向全球的休闲养老健康疗养综合性示范区。会展业，以举办中阿博览会、连续5年承办“亚洲都市景观类颁奖礼”为契机，更多引入国内外重大赛事、品牌展会、国际峰会等大型活动，打造中国会展名城品牌。加强房地产调控，优化商品房供给结构，促进房地产业健康平稳发展。加快发展服务外包、商务服务、科技服务、信息服务、文化创意等新型服务业，发展总部经济、楼宇经济，鼓励引进新业态新模式，服务业在经济中的比重达到45%左右。

大力发展现代特色农业。坚持“三精”农业发展方向，实施特色产业提升工程，推进标准化、规模化种养殖基地建设，大力发展设施园艺、水产、畜牧、优质粮等主导产业，加快培育壮大葡萄酒、清真牛羊肉产业集群，培育一批全国知名特色农产品品牌，发展智慧农业、生态农业。坚持产村互动，农旅融合，大力发展“农耕生活体验、农业园区观光、有机产品加工销售”都市现代休闲观光农业，构建一二三产融合发展的现代农业产业体系，提升国家级现代农业示范区建设水平。积极发展农村电子商务，畅通农产品销售渠道。统筹推进农村深化改革，积极实施新型农业经营主体、农业产业联合体培育工程，培养新型职业农民，造就高素质农业生产经营者队伍。大力推动农业保险创新，增强农业抗风险能力，促进现代农业发展和农民增收。

（三）突出抓好重大项目建设，强化有效投资对经济增长的关键作用

坚持经济工作项目化，优化投资结构，提高投资效率，发挥有效投资对经济增长的拉动作用。提高投资有效性和精准性。围绕国家“互联网+”、“中国制造2025”、电子商务、智慧城市等发展战略和新业态，培育投资新增长点，形成投资新需求。进一步提升产业投资特别是工业和现代服务业投资的比重，鼓励、引导资本投向先进制造业、战略性新兴产业、服务业新业态新模式等领域，支持传统优势产业通过技改等方式加快产业转型升级。增加民间投资和外来投资比重，全面推进政府和社会资本合作，激发社会投资增长动力。推动投资向扶贫、农村基础设施等薄弱环节倾斜。围绕提升城市功能，加强综合管廊等公共配套设施投资。

大力推进重点重大项目建设。全力做好政策、项目、资金“三争取”工作，争取我市一批重大基础设施和产业项目列入国家和自治区重点支持计划；重点抓好列入自治区60大庆重点项目建设，着力抓好全市913个基本建设项目、100个重点建设项目、380个市本级政府投资建设项目和投资亿元以上项目建设。一是推进基础设施项目建设。新开工福州南街（长城路-砖渠南侧路）等道路畅通工程、盈南家园砖渠六号路等安置区和保障房配套道路项目。二是推进工业项目建设。续建年产3000万件如意纺高档衬衫、300万套如意纺高档西装项目、年产12万吨氨纶纤维新材料项目、1亿米衬衫面料项目和1000万米精纺呢绒面料项目、年产16万吨涡流纺精梳纱线等项目，新建宝丰光伏电站二期、恒天集团碳纤维产业基地、年产50万锭涤纶缝纫线项目、年产200万套时尚女装等项目。三是推进服务业项目建设。新开工阅海湾中央商务区创新大厦、粮食加工物流园等项目，续建西夏工人文化宫商业广场、润恒农副产品冷链物流产业园冷链配送中心、新华联商业综合体等项目。四是推进社会事业项目建设。新开工建设教师发展中心、北塔中学、新闻传媒新媒体融合工程、西夏陵旅游提升工程、妇幼保健院产科能力提升工程、工人文化宫等，续建宁夏幼儿师范、市委党校与创业大学合建工程、爱心护理院二期、儿童医院、第一人民医院综合医院（滨河新区）、公共实训基地等项目。五是推进生态环境项目建设。新开工建成区城市黑臭水体整治、“蓝天工程”燃煤锅炉拆除并网等项目，续建一、二、四、五污水处理厂扩建及升级改造项目。加快垃圾转运站、中转站、建筑垃圾资源化利用、生物质资源化处理中心等项目建设。六是推进政府和社会资本合作项目。加快实施银川市地下综合管廊等重点项目。

（四）统筹城乡建设，优化发展环境

坚持高起点规划。按照银川都市区“一河两岸三域”的空间格局，进一步拉开城市框架、完善城市功能，全面增强中心城区带动力，真正让“碧水蓝天、明媚银川”成为靓丽的城市名片。逐步完善城市功能。深入推进城乡环境综合整治，扎实开展治堵治乱治脏专项行动，深入实施路边河边山边村边“净化绿化美化”工程，全面优化城乡人居环境。积极稳妥推进拆迁安置，为城市建设腾拓空间。加快打造公交都市，形成轨道交通、快速公交、常规公交、出租汽车、慢行系统等无缝衔接的公交体系，公共交通机动化出行分担率达到国内城市一流水平。强化公共服务功能，推动教育、医疗、文化、体育等资源均衡布局，构建10分钟基本公共服务圈。完善市政基础设施体系。加快以快速路网、综合管廊、海绵城市为重点的基础设施建设，实施万寿路、沈阳路、哈尔滨路、怀远路等城市地下综合管廊工程，加快第七、第九污水处理厂配套进出厂管道工程、文昌南街（南环高速—观平路）道路、给水、路灯等工程。全面排查消除房屋建筑、市政设施等安全隐患，切实保障城市安全。统筹推进城乡协调发展。加快土地、户籍、住房、就业、社会保障等方面制度创新，有序推进农村各项改革和农业转移人口市民化，加快打造一批产业特色鲜明、生态环境优美、多种功能叠加的特色小镇，推动城镇化由注重速度向注重品质提升转变。大力推进基础设施向农村延伸、公共服务向农村覆盖、管理功能向农村辐射，加快农村危旧房改造和重点村、特色村农民住房改造试点，加快建设一批布局合理、村容整洁、功能配套、乡风文明的美丽乡村。

（五）坚持绿色发展，打造碧水明媚银川

提升“碧水蓝天 明媚银川”形象，着力推进绿色发展、循环发展、低碳发展，形成节约环保的生产生活方式。让人民群众喝到更加干净的水、呼吸更加清新的空气、享受更加宜人的环境。优化提升生态环境，重点实施小微公园建设、第九届中国花卉博览会、滨河新区旅游大道绿化景观提升工程等园林绿化项目。落实国家、自治区“水十条”，实施银新干沟、四二干沟等水环境综合整治工程。通过整合治理现有湖泊、水系，实施城市“龙须沟”整治工程，重现“百湖润银川，碧水环城流”的城市景观。推进艾依河流域、黄河银川段流域的综合治理，黄河银川段水质稳定保持Ⅲ类（三类）标准，重视雨污分流、废水处理和中水回用，保障饮用水安全，促进水环境改善。加大节能减排力度，以创建全国低碳示范城市为抓手，大力推广分布式发电应用、建筑可再生能源应用、分布式充电设备应用。以“蓝天工程”为抓手，加大工业企业废气污染治理、加快市区及周边重污染企业关停搬迁，强化扬尘、机动车尾气和餐饮业污染治理力度。全力建设华电灵武电厂“东热西送”项目，推广清洁能源替代燃煤小锅炉，控制二氧化硫排放，推动城市空气质量改善，力争空气质量优良天数达标率76%以上。加快推进药企污染常态化治理。建立土壤环境监测网络，推动土壤污染风险管控和治理修复。加强固体废弃物治理和噪音污染控制，进一步扩大垃圾分类试点范围。持续改善城乡面貌，进一步扩大城市基础建设投入力度，完善城市交通路网，提升城市建设品位，夯实城市服务功能。实施棚户区改造4025户、165万平方米，开工建设安置房7021套。

（六）强化平台拓展功能，扩大对外开放

用好用活宁夏内陆开放型经济试验区、中阿博览会两块“金子招牌”和先行先试的政策，加快开放平台建设，努力把银川建设成为国家向西开放的窗口和对阿合作的“桥头堡”。滨河新区着力打造沿黄城市群产城一体示范区、开放型经济先行区，全力申建国家级新区。加快实施恒天如意科技产业城、神华宁煤研发中心、大数据中心二期、中联重科环境装备制造、天山海世界等重点项目，着力推进景城住宅区、如意公租房、科教城商业开发、如意高端酒店、高端葡萄酒庄等项目建设。创新体制机制，探索制定经济试验区人才、创业、投融资等发展政策，打造新区管理运行新模式。综合保税区，加快建设跨境电子商务中心，对接国家“信息丝路”计划，打造中阿网上丝绸之路，形成相互承认的电子认证和云服务体系。启动中阿跨境电商综合试验区申报工作。继续深化与迪拜杰贝·阿里自贸区合作，鼓励企业在中东地区建设“海外仓”及体验店。加快培育开放经济，重点推进宁夏进境肉类（水果、种苗）指定口岸项目建设，促进福来贺清真牛羊肉加工基地投产运营。加快建设美国ARC航空、国际快件处理中心、国际皮草（银川）交易中心、全球

航材交易中心等项目。加快推动生物科技信息产业园、丝路国际合作园项目建成运营,建设培育清真食品和穆斯林用品、葡萄酒等外贸出口基地。阅海湾中央商务区,重点发展总部、会展、金融等高端服务业。加强中阿金融贸易、文化教育、体育旅游、科技医疗等方面交流合作,加快建设中阿生命园、中阿大学城、国际进出口商品展示中心等重点项目。依托"宁夏保税国际商品展销中心""CBD金融中心",打造"互联网+金融"等多业态经营模式,积极探索进口直销、保税仓储物流、国际商品展销等新型模式。积极推进外国领事办事处、官方民间合作交流办事处等机构落户商务区,打造国际化示范区,加快阅海湾商务区多元化发展。

贯通开放"大通道",打造"空中、陆上、网上"三条丝绸之路。打造空中丝绸之路,加快银川河东国际机场三期建设,完成综保区与机场"绿色通道"建设,协调开辟银川至中东、中亚、南亚等重点国家和地区的国际客货运航线。把银川河东国际机场打造成面向阿拉伯国家和主要穆斯林地区的门户机场、区域航空枢纽和货运集散中心。打造陆路丝绸之路,加快协调建设银川至西安快速铁路、包兰线银川至兰州段扩能改造和太中银铁路复线工程,发挥与青岛、济南、郑州等9个丝绸之路城市海关通关一体化优势,加快构建多式联运、向西出境、向东出海的国际物流大通道。打造网上丝绸之路,完成跨境电商政务平台建设,争取获批跨境电商保税进口资质,引进5家以上跨境电商企业,积极申报中阿跨境电商综合试验区,大力发展面向阿拉伯国家的电子商务、云业务和服务外包业务。坚持"走出去","引进来",推进宝塔石化、同基国际贸易等企业海外项目实施,支持荣昌集团、阿莱曼进出口贸易公司等设立海外销售联络处,围绕清真食品、现代纺织等产业加大招商引资力度,力争招商引资项目到位资金增长10%以上。

(七)继续打好改革攻坚战,增强发展活力

深化"放管服"改革。再取消和下放一批行政职权,推进电子证照、电子签章和"一窗申请、一表登记",同步启动多证联办等商事制度改革。加快完善市县乡一体构架、多级联动体系,力争网上审批服务达到60%以上。推进国有资产管理体制改革。在完成市属国企脱钩移交工作的基础上,制定市属国企改革重组实施方案,集中划转一批、重组整合一批、清理退出一批,调整和完善国有资本布局。开展国有资本股权投资、基金投资、资本运营、资产并购,提升国有资本盈利能力和风险防控能力。加强金融体制创新。积极推进寿险及金融租赁的落地。积极对接国家部委,推动中人寿保险公司、中阿金融租赁公司等机构组建。争取在债券发行、平台打造等方面取得新突破。大力发展互联网金融业态,加快信息技术与金融深度融合。继续深化农村改革。全面完成"两证合一"确权颁证,建成市县乡村四级产权交易体系。推广农村集体产权流转交易和抵押融资试点,支持发展新型农村合作金融。

(八)坚持民生共建共享,提升人民幸福感

坚决完成扶贫工作任务。全面落实精准扶贫、精准脱贫工作的各项工作任务,加大产业扶贫、项目招商扶贫力度,做好培训就业劳务输出工作,切实增加移民收入。继续完善社会保障体系。继续实施积极的就业创业政策,确保全年城镇新增就业4万人,城镇登记失业率控制在4.5%以内。实现困难群体就业3000人,劳动力转移就业8万人。继续做好城乡居民社会养老保险、医疗保险、城镇职工基本养老、医疗保险等参保扩面工作。大力促进教育公平。推进学前教育提质增效,推行政府购买学前教育服务政策。优化均衡配置义务教育资源,建立义务教育质量评价和监测体系。不断扩大优质高中教育资源覆盖面,促进职业教育产教研融合。完成宁夏幼儿师范高等专科学校迁建工程,探索建立学段衔接、医教结合的特殊教育体系。切实做好医疗卫生工作。完善分级诊疗制度,深化公立医院改革。积极推进医养结合,鼓励和支持社会资本投资举办多种形式的居家医养、社区医养、机构医养的医养服务机构。推进智慧医疗项目二期建设,加快实施银川市第一人民医院全科医生培训基地和儿科治疗中心建设项目。新建设4所社区卫生服务中心,积极争取银川市中医院和紧急救援中心新建项目。保持物价基本稳定。加强价格执法,加大对物业、停车等重点价格收费的监督检查,规范价格秩序,着力改善和保障民生。

附件:银川市2017年国民经济和社会发展计划主要指标表

附件

银川市2017年国民经济和社会发展计划主要指标表

主要经济指标	计算单位	2015年实际		2016年计划		2016年实际完成		2017年计划建议	
		数值	增长(%)	数值	增长(%)	数值	增长(%)	数值	增长(%)
一、地区生产总值	亿元	1480.73	8.3	1580	8.0	1617.28	8.1	1747	8.0左右
第一产业增加值	亿元	57.46	4.7	61	5.0	58.61	4.3	62	4.5
第二产业增加值	亿元	787.11	9.1	840	8.5	825.46	6.6	885	8.0
#规上工业增加值	亿元	487.8	8.9	525	8.5	533.06	8.5	570	8.5
第三产业增加值	亿元	636.16	7.6	679	8.0	733.21	10.3	800	9.0
二、固定资产投资	亿元	1540.88	10.6	1695	10.0	1723.31	11.8	1895	10.0左右
三、地方公共财政预算收入	亿元	170.98	12.1	185.8	8.5	*173.13	13.0	*176	7.5左右
四、居民消费价格指数(上年=100)		101.6	1.6	103.0	3.0左右	101.7	1.7	103	3.0
五、社会消费品零售总额	亿元	477.6	7.2	515	8.0	514.19	7.7	555	8.0
六、进出口总额	亿美元	32.66	-32	39.5	17.0	163.5亿元	-13.1	177.4亿元	8.5左右
其中:出口	亿美元	25.4	-34	29．5	16.0	131.8亿元	-15.2	143.0亿元	8.5
七、人民生活									
城镇居民人均可支配收入	元	28261	8.2	30800	9.0	30478	7.8	32916	8.0左右
农村居民人均可支配收入	元	11148	8.5	12265	10.0	12037	8.0	13060	8.5左右

注:*“营改增”后按可比口径计算。

关于2016年银川市及市本级预算执行情况和2017年全市及市本级预算草案的报告

——2016年12月28日在银川市第十五届人民代表大会第一次会议上

银川市财政局

各位代表：

受市人民政府委托，现将2016年全市及市本级预算执行情况和2017年全市及市本级预算草案的报告提请大会审议，并请市政协委员和其他列席会议人员提出意见。

一、2016年全市及市本级预算执行情况

今年以来，在市委、政府的坚强领导下，财政工作紧紧围绕“稳增长、调结构、促改革、惠民生、控风险”的总体要求，深入落实“2258”工作思路和“金融强市”发展战略，加快实施开放内涵式发展，积极落实结构性减税政策，深入推进供给侧和“营改增”等各项改革，抢抓机遇，奋力拼搏，不断强化措施，持续发力，财政收入保持稳定增长，全市经济社会总体保持平稳运行。

(一)一般公共预算执行情况

1.全市一般公共预算执行情况

根据全市2016年11月份收支情况及全年的预算安排情况测算。2016年全市全口径一般公共预算收入预计完成397.2亿元。其中：中央级及自治区级收入208.94亿元，地方一般公共预算收入188.26亿元，完成年初预算的101.3%，同比增长10.1%。地方一般公共预算支出332.80亿元，同比增长15.6%。

银川经济技术开发区一般公共预算收入预计完成13.0亿元，完成年初预算的100.0%，同比增长8.5%。一般公共预算支出14.63亿元，为变动预算的98.0%，同比增长3.2%。

2.市本级一般公共预算执行情况

市本级一般公共预算收入预计完成95.28亿元，完成年初预算的101.5%，同比增长10.2%。一般公共预算预计支出143.25亿元，为变动预算的100%，同比增长14.4%。

根据《预算法》的规定，下面重点报告2016年市本级预算收支执行具体情况。

(1)收入项目执行情况

税收收入54.83亿元，为预算的93.3%，同比增长1.4%。其中：增值税5.07亿元，为预算的75.1%，下降7.3%；营业税27.78亿元，为预算的111.1%，增长24.2%；企业所得税3.85亿元，为预算的84.6%，下降1.4%；个人所得税1.81亿元，为预算的91.5%，增长8.3%；城建税7.48亿元，为预算的95.3%，增长30.6%；土地增值税2.17亿元，为预算的96.5%，增长19.4%；耕地占用税0.74亿元，为预算的74.2%，下降86.8%，主要是上年清理历年建设用地占用耕地清缴税收入库；契税5.93亿元，为预算的63.0%，下降20.9%。

非税收入40.45亿元，为预算的115.4%，同比增长24.7%。其中：专项收入5.65亿元，为预算的86.9%，下降6.4%；行政事业性收费收入2.67亿元，为预算的110.9%，增长23.0%;罚没收入1.41亿元，为预算的122.9%，增长27.5%；国有资产经营收益2.24亿元，为预算的101.8%，增长19.1%，主要是股权分红、利息收入等增长；国有资源(资产)有偿使用收入26.58亿元，为预算的117.6%，增长26.1%，主要是将政府经营性存量资产进行处置；其他收入1.90亿元，为预算的949.1%，增长1128.1%，主要是

将政府住房基金调入一般公共预算。

(2)支出项目执行情况

教育支出10.87亿元,增长36.7%;科学技术支出4.08亿元,增长270.5%;文化体育与传媒支出5.35亿元,增长68.1%;社会保障和就业支出8.25亿元,下降10.8%;医疗卫生与计划生育支出11.6亿元,增长33.1%;节能环保支出6.65亿元,下降2.0%;城乡社区事务支出44.82亿元,下降2.5%;农林水支出4.48亿元,增长19.9%;国土资源气象等支出0.59亿元,下降11.6%;住房保障支出4.48亿元,下降20.0%;交通运输支出2.44亿元,下降44.4%;资源勘探信息等支出3.03亿元,下降1.8%;商业服务业等支出3.72亿元,增长90%;金融监管等事务支出12.76亿元,增长153.6%,主要是向金融控股集团注资12.3亿元;公共安全支出8.59亿元,增长1.0%;一般公共服务支出7.17亿元,增长5.4%;其他支出4.0亿元,增长145.6%。

(3)自治区对市本级转移支付补助情况

自治区对市本级转移支付53.96亿元。其中:返还性收入16.27亿元,一般性转移支付收入13.75亿元,专项转移支付补助收入23.94亿元。

(4)市本级对辖区转移支付补助情况

市本级对辖区转移支付补助支出21.12亿元。其中:返还性补助1.04亿元,一般性转移支付4.66亿元,专项转移支付补助15.42亿元。

(5)市本级一般公共预算执行结果

市本级一般公共财政预算总收入175.48亿元。其中:一般公共财政预算收入95.28亿元,返还性收入16.27亿元,一般性转移支付收入13.75亿元,专项转移收入23.94亿元,调入预算稳定调节基金7.0亿元,上年结余结转8.67亿元,调入资金2.82亿元,辖区专项上解收入1.07亿元,新增债券6.68亿元。市本级一般公共财政预算总支出175.48亿元。其中:市本级一般公共财政预算支出143.25亿元,对辖区转移支付补助支出21.12亿元,上解支出11.11亿元(主要是营改增的因素)。市本级一般公共财政预算收支平衡。

(二)政府性基金预算执行情况

1. 全市政府性基金预算执行情况

全市全口径政府性基金预算收入预计完成52.21亿元。其中:中央级及自治区级收入3.08亿元,地方政府性基金收入49.13亿元。全市地方政府性基金预算支出40.79亿元,同比下降45.0%。

银川经济技术开发区政府性基金预算收入完成1.59亿元,上年结余收入0.17亿元。政府性基金预算支出1.17亿元。结转下年支出0.59亿元。

2. 市本级政府性基金预算执行情况

市本级政府性基金预算收入预计完成36.0亿元,比年初预算短收9.0亿元。政府性基金预算(不含转移辖区支付17.23亿元)支出19.49亿元。

2016年市本级预算收支执行具体情况如下:

(1)政府性基金收入情况

新型墙体材料专项基金收入0.23亿元;城市公共事业附加收入0.2亿元;国有土地使用权出让收入33.92亿元;城市基础设施配套费收入1.17亿元;其他基金收入0.48亿元。

(2)政府性基金支出情况

城乡社区事务支出19.17亿元;资源勘探电力信息事务支出0.13亿元;商业服务业支出0.06亿元;其他基金支出0.13亿元。

(3)自治区转移支付补助情况

自治区对市本级转移支付补助0.65亿元。其中:新增建设用地土地有偿使用费补助0.03亿元;旅游发展补助0.06亿元;彩票公积金补助0.28亿元;其他政府性基金补助0.28亿元。

(4)市本级对辖区政府性基金转移支付补助情况

市本级对辖区转移支付补助支出17.23亿元。其中:城乡社区补助17.04亿元(主要是建设项目征地拆迁和重点项目配套),其他基金补助0.19亿元。

(5)市本级政府性基金预算执行结果

市本级政府性基金预算总收入39.54亿元。其中:当年政府性基金预算收入完成36亿元,上级补助收入0.65亿元,上年结转2.89亿元。市本级政府性基金预算总支出39.54亿元。其中:当年政府性基金预算支出完成19.49亿元,补助下级支出17.23亿元,调出资金2.82亿元。

(三)政府债券执行情况

自治区转贷银川市本级新增地方政府债券19.68亿元,其中:一般债券6.68亿元,专项债券13亿元;置换地方政府债券43.78亿元,其中:一般债券24.92亿元,专项债券18.86亿元。债券支出48.71亿元,其中:新增债券支出4.93亿元,置换债券43.78亿元。

（四）国有资本经营预算执行情况

市本级国有资本经营预算收入1亿元，主要是国有企业上缴的国有资本经营收益。市本级国有资本经营预算支出0.5亿元，结转下年0.5亿元。

（五）社会保险基金预算执行情况

社会保险基金收入74.86亿元，为预算的86.0%。其中：企业职工基本养老保险基金37.74亿元；失业保险基金2.76亿元；城镇职工基本医疗保险基金24.18亿元；工伤保险基金1.47亿元；生育保险基金1.56亿元；城乡居民基本医疗保险基金6.61亿元；城乡居民社会养老保险基金0.54亿元。

社会保险基金支出84.58亿元，为预算的95.0%。其中，企业职工基本养老保险基金42.97亿元；失业保险基金2.20亿元；城镇职工基本医疗保险基金29.0亿元；工伤保险基金1.15亿元；生育保险基金2.1亿元；城乡居民基本医疗保险基金6.8亿元；城乡居民社会养老保险基金0.36亿元。

社会保险基金滚存结余42.40亿元。

（六）需要说明的情况

1. 根据国家全面推开"营改增"，报经市人大常委会审查批准，调减当年一般公共预算收入12亿元，根据目前执行结果，实际调减收入14.66亿元。

2. 根据国务院规范地方政府性债务的要求，对2016年地方政府存量债务通过发行地方政府债券进行置换。全市落实地方政府置换债券121.96亿元。其中：市本级43.78亿元，市辖三区7.16亿元，两县一市71.02亿元。市本级地方政府债券置换资金已经市人大常委会批准调整，重新安排当年预算支出29.27亿元。

3. 按照《预算法》的规定，对当年一般公共预算超收及支出净结余，全部转入预算稳定调节基金。在以后年度动用安排预算支出。

4. 上述预算收支情况为快报统计数，最终执行结果待决算完成后，再向市人大常委会报告。

二、2016年落实市人大决议和主要财政工作情况

2016年，面对宏观经济持续下行压力，财政工作在市委的正确领导和市人大、市政协的监督下，坚持稳中求进工作总基调，主动适应经济发展新常态，综合运用各项财政政策措施，稳增长、调结构、促改革、惠民生，有力地促进了全市经济社会平稳持续发展。

（一）统筹兼顾、协调发展，全力保障重点项目实施

扎实推进重点项目建设。整合各类资金54.02亿元。积极推进滨河新区、银川综保区、阅海湾中央商务区等重点项目基础设施建设，做好银西铁路、银川至宁东轻轨、京藏高速改扩建等重大交通基础设施项目建设的前期征地拆迁安置工作，支持哈尔滨路地下综合管廊、老旧小区、棚户区改造等建设项目，完成老旧小区改造等30多宗集体和国有土地的征地拆迁项目，确保重点工程、重大项目开工建设。

（二）创新模式，提高效益，助推经济快速转型升级

大力推进"反梯度"发展战略。统筹支出34.1亿元，支持发展新经济、新产业、新业态，重点支持传统产业转型升级，促进现代农业、现代服务业发展壮大，进一步提高科技支撑能力，做大做强国有资本，培育新的经济增长极。

推进传统产业转型升级。支出2.24亿元，落实企业扶持政策，兑现企业奖励资金，鼓励企业扩大规模、节能降耗、技术创新，促进产业升级换代。积极推进"财保贷"业务，出资8000万元，撬动8亿元资金，使财政资金和社会资源得到科学、高效的配置和运用，有效缓解了小微企业融资难、融资贵问题，中小微企业创新发展能力进一步增强。

促进农业现代化发展。支出2.67亿元，落实山区移民搬迁任务，支持绿色示范农业和高新技术农业发展，落实各项农业补贴政策，把促进农业现代化建设作为优先发展战略，加大"三精"农业扶持力度，积极培育新型农业经营主体，推进现代农业示范园区提升，打造农业优势特色产业集群。

促进现代服务业发展。支出4.84亿元，大力培育会展业、现代物流、电子商务等服务产业，提升服务业发展层级。重点支持各类会展业经济发展，重点实施电子商务转型升级发展战略，解决制约我市产业转型升级发展物流成本高、网销产品竞争力偏弱、网络销售渠道狭窄等困难和瓶颈。

提升科技支撑能力。支出1.35亿元，支持科技创新，支持创新科技服务体系建设，进一步深化完善院所合作机制，促进重大科技成果落地和科技成

果转化；建立科技创新发展投资基金，促进科技与金融紧密结合，带动优势特色产业发展。

增强国有资本引领作用。支出23亿元注入通联资本，进一步增加资本运作实力，促进和培育新兴产业发展。进一步优化提升工业产业发展环境和高精尖产业重点项目建设，引导社会资本向新兴产业聚集，推进智慧产业、装备制造和服务产业向集群化、集约化发展。

（三）突出重点，加大投入，保障民生事业协调发展

统筹支出23.56亿元，发展民生、改善民生、保障民生，不断提高民生需求的保障水平和质量，维护社会公开正义，促进社会和谐稳定。

着力促进教育优先发展。支出2.38亿元，持续改善学校办学条件，继续实施义务教育经费保障机制，实现各阶段教育资助政策全覆盖；推动高中全面优质教育资源统筹，建立健全民办教育经费保障机制，促进民办学前教育、小学教育、初中教育和高中教育均衡发展；支持中等职业院校办学条件改善和学生公共实训基地建设；支持各类教育教师队伍建设，开展教师培训及教育质量评价工作，全面提升教育教师素质和教育质量。

着力提升医疗保障水平。支出9.34亿元，积极推进公立医院改革试点；提高基本公共卫生服务项目财政补助标准，提高城乡居民大病保险的财政补贴支持；实施城乡孕期妇女优生筛免费查等惠民政策；扩大医疗服务供给，加大优势专科建设投入，不断提升医疗服务水平和质量。

着力提升社会保障水平。支出4.69亿元，完善社会保障体系，健全救助、救济制度，提高城乡居民最低生活保障标准，全面落实困难群体救助、复退军人安置、农村五保供养及城乡医疗救助等政策；积极推进“双创”，全面落实公益性岗位、三支一扶等政策，购买公益性岗位4127个，切实解决结构性就业矛盾，努力解决好中低收入家庭生活就业。

着力推进文化旅游运动休闲融合发展。支出1.23亿元，支持文化媒体深化改革，支持公共文化服务体系建设，促进各类文化交流活动，提升公共文化服务水平；创新城乡居民文化活动载体，丰富群众文化活动；促进银川全域文化旅游建设，提升文化旅游的服务质量，打造运动休闲旅游城市。

着力推进美丽银川建设。支出2.8亿元，加大环保监测、监察技术能力建设，强化环境综合整治。继续压减拆除燃煤茶浴炉、淘汰“黄标车”，推动大气污染治理；推进污水处理、餐厨垃圾项目升级改造，推动水环境治理。

着力实施物价稳控和民生实事。支出3.12亿元，保障限价调控肉菜和储备肉菜补助，确保我市肉品市场供应，维护肉菜价格基本稳定。重点支持市政府为民办20件实事项目，将民生实事办好办实。

（四）强化监督、规范管理，切实提高财政资金绩效

切实把好政府建设项目投资关口，不断提高工程结算效率，共完成工程项目结算审核277项，审减(节约)金额4.75亿元，综合审减率11.71%。健全预算绩效考核机制。进一步扩大预算绩效管理范围和增加预算绩效评价项目，以购买服务聘请第三方社会中介机构开展绩效评价工作，对重点目标绩效任务进行评价，提高了财政资金使用效率。加强政府采购监管。重点监督政府采购招标代理机构、评审专家和供应商的违规违法行为，并加大处罚，促进政府采购公正公开透明。全面开展行政事业单位国有资产清查及事业单位产权登记工作。强化“三公”经费管理，建立厉行节约反对浪费制度体系，实行动态监控，拧紧财务“安全阀”。推行公务卡结算，提高公务支出透明度。

（五）深化改革，优化结构，全面提高财政行政效能

大力实施金融强市战略。充分发挥金融对实体经济的支撑作用，以政府引导基金业务为基础，吸引国内外优秀金融机构来银拓展业务，撬动、引导国内外各类社会资本投入符合银川市鼓励和支持的产业。先后投入29亿元，设立基金21支，吸引社会资本，放大基金规模达到380亿元。重点支持和培育现代农业、新能源、战略性新兴产业、高端装备制造、化纤、纺织、通航、文化、游戏等新兴产业发展。

创新政府性资金竞争性存放模式。建立公平竞争存放机制，通过公开竞争招标的方式选择金融机构，规范政府性资金存储行为。根据公开招标和对金融机构经济指标考核结果，将27.4亿存量资金分配到8家金融机构进行存放，撬动金融机构各类资金投放668.98亿元，支持实体经济、地方经济发展。实现了政银企合作共赢。

推进政府与社会资本合作模式。制定公共服务领域推广政府与社会资本合作暂行办法，落实政府与社会资本合作财政补贴政策，推动滨河新区长河大街地下综合管廊和银川市城市地下综合管廊等4个项目的政府与社会资本合作项目建设。组建PPP模式项目库，完成入库项目26个，并全部在财政部项目平台公示，总投资额1219亿元。社会资本参与我市产业园区、地下管廊公用设施和民生项目等重大项目、重点领域的投融资、建设和运营，发挥财政“四两拨千斤”的作用，实现政府与社会资本合作的共赢。

扎实推动政府购买公共服务。在2015年政府购买服务项目的基础上，不断扩大政府购买服务覆盖面，将银川市棚户区改造、公务用车改革后银川市机关公务用车服务、银川绿博园建设等项目陆续纳入政府购买服务范围，将涉及林业、交通、社会事业等6大类75个项目以政府购买服务方式解决建设资金7.92亿元。

全面推开“营改增”试点和公车改革工作。按照国家的工作部署，全力推开“营改增”试点工作，顺利实现了营改增政策的无缝衔接。制定《银川市党政机关公务用车制度改革定向化保障公务用车管理办法》等政策性文件，保证公车改革工作规范有序推进。封停355辆公务车辆并进行了拍卖，拍卖312辆，拍卖收入692.22万元。

各位代表，2016年是“十三五”的开局之年，总体来看预算执行总体平稳，我们妥善应对经济下行压力，主动适应经济发展新常态，攻坚克难，砥砺奋进，财政改革发展迈上了新台阶。这些成绩的取得是市委正确领导的结果，是人大、政协及代表委员们加强监督、有力指导的结果，也是全市各部门和社会各方面团结拼搏的结果。

同时，我们也清醒地认识到，财政运行和管理工作中仍面临不少困难和问题，主要表现在：财政改革进程与政府职能转变还存在较大差距；财政持续增收困难，财政刚性支出增长较快，收支矛盾比较突出；财政监督措施和信息化建设相对滞后，跑冒滴漏和损失浪费时有发生，财政资金使用效益有待加强。我们一定高度重视这些问题，结合深化财政体制机制改革、加强管理、完善制度措施，切实加以解决。恳请各位代表、委员一如既往地给予指导和支持。

三、2017年财政预算草案

2017年，全市财政预算编制和财政工作的指导思想是：以邓小平理论、“三个代表”重要思想、科学发展观为指导，深入贯彻落实党的十八大以来中央各项决策部署，以“四个全面”为统领，以“五大发展理念”为主线，认真贯彻落实市委第十四次党代会精神，主动适应经济发展新常态，进一步深化财政改革，继续实施积极的财政政策，深入推进“金融强市”战略、创新驱动发展战略和“反梯度”发展战略，着力推进开放内涵式发展；进一步加大财政统筹力度，确保重点领域支出，特别是民生支出；从严控制一般性支出，特别是“三公”经费支出；坚持依法理财，加强财政管理，强化风险防控，促进实现经济持续健康发展和社会和谐稳定。

（一）一般公共预算草案

1. 全市一般公共预算安排草案

全市一般公共预算总收入237.88亿元。其中：全市一般公共预算收入安排176.24亿元，自治区转移性返还收入61.64亿元。据此，全市一般公共预算总支出237.88亿元。其中：全市一般公共预算支出236.14亿元，上解自治区支出1.74亿元。

银川经济技术开发区一般公共预算总收入9.77亿元。其中：一般公共预算收入安排9.51亿元，比上年快报完成减少25.2%。据此，一般公共预算总支出9.77亿元，一般公共预算收支平衡。

2. 市本级一般公共预算安排草案

市本级一般公共预算总收入119.38亿元。其中：一般公共预算收入安排84.56亿元，增长7.5%。自治区转移性补助收入34.82亿元。据此，一般公共预算总支出119.38亿元。其中：市本级一般公共预算支出109.34亿元，转移辖区支付9.34亿元，上解自治区支出0.7亿元。

市本级主要支出项目安排情况是：一般公共服务支出6.28亿元；公共安全支出7.24亿元；教育支出7.82亿元；科学技术支出2.44亿元；文化体育与传媒支出2.76亿元；社会保障和就业支出6.76亿元；医疗卫生与计划生育支出7.42亿元；节能环保支出5.49亿元；城乡社区支出27.32亿元；农林水支出3.02亿元；交通运输支出2.74亿元；资源勘探信

息等支出1.11亿元；商业服务业等支出0.76亿元；金融支出8.73亿元；国土海洋气象等支出0.62亿元;住房保障支出4.32亿元；粮油物资储备支出0.23亿元；其他支出11.20亿元；预备费3亿元，与上年增长1亿。

（二）政府性基金预算安排草案

1. 全市政府性基金预算

全市政府性基金预算收入60.98亿元。根据收支平衡原则，安排全市政府性基金预算支出60.98亿元。

银川经济技术开发区政府性基金预算收入0.8亿元。根据收支平衡原则，安排政府性基金预算支出0.8亿元。

2. 市本级政府性基金预算草案

市本级政府性基金预算收入40.0亿元。其中：新型墙体材料专项基金收入0.14亿元，城市公用事业附加收入0.20亿元，土地出让金收入安排37.6亿元，城市基础设施配套费收入2.00亿元，其他基金收入0.06亿元。根据收支平衡原则，安排全市政府性基金预算支出40.0亿元。其中：政府性基金预算拟安排征地拆迁补偿12亿元，清理工程欠款3亿元，政府投资项目整合安排10亿元，偿还政府债务15亿元。

3. 国有资本经营预算安排

按照有关规定，2017年市本级国有资本经营预算收入安排1亿元。国有资本经营预算支出1亿元。

4. 社会保险基金预算安排

全市社会保险基金收入预算安排101.01亿元，增长135.0%。其中：企业职工基本养老保险基金收入41.69亿元，机关事业单位基本养老保险基金收入18.47亿元，城乡居民基本养老保险基金收入0.55亿元，城镇职工基本医疗保险基金收入27.18亿元，居民基本医疗保险基金收入7.23亿元，工伤保险基金收入1.56亿元，失业保险基金收入2.62亿元，生育保险基金收入1.71亿元。全市社会保险基金支出预算安排104.66亿元，增长124%。其中：企业职工基本养老保险基金支出47.44亿元，机关事业单位基本养老保险基金支出18.47亿元，城乡居民基本养老保险基金支出0.37亿元，城镇职工基本医疗保险基金支出26.80亿元，居民基本医疗保险基金支出6.66亿元，工伤保险基金支出1.28亿元，失业保险基金支出2.02亿元，生育保险基金支出1.62亿元。滚存结余45.30亿元。

（三）市本级重大支出政策及预算安排

按照进一步完善政府预算体系，加大政府性基金、国有资本经营预算与一般公共预算统筹力度的要求，对市本级一般公共预算、政府性基金预算、政府存量债务进行统筹安排。2017年市本级可用于统筹安排的总财力为149.34亿元。根据部门预算的汇总数据，2017年市本级的支出需求规模较大，收支矛盾十分突出。据此，按照“保运转、保民生、保重点、保改革”的原则，进行综合考虑，统筹安排。一是对部门预算的专项业务费压缩20%；二是对重点民生项目资金进行从严控制，对常规性的项目进行压缩整合；三是对市政府投资项目安排的本级财政资金进行适当压缩，同时落实部门争取中央自治区资金的主体责任；四是对2017年新增项目和新增支出原则上不追加财政预算资金。

1. 围绕富裕银川发展战略，促进经济结构调整和产业升级。安排11.78亿元。重点支持组建新兴产业基金、智慧产业、花卉产业基金及引进新的金融机构，支持新三板上市企业发展；支持中小企业担保中心和小额贷款担保中心增加资本金，提高担保能力，支持民营经济加快发展；加快推进现代物流业；推进现代农业发展，重点扶持新品种、新技术推广应用；促进农业产业化，支持发展现代特色效益农业；加快贫困地区脱贫步伐，支持少数民族地区加快发展。健全农业补贴政策体系，健全“造血”机制，持续促进增加农民收入。

2. 围绕和谐银川发展战略，提高社会保障水平。安排支出57.75亿元。落实国家各项优抚提标政策，扶助残疾人事业发展，实施困难职工帮扶和劳模生活救助；促进养老服务体系建设，统筹推进城乡低保标准统一，鼓励社区居家养老，有效扩大养老服务供给；完善就业援助制度，实施就业扶助计划，落实创业优惠政策，继续加大对公益性岗位的购买力度，促进弱势群体及其家庭就业增收；支持现代公共文化服务体系建设，鼓励和引导社会力量、社会资本参与提供公共文化服务，加快推进基本公共文化服务标准化、均等化；支持公租住房、棚户区改造等项目建设，促进城乡协调发展；进一步完善公共医疗卫生体制，继续推进公立医院改革，加强基层医疗卫生服务和公共卫生体系建设，建立基本药物供应保障体系，提高重大疾病防控和突发公共卫生事件的应急处置能力；保障教育事业优先发展，进一步优化教育布局，夯实基础教育，提高职业教育，免除中职家庭困难和涉农专业学生学费，保障幼儿园和校舍安全工程建设；促进公交优先发展和新能源公共交通发展；加强食品药品监督和安全生产监管，提高市场监管部门的执法能力；支持公安消防设施建设，维护社会事务管理中基本需要；大力推进人才发展战略和社会综合治理，促进社会和谐稳定。加大资金统筹力度，化解政府性债务，降低政府性债务风险。

3. 围绕美丽银川发展战略，提升城市发展品质。安排8.77亿元。大力实施蓝天工程，推进节能降耗，污泥处置、污水处理、生活垃圾处理等资源综合利用，加强节能监测；支持环保设施改造、环境监测能力建设、重点污染源及重点流域水污染治理，实施农村环境保护"以奖促治"；继续加大对城市园林绿化、城市亮化及节能升级改造投入，美化城乡环境。

4. 围绕创新银川发展战略，提升科技成果转化。安排2.36亿元。其中安排2亿元科技创新发展基金。探索建立适应不同类型科研项目特点的财政支持机制，鼓励引导企业加强技术中心创新能力建设，探索通过设立引导基金、担保基金等市场化模式，促进科技与金融有机结合，吸引更多社会资金、金融资本支持科技成果转化。

5. 围绕"投资带动"发展战略，促进经济稳定增长。安排32.26亿元。以大项目带动产业大发展，继续发挥政府投资对社会投资的引领带动作用，积极推广应用PPP合作及政府购买服务模式，引入社会资本，加大基础设施建设投入。重点支持棚户区改造、儿童医院、师训基地和滨河新区、阅海湾中央商务区等重大基础设施建设，促进经济稳定增长。

6. 围绕开放银川发展战略，促进对外开放发展。安排1.6亿元，加快银川综合保税区基础设施建设，进一步加大进出口贸易财政补贴，重点支持建设中阿人文交流合作示范区、中阿贸易投资便利化示范区、中阿金融合作示范区，成为"一带一路"重要节点城市。

7. 围绕厉行节约，勤俭办事业，从严控制一般性支出。安排26.48亿元。一是安排17.9亿元，足额保障机关事业人员（含离退休人员）工资支出；二是压缩一般公用经费和"三公"经费的要求，安排机关单位基本运行及事业单位专项业务经费6.1亿元；三是安排改革预留资金6亿元，重点保障预算中各项民生项目调整增加的支出及机关事业单位养老保险制度改革。

8. 预备费安排3亿元。

四、奋力拼搏，攻坚克难，确保完成2017年预算任务

2017年是"十三五"的关键之年，财政工作将认真执行中央、自治区各项战略部署，在市委的坚强领导下，坚持稳中求进的工作总基调，落实宏观政策要稳、产业政策要准、微观政策要活、改革政策要实、社会政策要托底的总体思路，扎实推进供给侧结构性改革，加大预算统筹力度，用好增量，盘活存量，优化财政支出结构，提高财政有效供给的质量和效益，促进实现经济持续健康发展和社会和谐稳定。

（一）着力抓好财源建设，厚植发展新优势。全面落实各项税收优惠政策，找准当前产业升级和企业发展的关键环节，对相关产业和企业给予重点支持。加大总部经济、电竞之都、好大夫、返空汇等新业态，培育新的产业集群、业态集群，放大投资效应，培育新的增长极。充分发挥财政资金的引导带动作用，继续加大资金注入力度，积极有效地用好产业基金，放大投资效应，实现产业发展水平不断提升。进一步创新投融资机制，完善财政与金融、财政与企业、政府与社会合作机制，加快推广应用政府与社会资本合作（PPP模式），采取多种方式引导带动社会资本参与城市建设发展。

（二）切实加强税收征管，不断壮大财政实力。坚持依法治税，做到应收尽收。紧紧围绕全市经济发展大局，积极研究现行财税政策，充分发挥综合治税平台作用，努力挖掘税收增收潜力，堵塞征管漏洞，确保税收及时足额入库。全面规范非税收入管理。继续清理规范行政事业性收费和政府性基金，坚决取消不合法、不合理的收费基金项目。加大社保基金的扩面征缴和清欠催缴力度。加大土地出让收入、土地收益金欠缴催收力度和市政基础设施配套费的征管力度，提高非税收入征管效率。盘活一批优质资产与有收益的政府债务，有效控制债务风险。

（三）不断优化支出结构，全力保障重点支出。继续实施积极的财政政策并加大力度，促进扩大有效供给，优化调整支出结构，创新支持发展方式，加大产业发展资金投入，做强企业融资担保，完善贷款风险分担机制，着力支持重点产业、重点企业发展。加强重大项目、重点工程资金保障，全力推进滨河新区、阅海湾中央商务区、银川科技园等园区重大基础设施建设，确保自治区、银川市重点工程、重大项目开工建设。健全农业补贴政策体系，支持深化农村改革，推进新型农业生产社会化服务体系建设，促进农业发展方式转变，健全“造血”机制，持续促进增加农民收入，加快推进农业产业化进程。

（四）着力保障民生发展，促进社会和谐稳定。促进教育均衡发展。继续扩大优质教育覆盖面，提升基础教育整体发展水平。健全以政府投入为主、多渠道筹集教育经费的体制，努力提高教育经费的使用效率，促进教育质量的提高和推进城乡教育一体化发展。创新资金投入方式，加快推进棚户区、廉租房及老旧小区改造。充分利用金融手段，带动社会民间资金投入，推进保障性安居工程建设和运营。巩固夯实医改成果。以促进基本公共卫生服务均等化为重点，继续优化区域卫生规划，提高城乡卫生资源配置和利用效率。进一步完善社区卫生服务机构的政府投入补助机制，加强公共卫生服务体系建设。继续加大对“大众创业、万众创新”战略发展的支持力度。积极推进PPP机制在公共服务和公共产品供给中的广泛使用。加大财政投入力度，着力完善城乡最低生活保障制度，健全社会救助体系和低保标准动态调整机制。

（五）深化财税体制改革。深化财政体制改革，探索建立政府事权与支出责任相统一的财政经费保障机制；加强政府性债务管理，严控新增债务，积极化解存量债务，建立和完善债务管理考核制度，切实有效防范财政风险。着力强化涉及财政政策和财政资金支持的部门、行业规划与中期财政规划的有机衔接，确保资金和项目对接，不断增强财政预算的前瞻性和可持续性。深入推进预算绩效管理改革，强化评价结果运用，提高财政资金分配的科学性及使用效益。全面推行银川市本级政府性资金竞争存储管理机制，探索建立政府性资金引导撬动银行信贷资金的激励机制，实现政企银合作共赢。

（六）加大财政监督力度，提升依法理财水平。进一步建立健全财政资金管理、政府采购、资产管理、财政监督等制度体系，严格执行各项专项资金使用的有关规定，加强对政府采购，财政专项资金的分配及财政票据的领报缴销等情况的监督力度，全面提高财政精细化管理水平和理财能力。

各位代表，2017年是“十三五”规划的关键之年，做好今年的财政工作，对建立现代财政制度，保障“十三五”规划的顺利实施具有非常重要意义。我们将在市委的坚强领导下，在市人大、市政府的监督下，坚定信心，真抓实干，全力以赴落实好本次会议确定的各项工作任务，为建设经济强、百姓富、环境美、社会文明程度高的美丽银川而努力奋斗！

名词解释

1. 一般公共预算收入：即原“公共财政预算收入”，指政府凭借国家政治权力，以社会管理者身份筹集以税收为主体的财政收入，用于保障和改善民生、维持国家行政职能正常行使、保障国家安全等方面的收支预算。

2. 一般公共预算支出：即原“公共财政预算支出”，指国家对集中的预算收入有计划地分配和使用而安排用于保障和改善民生、推动经济社会发展、维护国家安全、维持国家机构正常运转等方面的支出。

3. 财政总收入：是指地方财政预算内安排的总财力（不含基金预算收入、国有资本经营预算收入），包括地方政府本级一般公共预算收入、税收返还收入、上级补助收入、上年结余、上解收入和调入资金等。

4. 财政总支出：是指地方财政预算内安排的各项支出总和（不含基金预算支出、国有资本经营预算支出），包括地方政府本级一般公共预算支出、专项上解支出、补助支出等。

5. 专项补助：属财政转移性支出的一种，一般指财政部门安排的指定专门用途的补助资金，主要是上级对下级的补助。专项补助不能由下级政府统筹安排，只能用于上级政府指定的支出项目。

6. 调入资金：是指地方政府为平衡年度预算而规定从财政专户管理资金以及其他渠道调入的资金。

7. 政府性基金预算：是指依照法律、行政法规的规定在一定期限内向特定对象征收、收取或者以其他方式筹集的资金，专项用于特定公共事业发展的收支预算。政府性基金预算应当根据基金项目收入情况和实际支出需要,按基金项目编制,做到以收定支。

8. 国有资本经营预算:是指对国有资本收益作出支出安排的收支预算。国有资本经营预算应当按照收支平衡的原则编制,不列赤字,并安排资金调入一般公共预算。

9. 社会保险基金预算:是指对社会保险缴款、一般公共预算安排和其他方式筹集的资金,专项用于社会保险的收支预算。社会保险基金预算应当按照统筹层次和社会保险项目分别编制,做到收支平衡。

10. 预算稳定调节基金:是指财政通过超收收入和支出预算结余安排的具有储备性质的基金,视预算平衡情况,在安排下年度预算时调入并安排使用,或用于弥补短收年份预算执行的收支缺口,基金的安排使用接受同级人大及其常委会的监督。

11. 非税收入:是指一般公共预算收入中除税收以外的其他各项收入,包括:专项收入、行政性事业性收费收入、罚没收入、国有资本经营收入、国有资源(资产)有偿使用收入、其他收入等。

12. 上解收入:是指按体制由国库在本级预算收入中直线划解给上级财政的款项,以及按体制结算补解给上级财政款项和各种专项上解款项。

13. 返还性收入:是指税收返还收入,具体包括两税返还、所得税基数返还和其他税收返还等。

14. 全口径预算:是指中央或地方政府对全部收支实行统一、完整、全面、规范的预算管理。按照预算科目划分:全口径预算包括一般公共预算、政府性基金预算、国有资本经营预算和社会保险基金预算。按照预算级次划分:全口径预算收入包括中央级、省级、市级和县级。

15. 地方政府债券:是指经国务院批准同意,以省、自治区、直辖市和计划单列市政府为发行和偿还主体发行的地方政府债券。

16. 财政短收:是指年度财政收入完成数低于年初预算数。

17. 部门预算:是指政府各部门依据国家有关政策的规定及其行使职能的需要,由基层预算单位编制,逐级上报、审核、汇总,经财政部门审核后提交人大批准的涵盖部门各项收支的综合财政计划。

18. 营业税改征增值税(简称营改增):是指以前缴纳营业税的应税项目改成缴纳增值税,增值税只对产品或者服务的增值部分纳税,减少了重复纳税的环节,是党中央、国务院,根据经济社会发展新形势,从深化改革的总体部署出发做出的重要决策,目的是加快财税体制改革、进一步减轻企业税负,调动各方积极性,促进服务业尤其是科技等高端服务业的发展,促进产业和消费升级、培育新动能、深化供给侧结构性改革。

同时,对增值税、营改增和营业税的税收分享比例进行了调整,增值税由75%:25%调整为中央和地方各50%,地方营改增和营业税由100%地方税收调整为中央和地方各50%,自治区政府又将地方留成部分按40%:60%与市县进行了分成。形成了中央级50%,自治区级20%,市县级30%的收入分配格局。银川市留成部分,经市政府研究同意,银川开发区实行封闭运行政策,市本级不参与分成;市本级与三区政府按70%:30%进行分享,收入向辖区进行了倾斜。

19. 政府采购:是指各级国家机关、事业单位和团体组织,使用财政性资金采购依法制定的集中采购目录以内的或者采购限额标准以上的货物、工程和服务的行为,包括购买、租赁、委托、雇佣等。

20. 公务卡:是指预算单位工作人员持有的、主要用于日常公务支出和财务报销业务的信用卡。主要目的是减少传统现金支付结算,提高财政财务透明度。

21. 政府和社会资本合作模式(即PPP模式):PPP模式即Public-Private-Partnership的字母缩写,是指政府与社会资本之间,为了合作建设城市基础设施项目,或是为了提供某种公共物品和服务,以特许权协议为基础,彼此之间形成一种伙伴式的合作关系,并通过签署合同来明确双方的权利和义务,以确保合作的顺利完成,最终使合作各方达到比预期单独行动更为有利的结果。

22. 政府购买服务:是指政府通过公开招标、定向委托、邀标等形式将原来由自身承担的公共服务转交给社会组织、企事业单位履行,以提高公共服务供给的质量和财政资金的使用效率,改善社会治理结构,满足公众的多元化、个性化需求。

23. 产业引导基金:是指国家和地方政府为了引导高新行业发展,而创设的产业融资平台。政府引导基金成立的目的是为撬动民间资金投入到高新技术产业中。

24. 21支产业基金：是指以下银川铸龙软银股权投资基金、宁夏谷旺农业产业基金、综合保税区建设发展基金、银川化纤产业投资基金、宁夏恒天丝路产业投资基金、银川助企助贷基金、银川中植凤凰战略新兴产业投资基金、银川先锋战略性新兴产业投资基金、银川纺织产业投资基金、恒天如意科技产业城投资基金、银川凤凰汇赋基金、银川凤凰天宇现代制造业股权投资基金、银川通航股权投资产业基金、银川文化产业投资基金、捷成先进装备制造基金、银川股权投资服务基金、银川科技创新投资基金、银川东旭新能源产业基金、宁夏正和凤凰股权投资基金、中投（银川）产业并购基金。

25. 科技创新发展投资基金：是指专项用于各类企业科技创新项目，鼓励企业加大投入，开展技术攻关、科技成果转化、建设研发平台或研发机构、引入国内外高新技术在我市落地转化等，引导企业提升科技自主创新能力。

26. “财保贷”：是指由自治区财政厅、银川市财政局和银川市中小企业信用担保中心按照1:1:2的比例出资，共同建立“贷款风险补偿资金池”作为增信措施，银川市中小企业信用担保中心为银川市“财保贷”风险资金池的融资性担保机构，合作银行选择与担保中心建立合作关系的区内商业银行。向银川市中小微企业提供优惠利率的信贷业务，贷款额度最高不超过500万元，，贷款期限不超过1年，主要目的有效缓解银川市中小微企业“融资难、融资贵”问题，发挥财政资金杠杆效应，构建新型政–银–担合作模式。

27. “反梯度”发展战略：一步接轨产业前沿，零度承接高端产业，发展新产业、新业态、新模式。

28. 新兴产业：是指随着新的科研成果和新兴技术的发明、应用而出现的新的部门和行业。主要指电子、信息、生物、新材料、新能源等新技术的发展而产生和发展起来的一系列新兴产业部门。

29. 国有资本经营收益：是指国家以所有者身份依法从国家出资企业取得国有资本收益，包括应缴利润、股利股息收入、产权转让收入、清算收入、其它国有资本收益等。

30. 蓝天工程：是指为改善空气质量，打造“碧水蓝天 明媚银川”城市品牌，主要包括开展燃煤、扬尘、工业、机动车治理和产业能源结构优化五项工程。

31. 公立医院改革：是指坚持公立医院的公益性质，把维护人民健康权益放在第一位，实行政事分开、管办分开、医药分开、营利性和非营利性分开，推进体制机制创新，调动医务人员积极性，提高公立医院运行效率，努力让群众看好病。

32. 药品加成：是指县及县以上医疗机构销售药品，以实际购进价为基础，顺加不超过15%的加价率作价，在加价率基础上的加成收入为药品加成。2012年4月已于《深化医药卫生体制改革2012年主要工作安排》的通知中声明公立医院改革取消药品加成，使患者得到实惠。

33. 院长年薪制度：是指公立医院改革的一个重要举措，采用年薪制度有利于提高院长的工作积极性，使院长能够真正致力于各种管理创新和技术创新。相对较高的收入，能更加有效地调动其工作积极性和创造性，提高工作效率，使医院的各种资源得到充分利用和完全释放。

34. 城市地下综合管廊：是指在城市地下用于集中敷设电力、通信、广播电视、给水、排水、热力、燃气等市政管线的公共隧道。

中华人民共和国
2016年国民经济和社会发展统计公报[1]

中华人民共和国国家统计局

2017年2月28日

2016年，面对复杂多变的国际环境和国内繁重艰巨的改革发展稳定任务，在以习近平同志为核心的党中央坚强领导下，各地区各部门全面贯彻党的十八大和十八届三中、四中、五中、六中全会精神，认真落实党中央、国务院决策部署，统筹推进“五位一体”总体布局和协调推进“四个全面”战略布局，坚持稳中求进工作总基调，坚持新发展理念，以推进供给侧结构性改革为主线，适度扩大总需求，坚定推进改革，妥善应对风险挑战，引导形成良好社会预期，经济社会保持平稳健康发展，实现了“十三五”良好开局。

一、综合

初步核算，全年国内生产总值[2]744127亿元，比上年增长6.7%。其中，第一产业增加值63671亿元，增长3.3%；第二产业增加值296236亿元，增长6.1%；第三产业增加值384221亿元，增长7.8%。第一产业增加值占国内生产总值的比重为8.6%，第二产业增加值比重为39.8%，第三产业增加值比重为51.6%，比上年提高1.4个百分点。全年人均国内生产总值53980元，比上年增长6.1%。全年国民总收入[3]742352亿元，比上年增长6.9%。

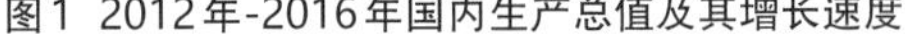
图1 2012年-2016年国内生产总值及其增长速度

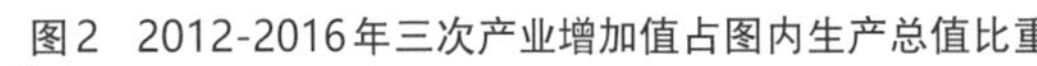
图2 2012-2016年三次产业增加值占图内生产总值比重

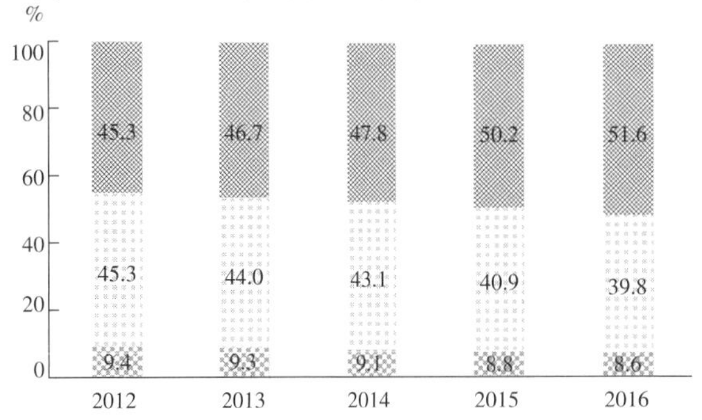

年末全国大陆总人口138271万人，比上年末增加809万人，其中城镇常住人口79298万人，占总人口比重（常住人口城镇化率）为57.35%，比上年末提高1.25个百分点。户籍人口城镇化率为41.2%，比上年末提高1.3个百分点。全年出生人口1786万人，出生率为12.95‰；死亡人口977万人，死亡率为7.09‰；自然增长率为5.86‰。全国人户分离的人口[4]2.92亿人，其中流动人口[5]2.45亿人。

表1　2015年年末人口数及其构成

指　标	年末数（万人）	比重（%）
全国总人口	138271	100.0
其中：城镇	79298	57.35
乡村	58973	42.65
其中：男性	70815	51.2
女性	67456	48.8
其中：0-15岁（含不满16周岁）[6]	24438	17.7
16-59岁（含不满60周岁）	90747	65.6
60周岁及以上	23086	16.7
其中：65周岁及以上	15003	10.8

年末全国就业人员77603万人，其中城镇就业人员41428万人。全年城镇新增就业1314万人。年末城镇登记失业率为4.02%。全国农民工[7]总量28171万人，比上年增长1.5%。其中，外出农民工

16934万人，增长0.3%；本地农民工11237万人，增长3.4%。

图3　2012-2016年城镇新增就业人数

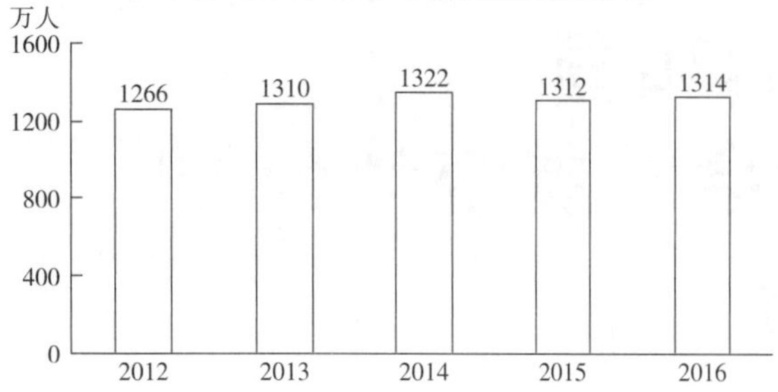

万人

年份	2012	2013	2014	2015	2016
万人	1266	1310	1322	1312	1314

全年全员劳动生产率[8]为94825元/人，比上年提高6.4%。

图4　2012-216年全员劳动生产率

全年居民消费价格比上年上涨2.0%。工业生产者出厂价格下降1.4%。工业生产者购进价格下降2.0%。固定资产投资价格下降0.6%。农产品生产者价格[9]上涨3.4%。

图5　2016年居民消费价格月度涨跌幅度

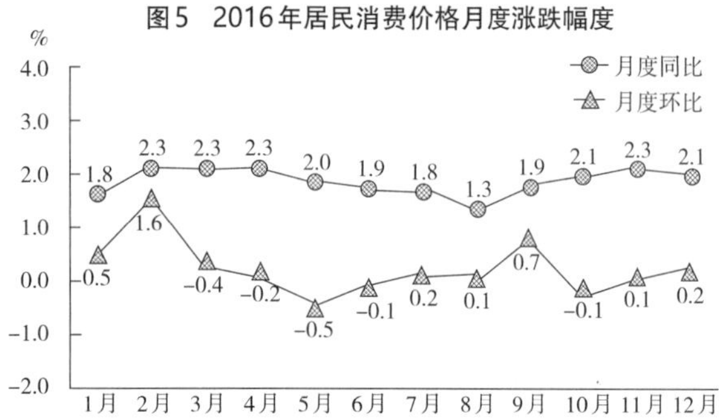

表2　2016年居民消费价格比上年涨跌幅度

单位：%

指　　标	全国	城市	农村
居民消费价格	2.0	2.1	1.9
其中：食品烟酒	3.8	3.7	4.0
衣　着	1.4	1.5	1.3
居　住[10]	1.6	1.9	0.6
生活用品及服务	0.5	0.5	0.2
交通和通信	−1.3	−1.4	−1.1
教育文化和娱乐	1.6	1.5	1.9
医疗保健	3.8	4.4	2.5
其他用品和服务	2.8	2.9	2.2

12月份70个大中城市新建商品住宅销售价格月同比上涨的城市个数为65个，下降的为5个；月环比上涨的城市个数为46个，比年内高点减少19个，持平的为4个，下降的为20个。

图6　2016年新建商品住宅月同比价格上涨、持平、下降城市个数变化情况

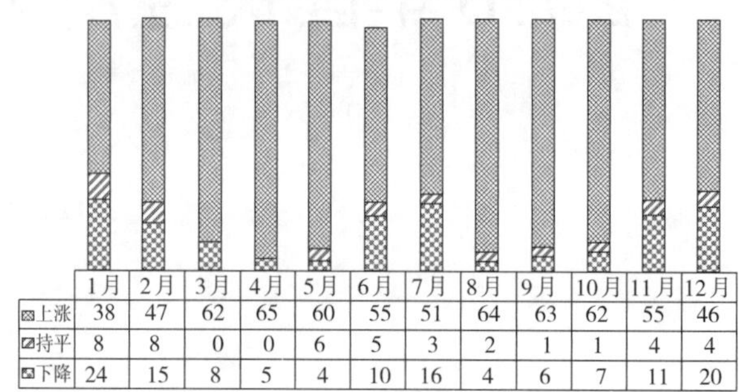

	1月	2月	3月	4月	5月	6月	7月	8月	9月	10月	11月	12月
上涨	38	47	62	65	60	55	51	64	63	62	55	46
持平	8	8	0	0	6	5	3	2	1	1	4	4
下降	24	15	8	5	4	10	16	4	6	7	11	20

全年全国一般公共预算收入159552亿元，比上年同口径[11]增加6828亿元，增长4.5%，其中税收收入130354亿元，增加5432亿元，增长4.3%。

图7　2012-2016年全国一般公共预算收入

亿元

年份	2012	2013	2014	2015	2016
亿元	117254	129210	140370	152269	159552

注：图中2012年至2015年数据为全国一般公共预算收入决算数，2016年为执行数。

年末国家外汇储备30105亿美元，比上年末减少3198亿美元。全年人民币平均汇率为1美元兑6.6423元人民币，比上年贬值6.2%。

图8　2012-2012年年末国家外汇储备

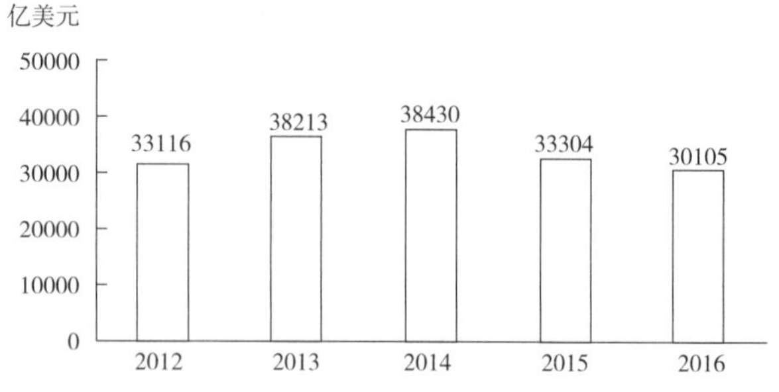

二、农业

全年粮食种植面积11303万公顷，比上年减少31万公顷。其中，小麦种植面积2419万公顷，增加5万公顷；稻谷种植面积3016万公顷，减少5万公顷；玉米种植面积3676万公顷，减少136万公顷。棉花种植面积338万公顷，减少42万公顷。油料种

植面积1412万公顷，增加8万公顷。糖料种植面积168万公顷，减少6万公顷。

全年粮食产量61624万吨，比上年减少520万吨，减产0.8%。其中，夏粮产量13920万吨，减产1.2%；早稻产量3278万吨，减产2.7%；秋粮产量44426万吨，减产0.6%。全年谷物产量56517万吨，比上年减产1.2%。其中，稻谷产量20693万吨，减产0.6%；小麦产量12885万吨，减产1.0%；玉米产量21955万吨，减产2.3%。

图9 2012-2016年粮食产量

全年棉花产量534万吨，比上年减产4.6%。油料产量3613万吨，增产2.2%。糖料产量12299万吨，减产1.6%。茶叶产量241万吨，增产7.4%。

全年肉类总产量8540万吨，比上年下降1.0%。其中，猪肉产量5299万吨，下降3.4%；牛肉产量717万吨，增长2.4%；羊肉产量459万吨，增长4.2%；禽肉产量1888万吨，增长3.4%。禽蛋产量3095万吨，增长3.2%。牛奶产量3602万吨，下降4.1%。年末生猪存栏43504万头，下降3.6%；生猪出栏68502万头，下降3.3%。

全年水产品产量6900万吨，比上年增长3.0%。其中，养殖水产品产量5156万吨，增长4.4%；捕捞水产品产量1744万吨，下降1.0%。

全年木材产量6683万立方米，比上年下降7.0%。

全年新增耕地灌溉面积118万公顷，新增节水灌溉面积211万公顷。

三、工业和建筑业

全年全部工业增加值247860亿元，比上年增长6.0%。规模以上工业增加值增长6.0%。在规模以上工业中，分经济类型看，国有控股企业增长2.0%；集体企业下降1.3%，股份制企业增长6.9%，外商及港澳台商投资企业增长4.5%；私营企业增长7.5%。分门类看，采矿业下降1.0%，制造业增长6.8%，电力、热力、燃气及水生产和供应业增长5.5%。

图10 2012-2016年全部工业增加值及其增长速度

全年规模以上工业中，农副食品加工业增加值比上年增长6.1%，纺织业增长5.5%，化学原料和化学制品制造业增长7.7%，非金属矿物制品业增长6.5%，黑色金属冶炼和压延加工业下降1.7%，通用设备制造业增长5.9%，专用设备制造业增长6.7%，汽车制造业增长15.5%，电气机械和器材制造业增长8.5%，计算机、通信和其他电子设备制造业增长10.0%，电力、热力生产和供应业增长4.8%。工业战略性新兴产业[12]增加值增长10.5%。高技术制造业[13]增加值增长10.8%，占规模以上工业增加值的比重为12.4%。装备制造业[14]增加值增长9.5%，占规模以上工业增加值的比重为32.9%。六大高耗能行业[15]增加值增长5.2%，占规模以上工业增加值的比重为28.1%。

年末全国发电装机容量164575万千瓦，比上年末增长8.2%。其中[18]，火电装机容量105388万千瓦，增长5.3%；水电装机容量33211万千瓦，增长3.9%；核电装机容量3364万千瓦，增长23.8%；并网风电装机容量14864万千瓦，增长13.2%；并网太阳能发电装机容量7742万千瓦，增长81.6%。

全年规模以上工业企业实现利润68803亿元，比上年增长8.5%。分经济类型看，国有控股企业实现利润11751亿元，比上年增长6.7%；集体企业477亿元，下降4.2%，股份制企业47197亿元，增长8.3%，外商及港澳台商投资企业17352亿元，增长12.1%；私营企业24325亿元，增长4.8%。分门类看，采矿业实现利润1825亿元，比上年下降27.5%；制造业62398亿元，增长12.3%；电力、热力、燃气及水生产和供应业4580亿元，下降14.3%。全年规模以上工业企业每百元主营业务收入中的成本为85.52元，比上年下降0.1元。年末规模以上工业企业资产负债率为55.8%，比上年末下降0.4个百分点。

表3 2016年主要工业产品产量及其增长速度

产品名称	单 位	产 量	比上年增长(%)
纱	万吨	3732.6	5.5
布	亿米	906.8	1.6
化学纤维	万吨	4943.7	2.3
成品糖	万吨	1443.3	-2.1
卷 烟	亿支	23825.8	-8.0
彩色电视机	万台	15769.6	8.9
其中:液晶电视机	万台	15713.6	9.2
其中:智能电视	万台	9310.1	11.1
家用电冰箱	万台	8481.6	6.1
房间空气调节器	万台	14342.4	1.0
一次能源生产总量	亿吨标准煤	34.6	-4.2
原 煤	亿吨	34.1	-9.0
原 油	万吨	19968.5	-6.9
天然气	亿立方米	1368.7	1.7
发电量	亿千瓦小时	61424.9	5.6
其中:火电[16]	亿千瓦小时	44370.7	3.6
水电	亿千瓦小时	11933.7	5.6
核电	亿千瓦小时	2132.9	24.9
粗 钢	万吨	80836.6	0.6
钢 材[17]	万吨	113801.2	1.3
十种有色金属	万吨	5310.3	3.0
其中:精炼铜(电解铜)	万吨	843.6	6.0
原铝(电解铝)	万吨	3187.3	1.5
水 泥	亿吨	24.1	2.3
硫 酸(折100%)	万吨	8889.1	-1.0
烧 碱(折100%)	万吨	3283.9	8.7
乙 烯	万吨	1781.1	3.9
化 肥(折100%)	万吨	7128.6	-4.1
发电机组(发电设备)	万千瓦	13218.4	6.3
汽 车	万辆	2811.9	14.8
其中:基本型乘用车(轿车)	万辆	1211.1	4.1
运动型多用途乘用车(SUV)	万辆	914.4	51.8
其中:新能源汽车	万辆	45.9	40.0
大中型拖拉机	万台	63.0	-8.5
集成电路	亿块	1318.0	21.2
程控交换机	万线	1457.7	-22.5
移动通信手持机	万台	205819.3	13.6
其中:智能手机	万台	153764.1	9.9
微型计算机设备	万台	29008.5	-7.7
工业机器人	台(套)	72426.0	30.4

全年全社会建筑业增加值49522亿元,比上年增长6.6%。全国具有资质等级的总承包和专业承包建筑业企业实现利润6745亿元,增长4.6%。其中,国有控股企业1879亿元,增长6.8%。

图11 2011-2015年建筑业增加值及其增长速度

四、固定资产投资

全年全社会固定资产投资606466亿元,比上年增长7.9%,扣除价格因素,实际增长8.6%。其中,固定资产投资(不含农户)596501亿元,增长8.1%。分区域看[19],东部地区投资249665亿元,比上年增长9.1%;中部地区投资156762亿元,增长12.0%;西部地区投资154054亿元,增长12.2%;东北地区投资30642亿元,下降23.5%。

图12 2011-2015年全社会固定资产投资

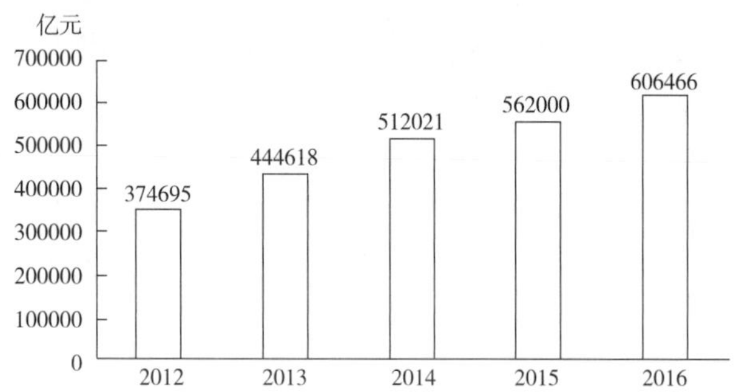

在固定资产投资(不含农户)中,第一产业投资18838亿元,比上年增长21.1%;第二产业投资231826亿元,增长3.5%;第三产业投资345837亿元,增长10.9%。基础设施投资[20]118878亿元,增长17.4%,占固定资产投资(不含农户)的比重为19.9%。民间固定资产投资[21]365219亿元,增长3.2%,占固定资产投资(不含农户)的比重为61.2%。高技术产业投资[22]37747亿元,增长15.8%,占固定资产投资(不含农户)的比重为6.3%。六大高耗能行业投资66376亿元,增长3.1%,占固定资产投资(不含农户)的比重为11.1%。农林牧渔业、水利、环境保护等短板领域投资快速增长。

图13 2016年按领域分固定资产投资(不含农户)及其占比

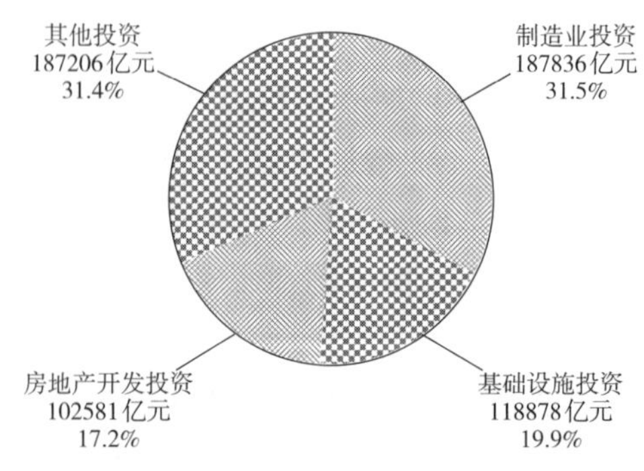

表4 2016年分行业固定资产投资(不含农户)及其增长速度

行业	投资额(亿元)	比上年增长(%)
总计	596501	8.1
农、林、牧、渔业	22774	19.5
采矿业	10320	-20.4
制造业	187836	4.2
电力、热力、燃气及水生产和供应业	29736	11.3
建筑业	4577	-6.5
批发和零售业	17939	-4.0
交通运输、仓储和邮政业	53628	9.5
住宿和餐饮业	5947	-8.6
信息传输、软件和信息技术服务业	6319	14.5
金融业	1310	-4.2
房地产业[23]	135284	6.8
租赁和商务服务业	12316	30.5
科学研究和技术服务业	5568	17.2
水利、环境和公共设施管理业	68647	23.3
居民服务、修理和其他服务业	2677	1.8
教育	9324	20.7
卫生和社会工作	6282	21.4
文化、体育和娱乐业	7830	16.4
公共管理、社会保障和社会组织	8188	4.3

表5 2016年固定资产投资新增主要生产与运营能力

指标	单位	绝对数
新增220千伏及以上变电设备	万千伏安	24336
新建铁路投产里程	公里	3281
其中:高速铁路[24]	公里	1903
增、新建铁路复线投产里程	公里	3612
电气化铁路投产里程	公里	5899
新改建公路里程	公里	324898
其中:高速公路	公里	6745
港口万吨级码头泊位新增吞吐能力	万吨	32436
新增民用运输机场	个	8
新增光缆线路长度	万公里	554

全年房地产开发投资102581亿元,比上年增长6.9%。其中,住宅投资68704亿元,增长6.4%;办公楼投资6533亿元,增长5.2%;商业营业用房投资15838亿元,增长8.4%。年末商品房待售面积69539万平方米,比上年末减少2314万平方米。年末商品住宅待售面积40257万平方米,比上年末减少4991万平方米。

全年全国城镇棚户区住房改造开工606万套,棚户区改造和公租房基本建成658万套。全年全国农村地区建档立卡贫困户危房改造158万户[25]。

表6 2016年房地产开发和销售主要指标及其增长速度

指标	单位	绝对数	比上年增长(%)
投资额	亿元	102581	6.9
其中:住宅	亿元	68704	6.4
其中:90平方米及以下	亿元	24772	0.5
房屋施工面积	万平方米	758975	3.2
其中:住宅	万平方米	521310	1.9
房屋新开工面积	万平方米	166928	8.1
其中:住宅	万平方米	115911	8.7
房屋竣工面积	万平方米	106128	6.1
其中:住宅	万平方米	77185	4.6
商品房销售面积	万平方米	157349	22.5
其中:住宅	万平方米	137540	22.4
本年到位资金	亿元	144214	15.2
其中:国内贷款	亿元	21512	6.4
个人按揭贷款	亿元	24403	46.5

五、国内贸易

全年社会消费品零售总额332316亿元,比上年增长10.4%,扣除价格因素,实际增长9.6%。按经营地统计,城镇消费品零售额285814亿元,增长10.4%;乡村消费品零售额46503亿元,增长10.9%。按消费类型统计,商品零售额296518亿元,增长10.4%;餐饮收入额35799亿元,增长10.8%。

图14 2012-2016年社会消费品零售总额

在限额以上企业商品零售额中,粮油、食品、饮料、烟酒类零售额比上年增长10.5%,服装、鞋帽、针纺织品类增长7.0%,化妆品类增长8.3%,金银珠宝类与上年持平,日用品类增长11.4%,家用电器和音像器材类增长8.7%,中西药品类增长12.0%,文化办公用品类增长11.2%,家具类增长12.7%,通讯器材类增长11.9%,建筑及装潢材料类增长14.0%,汽车类增长10.1%,石油及制品类增长1.2%。

全年网上零售额[26]51556亿元,比上年增长26.2%。其中网上商品零售额41944亿元,增长25.6%,占社会消费品零售总额的比重为12.6%。在网上商品零售额中,吃类商品增长28.5%,穿类商品增长18.1%,用类商品增长28.8%。

六、对外经济[27]

全年货物进出口总额243386亿元，比上年下降0.9%。其中，出口138455亿元，下降1.9%；进口104932亿元，增长0.6%。货物进出口差额（出口减进口）33523亿元，比上年减少3308亿元。对"一带一路"[28]沿线国家进出口总额62517亿元，比上年增长0.5%。其中，出口38319亿元，增长0.5%；进口24198亿元，增长0.4%。

图15 2012-2016年货物进出口总额

亿元

货物出口额 货物进口额

年份	2011	2012	2013	2014	2015
货物出口额	129359	137131	143884	141167	138455
货物进口额	114801	121037	120358	104336	104932

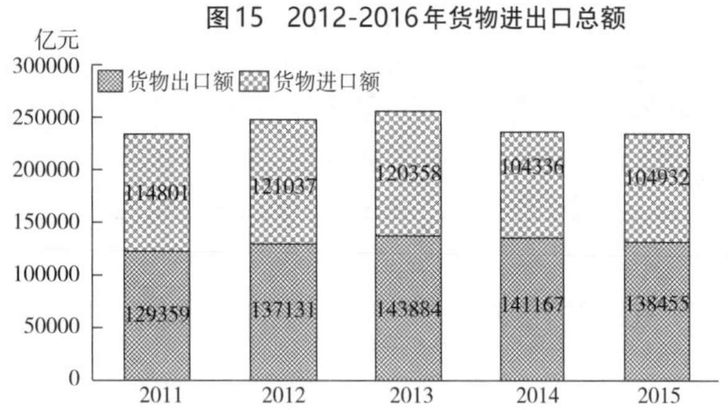

表7 2016年货物进出口总额及其增长速度

指　　标	金额（亿元）	比上年增长（%）
货物进出口总额	243386	-0.9
货物出口额	138455	-1.9
其中：一般贸易	74601	-1.1
加工贸易	47237	-4.6
其中：机电产品	79820	-1.9
高新技术产品	39876	-2.1
货物进口额	104932	0.6
其中：一般贸易	59398	3.7
加工贸易	26223	-5.5
其中：机电产品	50985	1.9
高新技术产品	34618	1.8
货物进出口差额（出口减进口）	33523	—

表8 2016年主要商品出口数量、金额及其增长速度

商品名称	单位	数量	比上年增长（%）	金额（亿元）	比上年增长（%）
煤（包括褐煤）	万吨	879	64.6	46	48.0
钢材	万吨	10849	-3.5	3587	-7.8
纺织纱线、织物及制品	—	—	—	6925	1.9
服装及衣着附件	—	—	—	10413	-3.7
鞋类	万吨	422	-5.6	3113	-6.2
家具及其零件	—	—	—	3151	-3.8
自动数据处理设备及其部件	万台	159257	-7.1	9068	-4.1
手持或车载无线电话	万台	127192	-5.3	7643	-0.9
集装箱	万个	199	-26.7	279	-41.2
液晶显示板	万个	190569	-16.9	1700	-11.6
汽车	万辆	79	9.4	709	1.8

表9 2016年主要商品进口数量、金额及其增长速度

商品名称	单位	数量	比上年增长（%）	金额（亿元）	比上年增长（%）
谷物及谷物粉	万吨	2199	-32.8	375	-35.5
大豆	万吨	8391	2.7	2247	4.1
食用植物油	万吨	553	-18.3	276	-11.5
铁矿砂及其精矿	万吨	102412	7.5	3809	7.0
氧化铝	万吨	303	-35.0	58	-43.1
煤（包括褐煤）	万吨	25551	25.2	938	25.1
原油	万吨	38101	13.6	7698	-7.5
成品油	万吨	2784	-6.5	735	-16.6
初级形状的塑料	万吨	2570	-1.5	2731	-2.2
纸浆	万吨	2106	6.2	808	2.1
钢材	万吨	1321	3.4	869	-2.3
未锻轧铜及铜材	万吨	495	2.9	1741	-3.3
汽车	万辆	107	-2.4	2942	6.1

表10 2016年对主要国家和地区货物进出口额及其增长速度

国家和地区	出口额（亿元）	比上年增长（%）	占我全部出口比重（%）	进口额（亿元）	比上年增长（%）	占我全部进口比重（%）
欧盟	22369	1.3	16.2	13747	5.9	13.1
美国	25415	0.0	18.4	8887	-3.2	8.5
东盟	16894	-1.9	12.2	12978	7.4	12.4
中国香港	19009	-7.6	13.7	1107	39.2	1.1
日本	8529	1.3	6.2	9626	8.4	9.2
韩国	6185	-1.7	4.5	10496	-3.2	10.0
中国台湾	2665	-4.3	1.9	9203	3.4	8.8
印度	3850	6.6	2.8	777	-6.4	0.7
俄罗斯	2466	14.2	1.8	2128	3.1	2.0

全年服务进出口[29]总额53484亿元，比上年增长14.2%。其中，服务出口18193亿元，增长2.3%；服务进口35291亿元，增长21.5%。服务进出口逆差17097亿元。

全年吸收外商直接投资（不含银行、证券、保险）新设立企业27900家，比上年增长5.0%。实际使用外商直接投资金额8132亿元（折1260亿美元），增长4.1%。其中"一带一路"沿线国家对华直接投资新设立企业2905家，增长34.1%；对华直接投资金额458亿元（折71亿美元）。

表11　2016年外商直接投资(不含银行、证券、保险)及其增长速度

行　　业	企业数(家)	比上年增长(%)	实际使用金额(亿元)	比上年增长(%)
总　计	27900	5.0	8132.2	4.1
其中:农、林、牧、渔业	558	-8.4	123.2	30.0
制造业	4013	-11.0	2303.0	-6.1
电力、燃气及水生产和供应业	311	18.0	139.8	0.3
交通运输、仓储和邮政业	425	-5.4	329.2	26.7
信息传输、计算机服务和软件业	1463	11.6	540.4	128.0
批发和零售业	9399	2.7	1011.1	36.0
房地产业	378	-2.3	1264.4	-29.4
租赁和商务服务业	4631	3.7	1045.9	67.8
居民服务和其他服务业	245	13.0	33.0	-25.8

全年对外直接投资额(不含银行、证券、保险)11299亿元,按美元计价为1701亿美元,比上年增长44.1%。其中,对"一带一路"沿线国家直接投资额145亿美元。

表12　2016年对外直接投资额(不含银行、证券、保险)及其增长速度

行　业	对外直接投资金额(亿美元)	比上年增长(%)
总　计	1701.1	44.1
其中:农、林、牧、渔业	29.7	45.0
采矿业	86.7	-20.1
制造业	310.6	116.7
电力、热力、燃气及水生产和供应业	25.3	-9.2
建筑业	53.1	18.0
批发和零售业	275.6	72.0
交通运输、仓储和邮政业	36.2	17.1
信息传输、软件和信息技术服务业	203.6	252.2
房地产业	106.4	17.4
租赁和商务服务业	422.7	1.4

全年对外承包工程业务完成营业额10589亿元,按美元计价为1594亿美元,比上年增长3.5%。其中,对"一带一路"沿线国家完成营业额760亿美元,增长9.7%,占对外承包工程业务完成营业额比重为47.7%。对外劳务合作派出各类劳务人员49万人,下降6.8%。

七、交通、邮电和旅游

全年货物运输总量440亿吨,比上年增长5.7%。货物运输周转量185295亿吨公里,增长4.0%。全年规模以上港口完成货物吞吐量118.3亿吨,比上年增长3.2%,其中外贸货物吞吐量37.6亿吨,增长4.1%。规模以上港口集装箱吞吐量21798万标准箱,增长3.6%。

表13　2016年各种运输方式完成货物运输量及其增长速度

指　标	单　位	绝对数	比上年增长(%)
货物运输总量	亿　吨	440.4	5.7
铁路	亿　吨	33.3	-0.8
公路	亿　吨	336.3	6.8
水运	亿　吨	63.6	3.7
民航	万　吨	666.9	6.0
管道	亿　吨	7.0	5.3
货物运输周转量	亿吨公里	185294.9	4.0
铁路	亿吨公里	23792.3	0.2
公路	亿吨公里	61211.0	5.6
水运	亿吨公里	95399.9	4.0
民航	亿吨公里	221.1	6.3
管道	亿吨公里	4670.6	5.7

全年旅客运输总量192亿人次,比上年下降1.2%。旅客运输周转量31306亿人公里,增长4.1%。

表14　2016年各种运输方式完成旅客运输量及其增长速度

指　标	单　位	绝对数	比上年增长(%)
旅客运输总量	亿人次	192.0	-1.2
铁路	亿人次	28.1	11.0
公路	亿人次	156.3	-3.5
水运	亿人次	2.7	0.1
民航	亿人次	4.9	11.8
旅客运输周转量	亿人公里	31305.7	4.1
铁路	亿人公里	12579.3	5.2
公路	亿人公里	10294.8	-4.2
水运	亿人公里	72.0	-1.4
民航	亿人公里	8359.5	14.8

年末全国民用汽车保有量19440万辆(包括三轮汽车和低速货车881万辆),比上年末增长12.8%,其中私人汽车保有量16559万辆,增长15.0%。民用轿车保有量10876万辆,增长14.4%,其中私人轿车10152万辆,增长15.5%。

全年完成邮电业务总量[30]43344亿元,比上年增长52.7%。其中,邮政行业业务总量7397亿元,增长45.7%;电信业务总量35948亿元,增长54.2%。邮政业全年完成邮政函件业务36.2亿件,包裹业务0.3亿件,快递业务量312.8亿件;快递业务收入3974亿元。电信业全年新增移动电话交换机容量[31]7318万户,达到218384万户。年末全国电话用户总数152856万户,其中移动电话用户132193万户。移动电话普及率上升至96.2部/百人。固定互联网宽带接入用户[32]29721万户,比上年增加3774万户,其中固定互联网光纤宽带接入用户[33]22766万户,比上年增加7941万户;移动宽带用户[34]94075万户,增加23464万户。移动互联网接入流量93.6亿G,比上年增长123.7%。互联网

上网人数7.31亿人，增加4299万人，其中手机上网人数[35]6.95亿人，增加7550万人。互联网普及率达到53.2%，其中农村地区互联网普及率达到33.1%。软件和信息技术服务业[36]完成软件业务收入48511亿元，比上年增长14.9%。

图16 2011-2015年快递业务量及其增长速度

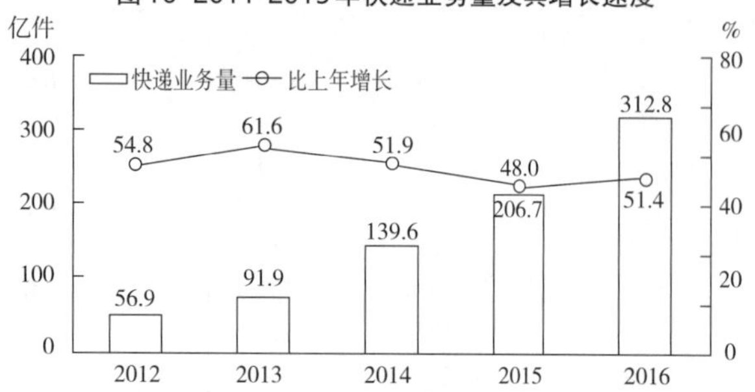

图17 2012-2016年年末固定互联网宽带接入用户和移动宽带用户数

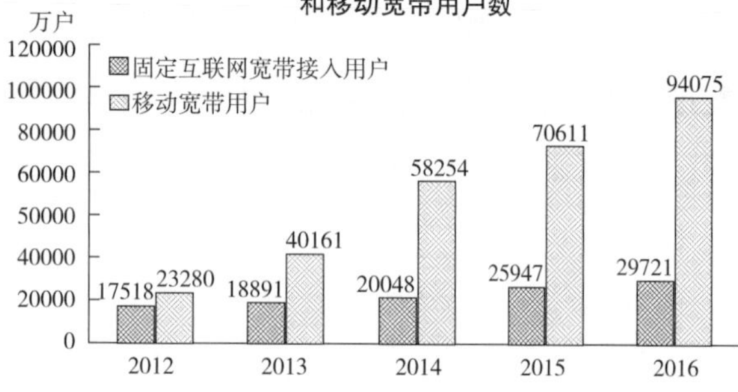

全年国内游客44亿人次，比上年增长11.2%，国内旅游收入39390亿元，增长15.2%。入境游客13844万人次，增长3.5%。其中，外国人2813万人次，增长8.3%；香港、澳门和台湾同胞11031万人次，增长2.3%。在入境游客中，过夜游客5927万人次，增长4.2%。国际旅游收入1200亿美元，增长5.6%。国内居民出境13513万人次，增长5.7%。其中因私出境12850万人次，增长5.6%；赴港澳台出境8395万人次，下降2.2%。

八、金融

年末广义货币供应量(M_2)余额155.0万亿元，比上年末增长11.3%；狭义货币供应量(M_1)余额48.7万亿元，增长21.4%；流通中货币(M_0)余额6.8万亿元，增长8.1%。

全年社会融资规模增量[37]17.8万亿元，比上年多2.4万亿元。年末全部金融机构本外币各项存款余额155.5万亿元，比年初增加15.7万亿元，其中人民币各项存款余额150.6万亿元，增加14.9万亿元。全部金融机构本外币各项贷款余额112.1万亿元，增加12.7万亿元，其中人民币各项贷款余额106.6万亿元，增加12.6万亿元。

表15 2016年年末全部金融机构本外币存贷款余额及其增长速度

指　　标	年末数(亿元)	比上年末增长(%)
各项存款	1555247	11.3
其中：境内住户存款	606522	9.9
其中：人民币	597751	9.5
境内非金融企业存款	530895	16.6
各项贷款	1120552	12.8
其中：境内短期贷款	380020	3.6
境内中长期贷款	635052	17.8

年末主要农村金融机构(农村信用社、农村合作银行、农村商业银行)人民币贷款余额134219亿元，比年初增加13895亿元。金融机构境内住户人民币消费贷款余额250472亿元，增加60998亿元。其中，短期消费贷款余额49313亿元，增加8347亿元；中长期消费贷款余额201159亿元，增加52651亿元。

全年上市公司通过境内市场累计筹资23342亿元，比上年增加5088亿元。其中，首次公开发行A股248只，筹资1634亿元；A股现金再融资(包括公开增发、定向增发[38]、配股、优先股)13387亿元，增加4618亿元；上市公司通过沪深交易所发行公司债、可转债筹资8321亿元，增加414亿元。全年全国中小企业股份转让系统[39]新增挂牌公司5034家，筹资1391亿元，增长14.4%。

全年发行公司信用类债券[40]8.22万亿元，比上年增加1.50万亿元。

全年保险公司原保险保费收入[41]30959亿元，比上年增长27.5%。其中，寿险业务原保险保费收入17442亿元，健康险和意外伤害险业务原保险保费收入4792亿元，财产险业务原保险保费收入8725亿元。支付各类赔款及给付10513亿元。其中，寿险业务给付4603亿元，健康险和意外伤害险赔款及给付1184亿元，财产险业务赔款4726亿元。

九、人民生活和社会保障

全年全国居民人均可支配收入[42]23821元，比上年增长8.4%，扣除价格因素，实际增长6.3%；全国居民人均可支配收入中位数[43]20883元，增长

8.3%。按常住地分，城镇居民人均可支配收入33616元，比上年增长7.8%，扣除价格因素，实际增长5.6%；城镇居民人均可支配收入中位数31554元，增长8.3%。农村居民人均可支配收入12363元，比上年增长8.2%，扣除价格因素，实际增长6.2%；农村居民人均可支配收入中位数11149元，增长8.3%。按全国居民五等份收入分组[44]，低收入组人均可支配收入5529元，中等偏下收入组人均可支配收入12899元，中等收入组人均可支配收入20924元，中等偏上收入组人均可支配收入31990元，高收入组人均可支配收入59259元。贫困地区[45]农村居民人均可支配收入8452元，比上年增长10.4%，扣除价格因素，实际增长8.4%。全国农民工人均月收入3275元，比上年增长6.6%。

全国居民人均消费支出17111元，比上年增长8.9%，扣除价格因素，实际增长6.8%。按常住地分，城镇居民人均消费支出23079元，增长7.9%，扣除价格因素，实际增长5.7%；农村居民人均消费支出10130元，增长9.8%，扣除价格因素，实际增长7.8%。恩格尔系数为30.1%，比上年下降0.5个百分点，其中城镇为29.3%，农村为32.2%。

图18　2012-2016年全国居民人均可支配收入及其增长速度

图19　2016年全国居民人均消费支出及其构成

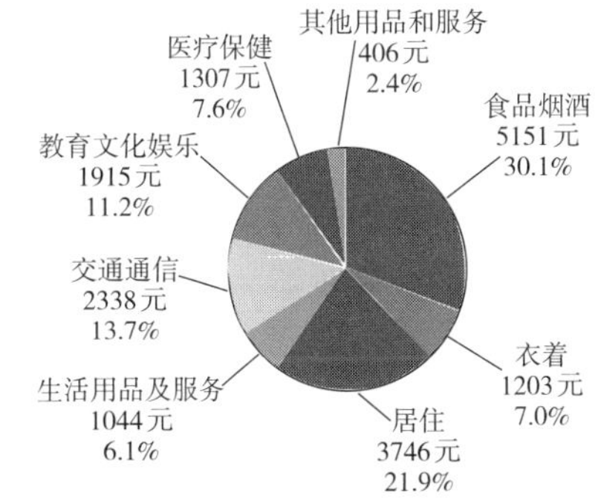

年末全国参加城镇职工基本养老保险人数37862万人，比上年末增加2501万人。参加城乡居民基本养老保险人数50847万人，增加375万人。参加城镇基本医疗保险人数74839万人，增加8257万人。其中，参加职工基本医疗保险人数29524万人，增加631万人；参加城镇居民基本医疗保险人数45315万人，增加7626万人。参加失业保险人数18089万人，增加763万人。年末全国领取失业保险金人数230万人。参加工伤保险人数21887万人，增加455万人，其中参加工伤保险的农民工7510万人，增加21万人。参加生育保险人数18443万人，增加672万人。年末全国共有1479.9万人享受城市居民最低生活保障，4576.5万人享受农村居民最低生活保障，496.9万人享受农村特困人员[46]救助供养。全年资助5620.6万人参加基本医疗保险，医疗救助3099.8万人次。国家抚恤、补助各类优抚对象877.2万人。按照每人每年2300元（2010年不变价）的农村贫困标准计算，2016年农村贫困人口4335万人，比上年减少1240万人[47]。

十、教育、科学技术和文化体育

全年研究生教育招生66.7万人，在学研究生198.1万人，毕业生56.4万人。普通本专科招生748.6万人，在校生2695.8万人，毕业生704.2万人。中等职业教育[48]招生593.3万人，在校生1599.1万人，毕业生533.7万人。普通高中招生802.9万人，在校生2366.6万人，毕业生792.4万人。初中招生1487.2万人，在校生4329.4万人，毕业生1423.9万人。普通小学招生1752.5万人，在校生9913.0万人，毕业生1507.4万人。特殊教育招生9.2万人，在校生49.2万人，毕业生5.9万人。学前教育在园幼儿4413.9万人。九年义务教育巩固率为93.4%，高中阶段毛入学率为87.5%。

图20　2012-2016年普通本专科、中等职业教育及普通高中招生人数

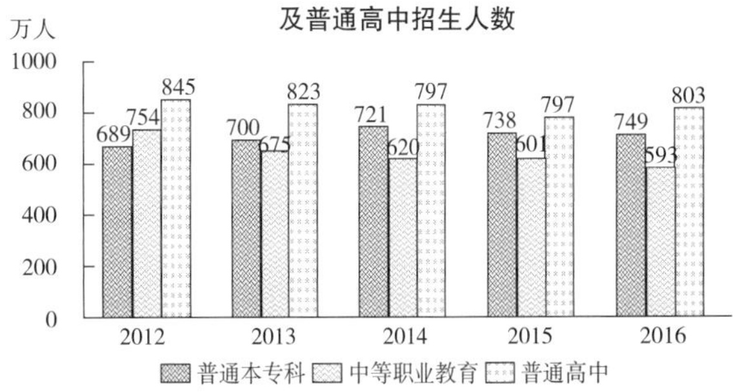

全年研究与试验发展（R&D）经费支出15500亿元，比上年增长9.4%，与国内生产总值之比为2.08%，其中基础研究经费798亿元。全年国家重

点研发计划共安排42个重点专项1163个科技项目，国家科技重大专项共安排224个课题，国家自然科学基金共资助41184个项目。截至年底，累计建设国家重点实验室488个，国家工程研究中心131个，国家工程实验室194个，国家企业技术中心1276家。国家科技成果转化引导基金累计设立9支子基金，资金总规模173.5亿元。全年受理境内外专利申请346.5万件，授予专利权175.4万件。截至年底，有效专利628.5万件，其中境内有效发明专利110.3万件，每万人口发明专利拥有量8.0件。全年共签订技术合同32.0万项，技术合同成交金额11407亿元，比上年增长16.0%。

图21　2012-2016年研究与试验发展(R&D)经费支出及其增长速度

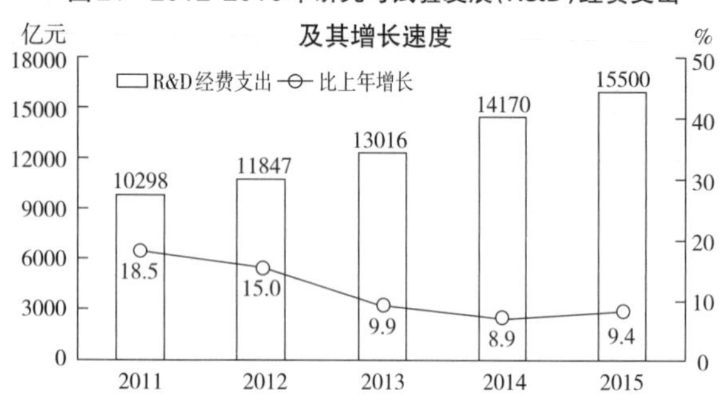

表16　2016年专利申请受理、授权和有效专利情况

指　标	专利数(万件)	比上年增长(%)
专利申请受理数	346.5	23.8
其中:境内专利申请受理	328.1	25.4
其中:发明专利申请受理	133.9	21.5
其中:境内发明专利	119.3	24.7
专利申请授权数	175.4	2.1
其中:境内专利授权	161.2	2.1
其中:发明专利授权	40.4	12.5
其中:境内发明专利	29.5	15.0
年末有效专利数	628.5	14.7
其中:境内有效专利	540.6	15.7
其中:有效发明专利	177.2	20.4
其中:境内有效发明专利	110.3	26.6

全年完成22次宇航发射。长征五号、长征七号新一代运载火箭成功首飞；天宫二号空间实验室、神舟十一号载人飞船成功发射，航天员在轨驻留30天并安全返回；新一代静止轨道气象卫星风云四号、合成孔径雷达卫星高分三号、3颗北斗导航卫星等成功发射。

年末全国共有产品检测实验室34487个，其中国家检测中心681个。全国现有产品质量、体系认证机构312个，已累计完成对152525个企业的产品认证。全国共有法定计量技术机构3933个，全年强制检定计量器具7878万台(件)。全年制定、修订国家标准1763项，其中新制定1255项。

年末全国文化系统共有艺术表演团体2046个，博物馆3060个。全国共有公共图书馆3172个，总流通[49]64781万人次；文化馆3338个。有线电视实际用户2.23亿户，其中有线数字电视实际用户1.97亿户。年末广播节目综合人口覆盖率为98.4%，电视节目综合人口覆盖率为98.9%。全年生产电视剧330部14768集，电视动画片119895分钟。全年生产故事影片772部，科教、纪录、动画和特种影片[50]172部。出版各类报纸394亿份，各类期刊27亿册，图书86亿册(张)，人均图书拥有量[51]6.27册(张)。年末全国共有档案馆4193个，已开放各类档案13388万卷(件)。

全年我国运动员在23个运动大项中获得107个世界冠军，共创9项世界纪录。在里约奥运会上，我国运动员共获得26枚金牌，奖牌总数70枚，位列奥运会金牌榜第三位，奖牌榜第二位。全年我国残疾人运动员在17项国际赛事中获得237个世界冠军。在里约残奥会上，我国运动员共获得107枚金牌，蝉联金牌榜和奖牌榜第一位。

十一、卫生和社会服务

年末全国共有医疗卫生机构99.3万个，其中医院2.9万个，在医院中有公立医院1.3万个，民营医院1.6万个；基层医疗卫生机构93.1万个，其中乡镇卫生院3.7万个，社区卫生服务中心(站)3.5万个，门诊部(所)21.7万个，村卫生室64.2万个；专业公共卫生机构2.9万个，其中疾病预防控制中心3484个，卫生监督所(中心)3138个。年末卫生技术人员844万人，其中执业医师和执业助理医师317万人，注册护士350万人。医疗卫生机构床位747万张，其中医院575万张，乡镇卫生院123万张。全年总诊疗人次[52]78.0亿人次，出院人数[53]2.2亿人。

图22　2012-2016年卫生技术人员人数

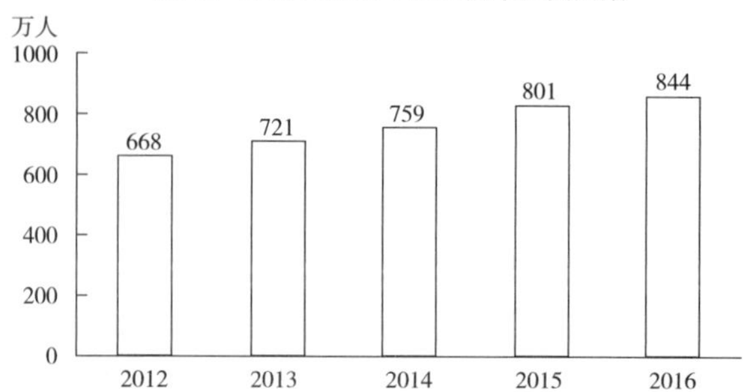

年末全国共有各类提供住宿的社会服务机构3.1万个，其中养老服务机构2.8万个，儿童服务机构713个。社会服务床位[54]716.6万张，其中养老服务床位680.0万张，儿童服务床位10.0万张。年末共有社区服务中心2.4万个，社区服务站13.0万个。

十二、资源、环境和安全生产

全年全国国有建设用地供应总量[55]52万公顷，比上年下降2.9%。其中，工矿仓储用地12万公顷，下降3.2%；房地产用地[56]11万公顷，下降10.3%；基础设施等用地29万公顷，增长0.2%。

全年水资源总量30150亿立方米。全年平均降水量730毫米。年末全国监测的614座大型水库蓄水总量3409亿立方米，比上年末蓄水量略有减少。全年总用水量6150亿立方米，比上年增长0.8%。其中，生活用水增长2.7%，工业用水减少0.4%，农业用水增长0.7%，生态补水增长1.9%。万元国内生产总值用水量[57]84立方米，比上年下降5.6%。万元工业增加值用水量53立方米，下降6.0%。人均用水量446立方米，比上年增长0.2%。

全年完成造林面积679万公顷，其中人工造林面积381万公顷，占全部造林面积的56.1%。森林抚育面积837万公顷。截至年底，自然保护区达到2750个，其中国家级自然保护区446个。新增水土流失治理面积5.4万平方公里，新增实施水土流失地区封育保护面积1.6万平方公里。

初步核算，全年能源消费总量43.6亿吨标准煤，比上年增长1.4%。煤炭消费量下降4.7%，原油消费量增长5.5%，天然气消费量增长8.0%，电力消费量增长5.0%。煤炭消费量占能源消费总量的62.0%，比上年下降2.0个百分点；水电、风电、核电、天然气等清洁能源消费量占能源消费总量的19.7%，上升1.7个百分点。全国万元国内生产总值能耗下降5.0%。工业企业吨粗铜综合能耗下降9.45%，吨钢综合能耗下降0.08%，单位烧碱综合能耗下降2.08%，吨水泥综合能耗下降1.81%，每千瓦时火力发电标准煤耗下降0.97%。

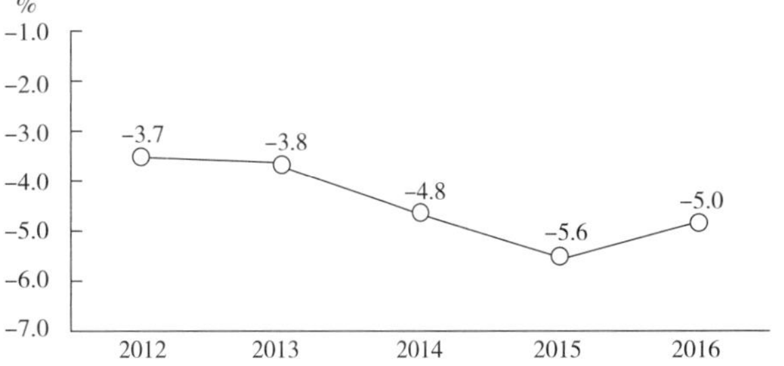

图23 2012-2016年万元国内生产总值能降耗低率

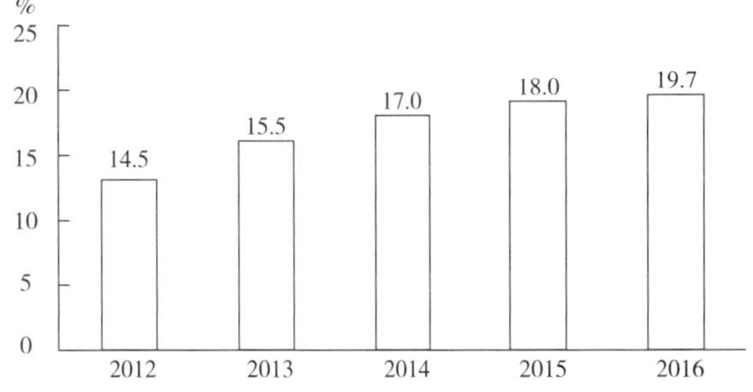

图24 2012-2016年清洁能源消费量占能源费总量的比重

近岸海域417个海水水质监测点中，达到国家一、二类海水水质标准的监测点占73.4%，三类海水占10.3%，四类、劣四类海水占16.3%。

在监测的338个城市中，城市空气质量达标的城市占24.9%，未达标的城市占75.1%。细颗粒物（$PM_{2.5}$）未达标地级及以上城市年平均浓度52微克/立方米，比上年下降8.8%。

在监测的322个城市中，城市区域声环境质量好的城市占5.0%，较好的占68.3%，一般的占26.1%，较差的占0.6%。

全年平均气温为10.49℃，比上年下降.13℃。共有8个台风登陆。

年末城市污水处理厂日处理能力14823万立方米，比上年末增长5.6%；城市污水处理率为92.4%，提高0.5个百分点。城市生活垃圾无害化处理率为95.0%，提高0.9个百分点。城市集中供热面积70.7亿平方米，增长5.2%。城市建成区绿地面积197.1万公顷，增长3.3%；建成区绿地率为36.44%，提高0.08个百分点；人均公园绿地面积13.45平方米，增加0.10平方米。

全年农作物受灾面积2622万公顷，其中绝收290万公顷。全年因洪涝和地质灾害造成直接经济损失3134亿元，因旱灾造成直接经济损失418亿元，因低温冷冻和雪灾造成直接经济损失179亿元，因海洋灾害造成直接经济损失50亿元。全年大陆地区共发生5.0级以上地震18次,成灾16次,造成直接经济损失67亿元。全年共发生森林火灾2034起,森林火灾受害森林面积0.6万公顷。

全年各类生产安全事故[58]共死亡43062人。亿元国内生产总值生产安全事故死亡人数0.058人,按可比口径比上年下降10.8%;工矿商贸企业就业人员10万人生产安全事故死亡人数1.702人,按可比口径下降2.3%;道路交通事故万车死亡人数2.1人,与上年持平;煤矿百万吨死亡人数0.156人,下降3.7%。

注释:

[1] 本公报中数据均为初步统计数。各项统计数据均未包括香港特别行政区、澳门特别行政区和台湾省。部分数据因四舍五入的原因,存在着与分项合计不等的情况。

[2] 国内生产总值、各产业增加值和人均国内生产总值绝对数按现价计算,增长速度按不变价格计算。

[3] 国民总收入,原称国民生产总值,是指一个国家或地区所有常住单位在一定时期内所获得的初次分配收入总额。它等于国内生产总值加上来自国外的净要素收入。

[4] 人户分离的人口是指居住地与户口登记地所在的乡镇街道不一致且离开户口登记地半年及以上的人口。

[5] 流动人口是指人户分离人口中扣除市辖区内人户分离的人口。市辖区内人户分离的人口是指一个直辖市或地级市所辖区内和区与区之间,居住地和户口登记地不在同一乡镇街道的人口。

[6] 2016年年末,0-14岁(含不满15周岁)人口为23008万人,15-59岁(含不满60周岁)人口为92177万人。

[7] 年度农民工数量包括年内在本乡镇以外从业6个月及以上的外出农民工和在本乡镇内从事非农产业6个月及以上的本地农民工两部分。

[8] 全员劳动生产率为国内生产总值(以2015年价格计算)与全部就业人员的比率。

[9] 农产品生产者价格是指农产品生产者直接出售其产品时的价格。

[10] 居住类价格包括租赁房房租、住房保养维修及管理、水电燃料等价格。

[11] 为推进财政资金统筹使用,2016年起将政府住房基金等5个项目从政府性基金预算转列一般公共预算,将从国有资本经营预算调入一般公共预算的资金由直接列为一般公共预算收入调整列为财政调入资金。因此,上年基数中考虑了上述因素影响,并以此为基础计算同口径增减额和增减幅。

[12] 工业战略性新兴产业包括节能环保产业,新一代信息技术产业,生物产业,高端设备制造产业,新能源产业,新材料产业,新能源汽车产业等七大产业。

[13] 高技术制造业包括医药制造业,航空、航天器及设备制造业,电子及通信设备制造业,计算机及办公设备制造业,医疗仪器设备及仪器仪表制造业,信息化学品制造业。

[14] 装备制造业包括金属制品业,通用设备制造业,专用设备制造业,汽车制造业,铁路、船舶、航空航天和其他运输设备制造业,电气机械和器材制造业,计算机、通信和其他电子设备制造业,仪器仪表制造业。

[15] 六大高耗能行业包括石油加工、炼焦和核燃料加工业,化学原料和化学制品制造业,非金属矿物制品业,黑色金属冶炼和压延加工业,有色金属冶炼和压延加工业,电力、热力生产和供应业。

[16] 火电包括燃煤发电量,燃油发电量,燃气发电量,余热、余压、余气发电量,垃圾焚烧发电量,生物质发电量。

[17] 钢材产量数据中含企业之间重复加工钢材约35443万吨。

[18] 少量发电装机容量(如地热等)公报中未列出。

[19] 固定资产投资按东部、中部、西部和东北地区计算的合计数据小于全国数据,是因为有部分跨地区的投资未计算在地区数据中。其中,东部地区是指北京、天津、河北、上海、江苏、浙江、福建、山东、广东和海南10省(市);中部地区是指山西、安徽、江西、河南、湖北和湖南6省;西部地区是指内蒙古、广西、重庆、四川、贵州、云南、西藏、陕西、甘肃、青海、宁夏和新疆12省(区、市);东北地区是指辽宁、吉林和黑龙江3省。

[20] 基础设施投资是指建造或购置为社会生产

和生活提供基础性、大众性服务的工程和设施的支出。公报中的基础设施投资包括交通运输、邮政业，电信、广播电视和卫星传输服务业，互联网和相关服务业，水利、环境和公共设施管理业投资。

[21] 民间固定资产投资是指具有集体、私营、个人性质的内资企事业单位以及由其控股（包括绝对控股和相对控股）的企业单位建造或购置固定资产的投资。

[22] 高技术产业投资包括医药制造、航空航天器及设备制造等六大类高技术制造业投资和信息服务、电子商务服务等九大类高技术服务业投资。

[23] 房地产业投资除房地产开发投资外，还包括建设单位自建房屋以及物业管理、中介服务和其他房地产投资。

[24] 高速铁路是指最高营运速度达到200公里/小时及以上的铁路。

[25] 数据来源为各省（区、市）汇总上报截至2016年12月底建档立卡贫困户农村危房改造实际开工数。

[26] 网上零售额是指通过公共网络交易平台（包括自建网站和第三方平台）实现的商品和服务零售额。其中，网上零售额包括的服务，以及少部分用于生产经营用或被转卖的商品不统计在社会消费品零售总额中。

[27] 货物贸易、服务贸易、吸收外资采用人民币计价。对外投资和对外承包工程由于技术原因仍主要沿用美元计价。

[28] “一带一路”是指“丝绸之路经济带”和“21世纪海上丝绸之路”。

[29] 服务进出口按照《国际收支手册（第六版）》标准统计，不含政府服务，增速按可比口径计算。

[30] 邮电业务总量按2010年价格计算。

[31] 移动电话交换机容量是指移动电话交换机根据一定话务模型和交换机处理能力计算出来的最大同时服务用户的数量。

[32] 固定互联网宽带接入用户是指报告期末在电信企业登记注册，通过xDSL、FTTx+LAN、FTTH/0以及其他宽带接入方式和普通专线接入公众互联网的用户。

[33] 固定互联网光纤宽带接入用户是指报告期末在电信企业登记注册，通过FTTH或FTTO方式接入公众互联网的用户。

[34] 移动宽带用户是指报告期末在计费系统拥有使用信息，占用3G或4G网络资源的在网用户。

[35] 手机上网人数是指过去半年通过手机接入并使用互联网的6周岁及以上中国居民数量。

[36] 软件和信息技术服务业包括软件开发，信息系统集成服务，信息技术咨询服务，数据处理和存储服务，集成电路设计服务和其他信息技术服务等行业。

[37] 社会融资规模增量是指一定时期内实体经济从金融体系获得的资金总额。

[38] 定向增发不含资产认购部分。

[39] 全国中小企业股份转让系统又称“新三板”，是2012年经国务院批准设立的全国性证券交易场所。

[40] 公司信用类债券包括非金融企业债务融资工具、企业债券以及公司债、可转债等。

[41] 原保险保费收入是指保险企业确认的原保险合同保费收入。

[42] 全国居民收入增速快于分城乡居民收入增速的原因是：在城镇化过程中，一部分在农村收入较高的人口进入城镇地区，但在城镇属于较低收入人群，他们的迁移对城乡居民收入均有拉低作用。但无论在城镇还是农村，其收入增长效应都会体现在全体居民收入增长中。

[43] 人均收入中位数是指将所有调查户按人均收入水平从低到高（或从高到低）顺序排列，处于最中间位置调查户的人均收入。

[44] 全国居民五等份收入分组是指将所有调查户按人均收入水平从低到高顺序排列，平均分为五个等份，处于最高20%的收入群体为高收入组，依此类推依次为中等偏上收入组、中等收入组、中等偏下收入组、低收入组。

[45] 贫困地区包括集中连片特困地区和片区外的国家扶贫开发工作重点县，共832个县，其中国家扶贫开发工作重点县共计592个。

[46] 农村特困人员是指无劳动能力，无生活来源，无法定赡养、抚养、扶养义务人或者其法定义务人无履行义务能力的农村老年人、残疾人以及未满16周岁的未成年人。

[47] 减贫人口等于当年贫困人口减去上年贫困人口，也相当于当年脱贫人口减去当年返贫人口。

[48] 中等职业教育包括普通中专、成人中专、职业高中和技工学校。

[49] 总流通人次是指本年度内到图书馆场馆接受图书馆服务的总人次，包括借阅书刊、咨询问题以及参加各类读者活动等。

[50] 特种影片是指那些采用与常规影院放映在技术、设备、节目方面不同的电影展示方式，如巨幕电影、立体电影、立体特效(4D)电影、动感电影、球幕电影等。

[51] 人均图书拥有量是指在一年内全国平均每人能拥有的当年出版图书册数。

[52] 总诊疗人次指所有诊疗工作的总人次数，包括门诊、急诊、出诊、预约诊疗、单项健康检查、健康咨询指导(不含健康讲座)人次。

[53] 出院人数指报告期内所有住院后出院的人数，包括医嘱离院、医嘱转其他医疗机构、非医嘱离院、死亡及其他人数，不含家庭病床撤床人数。

[54] 社会服务床位数除收养性机构外，还包括救助类机构、社区类机构以及军休所、军供站等机构的床位。

[55] 国有建设用地供应总量是指报告期内市、县人民政府根据年度土地供应计划依法以出让、划拨、租赁等方式将土地使用权提供给单位或个人使用的国有建设用地总量。

[56] 房地产用地是指商服用地和住宅用地的总和。

[57] 万元国内生产总值用水量、万元工业增加值用水量和万元国内生产总值能耗按2015年价格计算。

[58] 2016年起，安全监管总局对生产安全事故统计制度进行改革，由于排除了非生产经营领域的事故，事故统计口径发生变化，数据同比按照可比口径计算。

资料来源：

本公报中户籍人口城镇化率、民用汽车、交通事故数据来自公安部；城镇新增就业、登记失业率、社会保障、技工学校数据来自人力资源社会保障部；财政数据来自财政部；外汇储备、汇率、货币金融、公司信用类债券数据来自人民银行；水产品产量数据来自农业部；木材产量、林业、森林火灾数据来自林业局；灌溉面积、水资源数据来自水利部；发电装机容量、新增220千伏及以上变电设备数据来自中电联；新建铁路投产里程、增新建铁路复线投产里程、电气化铁路投产里程、铁路运输数据来自铁路总公司；新改建公路里程、港口万吨级码头泊位新增吞吐能力、公路运输、水运、港口货物吞吐量数据来自交通运输部；新增民用运输机场、民航数据来自民航局；新增光缆线路长度、电话交换机容量、电话用户、宽带用户、移动互联网接入流量、上网人数、互联网普及率、软件业务收入等数据来自工业和信息化部；农村地区互联网普及率数据来自中国互联网络信息中心；棚户区住房改造、农村地区建档立卡贫困户危房改造、城市污水处理、城市垃圾处理、城市集中供热面积、建成区绿地数据来自住房城乡建设部；货物进出口数据来自海关总署；服务进出口、外商直接投资、对外直接投资、对外承包工程、对外劳务合作等数据来自商务部；管道数据来自中石油、中石化、中海油；邮政业务数据来自邮政局；旅游数据来自旅游局、公安部；上市公司数据来自证监会；保险业数据来自保监会；城乡低保、农村特困人员救助供养、社会服务、农作物受灾面积、洪涝地质灾害造成直接经济损失、旱灾造成直接经济损失、低温冷冻和雪灾造成直接经济损失来自民政部；教育数据来自教育部；重点研发计划、科技重大专项、国家重点实验室、科技成果转化引导基金、技术合同等数据来自科技部；自然科学基金项目数据来自自然基金委；国家工程研究中心、企业技术中心等数据来自发展改革委；专利数据来自知识产权局；宇航发射数据来自国防科工局；质量检验、国家标准制定修订等数据来自质检总局；艺术表演团体、博物馆、公共图书馆、文化馆数据来自文化部；广播电视、电影、报纸、期刊、图书数据来自新闻出版广电总局；档案数据来自档案局；体育数据来自体育总局；残疾人运动员数据来自中国残联；卫生数据来自卫生计生委；国有建设用地供应数据来自国土资源部；自然保护区、环境监测数据来自环境保护部；平均气温、登陆台风数据来自气象局；海洋灾害造成直接经济损失数据来自海洋局；地震次数、地震灾害直接经济损失数据来自地震局；安全生产数据来自安全监管总局；其他数据均来自国家统计局。

宁夏回族自治区2016年国民经济和社会发展统计公报[1]

宁夏回族自治区统计局 国家统计局宁夏调查总队

2017年4月18日

2016年，在自治区党委、政府的坚强领导下，全区上下深入贯彻党的十八大和十八届三中、四中、五中、六中全会精神，全面落实习近平总书记系列重要讲话特别是来宁视察重要讲话精神，坚持稳中求进工作总基调，牢固树立新发展理念，大力推进供给侧结构性改革和重大项目“6+4”工作机制，积极应对经济下行压力与结构性矛盾的挑战，稳增长、促改革、调结构、惠民生、防风险各项工作统筹推进，全区经济发展呈现“稳中有升、稳中有进、稳中向好”的运行态势，实现了“十三五”良好开局。

一、综合

年末全区常住人口674.90万人，比上年末增加7.02万人。其中，城镇人口379.87万人，占常住人口比重56.29%，比上年提高1.07个百分点。人口出生率为13.69‰，死亡率为4.72‰，人口自然增长率为8.97‰，比上年上升0.93个千分点。

表1　2016年年末人口数及其构成

指　标	年末数(万人)	比重(%)
年末总人口	674.90	100.00
其中：城镇	379.87	56.29
乡村	295.03	43.71
其中：回族	244.15	36.18
其中：男性	343.26	50.86
女性	331.63	49.14
其中：0-15周岁（含不满16周岁）[2]	145.98	21.63
16-59周岁（含不满60周岁）	446.04	66.09
60周岁及以上	82.88	12.28
其中：65周岁及以上	52.44	7.77

初步核算，全区实现生产总值[3]3150.06亿元，按可比价格计算，比上年增长8.1%。其中，第一产业增加值239.96亿元，增长4.5%；第二产业增加值1475.51亿元，增长7.8%；第三产业增加值1434.59亿元，增长9.1%。按常住人口计算，全区人均生产总值46919元，增长7.0%。

图1　2012-2016年生产总值及其增长速度

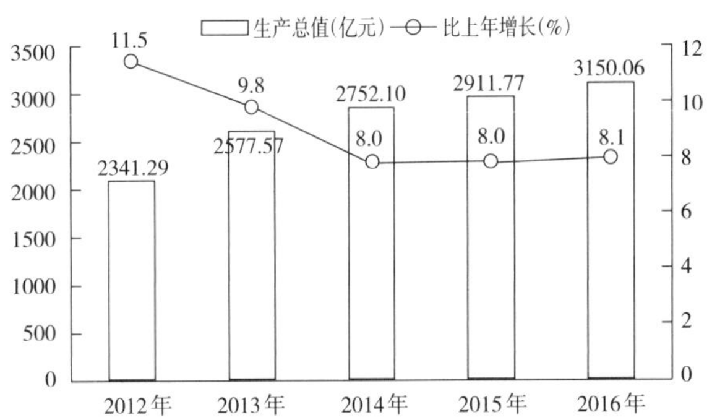

三次产业增加值构成由2015年的8.2:47.4:44.4调整为2016年的7.6:46.8:45.6。三次产业对经济增长的贡献率分别由2015年的4.2%、57.8%和38.0%转变为2016年的4.5%、45.5%和50.0%。

表2　2016年生产总值及其增长速度

指　标	绝对值(亿元)	比上年增长(%)
全区生产总值	3150.06	8.1
农林牧渔业	254.60	4.5
工业	1041.41	7.3
建筑业	434.20	9.1
批发和零售业	144.39	4.7
交通运输、仓储和邮政业	205.75	1.3
住宿和餐饮业	54.98	6.7
金融业	285.13	10.6
房地产业	102.57	6.0
其他服务业	627.03	13.3
第一产业	239.96	4.5
第二产业	1475.51	7.8
第三产业	1434.59	9.1

全区居民消费价格总水平比上年上涨1.5%，城市、农村分别上涨1.6%和1.2%。其中，食品价格上涨3.2%，非食品价格上涨1.0%，消费品价格上涨1.2%，服务项目价格上涨2.1%。

图2　2016年居民消费价格月度涨跌幅度

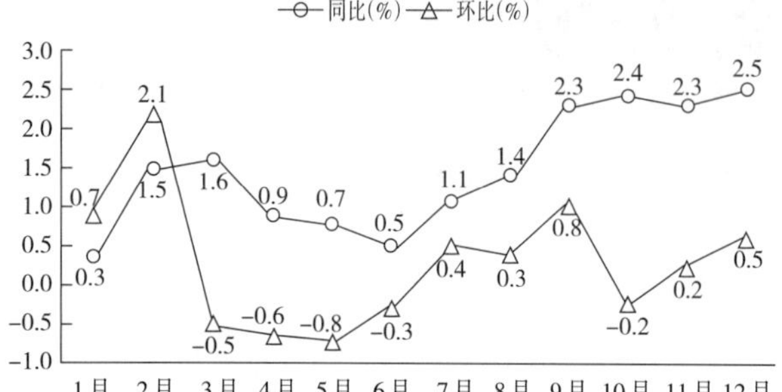

表3　2016年12月居民消费价格指数

指　标	环 比	同 比	1-12月累计比
居民消费价格总指数	100.5	102.5	101.5
食品烟酒	101.5	101.7	102.4
其中：食品	102.2	102.2	103.2
烟酒	100.0	100.2	101.8
衣着	99.1	101.6	101.7
居住	100.0	102.5	100.4
生活用品及服务	100.1	101.5	100.3
交通和通信	101.5	102.9	98.6
教育文化和娱乐	100.1	102.7	102.2
医疗保健	100.1	104.3	102.9
其他用品和服务	99.2	105.9	103.2

全年商品零售价格总水平上涨0.7%，固定资产投资价格下降0.4%，农业生产资料价格下降1.7%。工业生产者出厂价格下降0.9%；工业生产者购进价格下降3.1%。

图3　2016年工业生产者出厂价格和购进价格同比涨跌幅度

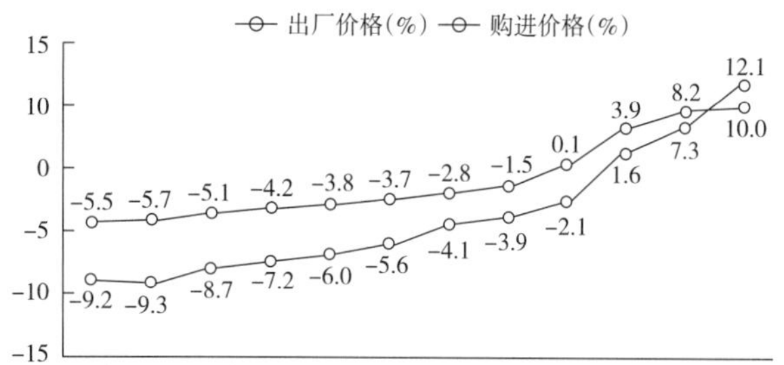

全年完成一般公共预算总收入642.78亿元，比上年增长5.3%，完成地方一般公共预算收入387.65亿元，同口径增长8.0%。其中，完成税收收入246.55亿元，下降3.8%；完成非税收收入141.10亿元，增长20.5%。增值税、营业税、企业所得税和个人所得税等主体税种分别完成84.04亿元、45.27亿元、24.47亿元和9.85亿元，增长1.4倍、-54.7%、-0.4%和9.8%。

图4　2012-2016年地方一般公共预算收入[4]及增长速度

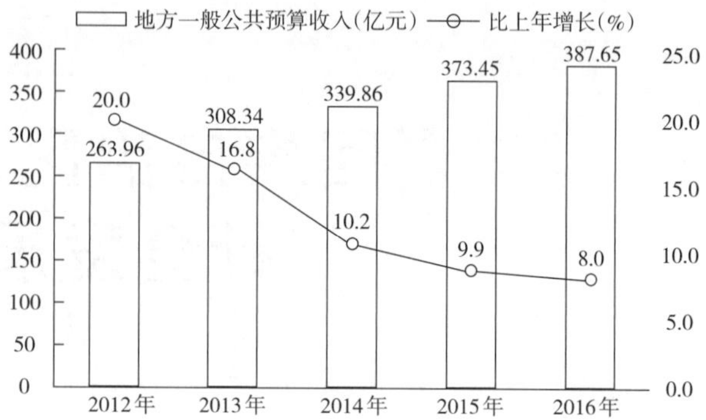

注：图4中2016年地方一般公共预算收入增长速度为同口径增幅，2012-2015年为同比增幅。

全年一般公共预算支出1257.69亿元，同口径增长10.2%。其中，一般公共服务支出76.23亿元，比上年增长13.6%；教育支出155.24亿元，增长8.9%；社会保障和就业支出171.41亿元，增长17.2%；医疗卫生与计划生育支出82.90亿元，增长11.9%；城乡社区支出188.87亿元，增长29.4%；农林水支出201.66亿元，增长21.3%；交通运输支出73.61亿元，下降24.8%；住房保障支出58.33亿元，下降19.3%。

二、农业

全年完成农林牧渔业总产值489.99亿元，比上年增长4.4%。其中，种植业产值306.39亿元，增长4.2%；林业产值12.26亿元，增长1.7%；畜牧业产值131.16亿元，增长4.6%；渔业产值17.28亿元，增长10.0%；农林牧渔服务业产值22.89亿元，增长4.2%。全区优势特色农业产值418.96亿元，占农林牧渔业总产值的比重达到85.5%。

全年粮食种植面积1167.5万亩，比上年增加11.8万亩。粮食总产量370.61万吨，比上年减产2.0万吨，减少0.5%，实现连续十三年丰收。油料种植面积102.63万亩，减少9.2%。瓜菜种植面积329.33万亩，增长2.0%。葡萄种植面积49.79万亩，增长2.4%。

图5　2011-2015年粮食产量

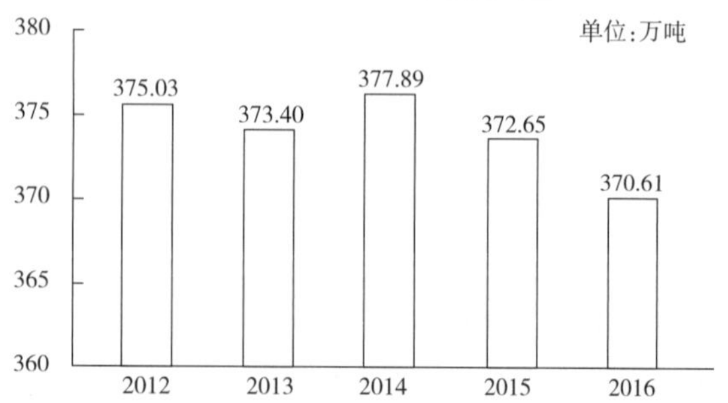

表4　2016年主要农林牧渔业产品产量及其增长速度

单位:万吨

指　标	产 量	比上年增长(%)
粮食	370.6	-0.5
小麦	40.9	3.2
水稻	63.0	3.7
玉米	221.5	-2.4
油料	14.7	-3.9
蔬菜	593.1	3.0
瓜果	208.0	1.4
枸杞	10.4	20.3
葡萄	19.5	-9.6
肉类总产量	30.9	5.7
其中:猪、牛、羊肉产量	28.4	5.5
禽蛋	9.7	10.0
牛奶	139.5	2.1
水产品	17.5	2.9

三、工业和建筑业

全年全部工业增加值1041.4亿元,比上年增长7.3%。规模以上工业增加值1039.7亿元,比上年增长7.5%。在规模以上工业增加值中,轻工业增加值200.7亿元,增长15.2%;重工业增加值839.0亿元,增长5.8%。分经济类型看,国有企业下降1.0%,股份制企业增长7.4%,外商及港澳台商投资企业增长10.0%;国有控股企业增长2.0%;私营企业增长10.4%。非公有制工业完成工业增加值459.3亿元,比上年增长11.7%,对规模以上工业的贡献率达到65.2%。

全区工业产业中,电力产业增加值下降6.9%、化工增长10.3%、冶金下降0.9%、有色增长3.0%、轻纺增长14.0%、机械增长0.5%、建材下降0.8%、医药增长29.2%、其他工业增长15.7%。六大高耗能行业[5]实现增加值536.6亿元,比上年增长1.9%;高技术产业增加值比上年增长31.9%。在重点监测的40种工业产品中,有14种产品增速在10%以上。工业产品销售率为94.3%。

图6　2012-2016年全部工业增加值及其增长速度

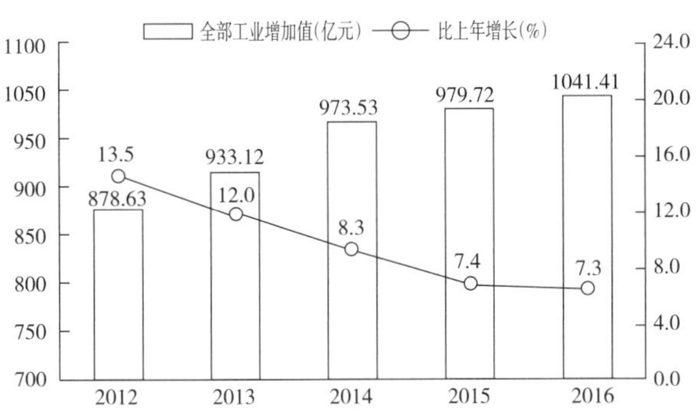

表5　2016年主要工业产品产量及其增长速度

指　标	单 位	产 量	比上年增长(%)
原 煤	万吨	7069.3	-11.4
发电量	亿千瓦时	1144.4	-0.9
焦 炭	万吨	768.4	1.5
原铝(电解铝)	万吨	105.1	-12.4
橡胶轮胎外胎	万条	396.1	1.1倍
农用化肥(折纯)	万吨	54.7	-8.5
精甲醇	万吨	539.6	5.8
电石(碳化钙)	万吨	325.0	4.0
钢 材[6]	万吨	164.1	-18.2
水 泥	万吨	1945.9	12.6
铁合金	万吨	346.2	-0.5
乳制品	万吨	92.5	19.7
葡萄酒	万千升	2.7	-10.0
金属切削机床	台	1551.0	-20.5
滚动轴承	万套	1263.8	14.2

全年规模以上工业企业实现利润总额137.7亿元,比上年增长62.5%。分经济类型看,国有控股企业实现利润总额44.2亿元,增长1.1倍;股份制企业101.4亿元,增长91.1%;外商及港澳台商投资企业27.3亿元,增长29.8%;私营企业38.8亿元,增长41.9%。非公有工业实现利润总额93.0亿元,增长44.5%。全年实现主营业务收入3636.1亿元,增长5.3%,主营业务收入利润率为3.79%。

年末全区发电装机容量3674.8万千瓦,比上年末增长16.4%。其中,火电装机容量2164.7万千瓦,增长9.1%;水电装机容量42.6万千瓦,与上年同期持平;并网风电装机容量941.6万千瓦,增长14.5%;并网太阳能发电装机容量526.0万千瓦,增长70.3%。

全区具有资质的总承包和专业承包建筑业企业579家,全年完成建筑业总产值511.25亿元,比上年下降2.5%。建筑业企业房屋建筑施工面积2771.34万平方米,下降15.6%;房屋竣工面积1017.77万平方米,下降17.0%;竣工产值为378.19亿元,下降6.4%。按建筑业总产值计算的劳动生产率26.76万元/人,比上年增长0.3%。

四、固定资产投资

全年全社会固定资产投资3835.46亿元,比上年增长8.6%。其中,基本建设投资2552.65亿元,增长6.6%;更新改造投资450.76亿元,增长10.4%;房地产开发投资728.16亿元,增长14.9%;农村农户投资85.20亿元,增长7.8%。分投资主体看,国有及国有经济控股投资1716.56亿元，增长3.2%；非国有经济控股投资2118.90亿元，增长13.3%，其中，民间投资2104.79亿元，增长13.8%。

图7　2012-2016年全社会固定资产投资额及其增长速度

全社会固定资产投资额(亿元)　比上年增长(%)

从投资结构看，第一产业投资162.21亿元，增长19.9%；第二产业投资1641.40亿元，下降1.3%。其中，工业投资1640.85亿元，下降0.5%；第三产业投资2031.85亿元，增长17.1%。三大产业的投资结构由2015年的3.8∶47.1∶49.1调整为2016年的4.2∶42.8∶53.0。

表6　2016年分行业全社会固定资产投资及其增长速度

指　　标	投资额(亿元)	比上年增长(%)
全社会固定资产投资	3835.46	8.6
农、林、牧、渔业	204.76	23.0
采矿业	57.58	-52.4
制造业	946.28	14.7
电力、热力、燃气及水的生产和供应业	636.99	-9.3
建筑业	0.56	-96.0
批发和零售业	47.29	43.5
交通运输、仓储和邮政业	397.67	47.5
住宿和餐饮业	20.52	28.1
信息传输、软件和信息技术服务业	66.52	29.4
金融业	0.97	-83.7
房地产业	866.24	-1.6
租赁和商务服务业	22.69	-2.4
科学研究和技术服务业	17.22	60.7
水利、环境和公共设施管理业	348.27	29.1
居民服务和其他服务业	20.17	1.9倍
教育	56.92	7.3
卫生和社会工作	45.65	58.1
文化、体育和娱乐业	45.25	1.2倍
公共管理和社会组织	33.92	-2.6

全年固定资产投资施工项目4219个，比上年减少37个。施工项目计划总投资12700.17亿元，增长5.4%。全区亿元以上项目完成固定资产投资2317.93亿元，增长8.0%。

全年房地产开发投资728.16亿元，比上年增长14.9%。其中，住宅投资435.41亿元，增长9.8%；办公楼投资51.87亿元，增长51.2%；商业营业用房投资152.45亿元，增长17.7%。

表7　2016年房地产开发和销售主要指标完成情况及其增长速度

指　　标	单 位	绝对数	比上年增长(%)
房地产开发投资	亿元	728.16	14.9
房屋施工面积	万平方米	7110.06	0.9
其中：住宅	万平方米	4555.28	0.1
其中：本年新开工面积	万平方米	1391.34	0.02
房屋竣工面积	万平方米	1294.55	10.7
其中：住宅	万平方米	931.25	24.7
商品房销售面积	万平方米	966.07	15.1
其中：住宅	万平方米	830.22	17.2
商品房待售面积	万平方米	1247.29	3.3
其中：住宅	万平方米	715.57	-2.4
商品房销售额	亿元	409.71	10.6
其中：住宅	亿元	325.89	14.8
房地产开发资金	亿元	678.74	-8.0
其中：国内贷款	亿元	96.80	0.2
自筹资金	亿元	260.03	-19.7
其他资金来源	亿元	321.91	1.5

五、国内贸易

全年实现社会消费品零售总额850.10亿元，比上年增长7.7%，扣除价格因素，实际增长7.0%。按经营地统计，城镇消费品零售额780.89亿元，增长7.3%；乡村消费品零售额69.21亿元，增长12.3%。按消费类型统计，商品零售额707.59亿元，增长6.9%；餐饮收入额142.51亿元，增长11.5%。

图8　2012-2016年社会消费品零售总额及其增长速度

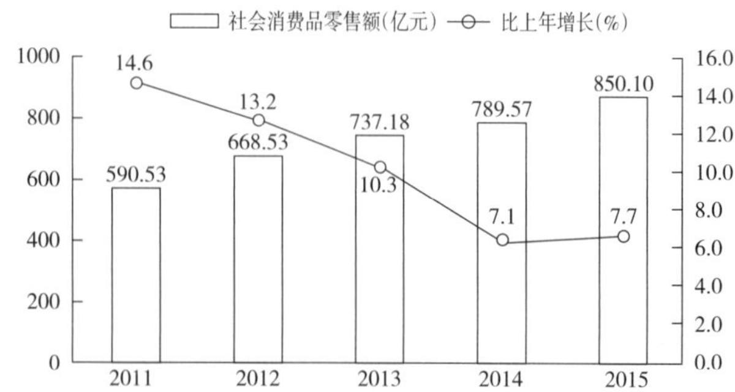

在限额以上企业商品零售额中，22大类商品零售额呈现“12增10降”态势。其中，通讯器材类零售额增长2.4%，粮油、食品类增长12.3%，服装、

鞋帽、针纺织品类下降6.5%，化妆品类增长4.8%，日用品类下降0.3%，建筑及装潢材料类下降61.9%，家用电器和音像器材类下降2.8%，文化办公用品类增长21.7%，汽车类增长7.1%，金银珠宝类下降14.1%，家具类下降44.0%，机电产品及设备类增长28.8%。

根据国家统计局反馈的数据显示，2016年，我区网上零售额[7]按卖家所在地分实现零售额16.6亿元，比上年增长31.0%，其中，实物商品零售额13.4亿元，增长33.5%；按买家所在地分，实现零售额150.2亿元，增长38.0%。

六、对外经济

据银川海关统计，全年货物进出口总额216.27亿元，比上年下降6.4%。其中，出口165.45亿元，下降9.7%；进口50.82亿元，增长6.2%。货物进出口差额（出口减进口）114.63亿元。重点出口产品实现出口52.60亿元，增长0.8%。其中，泰乐菌素出口7.73亿元，增长16.1%；羊绒纱线出口7.09亿元，增长16.8%；羊绒衫出口6.84亿元，下降1.2%；双氰胺出口4.93亿元，增长8.4%；活性炭出口2.71亿元，下降11.4%；轮胎出口2.37亿元，增长75.5%；铁合金出口1.32亿元，增长24.8%。

图9 2012-2016年进出口总额

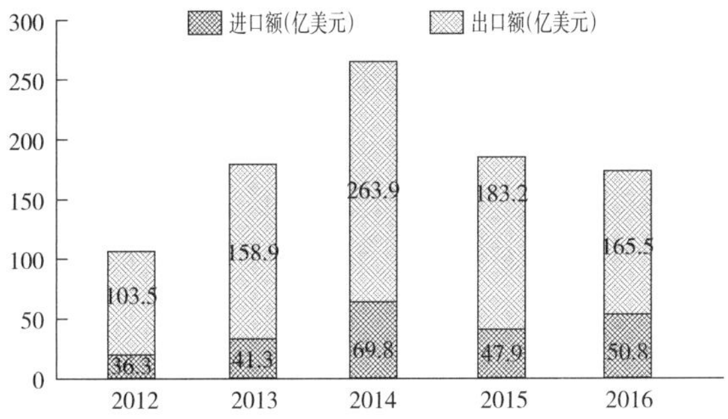

全年外商投资实际利用外资（不含境外借款）2.54亿美元，比上年增长36.1%。全区新批准外商直接投资项目29个，合同外资金额5.65亿美元，比上年下降58.4%。其中，制造业签订利用外商直接投资项目10个，合同额2.02亿美元。

七、交通[8]和邮电

年末铁路营业里程1059.9公里；公路通车里程33940.46公里，增长2.1%；高速公路里程1571.49公里，增长2.9%。全年货物运输总量4.44亿吨，比上年增长1.4%；货物运输周转量873.72亿吨公里，增长0.1%。全年旅客运输总量0.89亿人，比上年下降5.2%；旅客运输周转量153.03亿人公里，增长0.5%。机场旅客吞吐量655.17万人次，增长18.3%。

表8 2016年全区各种运输方式完成运输量及其增长速度

运输方式	货物				旅客			
	运输总量		运输周转量		运输总量		运输周转量	
	绝对数（万吨）	比上年增长（%）	绝对数（亿吨公里）	比上年增长（%）	绝对数（万人次）	比上年增长（%）	绝对数（亿人公里）	比上年增长（%）
总计	44371.43	1.38	873.72	0.11	8882.03	-5.23	153.03	0.53
铁路	5838.66	3.69	242.38	-1.10	658.59	-0.38	45.20	-4.58
公路	37420.58	1.15	577.56	1.00	7910.00	-6.32	64.42	-5.32
航空	1.49	17.23	0.24	18.31	313.44	17.51	43.41	17.93
管道	1110.69	-2.77	53.54	-3.69	-	-	-	-

年末全区民用汽车保有量达到117.85万辆，比上年末增长11.8%，其中，私人汽车保有量105.89万辆，增长14.1%。民用轿车保有量56.38万辆，增长14.1%，其中，私人轿车53.61万辆，增长15.4%。

全年完成邮电业务总量253.75亿元，比上年增长87.2%。其中，邮政业务总量15.20亿元，增长24.7%；电信业务总量238.56亿元，增长93.6%。邮政业全年完成邮政函件业务484.47万件，包裹业务11.43万件，快递业务量3241.47万件；快递业务收入5.90亿元。电信业全年局用交换机总容量90.6万门，减少38.8万门；移动电话交换机容量1414万户，比上年增加190万户。年末全区固定电话用户70.5万户，比上年下降16.4%。移动电话用户716.4万户，比上年增长8.4%，其中，3G移动电话用户83.3万户，每百人拥有移动电话106.7部，比上年末增加6.8部。电话普及率达到117.2部/百人。互联网宽带接入用户111.9万户，移动互联网用户602.1万户。互联网普及率达到50.7%。

八、金融、证券和保险

年末全区金融机构本外币各项存款余额5460.63亿元，比年初增加607.35亿元。其中，人民币各项存款余额5441.54亿元，外汇存款余额2.75亿美元。金融机构本外币各项贷款余额5695.96亿元，比年初增加545.64亿元。其中，人民币各项贷款余额5667.89亿元，外汇贷款余额4.05亿美元。

表9　2016年年末金融机构存贷款余额及其增长速度

指　　标	年末数(亿元)	比年初增减(亿元)	比上年末增长(%)
各项存款余额	5460.63	607.35	12.5
人民币存款余额	5441.54	606.07	12.5
其中:住户存款	2550.04	192.33	8.2
非金融企业存款	1487.90	243.26	19.5
广义政府存款	1311.56	89.47	7.3
各项贷款余额	5695.96	545.64	10.6
人民币贷款余额	5667.89	550.07	10.8
其中:短期贷款	1849.40	46.35	2.9
中长期贷款	3419.43	418.74	13.7
票据融资	392.00	86.79	28.4

年末上市公司12家,总股本81.83亿股,总市值1057.13亿元,比上年增长29.3%。其中,流通市值736.64亿元,比上年增长7.5%。全年证券交易额5156.8亿元,比上年下降42.3%。

全区省级营业性保险分公司20家,实现保费收入133.9亿元,比上年增长29.6%。其中,财产险收入46.09亿元,增长12.4%;寿险收入68.23亿元,增长43.8%;健康险收入16.06亿元,增长34.9%;意外伤害险收入3.52亿元,增长18.6%。支付各类赔款和给付42.84亿元,增长25.2%。其中,财产险赔款24.82亿元,增长18.9%;寿险给付12.62亿元,增长57.8%;健康险给付4.27亿元,下降6.9%;意外伤害险赔款1.14亿元,增长48.0%。

九、人民生活和社会保障

全年城镇新增就业8.2万人,农村劳动力转移就业74.4万人,年末城镇登记失业率3.92%。

根据城乡一体化住户调查结果,全年全体居民人均可支配收入18832元,同比名义增长8.7%。

图10　2016年按收入来源分的全体居民人均可支配收入及占比

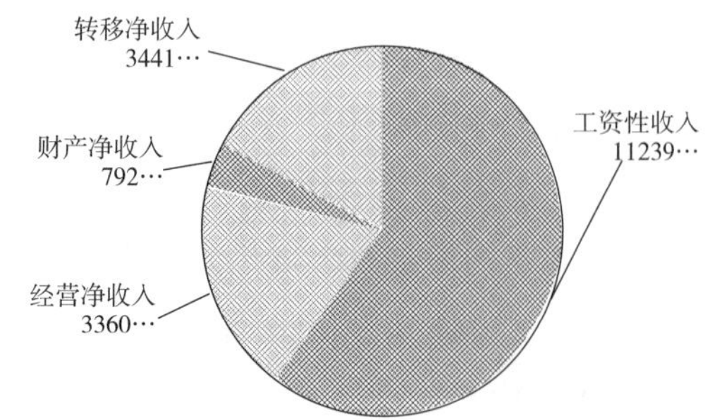

全年农村常住居民人均可支配收入9851.6元,比上年增加732.9元,名义增长8.0%。人均生活消费支出9138.4元,增长8.6%,扣除价格因素,实际增长7.3%。农村居民人均居住面积32.09平方米,增长5.6%。

全年城镇常住居民人均可支配收入27153元,比上年增加1967元,名义增长7.8%。人均消费支出20364.2元,增长7.3%,扣除价格因素,实际增长5.6%。城镇居民人均居住建筑面积31.3平方米,增长2.1%。

图11　2011-2015年农村居民人均可支配收入及其增长速度

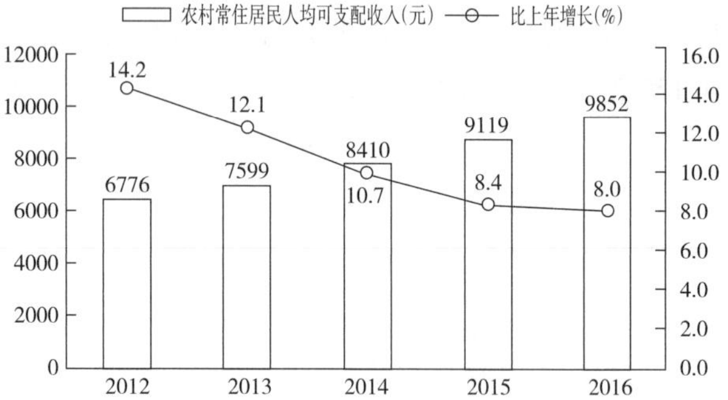

图12　2011-2015年城镇居民人均可支配收入及其增长速度

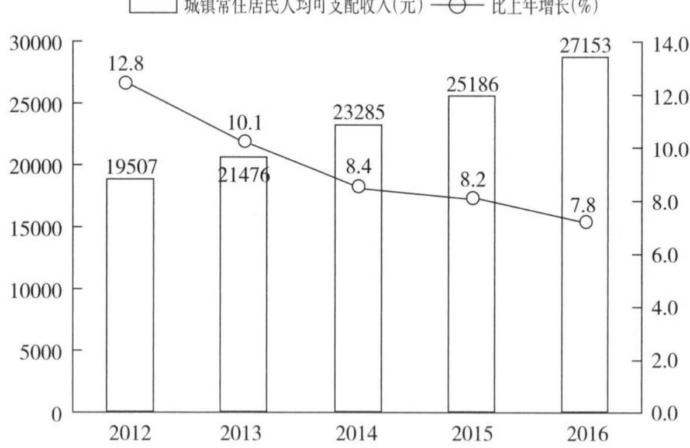

年末全区参加城镇职工基本养老保险人数为196.1万人,比上年末增加17.35万人。其中,参保职工118.3万人,参保离退休人员　48.7万人,机关事业单位养老保险参保29.1万人。参加城乡居民基本养老保险人数186.2万人,比上年末增加3.1万人。参加基本医疗保险人数594.05万人,比上年末增加9.28万人,其中,参加城镇职工基本医疗保险117.47万人,参加城乡居民基本医疗保险476.58万人。参加失业保险人数85.7万人,参加工伤保险人数83.54万人,参加生育保险人数76.54万人。年末全区各项保险基金收入310.61亿元。年末各项社保基金累计结余323.16亿元,较上年末增加29.25亿元,增长9.95%。

年末全区享受城市居民最低生活保障145716人,享受农村居民最低生活保障422218人,特困人员救助供养11862人。

年末全区各类提供住宿的社会服务机构119个，养老服务机构93个。社会服务床位16437张，其中，养老床位14070张(注：不包括社区养老床位)。社区服务机构和设施1215个，其中，社区服务中心66个，社区服务站763个。

十、教育和科技

年末全区各级各类学校3216所，教职工98868人。学前教育毛入园率77.94%，小学学龄人口入学率99.98%，初中阶段毛入学率104.53%，高中阶段毛入学率91.35%，高等教育毛入学率43.15%。

表10　2016年各级教育招生、在校、毕业生人数

类　别	校数（所）	招生数（人）	在校学生数（人）	毕业学生数（人）
普通高等学校	18	35297	121799	30968
#研究生	–	1573	4016	1366
成人高等学校	1	12057	26828	12441
中等职业教育学校	29	28088	78743	24379
普通中学	307	141886	426691	143768
#高 中(含完全中学)	43	47703	151995	56075
初 中(含完全中学)	168	94183	274696	87693
普通小学	1536	96512	582883	96180
幼儿园	889	99141	206219	95623
特殊教育学校	12	709	4388	445

全年登记自治区级科技成果311项，比上年增长27.5%。其中，基础理论成果171项，应用技术成果224项，软科学成果16项。全年申请专利量6148件,比上年增长39.9%,其中，发明专利2510件，下降4.4%。专利授权量2677件，增长43.5%，其中，发明专利授权量560件，增长26.7%。全年共签订技术合同992项，技术合同成交金额5.17亿元。

年末全区拥有国家级工程技术研究中心3个，自治区级工程技术研究中心41个；国家重点实验室3个，省部共建重点实验室4个，国家重点培育基地3个，自治区级重点实验室15个；国家级企业（集团）技术中心（含分中心）14个，自治区级企业（集团）技术中心62个，技术创新中心167个。

十一、文化、卫生和体育

年末全区共有博物馆[10]75个，国家综合档案馆27个，公共图书馆26个，文化馆26个，各类艺术表演团体13个。全年地方出版报纸　19种，出版期刊37种，出版图书3098种。数字电视实际用户71.26万户。年末广播节目综合人口覆盖率为96.72%；电视节目综合人口覆盖率为99.34%。

年末全区共有医疗卫生机构[11]4256个，其中，医院190个，卫生院219个，疾病预防控制中心25个，妇幼保健机构21个。医疗卫生机构床位3.54万张。卫生技术人员44721人，其中，执业(助理)医师17072人，注册护师、护士18070人。

全年举办县级以上全民健身活动4000余场次，其中，1000人以上的大型全民健身活动200次，举办青少年单项比赛34项，参加活动的人数总计达到160万人次。在全国比赛取得金牌12枚、银牌7枚、铜牌13枚；全年有178人达国家一级运动员等级标准，219人达国家二级运动员等级标准，58人获得国家一级裁判员等级称号。

十二、资源、环境和安全生产

初步核算，全年全区能源消费总量为5591.8万吨标准煤，比上年增长3.5%。全区万元地区生产总值能耗下降4.3%。

全年水资源总量10亿立方米。全年平均降水量290毫米，比上年增长0.7%。全年总用水量64.89亿立方米，比上年下降7.8%。其中，生活用水2.78亿立方米，增长19.3%；工业用水4.39亿立方米，增长0.8%；农业用水57.72亿立方米，下降9.4%。万元地区生产总值用水量[12]206立方米，比上年下降14.7%；万元工业增加值用水量42立方米，下降6%。

全区完成营造林面积122.85万亩，比上年增加2.7万亩，增长2.2%。其中，人工造林88.44万亩。年末实有封山（沙）育林面积507.89万亩。

城市污水处理率91.95%，比上年提高2.98个百分点。燃气普及率84.39%，比上年提高1.12个百分点。城市建成区绿地面积2.23万公顷，增长7.68%；全区建成区绿地率35.26%，比上年提高0.58个百分点；建成区供水管道密度6.31公里/平方公里，建成区排水管道密度4.74公里/平方公里。人均公园绿地面积17.57平方米，比上年增加0.33平方米。

全区累计发生各类生产安全事故1680起，按可比口径同比（下同）下降35.6%；死亡473人，同比下降1.3%。亿元地区生产总值生产安全事故死亡率为0.150,按可比口径比上年下降3.8%;煤矿事故3起,死亡22人,煤矿百万吨死亡率为0.311;道路交通事故1608起,死亡375人,道路交通万车死亡率为2.20;工矿商贸事故63起,死亡91人,工矿商贸就业人员[13]10万人生产安全事故死亡率为3.289。

注释:

[1] 本公报中数据均为初步统计数,正式数据以《宁夏统计年鉴-2017》为准。部分数据因四舍五入的原因,存在着与分项合计不等的情况。

[2] 考虑到我国劳动年龄下限为16周岁,从2013年开始公布16-59岁(含不满60周岁)人口数据。2016年末,0-14岁(含不满15周岁)人口为136.13万人,15-59岁(含不满60周岁)人口为455.89万人。

[3] 全区生产总值及各产业和各行业增加值指标绝对数按现价计算,增长速度按可比价格计算。

[4] 2012年至2015年数据为公共财政预算收入决算数,2016年为执行数。

[5] 六大高耗能行业分别为:化学原料和化学制品制造业、非金属矿物制品业、黑色金属冶炼和压延加工业、有色金属冶炼和压延加工业、石油加工炼焦和核燃料加工业、电力热力生产和供应业。

[6] 钢材产量数据中含使用钢材加工成其他钢材的重复计算因素。

[7] 网上零售额是指通过公共网络交易平台(包括自建网站和第三方平台)实现的商品和服务零售额。

[8] 公路交通运输货运、客运数据按2013年交通运输统计专项调查之后口径核算。

[9] 图11、图12数据是按新口径计算的城乡可比的可支配收入。

[10] 包括综合类、历史类、艺术类、自然类、科学类的博物馆和展览馆。

[11] 医疗卫生机构包括村卫生室。

[12] 万元地区生产总值用水量和万元工业增加值用水量按2015年不变价计算。

[13] 工矿商贸就业人员为2016年我区二、三产业从业人员数加2017年政府工作报告中农村劳动力转移就业人员数的合计数276.7万人。

银川市2016年国民经济和社会发展统计公报

银川市统计局 国家统计局银川调查队

2016是“十三五”规划的开局之年，也是供给侧结构性改革的攻坚之年。这一年，面对艰巨的改革发展稳定任务，全市上下团结一心，负重拼搏、戮力攻坚，坚持稳中求进工作总基调，坚持新发展理念，坚定推进改革，扩大对外开放，以新旧动能转换推进开放内涵式发展，深入实施“反梯度”战略，弯道超车，妥善应对风险挑战，全市经济社会保持平稳健康发展，实现了“十三五”良好开局。

一、综合

初步核算，全市实现地区生产总值1617.28亿元，按可比价格计算，同比增长8.1%[2]。分产业看，第一产业实现增加值58.61亿元，同比增长4.3%；第二产业实现增加值825.46亿元，同比增长6.6%；第三产业实现增加值733.21亿元，同比增长10.3%。按常住人口计算，人均地区生产总值74269元，比上年增长6.6%。三次产业结构为3.6:51.0:45.4，对经济增长的贡献率分别为2.1%、42.5%、55.4%。

图1 2012-2016年银川地区生产总值及增速

图2 2012-2016年三次产业增加值占地区生产总值比重

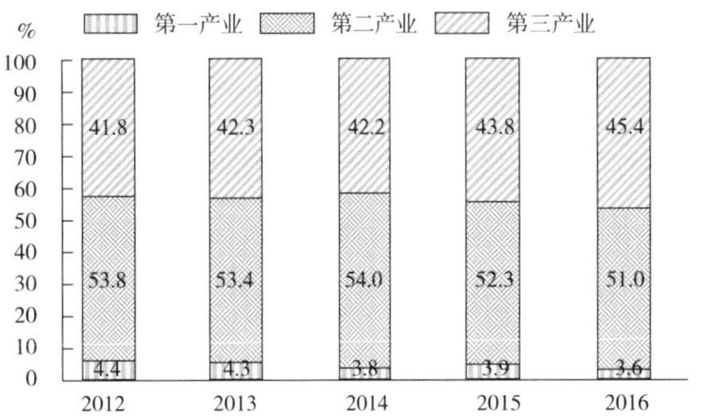

年末全市常住人口219.11[3]万人，比上年末增加2.7万人。其中回族人口56.37万人，占总人口的比重为25.7%。城镇人口165.86万人，乡村人口53.25万人；男性110.33万人，女性108.78万人。人口出生率为12.90‰，死亡率为4.79‰，人口自然增长率为8.11‰。

表1 2016年银川市年末人口数及其构成

指标	年末数(人)	增速(%)	比重(%)
年末总人口	2191098	1.3	100.0
#市区人口	1404070	1.1	64.1
#城镇人口	1658570	1.1	75.7
乡村人口	532528	1.7	24.3
#汉族人口	1587980	1.2	72.5
回族人口	563746	1.2	25.7
其他少数民族	39372	0.9	1.8
#男性	1103320	-0.06	50.4
女性	1087778	2.6	49.7

全年居民消费价格比上年上涨1.7%，其中其他用品和服务上涨2.7%，衣着类上涨2.6%，医疗保健上涨2.4%，教育文化和娱乐类上涨1.1%，居住类和生活用品及服务类均上涨0.7%，交通和通信类下降0.9%。工业生产者出厂价格指数下降1.1%，工业生产者购进价格指数下降3.6%，新建住宅价

格指数下降0.2%，商品零售价格指数上涨0.8%。

图3　2012-2016年居民消费价格指数涨跌幅度

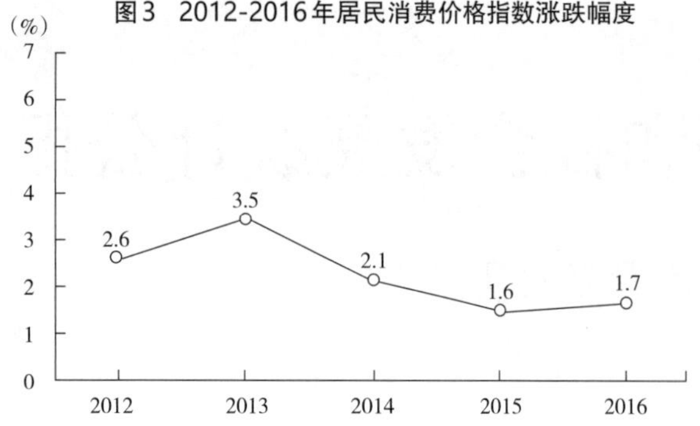

表2　2016年居民消费价格比上年涨跌幅度

单位：%

指标名称	2016年
食品烟酒	2.9
#粮食	0.7
鲜菜	17.4
畜肉	5.5
水产品	2.8
蛋	–2.3
鲜果	–0.9
衣着	2.6
居住	0.7
生活用品及服务	0.7
交通和通信	–0.9
教育文化和娱乐	1.1
医疗保健	2.4
其他用品和服务	2.7

图4　2016年银川市居民消费价格指数月度涨幅

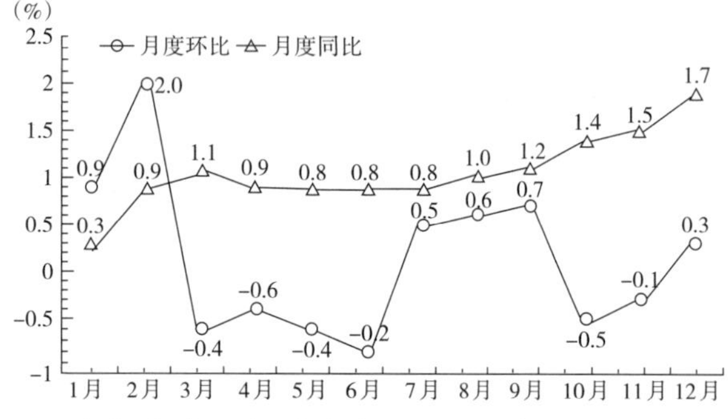

全年完成地方财政收入227.62亿元，比上年增长1.5%[4]。公共财政预算收入173.20亿元，增长13.0%，其中税收收入106.22亿元，增长7.6%，税收占公共财政预算收入的比重为61.3%。全年完成地方财政支出397.04亿元，增长5.8%。公共财政预算支出331.07亿元，增长15.0%。其中八大项支出情况为：一般公共服务支出增长10.3%、公共安全支出增长24.9%、教育支出增长9.9%、科学技术支出增长52.3%、社会保障和就业支出增长4.7%、医疗卫生与计划生育支出增长18.6%、节能环保支出下降5.7%、城乡社区支出增长16.6%。

图5　2012-2016年银川市地方财政收入及增速

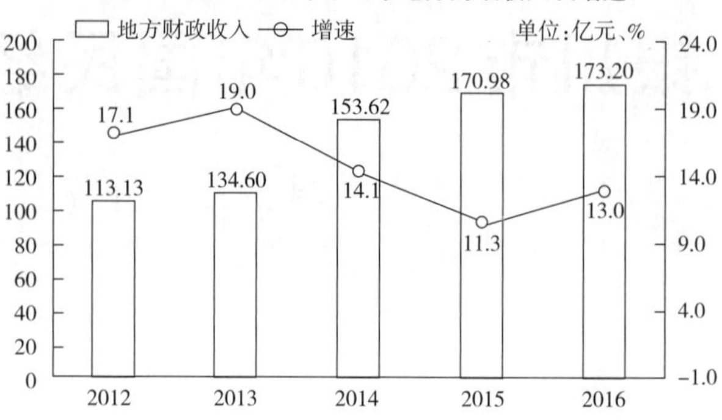

二、农业

全年完成农林牧渔业总产值116.74亿元，按可比价格计算，比上年增长4.4%[2]。其中农业产值74.55亿元，增长4.4%；林业产值1.25亿元，下降8.5%；畜牧业产值26.51亿元，增长3.3%；渔业产值7.37亿元，增长10.0%；农林牧渔服务业产值7.06亿元，增长4.8%。

全年粮食作物播种面积10.41万公顷，比上年下降1.2%；其中小麦播种面积1.74万公顷，增长18.7%。蔬菜播种面积3.26万公顷，园林水果播种面积2.76万公顷。全年粮食产量84.15万吨，增长0.8%；其中小麦产量9.84万吨，增长24.7%。蔬菜产量170.66万吨，增长6.3%；园林水果30.39万吨，增长5.6%。肉类产量5.15万吨，增长3.3%，其中猪肉产量1.49万吨，增长1.8%，牛肉产量1.63万吨，增长4.3%，羊肉产量1.49万吨，增长5.5%。年末大牲畜存栏19.13万头，生猪存栏15.29万头，羊只存栏数66.09万只，家禽数216.45万只。禽蛋产量2.19万吨，下降1.5%；牛奶产量47.18万吨，下降4.4%；水产品产量7.36万吨，增长3.5%。

图6　2012-2016年银川市粮食产量及增速

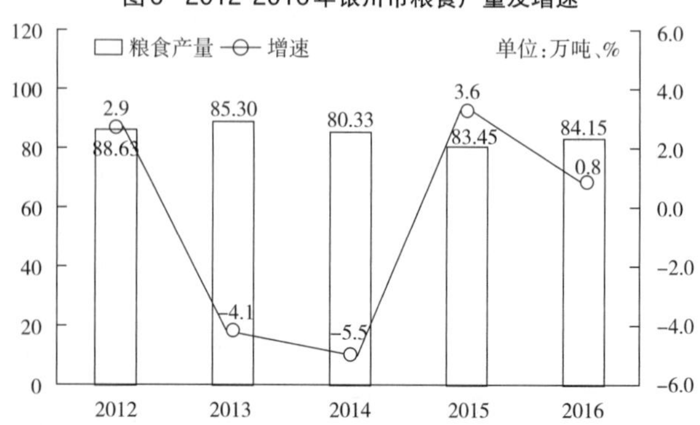

全年农村用电量3.54亿千瓦时，增长1.7%；农用化肥施用量（按实物量计算）23.39万吨，与上年持平。

三、工业和建筑业

全年全部工业增加值603.74亿元，比上年增长8.0%。规模以上工业实现增加值533.06亿元，增长8.5%[2]，在规模以上工业增加值中，大中型企业增加值427.97亿元，增长9.8%。按轻重工业分，轻工业增加值122.68亿元，增长13.7%；重工业增加值410.38亿元，增长7.1%。按经济类型分，国有及国有控股企业增加值257.99亿元，增长1.5%；股份制企业增加值425.65亿元，增长7.8%；外商及港澳台商投资企业增加值77.10亿元，增长11.0%。

图7 2012-2016年银川市规模以上工业增加值及增速

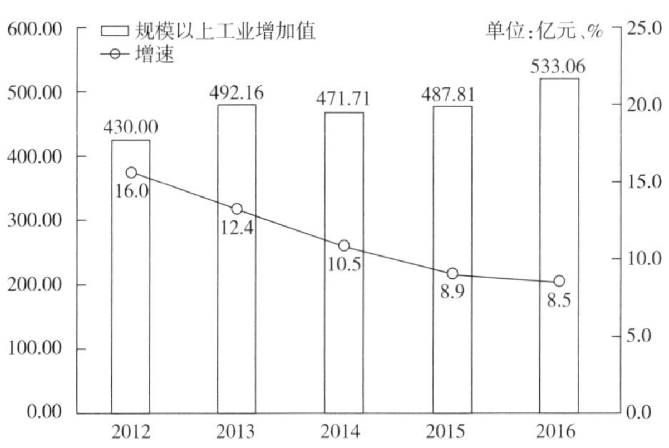

按行业分，电力、热力的生产和供应业增加值64.89亿元，下降13.6%；石油加工、炼焦业增加值100.84亿元，增长11.3%；煤炭开采和洗选业增加值99.72亿元，增长35.9%；化学原料及化学制品制造业增加值67.80亿元，增长1.4%；纺织业增加值39.38亿元，增长28.2%。全市规模以上非公有制工业企业增加值232.41亿元，增长12.7%。

全年规模以上工业企业实现销售产值1891.56亿元，比上年增长4.6%，工业产品销售率为93.8%；工业企业主营业务收入1693.16亿元，比上年增长4.3%；主营业务成本1351.71亿元，增长1.6%。利润总额67.06亿元，增长4.4%。工业品出口交货值75.15亿元，亏损企业亏损36.96亿元，企业亏损面20.5%，应收账款净额250.73亿元，资产负债率66.8%。

表3 2016年银川市主要工业产品产量

产品名称	计量单位	产量	比上年增长（%）
水泥	万吨	534.36	2.2
液体乳	万吨	21.92	-2.4
农用化肥（折纯）	万吨	43.01	0.9
轮胎外胎	万条	201.90	45.5
金属切削机床	台	1545.00	-7.4
轴承	万套	681.79	14.8
汽油	万吨	254.98	18.7
柴油	万吨	234.34	16.1
合成氨	万吨	33.27	8.7
机制纸	万吨	5.46	-36.6
发电量	亿千瓦时	502.42	-8.9
白酒	千升	7559.60	-12.8
葡萄酒	千升	10484.64	-24.5
服装	万件	1310.78	6.0
家具	万件	25.06	12.8
焦炭	万吨	425.30	1.8
自来水生产量	万立方米	22739.00	1.6
变压器	万千伏安	1156.09	-18.8
电解铝	万吨	37.45	-15.3

全年全市具有资质等级建筑业企业362个，实现建筑业总产值352.55亿元，下降5.2%;其中国有及国有控股企业实现产值130.16亿元，下降1.9%；建筑装修装饰业实现产值5.69亿元，下降24.0%。房屋建筑施工面积1846.85万平方米，下降18.4%；房屋建筑竣工面积661.38万平方米，下降16.0%。具有资质等级的建筑企业实现利润总额9.70亿元，下降0.1%；实现税金总额14.29亿元，增长13.3%。

四、固定资产投资

全年完成全社会固定资产投资1723.31亿元，比上年增长11.8%。其中，基本建设投资1150.81亿元，增长24.8%；更新改造投资38.14亿元，下降79.4%。按投资主体分，国有经济投资859.59亿元，增长8.6%；非国有经济投资863.72亿元，增长15.3%。按投资结构分，第一产业投资28.47亿元，比上年下降7.2%；第二产业投资717.81亿元，增长18.0%，其中工业投资717.46亿元，增长18.9%，建筑业投资0.35亿元，下降93.2%；第三产业投资977.02亿元，增长8.4%。施工项目计划总投资6399.10亿元，增长2.3%。

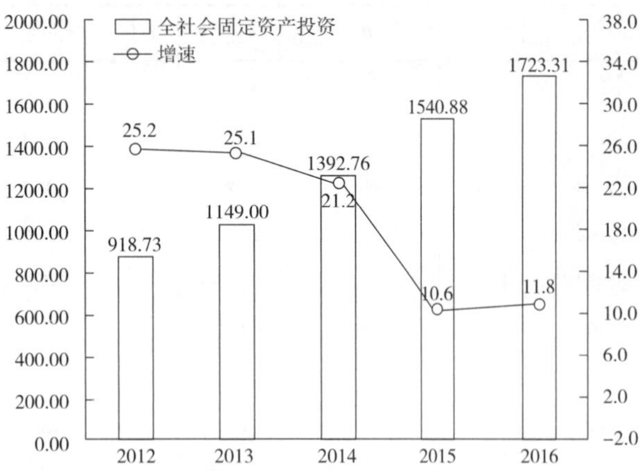

图8 2012-2016年银川市全社会固定资产投资及增速

全年完成房地产开发投资474.94亿元，比上年增长16.1%，其中住宅开发投资278.16亿元，增长9.5%。商品房施工面积4272.83万平方米，增长1.0%，其中住宅施工面积2650.21万平方米，增长1.6%；商品房销售面积564.86万平方米，增长6.6%，其中住宅销售面积492.84万平方米，增长8.4%；商品房待售面积723.08万平方米，增长10.0%，其中住宅待售面积404.81万平方米，增长4.8%。全年商品房销售额270.57亿元，增长3.2%，其中住宅销售额219.23亿元，增长7.2%。

五、国内贸易

全年实现社会消费品零售总额514.19亿元[5]，比上年增长7.7%。分城乡看，城镇消费品零售额500.56亿元，增长7.5%；乡村消费品零售额13.63亿元，增长14.7%。分行业看，批发零售业零售额458.77亿元，增长8.2%；住宿餐饮业零售额55.42亿元，增长3.5%。分经济类型看，国有经济实现零售额4.54亿元，下降2.4%；集体经济实现零售额0.54亿元，下降8.5%；股份制经济实现零售额176.59亿元，增长4.3%；私营经济实现零售额169.03亿元，增长6.2%；个体经济实现零售额150.25亿元，增长13.8%;其他各种经济实现零售额13.23亿元，增长10.5%。

在限额以上批发和零售业零售额中，粮油、食品、饮料及烟酒类增长11.0%；服装鞋帽针纺织品类下降8.3%；家用电器和音像器材类下降2.4%；金银珠宝类下降15.2%；石油及制品类增长10.2%；通讯器材类增长1.5%；体育娱乐用品类增长6.3%;汽车类增长6.6%。

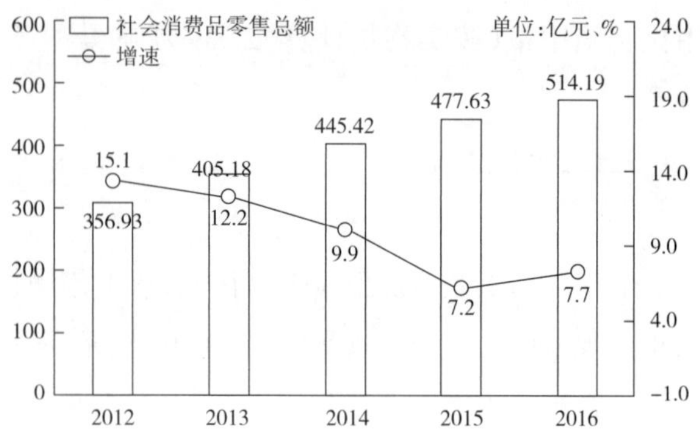

图9 2012-2016年银川市全社会消费品总额及增速

重点商品交易市场成交额186.27亿元，下降11.5%，其中亿元以上商品交易市场成交额180.60亿元，下降11.5%。

六、对外经济

全年实现进出口总额24.90亿美元，比上年下降18.0%。其中，出口总额19.87亿美元，下降20.6%;进口总额5.03亿美元，下降5.7%。

图10 2012-2016年银川市进出口贸易总额

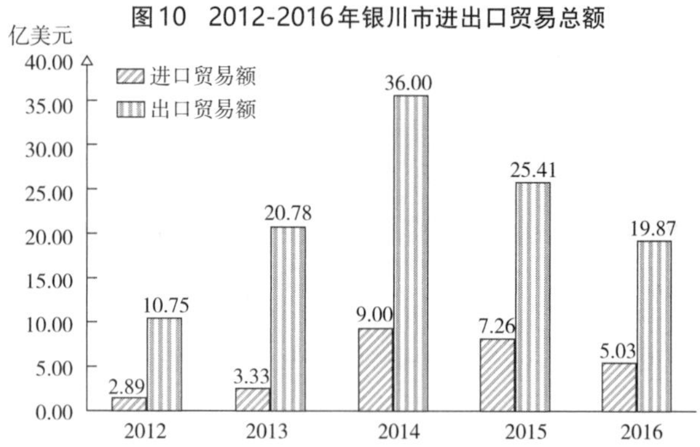

全年签订利用外资项目18个；合同外资金额3.17亿美元，比上年增长0.03%；实际利用外资0.36亿美元，下降78.7%。

七、交通、邮电和旅游

全年铁路客运量416.16万人次，增长1.8%，铁路客运周转量27.19亿人公里，增长1.8%，铁路货运量403.59万吨，增长4.7%，铁路货运周转量21.37亿吨公里，增长5.0%。公路客运量3447万人次，下降4.3%，公路客运周转量31.15亿人公里，下降2.2%，公路货运量0.88亿吨，下降17.6%，公路货运周转量113.30亿吨公里，下降17.3%。民航客运量298万人次，增长16.4%，民航客运周转量41.85亿人公里，增长17.0%，民航货运量1.49万吨，增长14.6%，民航货运周转量2350万吨公里，增长

17.6%。

表4 2016年银川市铁路、公路及航空完成运输量及增长速度

指 标	单位	绝对数	比上年增长(%)
客运量			
铁路	万人次	416.16	1.8
公路	万人次	3447	-4.3
民航	万人次	298	16.4
客运周转量			
铁路	亿人公里	27.19	1.8
公路	亿人公里	31.15	-2.2
民航	亿人公里	41.85	17.0
货运量			
铁路	万吨	403.59	4.7
公路	万吨	8779	-17.6
民航	万吨	1.49	14.6
货运周转量			
铁路	亿吨公里	21.37	5.0
公路	亿吨公里	113.3	-17.3
民航	万吨公里	2350	17.6

年末全市各种民用汽车保有量66.49万辆，增长14.9%，私人汽车保有量60.65万辆，增长17.2%。

全年完成邮电业营业收入总量34.82亿元。其中，邮政业营业收入2.05亿元，电信业营业收入32.77亿元。快递业务营业收入4.62亿元，增长13.0%。全年订销报刊2754万份，下降17.8%；完成邮政函件业务642万件，增长8.1%。年末本地固定电话用户38.95万户，增长20.3%；移动电话用户390.70万户，增长8.5%；计算机互联网用户63.16万户，增长28.1%。

全年接待国内游客869.52万人次，增长17.3%；接待海外游客3.59万人次，增长32.5%。国内旅游收入104.00亿元，增长11.3%；国际旅游外汇收入2849万美元，增长88.1%。

全市共有旅行社98家，其中国际社24家，国内社74家。全市共有旅游星级酒店42家，四星级16家，三星级25家，二星级1家。

八、金融和保险

年末全市金融机构人民币各项存款余额3343.40亿元，比上年末增长9.7%，其中，住户存款1391.35亿元，增长6.6%。人民币各项贷款余额4076.57亿元，比上年末增长11.6%，其中，中长期贷款2755.90亿元，增长14.7%，短期贷款1033.99亿元，增长0.5%。

全年实现保费收入133.90亿元，增长29.6%。其中，财产险保费收入46.09亿元，增长12.4%；人身险保费收入87.81亿元，增长41.0%。全年支付各项赔款及给付额42.84亿元，增长25.2%。其中，财产险赔款24.82亿元，人身险赔款及给付18.02亿元，分别增长18.9%和35.0%。

九、教育和科学技术

年末全市有研究生培养单位3个，招生1759人，增长5.2%；在学研究生4539人，增长4.4%；毕业生1507人，增长8.3%。普通高等院校15所，招生2.77万人，比上年下降1.6%；在校生9.89万人，毕业生2.51万人，分别增长0.9%和3.7%。成人高校1所，招生1.15万人，增长6.6%；在校生2.41万人，下降5.6%；毕业生1.11万人，增长11.7%。中等职业学校16所，招生1.40万人，下降20.1%；在校生4.14万人，下降3.6%；毕业生1.22万人，下降9.2%。普通高中院校24所，招生1.79万人，下降5.1%；在校生5.50万人，下降1.3%；毕业生1.83万人，增长2.5%。初中学校51所，招生2.56万人，增长5.9%；在校生7.44万人，下降0.2%；毕业生2.43万人，增长1.2%。普通小学203所，招生2.93万人，增长6.0%；在校生16.76万人，增长3.4%；毕业生2.55万人，增长5.7%。特殊教育学校2所，招生142人，在校生406人。幼儿园285所，在园幼儿6.83万人，增长7.0%。农村小学阶段适龄人口入学率达到100%，农村初中阶段适龄人口入学率达到98%。资助困难学生24862人次。

全年投入科技三项费用3000万元，比上年增长12.8%；实施各类科技计划项目125项。全年申请专利3509件，增长6.1%。

十、文化、卫生和体育

年末全市拥有艺术表演团体5个，文化馆8个，公共图书馆8个，博物馆9个(其中7个国有行业博物馆)，全国重点文物保护单位11处。广播电台5座，电视台6座，广播综合人口覆盖率、电视综合人口覆盖率均达到100%，有线广播电视用户55.80万户。全年地方出版报纸19种、期刊37种、图书3098种。

年末全市有卫生机构967个，其中医院和卫生院104个(医院65个)。卫生机构床位15494张，其中医院、卫生院床位14729张。卫生技术人员22077人，其中执业医师及执业助理医师8306人，注册护士9498人。疾病预防控制中心8个，卫生技术人员372人；妇幼保健机构5个，卫生技术人员1149人；乡镇卫生院39个，床位数528张，卫生技术人员802人。卫生监督检验机构8个，卫生技术人员182人。全市已认定医疗保险定点医疗机构403个，定点零售药店963个。全市儿童免疫规划接种率达到99.8%。

全年获得全国冠军12个，获得金牌32块，银牌17块，铜牌19块。

十一、人民生活和社会保障

全年城镇居民人均可支配收入30478元，比上年增加2217元，增长7.8%。城镇居民人均消费性支出22898元，增长5.5%。其中，支出增幅较大的是：其他用品和服务支出3720元，增长25.7%，居住支出2140元，增长23.3%，食品烟酒支出1441元，增长7.5%。城镇20%最高收入户人均可支配收入57784元，城镇20%最低收入户人均可支配收入12013元。城镇居民恩格尔系数29.1%。

图11　2012-2016年银川市城镇居民人均可支配收入及增速

表5　城镇居民每百户主要消费品拥有量

指 标	单位	2016年	2015年	比上年增长(%)
空调器	台	22.1	20.6	7.3
淋浴热水器	台	95.9	91.9	4.4
彩电	台	101.5	101.1	0.4
电冰箱	台	100.0	96.2	4.0
移动电话	部	242.8	231.2	5.0
家用电脑	台	83.0	73.4	13.1
微波炉	台	67.8	63.7	6.4
家用汽车	辆	36.3	33.9	7.1
摩托车	辆	9.3	13.3	-30.1
洗衣机	台	100.3	95.6	4.9
照相机	架	31.3	29.9	4.7
摄像机	架	8.1	8.9	-9.0
健身器材	套	3.6	1.8	100.0

图12　201年银川市居民人均消费支出及其构成

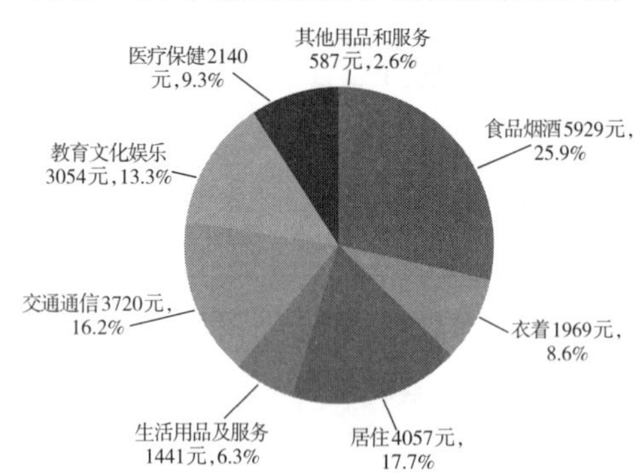

全年农村居民人均可支配收入12037元，比上年增加889元，增长8.0%。农村居民人均生活消费支出11061元，增长9.3%。农村居民恩格尔系数30.8%。

图13　2012-2016年银川市农村居民人均可支配收入及增速

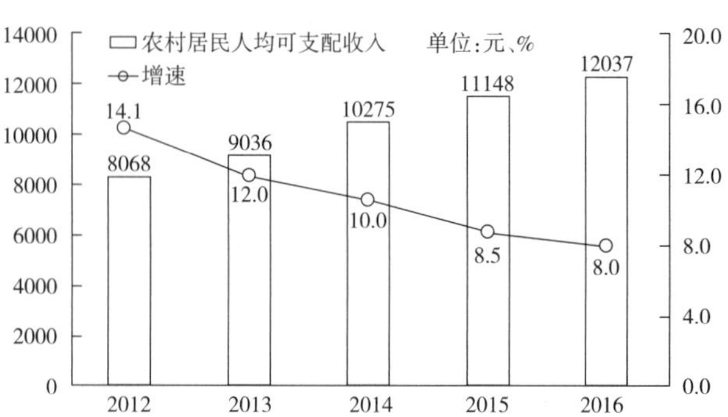

年末全市参加城镇基本养老保险75.99万人，比上年增长9.0%，其中参保职工59.58万人，参保

离退休人员16.42万人。参加失业保险47.25万人。参加基本医疗保险167.03万人,其中参加城乡居民基本医疗保险99.01万人,参加城镇职工基本医疗保险68.02万人。

年末全市拥有中心敬老院、敬老院、老年公寓25个,共有床位5649张;收养性社会福利单位1个,床位数150张,收养各类人员82人。全市享受政府最低生活保障人数为1.8万人,发放城镇居民最低生活保障金0.77亿元;农村享受最低保障人数2.5万人,发放农村最低生活保障金0.87亿元。发放城乡医疗救助金3117万元,接受城乡医疗救助5.74万人次。城镇建立各种社区服务设施871个,其中市民服务中心23个。全年销售社会福利彩票6485万元,筹集社会公益资金1297万元,直接接受社会捐赠233万元。

十二、城市建设

年末建成区绿化覆盖面积7086公顷;年末建成区园林绿地面积7080公顷,其中建成区公园绿地面积2320公顷。

年末全市公共汽车线路达到123条,公共汽车运营车辆数1818辆;公交标准运营车辆2246标台;每万人拥有公交车辆10.25标台。

十三、环境与安全生产

全年城市空气质量优良天数252天,占总天数的68.9%。区域噪声平均值53分贝,交通干线噪声平均值67.5分贝。城市饮用水源水质达标率100%,黄河银川段水质达到II类。全年完成工业企业环境污染治理项目62个,投入资金11.96亿元。

全年发生各类生产安全事故808起,死亡123人。亿元GDP生产安全事故死亡人数为0.076人;道路交通万车死亡人数为1.46人。

注:

[1] 本公报中数据均为初步统计数。

[2] 地区生产总值、各产业增加值和人均地区生产总值绝对数按现行价格计算,增长速度按不变价格计算。

[3] 该数据为统计口径,不含居住半年以下的流动人口。

[4] 2016年地方财政收入、公共财政预算收入增速为同口径。

[5] 2012年至2014年银川市社会消费品零售为与第三次经济普查结果衔接数据。

综合

General Survey

1 综合

General Survey

1—1　行政区划及区划面积

Administrative Divisions and Area of Zoning

(2016)

县(市)区 County, Municipalities and District	镇(个) Towns (unit)	乡(个) Townships (unit)	街道办事处(个) Street Communities (unit)	居民委员会(个) Neighbour-hood Committees (unit)	村民委员会(个) Village Committees (unit)	区划面积(平方公里) Area of Zoning (sq.km)
总　计　Total	**20**	**6**	**24**	**246**	**282**	**9025.38**
市区　City	6	2	23	197	82	2310.53
兴庆区　Xingqing	2	2	11	90	42	828.26
金凤区　Jinfeng	2	0	5	46	23	353.00
西夏区　Xixia	2	0	7	61	17	1129.27
永宁县　Yongning	5	1	0	21	67	1178.68
贺兰县　Helan	4	1	0	13	63	1527.20
灵武市　Lingwu	5	2	1	15	70	4008.97

注:滨河新区有居民委员会1个,村民委员会1个。

1-1　续表　continued

县(市)区 County, Municipalities and District	年末总人口(万人) Population at Year-end (10 000 persons)	人口密度(人/平方公里) Population Density (person/sq.km)	乡、镇、街道办事处名称 Townships,Towns and Street Communities
总　计　Total	**219.11**	**243**	
市　区　City	140.41	608	
兴庆区　Xingqing	74.02	894	大新镇　掌政镇　通贵乡　月牙湖乡　凤凰北街　富宁街　中山南街　胜利街　文化街　解放西街　新华街　玉皇阁北街　丽景街　前进街　银古路等街道办事处
金凤区　Jinfeng	30.79	872	良田镇　丰登镇　黄河东路　满城北街　长城中路　北京中路　上海西路等街道办事处
西夏区　Xixia	35.60	315	兴泾镇　镇北堡镇　西花园　朔方路　北京西路　文昌路　宁华路　贺兰山西路　怀远路等街道办事处
永宁县　Yongning	23.99	204	李俊镇　闽宁镇　杨和镇　望洪镇　望远镇　胜利乡
贺兰县　Helan	25.60	168	习岗镇　金贵镇　立岗镇　洪广镇　常信乡
灵武市　Lingwu	29.11	73	临河镇　东塔镇　崇兴镇　马家滩镇　郝家桥镇　白土岗乡　梧桐树乡　城区街道办事处

1—2 气象情况

(2016)

月 份	Month	平均气温(℃) Average Temperature(℃)				降水量(毫米) Precipitation(mm)			
		银川 Yinchuan	永宁 Yongning	贺兰 Helan	灵武 Lingwu	银川 Yinchuan	永宁 Yongning	贺兰 Helan	灵武 Lingwu
一 月	January	-8.3	-7.7	-9.1	-8.4	0.1	0.1	0.0	0.2
二 月	February	-3.8	-3.4	-4.7	-4.3	8	8.9	8	7.7
三 月	March	5.9	6.1	5	5.4	18.9	22.2	16.5	29.7
四 月	April	14.3	14.7	13.7	13.6	13.2	16.2	21.3	12.1
五 月	May	17.4	17.9	16.7	16.7	26.5	26.5	17.7	36.8
六 月	June	22.8	23.1	22	21.9	7.6	8.8	8.9	7.1
七 月	July	25.1	25.6	24.5	24.4	72.9	71.6	44.3	38.9
八 月	August	24	24.2	23.4	23.4	82.6	52.8	51.8	92.3
九 月	September	18.1	18.7	17.3	17	10.4	6.3	18.2	7.6
十 月	October	11.1	11.6	10.6	10	24.7	28.5	21.4	32
十一月	November	3	3.6	2.1	1.8	0	0.0	0.0	0
十二月	December	-1.5	-1.2	-2.6	-2.5	0	0	0.2	0

1-2 续表

(2016)

月 份	Month	平均风速(米/秒) Average Wind Speed(m/second)				平均相对湿度(%) Mean Relative Humidity(%)			
		银川 Yinchuan	永宁 Yongning	贺兰 Helan	灵武 Lingwu	银川 Yinchuan	永宁 Yongning	贺兰 Helan	灵武 Lingwu
一 月	January	1.7	1.6	1	2.5	50	56.0	55.0	55
二 月	February	1.6	1.5	1	2.6	45	49	50	48
三 月	March	1.9	1.8	1.1	2.5	40	47	47	47
四 月	April	1.8	1.8	0.9	2.5	35	39.0	41.0	43
五 月	May	1.9	1.8	1	2.3	42	46.0	47.0	51
六 月	June	2	1.8	1	2.3	46	51.0	54.0	55
七 月	July	1.7	1.8	0.7	2.3	55	60.0	63.0	65
八 月	August	1.7	1.6	0.7	2.2	64	69.0	71.0	71
九 月	September	1.5	1.5	0.6	1.8	59	62.0	68.0	69
十 月	October	1.5	1.6	0.7	2	61	64.0	67.0	69
十一月	November	1.5	1.8	1	2.5	48	51.0	55.0	57
十二月	December	1.5	1.4	0.7	2.2	55	59	62	60

注:2014年以后永宁、贺兰、灵武三站已停止观测蒸发量记录

蒸发量(毫米) Evaporation(mm)				日照时数(小时) Hours of Sunshine(hour)			
银川 Yinchuan	永宁 Yongning	贺兰 Helan	灵武 Lingwu	银川 Yinchuan	永宁 Yongning	贺兰 Helan	灵武 Lingwu
29.6				187.8	211	187.8	245.5
50.3				199	222.3	182.9	250
115.4				229.9	243.5	197	269.4
131.3				274	282.1	261	312.1
157.8				289.4	303.3	277.8	327.9
184.9				300.2	303.3	298	322
170.9				285	290.1	278	307.2
144.5				233.5	246.3	232.9	251
120.4				257.8	260.6	252.5	250.8
89.3				211.8	213	202.5	206.4
71.4				219	228.6	215.7	235.7
37.9				158.3	186.3	147.8	213

continued

大风日数(日) Days of Wind(day)				雨日数(日) Days of Rain(day)			
银川 Yinchuan	永宁 Yongning	贺兰 Helan	灵武 Lingwu	银川 Yinchuan	永宁 Yongning	贺兰 Helan	灵武 Lingwu
			1	3	1		
		1	3	2	2	2	
		1	2	5	5	4	5
		1	1	3	3	3	2
1		2	1	7	7	7	7
1	1	1	1	13	8	9	10
1	1	1	1	9	10	6	9
				13	12	10	12
			1	9	3	8	6
1		1		8	4	3	5
		1	1	1			
		1				1	

a) Yongning, Helan and Lingwu has stopped observation evaporation since 2014.

1—3 主要年份地区生产总值

Gross Domestic Product in Main Years

单位:万元　　　　（按当年价格计算 caculated at current prices）　　　　（10 000 yuan）

年份 Year	地区生产总值 Gross Domestic Product	第一产业 Primary Industry	第二产业 Secondary Industry	工业 Industry	建筑业 Construction	第三产业 Tertiary Industry	交通运输、仓储和邮政业 Transport, Storageand PostService	批发和零售业、住宿和餐饮业 Wholesale, Retail Trade, Hoteling andCatering Services	人均地区生产总值(元/人) Per Capita Gross Domestic Produc (yuan/person)
1949	2025	1484	130	118	12	411	74	63	86
1950	2498	1885	149	131	18	464	84	125	103
1951	3486	2725	227	191	36	534	112	168	137
1952	3374	2343	396	278	118	635	146	186	126
1953	3833	2587	490	348	142	756	218	220	133
1954	4152	2715	560	384	176	877	278	260	134
1955	5064	3317	729	509	220	1018	346	278	154
1956	5443	3192	949	688	261	1302	486	337	159
1957	5716	2986	1143	963	180	1587	572	404	162
1958	8370	3380	2022	1359	663	2968	1189	746	221
1959	11758	3415	4481	3240	1241	3862	1214	1286	276
1960	13424	2691	6059	4612	1447	4674	1345	1463	288
1961	11225	3103	3632	3052	580	4490	1067	1483	240
1962	9188	3181	2664	2296	368	3343	786	980	211
1963	10284	3970	2772	2354	418	3542	827	1097	241
1964	10696	3739	3121	2532	589	3836	920	1124	240
1965	13338	5137	4222	3059	1163	3979	1078	1156	284
1966	17623	5516	7267	5947	1320	4840	1348	1369	363
1967	16109	4547	7650	6573	1077	3912	1089	1081	322
1968	16347	4374	7929	5491	2438	4044	1017	1149	309
1969	20202	5205	10172	8025	2147	4825	1311	1226	360
1970	24481	6111	12335	10855	1480	6035	1457	1478	415
1971	26132	7584	11418	10445	973	7130	1789	1851	427
1972	27538	7756	12016	10711	1305	7766	1930	1997	433
1973	28904	9152	11993	10605	1388	7759	2040	2069	437
1974	30101	7711	14523	13134	1389	7867	2093	2157	439
1975	34183	8139	17494	16129	1365	8550	2328	2287	483
1976	30851	6777	16035	14556	1479	8039	2161	2125	423
1977	33148	7078	17356	15462	1894	8714	2648	2271	441
1978	38222	7902	20245	18352	1893	10075	3202	2535	494
1979	41938	8639	22247	19444	2803	11052	3084	2820	527
1980	44412	10750	21982	18514	3468	11680	3529	3194	546
1981	46487	13019	21089	16140	4949	12379	3559	3655	559

注:1993-2010年数据为经济普查年度调整数。2008-2016年人均地区生产总值为常住人口计算。

1-3 续表 continued

单位：万元　　（按当年价格计算 caculated at current prices）　　（10 000 yuan）

年份 Year	地区生产总值 Gross Domestic Product	第一产业 Primary Industry	第二产业 Secondary Industry	工业 Industry	建筑业 Construction	第三产业 Tertiary Industry	交通运输、仓储和邮政业 Transport, Storageand PostService	批发和零售业、住宿和餐饮业 Wholesale, Retail Trade, Hoteling andCatering Services	人均地区生产总值(元/人) Per Capita Gross Domestic Produc (yuan/person)
1982	54549	16983	22778	17496	5282	14788	4862	4013	641
1983	64259	20044	27625	21848	5777	16590	5311	4590	740
1984	76756	24199	32715	24739	7976	19842	6685	4797	869
1985	94160	26286	42656	31326	11330	25218	8202	6837	1045
1986	111227	29980	49522	35973	13549	31725	9453	7813	1210
1987	132621	35567	55887	42430	13457	41167	11107	9072	1398
1988	168776	41278	67884	56327	11557	59614	11914	13203	1730
1989	207904	47293	87458	76787	10671	73153	14607	14841	2081
1990	231978	54868	92126	79482	12644	84984	11931	18579	2269
1991	270931	56593	112312	95973	16339	102026	15862	24997	2596
1992	320781	62329	138547	111057	27490	119905	18397	33689	3021
1993	432948	67372	202716	169764	32952	162860	26548	48531	4007
1994	571199	94993	268989	208527	60462	207217	32032	57667	5180
1995	717130	120037	310488	250658	59830	286605	44982	65922	6374
1996	827908	132842	367624	277398	90226	327442	61481	70838	7228
1997	951001	150519	406055	300693	105362	394427	7645	78802	8152
1998	1040857	155596	431705	303314	128391	453556	92422	96850	8769
1999	1145303	148970	473950	331604	142346	522383	107746	111132	9518
2000	1287473	143520	541292	383712	157580	602661	124901	124067	10404
2001	1440965	149840	595773	429809	165964	695352	143696	135795	11244
2002	1670921	155463	677801	493294	184507	837657	162583	157863	12716
2003	2015881	147152	858178	601247	256931	1010551	184020	187805	15159
2004	2508483	174756	1107760	866935	240825	1225967	184020	223081	18526
2005	2935714	194508	1325490	1040196	285294	1415716	209520	269605	21091
2006	3499164	210308	1632668	1275043	357625	1656188	225133	319793	24532
2007	4477383	248997	2129367	1684279	445088	2099019	298101	341911	30513
2008	5637874	300661	2674577	2085960	588617	2662636	390421	470510	34473
2009	6442421	328471	3142263	2366427	775836	2971687	429077	488431	38392
2010	7926140	402858	4002448	2987022	1015426	3520834	503756	583014	42771
2011	9866761	470509	5252471	3964581	1287890	4143781	634854	687791	48964
2012	11509344	509518	6190501	4719172	1471330	4809324	646693	708359	56528
2013	12890199	554241	6885962	5232998	1652964	5449996	685282	741874	62437
2014	13886244	527990	7501071	5552683	1950528	5857185	612246	708364	65942
2015	14938590	586225	7808359	5645261	2164550	6544006	653629	768213	69594
2016	16177071	586145	8256113	6037435	2219337	7334812	644993	834225	74288

a) Date in the table from 1993 to 2010 for the econmiccensus year adjustment. From 2008 to 2016 per capita GDP calculated by resident population.

1—4 主要年份地区生产总值构成

Composition of Gross Domestic Product in Main Years

单位:%　　　　(按当年价格计算 caculated at current prices)　　　　(%)

年份 Year	地区生产总值 Gross Domestic Product	第一产业 Primary Industry	第二产业 Secondary Industry	工业 Industry	建筑业 Construction	第三产业 Tertiary Industry	交通运输、仓储和邮政业 Transport, Storageand PostService	批发和零售业、住宿和餐饮业 Wholesale, Retail Trade, Hoteling andCatering Services
1949	100	73.3	6.4	5.8	0.6	20.3	3.7	3.1
1950	100	75.5	6.0	5.2	0.8	18.5	3.4	5.0
1951	100	78.2	6.5	5.5	1.0	15.3	3.2	4.8
1952	100	69.4	11.8	8.2	3.6	18.8	4.3	5.5
1953	100	67.5	12.8	9.1	3.7	19.7	5.7	5.7
1954	100	65.4	13.5	9.3	4.2	21.1	6.7	6.3
1955	100	65.5	14.4	10.1	4.3	20.1	6.8	5.5
1956	100	58.6	17.5	12.6	4.9	23.9	8.9	6.2
1957	100	52.2	20.0	16.9	3.1	27.8	10.0	7.1
1958	100	40.4	24.2	16.2	8.0	35.4	14.2	8.9
1959	100	29.1	38.1	27.6	10.5	32.8	10.3	10.9
1960	100	20.0	45.2	34.4	10.8	34.8	10.0	10.9
1961	100	27.6	32.4	27.2	5.2	40.0	9.5	13.2
1962	100	34.6	29.0	25.0	4.0	36.4	8.6	10.7
1963	100	38.6	27.0	22.9	4.1	34.4	8.0	10.7
1964	100	35.0	29.2	23.7	5.5	35.8	8.6	10.5
1965	100	38.5	31.7	22.9	8.8	29.8	8.1	8.7
1966	100	31.3	41.2	33.7	7.5	27.5	7.6	7.8
1967	100	28.2	47.5	40.8	6.7	24.3	6.8	6.7
1968	100	26.8	48.5	33.6	14.9	24.7	6.2	7.0
1969	100	25.8	50.4	39.7	10.7	23.8	6.5	6.1
1970	100	25.0	50.4	44.3	6.1	24.6	6.0	6.0
1971	100	29.0	43.7	40.0	3.7	27.3	6.8	7.1
1972	100	28.2	43.6	38.9	4.7	28.2	7.0	7.3
1973	100	31.7	41.5	36.7	4.8	26.8	7.1	7.2
1974	100	25.6	48.2	43.6	4.6	26.2	7.0	7.2
1975	100	23.8	51.2	47.2	4.0	25.0	6.8	6.7
1976	100	22.0	52.0	47.2	4.8	26.0	7.0	6.9
1977	100	21.4	52.4	46.6	5.8	26.2	8.0	6.9
1978	100	20.7	53.0	48.0	5.0	26.3	8.4	6.6
1979	100	20.6	53.0	46.4	6.6	26.4	7.4	6.7
1980	100	24.2	49.5	41.7	7.8	26.3	7.9	7.2
1981	100	28.0	45.4	34.7	10.7	26.6	7.7	7.9

注:1993-2010年数据为经济普查年度调整数。2008-2016年人均地区生产总值为常住人口计算。

1-4 续表 continued

单位:% （按当年价格计算 caculated at current prices） (%)

年份 Year	地区生产总值 Gross Domestic Product	第一产业 Primary Industry	第二产业 Secondary Industry	工业 Industry	建筑业 Construction	第三产业 Tertiary Industry	交通运输、仓储和邮政业 Transport, Storageand PostService	批发和零售业、住宿和餐饮业 Wholesale, Retail Trade, Hoteling and Catering Services
1982	100	31.1	41.8	32.1	9.7	27.1	8.9	7.4
1983	100	31.2	43.0	34.0	9.0	25.8	8.3	7.1
1984	100	31.5	42.6	32.2	10.4	25.9	8.7	6.2
1985	100	27.9	45.3	33.3	12.0	26.8	8.7	7.3
1986	100	27.0	44.5	32.3	12.2	28.5	8.5	7.0
1987	100	26.8	42.1	32.0	10.1	31.1	8.4	6.8
1988	100	24.5	40.2	33.4	6.8	35.3	7.1	7.8
1989	100	22.7	42.1	36.9	5.2	35.2	7.0	7.1
1990	100	23.7	39.7	34.3	5.4	36.6	5.1	8.0
1991	100	20.8	41.5	35.4	6.1	37.7	5.9	9.2
1992	100	19.4	43.2	34.6	8.6	37.4	5.7	10.5
1993	100	15.6	46.8	39.2	7.6	37.6	6.1	11.2
1994	100	16.6	47.1	36.5	10.6	36.3	5.6	10.1
1995	100	16.7	43.3	35.0	8.3	40.0	6.3	9.2
1996	100	16.0	44.4	33.5	10.9	39.6	7.4	8.6
1997	100	15.8	42.7	31.6	11.1	41.5	8.0	8.3
1998	100	14.9	41.5	29.1	12.4	43.6	8.9	9.3
1999	100	13.0	41.4	29.0	12.4	45.6	9.4	9.7
2000	100	11.1	42.1	29.8	12.3	46.8	9.7	9.6
2001	100	10.4	41.3	29.8	11.5	48.3	10.0	9.4
2002	100	9.3	40.6	29.5	11.1	50.1	9.7	9.4
2003	100	7.3	42.6	29.8	12.8	50.1	9.1	9.3
2004	100	7.0	44.1	34.6	9.5	48.9	7.7	8.9
2005	100	6.6	45.2	35.4	9.8	48.2	7.1	9.2
2006	100	6.0	46.7	36.4	10.3	47.3	6.4	9.1
2007	100	5.6	47.5	37.6	9.9	46.9	6.7	7.6
2008	100	5.3	47.5	37.0	10.5	47.2	6.9	8.3
2009	100	5.1	48.8	36.7	12.1	46.1	6.7	7.6
2010	100	5.1	50.5	37.7	12.8	44.4	6.4	7.4
2011	100	4.8	53.2	40.2	13.0	42.0	6.4	7.0
2012	100	4.4	53.8	41.0	12.8	41.8	5.6	6.2
2013	100	4.3	53.4	40.6	12.8	42.3	5.3	5.8
2014	100	3.8	54.0	40.0	14.0	42.2	4.4	5.1
2015	100	3.9	52.3	37.8	14.5	43.8	4.4	5.1
2016	100	3.6	51.0	37.3	13.7	45.4	4.0	5.2

a)Date in the table from 1993 to 2010 for the econmiccensus year adjustment. From 2008 to 2016 per capita GDP calculated by resident population.

1—5 主要年份地区生产总值指数

Indices of Gross Domestic Product in Main Years

单位:%　　（按可比价格计算,比上年增长% caculated at constant prices,increase than last year %）　　(%)

年份 Year	地区生产总值 Gross Domestic Product	第一产业 Primary Industry	第二产业 Secondary Industry	工业 Industry	建筑业 Construction	第三产业 Tertiary Industry	交通运输、仓储和邮政业 Transport, Storageand PostService	批发和零售业、住宿和餐饮业 Wholesale, Retail Trade, Hoteling and Catering Services
1950	6.0	4.6	14.1	11.1	47.4	13.5	11.5	69.4
1951	31.9	33.5	54.3	46.3	85.7	15.9	32.7	29.1
1952	13.9	10.5	81.6	49.8	225.0	16.2	31.0	12.4
1953	12.4	11.6	20.5	20.9	17.2	13.7	48.9	11.3
1954	14.5	13.9	23.4	23.1	28.8	13.1	28.2	11.4
1955	14.1	13.2	20.6	18.8	33.2	15.8	24.5	6.8
1956	7.9	3.3	29.1	34.6	15.3	25.1	41.4	15.1
1957	-3.9	-10.8	16.8	36.6	-31.4	20.6	16.8	23.5
1958	30.8	17.6	92.6	55.9	278.4	45.7	108.1	90.3
1959	28.4	0.3	115.4	128.9	92.7	48.2	2.1	72.4
1960	-0.4	-20.2	30.2	35.6	15.5	6.3	11.5	11.1
1961	-22.3	-10.9	-45.8	-40.6	-57.7	-6.0	-20.3	-11.5
1962	3.0	24.3	-18.2	-13.9	-37.7	-12.6	-26.8	-32.2
1963	27.2	42.7	2.1	-0.1	4.4	12.7	5.4	22.8
1964	1.5	-4.8	13.1	7.6	47.7	10.9	11.5	4.2
1965	26.3	29.6	44.2	30.5	107.4	4.7	16.4	5.7
1966	28.2	12.6	80.6	107.4	13.5	21.4	25.8	22.1
1967	-11.7	-9.7	-10.2	-8.4	-18.7	-19.7	-19.6	-27.1
1968	0.3	-4.1	13.7	-8.1	129.1	-8.8	-7.4	6.8
1969	15.3	4.1	31.7	52.5	-12.7	17.3	28.2	4.6
1970	14.5	1.8	25.8	38.3	-37.6	25.3	10.6	22.9
1971	-1.4	-4.2	-7.0	-1.5	-43.7	18.7	24.1	25.6
1972	4.7	0.1	7.3	4.9	53.8	8.6	8.4	6.6
1973	4.5	3.9	3.9	3.4	9.9	6.6	5.1	2.4
1974	7.6	2.6	12.1	13.5	-4.5	8.0	3.2	2.9
1975	11.2	2.5	20.5	22.8	-9.1	8.2	10.8	4.2
1976	-11.3	-24.5	-4.7	-5.9	0.7	-4.2	-6.7	-12.1
1977	6.9	10.0	3.5	2.4	-6.5	10.2	13.6	-1.7
1978	11.1	8.8	14.7	12.0	58.4	6.3	22.1	13.7
1979	7.1	0.3	11.0	6.9	50.0	7.8	0.7	10.5
1980	5.3	14.7	-1.4	-6.3	46.2	8.7	14.6	9.2
1981	1.5	10.1	-7.1	-13.8	2.3	7.4	-0.4	7.9

1-5 续表 continued

单位:% （按可比价格计算,比上年增长% caculated at constant prices,increase than last year %） (%)

年份 Year	地区生产总值 Gross Domestic Product	第一产业 Primary Industry	第二产业 Secondary Industry	工业 Industry	建筑业 Construction	第三产业 Tertiary Industry	交通运输、仓储和邮政业 Transport, Storageand PostService	批发和零售业、住宿和餐饮业 Wholesale, Retail Trade, Hoteling and Catering Services
1982	14.8	23.8	8.0	8.7	6.1	14.7	26.9	17.1
1983	18.6	17.8	20.9	24.9	15.2	16.2	9.4	16.9
1984	16.7	18.9	16.9	12.1	40.7	13.3	21.1	1.7
1985	21.5	4.6	32.8	29.4	55.8	27.4	24.2	44.5
1986	11.7	13.7	8.5	6.3	9.8	15.1	8.3	10.2
1987	7.4	-4.1	7.1	14.6	-2.2	21.5	18.0	5.3
1988	10.5	3.0	10.7	18.8	-15.1	17.2	3.4	22.8
1989	9.5	6.6	5.0	10.6	-40.3	18.2	4.6	5.2
1990	6.5	2.0	4.4	4.0	11.2	12.5	-10.9	29.2
1991	12.7	4.1	16.2	13.8	37.2	14.4	28.7	30.3
1992	11.8	1.7	17.5	13.0	31.4	11.3	10.2	22.0
1993	14.6	-1.1	22.6	26.3	1.0	13.5	24.9	28.1
1994	9.5	6.9	13.0	9.8	48.4	6.1	13.1	1.1
1995	9.3	5.7	6.7	9.4	-9.6	14.8	17.9	-4.1
1996	10.2	6.4	15.0	10.2	50.7	5.6	23.5	3.4
1997	10.3	9.5	7.5	5.5	20.9	14.5	21.7	4.2
1998	9.2	6.8	8.0	5.4	22.5	11.8	20.3	23.4
1999	9.2	1.9	8.3	8.0	21.6	13.4	20.1	10.8
2000	9.6	2.8	9.4	10.0	3.4	12.5	17.1	11.4
2001	9.4	3.7	8.8	9.0	4.8	12.0	19.0	8.4
2002	11.4	2.8	13.8	12.6	14.5	11.4	11.1	15.8
2003	14.2	1.2	20.8	14.0	25.6	11.1	5.6	18.1
2004	14.9	3.6	21.0	29.5	-2.2	11.2	8.5	13.9
2005	13.0	4.2	16.9	20.5	4.4	10.8	5.7	12.7
2006	13.4	7.3	16.4	18.2	8.9	11.6	6.0	10.5
2007	14.0	3.7	17.6	19.3	9.8	11.9	7.0	6.0
2008	13.3	8.0	15.1	16.3	9.3	12.0	10.6	6.9
2009	13.0	6.9	15.1	14.2	19.2	11.7	3.5	7.3
2010	14.8	6.3	19.0	19.1	18.6	11.1	8.8	13.3
2011	12.0	5.0	16.8	17.7	14.0	7.2	15.0	5.2
2012	12.5	5.5	15.1	15.2	14.8	10.1	7.4	-5.0
2013	10.0	3.8	11.8	11.9	11.4	8.4	3.6	1.1
2014	9.5	5.0	11.7	9.4	18.6	7.1	-4.9	-0.1
2015	8.3	4.8	9.1	7.8	12.5	7.6	-2.8	2.8
2016	8.1	4.4	6.6	8.0	3.0	10.3	14.0	6.9

1—6 主要年份地区生产总值指数

Indices of Gross Domestic Product in Main Years

单位:%　　(1952 年=100)　　(%)

年份 Year	地区生产总值 Gross Domestic Product	第一产业 Primary Industry	第二产业 Secondary Industry	工业 Industry	建筑业 Construction	第三产业 Tertiary Industry	交通运输、仓储和邮政业 Transport, Storageand PostService	批发和零售业、住宿和餐饮业 Wholesale, Retail Trade, Hoteling and Catering Services
1949	62.8	64.8	31.3	76.2	23.3	65.4	51.1	122.4
1950	66.6	67.8	35.7	84.4	33.1	74.2	57.6	237.3
1951	87.8	90.5	55.1	37.7	23.5	86.0	75.1	83.6
1952	100.0	100.0	100.0	100.0	100.0	100.0	100.0	100.0
1953	112.4	111.6	120.5	120.9	117.2	113.7	148.9	111.3
1954	128.7	127.1	148.6	148.8	151.0	128.6	190.9	124.0
1955	146.8	144.0	179.2	176.8	201.1	149.0	237.7	132.4
1956	158.4	148.8	231.4	238.0	231.8	186.3	336.0	152.4
1957	152.2	132.7	270.4	325.1	159.0	224.8	392.5	188.2
1958	199.1	156.0	520.7	506.8	601.8	327.6	816.8	358.2
1959	255.7	156.5	1121.6	1160.1	1159.7	485.5	834.0	617.5
1960	254.5	124.8	1459.9	1573.1	1339.4	516.2	929.9	686.1
1961	197.8	111.2	791.5	934.4	566.6	485.3	741.1	607.2
1962	203.8	138.2	647.3	804.5	353.0	424.3	542.5	411.7
1963	259.2	197.1	660.6	803.7	368.5	478.0	571.8	505.5
1964	263.1	187.6	747.3	864.8	544.3	530.4	637.5	526.8
1965	332.3	243.2	1078.0	1128.6	1128.8	555.3	742.1	556.8
1966	425.8	273.8	1947.1	2340.6	1281.2	674.3	933.5	679.9
1967	376.1	247.4	1748.2	2144.0	1041.6	541.5	750.6	495.6
1968	377.2	237.3	1987.9	1970.4	2386.4	493.9	695.0	529.3
1969	434.8	247.1	2618.3	3004.8	2083.3	579.3	891.0	553.7
1970	497.9	251.5	3292.6	4155.6	1300.0	725.6	985.5	680.4
1971	490.8	241.1	3060.7	4093.3	731.9	861.4	1223.0	854.6
1972	513.7	241.2	3284.5	4293.9	1125.7	935.8	1325.7	911.1
1973	536.8	250.7	3412.7	4439.9	1237.1	997.7	1393.3	932.9
1974	577.5	257.3	3825.3	5039.2	1181.4	1077.9	1437.9	960.0
1975	642.3	263.7	4611.1	6188.2	1073.9	1165.8	1593.2	1000.3
1976	570.0	199.2	4393.2	5823.1	1081.4	1116.9	1486.5	879.3
1977	609.5	219.2	4547.6	5962.8	1011.1	1230.9	1688.6	864.3
1978	668.6	238.6	5101.4	6678.4	1601.7	1303.3	2061.8	982.7
1979	716.4	239.3	5662.2	7139.2	2402.5	1405.6	2076.2	1085.9
1980	754.7	274.5	5583.6	6689.4	3512.4	1527.2	2379.4	1185.8
1981	766.0	302.3	5188.0	5766.3	3593.2	1640.7	2369.8	1279.5

1-6 续表 continued

单位:% （1952 年=100） (%)

年份 Year	地区生产总值 Gross Domestic Product	第一产业 Primary Industry	第二产业 Secondary Industry	工业 Industry	建筑业 Construction	第三产业 Tertiary Industry	交通运输、仓储和邮政业 Transport, Storageand PostService	批发和零售业、住宿和餐饮业 Wholesale, Retail Trade, Hoteling and Catering Services
1982	879.3	374.0	5604.9	6268.0	3812.4	1881.2	3007.3	1498.3
1983	1043.2	440.6	6776.7	7828.7	4391.9	2186.5	3290.0	1751.5
1984	1217.3	523.8	7920.5	8775.9	6179.4	2478.2	3984.2	1781.3
1985	1479.6	547.7	10518.8	11356.1	9627.5	3156.3	4948.4	2573.9
1986	1653.2	623.0	11409.0	12071.5	10571.0	3633.4	5359.1	2836.5
1987	1774.8	597.3	12214.4	13833.9	10338.4	4415.4	6323.7	2986.8
1988	1960.5	615.0	13518.5	16434.7	8777.3	5175.3	6538.7	3667.8
1989	2147.5	655.6	14198.8	18176.8	5240.1	6118.8	6839.5	3858.5
1990	2287.5	668.8	14819.0	18903.9	5827.0	6885.9	6094.0	4985.2
1991	2576.9	696.3	17215.5	21512.6	7994.6	7877.4	7843.0	6495.7
1992	2880.1	708.4	20219.9	24309.3	10504.9	8768.6	8643.0	7924.8
1993	3299.8	700.7	24790.4	30702.6	10609.9	9954.8	10795.1	10151.6
1994	3612.5	748.8	28014.3	33711.5	15745.2	10560.1	12209.2	10263.3
1995	3947.8	791.1	29881.2	36880.3	14233.6	12119.3	14394.7	9842.5
1996	4350.4	841.5	34371.7	40642.1	21450.1	12798.3	17777.4	10177.1
1997	4796.4	921.1	36953.3	42877.4	25933.1	14658.1	21635.1	10604.6
1998	5236.5	983.9	39893.9	45192.8	31768.1	16394.0	26027.1	13086.0
1999	5719.2	1003.1	43216.9	48808.2	38630.0	18591.8	31258.5	14499.3
2000	6268.2	1031.2	47279.3	53689.1	39943.4	20915.8	36603.7	16152.3
2001	6857.4	1069.3	51439.9	58521.1	41860.7	23425.7	43558.4	17509.1
2002	7639.2	1099.3	58538.6	65894.7	47930.5	26096.2	48393.4	20275.5
2003	8724.0	1112.5	70714.6	75120.0	60200.7	28992.9	51103.4	23945.4
2004	10023.8	1152.5	85564.7	97280.4	58876.3	32240.1	55447.2	27273.8
2005	11326.9	1200.9	100025.1	117222.9	61466.8	35722.0	58607.7	30737.5
2006	12844.7	1288.6	116429.2	138557.5	66937.4	39856.6	62124.2	33965.0
2007	14643.0	1336.3	136920.7	165299.1	73497.2	44609.8	66472.9	36002.9
2008	16590.5	1443.2	157595.7	192242.8	80332.5	49963.0	73519.0	38487.1
2009	18747.3	1542.8	181392.7	219541.3	95756.3	55808.6	76092.2	41296.6
2010	21521.9	1640.0	215857.3	261473.7	113567.0	62003.4	82788.3	46789.0
2011	24104.5	1722.0	252121.3	307754.5	129466.4	66467.6	95206.5	49222.0
2012	27117.7	1816.8	290191.8	354533.3	148627.6	73180.9	102251.9	46760.9
2013	29829.5	1885.8	324434.4	396722.8	165571.1	79328.1	105933.0	47275.3
2014	32663.3	1980.1	350064.7	434014.7	196367.3	84960.4	100742.3	47228.0
2015	35374.4	2075.1	381920.6	220913.2	91417.4	467867.8	97921.5	48550.4
2016	38239.7	2166.4	407127.4	238586.3	94159.9	516058.2	111630.5	51900.4

1—7 分行业增加值及构成

Value-added by Sector and Composition

2016年（按当年价格计算 Caculated at Current Prices）

指　标	Item	增加值(万元) Added Valve (10 000 yuan)		构成(%) Composition(%)	
		地区 Region	市区 City	地区 Region	市区 City
地区生产总值	**Gross Domestic Product**	**16177071**	**9733671**	**100.0**	**100.0**
第一产业	Primary Industry	586145	173129	3.6	1.8
第二产业	Secondary Industry	8256113	3520139	51.0	36.2
工业	Industry	6037435	1977651	37.3	20.3
建筑业	Construction	2219337	1543047	13.7	15.9
第三产业	Tertiary Industry	7334812	6040403	45.4	62.1
交通运输仓储和邮政业	Transport, Storage and Post Service	644993	384404	4.0	3.9
批发和零售业	Wholesale and Re-tail Trade	673892	509163	4.2	5.2
住宿和餐饮业	Hoteling and Catering Services	160333	115277	1.0	1.2
金融业	Finance and Insurance	1906579	1701382	11.8	17.5
房地产业	Real Estate	589313	447594	3.6	4.6
其他服务业	Other Services	3313884	2856427	20.5	29.3
营利性服务业	Other for-profit Services	1698528	1530947	10.5	15.7
非营利性服务业	Non-profit Services	1615356	1325480	10.0	13.6

1—8 主要年份人均社会经济发展主要指标

Key Indicators of Per Capita Socio-economic Development in Main Years

指 标	Item	单位	Unit	1958年	1978年	1985年	1990年
地区生产总值(当年价格)	Gross Domestic Product(aurrent prices)	元	yuan	221	494	1045	2269
工农业总产值(当年价格)	Total Industrial and Agricultural Products(aurrent prices)	元	yuan	194	810	1417	3222
工业总产值	Total Industrial Products	元	yuan	83	643	1034	2448
农业总产值	Total Agricultural Products	元	yuan	111	167	383	774
农业产量	Output of Agricultural						
粮食	Grain	公斤	kg		402	476	577
牛奶	Cow Milk	公斤	kg		3	9	24
肉类	Meat	公斤	kg		3	7	13
水产品总产量	Total Aquatic Products	公斤	kg		0.13	1.00	7.00
主要工业产品产量	Output of Major Industrial Products						
原煤	Raw Coal	吨	ton	0.17	0.62	0.77	1.03
轮胎外胎	Tires	条	article		0.39	0.38	0.62
水泥	Cement	吨	ton		0.04	0.10	0.30
农用化肥	Chemical Fertilizers	吨	ton		0.20	0.05	0.23
地方财政收入	Local Financial Revenue	元	yuan	20	97	162	225
地方财政支出	Local Financial Expenditure	元	yuan	27	88	136	219
全社会固定资产投资	Total Investment in Fixed Assets	元	yuan	61	111	610	641
社会消费品零售总额	Total Retail Sales of Consumer Goods	元	yuan	134	292	714	1329
在岗职工年平均工资	Average Wages of Fully Employed Staff and Workers	元	yuan	404	723	1123	2030
城镇居民人均可支配收入	Per Capita Annual Disposable Income of Urban Households	元	yuan	222	346	815	1581
城镇居民人均消费支出	Per Capital Consumption Expenditure of Urban Households	元	yuan	210	306	703	1433
农村居民人均可支配收入	Per Capital Net Income of Rural Households	元	yuan		131	488	934
农村居民人均生活消费支出	Per Capital Consumption Expenditure of Rural Households	元	yuan		103	380	765
城镇居民住宅面积	Area of Urban Residential	平方米	sq.m		4.20	6.46	7.24
农民生活用房面积	Area of Rural Living Space	平方米	sq.m		10.19	15.88	18.28
普通高等学校在校生数	Number of Student Enrollmentin Regular Institutions of Higher Education	人/万人	person/10 000persons		32	64	71

注:2008-2016年人均地区生产总值为常住人口计算。

a)From 2008 to 2016 per capita GDP calculated by resident population.

1-8 续表1 continued

指 标	Item	单位	Unit	1995 年	2000 年	2005 年
地区生产总值(当年价格)	Gross Domestic Product(aurrent prices)	元	yuan	6374	10404	21091
工农业总产值(当年价格)	Total Industrial and Agricultural Products(aurrent prices)	元	yuan	8772	10943	27619
工业总产值	Total Industrial Products	元	yuan	7131	9039	25097
农业总产值	Total Agricultural Products	元	yuan	1641	1904	2522
农业产量	Output of Agricultural					
粮食	Grain	公斤	kg	609	669	599
牛奶	Cow Milk	公斤	kg	56	64	153
肉类	Meat	公斤	kg	27	38	37
水产品总产量	Total Aquatic Products	公斤	kg	12	20	28
主要工业产品产量	Output of Major Industrial Products					
原煤	Raw Coal	吨	ton	1.80	3.01	6.07
轮胎外胎	Tires	条	article	1.47	1.57	2.19
水泥	Cement	吨	ton	0.46	0.67	1.28
农用化肥	Chemical Fertilizers	吨	ton	0.31	0.41	0.42
地方财政收入	Local Financial Revenue	元	yuan	235	771	1791
地方财政支出	Local Financial Expenditure	元	yuan	382	1005	2468
全社会固定资产投资	Total Investment in Fixed Assets	元	yuan	2022	4234	14487
社会消费品零售总额	Total Retail Sales of Consumer Goods	元	yuan	2725	4202	6791
在岗职工年平均工资	Average Wages of Fully Employed Staff and Workers	元	yuan	4872	8956	18424
城镇居民人均可支配收入	Per Capita Annual Disposable Income of Urban Households	元	yuan	3932	5622	8852
城镇居民人均消费支出	Per Capital Consumption Expenditure of Urban Households	元	yuan	3541	5369	7311
农村居民人均可支配收入	Per Capital Net Income of Rural Households	元	yuan	1683	2712	3493
农村居民人均生活消费支出	Per Capital Consumption Expenditure of Rural Households	元	yuan	1449	1886	2836
城镇居民住宅面积	Area of Urban Residential	平方米	sq.m	8.60	14.22	18.90
农民生活用房面积	Area of Rural Living Space	平方米	sq.m	19.75	27.26	31.17
普通高等学校在校生数	Number of Student Enrollmentin Regular Institutions of Higher Education	人/万人	person/10 000persons	88	129	294

注:2012-2016年度“在岗职工平均工资”这一指标纳入了劳务派遣人员,数据有所变动。

1-8 续表2 continued

2011年	2012年	2013年	2014年	2015年	2016年
48964	56528	62437	65942	69594	74288
68715	88711	101644	94327	92718	96915
64366	84036	96618	89273	87363	91591
4349	4675	5026	5053	5355	5323
427	435	413	381	386	381
192	197	202	254	228	215
25	24	26	24	23	24
26	30	32	33	33	34
26.45	26.71	28.69			
0.93	0.7	0.8	0.73	0.64	0.92
2.36	2.5	3.15	2.76	2.42	2.44
0.4	0.32	0.26	0.13	0.30	0.20
8939	9200	10816	11954	11267	10389
11801	13125	14908	17502	17181	18121
36417	45123	55655	66139	71202	78651
13621	15521	16859	18163	22071	23467
49937	54270	57112	59086	65643	70840
19481	21901	24169	26118	28261	30478
14931	16390	16844	20401	21694	22898
7070	8068	8830	10275	11148	12037
6260	7089	8631	9334	10119	11061
30.39	30.46	31.08	–	31	31
46.19	44.69	37.14	36.96	37	36
368	387	425	463	453	451

a)Between 2012–2016, The index "Average Wages of staff and Workes" included the laber dispatching personnel ,So the data has changed

1—9 主要年份国民经济和社会发展主要指标

指 标	Item	单位	Unit	1958 年	1978 年	1985 年
年末总人口	**Population at Year-end**	**万人**	**10 000 persons**	**40.10**	**78.67**	**91.06**
# 回族人口	Hui Ethnic	万人	10 000 persons	11.40	19.12	22.44
人口自然增长率	**Natural Growth Rate of Population**	‰	‰			
国民经济核算	**National Accounting**					
地区生产总值	Gross Domestic Product	亿元	100 million yuan	0.84	3.82	9.42
第一产业	Primary Industry	亿元	100 million yuan	0.34	0.79	2.63
第二产业	Secondary Industry	亿元	100 million yuan	0.20	2.02	4.27
第三产业	Tertiary Industry	亿元	100 million yuan	0.30	1.01	2.52
农业	**Agricultural**					
农林牧渔业总产值	Gross Output Value ofAgriculture, Forestry,AnimalHusbandry andFishery	亿元	100 million yuan	0.42	1.29	3.45
粮食总产量	Grain	万吨	10 000 tons		31.09	42.91
肉类总产量	Meat	万吨	10 000 tons		0.27	0.62
水产品产量	Aquatic Products	万吨	10 000 tons		0.01	0.12
工业	Industrial					
全部工业总产值	Gross Output Value of Whole Industrial	亿元	100 million yuan	0.32	4.98	9.32
利税总额	Total Profits and Taxes	亿元	100 million yuan		0.93	1.54
固定资产投资	**Investment in Fixed Assets**					
全社会固定资产投资额	Total Investment in Fixed Assets in the Whole Country	亿元	100 million yuan	0.23	0.86	5.50
# 基本建设	Infrastructure	亿元	100 million yuan	0.23	0.84	3.49
更新改造	Renovation and Reformation Investment	亿元	100 million yuan			1.32
房地产开发	Development of Real Estate	亿元	100 million yuan			
各类房屋施工面积	Floor Space under Construction	万平方米	10 000 sq.m	38.35	50.29	225.55
各类房屋竣工面积	Floor Space Completed	万平方米	10 000 sq.m	27.28	22.70	124.12
运输邮电	**Transport,Postal and Telecommunication Services**					
公路货运周转量	Freight Turnover Volume of Highways	亿吨公里	100 million ton-km	0.49	1.75	3.03
公路客运周转量	Passenger Turnover Volume of Highways	亿吨公里	100 million ton-km	0.01	1.24	3.06
邮电业务总量	Business Volumeof Postal andTelecommunication Services	亿元	100 million yuan		0.02	0.05

Principal Indicators on National Economic and Social Development in Main Years

1978年	1985年	1990年	1995年	2000年	2005年	2011年	2012年	2013年	2014年	2015年	2016年
78.67	**91.06**	**103.45**	**113.53**	**126.46**	**142.43**	**202.57**	**204.63**	**208.27**	**212.89**	**216.41**	**219.11**
19.12	22.44	25.40	28.01	33.17	36.95	48.17	48.43	50.11	53.38	55.71	56.37
			8.34	9.00	6.31	5.77	7.11	6.73	6.71	6.35	8.11
3.82	9.42	23.20	71.71	128.75	293.57	986.68	1150.93	1289.02	1388.62	1493.86	1617.71
0.79	2.63	5.49	12.00	14.35	19.45	47.05	50.95	55.42	52.80	58.62	58.61
2.02	4.27	9.21	31.05	54.13	132.55	525.25	619.05	688.60	750.21	780.84	825.61
1.01	2.52	8.50	28.66	60.27	141.57	414.38	480.93	545.00	585.72	654.40	733.48
1.29	3.45	7.91	18.47	23.46	35.10	87.64	95.18	103.76	106.41	115.88	116.64
31.09	42.91	58.99	68.55	82.40	83.43	86.15	88.63	85.30	80.33	83.45	83.57
0.27	0.62	1.29	3.04	4.65	5.16	4.98	4.97	5.28	5.09	4.99	5.15
0.01	0.12	0.73	1.28	2.58	3.94	5.33	6.03	6.55	6.86	7.11	7.37
4.98	9.32	25.02	80.24	135.08	349.34	1297.03	1711.02	1994.69	1879.92	1890.62	2006.86
0.93	1.54	2.27	7.25	4.98	22.50	163.50	197.09	231.31	181.50		
0.86	5.50	6.55	22.75	52.39	201.65	733.85	918.73	1149.00	1392.76	1540.88	1723.31
0.84	3.49	3.64	10.51	20.49	90.54	419.45	522.65	725.58	885.15	922.13	1150.81
	1.32	1.73	4.33	10.44	23.98	86.00	99.18	71.04	87.17	185.48	38.14
		0.21	3.84	12.66	56.61	207.67	275.70	330.81	388.90	409.17	474.94
50.29	225.55	139.81	241.10	455.27	1129.75	3405.28	3948.48	6087.01	5370.03	5093.87	5355.61
22.70	124.12	93.95	153.04	311.58	618.89	894.39	814.37	725.82	915.98	896.61	1009.88
1.75	3.03	3.68	5.96	17.09	23.21	149.81	172.80	160.44	164.34	137.08	113.30
1.24	3.06	4.96	7.46	13.40	16.04	25.18	27.95	25.14	30.32	31.84	31.15
0.02	0.05	0.23	1.30	7.30	21.82	26.40	29.31	36.61	36.54	37.49	34.83

1-9 续表

指 标	Item	单位	Unit	1958 年
国内商业	**Domestic Commercial**			
社会消费品零售总额	Total Retail Sales of Consumer Goods	亿元	100 million yuan	0.51
#国有经济	State-owned	亿元	100 million yuan	0.23
股份制经济	Share-holding	亿元	100 million yuan	
财政、金融	**Government Finance and Financial Intermediation**			
地方财政收入	Local Financial Revenue	亿元	100 million yuan	0.08
地方财政支出	Local Financial Expenditure	亿元	100 million yuan	0.10
金融机构存款余额	Total Deposits of Financial Institutions	亿元	100 million yuan	0.59
金融机构贷款余额	Total Loans of Financial Institutions	亿元	100 million yuan	0.61
人民生活与物价	**People's Living Condition and Price Indices**			
在岗职工年平均工资	Average Wages of Fully Employed Staff and Workers	元	yuan	404
城镇居民人均可支配收入	Per Capita Annual Disposable Income of Urban Households	元	yuan	222
城镇居民人均消费性支出	Per Capital Consumption Expenditure of Urban Households	元	yuan	210
农村居民人均可支配收入	Per Capital Net Income of Rural Households	元	yuan	
农民人均生活消费支出	Per Capital Consumption Expenditure of Rural Households	元	yuan	
城乡居民储蓄存款余额	Urban and Rural Household Saving Deposits	亿元	100 million yuan	0.04
居民消费价格指数(以上年价格为100)	Consumer Price Index(preceding year=100)	%	%	102.4
商品零售价格指数(以上年价格为100)	Retail Price Index(preceding year=100)	%	%	101.7
教育、卫生	**Education and Public Health**			
高等学校在校学生数	Number of Student Enrollment in Institutions of Higher Education	万人	10 000 persons	0.03
#普通高等学校	Regular Institutions of Higher Education	万人	10 000 persons	0.03
中等专业学校在校学生数	Number of Student Enrollment in Specialized Secondary Schools	万人	10 000 persons	0.23
普通中学在校学生数	Number of Student Enrollment in Regular Secondary Education Schools	万人	10 000 persons	0.53
小学在校学生数	Number of Student Enrollment in Primary Schools	万人	10 000 persons	0.23
卫生机构数	Number of Health Care Institutions	个	unit	96
医院个数	Number of Hospital	个	unit	14
卫生机构床位数	Number of Beds	张	bed	501
卫生技术人员	Medical Technical Personnel in Health Care Institutions	人	person	992
#医生	Doctors	人	person	487

注:2012-2016年度"在岗职工平均工资"这一指标纳入了劳务派遣人员,数据有所变动。

continued

1978年	1985年	1990年	1995年	2000年	2005年	2011年	2012年	2013年	2014年	2015年	2016年
2.26	6.44	13.59	30.66	51.99	95.41	311.70	356.93	405.18	445.42	477.63	514.19
1.43	3.60	6.52	14.32	11.11	7.69	12.90	7.56	7.08	7.08	4.76	4.54
			0.27	9.90	28.66	146.98	166.55	211.76	216.41	178.08	176.59
0.73	1.32	2.30	2.64	9.50	24.93	180.14	187.31	223.29	251.73	243.83	227.62
0.68	1.22	2.24	4.30	12.38	34.36	237.79	267.23	307.78	368.56	371.81	397.04
4.97	9.51	22.54	86.38	223.23	612.69	1810.20	2118.33	2340.93	2608.97	3017.77	3343.40
5.03	9.86	31.18	90.01	205.31	551.71	1945.42	2313.87	2660.62	3185.93	3653.98	4076.57
723	1123	2030	4872	8956	18424	49937	54270	57112	59086	65643	70840
346	815	1581	3932	5622	8852	19481	21901	23776	26118	28261	30478
306	703	1433	3541	5369	7311	14931	16390	16844	20401	21694	22898
131	488	934	1683	2712	3493	7070	8068	8830	10275	11148	12037
103	380	765	1449	1886	2836	6260	7089	8631	9334	10119	11061
0.39	3.04	12.26	49.34	99.82	264.95	725.26	905.95	1015.22	1089.89		
100.6	108.9	106.3	117.3	99.2	101.7	105.5	102.6	103.5	102.1	101.6	101.7
100.7	108.6	102.9	114.7	97.7	100.6	104.2	100.6	102.3	100.8	100.2	100.8
0.27	1.11	1.23	1.46	2.89	6.00	9.90	10.80	11.72	12.07	12.35	12.76
0.25	0.58	0.73	0.99	1.59	4.09	7.41	7.87	8.85	9.35	9.80	9.89
0.19	0.44	0.65	1.26	2.30	3.07	5.03	4.54				
6.68	7.25	6.96	6.52	7.70	10.73	12.38	12.57	12.86	13.06	13.02	12.94
12.65	12.80	12.33	12.36	13.60	14.25	14.82	14.77	15.19	15.69	16.21	16.76
312	433	510	134	137	158	862	903	931	939	964	967
60	59	54	76	39	59	61	53	54	53	53	65
2859	3495	4491	5759	6166	8058	10329	11313	12898	13688	14079	15494
4280	6252	7876	7552	7932	8619	14651	15952	17562	19288	20408	22077
2000	2758	4082	3845	4033	3660	5461	5829	6429	7059	7578	8306

a)Between 2012-2016, The index "Average Wages of staff and Workes" included the laber dispatching personnel ,So the data has changed

1—10 主要年份国民经济和社会发展结构指标

单位:%

指　标	Item	1958 年	1978 年	1985 年
人口	**Population**			
农业与非农业结构	Structural of Agricultural and Non-agricultural			
农业	Agricultural	73.4	68.4	63.0
非农业	Non-agricultural	26.6	31.6	37.0
性别结构	Gender Structural			
男性	Male	54.2	51.8	50.8
女性	Female	45.8	48.2	49.2
地域结构	Geographical structure			
市区	Urban	37.0	41.3	43.6
县	County	44.4	38.0	35.4
市	City	18.6	20.7	21.0
单位从业人员结构	**Structural of Empolyed Persons**			
第一产业	Primary Industry	7.4	9.2	13.1
第二产业	Secondary Industry	21.5	54.6	45.7
第三产业	Tertiary Industry	71.1	36.2	41.2
国民经济核算	National Econonmic Accounting			
地区生产总值	Gross Domestic Product			
第一产业	Primary Industry	40.4	20.7	27.9
第二产业	Secondary Industry	24.2	53.0	45.3
第三产业	Tertiary Industry	35.5	26.3	26.8
农业	**Agricultural**			
农林牧渔业总产值结构	Structural of Agriculture, Forestry,Animal Husbandry and Fishery			
农业	Agriculture	89.2	86.2	75.6
林业	Forestry	1.8	2.2	4.7
牧业	Animal Husbandry	8.7	11.6	18.7
渔业	Fishery	0.3	0.1	1.0
工业	**Industrial**			
经济类型结构	Structural of Economic Types			
国有经济	State-owned Enterprises	74.4	81.5	75.7
集体经济	Collective-owned Enterprises	25.5	18.3	17.6
其他	Other Enterprises	0.1	0.2	6.7
轻重工业结构	Structural of Light & Heavy Industries			
轻工业	Light Industry	61.4	39.4	46.3
重工业	Heavy Industry	38.6	60.6	53.7

注:1. 2008-2016年人口为常住人口结构数据。
2. 从 2009 年起,工业结构数据为规模以上口径。
3. 从2014年起,农业与非农业人口结构比是乡村与城镇人口结构比。

Structural Indicators on National Economic and Social Development in Main Years

(%)

1990年	1995年	2000年	2005年	2011年	2012年	2013年	2014年	2015年	2016年
56.2	51.8	48.5	38.4	34.9	34.7	34.7	24.6	24.2	24.3
43.8	48.2	51.5	61.6	65.1	65.3	65.3	75.4	75.8	75.7
51.1	50.9	50.8	50.5	51.3	50.9	50.9	51.2	51.0	50.4
48.9	49.1	49.2	49.5	48.7	49.1	49.1	48.8	49.0	49.6
46.4	48.0	50.7	56.2	64.8	64.8	64.5	64.5	64.2	64.1
32.4	30.7	29.1	27.3	22.1	22.1	22.4	22.5	22.5	22.6
21.2	21.3	20.2	16.5	13.1	13.1	13.1	13.0	13.3	13.3
10.7	8.4	8.6	6.1	3.8	3.3	3.0	2.2	1.9	1.7
45.3	49.2	42.0	50.3	45.4	41.6	41.4	42.8	41.5	39.4
44.0	42.4	49.4	43.6	50.8	55.1	55.6	55.0	56.6	58.9
23.7	16.7	11.1	6.6	4.8	4.4	4.3	3.8	3.9	3.6
39.7	43.3	42.1	45.2	53.2	53.8	53.4	54.0	52.3	51.1
36.6	40.0	46.8	48.2	42.0	41.8	42.3	42.2	43.8	45.3
70.6	68.3	63.2	59.4	63.1	62.2	61.6	60.2	65.1	63.8
5.4	0.7	1.9	1.5	1.5	1.5	2.0	1.2	1.1	0.9
19.8	26.6	29.6	28.9	25.0	24.7	25.4	26.9	22.2	22.9
4.2	4.4	5.3	7.7	5.2	6.6	5.9	6.1	5.8	6.3
84.8	64.7	23.8	23.8	46.1	28.1	21.0	7.4	4.8	4.8
13.6	10.6	5.1	0.5						
1.6	24.7	71.1	75.7	53.9	71.9	79.0	92.6	95.2	95.2
35.3	22.9	24.2	25.9	17.6	16.7	17.0	21.8	22.2	23.0
64.7	77.1	75.8	74.1	82.4	83.3	83.0	78.2	77.8	77.0

a)From 2008 to 2016 the population structure data for the resident Population.

b)The industrial structural data caliber change to industrial above designated size since 2009.

c)The structural of agriculture and non-agricultural population ration changed to the structure rural and urban population ration since 2014.

1-10 续表

单位:%

指 标	Item	1958 年	1978 年	1985 年
企业规模结构	Structural of Size of Enterprises			
大型企业	Large Enterprises			
中型企业	Medium-sized Enterprises	10.1	34.0	30.8
小型企业	Small Enterprises	89.9	66.0	69.2
固定资产投资	**Investment in Fixed Assets**			
投资经济类型结构	Structural of Investment Economic Types			
第一产业	Primary Industry		11.2	5.0
第二产业	Secondary Industry		44.4	50.7
第三产业	Tertiary Industry		44.4	44.3
投资种类结构	Structural of Investment Types			
基本建设	Infrastructure		97.9	63.4
更新改造	Renovation and Reformation Investment			23.9
房地产开发	Development of Real Estate			
社会消费品零售总额	**Total Retail Sales of Consumer Goods**			
经济类型结构	Structural of Economic Types			
国有经济	State-owned Enterprises	45.1	63.2	56.0
集体经济	Collective-owned Enterprises	37.8	26.4	23.4
其他经济	Other Enterprises	17.1	10.4	20.6
行业结构	Sector Structural			
批发零售贸易业	Wholesale and Retail Trade	83.8	79.9	79.2
餐饮业	Catering Services	3.8	4.0	3.6
其他	Others	12.4	2.0	17.2
居民生活消费	**Residents' living consumption**			
城镇居民人均生活消费结构	Structural of Per Capital Annual Living Expenditure of Urban Households			
食品类	Food	60.0	58.8	47.9
衣着类	Clothing	16.2	14.6	18.6
居住	Residence	12.3	2.2	4.0
交通通讯	Transport and Communications	0.5	1.2	2.6
医疗保健类	Health Care and Medical Services	0.4	0.5	0.8
农村居民人均生活消费结构	Structural of Per Capital Annual Living Expenditure of Rural Households			
食品类	Food		72.5	64.2
衣着类	Clothing		22.9	14.7
居住	Residence		4.6	7.4
交通通讯	Transport and Communications			
医疗保健类	Health Care and Medical Services			
财政收入占地区生产总值的比例	**The Proportion of Fiscal Revenue in GDP**	**9.2**	**19.0**	**14.0**
固定资产投资占地区生产总值比例	**The Proportion of Investment in Fixed Assets in GDP**	**27.6**	**22.4**	**58.4**

continued

(%)

1990年	1995年	2000年	2005年	2011年	2012年	2013年	2014年	2015年	2016年
14.9	39.0	52.8	43.8	62.1	63.0	62.4	54.5	52.7	56.9
32.3	27.0	16.7	26.5	20.9	17.8	17.9	18.6	18.6	14.2
52.8	34.0	30.5	29.7	17.0	19.2	19.7	26.9	28.7	28.9
2.4	2.3	1.9	0.1	0.8	1.1	0.8	1.3	2.0	1.6
63.5	48.9	34.9	48.0	46.5	47.8	40.3	34.6	40.3	41.7
34.1	48.8	63.2	51.9	52.7	51.1	58.9	64.1	57.7	56.7
55.6	46.2	39.1	44.9	57.2	58.5	63.1	63.6	59.8	66.8
26.5	19.0	19.9	11.9	11.7	10.8	6.2	6.3	12.0	2.2
3.3	16.9	24.2	28.1	28.3	30.0	28.8	27.9	26.6	27.6
48.0	50.7	28.1	14.1	4.1	2.1	1.7	1.6	1.0	0.9
26.8	16.7	6.0	1.2	0.5	0.4	0.4	0.4	0.1	0.1
25.2	32.6	65.9	84.7	95.4	97.5	97.9	98.0	98.9	99.0
93.3	87.4	86.2	84.8	87.8	89.5	90.2	90.5	86.5	89.2
4.7	10.3	12.1	14.4	11.3	9.1	8.5	8.5	12.5	9.9
2.0	2.3	1.7	0.8	0.9	1.4	1.3	1.0	1.0	0.9
52.9	44.1	34.1	35.8	35.3	33.4	32.3	27.0	27.0	25.9
15.3	17.4	12.9	12.0	12.3	12.6	11.8	9.8	9.7	8.6
4.4	3.7	5.5	9.3	8.1	7.3	7.9	18.1	18.9	17.8
2.0	6.8	9.1	11.2	13.3	15.7	15.9	13.9	13.6	16.2
2.5	2.6	7.5	8.5	8.0	8.2	7.9	8.4	8.0	9.3
47.5	28.3	42.4	37.1	30.0	35.9	32.1	28.3	29.4	28.0
11.6	9.3	8.4	7.3	9.0	9.6	8.5	8.7	8.6	8.5
9.5	14.7	17.6	22.4	24.6	17.8	22.4	20.6	20.5	18.7
	2.9	4.9	8.2	10.1	10.1	12.2	12.2	13.5	15.9
	3.6	8.6	9.0	9.8	9.3	9.6	11.1	11.1	9.3
9.9	**3.7**	**7.4**	**8.5**	**18.3**	**16.3**	**17.3**	**18.1**	**16.3**	**14.1**
28.2	**31.7**	**40.7**	**68.7**	**74.4**	**79.8**	**89.1**	**100.3**	**103.1**	**106.5**

1—11 平均每天主要社会经济活动

指 标	Item	单 位	Unit	1958 年
地区生产总值(当年价格)	Gross Domestic Product(aurrent prices)	万元	10 000 yuan	23
工农业总产值(当年价格)	Total Industrial and Agricultural Products(aurrent prices)	万元	10 000 yuan	20
农业总产值	Total Agricultural Products	万元	10 000 yuan	11
工业总产值	Total Industrial Products	万元	10 000 yuan	9
地方财政收入	Local Financial Revenue	万元	10 000 yuan	2
地方财政支出	Local Financial Expenditure	万元	10 000 yuan	3
主要工业产品产量	Output of Major Industrial Products			
原煤	Raw Coal	万吨	10 000 tons	
金属切削机床	Metal-cutting Machine Tools	台	unit	
轮胎外胎	Tires	条	article	
水泥	Cement	吨	ton	
饮料酒	Alcoholic Drink	千升	kiloliter	3
乳制品	Dairy Products	吨	ton	
农用化肥	Chemical Fertilizers	吨	ton	
社会消费品零售总额	Total Retail Sales of Consumer Goods	万元	10 000 yuan	14
进出口总额	Total Value of Imports and Exports	万美元	USD 10 000	
全社会固定资产投资额	Total Investment in Fixed Assets	万元	10 000 yuan	6
邮电业务总量	Business Volume of Postal and Telecommunication Services	万元	10 000 yuan	
公路货运周转量	Freight Turnover Volume of Highways	万吨公里	10 000 ton-km	13
公路客运周转量	Passenger Turnover Volume of Highways	万吨公里	10 000 ton-km	
金融机构存款余额	Total Deposits of Financial Institutions	万元	10 000 yuan	16
金融机构贷款余额	Total Loans of Financial Institutions	万元	10 000 yuan	17
城市供水总量	Total Volume Water Supply of City Districts	万立方米	10 000 cu.m	
城市公交客运总量	Total Volume Bus and Trplley Bus of City Districts	万人次	10 000 person-times	

Major Indicators on Average Daily Social and Economic Activities

1978年	1985年	1990年	1995年	2000年	2005年	2011年	2012年	2013年	2014年	2015年	2016年
105	258	636	1965	3527	8043	27032	31532	35316	38045	40928	44321
171	350	902	2704	4344	10533	37936	49485	57492	54420	54973	58178
35	95	217	506	643	962	2401	2608	2843	2915	3175	3196
136	255	685	2198	3701	9571	35535	46877	54649	51505	51798	54982
21	40	63	72	260	683	4935	5132	6117	6897	6680	6236
19	33	61	118	339	941	6515	7321	8432	10097	10186	10878
0.1	0.2	0.3	0.6	1.0	3.2	14.6	14.9	16.2			
1	1	1	3	2	4	10	7	6	6	5	4
825	940	1740	4519	5288	8344	5161	3888	4545	4213	3802	5532
86	236	835	1411	2253	4883	13038	13951	17811	15952	14323	14640
1	21	43	77	111	234	498	471	746	791	785	738
	2	9	12	19	136	66	537	601	721	671	654
413	119	644	941	1370	1585	2207	1809	1490	777	1785	1178
62	176	372	840	1424	2590	7520	8658	9536	10479	13086	14087
8	15	23	74	70	144	332	374	660	1233	895	0
23	151	179	623	1435	5525	20105	25171	31479	38158	42216	47214
1	1	6	36	200	598	723	803	1003	1001	1027	954
48	83	101	163	468	636	4104	4734	5423	4503	3756	3104
34	84	136	204	367	440	690	766	833	831	872	853
131	241	563	2367	6116	16786	49595	58036	64135	71479	82679	91600
133	250	792	2466	5625	15115	53299	63394	72894	87286	100109	111687
0.9	3.8	20.3	31.7	33.4	27.5	30.8	31.4	32.4	26.6	29.7	31.4
5.0	16.0	16.0	13.0	18.3	24.6	54.6	69.7	82.3	82.9	84.0	85.0

1—12 银川市主要经济指标与全国、全区对比

（2016年）

指 标	Item	单位	Unit
年末总人口	Population at Year-end	万人	10 000 persons
地区生产总值	Gross Domestic Product	亿元	100 million yuan
第一产业	Primary Industry	亿元	100 million yuan
第二产业	Secondary Industry	亿元	100 million yuan
工业	Industrial	亿元	100 million yuan
第三产业	Tertiary Industry	亿元	100 million yuan
全社会固定资产投资	Total Investment in Fixed Assets in the Whole Country	亿元	100 million yuan
房地产开发投资	Investment in Real Estate Development	亿元	100 million yuan
社会消费品零售总额	Total Retail Sales of Consumer Goods	亿元	100 million yuan
进出口总额	Total Value of Imports and Exports	亿元	USD 10 000
出口额	Total Export	亿元	USD 10 000
实际利用外资	Foreign Capital Actually Utilized	万美元	USD 10 000
金融机构存款余额	Total Deposits of Financial Institutions	亿元	100 million yuan
金融机构贷款余额	Total Loans of Financial Institutions	亿元	100 million yuan
城镇非私营单位从业人员年平均工资	Average Wages of Private Enstitutions Employed in cities and tawns	元	yuan
城镇居民人均可支配收入	Per Capita Annual Disposable Income of Urban Households	元	yuan
农村居民人均可支配收入	Per Capital Net Income of Rural Households	元	yuan
居民消费价格指数	Consumer Price Index	%	%
工业生产者出厂价格指数	Producer Price Index for Manufactured Goods	%	%

The Main Economic Indicators of Yinchuan Compared to Country and Region

全国 Country	全区 Region	银川市 Yinchuan	银川市占全区比重% Yinchuan Accounted for Region
138271	674.90	219.11	32.5
744127	3168.59	1617.71	51.1
63671	241.60	58.61	24.3
296236	1488.44	825.61	55.5
247860	1054.34	603.74	57.3
384221	1438.55	733.48	51.0
606466	3835.46	1723.31	44.9
102581	728.16	474.94	65.2
332316	850.10	514.19	60.5
243386	214.78	165.50	77.1
138455	164.64	132.30	80.4
	25363.00	3555.18	14.0
1506000	5441.54	3343.40	61.4
1066000	5667.89	4076.57	71.9
	67830	70840	+3010
33616	27153	30478	+3325
12363	9852	12037	+2185
102.0	101.5	101.7	–
98.6	99.1	97.1	–

1—13 主要年份银川市分县(市)区国民经济和社会发展主要指标

指　标	Item	单位	Unit
总人口	Total Population	万人	10 000 persons
＃回族人口	Hui Ethnic	万人	10 000 persons
人口自然增长率	Natural Growth Rate of Population	‰	‰
单位从业人员	Employed Persons	万人	10 000 persons
第一产业	Primary Industry	万人	10 000 persons
第二产业	Secondary Industry	万人	10 000 persons
第三产业	Tertiary Industry	万人	10 000 persons
地区生产总值	Gross Domestic Product	亿元	100 million yuan
第一产业	Primary Industry	亿元	100 million yuan
第二产业	Secondary Industry	亿元	100 million yuan
＃工业增加值	Value-added of Industry	亿元	100 million yuan
规模以上工业增加值	Value-added of Industry above Designated Size	亿元	100 million yuan
第三产业	Tertiary Industry	亿元	100 million yuan
农、林、牧、渔业总产值	Gross Output Value of Agriculture, Forestry,Animal Husbandry and Fishery	亿元	100 million yuan
＃畜牧业产值	Gross Output Value of Livestock	亿元	100 million yuan
粮食产量	Grain	万吨	10 000 tons
蔬菜产量	Vegetables	万吨	10 000 tons
水产品产量	Aquatic Products	万吨	10 000 tons
肉类总产量	Meat	万吨	10 000 tons
＃猪牛羊肉产量	Products of Pork, Beef and Mutton	万吨	10 000 tons
规模以上工业总产值	Industrial Enterprises above Designated Size	亿元	100 million yuan
＃大中型工业	Large and Medium-sized Enterprises	亿元	100 million yuan
全社会固定资产投资	Investment in Fixed Assets	亿元	100 million yuan
＃房地产开发投资	Investment in Real Estate Development	亿元	100 million yuan
社会消费品零售额	Total Retail Sales of Consumer Goods	亿元	100 million yuan
＃批发和零售业	Wholesale and Retail Trade	亿元	100 million yuan
住宿和餐饮业	Hotels and Catering Services	亿元	100 million yuan
地方财政收入	Local Financial Revenue	亿元	100 million yuan
＃地方公共财政预算收入	Local Public Finance Budget Revenue	亿元	100 million yuan
地方财政支出	Local Financial Expenditure	亿元	100 million yuan
在岗职工年平均工资	Average Wages of Fully Employed Staff and Workers	元	yuan
城镇居民人均可支配收入	Per Capita Annual Disposable Income of Urban Households	元	yuan
城镇居民人均消费性支出	Per Capital Consumption Expenditure of Urban Households	元	yuan
农村居民人均可支配收入	Per Capital Net Income of Rural Households	元	yuan
农民人均生活消费性支出	Per Capital Consumption Expenditure of Rural Households	元	yuan
普通中学在校生	Number of Student Enrollment in Regular Secondary Education Schools	万人	10 000 persons
小学在校生	Number of Student Enrollment in Primary Schools	万人	10 000 persons
卫生技术人员	Medical Technical Personnel in Health Care Institutions	万人	10 000 persons
＃医生	Doctors	万人	10 000 persons

注:1.2008-2016年人口为常住人口结构数据。

2.2012-2016年度“在岗职工平均工资”这一指标纳入了劳务派遣人员,数据有所变动。

3.2016年地方财政收入和地方公共财政预算收入数据为同口径。

Major Indicators on National Economic and Social Development in Main Years by City and Country

地区 Region							市区 City						
2011年	2012年	2013年	2014年	2015年	2016年	2016年比2015年增长%	2011年	2012年	2013年	2014年	2015年	2016年	2016年比2015年增长%
202.57	204.63	208.27	212.89	216.41	219.11	1.2	131.33	132.67	134.40	137.34	138.86	140.41	1.1
48.17	48.43	50.11	53.38	55.71	56.37	1.2	25.24	25.73	26.99	28.74	29.54	29.71	0.6
5.77	7.11	6.73	6.71	6.35	8.11	1.8	5.65	6.76	6.46	6.84	5.83	7.69	1.9
31.30	33.51	35.04	36.53	37.25	35.46	-4.8	25.72	27.63	28.46	27.72	28.56	27.14	-5.0
1.20	1.12	1.06	0.80	0.72	0.60	-16.7	0.49	0.47	0.45	0.41	0.22	0.19	-13.6
14.2	13.93	14.52	15.64	15.45	13.98	-9.5	12.17	11.95	11.90	10.70	10.74	9.69	-9.8
15.90	18.46	19.46	20.08	21.08	20.89	-0.9	13.06	15.21	16.11	16.61	17.60	17.26	-1.9
986.68	1150.93	1289.02	1388.62	1493.86	1617.71	8.1	607.05	713.51	793.90	841.65	893.32	973.37	8.3
47.05	50.95	55.42	52.80	58.62	58.61	4.4	15.90	17.00	17.92	16.19	17.60	17.31	2.4
525.25	619.05	688.60	750.11	780.78	825.61	6.6	246.52	304.78	331.03	345.60	341.81	352.01	3.9
396.46	471.92	523.30	555.27	564.53	603.74	8.0	159.78	206.78	218.70	209.48	193.64	197.77	3.3
354.18	430.00	492.16	471.71	487.81	533.06	8.5	120.34	179.85	198.71	134.70	129.42	150.91	
414.38	480.93	545.00	585.72	654.46	733.48	10.3	344.63	391.73	444.95	479.85	533.92	604.04	11.4
87.64	95.18	103.76	106.41	115.88	116.64	0.7	28.89	30.57	32.46	33.38	35.57	35.47	-0.3
21.87	23.53	26.31	28.58	25.76	26.69	3.6	9.07	8.77	9.57	10.33	9.29	9.49	2.2
86.15	88.63	85.30	80.33	83.45	83.57	0.1	21.69	22.46	20.90	20.06	20.12	20.60	2.4
137.84	141.18	142.81	144.62	160.56	167.33	4.2	45.75	43.70	38.68	32.02	30.08	29.09	-3.3
5.33	6.03	6.55	6.86	7.11	7.37	3.7	1.43	1.47	1.68	1.80	1.82	1.78	-2.2
4.98	4.97	5.28	5.09	4.99	5.15	3.2	1.26	1.07	1.07	0.91	0.92	0.92	持平
4.30	4.33	4.63	4.55	4.44	4.61	3.8	1.01	0.86	0.89	0.83	0.86	0.86	持平
1229.96	1647.57	1928.03	1820.35	1862.32	198555	6.6	582.15	824.36	939.91	595.03	541.85	569.87	5.2
1021.10	1330.43	1548.57	1329.90	1328.23	1412.17	6.3	519.15	756.94	852.97	495.40	433.14	438.32	1.2
733.85	918.73	1149.00	1392.76	1540.88	1723.31	11.8	309.58	377.52	470.54	602.02	669.88	770.04	15.0
207.67	275.70	330.81	388.90	409.17	474.94	16.1	142.60	210.25	229.40	306.99	335.93	385.14	14.6
311.70	356.93	405.18	445.42	477.63	514.19	7.7	219.86	247.80	277.96	300.12	322.63	346.85	7.5
273.79	319.61	365.54	403.16	413.20	458.77	11.0	191.31	220.23	248.77	264.36	267.29	300.93	12.6
37.91	37.32	39.64	42.26	64.43	55.42	-14.0	28.54	27.57	30.19	35.76	55.34	45.92	-17.0
180.14	187.31	223.29	251.73	243.83	227.62	0.4	125.36	133.13	162.35	178.57	162.29	162.29	9.0
96.62	113.13	134.60	153.62	170.98	173.20	13.0	65.60	78.98	94.91	108.25	122.24	121.40	11.3
237.79	267.23	307.78	368.56	371.81	397.04	6.8	151.60	169.35	194.31	237.93	233.07	266.87	14.5
49937	54270	57112	59086	65643	70840	7.9	50909	56907	54354	60247	66793	72860	9.1
19203	21620	23776	26118	28261	30478	7.8	19481	21901	24169				
14562	16007	16844	20401	21694	22898	5.5	14931	16390	17393				
7070	8068	8830	10275	11148	12037	8.0							
6260	7089	8631	9334	10119	11061	9.3							
12.38	12.57	12.86	13.06	13.02	12.94	-0.6	8.31	8.36	8.54	8.68	8.67	8.59	-0.9
14.82	14.77	15.19	15.69	16.21	16.76	3.4	8.83	8.94	9.14	9.41	9.79	10.26	4.8
1.47	1.60	1.76	1.93	2.04	2.20	7.8	1.25	1.39	1.52	1.69	1.79	4.10	129.1
0.55	0.58	0.64	0.71	0.76	0.83	9.2	0.46	0.50	0.56	0.61	0.67	1.56	132.8

a)From 2008 to 2016 the population structure data for the resident Population.

b)Between 2012-2016, The index "Average Wages of staff and Workes" included the laber dispatching personnel ,So the data has changed.

c)The date of local financial revenue and local public finance budget revenue is the same diameter in 2016.

1-13 续表1

指　标	Item	单位	Unit
总人口	Total Population	万人	10 000 persons
#回族人口	Hui Ethnic	万人	10 000 persons
人口自然增长率	Natural Growth Rate of Population	‰	‰
单位从业人员	Employed Persons	万人	10 000 persons
第一产业	Primary Industry	万人	10 000 persons
第二产业	Secondary Industry	万人	10 000 persons
第三产业	Tertiary Industry	万人	10 000 persons
地区生产总值	Gross Domestic Product	亿元	100 million yuan
第一产业	Primary Industry	亿元	100 million yuan
第二产业	Secondary Industry	亿元	100 million yuan
#工业增加值	Value-added of Industry	亿元	100 million yuan
规模以上工业增加值	Value-added of Industry above Designated Size	亿元	101 million yuan
第三产业	Tertiary Industry	亿元	100 million yuan
农、林、牧、渔业总产值	Gross Output Value of Agriculture, Forestry,Animal Husbandry and Fishery	亿元	100 million yuan
#畜牧业产值	Gross Output Value of Livestock	亿元	100 million yuan
粮食产量	Grain	万吨	10 000 tons
蔬菜产量	Vegetables	万吨	10 000 tons
水产品产量	Aquatic Products	万吨	10 000 tons
肉类总产量	Meat	万吨	10 000 tons
#猪牛羊肉产量	Products of Pork, Beef and Mutton	万吨	10 000 tons
规模以上工业总产值	Industrial Enterprises above Designated Size	亿元	100 million yuan
#大中型工业	Large and Medium-sized Enterprises	亿元	100 million yuan
全社会固定资产投资	Investment in Fixed Assets	亿元	100 million yuan
#房地产开发投资	Investment in Real Estate Development	亿元	100 million yuan
社会消费品零售额	Total Retail Sales of Consumer Goods	亿元	100 million yuan
#批发和零售业	Wholesale and Retail Trade	亿元	100 million yuan
住宿和餐饮业	Hotels and Catering Services	亿元	100 million yuan
地方财政收入	Local Financial Revenue	亿元	100 million yuan
#地方公共财政预算收入	Local Public Finance Budget Revenue	亿元	101 million yuan
地方财政支出	Local Financial Expenditure	亿元	100 million yuan
在岗职工年平均工资	Average Wages of Fully Employed Staff and Workers	元	yuan
城镇居民人均可支配收入	Per Capita Annual Disposable Income of Urban Households	元	yuan
城镇居民人均消费性支出	Per Capital Consumption Expenditure of Urban Households	元	yuan
农村居民人均可支配收入	Per Capital Net Income of Rural Households	元	yuan
农民人均生活消费性支出	Per Capital Consumption Expenditure of Rural Households	元	yuan
普通中学在校生	Number of Student Enrollment in Regular Secondary Education Schools	万人	10 000 persons
小学在校生	Number of Student Enrollment in Primary Schools	万人	10 000 persons
卫生技术人员	Medical Technical Personnel in Health Care Institutions	万人	10 000 persons
#医生	Doctors	万人	10 000 persons

continued

兴庆区 Xingqing							金凤区 Jinfeng						
2011年	2012年	2013年	2014年	2015年	2016年	2016年比2015年增长%	2011年	2012年	2013年	2014年	2015年	2016年	2016年比2015年增长%
69.00	69.74	70.72	72.52	73.44	74.12	0.9	28.85	29.14	29.54	29.92	30.20	30.79	2.0
11.46	12.78	13.65	14.26	14.60	14.73	0.9	7.45	7.11	7.42	8.35	8.62	8.62	0.0
5.34	7.28	6.87	7.06	5.23	6.11	0.9	6.07	6.53	6.12	7.06	7.79	12.02	4.2
9.63	10.90	15.66	14.09	14.61	15.97	9.3	11.50	11.81	7.02	8.02	8.49	7.82	-7.9
0.10	0.10	0.09	0.05	0.07	0.05	-28.6	0.06	0.06	0.02	0.01	0.01	0.01	-10.0
2.59	2.90	6.76	5.85	5.49	7.07	28.8	7.18	6.66	2.01	2.02	2.58	1.97	-23.6
6.95	7.89	8.80	8.19	9.05	8.84	-2.3	4.26	5.08	4.98	5.98	5.90	5.84	-1.0
318.37	356.73	395.63	418.43	444.38	475.50	9.7	107.50	123.85	143.19	161.59	176.15	195.43	9.2
5.64	5.88	6.36	5.75	6.34	6.23	2.2	2.95	3.04	4.41	3.98	3.37	3.29	2.2
103.16	110.84	116.83	113.70	107.37	94.98	4.5	55.14	63.40	73.06	83.47	88.24	95.77	6.9
83.11	88.35	90.62	80.23	70.22	55.89	3.9	21.56	22.42	24.53	29.03	30.04	35.30	11.9
80.92	70.52	78.90	8.43	8.50	11.38	21.8	22.64	14.99	23.32	28.25	29.20	33.98	14.1
209.57	240.02	272.44	298.98	330.67	374.29	11.6	49.41	57.41	65.72	74.14	84.54	96.37	11.8
12.37	13.01	13.81	14.10	14.37	14.67	2.1	7.44	8.01	8.51	8.92	10.15	9.67	-4.7
4.26	4.12	4.50	4.36	3.30	3.41	3.3	1.83	1.77	1.93	2.35	2.93	3.03	3.4
6.89	7.08	6.24	5.76	6.31	7.05	11.7	3.48	3.51	2.79	2.58	2.61	2.40	-8.0
20.32	19.92	15.75	14.77	13.76	14.40	4.7	13.44	15.37	15.45	14.43	12.66	11.38	-10.1
0.51	0.56	0.57	0.62	0.64	0.63	-1.6	0.74	0.89	0.84	0.98	0.88	0.84	-4.5
0.48	0.29	0.25	0.21	0.38			0.31	0.41	0.39	0.32	0.27		
0.37	0.22	0.19	0.19	0.36			0.26	0.35	0.33	0.28	0.26		
319.85	340.42	396.67	31.18	39.97	48.37	21.0	58.47	60.75	74.93	90.56	91.80	127.87	39.3
312.52	332.71	383.27	19.21	19.96	16.82	15.7	36.94	35.33	51.39	61.02	56.93	67.55	18.7
83.17	107.46	135.17	178.93	210.80	279.49	32.6	112.05	155.46	197.75	260.57	301.89	322.09	6.7
47.50	67.69	73.29	83.21	93.94	91.58	-2.5	77.01	123.47	135.34	191.93	212.30	261.02	22.9
166.12	186.40	202.98	215.35	231.49	248.57	7.4	38.85	44.36	59.84	63.75	68.50	73.97	8.0
146.60	168.77	181.76	193.38	187.24	215.82	15.3	34.71	39.80	52.49	55.32	61.80	63.79	3.2
19.53	17.64	21.22	21.97	44.25	32.75	-26.0	4.14	4.57	4.35	8.43	6.70	10.18	51.9
7.02	8.17	10.04	11.51	12.96	14.10	18.1	3.86	5.33	7.13	4.71	5.31	5.85	19.6
7.02	8.17	10.04	11.51	12.96	14.10	18.1	2.64	3.33	3.96	4.68	5.31	5.85	19.6
21.16	23.94	18.10	30.56	31.05	30.41	-2.1	28.91	22.12	8.67	23.07	20.19	23.86	18.2
50809	54619	63692	64484	70714	77159	9.1	62453	65028	48134	62313	66218	73069	10.3
21235	23809	25971	28246	30514	32781	7.4	18156	20466	22922	27957	30361	32734	7.8
15773	17339	18892	22352	24089	24367	1.2	15059	17031	16483	23411	24057	24291	1.0
7804	8834	9318	11677	12625	13600	7.7	6900	7866	8759	9187	9941	10746	8.1
6641	7055	9383	9148	10184	11523	13.1	6535	8073	8825	10613	9873	10472	6.1
3.84	3.85	3.89	3.93	3.83	3.76	-1.8	2.01	2.02	2.11	2.21	2.31	2.33	0.9
4.89	4.96	5.10	5.22	5.37	5.57	3.7	1.71	1.75	1.84	1.99	2.17	2.35	8.3
0.79	0.86	0.96	1.04	1.12	1.20	7.1	0.14	0.37	0.39	0.45	0.47	0.49	4.3
0.29	0.31	0.35	0.38	0.41	0.46	12.2	0.06	0.13	0.14	0.17	0.18	0.17	-5.6

1-13 续表2

指　标	Item	单位	Unit
总人口	Total Population	万人	10 000 persons
#回族人口	Hui Ethnic	万人	10 000 persons
人口自然增长率	Natural Growth Rate of Population	‰	‰
单位从业人员	Employed Persons	万人	10 000 persons
第一产业	Primary Industry	万人	10 000 persons
第二产业	Secondary Industry	万人	10 000 persons
第三产业	Tertiary Industry	万人	10 000 persons
地区生产总值	Gross Domestic Product	亿元	100 million yuan
第一产业	Primary Industry	亿元	100 million yuan
第二产业	Secondary Industry	亿元	100 million yuan
#工业增加值	Value-added of Industry	亿元	100 million yuan
规模以上工业增加值	Value-added of Industry above Designated Size	亿元	101 million yuan
第三产业	Tertiary Industry	亿元	100 million yuan
农、林、牧、渔业总产值	Gross Output Value of Agriculture, Forestry,Animal Husbandry and Fishery	亿元	100 million yuan
#畜牧业产值	Gross Output Value of Livestock	亿元	100 million yuan
粮食产量	Grain	万吨	10 000 tons
蔬菜产量	Vegetables	万吨	10 000 tons
水产品产量	Aquatic Products	万吨	10 000 tons
肉类总产量	Meat	万吨	10 000 tons
#猪牛羊肉产量	Products of Pork, Beef and Mutton	万吨	10 000 tons
规模以上工业总产值	Industrial Enterprises above Designated Size	亿元	100 million yuan
#大中型工业	Large and Medium-sized Enterprises	亿元	100 million yuan
全社会固定资产投资	Investment in Fixed Assets	亿元	100 million yuan
#房地产开发投资	Investment in Real Estate Development	亿元	100 million yuan
社会消费品零售额	Total Retail Sales of Consumer Goods	亿元	100 million yuan
#批发和零售业	Wholesale and Retail Trade	亿元	100 million yuan
住宿和餐饮业	Hotels and Catering Services	亿元	100 million yuan
地方财政收入	Local Financial Revenue	亿元	100 million yuan
#地方公共财政预算收入	Local Public Finance Budget Revenue	亿元	101 million yuan
地方财政支出	Local Financial Expenditure	亿元	100 million yuan
在岗职工年平均工资	Average Wages of Fully Employed Staff and Workers	元	yuan
城镇居民人均可支配收入	Per Capita Annual Disposable Income of Urban Households	元	yuan
城镇居民人均消费性支出	Per Capital Consumption Expenditure of Urban Households	元	yuan
农民居民人均可支配收入	Per Capital Net Income of Rural Households	元	yuan
农民人均生活消费性支出	Per Capital Consumption Expenditure of Rural Households	元	yuan
普通中学在校生	Number of Student Enrollment in Regular Secondary Education Schools	万人	10 000 persons
小学在校生	Number of Student Enrollment in Primary Schools	万人	10 000 persons
卫生技术人员	Medical Technical Personnel in Health Care Institutions	万人	10 000 persons
#医生	Doctors	万人	10 000 persons

continued

西夏区 Xixia							永宁县 Yongning						
2011年	2012年	2013年	2014年	2015年	2016年	2016年比2015年增长%	2011年	2012年	2013年	2014年	2015年	2016年	2016年比2015年增长%
33.48	33.79	34.14	34.91	35.22	35.60	1.1	22.08	22.28	23.10	23.26	23.44	23.99	2.3
6.33	5.84	5.92	6.12	6.32	6.35	0.5	5.13	4.55	4.73	4.84	4.87	5.02	3.1
4.41	5.92	5.89	6.19	5.29	7.06	1.8	5.13	5.86	6.32	5.28	6.15	7.49	1.3
4.59	4.93	5.79	5.61	5.46	5.04	-7.7	1.93	1.96	2.06	2.02	2.12	2.18	2.8
0.33	0.31	0.33	0.04	0.14	0.13	-7.1	0.13	0.11	0.11	0.10	0.15	0.01	-93.3
2.39	2.39	3.13	2.83	2.67	2.32	-13.1	0.99	0.89	0.92	0.88	0.84	0.89	6.0
1.87	2.23	2.33	2.75	2.65	2.59	-2.3	0.81	0.96	1.03	1.05	1.13	1.19	5.3
181.18	232.93	255.07	261.63	272.80	302.44	5.4	79.33	94.23	105.57	115.64	121.28	125.49	4.0
7.31	8.08	7.15	6.47	7.88	7.79	2.2	11.13	12.00	13.49	13.39	15.07	14.98	4.9
88.22	130.54	141.14	148.43	146.20	161.27	1.5	47.57	51.64	56.70	64.80	66.70	68.70	3.6
55.11	96.02	103.55	100.22	93.38	106.57	0.0	32.83	34.33	36.07	39.77	39.10	41.25	6.5
45.36	94.35	96.58	98.03	91.72	105.55	-1.3	26.55	29.62	28.90	33.09	34.79	37.12	7.3
85.65	94.31	106.78	106.74	118.71	133.38	10.3	20.63	30.59	35.38	37.46	39.49	41.79	4.3
9.07	9.55	10.13	10.36	11.05	11.13	0.7	20.58	22.16	24.66	25.57	28.35	28.12	-0.8
2.98	2.88	3.14	3.62	3.07	3.05	-0.7	4.63	4.83	4.96	5.28	4.66	4.67	0.2
11.32	11.87	11.87	11.73	11.20	11.14	-0.5	23.76	24.81	26.17	25.63	26.20	26.69	1.9
11.99	8.41	7.47	2.82	3.67	3.30	-10.1	21.36	24.25	30.76	37.82	46.12	50.33	9.1
0.18	0.02	0.27	0.20	0.31	0.31	持平	0.88	0.88	0.88	0.80	0.80	0.80	持平
0.47	0.38	0.43	0.38	0.27			1.29	1.29	1.41	1.46	1.48	1.51	2.0
0.38	0.29	0.37	0.36	0.23			1.05	1.07	1.16	1.21	1.17	1.21	3.4
203.83	423.20	468.32	473.30	410.07	393.62	-4.0	94.67	108.71	122.20	142.55	144.64	161.79	11.9
169.69	388.90	418.31	415.17	356.25	353.94	-0.7	74.66	90.51	93.31	86.26	72.87	88.92	22.0
114.36	114.60	137.62	162.51	157.20	168.45	7.2	88.63	111.33	143.20	179.21	209.33	172.65	-17.5
18.09	19.10	20.77	31.85	29.69	32.54	9.6	21.94	13.58	40.46	27.67	19.22	36.58	90.3
14.89	17.03	19.14	21.02	22.64	24.32	7.4	11.10	12.69	14.53	16.21	17.19	18.56	8.0
10.01	11.66	14.52	15.66	18.25	21.32	16.8	9.51	10.82	12.35	13.97	14.82	16.55	11.7
4.88	5.37	4.62	5.36	4.39	3.00	-31.7	1.59	1.87	2.18	2.23	2.37	2.00	-15.6
1.92	2.26	2.66	3.09	3.51	4.14	21.1	13.63	15.32	17.03	26.78	39.10	15.59	-56.6
1.92	2.26	2.66	3.09	3.51	4.14	21.1	7.51	9.11	10.89	12.55	14.46	13.28	1.5
7.88	12.57	8.25	19.94	15.76	17.65	12.0	24.25	26.87	31.50	42.81	56.84	32.60	-42.6
38533	43197	44524	48735	57258	60810	6.2	31200	35470	41473	45838	51589	55738	8.0
16356	18526	20543	21347	23126	24976	8.0	17202	19530	21483	23017	25091	26948	7.4
12811	13541	14239	17549	19269	20957	8.8	10426	12379	13029	17014	18737	19874	6.1
5050	5828	6829	8618	9334	10112	8.3	6792	7764	8706	10130	10995	11865	7.9
5945	7169	8792	8362	9142	10069	10.1	5756	6290	7229	7773	8554	9085	8.6
2.46	2.49	2.54	2.53	2.53	2.49	-1.6	1.38	1.44	1.49	1.55	1.58	1.63	3.2
2.24	2.22	2.21	2.20	2.25	2.30	2.2	2.02	2.11	2.20	2.25	2.30	2.35	2.2
0.32	0.16	0.18	0.20	0.21	0.21	持平	0.06	0.06	0.08	0.08	0.08	0.08	持平
0.11	0.06	0.07	0.07	0.08	0.09	12.5	0.02	0.02	0.03	0.02	0.02	0.03	35.0

1-13 续表3

指　标	Item	单位	Unit
总人口	Total Population	万人	10 000 persons
#回族人口	Hui Ethnic	万人	10 000 persons
人口自然增长率	Natural Growth Rate of Population	‰	‰
单位从业人员	Employed Persons	万人	10 000 persons
第一产业	Primary Industry	万人	10 000 persons
第二产业	Secondary Industry	万人	10 000 persons
第三产业	Tertiary Industry	万人	10 000 persons
地区生产总值	Gross Domestic Product	亿元	100 million yuan
第一产业	Primary Industry	亿元	100 million yuan
第二产业	Secondary Industry	亿元	100 million yuan
#工业增加值	Value-added of Industry	亿元	100 million yuan
规模以上工业增加值	Value-added of Industry above Designated Size	亿元	101 million yuan
第三产业	Tertiary Industry	亿元	100 million yuan
农、林、牧、渔业总产值	Gross Output Value of Agriculture, Forestry,Animal Husbandry and Fishery	亿元	100 million yuan
#畜牧业产值	Gross Output Value of Livestock	亿元	100 million yuan
粮食产量	Grain	万吨	10 000 tons
蔬菜产量	Vegetables	万吨	10 000 tons
水产品产量	Aquatic Products	万吨	10 000 tons
肉类总产量	Meat	万吨	10 000 tons
#猪牛羊肉产量	Products of Pork, Beef and Mutton	万吨	10 000 tons
规模以上工业总产值	Industrial Enterprises above Designated Size	亿元	100 million yuan
#大中型工业	Large and Medium-sized Enterprises	亿元	100 million yuan
全社会固定资产投资	Investment in Fixed Assets	亿元	100 million yuan
#房地产开发投资	Investment in Real Estate Development	亿元	100 million yuan
社会消费品零售额	Total Retail Sales of Consumer Goods	亿元	100 million yuan
#批发和零售业	Wholesale and Retail Trade	亿元	100 million yuan
住宿和餐饮业	Hotels and Catering Services	亿元	100 million yuan
地方财政收入	Local Financial Revenue	亿元	100 million yuan
#地方公共财政预算收入	Local Public Finance Budget Revenue	亿元	101 million yuan
地方财政支出	Local Financial Expenditure	亿元	100 million yuan
在岗职工年平均工资	Average Wages of Fully Employed Staff and Workers	元	yuan
城镇居民人均可支配收入	Per Capita Annual Disposable Income of Urban Households	元	yuan
城镇居民人均消费性支出	Per Capital Consumption Expenditure of Urban Households	元	yuan
农村居民人均可支配收入	Per Capital Net Income of Rural Households	元	yuan
农民人均生活消费性支出	Per Capital Consumption Expenditure of Rural Households	元	yuan
普通中学在校生	Number of Student Enrollment in Regular Secondary Education Schools	万人	10 000 persons
小学在校生	Number of Student Enrollment in Primary Schools	万人	10 000 persons
卫生技术人员	Medical Technical Personnel in Health Care Institutions	万人	10 000 persons
#医生	Doctors	万人	10 000 persons

continued

贺兰县Helan							灵武市Lingwu						
2011年	2012年	2013年	2014年	2015年	2016年	2016年比2015年增长%	2011年	2012年	2013年	2014年	2015年	2016年	2016年比2015年增长%
22.64	22.85	23.56	24.66	25.33	25.60	1.1	26.52	26.84	27.22	27.63	28.78	29.11	1.1
5.26	5.43	5.45	5.95	6.07	6.21	2.3	12.54	12.71	12.94	13.85	15.22	15.44	1.4
6.03	6.02	5.41	6.05	6.33	8.38	2.1	9.48	8.51	10.12	8.44	9.24	8.43	-0.8
2.01	1.95	2.31	2.97	2.84	2.59	-8.8	1.64	1.97	2.21	3.81	3.73	3.55	-4.8
0.17	0.15	0.15	0.04	0.13	0.12	-7.7	0.41	0.39	0.35	0.26	0.22	0.19	-13.6
0.85	0.66	1.03	1.63	1.61	1.32	-18.0	0.18	0.43	0.67	2.43	2.26	2.08	-8.0
0.99	1.14	1.13	1.31	1.10	1.15	4.5	1.05	1.15	1.19	1.12	1.24	1.28	3.2
76.65	92.70	101.36	106.08	121.80	134.23	10.6	223.65	250.49	288.19	325.26	357.45	384.62	8.4
11.82	13.15	14.36	14.02	16.01	16.36	5.6	8.20	8.80	9.65	9.20	9.95	9.96	5.1
41.69	48.95	53.60	55.82	67.96	75.66	12.2	189.47	213.68	247.26	283.90	304.29	329.21	9.1
29.73	34.26	37.43	41.61	52.08	59.63	15.5	174.12	196.55	231.10	264.40	279.70	305.10	10.1
22.29	29.32	34.12	41.13	47.87	56.25	17.2	185.00	191.22	230.44	262.78	275.73	288.79	10.2
23.14	30.60	33.40	36.25	37.83	42.21	9.6	25.98	28.01	31.28	32.16	43.21	45.45	3.6
22.48	25.28	27.65	28.34	31.64	32.59	3.0	15.70	17.16	18.99	19.11	20.41	20.47	0.3
3.02	3.64	4.55	5.29	4.66	5.23	12.2	5.16	6.30	7.23	7.68	7.15	7.30	2.1
23.84	24.63	21.21	18.07	20.39	20.43	0.2	16.86	16.74	17.02	16.57	16.74	15.86	-5.3
62.47	65.43	66.22	68.71	78.46	80.25	2.3	8.27	7.79	7.15	6.08	5.89	7.67	30.2
2.79	3.38	3.50	3.74	3.95	4.23	7.1	0.23	0.30	0.50	0.52	0.54	0.55	1.9
0.73	0.73	0.76	0.78	0.73	0.83	13.7	1.69	1.88	2.03	1.94	1.86	1.90	2.2
0.62	0.64	0.66	0.70	0.65	0.73	12.3	1.62	1.76	1.92	1.81	1.75	1.81	3.4
81.15	111.55	144.20	174.18	206.15	245.50	19.1	472.00	602.94	721.73	908.54	969.68	1008.39	4.0
14.92	15.40	33.11	33.74	63.49	85.79	35.1	412.37	467.59	569.19	714.46	758.73	799.15	5.3
77.91	107.29	141.61	145.57	173.26	207.10	19.5	257.73	322.59	393.66	465.96	488.41	573.52	17.4
31.82	39.69	45.15	43.27	37.96	37.41	-1.4	11.31	12.19	15.80	10.96	16.05	15.81	-1.5
71.43	85.78	99.08	115.28	122.89	133.01	8.2	9.32	10.65	12.61	13.82	14.93	15.77	5.6
70.23	83.81	96.90	112.96	118.15	127.95	8.3	8.32	9.56	10.96	11.92	12.94	13.34	3.1
1.19	1.98	2.18	2.31	4.73	5.07	7.2	1.00	1.09	1.64	1.90	1.99	2.43	22.1
21.61	18.20	18.74	17.66	18.08	18.47	10.2	19.55	40.85	25.17	28.71	24.36	30.31	27.2
9.34	11.27	13.02	14.54	15.62	15.08	5.9	14.18	13.77	15.78	18.16	18.66	23.43	29.1
29.13	30.16	31.23	31.90	31.11	36.56	17.5	32.82	40.85	50.75	55.92	50.79	61.01	20.1
32399	39913	44525	49817	52288	56569	8.2	36253	51472	53962	62568	72754	73845	1.5
17290	19570	21401	22791	24548	26468	7.8	17522	19909	21974	24310	26255	28330	7.9
13275	13702	15418	16328	16702	17043	2.0	12505	13913	13876	14283	16309	18478	13.3
7163	8202	9147	10667	11628	12560	8.0	7570	8618	9652	10756	11650	12547	7.7
8011	8147	9710	10727	11866	13007	9.6	6509	6561	8544	9165	10475	10751	2.6
1.24	1.28	1.32	1.35	1.35	1.32	-2.2	1.45	1.49	1.51	1.48	1.43	1.39	-2.8
1.74	1.80	1.92	2.02	2.06	2.09	1.5	2.20	1.91	1.93	2.02	2.05	2.07	1.0
0.04	0.05	0.05	0.05	0.06	0.10	66.7	0.11	0.10	0.11	0.11	0.12	0.13	8.3
0.02	0.02	0.02	0.02	0.02	0.04	100.0	0.05	0.04	0.04	0.05	0.05	0.05	持平

主要统计指标解释

【生产总值】 是按市场价格计算的地区生产总值的简称。它是一个国家(地区)所有常住单位在一定时期内生产活动的最终成果。地区生产总值有三种表现形态,即价值形态、收入形态和产品形态。从价值形态看,它是所有常住单位在一定时期内所生产的全部货物和服务价值超过同期投入的全部非固定资产货物和服务价值的差额,即所有常住单位的增加值之和;从收入形态看,它是所有常住单位在一定时期内所创造并分配给常住单位和非常住单位的初次分配收入之和;从产品形态看,它是最终使用的货物和服务减去进口货物和服务。在实际核算中,地区生产总值的三种表现形态表现为三种计算方法,即生产法、收入法和支出法。三种方法分别从不同的方面反映地区生产总值及其构成。

地区生产总值同社会总产值、国民收入的区别。从核算范围看,社会总产值和国民收入都只计算物质生产部门的劳动成果,而地区生产总值除计算物质生产部门劳动成果外,还计算非物质生产部门的劳动成果。从这三个指标的价值构成看,社会总产值计算了社会产品的全部价值;地区生产总值计算了生产产品和提供劳务过程中增加的价值,即增加值,不计算中间产品和中间劳务投入的价值;而国民收入除了不计算中间产品价值外,还不包括固定资产折旧价值,即只计算净产值。

【三次产业】 是根据社会生产活动历史发展的顺序对产业结构的划分,产品直接取自自然界的部门称为第一产业,对初级产品进行再加工的部门称为第二产业,为生产和消费提供各种服务的部门称为第三产业。

第一产业:农业(包括种植业、林业、牧业、渔业等)。

第二产业:工业(包括采掘业、制造业、自来水、电力、蒸气、热水、煤气)和建筑业。

第三产业:除第一、第二产业以外的其他各业。

【当年价格】 指报告期的实际价格,如工厂的出厂价格,农产品的收购价格,商业的零售价格等。按当年价格计算,是指一些以货币表现的物量指标如工农业总产值、地区生产总值等,按照当年的实际价格来计算总量。使用当年价格是为了使国民经济各项指标互相衔接,便于考察当年经济效益,便于对生产和流通、生产和分配、生产和消费进行经济核算的综合平衡。

按当年价格计算的价值指标,在不同年份之间进行对比时,因为包含有各年间价格变动因素,不能确切地反映实物量的增减变动。必须消除价格变动因素后,才能真实反映经济发展动态。因此,在计算增长速度时都使用按可比价格计算。

【可比价格】 指计算各种总量指标所采用的扣除了价格变动因素的价格,可进行不同时期总量指标的对比。按可比价格计算总量指标有两种方法:一种是直接用产品产量乘某一年的不变价格计算;另一种是用价格指数进行缩减。

【不变价格】 指以同类产品某年的平均价格作为固定价格,用于计算各年的产品价值。按不变价格计算的产品价值消除了价格变动因素,不同时期对比可以反映生产的发展速度。新中国成立后,随着工农业产品价格水平的变化,国家统计局先后五次制定了全国统一的工业产品不变价格和农业产品不变价格,从1952年到1957年使用1952年工(农)业产品不变价格,从1957年到1970年使用1957年不变价格,从1971年到1980年使用1970年不变价格,从1981年到1990年使用1980年不变价格,从1991年开始使用1990年不变价格。

【平均增长速度】 我国计算平均增长速度有两种方法:一种是习惯上经常使用的“水平法”,又称几何平均法,是以间隔期最后一年的水平同基期水平对比来计算平均每年增长(或下降)速度;另一种是“累计法”,又称代数平均法或方程法,是以间隔期内各年水平的总和同基期水平对比来计算平均每年增长(或下降)速度。在一般正常情况下,两种方法计算的平均每年增长速度比较接近,但在经济发展不平衡、出现大起大落时,两种方法计算的结果差别较大。

2

人口及劳动力

Population and Labor Resources

2—1 主要年份人口发展情况

Basic Statistics of Population Development in Main Years

单位:户、人 (household, person)

年份 Year	总户数 Households Numberof Population	总人口 Number of Population	市区 City	回族人口 Huzu Population	女性人口 Female	非农业人口 Non-Agriculture Population	城镇人口 Urban Population Population	人口自然增长率(‰) Natural GrowthRate (‰)	平均人口 Average Population	市区 City
1949	45256	236299	72485	72493	111211	39837			236299	72485
1950	49246	247749	77801	71380	113462	42900			242024	75143
1951	50672	260142	85270	74829	121187	48630			253946	81536
1952	56193	276639	89700	83045	126166	48748			268391	87485
1953	62679	300198	99841	88772	136787	56860			288419	94771
1954	68074	321563	113068	92594	147450	68597			310881	106455
1955	65000	336403	111411	99457	156189	6743			328983	112240
1956	70772	346777	112376	107249	157998	66609			341590	111894
1957	74573	357851	116554	109418	165002	78666			352314	114465
1958	73535	401035	148237	114052	183730	106548			379443	132396
1959	90677	451634	190649	110086	202026	144519			426335	169443
1960	97208	480697	224877	110131	217807	166649			466166	207763
1961	90646	453310	206414	103033	207847	154700			467004	215646
1962	89712	416967	178642	105447	196263	131349			435139	192528
1963	90863	435057	187218	109824	203553	141243			426012	182930
1964	91694	455163	203072	112522	213643	139169			445110	195145
1965	95562	485038	212627	118699	227103	152417			470101	207850
1966	99688	486125	207166	121888	228312	153574			485582	209897
1967	100959	515165	220804	124951	242186	168739			500645	213985
1968	107182	543598	231651	132374	259388	171832			529382	226227
1969	111049	579658	243705	140373	274716	180569			561628	237680
1970	116810	600701	259469	150395	287255	180451			590180	251589
1971	119482	623017	267693	148212	297348	190391			611859	263581
1972	123994	649755	279211	156770	311783	202290			636386	273452
1973	127707	674103	287667	163954	324245	210007			661929	283439
1974	134538	696414	292901	169429	335601	214666			685259	290284
1975	141395	718620	299393	174374	347737	220925			707517	296147
1976	148458	741390	308446	179583	358800	230423			730005	303920
1977	154491	761706	313951	184679	368776	235181			751548	311199
1978	160534	786743	325177	191204	378907	248658			774225	319573
1979	171646	804081	335217	195687	390468	263385			795412	330198
1980	168447	822542	344540	200710	399608	278972			813312	339879
1981	174855	841060	353829	206777	409152	289869			831801	349184

2—1 续表 continued

单位:户、人

年份 Year	总户数 Households Numberof Population	总人口 Numberof Population		回族人口 Huzu Population	女性人口 Female	非农业人口 Non-Agriculture Population	城镇人口 Urban Population Population	人口自然增长率(‰) Natural GrowthRate (‰)	平均人口 Average Population	
			市区 City							市区 City
1984	195337	891919	383299	220370	435484	318887			882957	377275
1985	202165	910561	396869	224365	448275	336723			901641	390084
1986	210372	933457	411827	230500	455453	373402			919009	404348
1987	223047	963326	433621	235950	467579	401117			948392	422724
1988	235297	987611	449907	242379	479741	421244			975469	441764
1989	244344	1010032	465096	247685	493369	438407			998822	457502
1990	257452	1034520	480184	253987	506191	453383			1022276	472640
1991	265654	1052684	490958	257580	514954	464682			1043602	485571
1992	273089	1070819	501332	262073	524145	476965			1061752	496145
1993	281340	1090204	513365	267994	535042	491087			1080512	507349
1994	296351	1115048	531311	273809	547009	531863			1102627	522338
1995	294670	1135274	544851	280070	556910	547034		8.34	1125162	538081
1996	309954	1155530	558596	285208	567825	561294		9.13	1145402	551724
1997	318000	1177693	573431	289890	578263	592096		8.95	1166512	566014
1998	334241	1196300	586022	293681	589103	616288		9.06	1186997	579727
1999	344758	1210342	593759	298484	596917	632274		8.84	1203321	589891
2000	381110	1264588	641723	331708	622676	650745		9.00	1237465	617741
2001	384942	1298407	654860	347309	640025	677134		8.25	1281498	648292
2002	397781	1329575	692845	357560	655968	700566		9.81	1313991	673853
2003	407714	1330128	718157	343834	655563	792032		7.23	1329852	705501
2004	437498	1377924	758219	360446	678596	840631		7.54	1354026	738188
2005	454690	1405971	790338	364337	695505	866730		6.31	1391947	774278
2006	476191	1446816	829696	372656	716392	916144		6.29	1426393	810017
2007	495822	1487934	860821	386131	738028	949098		6.81	1467375	845258
2008	526860	1654282	1024922	433347	822834	1095210	1156674	6.08	1635438	1020647
2009	558103	1701839	1058205	448080	847227	1137133	1210008	6.49	1678061	1041563
2010	636737	2004456	1299129	462089	966845	1301787	1453231	7.23	1853149	1178667
2011	698216	2025741	1313371	481653	986012	1319610	1506674	5.77	2015099	1306250
2012	698828	2046341	1326667	484276	1004636	1336039	1535549	7.11	2036041	1320019
2013	710858	2082695	1343955	501142	1021608	1360774	1557600	6.73	2064518	1335311
2014	740181	2128937	1373425	533840	1038272		1606188	6.71	2105817	1358691
2015	746411	2164119	1388572	557113	1060124		1640418	6.35	2146528	1380999
2016	754169	2191098	1404070	563746	1087778		1658570	8.11	2177609	1396321

注:从 1995 年起以每年的人口变动抽样调查为人口自然增长率统计数据依据;从 2008 年起总人口为常住人口,是按年度人口变动情况抽样调查数据推算。

a) Natural growth rate in aecordance with every year rational sample survey on population changes since 1995; From 2008, data in this table refers toresident population, which is estimated on the base of annual natinal sample survey on population changes.

2—2 户数、人口及变动情况

Household, Population and Change Conditions

单位:户、人　　　　(2016)　　　　(household, person)

指标	Item	总计 Total	市区 City	兴庆区 Xingqing	西夏区 Xixia	金凤区 Jinfeng	永宁县 Yongning	贺兰县 Helan	灵武市 Lingwu
年末总户数、总人口	Number of Households and Population at Year-end								
总户数	Households	754169	503950	269147	124048	110755	74745	85904	89570
总人口	Usual Resident Population	2191098	1404070	740155	356017	307898	239930	255995	291103
#男	Male	1103320	704282	370452	179054	154776	120988	128788	149262
女	Female	1087778	699788	369703	176963	153122	118942	127207	141841
平均人口	Average Population	2177609	1396321	737254	354095	304973	237164	254662	289462
平均每户人数	Average Family Size	2.91	2.79	2.75	2.87	2.78	3.21	2.98	3.25
性别比(以女性为100)	Sex Ratio(female=100)	101	101	100	101	101	102	101	105
人口变动	Population Change at Year-end								
出生率	Birth Population	12.90	12.84	12.00	11.14	16.53	11.8	12.93	13.64
死亡率	Death Population	4.79	5.15	5.89	4.09	4.51	4.30	4.55	5.21
自然增长率	Natural Growth Population	8.11	7.69	6.11	7.06	12.02	7.49	8.38	8.43
分民族人口	Population by Ethnicity								
#汉族	Han	1587980	1071507	573381	284178	213948	188252	192529	135692
回族	Hui	563746	297081	147342	63507	86232	50176	62118	154371
其他少数民族	Other Ethnic Minorities	39372	35482	19432	8332	7718	1502	1348	1040

2—3 主要年份全市人口自然变动情况

Natural Change of City Population in Main Years

年份 Year	出生率(‰) Birth Rate(‰)	死亡率(‰) Death Rate(‰)	人口自然增长率(‰) Natural Growth Rate(‰)
1996	13.10	3.97	9.13
1997	13.62	4.67	8.95
1998	13.66	4.60	9.06
1999	14.05	5.21	8.84
2000	13.60	4.60	9.00
2001	12.66	4.41	8.25
2002	14.33	4.52	9.81
2003	11.64	4.41	7.23
2004	11.68	4.14	8.54
2005	11.10	4.79	6.31
2006	10.84	4.55	6.29
2007	10.78	3.98	6.80
2008	9.77	3.69	6.08
2009	10.42	3.93	6.49
2010	11.47	4.23	7.24
2011	9.69	3.92	5.77
2012	10.52	3.41	7.11
2013	10.32	3.59	6.73
2014	10.38	3.67	6.71
2015	10.75	4.40	6.35
2016	12.90	4.79	8.11

2—4 常住人口计划生育情况

The Resident Population of Family Planning

单位:人　　(2016)　　(person)

指 标	Item	已婚育龄妇女人数 Number of Married Womenof Cchild-Bearing Age	领取独生子女证人数 Number of Married Couples with One-child Certificate
合 计	**Total**	**429896**	**52757**
市区	City	266098	41267
兴庆区	Xingqing	125380	21174
西夏区	Xixia	61554	11400
金凤区	Jinfeng	79164	8693
永宁县	Yongning	50432	3418
贺兰县	Helan	47622	6412
灵武市	Lingwu	65744	1660

2—5 常住人口节育情况

The Resident Population of Family Birth Control

单位:人　　(2016)　　(person)

指 标	Item	期末选用各种避孕方法人数 Number of Contraceptive Methods	男性绝育 Male Sterilization	女性绝育 Female Sterilization	放置宫内节育器 Intrauterine Contraceptive Device	本期施行计划生育手术例数 Number of Birth Control perating	女性绝育 Female Sterilization	放置宫内节育器 Intrauterine Contracep-tive Device
合 计	**Total**	**399564**	**155**	**35177**	**180590**	**1619**	**45**	**730**
市区	City	246853	133	16942	92676	659	23	222
兴庆区	Xingqing	116536	34	6684	46639	196	8	35
西夏区	Xixia	55977	97	6394	19574	79	4	19
金凤区	Jinfeng	74340	2	3864	26463	384	11	168
永宁县	Yongning	45891	8	4104	30973	369	4	139
贺兰县	Helan	44570	1	3399	20045	266	10	86
灵武市	Lingwu	62250	13	10732	36896	325	8	283

2—6 婚姻状况

Marital Status

指 标	Item	单位	Unit	2015 年	2016 年
登记结婚	Marriage Registration	对	Pair	18984	18513
协议离婚	Divorced by Agreement	对	Pair	5834	6684
涉外婚姻	Marriage with Foreign Elements	对	Pair	43	52
# 结婚	Married	对	Pair	38	45
离婚	Divorced	对	Pair	5	7
法院调离、判离	To Transfer and Betray by Court	对	Pair	1334	1363
# 调离	Transfer	对	Pair	942	990
判离	Betray	对	Pair	392	373

2—7 全社会就业人员情况

Total Number of Employed Persons in the Whole Country

单位:人　　　　(2016)　　　　(person)

指　标	Item	就业人数合计 Total of Employees Number	城镇就业人数合计 Total of Urban	城镇非私营 Non-Private	城镇私营 Private	城镇个体 Self-employed	乡村就业者 Rural
就业人员	Employees	1146876	782432	371395	187419	223618	364444
按国民经济行业分组	Grouped by Sector						
农、林、牧、渔业	Agriculture,Forestry,Animal Husbandry and Fishery	222122	12739	5985	5645	1109	209383
采矿业	Mining	54646	50932	47185	3742	5	3714
制造业	Manufacturing	120580	108248	63348	38653	6247	12332
电力、热力、燃气及水生产和供应业	Production and Distribution of Electricity,Gas and Water	25617	21710	20487	1211	12	3907
建筑业	Construction	79155	53312	25538	27619	155	25843
批发和零售业	Wholesale and Retail Trades	169128	142035	17386	8016	116633	27093
交通运输、仓储和邮政业	Transport,Storage and Post	75908	54319	12382	40710	1227	21589
住宿和餐饮业	Hotels and Catering Services	75021	59879	3354	3465	53060	15142
信息传输、软件和信息技术服务业	Information Transmission,Computer Services and Software	11376	9060	4456	3811	793	2317
金融业	Financial Intermediation	29648	29459	27840	1590	29	189
房地产业	Real Estate	32769	29242	10676	17802	764	3527
租赁和商务服务业	Leasing and Business Services	30433	29783	10340	15062	4381	650
科学研究、技术服务业	Scientific Research,Technical Serviceand Geologic Prospecting	17945	17731	9974	7314	443	214
水利、环境和公共设施管理业	ManagementofWaterConservancy,EnvironmentandPublicFacilities	10695	9690	8086	1600	4	1005
居民服务、修理和其他服务业	Services to Households and Other Services	60653	37623	493	3583	33547	23030
教育	Education	36000	34676	32481	2154	41	1324
卫生和社会工作	Health,Social Security and Social Welfare	28462	24773	21287	2291	1195	3689
文化、体育和娱乐业	Culture,Sports and Entertainment	17920	13433	6343	3117	3973	4487
公共管理、社会保障和社会组织	Public Management and Social Organization	48796	43788	43754	34		5008

注:2015年以前用部门数据,2016年用区局反馈数据。

a)Data from Departments before 2015,Date From Ningxia Provincial Bureau of Statistics in 2016.

2—8 主要年份城镇非私营单位就业人员和劳动报酬情况

Basic Statistics of Employees and Earning in Main Years

年份 year	全部就业人员(人) Total Employees (person)	按经济类型分 Grouped by Economic Type			按三次产业分 Grouped by Three Strate of Industry			全部单位从业人员劳动报酬(万元) Employed Person's Earning in Whole Units(10000yuan)			在岗职工平均工资(元) Average Wages of staff and Workers (yuan)
		国有 Stateowned	集体 Collectiveowned	其他 Others	一产 Primary Industry	二产 Secondary Industry	三产 Tertiary Industry	国有 Stateowned	集体 Collectiveowned	其他 Others	
1949	2093	2093			85	470	1538	61			291
1950	2625	2625			118	546	1961	78			297
1951	3645	3645			364	667	2614	116			318
1952	6422	6422			587	1688	4147	170			265
1953	7547	7547			883	1755	4909	281			372
1954	10823	10823			1076	3764	5983	309			286
1955	14253	14253			1561	4738	7954	380			267
1956	19438	19438			1818	7999	9621	481			247
1957	24365	24365			2712	7324	14329	1125			462
1958	55830	48722	7108		4110	12016	39704	1973	283		404
1959	75111	67958	7153		9884	17891	47336	4106	463		608
1960	102037	95039	6998		24956	16714	60367	5455	458		579
1961	80752	73717	7035		19144	15489	46119	4810	497		657
1962	61922	54284	7638		14467	8665	38790	3721	564		692
1963	61617	53891	7726		13698	8065	39854	3584	546		670
1964	61719	53719	8000		9132	7907	44680	3968	606		741
1965	76401	68613	7788		14354	10321	51726	4179	481		610
1966	81640	73748	7892		16834	12832	51974	5041	536		683
1967	85143	77265	7878		14621	14549	55973	5087	535		660
1968	87991	79956	8035		17786	18028	52177	5344	562		671
1969	92262	84100	8162		18051	21064	53147	4960	517		594
1970	98280	89753	8527		18455	26082	53743	6436	621		718
1971	90098	81728	8370		7366	28751	53981	5106	527		625
1972	99599	86739	12860		8889	29262	61448	5764	852		664
1973	99575	86690	12885		9278	27078	63219	6116	908		705
1974	104789	90583	14206		4844	28747	71198	6304	1004		697
1975	110702	96334	14368		5453	31900	73349	6575	733		660
1976	121335	103194	18141		5910	34171	81254	6975	967		655
1977	131687	106757	24930		6155	35171	90361	7362	1298		658
1978	140432	119913	20519		12987	76690	50755	8758	1240		723
1979	172876	147906	24970		28757	87308	56811	11040	1208		725
1980	179562	155695	23867		27932	89417	62213	12873	1945		845

注:2012-2016年度“在岗职工平均工资”这一指标纳入了劳务派遣人员,数据有所变动。

2—8 续表 continued

年份 year	全部就业人员(人) Total Employees (person)	按经济类型分 Grouped by Economic Type			按三次产业分 Grouped by Three Strate of Industry			全部单位从业人员劳动报酬(万元) Employed Person's Earning in Whole Units(10000yuan)			在岗职工平均工资(元) Average Wages of staff and Workers (yuan)
		国有 Stateowned	集体 Collectiveowned	其他 Others	一产 Primary Industry	二产 Secondary Industry	三产 Tertiary Industry	国有 Stateowned	集体 Collectiveowned	其他 Others	
1981	184320	160582	23738		19772	84092	80456	13568	1634		844
1982	195580	167623	27957		29545	97124	68911	14331	1980		854
1983	205000	173416	31584		30534	99140	75326	15744	2330		893
1984	213989	177679	36310	509	30506	103021	80462	18465	3220	70	1031
1985	227504	188042	39462	463	29724	103918	93862	21243	3703	75	1123
1986	239109	198900	40209	531	29882	106677	102550	26484	4275	89	1316
1987	245636	206741	38386	509	29084	109716	106836	29355	4256	70	1400
1988	258697	219259	38975	463	29459	117262	111976	36172	5090	75	1621
1989	263150	224812	37807	531	29150	117440	116560	41681	5114	89	1804
1990	273130	232506	40013	611	29109	123701	120320	48167	6187	125	2030
1991	285992	242130	43147	715	29535	132204	124253	53653	7190	133	2168
1992	294964	250421	43044	1499	30487	126229	138248	63671	8631	284	2497
1993	286423	246224	35827	4372	25338	112844	148240	73796	9962	1187	2973
1994	298067	247197	38468	12402	27376	143979	126712	102737	12232	5729	4049
1995	300455	245332	39729	15394	25275	147718	127462	121134	15976	9960	4872
1996	292323	242851	33327	16145	24267	138476	129580	129480	15975	10935	5311
1997	302497	240231	35450	26816	24984	144183	133330	134443	21163	20730	5814
1998	270154	205418	23513	41223	24021	122597	123536	138258	15032	31538	6665
1999	262622	201497	21249	39876	23326	112295	127001	153426	15392	32685	7475
2000	256896	196906	19932	40058	22064	108001	126831	175568	17601	37367	8956
2001	242774	186461	16176	40137	21183	97812	123779	205138	16151	40684	10802
2002	238082	178375	15881	43826	19790	98553	119739	230735	16001	47760	11930
2003	288100	150722	8747	128631	21717	140882	125501	214125	8679	179234	13496
2004	288168	144760	6226	137182	18812	144160	125196	225972	9201	210971	15243
2005	291110	155832	5254	130024	17847	146241	127022	295553	9374	250918	18424
2006	295087	149499	4680	140908	12245	149952	132890	338458	9065	349326	23226
2007	292187	147703	4211	140273	14068	140914	137205	421883	10680	425923	28600
2008	289750	148292	2790	138668	13538	137391	138821	482799	9826	490599	33247
2009	296622	148135	2673	145814	12718	140974	142930	516595	10846	571061	36799
2010	300705	150687	2823	147195	12170	139485	149050	577227	12153	695780	43195
2011	313032	165037	2411	145584	11974	141976	159082	734679	12822	766228	49937
2012	335100	178408	2278	154414	11196	139294	184610	1014411	14902	878445	54270
2013	350361	160862	2663	186836	10546	145183	194632	968844	19339	1049976	57112
2014	365267	156625	1828	206814	8006	156437	200824	1007343	11354	1228439	59086
2015	372450	148438	2104	221908	7198	154536	210716	1029750	16885	1324595	65643
2016	354587	146882	1917	205788	5985	139750	208852	1118421	13873	1302974	70840

a)Between 2012–2016, The index "Average Wages of staff and Workes" included the laber dispatching personnel ,So the data has changed.

2—9 全市城镇非私营单位就业人员人数

Basic Statistics of Employees Number in Yinchuan

单位:人 （2016） （person）

指 标	Item	单位就业人员年末人数 Number of Engaged Persons at Year-end	#女性 Female	在岗职工 Staff and Workers	单位就业人员平均人数 Average Number of Engaged Persons	在岗职工 Staff sand Workers
总 计	**Total**	**354587**	**137180**	**327975**	**357527**	**332083**
按地区分组	Grouped by Region					
市区	City	271395	105174	252010	274817	256246
兴庆区	Xingqing	142837	55103	136916	145021	138777
金凤区	Jinfeng	78146	29422	65874	77786	66802
西夏区	Xixia	50412	20649	49220	52010	50667
永宁县	Yongning	21819	9561	20727	23200	21978
贺兰县	Helan	25890	9184	21452	24284	20119
灵武市	Lingwu	35483	13261	33786	35226	33740
按企业、事业、机关分组	**Grouped by Enterprises,Institutions and Agencies**					
企业	Enterprises	239670	77330	222398	244322	227825
事业	Institutions	77664	44512	72538	76377	71484
机关	Agencies & Organizations	36016	14655	31833	35586	31560
按国民经济行业分组	**Grouped by Sector**					
农、林、牧、渔业	Agriculture,Forestry,AnimalHusbandryandFishery	5985	2169	5921	6185	6125
采矿业	Mining and Quarrying	30377	5333	30377	31724	31724
制造业	Manufacturing	63348	20365	62273	63800	62712
电力、燃气及水的生产和供应业	ProductionandDistributionofElectricity,GasandWater	20487	5276	20227	20320	20135
建筑业	Construction	25538	3807	21728	30774	26131
批发和零售业	Wholesale and Retail Trades	17386	10487	17114	16873	16330
交通运输、仓储和邮政业	Transport,Storage and Post	12382	4427	12060	12537	12269
住宿和餐饮业	Hotels and Catering Services	3354	2123	3314	3385	3342
信息传输、计算机服务和软件业	Information Transmission,Computer Services and Software	4456	2174	4369	4544	4467
金融业	Financial Intermediation	27840	10846	17620	25886	17466
房地产业	Real Estate	10676	4699	10346	10478	10145
租赁和商务服务业	Leasing and Business Services	10340	2886	9586	10356	9580
科学研究、技术服务和地质勘查业	ScientificResearch,TechnicalServiceandGeologicProspecting	9974	2897	9468	10002	9509
水利、环境和公共设施管理业	ManagementofWaterConservancy,EnvironmentandPublicFacilities	8086	3503	7941	8049	7906
居民服务和其他服务业	Services to Households and Other Services	493	207	452	505	458
教育	Education	32481	19776	30923	31941	30431
卫生、社会保障和社会福利业	Health,Social Security and Social Welfare	21287	15388	20777	20554	20092
文化、体育和娱乐业	Culture,Sports and Entertainment	6343	3034	6099	6328	6083
公共管理、社会保障和社会组织	Public Management and Social Organization	43754	17783	37380	43286	37178

2—9 续表 1 continued

单位:人 （2016） （person）

指 标	Item	单位就业人员年末人数 Number of Engaged Persons at Year-end	#女性 Female	在岗职工 Staff and Workers	单位就业人员平均人数 Average Number of Engaged Persons	在岗职工 Staff sand Workers
国有单位合计	**Total State-owned Units**	**146882**	**68950**	**136706**	**147312**	**137180**
按地区分组	Grouped by Region					
市区	City	117277	54196	111820	118108	112489
永宁县	Yongning	9268	4904	8772	8986	8555
贺兰县	Helan	9821	4966	6643	9830	6793
灵武市	Lingwu	10516	4884	9471	10388	9343
按企业、事业、机关分组	**Grouped by Enterprises,Institutions and Agencies**					
企业	Enterprises	38593	12977	37469	40674	39248
事业	Institutions	72573	41424	67695	71354	66665
机关	Agencies & Organizations	35693	14534	31519	35261	31244
按国民经济行业分组	**Grouped by Sector**					
农、林、牧、渔业	Agriculture,Forestry,Animal Husbandry and Fishery	5247	1803	5213	5366	5336
采矿业	Mining and Quarrying	144	33	144	145	145
制造业	Manufacturing	167	77	165	168	166
电力、燃气及水的生产和供应业	ProductionandDistributionofElectricity,GasandWater	13459	3292	13298	13438	13314
建筑业	Construction	7227	1441	6677	9225	8248
批发和零售业	Wholesale and Retail Trades	1473	681	1393	1494	1424
交通运输、仓储和邮政业	Transport,Storage and Post	2802	1122	2636	2901	2789
住宿和餐饮业	Hotels and Catering Services	607	417	607	575	575
信息传输、计算机服务和软件业	Information Transmission,Computer Services and Software	362	182	360	363	361
金融业	Financial Intermediation	4666	2516	4605	4729	4668
房地产业	Real Estate	494	166	494	437	437
租赁和商务服务业	Leasing and Business Services	1493	889	1149	1481	1131
科学研究、技术服务和地质勘查业	Scientific Research,Technical Service and Geologic Prospecting	6068	1985	5851	6030	5823
水利、环境和公共设施管理业	Management of Water Conservancy,Environment and Public Facilities	6939	3132	6820	6915	6800
居民服务和其他服务业	Services to Households and Other Services	67	28	67	67	67
教育	Education	28595	17373	27200	28062	26709
卫生、社会保障和社会福利业	Health,Social Security and Social Welfare	19352	14097	18848	18684	18227
文化、体育和娱乐业	Culture,Sports and Entertainment	4190	2057	4019	4171	4003
公共管理、社会保障和社会组织	Public Management and Social Organization	43530	17659	37160	43061	36957

2—9 续表2 continued

单位:人 (2016) (person)

指 标	Item	单位就业人员年末人数 Number of Engaged Persons at Year-end	#女性 Female	在岗职工 Staff and Workers	单位就业人员平均人数 Average Number of Engaged Persons	在岗职工 Staff sand Worker
城镇集体单位合计	**Total Urban Collective-owned**	**1917**	**1025**	**1743**	**1952**	**1810**
按地区分组	**Grouped by Region**					
市区	City	1374	828	1200	1322	1180
永宁县	Yongning	21	3	21	21	21
贺兰县	Helan	18	5	18	18	18
灵武市	Lingwu	504	189	504	591	591
按企业、事业、机关分组	**Grouped by Enterprises,Institutions and Agencies**					
企业	Enterprises	958	412	828	1020	921
事业	Institutions	943	609	899	916	873
机关	Agencies & Organizations	16	4	16	16	16
按国民经济行业分组	**Grouped by Sector**					
农、林、牧、渔业	Agriculture,Forestry,Animal Husbandry and Fishery	45	20	43	45	43
制造业	Manufacturing	226	46	226	319	319
建筑业	Construction	59	24	59	59	59
批发和零售业	Wholesale and Retail Trades	48	31	48	48	48
住宿和餐饮业	Hotels and Catering Services	487	269	359	456	359
房地产业	Real Estate	18	5	18	18	18
租赁和商务服务业	Leasing and Business Services	64	11	64	64	64
水利、环境和公共设施管理业	Management of Water Conservancy,Environment and Public Facilities	11	6	11	11	11
教育	Education	494	323	480	480	466
卫生、社会保障和社会福利业	Health,Social Security and Social Welfare	367	238	364	354	352
文化、体育和娱乐业	Culture,Sports and Entertainment	82	48	55	82	55
公共管理、社会保障和社会组织	Public Management and Social Organization	16	4	16	16	16

2—9 续表3 continued

单位:人 (2016) (person)

指 标	Item	单位就业人员年末人数 Number of Engaged Persons at Year-end	#女性 Female	在岗职工 Staff and Workers	单位就业人员平均人数 Average Number of Engaged Persons	在岗职工 Staff sand Worker
其他单位合计	**Total Other Units**	**205788**	**67205**	**189526**	**208263**	**193093**
按地区分组	**Grouped by Region**					
市区	City	152744	50150	138990	155387	142577
永宁县	Yongning	12530	4654	11934	14193	1302
贺兰县	Helan	16051	4213	14791	14436	13308
灵武市	Lingwu	24463	8188	23811	24247	23806
按企业、事业、机关分组	**Grouped by Enterprises,Institutions and Agencies**					
企业	Enterprises	200119	63941	184101	202628	187656
事业	Institutions	4148	2479	3944	4107	3946
机关	Agencies & Organizations	307	117	298	309	300
按国民经济行业分组	**Grouped by Sector**					
农、林、牧、渔业	Agriculture,Forestry,Animal Husbandry and Fishery	738	366	708	819	789
采矿业	Mining and Quarrying	30233	5300	30233	31579	31579
制造业	Manufacturing	63136	20268	62065	63587	62503
电力、燃气及水的生产和供应业	Production and Distribution of Electricity,Gas and Water	7028	1984	6929	6882	6821
建筑业	Construction	18085	2320	14825	21230	17564
批发和零售业	Wholesale and Retail Trades	15854	9782	15662	15320	14847
交通运输、仓储和邮政业	Transport,Storage and Post	9580	3305	9424	9636	9480
住宿和餐饮业	Hotels and Catering Services	2699	1675	2659	2762	2719
信息传输、计算机服务和软件业	Information Transmission,Computer Services and Software	4094	1992	4009	4181	4106
金融业	Financial Intermediation	22687	8061	12656	20701	12439
房地产业	Real Estate	10164	4528	9834	10023	9690
租赁和商务服务业	Leasing and Business Services	8783	1986	8373	8811	8385
科学研究、技术服务和地质勘查业	Scientific Research,Technical Service and Geologic Prospecting	3895	906	3606	3961	3675
水利、环境和公共设施管理业	ManagementofWaterConservancy,EnvironmentandPublicFacilities	1147	371	1121	1134	1106
居民服务和其他服务业	Services to Households and Other Services	426	179	385	438	391
教育	Education	3392	2080	3243	3399	3256
卫生、社会保障和社会福利业	Health,Social Security and Social Welfare	1568	1053	1565	1516	1513
文化、体育和娱乐业	Culture,Sports and Entertainment	2071	929	2025	2075	2025
公共管理、社会保障和社会组织	Public Management and Social Organization	208	120	204	209	205

2—10 全市城镇非私营单位就业人员劳动报酬

Earning of Employed Persons in the Private Institutions of City Units

（2016）

指 标	Item	单位就业人员工资总额（万元） Total Wages of Engaged Persons（10 000yuan）	在岗职工工资总额 Total Wages of Staff and Workers	单位就业人员平均工资（元） Average Wages of Engaged Persons（yuan）	在岗职工平均工资 Average Wages of Staff and Workers
总 计	**Total**	**2435268**	**2352479**	**68114**	**70840**
按地区分组	**Grouped by Region**				
市区	City	1929781	1867014	70221	72860
兴庆区	Xingqing	1094711	1070791	75486	77159
金凤区	Jinfeng	521992	488115	67106	73069
西夏区	Xixia	313079	308109	60196	60810
永宁县	Yongning	127092	122502	54781	55738
贺兰县	Helan	123924	113810	51031	56569
灵武市	Lingwu	254471	249153	72240	73845
按企业、事业、机关分组	**Grouped by Enterprises,Institutions and Agencies**				
企业	Enterprises	1603394	1545541	65626	67839
事业	Institutions	557566	543999	73002	76101
机关	Agencies & Organizations	267644	256307	75210	81213
按国民经济行业分组	**Grouped by Sector**				
农、林、牧、渔业	Agriculture,Forestry,Animal Husbandry and Fishery	24516	24327	39638	39718
采矿业	Mining and Quarrying	283482	283482	89359	89359
制造业	Manufacturing	343429	339606	53829	54153
电力、燃气及水的生产和供应业	Production and Distribution of Electricity,Gas and Water	216660	216164	106624	107357
建筑业	Construction	155337	137325	50477	52553
批发和零售业	Wholesale and Retail Trades	81527	79930	48318	48947
交通运输、仓储和邮政业	Transport，Storage and Post	76417	75336	60953	61404
住宿和餐饮业	Hotels and Catering Services	13821	13681	40829	40937
信息传输、计算机服务和软件业	Information Transmission,Computer Services and Software	39698	39564	87364	88569
金融业	Financial Intermediation	222123	194722	85808	111486
房地产业	Real Estate	52043	50953	49668	50225
租赁和商务服务业	Leasing and Business Services	49242	46662	47549	48708
科学研究、技术服务和地质勘查业	Scientific Research,Technical Service and Geologic Prospecting	81200	78737	81183	82803
水利、环境和公共设施管理业	Management of Water Conservancy,Environment and Public Facilities	41251	40650	51250	51417
居民服务和其他服务业	Services to Households and Other Services	2183	2073	43230	45266
教育	Education	240215	235755	75206	77472
卫生、社会保障和社会福利业	Health,Social Security and Social Welfare	158185	156389	76960	77837
文化、体育和娱乐业	Culture,Sports and Entertainment	44643	43948	70549	72247
公共管理、社会保障和社会组织	Public Management and Social Organization	309298	293176	71455	78857

2—10 续表1 continued

（2016）

指 标	Item	单位就业人员工资总额（万元）Total Wages of Engaged Persons (10 000yuan)	在岗职工工资总额 Total Wages of Staff and Workers	单位就业人员平均工资（元）Averazge Wages of Engaged Persons (yuan)	在岗职工平均工资 Average Wages of Staff and Workers
国有单位合计	**Total State-owned Units**	**1118421**	**1090333**	**75922**	**79482**
按地区分组	**Grouped by Region**				
市区	City	927020	910639	78489	80954
永宁县	Yongning	56047	54449	62371	63646
贺兰县	Helan	56009	49134	56978	72330
灵武市	Lingwu	79344	76111	76381	81463
按企业、事业、机关分组	**Grouped by Enterprises,Institutions and Agencies**				
企业	Enterprises	327194	323346	80443	82385
事业	Institutions	525048	512121	73583	76820
机关	Agencies & Organizations	266022	254709	74015	77352
按国民经济行业分组	**Grouped by Sector**				
农、林、牧、渔业	Agriculture,Forestry,Animal Husbandry and Fishery	21961	21892	40926	41026
采矿业	Mining and Quarrying	1111	1111	76634	76634
制造业	Manufacturing	1052	1045	62631	62958
电力、燃气及水的生 产和供应业	ProductionandDistributionofElectricity,GasandWater	158411	158109	117883	118754
建筑业	Construction	46058	43691	49928	52972
批发和零售业	Wholesale and Retail Trades	11445	11224	76606	78821
交通运输、仓储和邮政业	Transport, Storage and Post	18568	18141	64004	65045
住宿和餐饮业	Hotels and Catering Services	2446	2446	42534	42534
信息传输、计算机服务和软件业	Information Transmission,Computer Services and Software	2604	2600	71722	72014
金融业	Financial Intermediation	55321	55120	116982	118081
房地产业	Real Estate	2534	2534	57989	57989
租赁和商务服务业	Leasing and Business Services	7579	6612	51172	58459
科学研究、技术服务和地质勘查业	Scientific Research,Technical Service and Geologic Prospecting	51993	51299	86224	88098
水利、环境和公共设施管理业	Management of Water Conservancy,Environment and Public Facilities	35538	35080	51393	51588
居民服务和其他服务业	Services to Households and Other Services	365	365	54507	54507
教育	Education	217006	213014	77331	79754
卫生、社会保障和社会福利业	Health,Social Security and Social Welfare	142858	141079	76460	77401
文化、体育和娱乐业	Culture,Sports and Entertainment	33756	33270	80931	83114
公共管理、社会保障和社会组织	Public Management and Social Organization	307816	291700	71484	78930

2—10 续表2 continued

（2016）

指 标	Item	单位就业人员工资总额（万元）Total Wages of Engaged Persons（10 000yuan）	在岗职工工资总额 Total Wages of Staff and Workers	单位就业人员平均工资（元）Average Wages of Engaged Persons（yuan）	在岗职工平均工资 Average Wages of Staff and Workers
城镇集体单位合计	**Total Urban Collective-owned**	**13873**	**13263**	**71071**	**73275**
按地区分组	**Grouped by Region**				
市区	City	10268	9658	77671	81845
永宁县	Yongning	74	74	35000	35000
贺兰县	Helan	66	66	36444	36444
灵武市	Lingwu	3466	3466	58645	58645
按企业、事业、机关分组	**Grouped by Enterprises,Institutions and Agencies**				
企业	Enterprises	6179	5663	60574	61490
事业	Institutions	7602	7507	82990	85989
机关	Agencies & Organizations	93	93	57938	57938
按国民经济行业分组	**Grouped by Sector**				
农、林、牧、渔业	Agriculture,Forestry,Animal Husbandry and Fishery	184	180	40778	41907
制造业	Manufacturing	1598	1598	50107	50107
建筑业	Construction	289	289	49051	49051
批发和零售业	Wholesale and Retail Trades	92	92	19063	19063
住宿和餐饮业	Hotels and Catering Services	3697	3185	81081	88727
房地产业	Real Estate	57	57	31444	31444
租赁和商务服务业	Leasing and Business Services	161	161	25188	25188
水利、环境和公共设施管理业	Management of Water Conservancy,Environment and Public Facilities	101	101	91455	91455
教育	Education	4157	4121	86613	88431
卫生、社会保障和社会福利业	Health,Social Security and Social Welfare	3089	3082	87263	87543
文化、体育和娱乐业	Culture,Sports and Entertainment	355	304	43341	55345
公共管理、社会保障和社会组织	Public Management and Social Organization	93	93	57938	57938

2—10 续表3 continued

（2016）

指 标	Item	单位就业人员工资总额（万元）Total Wages of Engaged Persons (10 000yuan)	在岗职工工资总额 Total Wages of Staff and Workers	单位就业人员平均工资（元）Average Wages of Engaged Persons (yuan)	在岗职工平均工资 Average Wages of Staff and Workers
其他单位合计	**Total Other Units**	**1302974**	**1248884**	**62564**	**64678**
按地区分组	**Grouped by Region**				
市区	City	992493	946718	63872	66400
永宁县	Yongning	70972	67979	50005	50723
贺兰县	Helan	67848	64611	46999	48550
灵武市	Lingwu	171661	169576	70797	71232
按企业、事业、机关分组	**Grouped by Enterprises,Institutions and Agencies**				
企业	Enterprises	1270022	1216532	62678	64828
事业	Institutions	24917	24372	60669	61763
机关	Agencies & Organizations	1529	1505	49485	50180
按国民经济行业分组	**Grouped by Sector**				
农、林、牧、渔业	Agriculture,Forestry,Animal Husbandry and Fishery	2555	2435	31201	30867
采矿业	Mining and Quarrying	282371	282371	89417	89417
制造业	Manufacturing	342193	338380	53815	54138
电力、燃气及水的生产和供应业	Production and Distribution of Electricity,Gas and Water	58249	58055	84639	85112
建筑业	Construction	107681	92035	50721	52400
批发和零售业	Wholesale and Retail Trades	69793	68416	45556	46081
交通运输、仓储和邮政业	Transport,Storage and Post	57850	57195	60035	60332
住宿和餐饮业	Hotels and Catering Services	11283	11144	40852	40985
信息传输、计算机服务和软件业	Information Transmission,Computer Services and Software	37095	36964	88722	90024
金融业	Financial Intermediation	163105	136416	78791	109668
房地产业	Real Estate	49452	48363	49338	49910
租赁和商务服务业	Leasing and Business Services	41502	39889	47103	47572
科学研究、技术服务和地质勘查业	Scientific Research,Technical Service and Geologic Prospecting	29106	27337	73482	74387
水利、环境和公共设施管理业	ManagementofWaterConservancy,EnvironmentandPublicFacilities	5713	5570	50378	50361
居民服务和其他服务业	Services to Households and Other Services	1818	1708	41505	43683
教育	Education	19051	18620	56050	57185
卫生、社会保障和社会福利业	Health,Social Security and Social Welfare	12237	12229	80720	80825
文化、体育和娱乐业	Culture,Sports and Entertainment	10532	10373	50756	51226
公共管理、社会保障和社会组织	Public Management and Social Organization	1390	1383	66498	67473

2—11 市区城镇非私营单位就业人员人数

Number of Engaged Persons in the Private Institutions of City Urban Units

（2016）

指 标	item	单位就业人员年末人数 Number of Engaged Persons at Year-end	#女性 Female	在岗职工 Staff and Workers	单位就业人员平均人数 Average Number of Engaged Persons	在岗职工 Staff sand Worker
总 计	**Total**	**271395**	**105174**	**252010**	**274817**	**256246**
按企业、事业、机关分组	**Grouped by Enterprises,Institutions and Agencies**					
企业	Enterprises	183376	59295	168623	187967	173881
事业	Institutions	58449	33398	56835	57658	56068
机关	Agencies & Organizations	28910	12096	25923	28533	25666
按国民经济行业分组	Grouped by Sector					
农、林、牧、渔业	Agriculture,Forestry,Animal Husbandry and Fishery	1899	635	1860	1953	1917
采矿业	Mining and Quarrying	30377	5333	30377	31724	31724
制造业	Manufacturing	30922	9345	30439	31754	31233
电力、燃气及水的生产和供应业	Production and Distribution of Electricity,Gas and Water	17160	4487	17017	17156	17050
建筑业	Construction	18425	3379	15026	22945	18931
批发和零售业	Wholesale and Retail Trades	15596	9801	15347	15040	14516
交通运输、仓储和邮政业	Transport, Storage and Post	9171	3324	8911	9444	9236
住宿和餐饮业	Hotels and Catering Services	3216	2051	3176	3248	3205
信息传输、计算机服务和软件业	Information Transmission,Computer Services and Software	4441	2167	4356	4528	4453
金融业	Financial Intermediation	24390	8816	15529	22742	15363
房地产业	Real Estate	9302	4153	8980	9081	8754
租赁和商务服务业	Leasing and Business Services	9047	2055	8653	9061	8666
科学研究、技术服务和地质勘查业	Scientific Research,Technical Service and Geologic Prospecting	9351	2691	8859	9365	8887
水利、环境和公共设施管理业	Management of Water Conservancy,Environment and Public Facilities	7358	3277	7214	7326	7184
居民服务和其他服务业	Services to Households and Other Services	478	207	437	488	441
教育	Education	23237	13914	22380	22973	22147
卫生、社会保障和社会福利业	Health,Social Security and Social Welfare	18397	13256	18173	17744	17520
文化、体育和娱乐业	Culture,Sports and Entertainment	6016	2871	5820	6001	5804
公共管理、社会保障和社会组织	Public Management and Social Organization	32612	13412	29456	32244	29215

2—11 续表1 continued

（2016）

指 标	Item	单位就业人员年末人数 Number of Engaged Persons at Year-end	#女性 Female	在岗职工 Staff sand Worker	单位就业人员平均人数 Average Number of Engaged Persons	在岗职工 Staff sand Worker
国有单位合计	**Total State-owned Units**	**117277**	**54196**	**111820**	**118108**	**112489**
按企业、事业、机关分组	**Grouped by Enterprises,Institutions and Agencies**					
企业	Enterprises	34253	11377	33264	36217	34924
事业	Institutions	54128	30725	52647	53372	51913
机关	Agencies & Organizations	28886	12089	25899	28509	25642
按国民经济行业分组	Grouped by Sector					
农、林、牧、渔业	Agriculture,Forestry,Animal Husbandry and Fishery	1373	454	1364	1420	1414
采矿业	Mining and Quarrying	144	33	144	145	145
制造业	Manufacturing	167	77	165	168	166
电力、燃气及水的生 产和供应业	ProductionandDistributionofElectricity,GasandWater	12888	3137	12757	12858	12764
建筑业	Construction	7198	1441	6676	9193	8246
批发和零售业	Wholesale and Retail Trades	1321	594	1251	1332	1268
交通运输、仓储和邮政业	Transport，Storage and Post	2392	998	2241	2501	2402
住宿和餐饮业	Hotels and Catering Services	607	417	607	575	575
信息传输、计算机服务和软件业	Information Transmission,Computer Services and Software	347	175	347	347	347
金融业	Financial Intermediation	3973	2170	3971	4035	4033
房地产业	Real Estate	494	166	494	437	437
租赁和商务服务业	Leasing and Business Services	612	235	594	616	595
科学研究、技术服务和地质勘查业	Scientific Research,Technical Service and Geologic Prospecting	5612	1842	5409	5570	5375
水利、环境和公共设施管理业	Management of Water Conservancy,Environment and Public Facilities	6795	3099	6677	6771	6657
居民服务和其他服务业	Services to Households and Other Services	67	28	67	67	67
教育	Education	20096	11873	19373	19864	19168
卫生、社会保障和社会福利业	Health,Social Security and Social Welfare	16871	12241	16653	16277	16058
文化、体育和娱乐业	Culture,Sports and Entertainment	3902	1913	3768	3883	3752
公共管理、社会保障和社会组织	Public Management and Social Organization	32418	13303	29262	32049	29020

2—11　续表2　continued

（2016）

指　标	Item	单位就业人员年末人数 Number of Engaged Persons at Year-end	#女性 Female	在岗职工 Staff and Workers	单位就业人员平均人数 Average Number of Engaged Persons	在岗职工 Staff sand Worker
城镇集体单位合计	**Total Urban Collective-owned**	**1374**	**828**	**1200**	**1322**	**1180**
按企业、事业、机关分组	**Grouped by Enterprises,Institutions and Agencies**					
企业	Enterprises	629	347	499	598	499
事业	Institutions	729	477	685	708	665
机关	Agencies & Organizations	16	4	16	16	16
按国民经济行业分组	**Grouped by Sector**					
制造业	Manufacturing	27	15	25	27	25
批发和零售业	Wholesale and Retail Trades	38	21	38	38	38
住宿和餐饮业	Hotels and Catering Services	48	31	48	48	48
金融业	Financial Intermediation	487	269	359	456	359
房地产业	Real Estate	18	5	18	18	18
租赁和商务服务业	Leasing and Business Services	11	6	11	11	11
教育	Education	494	323	480	480	466
卫生、社会保障和社会福利业	Health,Social Security and Social Welfare	153	106	150	146	144
文化、体育和娱乐业	Culture,Sports and Entertainment	82	48	55	82	55
公共管理、社会保障和社会组织	Public Management and Social Organization	16	4	16	16	16

2—11 续表3 continued

(2016)

指 标	Item	单位就业人员年末人数 Number of Engaged Persons at Year-end	#女性 Female	在岗职工 Staff and Workers	单位就业人员平均人数 Average Number of Engaged Persons	在岗职工 Staff sand Worker
其他单位合计	**Total Other Units**	**152744**	**50150**	**138990**	**155387**	**142577**
按企业、事业、机关分组	**Grouped by Enterprises,Institutions and Agencies**					
企业	Enterprises	148494	47571	134860	151152	138458
事业	Institutions	3592	2196	3503	3578	3490
机关	Agencies & Organizations	8	3	8	8	8
按国民经济行业分组	**Grouped by Sector**					
农、林、牧、渔业	Agriculture,Forestry,Animal Husbandry and Fishery	526	181	496	533	503
采矿业	Mining and Quarrying	30233	5300	30233	31579	31579
制造业	Manufacturing	30728	9253	30249	31559	31042
电力、燃气及水的生产和供应业	Production and Distribution of Electricity,Gas and Water	4272	1350	4260	4298	4286
建筑业	Construction	11227	1938	8350	13752	10685
批发和零售业	Wholesale and Retail Trades	14237	9186	14058	13670	13210
交通运输、仓储和邮政业	Transport,Storage and Post	6779	2326	6670	6943	6834
住宿和餐饮业	Hotels and Catering Services	2561	1603	2521	2625	2582
信息传输、计算机服务和软件业	Information Transmission,Computer Services and Software	4094	1992	4009	4181	4106
金融业	Financial Intermediation	19930	6377	11199	18251	10971
房地产业	Real Estate	8790	3982	8468	8626	8299
租赁和商务服务业	Leasing and Business Services	8435	1820	8059	8445	8071
科学研究、技术服务和地质勘查业	Scientific Research,Technical Service and Geologic Prospecting	3728	843	3439	3784	3501
水利、环境和公共设施管理业	ManagementofWaterConservancy,EnvironmentandPublicFacilities	563	178	537	555	527
居民服务和其他服务业	Services to Households and Other Services	411	179	370	421	374
教育	Education	2647	1718	2527	2629	2513
卫生、社会保障和社会福利业	Health,Social Security and Social Welfare	1373	909	1370	1321	1318
文化、体育和娱乐业	Culture,Sports and Entertainment	2032	910	1997	2036	1997
公共管理、社会保障和社会组织	Public Management and Social Organization	178	105	178	179	179

2—12 市区城镇非私营单位就业人员劳动报酬

Revenue of Engaged Persons in the Private Institutions of City Urban Units

（2016）

指 标	Item	单位就业人员工资总额（万元）Total Wages of Engaged Persons (10 000yuan)	在岗职工工资总额 Total Wages of Staff and Workers	单位就业人员平均工资（元）Average Wages of Engaged Persons (yuan)	在岗职工平均工资 Average Wages of Staff and Workers
合 计	**Total**	**1929781**	**1867014**	**70221**	**72860**
按企业、事业、机关分组	**Grouped by Enterprises,Institutions and Agencies**				
企业	Enterprises	1273876	1224273	67771	70409
事业	Institutions	436422	430707	75692	76819
机关	Agencies & Organizations	216026	208608	75711	81278
按国民经济行业分组	**Grouped by Sector**				
农、林、牧、渔业	Agriculture,Forestry,AnimalHusbandryand Fishery	9561	9431	48954	49196
采矿业	Mining and Quarrying	283482	283482	89359	89359
制造业	Manufacturing	153417	151599	48314	48538
电力、燃气及水的生产和供应业	ProductionandDistributionofElectricity,GasandWater	188069	187778	109623	110133
建筑业	Construction	119006	103055	51866	54437
批发和零售业	Wholesale and Retail Trades	71433	69871	47495	48134
交通运输、仓储和邮政业	Transport, Storage and Post	53844	53004	57014	57388
住宿和餐饮业	Hotels and Catering Services	13361	13221	41135	41252
信息传输、计算机服务和软件业	Information Transmission,Computer Services and Software	39598	39467	87451	88631
金融业	Financial Intermediation	199060	175349	87530	114137
房地产业	Real Estate	44412	43336	48907	49504
租赁和商务服务业	Leasing and Business Services	45199	43653	49883	50373
科学研究、技术服务和地质勘查业	ScientificResearch,TechnicalServiceandGeologicProspecting	75994	73591	81146	82807
水利、环境和公共设施管理业	ManagementofWaterConservancy,Environmentand PublicFacilities	37910	37312	51747	51938
居民服务和其他服务业	Services to Households and Other Services	2113	2003	43295	45417
教育	Education	174477	171514	75949	77443
卫生、社会保障和社会福利业	Health,Social Security and Social Welfare	137702	136785	77605	78074
文化、体育和娱乐业	Culture,Sports and Entertainment	42756	42179	71247	72673
公共管理、社会保障和社会组织	Public Management and Social Organization	238388	230384	73932	78858

2—12 续表1 continued

（2016）

指 标	Item	单位就业人员工资总额（万元） Total Wages of Engaged Persons (10 000yuan)	在岗职工工资总额 Total Wages of Staff and Workers	单位就业人员平均工资（元） Average Wages of Engaged Persons (yuan)	在岗职工平均工资 Average Wages of Staff and Workers
国有单位合计	**Total Other Units**	**927020**	**910639**	**78489**	**80954**
按企业、事业、机关分组	**Grouped by Enterprises,Institutions and Agencies**				
企业	Enterprises	302784	299220	83603	85678
事业	Institutions	408282	402881	76497	77607
机关	Agencies & Organizations	215891	208474	75727	81302
按国民经济行业分组	**Grouped by Sector**				
农、林、牧、渔业	Agriculture,Forestry,Animal Husbandry and Fishery	7469	7459	52596	52748
采矿业	Mining and Quarrying	1111	1111	76634	76634
制造业	Manufacturing	1052	1045	62631	62958
电力、燃气及水的生 产和供应业	ProductionandDistributionofElectricity,GasandWater	151128	150866	117536	118196
建筑业	Construction	46017	43673	50056	52962
批发和零售业	Wholesale and Retail Trades	10273	10062	77122	79355
交通运输、仓储和邮政业	Transport, Storage and Post	15540	15145	62135	63053
住宿和餐饮业	Hotels and Catering Services	2446	2446	42534	42534
信息传输、计算机服务和软件业	Information Transmission,Computer Services and Software	2503	2503	72144	72144
金融业	Financial Intermediation	49228	49218	122002	122039
房地产业	Real Estate	2534	2534	57989	57989
租赁和商务服务业	Leasing and Business Services	5164	5106	83828	85812
科学研究、技术服务和地质勘查业	Scientific Research,Technical Service and Geologic Prospecting	48154	47514	86453	88398
水利、环境和公共设施管理业	Management of Water Conservancy,Environment and Public Facilities	34609	34154	51113	51305
居民服务和其他服务业	Services to Households and Other Services	365	365	54507	54507
教育	Education	155213	152538	78138	79580
卫生、社会保障和社会福利业	Health,Social Security and Social Welfare	124916	124015	76744	77229
文化、体育和娱乐业	Culture,Sports and Entertainment	32163	31754	82830	84631
公共管理、社会保障和社会组织	Public Management and Social Organization	237135	229131	73991	78956

2—12 续表2 continued

（2016）

指　标	Item	单位就业人员工资总额（万元）Total Wages of Engaged Persons (10 000yuan)	在岗职工工资总额 Total Wages of Staff and Workers	单位就业人员平均工资（元）Average Wages of Engaged Persons	在岗职工平均工资 Average Wages of Staff and Workers
城镇集体单位合计	**Total Urban Collective-owned**	**10268**	**9658**	**77671**	**81845**
按企业、事业、机关分组	**Grouped by Enterprises, Institutions and Agencies**				
企业	Enterprises	4280	3765	71569	75441
事业	Institutions	5896	5801	83271	87226
机关	Agencies & Organizations	93	93	57938	57938
按国民经济行业分组	**Grouped by Sector**				
制造业	Manufacturing	118	115	43667	45840
批发和零售业	Wholesale and Retail Trades	216	216	56816	56816
住宿和餐饮业	Hotels and Catering Services	92	92	19063	19063
金融业	Financial Intermediation	3697	3185	81081	88727
房地产业	Real Estate	57	57	31444	31444
租赁和商务服务业	Leasing and Business Services	101	101	91455	91455
教育	Education	4157	4121	86613	88431
卫生、社会保障和社会福利业	Health, Social Security and Social Welfare	1383	1375	94712	95500
文化、体育和娱乐业	Culture, Sports and Entertainment	355	304	43341	55345
公共管理、社会保障和社会组织	Public Management and Social Organization	93	93	57938	57938

2—12 续表3 continued

（2016）

指 标	Item	单位就业人员工资总额（万元）Total Wages of Engaged Persons（10 000yuan）	在岗职工工资总额 Total Wages of Staff and Workers	单位就业人员平均工资（元）Average Wages of Engaged Persons（yuan）	在岗职工平均工资 Average Wages of Staff and Workers
其他单位合计	**Total Other Units**	**992493**	**946718**	**63872**	**66400**
按企业、事业、机关分组	**Grouped by Enterprises,Institutions and Agencies**				
企业	Enterprises	966812	921288	63963	66539
事业	Institutions	22245	22025	62172	63109
机关	Agencies & Organizations	42	42	52125	52125
按国民经济行业分组	**Grouped by Sector**				
农、林、牧、渔业	Agriculture,Forestry,Animal Husbandry and Fishery	2092	1972	39253	39209
采矿业	Mining and Quarrying	282371	282371	89417	89417
制造业	Manufacturing	152247	150439	48242	48463
电力、燃气及水的生产和供应业	Production and Distribution of Electricity,Gas and Water	36941	36912	85949	86122
建筑业	Construction	72989	59383	53075	55576
批发和零售业	Wholesale and Retail Trades	60945	59593	44583	45112
交通运输、仓储和邮政业	Transport，Storage and Post	38304	37859	55169	55397
住宿和餐饮业	Hotels and Catering Services	10823	10684	41232	41379
信息传输、计算机服务和软件业	Information Transmission,Computer Services and Software	37095	36964	88722	90024
金融业	Financial Intermediation	146135	122946	80069	112064
房地产业	Real Estate	41822	40745	48483	49096
租赁和商务服务业	Leasing and Business Services	40035	38547	47407	47760
科学研究、技术服务和地质勘查业	Scientific Research,Technical Service and Geologic Prospecting	27739	25977	73306	74197
水利、环境和公共设施管理业	ManagementofWaterConservancy,EnvironmentandPublicFacilities	3301	3158	59483	59930
居民服务和其他服务业	Services to Households and Other Services	1748	1638	41511	43789
教育	Education	15106	14855	57459	59111
卫生、社会保障和社会福利业	Health,Social Security and Social Welfare	11404	11395	86326	86458
文化、体育和娱乐业	Culture,Sports and Entertainment	10237	10121	50281	50683
公共管理、社会保障和社会组织	Public Management and Social Organization	1160	1160	64816	64816

主要统计指标解释

【总人口】 包括有常住户口和未落常住户口的人，以及被注销户口的押犯、劳改、劳教人员，但不包括现役军人及人民武装警察。

【总户数】 包括家庭户和集体户。

【农业人口和非农业人口】 （1）凡在农村从事农、林、牧、渔业的劳动者，以及乡和乡以下所办企业中不直接从事农业的人口。（2）国营的农、林、牧、渔、园艺场，拖拉机站在编的行政管理人员，文教卫生、财贸、邮电等人员，以及附属的独立核算的工业企业中常年不从事农业生产的国家职工，统计为非农业人口；这些单位的其他人员，都统计为农业人口。（3）住在农村由职工、军人抚养的家属、退休职工等国家定量粮的统计为农业人口。（4）农业与非农业之间不好区分的，一般统计为农业人口。

【性别比】 男性人数与女性人数之比（女=100）。

性别比=［男性人数÷女性人数］×100%

【年平均人口数】 指一年之中各个时点的平均生存人数。

年平均人口数=［年初人口数+年末人口数］÷2

【出生人数】 指在一定时期内（通常为一年内）出生有生命现象（即有心跳和呼吸）婴儿数的总和。

【出生率】 指某个地区一定时期内的出生人数与同期平均人数之比。

出生率=［年出生人数÷年平均人数］×1000‰

【死亡率】 指某个地区一定时期内的死亡人数与同期平均人数之比。

死亡率=［年死亡人数÷年平均人数］×1000‰

【人口自然增长率】 在一定时期内（通常为一年）人口自然增加数（出生人数减死亡人数）占该时期内平均人数之比，一般用千分率表示。

人口自然增长率=［本年出生人数-本年死亡人数］÷年平均人数×1000‰

【就业人员期末数】 指期末最后一日24时在本单位中工作，并取得工资或其他形式劳动报酬的人员数。该指标为时点指标，不包括最后一日当天及以前已经与单位解除劳动合同关系的人员，是在岗职工、劳务派遣人员及其他从业人员之和。不包括：（1）离开本单位仍保留劳动关系，并定期领取生活费的人员；（2）利用课余时间打工的学生及在本单位实习的各类在校学生；（3）本单位因劳务外包而使用的人员。

【在岗职工】 指在本单位工作且与本单位签订劳动合同，并由单位支付各项工资和社会保险、住房公积金的人员，以及上述人员中由于学习、病伤、产假等原因暂未工作仍由单位支付工资的人员。在岗职工还包括：（1）应订立劳动合同而未订立劳动合同人员（如使用的农村户籍人员）；（2）处于试用期人员；（3）编制外招用的人员；（4）派往外单位工作，但工资仍由本单位发放的人员（如挂职锻炼、外派工作等情况）。不包括：（1）本单位使用的且由本单位直接支付工资的劳务派遣人员，应统计在本单位"劳务派遣人员"指标中；（2）本单位因劳务外包而使用的人员，由承包劳务的单位统计为在岗职工。

【就业人员工资总额】 本单位在报告期内（季度或年度）直接支付给本单位全部从业人员的劳动报酬总额。包括计时工资、计件工作、资金、津贴和补贴、加班加点工资、特殊情况下支付的工资，是在岗职工工资总额、劳务派遣人员工资总额和其他从业人员工资总额之和。工资总额是税前工资，包括单位从个人工资中直接为其代扣或代缴的房费、水费、电费、住房公积金和社会保险基金个人缴纳部分等。工资总额不论是计入成本的还是不计入成本的，不论是以货币形式支付的还是以实物形式支付的，均应列入工资总额。

【在岗职工工资总额】 指本单位在报告期内直接支付给本单位全部在岗职工的劳动报酬总额。在岗职工工资总额由基本工资、绩效工资、工资性津贴和补贴、其他工资四部分组成。工资总额不包括病假、事假等情况的扣款。

【在岗职工平均工资】 指本单位在报告期内在岗职工的平均工资水平。

在岗职工平均工资=［报告期在岗职工工资总额÷报告期在岗职工平均人数］"

农业

Agriculture

3—1 主要年份农林牧渔业总产值

Gross Output Value of Agriculture, Forestry, Animal Husbandry and Fishery in Main Years

单位:万元 （按当年价格计算 caculated at current prices） (10 000 yuan)

年 份 Year	农、林、牧渔业总产值 Gross Output of Agriculture,Forestry, Animal Husbandry and Fishery	农业 Agriculture	#种植业 Farming	林业 Forestry	牧业 Animal Husbandry	渔业 Fishery
1949	1878	1594	1513	9	265	11
1950	2422	2022	1939	11	378	11
1951	3570	3065	2962	17	475	13
1952	3044	2616	2517	19	397	12
1953	3342	2901	2784	27	402	12
1954	3435	3029	2886	23	371	13
1955	4154	3711	3549	29	401	13
1956	4107	3701	3487	48	345	13
1957	3658	3220	3049	49	376	13
1958	4197	3742	3570	76	366	13
1959	4196	3678	3487	83	419	17
1960	3329	2784	2586	115	412	18
1961	3780	3160	2946	108	492	20
1962	3667	3035	2874	108	513	12
1963	5087	4171	3962	239	661	16
1964	4952	3961	3766	246	728	17
1965	6347	5075	4803	404	850	21
1966	7293	5853	5550	506	915	19
1967	6338	5122	4831	352	846	18
1968	6043	4757	4476	409	860	17
1969	7061	5761	5436	412	873	16
1970	8167	6240	5898	840	1068	18
1971	10117	7651	7232	183	2262	20
1972	10390	7159	6695	195	2897	16
1973	12292	8987	8716	245	2917	4
1974	10957	9527	9253	126	1146	4
1975	11579	9802	9529	178	1433	7
1976	9872	7946	7686	170	1593	9
1977	10979	9240	8773	190	1376	5
1978	12931	11149	10382	272	1504	6
1979	14735	12464	11102	430	1835	6
1980	17428	15446	15041	435	1532	15

3—1 续表 continued

单位:万元 （按当年价格计算 caculated at current prices） (10 000 yuan)

年 份 Year	农、林、牧渔业总产值 Gross Output of Agriculture,Forestry, Animal Husbandry and Fishery	农业 Agriculture	#种植业 Farming	林业 Forestry	牧业 Animal Husbandry	渔业 Fishery
1981	22347	19655	18098	446	2214	32
1982	27746	24721	23168	544	2428	53
1983	29844	26291	24529	855	2589	109
1984	32730	27116	26868	1598	3816	200
1985	34486	26068	25379	1606	6458	354
1986	40376	31413	30729	1104	7238	621
1987	47899	37709	36749	955	8095	1140
1988	62901	45291	44079	1290	14344	1976
1989	70137	53103	51638	1581	12840	2613
1990	79146	55864	55471	4245	15706	3331
1991	84975	61169	60275	5104	15315	3387
1992	88628	62770	61559	3995	17458	4405
1993	95826	68064	66106	1003	21342	5417
1994	136904	96774	93243	974	32398	6758
1995	184665	126159	123673	1167	49168	8171
1996	207459	144688	141700	1088	53255	8428
1997	229701	157343	154171	1166	61927	9265
1998	240193	166193	162779	1149	62415	10436
1999	232177	153460	150435	4182	64212	10323
2000	234643	148279	147025	4450	69435	12479
2001	248946	149497	147110	4271	80762	14416
2002	253094	149833	148000	4351	83030	15880
2003	251400	141388	141250	7087	85826	17099
2004	310885	184096	184096	4596	97939	24254
2005	350995	208512	208512	5148	101516	27063
2006	388734	238321	238321	4984	104641	29005
2007	449199	278391	278391	6941	115735	22794
2008	553292	332569	332569	8935	151560	32474
2009	603492	385219	385219	11320	138263	36747
2010	747284	474072	474072	12531	183407	42010
2011	876404	552911	552911	13492	218674	50521
2012	951769	591855	591855	14732	235317	62908
2013	1037642	639207	639207	20262	263083	61063
2014	1064148	640167	640167	13123	285783	64936
2015	1158803	754021	754021	13177	257637	67490
2016	1166414	744467	744467	10576	266881	73862

3—2 主要年份农林牧渔业总产值指数

Agriculture, Forestry, Animal Husbandry and Fishery Related Indices in Main Years

单位:%　　（按可比价格计算,以上年为 100 caculated at constant prices,preceding year=100）　　（%）

年 份 Year	农、林、牧渔业总产值 Gross Output of Agriculture,Forestry, Animal Husbandry and Fishery	农业 Agriculture	林业 Forestry	牧业 Animal Husbandry	渔业 Fishery
1950	106	103.5	80	119.9	100
1951	136	138.9	214	122.8	267.5
1952	110.4	110.9	165.2	106.5	77.2
1953	110.8	112.2	174.7	101.3	105.8
1954	109.3	111	100.7	100	57.7
1955	114.3	116.2	124.1	101.5	123.2
1956	104.8	104.3	298.5	89.2	240.5
1957	86	83.4	93.5	104.6	31.3
1958	118.3	118.9	166.8	100.5	178.4
1959	100.8	97.4	128.3	113.5	76.9
1960	80.8	74.5	127.7	97.3	99.5
1961	92.8	95.8	59.3	101.4	46.5
1962	119.5	117.5	130.6	127.6	220.1
1963	143.6	137.8	236.5	129.4	181.1
1964	98.3	94.9	104.7	110	44.3
1965	134.3	131.2	171.8	118.6	164.1
1966	109.7	110.1	114.1	103.2	66.4
1967	92.3	94.5	79.1	97.7	69.4
1968	95.7	90.9	113.9	101.2	143.9
1969	105.7	112.6	88	95.6	77.3
1970	103.9	93.9	153.6	103.7	174.5
1971	97.3	105.1	21.1	178.4	13.8
1972	101	93.3	108	121.4	511.2
1973	106.4	115	105.1	88.9	97.3
1974	784.5	125.8	63.9	51.8	60.8
1975	13.8	100.5	137.7	119.4	215.5
1976	78.9	74.3	87.9	102	63.8
1977	116.2	122.6	116.9	90.6	133.1
1978	110.6	111.5	138.3	100.2	100
1979	99.3	97.5	111.4	103.9	104.8
1980	112.9	118.4	87.3	95	118.2

3—2 续表 continued

单位:% （按可比价格计算,以上年 为 100 caculated at constant prices,preceding year=100） (%)

年 份 Year	农、林、牧渔业总产值 Gross Output of Agriculture,Forestry, Animal Husbandry and Fishery	农业 Agriculture	林业 Forestry	牧业 Animal Husbandry	渔业 Fishery
1981	107.9	108.4	102	106	207.7
1982	118.5	117.9	143.5	109.1	229.6
1983	106.4	104.2	125.6	111.5	129
1984	114.6	108.7	158.4	125.1	200.6
1985	103.8	99.6	91.1	140.8	154.2
1986	105.9	108.5	73.7	111	149.3
1987	101.2	101.7	80.8	103	160
1988	108.9	109.8	85.3	107.1	158.5
1989	105.3	106.1	98.6	97.8	140
1990	106.3	96.2	223.1	125	119.4
1991	104.6	103	130.6	98.7	108.2
1992	96.8	97.4	69	106.9	115.7
1993	100.9	104.7	16.4	116.3	113.7
1994	106.6	104.6	80.6	113.2	112
1995	109.3	103.4	105.7	127.5	111.1
1996	110	109.5	96.9	112.4	104.6
1997	108.7	108.3	114.7	109.3	109
1998	107.1	104.8	109.8	110.8	116.4
1999	104.4	100.6	203.2	105.6	127.7
2000	106.3	103.5	115.1	110.6	110.7
2001	105	102.3	92.2	110.3	109.7
2002	102.7	99.3	109	106	113.4
2003	96.8	93.8	171.7	95.8	107.5
2004	109.6	112.9	79.1	103.6	121
2005	105.5	107.2	112	102.7	104.9
2006	108.4	110.2	207.7	102.9	108.9
2007	107.5	114.3	96.8	103.1	107.2
2008	108.7	109.7	118.1	102.6	120
2009	108.1	108.2	126.7	104.4	108.1
2010	107.2	103.5	179.5	114.3	111.3
2011	105.3	104.7	107.7	105.1	109.1
2012	106	104.4	109.2	107.5	110.9
2013	104.3	102.3	137.5	102.7	115.3
2014	105.6	103.9	64.8	112	106.5
2015	104	108	85.7	94.8	103.9
2016	104.3	77.3	104.1	110.2	104.8

3—3 主要年份农林牧渔业总产值指数

Agriculture, Forestry, Animal Husbandry and Fishery Related Indices in Main Years

单位:%　　（按可比价格计算，以 1952 为 100 caculated at constant prices,1952=100）　　（%）

年 份 Year	农、林、牧渔业总产值 Gross Output of Agriculture,Forestry, Animal Husbandry and Fishery	农业 Agriculture	林业 Forestry	牧业 Animal Husbandry	渔业 Fishery
1953	110.8	112.2	174.4	101.4	87.7
1954	121.1	124.6	175.6	101.3	100
1955	138.4	144.7	218	102.9	103.7
1956	145.1	150.9	650.6	91.8	108.6
1957	124.7	125.9	608.3	95.9	108.6
1958	147.6	149.8	1014.8	96.4	108.6
1959	148.7	145.8	1302	109.4	136.3
1960	120.2	108.6	1662.6	106.5	140
1961	111.5	104.1	986.4	107.9	131.3
1962	133.3	122.3	1288.1	137.8	88.6
1963	191.4	168.5	3045.9	178.3	127.6
1964	188.2	159.9	3188.8	196.1	127.6
1965	252.6	209.7	5476.7	232.6	164.7
1966	277.1	230.9	6248.6	240.1	161.7
1967	255.9	218.2	4944.5	234.7	149.4
1968	244.9	198.3	5629.1	237.4	137
1969	258.9	223.4	4955.4	226.9	137
1970	268.9	209.7	7613.2	235.4	128.4
1971	261.6	220.5	1608.6	419.7	108.6
1972	264.2	205.6	1737.5	509.7	75.3
1973	281	236.4	1826.5	453.3	16.3
1974	2204.8	297.3	1167.3	234.6	16.9
1975	303.8	298.8	1607.6	280.2	34.5
1976	239.7	221.9	1412.5	285.7	46.3
1977	278.5	272	1651.3	258.8	25.9
1978	320.5	307.9	2851.8	276.9	25.9
1979	318.1	300.3	3177.7	287.7	27.2
1980	359.2	355.4	2775.3	273.4	32.1

3—3 续表 continued

单位:% （按可比价格计算,以 1952 为 100 caculated at constant prices,1952=100） (%)

年 份 Year	农、林、牧渔业总产值 Gross Output of Agriculture,Forestry, Animal Husbandry and Fishery	农业 Agriculture	林业 Forestry	牧业 Animal Husbandry	渔业 Fishery
1981	387.5	385.4	2831.8	289.8	66.7
1982	459.1	454.5	4063.5	316.2	153.1
1983	488.4	473.3	5103.5	352.5	197.5
1984	559.8	514.5	8082.4	441	396.3
1985	580.8	512.6	7361.2	621.1	611.1
1986	615	556.1	5425.9	689.5	912.4
1987	622.1	565.7	4384.7	710.1	1459.3
1988	677.4	621.3	3741.2	760.2	2312.4
1989	713	659.4	3687.1	743.3	3237
1990	757.8	634	8227.1	928.9	3864.2
1991	792.9	652.7	10748.2	916.4	4180.3
1992	767.5	635.7	7411.8	979.8	4834.6
1993	774.2	665.5	1214.1	1139.7	5497.5
1994	824.9	696.1	978.8	1290	6156.8
1995	902	719.9	1034.1	1644.2	6842
1996	991.8	788.5	1002.4	1847.7	7156.8
1997	1077.8	854.1	1149.4	2018.9	7802.5
1998	1154.5	895.4	1262.4	2236.1	9081.5
1999	1205.3	900.8	2564.7	2361.7	11597.5
2000	1280.6	932.5	2952.9	2612.5	12837
2001	1344.9	953.5	2723.5	2880.2	14086.4
2002	1380.6	947.1	2969.4	3054	15977.8
2003	1336.8	888	5097.7	2925	17181.5
2004	1465.7	1002.1	4032.9	3029	20791.4
2005	1546.2	1074.3	4517	3110.2	21799.7
2006	1676	1184	9381.4	3199.2	23729
2007	1802.1	1353.4	9082.1	3297.7	25432.8
2008	1958.3	1484.2	10725	3383.4	30529.5
2009	2116.9	1605.9	13588.6	3532.3	33002.4
2010	2277.8	1662.2	24391.6	4037.4	36731.6
2011	2398.6	1740.3	26269.7	5692.8	40074.2
2012	2542.5	1816.8	28686.6	6119.7	44442.3
2013	2651.8	1858.6	39444	6284.9	51242
2014	2800.3	1931.1	25559.7	7039.1	54572.7
2015	2912.3	2085.6	21904.7	6673.1	56701
2016	3037.5	1612.2	22802.8	7353.8	59422.6

3—4 主要年份农民生活情况及主要农产品产量

Farmers Living Conditions and Output of Major Farm Products in Main Years

（按可比价格计算，以 1952 为 100 caculated at constant prices,1952=100）

年 份 Year	农民人均纯收入(元) Per Capital Net Income of Rural Households (yuan)	农村居民人均生活消费支出(元) Per Capital Consumption Expenditure of Rural Households (yuan)	农民人均生活用房(平方米) Per Capita Living Space of Rural Households (sq.m)	粮食产量(吨) Grain Yield (ton)	肉类产量(吨) Meat Yield (ton)	牛奶产量(吨) Cow Milk Yield (ton)	禽蛋产量(吨) Poultry Eggs Yield (ton)	蔬菜产量(吨) Vegetables Yield (ton)	水果产量(吨) Fruits Yield (ton)	水产品产量(吨) Aquatic Products Yield (ton)
1978	131	103	10.19	310876	2678	2216			8516	97
1979	157	116	11	284150	2916	984			10174	101
1980	201	155	11.81	342624	3724	2739			8070	113
1981	298	191	12.61	397025	4281	2838			10110	188
1982	442	273	13.43	442365	4097	3500			9413	296
1983	447	276	14.24	462195	5473	4157			9339	466
1984	478	304	15.05	484005	4666	5651			12925	747
1985	488	380	15.88	429065	6203	8081			15551	1214
1986	573	457	16.36	480097	11070	11255	5741		1596	1824
1987	658	536	16.85	472011	10794	13432	5512		19031	2898
1988	727	576	17.34	514213	12560	15917	5769		19761	4647
1989	859	727	18.22	540498	13133	18947	6361		25382	6525
1990	934	765	18.28	589904	12926	24057	6516	282312	22273	7280
1991	971	765	19.02	612797	17014	29269	6215	273444	9417	7955
1992	977	785	19.27	578382	19108	35835	6755	249556	27050	9166
1993	1016	914	20.13	602581	20654	38438	7118	269711	31900	10419
1994	1336	1109	20.11	659909	23188	48050	9030	270407	28262	11738
1995	1683	1449	19.75	685534	30364	62858	11407	336380	41670	12813
1996	2212	1849	22.03	779537	34242	74558	13148	370634	46293	13602
1997	2578	2147	24.09	815924	35986	77501	14880	390504	46293	15195
1998	2811	1945	25.27	885305	41338	71216	17667	431349	46115	17182
1999	2657	1948	26.41	914116	45645	73415	17761	430633	62880	22044
2000	2712	1886	27.26	823967	46516	78903	19975	572113	62312	25823
2001	2858	2009	27.19	847511	52763	104822	21059	510440	76658	33337
2002	2932	1902	27.27	844114	54777	113842	21303	520652	64343	31326
2003	2984	2224	28.4	684527	58795	140134	20674	562710	86525	32833
2004	3493	2510	28.56	801508	52597	165329	11203	526949	92303	37615
2005	3493	2836	31.17	834345	51623	213294	11340	573445	113285	39405
2006	3800	2902	33.94	879841	50202	222775	9347	685197	111457	42961
2007	4303	3576	35.48	827505	39295	275678	14759	778551	123543	33734
2008	4917	4119	35.76	886219	42973	335385	14454	994344	165343	44163
2009	5389	4817	38.33	913417	46614	318801	15049	1113214	188695	45926
2010	6161	5394	38.9	879142	49633	354098	16512	1269280	187640	49510
2011	7070	6707	39.92	861547	49772	387525	15589	1378422	202848	53313
2012	8068	7089	44.69	861547	49744	401076	21094	1411762	233491	60323
2013	8830	8631	37.14	852983	52785	416489	15492	1428116	252379	65522
2014	10275	9334	36.96	803311	50916	534254	20334	1446217	270736	68597
2015	11148	10119	36.78	834490	49868	493392	22287	1605566	287716	71098
2016	12037	11061	36.48	835718	51510	471819	21946	1673320	300467	73669

注：2014 年由于城乡一体化指标变更农民人均纯收入改为农村居民人均可支配收入。

a)Farmers' Per capita net income of rural residents was changed to the capita disposable of rural residents in 2014.

3—5 农林牧渔业总产值

单位:万元 (2016)

指 标	Item	银川市 Yinchuan
农林牧渔业总产值	**Gross Output Valueof Agriculture, Forestry, Animal Husbandryand Fishery**	**1166414.1**
农业	**Agriculture**	**744466.7**
谷物及其他作物	Cereal and Other Crops	206272.3
粮食	Grain	183154.7
谷物	Cereal	182548.3
小麦	Wheat	25033.5
冬小麦	Winter Wheat	50.8
春小麦	Spring Wheat	24982.8
稻谷	Rice	88348.2
有机稻	Organic Rice	6216.5
玉米	Corn	69150.3
其它谷物	Other Cereals	16
豆类	Soybeans	606.5
大豆	Soja	598.6
绿豆	Mung Bean	3.6
其他	Others	4.3
其他作物	Other Crops	7713.2
油料	Oil-bearing Crops	2455.3
芝麻	Sesame	
胡麻	Rapeseeds	502.1
向日葵	Helianthus	1534.1
油菜籽	Beetroots	
其他油料	Others	419.2
其他农作物	Other Farm Crops	5257.9
青饲料	Succulence	3771
牧草	Pasture	1484.3
其他	Others	2.5
谷物副产品	By-product of Cereal	15404.5
稻草	Straw	4883.7
小麦秸	Wheat Stalks	1647.2
玉米秸	Corn Stalks	8873.5
蔬菜、食用菌及花卉盆景园艺产品	Produces of Vegetables, Edible Fungus, Flowers and Gardening	320588.2
蔬菜	Vegetables	284055.4
叶菜类	Leafy	51813.9
芹菜	Celery	11737.4
油菜	Rape	5305.2
菠菜	Spinach	1407.4
其他	Others	33363.9
白菜类	Cabbages	8691.2
大白菜	Chinese Cabbage	7239.5

Gross Output Value of Agriculture, Forestry, Animal Husbandry and Fishery

(10 000yuan)

兴庆区 Xingqing	金凤区 Jinfeng	西夏区 Xixia	永宁县 Yongning	贺兰县 Helan	灵武市 Lingwu
146660.6	**96729.7**	**111266.8**	**281200.3**	**325895.9**	**204660.9**
89247.9	**41660.3**	**67265.4**	**214357.5**	**221184.7**	**110750.9**
21083.0	5858.5	25926.6	58146.4	50825.1	44432.7
19390.8	4691.4	22133.2	53930.6	45774.6	37234.1
19390.8	4691.4	22133.2	53701.4	45656.7	36974.8
1812.4	401.3	1005.7	10724.6	9535.7	1553.8
		50.8			
1812.4	401.4	954.9	10724.6	9535.7	1553.8
14883.6	663.2	4710.6	20096.1	27010.1	20984.7
			3456.8	2759.7	
2694.8	3626.9	16400.9	22880.6	9110.9	14436.2
		16			
			229.2	118	259.3
			221.3	118	259.3
			3.6		
			4.3		
565.8	714.6	1708.6	689.4	1583.9	2450.9
89.9	18.6	367.9	320.3	368.5	1290.1
			203.5		298.6
89.9	18.6	367.9	116.8	368.5	572.4
					419.2
475.9	696	1340.7	369.1	1215.4	1160.8
473.1	696	773.4	324.4	708.3	795.8
2.8		567.3	44.7	507.1	362.4
					2.5
1126.4	452.5	2084.8	3526.5	3466.6	4747.7
729.8	32.5	231	918.5	1599.9	1372
101.2	22.4	56.1	656.2	693.8	117.5
295.4	397.6	1797.7	1951.8	1172.8	3258.2
59554.6	24395.9	8632.2	73124.9	133359.1	21521.5
27446.4	24395.9	7081.1	70765.7	132864.1	21502.2
3737.2	2145.4	928	18570.9	25257.6	1174.8
1950.3	457.6	625.6	2033.9	6667.7	2.3
1098.5	873.6	267.5	515.4	2529.9	20.3
36.4	55.2	30.4	490.6	794.8	
652	759	4.5	15531.1	15265.1	1152.2
134.8	836.9	302.8	4832.3	2150.4	434
94	494.5	238.3	4529	1449.7	434

3—5 续表1

单位:万元 (2016)

指 标	Item	银川市 Yinchuan
其他	Otherss	1451.7
块根、块茎类	Root Tubers and Stem Tuber	12503.2
白萝卜	White Radishs	3596.7
胡萝卜	Carrots	1147.7
马铃薯	Potatoes	31.1
生姜	Ginger	5469.7
山药	Yams	1656.5
其他	Others	601.5
甘蓝类	Brassica	2688.6
卷心菜	Cabbages	2324.9
其他	Others	363.7
瓜菜类	Melon and Vegetables	25035.5
黄瓜	Cucumbers	21602.6
西葫芦	Squashes	1399.6
冬瓜	Melons	49.5
南瓜	Pumpkins	13.5
其他	Others	1970.4
菜用豆类	Vegetable Beans	33286.1
四季豆	Green Beans	4058.6
豇豆	Cowpea Beans	29107.5
其他	Others	120
茄果类	Eggplants, Fruits and Vegetables	110447
茄子	Eggplants	34032.6
西红柿	Tomatoes	28026.9
辣椒	Chilis	48335.5
其他	Others	52.1
葱蒜类	Onions and Garlices	26474
大葱	Onions	5333.2
蒜头	Garlics	1958.8
韭菜	Chives	19181.9
其他	Others	
水生菜类	Aquatic vegetables	224
莲藕	Lotus Root	169.8
茭白	Zizania Aquatica	54.2
其他	Others	
其他蔬菜	Other Vegetables	12891.9
食用菌	Edible Fungus	8692.3
干品	Dry goods	732.7
香菇	Mushrooms	142.6
黑木耳	Black fungus	590.1
鲜品	Fresh products	7959.6
磨菇	Mushrooms	7959.6

continued

(10 000yuan)

兴庆区 Xingqing	金凤区 Jinfeng	西夏区 Xixia	永宁县 Yongning	贺兰县 Helan	灵武市 Lingwu
40.8	342.4	64.5	303.3	700.7	
196.1	1762.8	437.5	3985.8	3594.1	2526.9
63.6	602.1	96.7	516.7	2306.3	11.3
3	323.3	62.8	467.8	290.8	
			31.1		
97	635.8	278	1313.8	629.5	2515.6
			1656.5		
32.5	201.6			367.4	
101	237.5		451.6	1808.3	90.2
101	237.5		451.6	1444.6	90.2
				363.7	
2892.5	4113.9	2300.6	5405.1	9677.7	645.7
2831.9	2965.9	2189.6	4357.8	8611.7	645.7
		23.8	686.9	688.9	
		49.5			
		13.5			
60.6	1148	24.2	360.4	377.2	3164.8
2436	3284.8	70.1	7489.8	16840.7	2870.8
86.9	97.2	9.5	541.3	453	294.1
2338.8	3187.6	60.6	6865.2	16361.2	
10.3	0	0	83.3	26.4	
11834.8	7307.7	1478.3	22340.1	60063	7423.2
75.4	1528.0	243.8	6932.9	22725.6	2526.9
1152.1	3295.5	266.7	13523.8	6379.1	3409.7
10607.3	2484.2	967.8	1883.4	30906.3	1486.6
				52.1	
94	1642	436.2	6054.1	12205.1	6042.6
67.6	602.8	147	1151.7	3364.1	
	37.8	50.7	1599.9	270.4	
26.4	1001.4	238.5	3302.4	8570.6	6042.6
		224			
		169.8			
		54.2			
4890	5084.8	14	1635.9	1267.2	
6407.1			1770.9	495	19.3
			732.7		
			142.6		
			590.1		
6407.1			1038.2	495	19.3
6407.1			1038.2	495	19.3

单位:万元 (2016)

指 标	Item	银川市 Yinchuan
花卉	Flowers	27839.5
鲜切花	Fresh Flowers	23706.3
盆栽类	Potted	4133.3
盆景园艺	Bonsai Gardening	1
水果、坚果、茶、饮料和香料	Fruits, Nuts, Tea, Drinks and Spices	181866.4
果用瓜	Melon	63527.5
西瓜	Watermelons	41833.2
甜瓜	Melons	20100.4
草莓	Strawberrys	1593.9
园林水果	Fruits of Garden	118282.7
苹果	Apples	17962.3
梨	Pears	3020.8
红枣	Jujubse	11607.3
葡萄	Grapes	71227.9
桃	Peaches	11779.3
杏	Apricots	1227.1
其他	Others	1458.1
坚果	Nuts	56.1
核桃	Walnut	56.1
松子	Pine Nuts	
中药材	Medicinal Materials	35739.6
人参	Ginseng	770
麻黄	Ephedra	6143.6
枸杞	Wolfberry	25584.2
其他药材	Others	3241.8
林业	**Forestry**	**10575.7**
林木的培育和种植	Cultivation and Planting of Trees	8592.3
育苗育种面积	Area of Nursery and Breeding	5163.9
造林面积	Afforestation Area	2994.6
森林抚育面积	Area of Forest tending	416.2
零星植树	Sporadic Cultivation	17.5
竹木采伐	Lumbering	1583.4
牧业	**Animal Husbandry**	**266880.7**
牲畜饲养	Livestock Raising	209296.4
牛	Cow	42797.6
羊	Sheep	31826.8
山羊	Goats	4999.8
绵羊	Sheep	26666.5
羊羔	Lambs	160.6

continued

（10 000yuan）

兴庆区 Xingqing	金凤区 Jinfeng	西夏区 Xixia	永宁县 Yongning	贺兰县 Helan	灵武市 Lingwu
25701.1		1551.1	587.4		
23422.6		119	164.7		
2278.5		1432.1	422.7		
			1		
5394.4	11063.6	17472.6	70764	33980.9	43190.9
1057.6	7795.7	388.9	13180.6	29018.8	12086
408.5	7794.7	331.3	10898.4	10630.8	11769.6
141.1		57.6	1837	17748.3	316.4
508.0	1.0		445.2	639.7	
4336.8	3267.9	17078.0	57583.4	4911.7	31104.8
1506.2	101.3	2178.0	2178.7	1101.8	10896.3
9.0	4.8	394.2	607.1	197.4	1808.3
0.4		472.4	324.9	228.6	10581
2817.1	3151.8	13990.8	42301	2989.4	5977.8
	7.6	3.5	10915.4	69.9	782.9
2.5	0.8	12.2	549	153.9	508.7
1.6	1.6	26.9	707.4	170.8	549.8
		5.7		50.4	
		5.7		50.4	
3215.9	342.3	15234	12322.1	3019.5	1605.8
					770
		6143.6			
101.3	342.3	15234	6051.3	3019.5	835.8
3114.6			127.2		
1717.1	**52.9**	**1503.4**	**2216.8**	**1674.7**	**3410.8**
1717.1	52.9	1327.5	2216.8	267.2	3010.8
839.8	1.9	748.6	2004	79.2	1490.4
834.6	51	462.9	196.1	143	1307
42.4		111.8	16.6	32	213.4
0.3		4.2		13	
		175.9		1407.5	
34147.8	**30301.5**	**30482.4**	**46705.2**	**52253**	**72990.8**
			29613.1	44860.6	54708
			13182.8	11258.9	8604.3
			5146	2998.5	20240.7
			1074	693.2	2528.1
			4066.2	2274.5	17712.1
			5.9	30.7	0.5

3—5 续表 3

单位:万元 （2016）

指 标	Item	银川市 Yinchuan
其他	Others	209.7
马	Horses	3
驴	Donkeys	198.8
骡	Mules	7.8
奶产品	Dairy Products	129947.3
牛奶	Cow Milk	129947.3
毛绒产品	Plush Products	4514.7
山羊毛	Goat Wool	88.1
绵羊毛	Sheep Wool	966.4
羊绒	Cashmere	3392.4
二毛皮	Two Fur	67.8
猪的饲养	Pigs	31463.5
家禽饲养	Poultry	22108.3
肉禽	Meat and Poultry	8571.8
鸡	Chickens	8174.1
鸭	Ducks	347
其他	Others	50.7
禽蛋	Poultry Eggs	13536.5
鸡蛋	Eggs	13160.1
其他	Others	376.5
其他畜牧业	Others	4012.6
兔	Rabbit	10.9
蜂蜜	Honey	1.5
鹿茸	Antler	59.6
特种动物饲养	Special Animal	3940.7
渔业(内陆水域水产品)	**Fishery(inland waters of aquathc)**	**73862.7**
#养殖	Cultivation	63297.9
鱼类	Fish	73220.5
鲤鱼	Chub	26978.2
鲫鱼	Carp	4988.2
鲢鱼	Catfish	2989.5
草鱼	Grass Carp	30972.5
团头鲂	Bream	190
其他	Others	7102.3
虾蟹类	Shrimps,Prawns and Crabs	642.4
螃蟹	Crabs	525.5
农林牧渔服务业	**Output Value of Services for Agriculture,Forestry,Animal Husbandry and Fishery**	70628.4

continued

(10 000yuan)

兴庆区 Xingqing	金凤区 Jinfeng	西夏区 Xixia	永宁县 Yongning	贺兰县 Helan	灵武市 Lingwu
			166.6	38.4	
2.0		1.6	2.4		
0.5			156.8	38.4	
			7.3		
			10880.3	30339.2	22027.5
			10880.3	30339.2	22027.5
			237.4	225.5	3835.4
			5.7	12.8	57.6
50.4			228.5	115	561.7
				81.4	3216
			3.2	16.3	0.1
			6003	3672.1	15589.2
			11029.6	3668	2693.6
			4399.3	1389.7	1558.9
			4268.2	1233.4	1558.9
			131.1	156.3	
			6630.3	2278.3	1134.7
			6630.3	2278.3	1134.7
		3900.7	59.6	52.3	
		3.3		7.6	
			59.6	1.5	
		3897.4		43.3	
6486.9	8628.9	3230.6	8253.8	40878.1	6384.4
5911.6	7841.8	2953.5	7589.9	39001.1	
6249.6	8845.6	3217.1	8122.5	40674.9	6110.8
3202.0	2572.4	1302.0	4932.5	12607.1	2362.2
435.2	651.2	265.6	1141.2	1917.5	577.5
341.5	557.5	174.5	236	1451.6	228.4
1817.3	3903.1	1321.4	1350.6	19942.7	577.5
	79			111	2637.3
453.6	1082.4	153.6	462.2	4645	305.5
26.5		7.6	131.4	203.3	273.6
3.8		7.6	131.4	109.1	273.6
15061.0	16086.0	8785.0	9667	9905.4	11124

3—6 农林牧渔业增加值

单位:万元 （2016）

指 标	Item	银川市 Yinchuan
总产值	**Gross Output Value**	**1166414.1**
农业	Agriculture	744466.7
林业	Forestry	10575.7
牧业	Animal Husbandry	266880.7
渔业	Fishery	73862.7
农林牧渔服务业	Output Value of Services for Agriculture,Forestry, Animal Husbandry and Fishery	70628.4
中间消耗	**Intermediate Consumption**	**535106.8**
农业	Agriculture	295825.7
林业	Forestry	6881.9
牧业	Animal Husbandry	160561.4
渔业	Fishery	46371.5
农林牧渔服务业	Output Value of Services for Agriculture,Forestry, Animal Husbandry and Fishery	25466.5
增加值	**Added Value**	**631307.3**
农业	Agriculture	448641.0
林业	Forestry	3693.7
牧业	Animal Husbandry	106319.3
渔业	Fishery	27491.2
农林牧渔服务业	Output Value of Services for Agriculture,Forestry, Animal Husbandry and Fishery	45161.9

Value-added of Agriculture, Forestry, Animal Husbandry and Fishery

(10 000yuan)

兴庆区 Xingqing	金凤区 Jinfeng	西夏区 Xixia	永宁县 Yongning	贺兰县 Helan	灵武市 Lingwu
146660.6	96729.7	111266.8	281200.3	325895.9	204660.9
89247.9	41660.3	67265.4	214357.5	221184.7	110750.9
1717.1	52.9	1503.4	2216.8	1674.7	3410.8
34147.8	30301.5	30482.4	46705.2	52253.0	72990.8
6486.9	8628.9	3230.6	8253.8	40878.1	6384.4
15061.0	16086.0	8785.0	9667.0	9905.4	11124.0
63038.2	44372.0	48521.5	125192.2	156041.7	97941.3
31903.4	14892.3	24045.4	86369.0	93658.5	44957.1
1107.7	34.1	969.9	1474.2	1084.5	2211.5
20502.3	18193.0	18301.7	28775.1	31856.1	42933.2
4117.9	5477.7	2050.8	5079.4	25834.9	3810.9
5406.9	5774.9	3153.8	3494.7	3607.7	4028.5
83622.3	52357.7	62745.4	156008.1	169854.2	106719.6
57344.4	26768.0	43220.0	127988.5	127526.2	65793.8
609.4	18.8	533.5	742.6	590.2	1199.2
13645.4	12108.5	12180.8	17930.1	20396.9	30057.6
2369.0	3151.3	1179.8	3174.4	15043.2	2573.5
9654.1	10311.1	5631.2	6172.3	6297.7	7095.5

3—7 农业基本情况及从业人员

单位:万元 （2016）

指 标	Item	单位	Unit	银川市 Yinchuan
农村社会基础设施	**Infrastructure of Rural Area**			
自来水受益村数	Number of Villages Benefit from Using Tap Water	个	unit	278
通有限电视村数	Number of Villages with Limited Television	个	unit	229
通宽带村数	Number of all Village Broadband	个	unit	278
乡村人口与从业人员	**Rural Population and Employees**			
乡村户数	Number of Countryside	户	household	186699
乡村人口数	Number of Rural Population	人	person	664399
男	Male	人	person	342979
女	Female	人	person	321420
乡村劳动力资源数	Number of Rural Labor Resources	人	person	415813
男	Male	人	person	215921
女	Female	人	person	199892
乡村从业人员数合计	Total Number of Rural Labor Force	人	person	364444
男	Male	人	person	190132
从事农业人员数	Number of People Engaged in Agriculture	人	person	101648
女	Female	人	person	174312
从事农业人员数	Number of People Engaged in Agriculture	人	person	103314

Basic Statistics on Rural Areas and Employed Persons

(10 000yuan)

兴庆区 Xingqing	金凤区 Jinfeng	西夏区 Xixia	永宁县 Yongning	贺兰县 Helan	灵武市 Lingwu
36	20	17	67	63	75
19	20	17	67	63	43
36	20	17	67	63	75
26657	13997	13860	44694	43783	43708
95202	45686	54258	153797	143862	171594
48614	23829	29624	79446	72965	88501
46588	21857	24634	74351	70897	83093
59622	27890	31279	93787	96052	107183
30956	14997	15985	48259	50754	54970
28666	12893	15294	45528	45298	52213
50054	27890	29441	86594	75074	95391
26952	14997	15749	44480	38658	49296
13709	10937	5397	25425	23068	23112
23102	12893	13692	42114	36416	46095
13739	9476	7159	25920	22708	24312

3—8 农业主要能源物资消耗及农用水利建设情况

（2016）

指 标	Item	单 位	Unit	银川市 Yinchuan
农用化肥施用量(实物量)	Consumption of Chemical Fertilizer	吨	ton	233864
氮肥	Nitrogenous Fertilizer	吨	ton	128263
磷肥	Phosphate Fertilizer	吨	ton	38676
钾肥	Potash Fertilizer	吨	ton	13341
复合肥	Compound Fertilizer	吨	ton	53584
农用塑料薄膜使用量	Used Volume of Agricalture Plastics Film	公斤	kg	1985714
地膜使用量	Used Volume of Plastic Film	公斤	kg	853966
地膜覆盖面积	Mulching Arra of Plastic Film	公顷	hectare	13324
农用柴油使用量	Agricultural Diesel Oil Amount	吨	ton	33804
农药使用量	Farm Chemical Amount	公斤	kg	832412
农村用电量	Electricity Consumed in Rural Areas	万千瓦小时	10 000kwh	35372
#农业生产用电量	Agricultural Electricity Consumption	万千瓦小时	10 000kwh	12575
农用机油使用量	Agricultural Machine Oil Amount	公斤	kg	267238
农业生产用煤	Agricultural Produces with Coal	吨	ton	7430

兴庆区 Xingqing	金凤区 Jinfeng	西夏区 Xixia	永宁县 Yongning	贺兰县 Helan	灵武市 Lingwu
23287	11340	40977	56162	59897	42201
13279	7014	22023	31946	36359	17642
5338	1308	7149	5651	14098	5132
1356	2143	2799	3636	2106	1301
3314	875	9006	14929	7334	18126
383150	31742	65339	491090	619876	394517
133349	23660	19721	104120	381062	192054
1562	625	629	1937	6897	1674
4391	983	6541	8595	9189	4105
66850	15552	219620	205357	232786	92247
8632	1309	2648	9194	4609	8980
3337	542	1143	4677	1599	1277
17888	7026	38576	61601	33579	108568
1048	121	3685	2431	95	50

3—9 主要农产品生产情况

（2016）

指 标	Item	银川市 Yinchuan		兴庆区 Xingqing	
		播种面积（公顷）Sown Area（hectare）	产量（吨）Yield（ton）	播种面积（公顷）Sown Area（hectare）	产量（吨）Yield（ton）
农作物总播种面积	**Total Sown Area of Crops**	**157625**		**12784**	
#复种面积	Multiple Cropping Area	8270		287	
粮食作物	Grain Crops	103992	835718	9649	70546
谷物	Cereal	102034	834346	9649	70546
夏收谷物	Summer Harvest of Cereal	17422	97414	1327	6743
小麦	Wheat	17422	97414	1327	6743
冬小麦	Winter Wheat	215	998		
春小麦	Spring Wheat	17207	96416	1327	6743
秋收谷物	Autumn Harvest of Cereal	84612	736932	8322	63803
稻谷	Rice	38392	325110	6046	48655
#有机稻	Organic Rice	8403	70248		
玉米	Corn	46208	411768	2276	15148
#套种玉米	Tnterplant Corn	5533	46677	308	2287
燕麦	Oats	12	54		
豆类	Peas and Beans	1958	1372		
#大豆	Soja	1940	1350		
油料合计	Total Oil-bearing Crops	1898	5388	66	217
胡麻籽	Benne	352	938		
葵花籽	Helianthus	1158	3452	66	217
中草药材	Medicinal Materials	3793	17292	620	976
人参	Ginseng	111	770		
枸杞	Wolfberrys	2113	7793	20	39
麻黄	Ephedra	817	7580		
蔬菜(含菜用瓜)	Vegetables	33248	1673320	2100	144032
瓜果类	Melon and Fruit	6857	365510	226	3061
西瓜	Watermelon	4558	273444	37	2063
香瓜(甜瓜)	Melon	2083	90765	17	490
草莓	Strawberry	216	1301	172	508
其他作物	Other Crops	7837	143636	123	7955
#青饲料	Succulence	4140	97592	118	7885
牧草	Pasture	3551	45981	5	70
饲料用青贮玉米面积		2883		118	

Production of Major Farm Products

金凤区 Jinfeng		西夏区 Xixia		永宁县 Yongning		贺兰县 Helan		灵武市 Lingwu	
播种面积（公顷）Sown Area (hectare)	产量（吨）Yield (ton)	播种面积（公顷）Sown Area (hectare)	产量（吨）Yield (ton)	播种面积（公顷）Sown Area (hectare)	产量（吨）Yield (ton)	播种面积（公顷）Sown Area (hectare)	产量（吨）Yield (ton)	播种面积（公顷）Sown Area (hectare)	产量（吨）Yield (ton)
6544		**14845**		**47320**		**51518**		**24614**	
1020		140				6823			
3122	24048	11049	111387	33648	266895	26928	204282	19596	158560
3122	24048	11049	111387	32981	266395	26637	203950	18596	158020
296	1493	639	3742	7286	41012	6778	38547	1096	5877
296	1493	639	3742	7286	41012	6778	38547	1096	5877
		29	203			172	692	14	103
296	1493	610	3539	7286	41012	6606	37855	1082	5774
2826	22555	10410	107645	25695	225383	19859	165403	17500	152143
273	2168	1866	15399	8533	79181	13424	111107	8250	68600
				1539	13620	1419	11352	5445	45276
2553	20387	8532	92192	17162	146202	6435	54296	9250	83543
825	2765			1042	9870	3358	31755		
		12	54						
				667	500	291	332	1000	540
				649	478	291	332	1000	540
10	45	318	888	319	656	262	908	923	2674
				186	416			166	522
10	45	318	888	133	240	262	908	369	1154
98	98	1246	4350	1389	9790	292	1098	148	980
								111	770
98	98	1246	4350	420	1998	292	1098	37	210
				817	7580				
2268	113836	556	33042	9377	503300	17054	802459	1893	76651
706	39368	36	1873	2031	104652	3012	151978	846	64578
706	39367	30	1673	1731	96021	1223	70872	831	63448
		6	200	280	8271	1765	80674	15	1130
	1			20	360	24	432		
340	11600	1640	27072	556	18735	3970	52926	1208	25348
340	11600	318	12890	302	16467	2768	32640	294	16110
		1302	14182	254	2268	1202	20286	788	9175
150		298		117		2200			

3—10 蔬菜及特种作物生产情况

(2016)

指 标	Item	银川市 Yinchuan 合计 Total 播种面积(公顷) Sown Area (hectare)	产量(吨) Yield (ton)	设施农业 Agricultural Facilities 播种面积(公顷) Sown Area (hectare)	产量(吨) Yield (ton)
蔬菜合计	**Total Vegetables**	**33248**	**1673320**	**11623**	**610709**
叶菜类	Leafy	9583	380856	1768	72070
芹菜	Celery	1615	81370	985	44123
油菜	Rape	656	24203	368	11384
菠菜	Spinach	387	11185	114	2890
其他	Others	6925	264098	301	13673
白菜类	Cabbage Kinds	1214	80519	33	1563
大白菜	Chinese Cabbage	999	67962	4	145
圆白菜	Cabbages				
其他	Others	215	12557	29	1418
甘蓝类	Brassica	423	30901	52	2616
卷心菜	Cabbages	344	26256	52	2616
其他	Others	79	4645		
块根、块茎类	Root Tuber and Stem Tuber	2980	123143	50	1827
白萝卜	White Radish	651	37178	17	780
胡萝卜	Carrots	470	20999		
生姜	Ginger	4	207		
马铃薯	Potatoes	1461	48594	30	855
山药	Yam	296	11043		
其他	Others	98	5122	3	192
瓜菜类	Melons and Vegetables	2178	136930	1400	85546
黄瓜	Cucumbers	1659	110570	1110	71974
南瓜	Pumpkins	2	90		
冬瓜	Melons	30	1225		
西葫芦	Squashes	240	13704	135	5795
其他	Others	247	11341	155	7777
菜用豆类	Dish with Beans	1802	73696	838	31658
豇豆	Cowpea Beans	210	8581	71	2506
四季豆	String Beans	1522	64808	735	28885
其他	Others	70	307	32	267
茄果类	Eggplants Fruits and Vegetables	11847	687637	6115	342869
茄子	Eggplants	2794	138818	824	46132
辣椒	Chili	1608	88474	1190	64083
西红柿	Tomatoes	7416	459689	4101	232654
其他	Others	29	656		
葱蒜类	Onions and Garlices	2339	103718	1005	35935
大葱	Onions	739	29251		2
蒜头	Garlic	158	5671		
韭菜	Chives	1442	68796	1005	35933
其他	Others				
水生菜类	Aquatic Dish	78	450		
莲藕	Lotus Root	49	360		
茭白	Zizania White	29	90		
其他蔬菜	Other Vegetables	804	34367	362	15522
食用菌	Edible Fungus(dry and fresh)		21103		21103
干品	Dry Goods		1655		1655
香菇	Mushrooms		322		322
黑木耳	Black Fungus		1333		1333
鲜品	Fresh Products		19448		19448
蘑菇	Mushrooms		19448		19448
特种作物	Specialty Crops				
花卉种植面积(公顷)	Sown Area of Flowers(hectare)	248		243	
鲜切花(枝)	Fresh Cut-folwe(r branch)		68034618		67694618
盆栽观赏植物(盆)	Potted Plants Ornamental Plan(t pot)		4458406		4458406

Production of Vegetables and Specialty Crops

兴庆区 Xingqing				金凤区 Jinfeng				西夏区 Xixia			
合计 Total		设施农业 Agricultural Facilities		合计 Total		设施农业 Agricultural Facilities		合计 Total		设施农业 Agricultural Facilities	
播种面积（公顷）Sown Area（hectare）	产量（吨）Yield（ton）	播种面积（公顷）Sown Area（hectare）	产量（吨）Yield（ton）	播种面积（公顷）Sown Area（hectare）	产量（吨）Yield（ton）	播种面积（公顷）Sown Area（hectare）	产量（吨）Yield（ton）	播种面积（公顷）Sown Area（hectare）	产量（吨）Yield（ton）	播种面积（公顷）Sown Area（hectare）	产量（吨）Yield（ton）
2100	**144032**	**1873**	**124462**	**2268**	**113836**	**1063**	**52280**	**556**	**33042**	**219**	**18125**
448	18487	381	12798	350	9364	312	8458	99	4879	67	3691
217	11472	213	7522	89	2692	87	2147	63	3680	57	3216
109	4225	84	3081	120	3360	107	3192	25	1029	9	467
10	182	7	115	17	276	14	239	10	152	1	8
112	2608	77	2080	124	3036	104	2880	1	18		
27	1171	5	266	139	7284	10	716	47	2626		
19	812	1	100	86	4270			38	2058		
8	359	4	166	53	3014	10	716	9	568		
20	1010	13	663	40	2375						
20	1010	13	663	40	2375						
37	1438	3	192	347	14232			79	3142		
14	636			135	6021			21	967		
1	30			106	3233			17	628		
								0	0		
18	540			58	3538			41	1547		
4	232	3	192	48	1440						
107	13002	99	9921	160	19040	145	14464	140	11495	88	8630
104	12699	99	9921	105	13300	97	9781	100	9819	82	8390
								2	90		
								30	1225		
								6	240	6	240
3	303			55	5740	48	4683	2	121		
141	5665	121	4035	183	7639	76	2500	7	163	3	41
5	202	4	192	7	226	3	140	1	22		
133	5439	115	3825	176	7413	73	2360	6	141	3	41
3	24	2	18								
1088	74646	1044	69613	619	34712	476	24650	128	8553	61	5758
11	397	9	346	166	8042	107	4517	27	1283		
72	3534	67	2871	205	10109	131	5662	17	818		
1005	70715	968	66396	248	16561	238	14471	84	6452	61	5758
13	426			143	6478	44	1492	42	1699		2
8	338			65	3014			20	735		2
				3	126			4	169		
5	88			75	3338	44	1492	18	795		
				68				10	450		
				41				8	360		
				27				2	90		
219	12225	207	11012	219	12712			4	35		3
	15962		15962								
	15962		15962								
	15962		15962								
168		168						19		19	
	66921600		66921600						340000		
	1519000		1519000						954719		954719

(2016)

指 标	Item	永宁县 Yongning			
		合计 Total		设施农业 Agricultural Facilities	
		播种面积(公顷) Sown Area (hectare)	产量(吨) Yield(ton)	播种面积(公顷) Sown Area (hectare)	产量(吨) Yield(ton)
蔬菜合计	**Total Vegetables**	**9377**	**503300**	**3625**	**198824**
叶菜类	Leafy	3059	182429	437	26097
芹菜	Celery	315	16155	293	15860
油菜	Rape	74	2846	37	1500
菠菜	Spinach	140	4786	32	1078
其他	Others	2530	158642	75	7659
白菜类	Cabbage Kinds	705	47518		
大白菜	Chinese Cabbage	672	45426		
其他	Others	33	2092		
甘蓝类	Brassica	61	3601		
卷心菜	Cabbages	61	3601		
其他	Others				
块根、块茎类	Root Tuber and Stem Tuber	1398	55911		
白萝卜	White Radish	173	9586		
胡萝卜	Carrots	260	13215		
生姜	Ginger	4	207		
马铃薯	Potatoes	665	21860		
山药	Yam	296	11043		
其他	Others				
瓜菜类	Melons and Vegetables	718	36866	606	31892
黄瓜	Cucumbers	495	28261	455	25401
南瓜	Pumpkins				
冬瓜	Melons				
西葫芦	Squashes	148	5724	129	5555
其他	Others	75	2881	22	936
菜用豆类	Dish with Beans	375	20314	313	17024
豇豆	Cowpea Beans	30	1468	30	1468
四季豆	String Beans	340	18620	278	15330
其他	Others	5	226	5	226
茄果类	Eggplants Fruits and Vegetables	2208	121186	1871	106339
茄子	Eggplants	611	36015	500	31011
辣椒	Chili	705	46015	667	40910
西红柿	Tomatoes	892	39156	704	34418
其他	Others				
葱蒜类	Onions and Garlices	657	26041	243	8966
大葱	Onions	216	7421		
蒜头	Garlic	120	4410		
韭菜	Chives	321	14210	243	8966
其他	Others				
水生菜类	Aquatic Dish				
莲藕	Lotus Root				
茭白	Zizania White				
其他蔬菜	Other Vegetables	196	5435	155	4507
食用菌	Edible Fungus(dry and fresh)		3999		3999
干品	Dry Goods		1655		1655
香菇	Mushrooms		322		322
黑木耳	Black Fungus		1333		1333
鲜品	Fresh Products		2344		2344
蘑菇	Mushrooms		2344		2344
特种作物	**Specialty Crops**				
花卉种植面积(公顷)	Sown Area of Flowers(hectare)	61		56	
鲜切花(枝)	Fresh Cut-folwe(r branch)		773018		773018
盆栽观赏植物(盆)	Potted Plants Ornamental Plan(t pot)		1984687		1984687

continued

贺兰县 Helan				灵武市 Lingwu			
合计 Total		设施农业 Agricultural Facilities		合计 Total		设施农业 Agricultural Facilities	
播种面积（公顷） Sown Area (hectare)	产量（吨） Yield(ton)	播种面积（公顷） Sown Area (hectare)	产量（吨） Yield(ton)	播种面积（公顷） Sown Area (hectare)	产量(吨) Yield(ton)	播种面积（公顷） Sown Area (hectare)	产量(吨) Yield(ton)
17054	**802459**	**4349**	**197169**	**1893**	**76651**	**494**	**19849**
5547	162661	571	21022	80	3036		4
931	47356	335	15378		15		
326	12656	131	3144	2	87		
210	5789	60	1450				
4080	96860	45	1050	78	2934		4
235	18820	18	581	61	3100		
123	12296	3	45	61	3100		
112	6524	15	536				
284	23095	39	1953	18	820		
205	18450	39	1953	18	820		
79	4645						
675	35077	47	1635	444	13343		
305	19865	17	780	3	103		
86	3893						
238	7869	30	855	441	13240		
46	3450						
1010	54221	460	20558	43	2306	2	81
812	44185	375	18400	43	2306	2	81
86	7740						
112	2296	85	2158				
961	33565	325	8058	135	6350		
47	903	34	706	120	5760		
852	32605	266	7329	15	590		
62	57	25	23				
7100	418601	2570	132302	704	29939	93	4207
1767	83550	202	9986	212	9531	6	272
410	19025	262	11790	199	8973	63	2850
4894	315370	2106	110526	293	11435	24	1085
29	656						
1076	51359	319	9960	408	17715	399	15515
430	17743						
31	966						
615	32650	319	9960	408	17715	399	15515
166	3960						
	1100		1100		42		42
	1100		1100		42		42
	1100		1100		42		42

3—11 水果、枸杞生产情况

(2016)

指 标	Item	银川市 Yinchuan			
		合计 Total		设施农业 Agricultural Facilities	
		播种面积(公顷) Sown Area (hectare)	产量(吨) Yield(ton)	播种面积(公顷) Sown Area (hectare)	产量(吨) Yield (ton)
园林水果	**Garden Fruits**	**28447**	**300467**	**3532**	**38063**
# 本年新增面积	Added Area This Year	437			
苹果	Apples	4636	106643		
本年新增苹果面积	Added Area of Apple This Year	51			
红富士苹果	Fuji Apple	1282	27812		
国光苹果	Guo Guang Apple	583	13091		
梨	Pears	534	10138		
雪花梨	Snowflake Pears	69	1302		
鸭梨	Pears	72	1357		
葡萄	Grapes	14577	122553	3083	25672
酿造用葡萄	Brewing Grapes	9864	73282	21	154
枣	Jujubes	7087	25963	28	392
桃	Peaches	1063	27925	362	11484
杏	Apricots	265	3115	1	1
其它园林水果	Other Fruits	285	4130	58	514
食用坚果	**Eat Nut**		**45**		
核桃	Juglans Regia L		45		
枸杞	**Wolfberrys**	**2113**	**7793**		
本年新增枸杞面积	Added Area of Wolfberrys This Year	64			
枸杞结果面积	Area of Wolfbeery Results	1932			

Production of Fruits and Wolf berrys

兴庆区 Xingqing				金凤区 Jinfeng				西夏区 Xixia			
合计 Total		设施农业 Agricultural Facilities		合计 Total		设施农业 Agricultural Facilities		合计 Total		设施农业 Agricultural Facilities	
播种面积(公顷) Sown Area (hectare)	产量(吨) Yield (ton)	播种面积(公顷) Sown Area (hectare)	产量(吨) Yield (ton)	播种面积(公顷) Sown Area (hectare)	产量(吨) Yield(ton)	播种面积(公顷) Sown Area (hectare)	产量(吨) Yield (ton)	播种面积(公顷) Sown Area (hectare)	产量(吨) Yield (ton)	播种面积(公顷) Sown Area (hectare)	产量(吨) Yield(ton)
1304	**11301**	**4**	**72**	**572**	**4831**	**22**	**155**	**2782**	**32383**	**11**	**73**
				17							
395	7420			49	499			709	10729		
				17							
15	620							153	4675		
								7	151		
3	32			14	17			76	1399		
								1	15		
1	10							3	31		
739	3838	3	68	476	4294	21	154	1704	19061	9	71
277	530			476	4294	21	154	1576	14755		
163	1							243	1091		
				22	15	1	1	9	7	1	1
3	6			10	2			14	29	1	1
1	4	1	4	1	4			27	67		
									3		
									3		
20	**39**			**98**	**98**			**1218**	**4350**		
								1			
17				26				1217			

3—11 续表

(2016)

指 标	Item	永宁县 Yongning 合计 Total 播种面积(公顷) Sown Area (hectare)	永宁县 Yongning 合计 Total 产量(吨) Yield (ton)	永宁县 Yongning 设施农业 Agricultural Facilities 播种面积(公顷) Sown Area (hectare)	永宁县 Yongning 设施农业 Agricultural Facilities 产量(吨) Yield (ton)
园林水果	**Garden Fruits**	**12179**	**136385**	**3427**	**36825**
#本年新增面积	Added Area This Year				
苹果	Apples	1004	21593		
本年新增苹果面积	Added Area of Apple This Year				
红富士苹果	Fuji Apple	508	10432		
国光苹果	Guo Guang Apple	496	11161		
梨	Pears	120	2335		
雪花梨	Snowflake Pears	65	1265		
鸭梨	Pears	55	1070		
葡萄	Grapes	9643	81348	3010	24833
酿造用葡萄	Brewing Grapes	6020	50763		
枣	Jujubes	257	1083		
桃	Peaches	860	25989	360	11482
杏	Apricots	140	1764		
其它园林水果	Other Fruits	155	2273	57	510
食用坚果	**Eat Nut**				
核桃	Juglans Regia L				
枸杞	**Wolfberrys**	**420**	**1998**		
本年新增枸杞面积	Added Area of Wolfberrys This Year				
枸杞结果面积	Area of Wolfbeery Results	420			

continued

贺兰县 Helan				灵武市 Lingwu			
合计 Total		设施农业 Agricultural Facilities		合计 Total		设施农业 Agricultural Facilities	
播种面积（公顷）Sown Area（hectare）	产量（吨）Yield（ton）	播种面积（公顷）Sown Area（hectare）	产量（吨）Yield（ton）	播种面积（公顷）Sown Area（hectare）	产量（吨）Yield（ton）	播种面积（公顷）Sown Area（hectare）	产量（吨）Yield（ton）
2932	**20310**	**32**	**480**	**8678**	**95257**	**36**	**458**
327				93			
779	9053			1700	57349		
16				18			
301	3756			305	8329		
52	859			28	920		
65	865			256	5490		
				3	22		
13	246						
1847	8258	32	480	168	5754	8	66
1515	2940						
181	915			6243	22873	28	392
16	259			156	1655		
27	411			71	903		
17	549			84	1233		
	42						
	42						
292	**1098**			**37**	**210**		
61				2			
217				35			

3—12 林业生产情况

Production of Forestry

(2016)

指 标	Item	单位 Unit	银川市 Yinchuan	兴庆区 Xingqing	金凤区 Jinfeng	西夏区 Xixia	永宁县 Yongning	贺兰县 Helan	灵武市 Lingwu
造林面积	Area of Afforestation		5544	1439	88	798	467	286	2466
按造林方式分	Grouped by Afforestation Methods								
人工造林面积	Manual planting	公顷 hectare	2544	118	48	159	467	286	1466
其中:新造混交林面积	New Mixed Forest	公顷 hectare	653	13	22	64	345	209	
其中:非林业用地造林面积	Non-Forestry Land	公顷 hectare	43		43				
其中:新造灌木林面积	New Bushes	公顷 hectare	1672		7		122	77	1466
其中:新造竹木面积	New bamboo Forest	公顷 hectare							
飞播造林面积	Airplane Planting	公顷 hectare							
荒山飞播造林面积	Airplane Planting of The Barren Mountain	公顷 hectare							
飞播营林面积	Airplane Planting and Forest Management	公顷 hectare							
当年新封山(沙)育林面积	New Closing hillsides(sands) for Afforestation this year	公顷 hectare	3000	1321	40	639			1000
无林地和疏林地新封山育林面积	Non-Woodlands and Spares Forest Land	公顷 hectare	3000	1321	40	639			1000
有林地和灌木林地新封山育林面积	Woodlands and Shrub forest	公顷 hectare							
按经济成份分	Grouped by Structural of Economic Types								
公有经济造林	Public Economy Afforestation	公顷 hectare	5177	1428	64	752	467		2466
国有经济造林	State-owned Economy	公顷 hectare	4708	1428	64	749	467		2000
集体经济造林	Collective-owned Economy	公顷 hectare	469			3			466
非公有经济造林	Non-public Economy Afforestation	公顷 hectare	367	11	24	46		286	
按林种用途分	Grouped by Different Use of Forest								
经济林	Economic Forest	公顷 hectare	104	11	24	2		67	
防护林	Shelter-forest	公顷 hectare	5440	1428	64	796	467	219	2466
森林抚育面积	Area of Forest tending	公顷 hectare	3728	493		1302	333	533	1067
四旁(零星)植树	Plant Scatteredly	株 plant	24377	202		2798		21377	
年末实有封山(沙)育林面积	Area of closedoff the Mountains for Forest at Year-end	公顷 hectare	85241	4310	5231	16524	1895		57281
林木种苗	Foest Seeds								
林木种子采集量	The Pucking Quantity of Timber Seed	吨 ton	24					1	23
当年苗木产量	Seedling Qutput This Year	万株 10000trank	279899104	36559300	1815846	44322054	51555000	99160000	46486904
育苗面积	Area of Grawing Seedings	公顷 hectare	3977	442	1	394	1670	90	1380
国有育苗面积	Area of State Grawing seedings	公顷 hectare	656	14	10	74	46	42	470
木材采伐	Cutting of Timber	公顷 hectare	5337			1466		3871	
村及村以下采伐	Villages and Other Cooperative Organizations Under Villages	公顷 hectare	5190			1466		3724	

3—13 渔业生产情况

Production of Fishery

（2016）

指 标	Item	单位	Unit	银川市 Yinchuan	兴庆区 Xingqing	金凤区 Jinfeng	西夏区 Xixia	永宁县 Yongning	贺兰县 Helan	灵武市 Lingwu
水产品总产量	Total Output of Aquatic Products	吨	ton	73669	6311	8395	3143	8038	42256	5526
淡水捕捞	Fresh water Fishing	吨	ton	193	20	50		3	120	
鱼类	Fishes	吨	ton	180	20	50		3	107	
#黄河鲤鱼	Yellow River's Carps	吨	ton	84	8				76	
虾蟹类	Shrimps and Crabs	吨	ton	13					13	
淡水养殖	Fresh water Aquaculture	吨	ton	73476	6291	8345	3143	8035	42136	5526
鱼类	Fish	吨	ton	72959	6277	8345	3139	7975	41841	5382
#鲤鱼	Carp	吨	ton	28549	3435	2766	1400	5138	13480	2330
鲢鱼	Silver Carp	吨	ton	6567	542	885	277	472	3820	571
鲫鱼	Crucian Carp	吨	ton	6520	544	814	332	799	3835	196
草鱼	Grass Carp	吨	ton	24491	1378	2960	1002	1120	15981	2050
罗非鱼	Tilapia	吨	ton							
团头鲂	Group Head Triangular Bream	吨	ton	191		80			111	
其他	Others	吨	ton	6641	378	840	128	446	4614	235
虾蟹类	Shrimps,Prawns and Crabs	吨	ton	517	14		4	60	295	144
#罗氏沼虾	Macrobrachium Rosenbergii	吨	ton							
螃蟹	Crabs	吨	ton	265	2		4	60	55	144
淡水养殖面积	Area for Breeding Aquatics in Inland Waters	公顷	hectare	15660	2086	2333	1086	1334	7488	1333
池塘养殖	Pond Breeding	公顷	hectare	8767	893	380	495	377	5932	690
湖泊养殖	Lake Breeding	公顷	hectare	6529	1193	1953	458	957	1556	412
水库养殖	Reservoir Breeding	公顷	hectare	364			133			231
稻田养蟹面积	Area of Grab Breeding in Rice Paddy	公顷	hectare	2194	73		67	330	1057	667

3—14 畜牧业生产情况

Production of Animal Husbandry

（2016）

指 标	Item	单位	Unit	银川市 Yinchuan	市区 City	兴庆区 Xingqing	金凤区 Jinfeng	西夏区 Xixia	永宁县 Yongning	贺兰县 Helan	灵武市 Lingwu
年末牲畜存栏	Number of Large Animals at Year-end	—	—								
大牲畜	Large Animals	头	head	191299	71291				41657	55991	22360
牛	Cows	头	head	190167	71200				41050	55557	22360
肉牛	Mutton Cows	头	head	66415	17100				28470	13569	7276
奶牛	Dairy Cows	头	head	123752	54100				12580	41988	15084
马	Horses	头	head	56					50	6	
驴	Donkeys	头	head	1016	78				522	416	
骡	Mules	头	head	53	13				30	10	
骆驼	Camels	头	head	7					5	2	
猪	Hogs	头	head	152948	31850				21859	18674	80565
能繁殖的母猪	Breeding Sows	头	head	18845	3968				2702	1787	10388
羊	Sheep and Goats	只	head	660850	87551				145730	110091	317478
山羊	Goats	只	head	100780	16941				16176	32585	35078
绵羊	Sheeps	只	head	560070	70610				129554	77506	282400
滩羊	Beach Sheeps	只	head	26020	8058					17962	
活家禽	Number of Poultry on Hand	百只	100head	21645	3752				11799	3109	2985
活鸡	Chicken	百只	100head	21530	3709				11757	3079	2985
肉鸡	Chicken	百只	100head	5484	352				2529	581	2022
蛋鸡	Hens	百只	100head	16046	3357				9228	2498	963
家兔	Rabbits	只	head	25078	1661				23417		
当年出栏数	Numberof Animals Slaughtered Current Year	—	—								
大牲畜	Large Animals	头	head	108880	29081				35660	24129	20010
牛	Cattle and Buffaloes	头	head	106581	29066				33802	23703	20010
马	Horses	头	head	32	2				30		
驴	Donkeys	头	head	2175	11				1738	426	
骡	Mules	头	head	92	2				90		
猪	Hogs	头	head	191251	34440				44075	24711	88025
羊	Sheep and Goats	只	head	851309	85080				200103	98036	468090
山羊	Goats	只	head	128871	17016				33457	22218	56180

注:2016年起调查队畜牧业数据不分兴庆、金凤、西夏。

3—14 续表 continued

指　标	Item	单位	Unit	银川市 Yinchuan	市区 City	兴庆区 Xingqing	金凤区 Jinfeng	西夏区 Xixia	永宁县 Yongning	贺兰县 Helan	灵武市 Lingwu
绵羊	Sheeps	只	head	722438	68064				166646	75818	411910
宰杀羊羔(供宰杀二毛的羊羔)	**SlaughterLamb**	**只**	**head**	**16776**	**9647**				**1070**	**6028**	**31**
活家禽	Number of Poultry Slaughtered	百只	100head	27215	2799				15170	4792	4454
活鸡	Chicken	百只	100head	25956	2531				14718	4253	4454
活鸭	Ducks	百只	100head	1140	149				452	539	
家兔	Rabbits Slaughtered	只	head	5282	1093					4189	
肉类总产量	**Total Output of Meat**	**吨**	**ton**	**51510**	**9190**				**15070**	**8271**	**18979**
猪肉	Pork	吨	ton	14858	2679				3439	1925	6815
牛肉	Beef	吨	ton	16320	4461				5154	3636	3069
羊肉	Mutton	吨	ton	14916	1487				3506	1718	8205
山羊	Goats	吨	ton	8072	297				185	370	7220
绵羊	Sheeps	吨	ton	6844	1190				3321	1348	985
禽肉	Poultry Meat	吨	ton	5219	560				2819	950	890
鸡肉	Chicken	吨	ton	5013	506				2772	845	890
马肉	Horse Meat	吨	ton	2					2		
驴肉	Donkey Meat	吨	ton	174	1				143	30	
骡肉	Mule Meat	吨	ton	7					7		
兔肉	Rabbit Meat	吨	ton	14	2					12	
奶类产量	**Output of Milke**	**吨**	**ton**	**471819**	**202122**				**53023**	**151696**	**64978**
牛奶	Cow Milk	吨	ton	471819	202122				53023	151696	64978
绵羊毛产量	**Sheep Wool**	**吨**	**ton**	**1635**	**85**				**457**	**187**	**906**
细羊毛产量	Fine Wool	吨	ton	1095	69				119	7	900
半细羊毛产量	Semi-fine	吨	ton	499	16				303	180	
山羊毛产量	**Output of Goat Wool**	**吨**	**ton**	**363**	**25**				**20**	**38**	**280**
山羊粗毛	Goat Wool	吨	ton	192	20				20	32	120
山羊绒	Pashm	吨	ton	171	5					6	160
滩羊皮产量	**Tibet Lamb Skin**	**张**	**unit**	**21759**	**3**					**21756**	
兔毛	**Cony Hair**	**公斤**	**kg**	**29**						**29**	
鹿茸产量	**Antler**	**公斤**	**kg**	**3030**	**2998**					**32**	
天然蜂蜜产量	**Honey**	**吨**	**ton**	**66**					**66**		
禽蛋产量	**Output of Poultry Eggs**	**吨**	**ton**	**21946**	**4524**				**11804**	**3997**	**1621**
鸡蛋产量	Eggs	吨	ton	21523	4101				11804	3997	1621

a) Animal husbandry data from the investigation team is not divided into Xingqing, Jinfeng, Xixia since 2016.

主要统计指标解释

【乡村户数】指长期(一年以上)居住在乡镇(不包括城关镇)行政管理区域内的住户,还包括居住在城关镇所辖行政村范围内的农村住户。户 口不在本地而在本地居住一年及以上的住户也包 括在本地农村住户内;有本地户口,但举家外出谋 生一年以上的住户,无论是否保留承包耕地都不 包括在本地农村住户范围内。不包括乡村地区内 的国有经济的机关、团体、学校、企业、事业单位的 集体户。

【乡村人口数】指乡村地区常住居民户数中的常住人口数,即经常在家或在家居住6个月以上,而且经济和生活与本户连成一体的人口。外出从业人员在外居住时间虽然在6个月以上,但收入主要带回家中,经济与本户连为一体,仍视为 家庭常住人口;在家居住,生活和本户连成一体的 国家职工、退休人员也为家庭常住人口。但是现 役军人、中专及以上(走读生除外)的在校学生、以 及常年在外(不包括探亲、看病等)且已有稳定的 职业与居住场所的外出从业人员,不应当作家庭 常住人口。

【乡村劳动力资源数】指乡村人口中劳动年龄以上(16周岁)能够参加生产经营活动的人员。

【乡村从业人员】指乡村人口中16岁以上实际参加生产经营活动并取得实物或货币收入的人 员,既包括劳动年龄内经常参加劳动的人员,也包 括超过劳动年龄但经常参加劳动的人员。但不包 括户口在家的在外学生、现役军人和丧失劳动能 力的人,也不包括待业人员和家务劳动者。从业 人员年龄为16岁以上。从业人员按从事主业时 间最长(时间相同按收入)分为农业从业人员、工 业从业人员、建筑业从业人员、交运仓储及邮电通 讯业从业人员、信息传输、计算机服务和软件业、批零贸易及餐饮业从业人员、住宿和餐饮业从业 人员、其他从业人员。

【谷物】是指禾本科和蓼科粮食作物。这类作物具体包括稻谷、小麦、玉米、谷子、高粱和其他 谷物;其他谷物包括大麦、燕麦、荞麦等。

【中草药材】指人工种植、以获取药材为目的、主要用于中药配伍以及中成药加工的药材作物面积。包括药用真菌的面积。

【猪、牛、羊肉产量】值本调查期内出栏猪、牛、羊折算出的鲜、冷鲜冷冻猪牛羊肉的总量,按胴体重计算。

【水产品产量 】指渔业(捕捞和养殖)生产活动的最终有效成果,包括全部海水和淡水鱼类、甲壳类(虾、蟹)、贝类、头足类、藻类和其它类渔业产 品的最终产量。不包括渔业生产过程中的中间成 果,如鱼苗、鱼种、亲鱼、转塘鱼、存塘鱼和自用作 饵料的产品等。水产品在上岸前已经腐烂变质,不能供人食用或加工成其它制品的,不统计在水 产品产量中。

【淡水水域养殖产量】指在淡水水域中人工投 放苗种(不包括灌江纳苗)并进行人工饲养管理的、并已捕捞起水的水产品产量。稻田养殖起水产品 产量也计人淡水水域养殖产量中。淡水养殖产品 包括鱼类 、甲 壳类(虾 、蟹)、贝 类 、藻类和其他类 产品。

【农林牧渔业总产值】农林牧渔业总产值是以货币表现的农林牧渔业的全部产品产量和对农 林牧渔业生产活动进行的各种支持性服务活动的 价值。它反应一定时期内农林牧渔业生产总规模 和总成果,是观察农林牧渔业生产水平和发展速 度,研究农林牧渔业内部比例关系、农林牧渔业与 工业、农林牧渔业与国家建设、人民生活比例关系 的重要指标,同时也是计算农林牧渔业劳动生产 率和农林牧渔业增加值的基础资料。

【农林牧渔业增加值】指农、林、牧、渔及 农林牧渔服务业生产货物或提供服务活动而增加 的价值,为农林牧渔业现价总产值扣除农林牧渔 业现价中间投入后的余额。

工业

Industry

4—1 主要年份全部工业总产值

Gross Output Value of Industrial in Main Years

单位:万元 （10 000 yuan）

年份 Year	工业总产值 Industrial Output Value	按经济类型分 Grouped by Economic Type		按轻重工业分 Grouped Light& Heavy Industriesby		按企业规模分 Grouped by Size of Enterprises				产品销售收入 Product Sales Revenue	利润总额 Total Profits
		#国有 State-owned	#股份制 Joint-stock	轻工业 Light Industry	重工业 Heavy Industry	大型企业 Large Enterprises	中型企业 Medium-sized Enterprises	小型企业 Small Enterprises	微型企业 Micro-enterprises		
1949	297	66		169	128			297			
1950	310	64		185	125			310			
1951	453	194		339	114			453			
1952	662	339		467	195			662			
1953	825	503		593	232			825			
1954	917	600		652	265			890			
1955	1206	864		922	284			1163			
1956	1679	1099		1186	493			1604			
1957	2285	1565		1863	422			2164			
1958	3167	2345		1944	1223			2847			
1959	6765	6126		3865	2900			5908			
1960	9712	8840		5105	4607			8241			
1961	7433	6696		4693	2740			6301			
1962	5638	4820		4028	1610			4681			
1963	5704	4853		4088	1616			4188			
1964	5915	4868		4134	1781			4336			
1965	6779	5709		4588	2191			5428			
1966	13766	12538		5372	8394			8166			
1967	15032	13684		5791	9241			9332			
1968	12290	11084		5103	7187			6794			
1969	17953	16445		7185	10768			10453			
1970	25292	23315		9836	15456			13456			
1971	24849	22219		8567	16282			10257			
1972	26973	23793		9325	17648			11921			
1973	28035	24713		9925	18110			12067			
1974	33140	28960		12015	21125			16306			
1975	37507	32086		14708	22799			20186			
1976	34485	28713		14620	19865			19926			
1977	37750	30288		15994	21756			21461			
1978	49750	40562		19609	30141		16905	32845		42091	5681
1979	52665	38952		20153	32512		19169	33496		43043	6416
1980	50576	40939		21794	28782		16818	33758		42957	5314
1981	40537	27597		22618	17919		9448	31089		35640	1187
1982	49769	35395		25607	24162		14018	35751		45053	2921

4—1　续表 continued

单位:万元　　　　　　　　　　　　　　　　　　　　　　　　　　　　　　(10 000 yuan)

年份 Year	工业总产值 Industrial Output Value	按经济类型分 Grouped by Economic Type		按轻重工业分 Grouped Light & Heavy Industriesby		按企业规模分 Grouped by Size of Enterprises				产品销售收入 Product Sales Revenue	利润总额 Total Profits
		#国有 State-owned	#股份制 Joint-stock	轻工业 Light Industry	重工业 Heavy Industry	大型企业 Large Enterprises	中型企业 Medium-sized Enterprises	小型企业 Small Enterprises	微型企业 Micro-enterprises		
1983	61723	44428		30196	31527		19031	42692		54068	5321
1984	73500	52327		35397	38103		23539	49961		63487	6816
1985	93215	71703		43202	50013		28736	64479		81292	8504
1986	109090	75233		51099	57991	7484	29507	72099		89511	7908
1987	129119	90007		59760	69359	11969	35340	81810		115190	8777
1988	176466	125938		73827	102639	25593	46651	104222		163440	13155
1989	246317	182655		93009	153308	35118	71390	139809		186970	14247
1990	250241	212169		88364	161877	37215	80762	132264		183729	7641
1991	309257	238074		102155	207102	117109	50039	142109		224755	7120
1992	377891	287885		114139	263752	122335	84395	171161		47571	5418
1993	518930	381182	2809	131830	387100	164527	161566	192837		417825	10905
1994	647702	376879	11488	169864	477838	235998	170081	241623		470561	-703
1995	802370	518764	38729	183733	618637	312861	216678	272831		637133	10699
1996	889899	392668	105954	227465	662434	334177	217877	337845		677803	9377
1997	935361	387160	111202	239869	695492	335349	241466	358546		751831	12180
1998	932899	233733	228741	269598	663301	304840	224244	403815		733525	-14990
1999	995156	240935	307410	315424	679732	310981	234883	449292		776650	-19000
2000	1350836	471680	447330	326300	1024536	712700	225517	412619		937746	-4969
2001	1482460	401728	638451	384120	1098340	827255	239205	416000		1037883	-7307
2002	1679417	392712	931177	406222	1273195	1067647	153157	458613		1128795	11412
2003	1982866	421701	1152754	500897	1481969	681579	731810	569477		1449813	34321
2004	2877823	729690	1719105	636613	2241210	1021355	813391	1043077		2392661	107607
2005	3493447	829826	2015002	906523	2586924	1529342	924734	1039371		3178012	84184
2006	4318730	959420	2627608	1040581	3278149	2048430	952857	1317443		3902884	73093
2007	5289808	1167797	3344637	1241105	4048703	2431750	1439109	1418949		4738217	204231
2008	6412142	1269453	4291828	1446856	4965286	2976139	1744631	1691372		5766846	96540
2009	7315811	1275533	5064006	1571223	5314053	3273806	2064628	1546842		6577240	476934
2010	9759157	1851934	6660556	1867855	7487782	4743640	2609348	2002649		9077515	785192
2011	12970305	5675470	5770813	2160715	10138923	7636982	2574014	2071981	16661	12082080	1062873
2012	17110249	4635723	11072564	2745582	13730075	10372335	2932009	3108869	62444	16156535	893286
2013	19946852	4043431	14540397	3276296	16004008	12038807	3446932	3722649	71915	18874779	1056989
2014	18799176	1353128	14765899	3965904	14237548	9914669	3384379	4772636	131767	17230161	706925
2015	18906200	1089168	14999308	4557732	14065487	9806466	3475842	5123867	217044	16666318	596398
2016	20068605	953552	16087331	5228274	14627176	11292436	2829310	5460678	273025	17363854	718626

注:1. 2000 年—2013 年指标数含宁夏电力公司全区口径,2014 年起指标数中宁夏电力公司只含银川市部分;
2. 效益指标 2000 年前为独立核算口径,2000 年后(含 2000 年)为规模以上口径;
3. 从 2009 年起,数据除工业总产值外,其他指标均为规模以上口径。

a) The date in above table containing the Ningxia electric power company the region's caliber frome 2000 to 2013, the number of indicators in Ningxia electric power company is only part of Yinchuan City in 2014.

b) Efficiency indicators by the year 2000 as an independent accounting caliber, 2000(including 2000)for the above designated size caliber. c) In addition to gross industrial output value Since 2009, other indicators are above the designated size caliber.

d) In addition to gross industrial output value since 2009,ohter indicators are above the designated size caliber.

4—2 主要年份工业产品产量

Output of Major Industrial Products in Main Years

年份 Year	轮胎外胎（万条）Tires (10 000 tires)	水泥（万吨）Cement (10 000 tons)	金属切削机床（台）Metal-cutting Machine Tools (unit)	电力变压器（万千伏安）Power Transformers (10 000 kva)	味精（吨）Monosodium Glutamate (ton)	乳制品（吨）DairyProducts (ton)
1978	30.1	3.13	439	3.5	35	
1979	32	2.82	437	4		
1980	29.3	2.96	385	7.33		
1981	8.5	1.84	239	3	24	205
1982	16.2	3.35	245	2.66	53	258
1983	25.6	5.47	356	4.31	55	308
1984	29.5	5.77	406	6.49	48	527
1985	34.3	8.6	400	12.15	55	759
1986	38.45	10.09	392	13.88	87	1068
1987	57.01	14.7	417	18.65	151	1355
1988	67.08	28.34	480	19.61	250	1779
1989	69.1	35.11	403	24.73	423	3292
1990	63.51	30.46	289	24.54	433	3128
1991	75.62	32.26	228	23.9	393	4033
1992	103.59	36.96	337	26.54	420	7404
1993	123.56	38.11	386	33.9	500	4811
1994	144.2	47.19	1649	25	567	4643
1995	164.95	51.51	994	25	800	4329
1996	192.24	59.9	829	30.06	1000	5991
1997	186.74	60.95	983	36.82	1235	5079
1998	191.24	74.77	455	40.81	880	6531
1999	167.98	85.2	659	46.73	1567	7742
2000	193	82.22	909	67	2419	6760
2001	182	87.7	1298	124	3592	7814
2002	224.31	123.06	1816	116.02	3032	6099
2003	241.53	208.52	1953	105	14979	5621
2004	293.6	196.48	1095	73.25	24236	6876
2005	304.56	178.23	1418	67.66	24159	49656
2006	389.59	219.52	1892	159.41	32018	64688
2007	395.54	261.55	2494	224.85	62151	73347
2008	337.16	277.93	2458	178.9	66660	50159
2009	225.62	332.27	1620	685.27	75635	46553
2010	210.44	458.53	3110	43.55	84711	37433
2011	188.38	475.89	3762	705.43		24115
2012	141.91	509.22	2570	174.75		196140
2013	165.89	650.06	2370	713.63		219417
2014	153.76	582.24	2146	1141.1	201917	263074
2015	138.77	522.8	1669	1424.5	217920	244975
2016	201.90	534.36	1545	1156.09	222390	238712

4—2　续表 1　continued

年 份 Year	饮料酒（千升） Alcoholic Drink(ton)	农用化肥（万吨） Chemical Fertilizers（10 000 tons）	自来水售水量（万吨） Water Sales（10 000 tons）	服 装（万件） Clothing（10 000 units）	中成药（吨） Chinese Patent Modicines(ton)
1978	424	15.07			
1979	743	3.64			
1980	855	3.62			200
1981	2889	3.08		94.8	188
1982	3658	3.84			191
1983	4867	3.96		77.78	222
1984	5830	4.84		100.76	230
1985	7600	4.36	1283		172
1986	13345	4.83	1596		222
1987	14553	5.31	1840	107.26	243
1988	16800	5.73	2208		340
1989	16300	18.68	2560	192.46	277
1990	15800	23.5	2864	171.34	255
1991	16200	26.96	3233	158.55	322
1992	14103	28.79	3625	139.36	281
1993	21970	25.22	4227	74.02	402
1994	21848	27.96	4865	119.31	317
1995	28063	34.34	5153	193.75	354
1996	31270	32.07	5249	72	392
1997	28068	32.97	5048	129.2	385
1998	28468	36.35	5697		300
1999	43712	43.02	4297	37.72	349
2000	40390	50	4399	51	461
2001	43934	57	4101	120	453
2002	77449	66.68	4108	132.34	459
2003	66167	63.67	4455	120.85	512
2004	95015	69.2	4592	96.62	481
2005	85439	57.84	4804	57.57	802
2006	76888	55.8	5079	41.35	1013
2007	103363	57.9	5578	169.54	762
2008	120124	74.91	5909	243.74	671
2009	146343	72.61	6380	319.97	869
2010	159947	69.02	6868	362.44	926
2011	181920	80.56	7078	411.7	943
2012	172088	66.02	7607	493.7	400
2013	272200	54.38	7993	631.01	665
2014	288878	28.35	8417	836.83	564
2015	286681	65.16	9373	1236	730
2016	269400	43.01	9911	1310.78	843

4—2　续表 2　continued

年 份 Year	合成氨（万吨）SyntheticAmmonia（10 000 tons）	铁合金（万吨）Ferroalloy（10 000 tons）	轴 承（万套）Bearing（10 000 sets）	配混合饲料（万吨）Feed（10 000 tons）
1978	4.84		12	
1979	5.98		6.4	
1980	5.49	0.14	3.09	
1981	4.71	0.06		
1982	5.55	0.07		
1983	5.51	0.11		
1984	6.8	0.11		
1985	6.27	0.13		
1986	11	0.44	20.1	
1987	6.73			
1988	7.59	1.16		
1989	23.25			
1990	29.9	1.73	195.06	
1991	33.62	0.76	200	
1992	34.84	1.26	171.4	
1993	25.99	2.32	197	
1994	35.14	3.54	203.55	
1995	40.66	3.21	349.69	
1996	39.76	4.53	309.37	
1997	4.59	3.68	283.46	
1998	45.52	3.04	622.67	
1999	52.95	4.09	655	
2000	63	5.38	735	2.02
2001	72	5.8	459	3.11
2002	82.93	7.38	354.3	4.58
2003	79.69	10.83	254.45	4.57
2004	85.89	12.49	215.45	9.42
2005	75.16	11.46	199.72	12.33
2006	74.02	15.75	176.28	12.27
2007	78.38	11.8	205.9	11.2
2008	89.66	10.35	161.97	15.91
2009	84.26	7.04	114.32	22.7
2010	79.75	6.39	133.59	19.46
2011	92.31	11.75	96.4	23.14
2012	84.15	11.23	80.7	24.73
2013	69.32	17.57	94.61	25.83
2014	36.87	16.16	183.48	29.32
2015	30.61	7.24	594.09	27.10
2016	33.27	3.58	681.79	27.84

4—3 主要年份规模以上工业总产值

单位:万元

指 标	Item	2007 年	2008 年
总 计	**Total**	**4922282**	**5999463**
按地区分	**Gorped by Region**		
市区	City	3093216	3664004
永宁	Yongning	404768	501170
贺兰	Helan	267981	376754
灵武	Lingwu	1156318	1457534
按轻重工分	**Grouped byLight & Heavy Industries**		
轻工业	Light Industry	1054619	1272635
重工业	Heavy Industry	3867664	4726827
按企业规模分	**Grouped by Size of Enterprises**		
大型企业	Large Enterprises	2431750	2976139
中型企业	Medium-sized Enterprises	1439109	1744631
小型企业	Small Enterprises	1051423	1278692
微型企业	Micro-enterprises		
按登记注册类型分	**Groupedby Status of Registration**		
内资企业	Domestic Funded	4374544	5403065
国有企业	State-owned Enterprises	1164597	1258944
集体企业	Collective-owned Enterprises	7368	4711
联营企业	Joint Ownership Enterprises	5314	7974
有限责任公司	Limited Liability Corporations	1345937	1697668
国有独资公司	State Sole Funded Corporations	36020	597831
其他有限责任公司	Other Limited Liability Corporations	1309917	1099837
股份有限公司	Share-holding Corporations Limited	873486	1327548
私营企业	Private Enterprises	977841	1106221
私营独资企业	Private Sole Funded Corporations	38059	17873
私营有限责任公司	Private Limited LiabilityCorporations	923356	1086361
私营股份有限公司	Private Share-holdingCorporations Limited	11356	1987
其他企业	Others		
港、澳、台商投资企业	EnterpriseswithFundsfromHongKong,MacaoandTaiwan	26753	35347
外商投资企业	Foreign Funded Enterprises	520986	561051

注:2007 年-2013 年指标数含宁夏电力公司全区口径,2014 年起指标数中宁夏电力公司只含银川市部分。

Gross Industrial Output Value of Enterprises above Designated Size in Main Years

(10 000yuan)

2009年	2010年	2011年	2012年	2013年	2014年	2015年	2016年
6885276	**9355637**	**12299638**	**16475657**	**19280304**	**18203451**	**18623219**	**19855450**
3598719	4840629	5821471	8243637	9399106	5950349	5418472	5698678
605906	762787	946682	1087063	1221952	1425491	1446420	1617947
531029	650714	811479	1115541	1441957	1741838	2061497	2454964
2149623	3101507	4720005	6029416	7217288	9085398	9696833	10083864
1571223	1867855	2160715	2745582	3276296	3965904	4557732	5228274
5314054	7487782	10138923	13730075	16004008	14237548	14065487	14627176
3273806	4743640	7636982	10372335	12038807	9914669	9806466	11292436
2064628	2609348	2574014	2932009	3446932	3384379	3475842	2829310
1546842	2002649	2071981	3108869	3722649	4772636	5123867	5460678
		16661	62444	71915	131767	217044	273025
6371170	8573221	11520664	15766254	18588274	16124387	16115189	17043481
1275533	1851934	5675470	4635723	4043431	1353128	1089168	953552
7335	12228		2424				
2030857	2898609	2193134	4289162	5256084	6376842	6658939	7187092
859926	1284139	106062	2212839	2427636	2902825	2917020	2887759
1170931	1614470	2087071	2076323	2828448	3474017	3741919	4299333
1443287	1686254	1114111	3643923	4380937	3862530	3163927	3289980
1614158	2086997	2487739	3195021	4907822	4531887	5203154	5612857
24296	9572	24171	55542	4446	5360	26712	2598
1588622	1923937	2334374	3139479	3820731	4489977	5009843	5430225
1240	151757	129195		1082646	36550	166600	180034
		50210					
39622	183095	117086	204590	190855	1464254	1927515	2130009
474485	599321	661888	504812	501175	614810	580515	681960

a)The indicatora in above table include the region′ s Ningxia electric power company from 2007 to 2013, the number of indicators Ningxia electric power company is only part of Yinchuan city in 2014.

4—4 全市规模以上工业企业增加值

单位:万元　　　　(2016)

指标	Item	工业增加值(当年价格) Value-added of Industry (current prices) 2016年	2015年
总　计	**Total**	**5330590**	**4878089**
按地区分	**Gorped by Region**		
市区	City	1509080	1293650
兴庆区	Xingqing	113834	85177
西夏区	Xixia	1055453	916714
金凤区	Jinfeng	339793	291759
永宁	Yongning	371163	347928
贺兰	Helan	562493	478723
灵武	Lingwu	2887854	2757788
按轻重工分	Grouped by Light & Heavy Industries		
轻工业	Light Industry	1226826	1080508
重工业	Heavy Industry	4103764	3797581
按企业规模分	Grouped by Size of Enterprises		
大中型企业	Large and Medium-sized Enterprises	4279737	3900558
小微企业	Small and Micro Enterprises	1050853	977531
按登记注册类型分	Grouped by Status of Registration		
国有企业	State-owned Enterprises	203689	234889
股份制企业	Joint-stock Enterprises	4256550	3901452
外商及港澳台投资企业	Foreign and Hongkong, Macau and Taiwan Invested Enterprises	771044	736017
其他经济类型企业	Others	99307	5731

Main Economic Indicators of Industrial Enterprises above Designated Size

(10 000 yuan)

指 标	Item	工业增加值(当年价格) Value-added of Industry (current prices)	
		2016年	2015年
按工业行业大类分	Grouped by Sector		
煤炭开采和洗选业	Mining and Washing of Coal	997239	791055
农副食品加工业	Processing of Food from Agricultural Products	93663	95550
食品制造业	Manufacture of Foods	177698	163107
酒、饮料和精制茶制造业	Manufacture of Wine, Beverage and Tea	85061	82409
纺织业	Manufacture of Textile	393809	304020
纺织服装、服饰业	Manufacture of Textile Wearing Apparel and Apparel Industry	194642	207007
皮革、毛皮、羽毛及其制品和制鞋业	Manufacture of leather, Fur, Feather, Footwear and Related Products	23332	16578
木材加工及木、竹、藤、棕、草制品业	Processing of Timber,Manufacture of Wood,Bamboo,Rattan,Palm and Straw Products	28410	23642
家具制造业	Manufacture of Furniture	20547	18717
造纸及纸制品业	Manufacture of Paper and Paper Products	13792	18534
印刷和记录媒介复制业	Printing,Reproduction of Recording Media	3736	3282
文教、工美、体育和娱乐用品制造业	ManufactureofArticlesforCulture,Education,ArtsandCrafts,SportandEntertainmentActivities	17395	1445
石油加工、炼焦及核燃料加工业	Processing of Petroleum,Coking, Processing of Nuclear Fuel	1008437	689398
化学原料及化学制品制造业	Manufacture of Raw Chemical Materials and Chemical Products	677965	698380
医药制造业	Manufacture of Medicines	148695	116377
橡胶和塑料制品业	Manufacture of Rubber and Plastics	41212	39491
非金属矿物制品业	Manufacture of Non-metallic Mineral Products	150498	167898
黑色金属冶炼及压延加工业	Smelting and Pressing of Ferrous Metals	23484	35050
有色金属冶炼及压延加工业	Smelting and Pressing of Non-ferrous Metals	99828	143108
金属制品业	Manufacture of Metal Products	69784	82054
通用设备制造业	Manufacture of General Purpose Machinery	68738	73155
专用设备制造业	Manufacture of Special Purpose Machinery	19753	25828
汽车制造业	Manufature of Automotive Industry	932	644
铁路、船舶、航空航天和其他运输设备制造业	Manufature of Railways, Shipbailding, Aerospace and Other Transporation Equipment	1703	2938
电气机械及器材制造业	Manufacture of Electrical Machinery and Equipment	162939	146048
仪器仪表制造业	Manufacture of Measuring Instruments	33663	20810
其他制造业		13	59
废弃资源综合利用业	Comprehensive Vtilization of waste Resources	14136	9807
电力、热力的生产和供应业	Production and Supply of Electric Power,Gas and Water	648897	741234
燃气生产和供应业	Production and Supply of Gas	70987	65248
水的生产和供应业	Production and Supply of Water	39604	38217

4—5 规模以上工业企业主要产品产量

产 品	Product	单位	Unit
大米	Rice	万吨	10 000tons
乳制品	Dairy Products	万吨	10 000tons
液体乳	Liquid Milk	万吨	10 000tons
小麦粉	Wheat Flour	万吨	10 000tons
白酒	Liquor	千升	kiloliter
啤酒	Beer	万千升	million liters
葡萄酒	Wine	万千升	million liters
服装	Clothing	万件	10 000units
家具	Furniture	万件	10 000units
机制纸	Machine-made Paper	万吨	10 000tons
中成药	Medicine	吨	ton
塑料制品	Plastic Products	万吨	10 000tons
水泥	Cement	万吨	10 000tons
合成氨	SyntheticAmmonia	万吨	10 000tons
农用化肥	Chemical Fertilizers	万吨	10 000tons
氮肥	Nitrogen	万吨	10 000tons
磷肥	Phosphate	万吨	10 000tons
轮胎外胎	Tires	万条	10 000tires
变压器	Transformer	万千伏安	10 000kva
金属切削机床	Metal-cutting Machine Tools	台	unit
铁合金	Ferroalloy	万吨	10 000tons
轴承	Bearing	万套	10 000sets
配混合饲料	Feed	万吨	10 000tons
钢材	Rolled Steel	万吨	10 000tons
起重机	Lifting Appliances	吨	ton
铸铁件	CastIron	万吨	10 000tons
交流电动机	Electric Motor	万千瓦时	10 000kwh

Output Volume of Major Industrial Products in Enterprises above Designated Size

2016年	2015年
51.42	50.61
23.87	24.5
21.92	22.41
14.83	14.99
7560	8674
25.14	26.38
1.05	1.39
1310.78	1236
25.06	22.21
5.46	8.61
843	730
10.85	10.69
534.36	522.8
33.27	30.61
43.01	65.16
42.73	65.07
0.28	0.09
201.9	138.77
1156.09	1424.5
1545	1669
3.58	7.24
681.79	594.09
27.84	27.10
7.35	19.30
8531	8822
2.98	3.89
–	82.91

4—6 全市规模以上工业企业主要经济指标

单位：万元 (2016)

指标	Item	企业单位数(个) Number of Enterprises(unit)
总　计	**Total**	**464**
#亏损企业	Loss-suffering Enterprises	86
按地区分	**Gorped by Region**	
市区	City	136
永宁	Yongning	79
贺兰	Helan	118
灵武	Lingwu	131
按轻重工分	**Grouped by Light & Heavy Industries**	
轻工业	Light Industry	185
重工业	Heavy Industry	279
按企业规模分	**Grouped by Size of Enterprises**	
大型企业	Large Enterprises	17
中型企业	Medium-sized Enterprises	38
小型企业	Small Enterprises	359
微型企业	Micro-enterprises	50
按登记注册类型分	**Grouped by Status of Registration**	
内资企业	Domestic Funded	434
国有企业	State-owned Enterprises	3
中央企业	Central	1
地方企业	Local	2
有限责任公司	Limited Liability Corporations	108
国有独资公司	State Sole Funded Corporations	12
其他有限责任公司	Other Limited Liability Corporations	96
股份有限公司	Share-holding Corporations Limited	13
私营企业	Private Enterprises	310
私营独资企业	Private Sole Funded Corporations	1
私营有限责任公司	Private Limited Liability Corporations	295
私营股份有限公司	Private Share-holding Corporations Limited	14
港、澳、台商投资企业	Enterprises with Funds fromHong Kong,Macaoand Taiwan	12
合资经营企业(港或澳、台资)	Joint-venturesEnterprises(Hongkong, Macao or Taiwan)	3
港澳台商独资经营企业	Enterprises with Fundsfrom Hong Kong,Macao andTaiwan	9
外商投资企业	Foreign Funded Enterprises	18
中外合资经营企业	Joint-venture Enterprises	9
外资企业	Foreign Enterprises	9

Main Economic Indicators of Industrial Enterprises above Designated Size

(10 000yuan)

# 亏损企业 Loss-suffering Enterprises	工业总产值(当年价格) Gross Output Value of Industrial (current prices)	工业销售产值(当年价格) Output Value of Industrial Sold (current prices)	资产总计 Total Assets	流动资产总计 Total Working Capitas	# 存货 Stock	# 产成品 Finished Products
86	**19855450**	**18891614**	**39138461**	**12583396**	**3025865**	**1224912**
86	2946498	2796623	9416360	3548091	654319	270095
33	5698678	5540596	8902546	3527030	781663	231448
9	1617947	1494420	2295629	1042609	220105	91122
20	2454964	2228292	2453185	1194596	238473	92819
24	10083864	9628309	25487105	6819162	1785625	809523
17	5228274	4773785	8255797	4339159	1583540	680373
69	14627176	14117829	30882664	8244238	1442326	544539
4	11292436	10693439	22573019	5830760	1265210	509502
6	2829310	2671018	7478800	2836499	784552	289619
71	5460678	5263362	8186825	3638378	945853	413658
5	273025	263796	899817	277759	30251	12133
80	17043481	16251942	34773821	11017966	2680631	1134857
1	953552	954779	1036235	84448	262	
	943681	944908	989843	67707	180	
1	9871	9871	46392	16741	81	
26	7187092	6643336	21793166	5046123	1046901	432014
1	2887759	2575909	9705050	1630761	459245	204722
25	4299333	4067426	12088116	3415362	587656	227292
2	3289980	3182507	3177799	882519	251260	90073
51	5612857	5471321	8766621	5004876	1382208	612770
	2598	2471	2037	1222	269	190
46	5430225	5294534	8114762	4665472	1342255	600878
5	180034	174317	649822	338181	39685	11702
4	2130009	2027892	3223694	938260	99084	30429
1	1904272	1848722	2823859	756797	48249	11813
3	225737	179169	399835	181463	50836	18617
2	681960	611780	1140946	627170	246150	59626
	354513	266371	729629	442800	180975	41527
2	327447	345410	411317	184369	65175	18099

单位:万元 （2016）

指 标	Item	企业单位数（个）Number of Enterprises（unit）
按工业行业大类分	**Grouped by Sector**	
煤炭开采和洗选业	Mining and Washing of Coal	5
农副食品加工业	Processing of Food from Agricultural Products	56
食品制造业	Manufacture of Foods	27
酒、饮料和精制茶制造业	Manufacture of Wine, Beverage and Tea	16
纺织业	Manufacture of Textile	36
纺织服装、服饰业	Manufacture of Textile Wearing Apparel and Apparel Industry	3
皮革、毛皮、羽毛及其制品和制鞋业	Manufacture ofleather, Fur,Feather, Footwearand Related Products	5
木材加工及木、竹、藤、棕、草制品业	ProcessingofTimber,ManufactureofWood,Bamboo,Rattan,PalmandStrawProducts	4
家具制造业	Manufacture of Furniture	7
造纸及纸制品业	Manufacture of Paper and Paper Products	7
印刷和记录媒介复制业	Printing,Reproduction of Recording Media	3
文教、工美、体育和娱乐用品制造业	Manufacture of Articles for Culture,Education,Arts and Crafts,Sport and Entertainment Activities	1
石油加工、炼焦及核燃料加工业	Processing of Petroleum,Coking, Processing of Nuclear Fuel	10
化学原料及化学制品制造业	Manufacture of Raw Chemical Materials and Chemical Products	35
医药制造业	Manufacture of Medicines	11
橡胶和塑料制品业	Manufacture of Rubber and Plastics	16
非金属矿物制品业	Manufacture of Non-metallic Mineral Products	52
黑色金属冶炼及压延加工业	Smelting and Pressing of Ferrous Metals	6
有色金属冶炼及压延加工业	Smelting and Pressing of Non-ferrous Metals	10
金属制品业	Manufacture of Metal Products	29
通用设备制造业	Manufacture of General Purpose Machinery	22
专用设备制造业	Manufacture of Special Purpose Machinery	13
汽车制造业	Manufature of Automotive Industry	1
铁路、船舶、航空航天和其他运输设备制造业	ManufatureofRailways,Shipbailding,AerospaceandOtherTransporationEquipment	2
电气机械及器材制造业	Manufacture of Electrical Machinery andEquipment	27
仪器仪表制造业	Manufacture of Measuring Instruments	5
废弃资源综合利用业	Vtilization Waste Resources	6
电力、热力的生产和供应业	Production and Supply of Electric Power,Gasand Water	32
燃气生产和供应业	Production and Supply of Gas	13
水的生产和供应业	Production and Supply of Water	4

continued

(10 000yuan)

# 亏损企业 Loss-suffering Enterprises	工业总产值(当年价格) Gross Output Value of Industrial (current prices)	工业销售产值(当年价格) Output Value of Industrial Sold (current prices)	资产总计 Total Assets	流动资产总计 Total Working Capitas	# 存货 Stock	# 产成品 Finished Products
2	2912807	2596096	8930484	1467500	421492	209876
4	647238	620107	552613	314688	161590	47622
3	944359	916714	972134	439082	68431	24047
3	248663	203753	456347	210557	137878	41901
3	2319091	2078446	4506257	2591422	1082414	488604
	15454	12153	65208	56670	15663	10479
	92792	81103	63598	44205	13919	9078
	90388	84785	39286	19561	6674	3354
1	82070	80090	35977	15641	9027	6329
	87893	84339	128771	52907	13024	2373
	52695	45686	38604	23520	3878	1106
	4291	3619	4859	153	36	11
5	4711744	4643820	6335714	2538073	284906	65206
13	1056338	1020082	3452855	511863	137482	48748
2	552552	477937	1060679	500550	66764	41033
3	232105	236006	256271	156011	47126	28607
15	599073	579485	928938	466212	63350	30116
2	130359	124761	394994	143051	51788	17941
1	874497	851833	622378	277275	117181	45020
4	347109	336441	352421	233634	24020	8771
7	264845	260526	587571	312359	89936	35622
2	111073	111618	202424	109640	34508	7943
	7394	6029	1531	456	133	62
	5608	5473	8691	5890	1015	759
6	579469	561551	492396	274164	58808	15922
	134786	133679	106523	69759	13156	5458
	89278	93408	64984	31628	7439	1857
7	2062978	2055827	6547544	1086401	47719	187
2	531498	519215	1530775	564253	45297	26264
1	67004	67032	397634	66271	1209	620

4—6 续表2 continued

单位:万元 (2016)

指 标	Item	固定资产总计 Total Value of FixedAssets
总 计	**Total**	**17061221**
#亏损企业	Loss-suffering Enterprises	4195683
按地区分	**Gorped by Region**	
市区	City	3187089
永宁	Yongning	907113
贺兰	Helan	926014
灵武	Lingwu	12041008
按轻重工分	**Grouped by Light & Heavy Industries**	
轻工业	Light Industry	2599608
重工业	Heavy Industry	14461613
按企业规模分	**Grouped by Size of Enterprises**	
大型企业	Large Enterprises	10335438
中型企业	Medium-sized Enterprises	3552121
小型企业	Small Enterprises	2600548
微型企业	Micro-enterprises	573114
按登记注册类型分	**Grouped by Status of Registration**	
内资企业	Domestic Funded	14944931
国有企业	State-owned Enterprises	870690
中央企业	Central	841189
地方企业	Local	29502
有限责任公司	Limited Liability Corporations	10843113
国有独资公司	State Sole Funded Corporations	3842715
其他有限责任公司	Other Limited Liability Corporations	7000397
股份有限公司	Share-holding Corporations Limited	1552308
私营企业	Private Enterprises	1678821
私营独资企业	Private Sole Funded Corporations	815
私营有限责任公司	Private Limited Liability Corporations	1399564
私营股份有限公司	Private Share-holding Corporations Limited	278442
港、澳、台商投资企业	Enterprises with Funds fromHong Kong,Macaoand Taiwan	1749943
合资经营企业(港或澳、台资)	Joint-venturesEnterprises(Hongkong,Macao or Taiwan)	1645896
港澳台商独资经营企业	Enterprises with Fundsfrom Hong Kong,Macao andTaiwan	104047
外商投资企业	Foreign Funded Enterprises	366346
中外合资经营企业	Joint-venture Enterprises	169072
外资企业	Foreign Enterprises	197275

continued

(10 000yuan)

固定资产原价 Original Value of Fixed Assets	累计折旧 Accumulated Depreciation	负债合计 Total Liabilities	流动负债合计 Total Working Liabilities	# 应付账款 Accounts Payable
22948241	**7235579**	**26563539**	**16013877**	**3772744**
4383825	860860	7852512	5296719	1114856
4576235	1943263	5169347	3425868	985925
1366373	518067	1398054	1109223	256487
1141498	350216	1471607	1096196	284235
15864141	4424036	18524533	10382590	2246098
3174887	947518	4901814	3874863	693676
19773354	6288061	21661725	12139014	3079069
14137151	4775767	15974096	9279336	2120289
4709814	1311999	4917322	3042896	645436
3456119	1073748	4972875	3239434	911466
645157	74066	699245	452210	95554
20282773	6669520	24030268	14604858	3322087
1464721	689788	701480	302957	195363
1451298	685765	673908	281205	176155
13423	4023	27572	21752	19208
14103676	4198756	15494978	8229818	1974202
6046921	2312927	7200249	3618859	939697
8056755	1885829	8294728	4610960	1034505
2560100	1200055	1905028	1206121	255650
2154276	580921	5928782	4865961	896872
847	31	335	335	35
1853146	557908	5429067	4486765	818943
300283	22981	499380	378861	77894
2056911	316322	1916379	864694	238529
1930379	285239	1650697	679964	167443
126532	31083	265682	184730	71086
608558	249737	616892	544325	212128
232012	65937	373582	301197	66195
376546	183801	243310	243127	145934

4—6 续表 3 continued

单位:万元 (2016)

指　标	Item	固定资产总计 Total Value of FixedAssets
按工业行业大类分	**Grouped by Sector**	
煤炭开采和洗选业	Mining and Washing of Coal	3087457
农副食品加工业	Processing of Food from Agricultural Products	164648
食品制造业	Manufacture of Foods	378013
酒、饮料和精制茶制造业	Manufacture of Wine, Beverage and Tea	205043
纺织业	Manufacture of Textile	1162393
纺织服装、服饰业	ManufactureofTextileWearingApparelandApparelIndustry	6411
皮革、毛皮、羽毛及其制品和制鞋业	Manufacture ofleather, Fur,Feather, Footwearand Related Products	15076
木材加工及木、竹、藤、棕、草制品业	ProcessingofTimber,ManufactureofWood,Bamboo,Rattan,PalmandStrawProducts	5909
家具制造业	Manufacture of Furniture	8357
造纸及纸制品业	Manufacture of Paper and Paper Products	58791
印刷和记录媒介复制业	Printing,Reproduction of Recording Media	12499
文教、工美、体育和娱乐用品制造业	Manufacture of Articles for Culture,Education,Arts and Crafts,Sport and Entertainment Activities	469
石油加工、炼焦及核燃料加工业	Processing of Petroleum,Coking, Processing of Nuclear Fuel	2569351
化学原料及化学制品制造业	ManufactureofRawChemicalMaterialsandChemicalProducts	2790958
医药制造业	Manufacture of Medicines	385580
橡胶和塑料制品业	Manufacture of Rubber and Plastics	86889
非金属矿物制品业	Manufacture of Non-metallic Mineral Products	367969
黑色金属冶炼及压延加工业	Smelting and Pressing of Ferrous Metals	132984
有色金属冶炼及压延加工业	Smelting and Pressing of Non-ferrous Metals	273637
金属制品业	Manufacture of Metal Products	85980
通用设备制造业	Manufacture of General Purpose Machinery	215384
专用设备制造业	Manufacture of Special Purpose Machinery	47134
汽车制造业	Manufature of Automotive Industry	599
铁路、船舶、航空航天和其他运输设备制造业	ManufatureofRailways,Shipbailding,AerospaceandOtherTransporationEquipment	203
电气机械及器材制造业	Manufacture of Electrical Machinery andEquipment	157666
仪器仪表制造业	Manufacture of Measuring Instruments	13623
废弃资源综合利用业	Vtilization Waste Resources	20436
电力、热力的生产和供应业	ProductionandSupplyofElectricPower,GasandWater	4323057
燃气生产和供应业	Production and Supply of Gas	307750
水的生产和供应业	Production and Supply of Water	176957

continued

(10 000yuan)

固定资产原价 Original Value of Fixed Assets	累计折旧 Accumulated Depreciation	负债合计 Total Liabilities	流动负债合计 Total Working Liabilities	# 应付账款 Accounts Payable
5220791	2075867	6517800	3417677	882653
201894	46739	235327	190707	43572
572166	213264	551268	445489	109254
257191	62633	344379	328647	73353
1108103	228031	2677511	2043786	310921
12160	5750	46446	45866	24500
16816	2965	40208	35200	6965
7072	1123	18623	6516	2321
13170	4813	16021	16021	825
83183	30740	64188	56704	4446
23239	10740	18067	16850	4461
579	110	743	743	541
3378692	1073696	4394901	2974677	542286
2741923	338331	2689939	1374230	352062
579730	236984	724306	612530	99338
214520	135496	189510	182908	123719
552092	197062	511809	477666	222399
178383	48755	233140	163237	42953
599273	232402	608808	524194	121822
86276	21987	228528	96283	20754
320557	133243	273520	246806	93655
56660	13953	118893	112333	16589
712	113	82	82	23
353	150	4781	1998	1252
236808	86989	265847	188132	58653
17264	4113	59382	54565	18650
23067	2632	37774	37024	9819
5884273	1849595	4546363	1806537	514695
291964	84929	929919	502323	62850
269330	92374	215457	54146	7417

4—6 续表4 continued

单位:万元 (2016)

指 标	Item	所有者权益合计 Owners' Equities
总 计	**Total**	**12572233**
# 亏损企业	Loss-suffering Enterprises	1563846
按地区分	**Gorped by Region**	
市区	City	3733196
永宁	Yongning	897574
贺兰	Helan	981577
灵武	Lingwu	6959887
按轻重工分	**Grouped by Light & Heavy Industries**	
轻工业	Light Industry	3351298
重工业	Heavy Industry	9220935
按企业规模分	**Grouped by Size of Enterprises**	
大型企业	Large Enterprises	6598923
中型企业	Medium-sized Enterprises	2561478
小型企业	Small Enterprises	3213945
微型企业	Micro-enterprises	197888
按登记注册类型分	**Grouped by Status of Registration**	
内资企业	Domestic Funded	10740864
国有企业	State-owned Enterprises	334756
中央企业	Central	315935
地方企业	Local	18821
有限责任公司	Limited Liability Corporations	6298186
国有独资公司	State Sole Funded Corporations	2504801
其他有限责任公司	Other Limited Liability Corporations	3793386
股份有限公司	Share-holding Corporations Limited	1272771
私营企业	Private Enterprises	2835152
私营独资企业	Private Sole Funded Corporations	1703
私营有限责任公司	Private Limited Liability Corporations	2683008
私营股份有限公司	Private Share-holding Corporations Limited	150441
港、澳、台商投资企业	Enterprises with Funds fromHong Kong,Macaoand Taiwan	1307315
合资经营企业(港或澳、台资)	Joint-venturesEnterprises(Hongkong,Macao or Taiwan)	1173162
港澳台商独资经营企业	Enterprises with Fundsfrom Hong Kong,Macao andTaiwan	134153
外商投资企业	Foreign Funded Enterprises	524054
中外合资经营企业	Joint-venture Enterprises	356047
外资企业	Foreign Enterprises	168007

continued

(10 000yuan)

实收资本 Paid-up Capital	国家资本 State-owned Capital	集体资本 Collective-owned Capital	法人资本 Corporate Capital	个人资本 Personal Capital	港澳台资本 Capital frome Hong Kong, Macao and Taiwan	外商资本 Foreign Capital
8386238	**2177837**	**21107**	**4413034**	**1297734**	**297950**	**178576**
2114176	63075	8000	1329026	630967	38166	44943
2489543	828370	11044	1112971	321958	81032	134167
320796	10825		106082	181599		22290
703783	28103	10063	541686	97394	4418	22120
4872116	1310539		2652295	696782	212500	
1799150	62256	1095	994089	687175	7284	47251
6587087	2115580	20012	3418945	610559	290666	131326
4665871	1416891		2511137	503193	200000	34650
1484407	541651	9354	555596	267551		110256
2092695	150265	11753	1312379	486677	97950	33670
143265	69030		33923	40312		
7245734	2171087	13107	3830144	1231397		
88112	88112					
84155	84155					
3957	3957					
4353751	1392957	11648	2547863	401283		
1495062	744746		742417	7899		
2858689	648211	11648	1805446	393384		
1027021	689918		267044	70059		
1776850	100	1459	1015237	760054		
100				100		
1708504	100	1459	973294	733651		
68246			41943	26303		
841923			467800	65880	297950	10293
710605			436800	58880	214925	
131318			31000	7000	83025	10293
298581	6750	8000	115091	457		168284
134158	6750		107091	457		19860
164424		8000	8000			148424

4—6 续表5 continued

单位:万元 (2016)

指 标	Item	所有者权益合计 Owners' Equities
按工业行业大类分	**Grouped by Sector**	
煤炭开采和洗选业	Mining and Washing of Coal	2412685
农副食品加工业	Processing of Food from Agricultural Products	317286
食品制造业	Manufacture of Foods	420866
酒、饮料和精制茶制造业	Manufacture of Wine, Beverage and Tea	111968
纺织业	Manufacture of Textile	1828746
纺织服装、服饰业	Manufacture of Textile Wearing Apparel and Apparel Industry	18762
皮革、毛皮、羽毛及其制品和制鞋业	Manufacture ofleather, Fur,Feather, Footwearand Related Products	23390
木材加工及木、竹、藤、棕、草制品业	ProcessingofTimber,ManufactureofWood,Bamboo,Rattan,PalmandStrawProducts	20663
家具制造业	Manufacture of Furniture	19956
造纸及纸制品业	Manufacture of Paper and Paper Products	64584
印刷和记录媒介复制业	Printing,Reproduction of Recording Media	20537
文教、工美、体育和娱乐用品制造业	Manufacture of Articles for Culture,Education,Arts and Crafts,Sport and Entertainment Activities	4116
石油加工、炼焦及核燃料加工业	Processing of Petroleum,Coking, Processing of Nuclear Fuel	1940813
化学原料及化学制品制造业	Manufacture of Raw Chemical Materials and Chemical Products	762915
医药制造业	Manufacture of Medicines	336373
橡胶和塑料制品业	Manufacture of Rubber and Plastics	66761
非金属矿物制品业	Manufacture of Non-metallic Mineral Products	417128
黑色金属冶炼及压延加工业	Smelting and Pressing of Ferrous Metals	161854
有色金属冶炼及压延加工业	Smelting and Pressing of Non-ferrous Metals	13570
金属制品业	Manufacture of Metal Products	123893
通用设备制造业	Manufacture of General Purpose Machinery	314051
专用设备制造业	Manufacture of Special Purpose Machinery	83530
汽车制造业	Manufature of Automotive Industry	1449
铁路、船舶、航空航天和其他运输设备制造业	ManufatureofRailways,Shipbailding,AerospaceandOtherTransporationEquipment	1226
电气机械及器材制造业	Manufacture of Electrical Machinery andEquipment	226549
仪器仪表制造业	Manufacture of Measuring Instruments	47141
废弃资源综合利用业	Vtilization Waste Resources	27209
电力、热力的生产和供应业	Production and Supply of Electric Power,Gasand Water	2001181
燃气生产和供应业	Production and Supply of Gas	600855
水的生产和供应业	Production and Supply of Water	182178

continued

（10 000yuan）

实收资本 Paid-up Capital	国家资本 State-owned Capital	集体资本 Collective-owned Capital	法人资本 Corporate Capital	个人资本 Personal Capital	港澳台资本 Capital frome Hong Kong, Macao and Taiwan	外商资本 Foreign Capital
1323939	629130		654809	40000		
128968	50	104	70538	55085	600	2591
131458			87893	34880		8685
85094	9980	600	22190	10701	5899	35725
1091272	18700		611129	461442		
8869	750		7669	200		250
8349			3433	4916		
3838		408	2540	890		
9680			2500	7180		
21499			8965	12534		
10921	5371			5550		
3600				3600		
1827204	684906		693858	248440	200000	
779765		8891	750545	19438	786	104
165538	1088		77763	86687		
105420			31226	12469	2425	59300
274715	50000	1854	165207	57654		
83546			64362	15600		3584
120707	35000		76357	9350		
61664	100		34824	26740		
177602			65404	43861		68338
53976			23555	30421		
1000			900	100		
660				660		
123294		9250	71049	42995		
28900			4700	24200		
18338			10704	7634		
1255731	712279		465850	25102	52500	
320625	4165		307055	9405		
160067	26317		98008		35741	

4—6 续表6 continued

单位:万元 (2016)

指 标	Item	主营业务收入 Revenue from Principal Business
总 计	**Total**	**17363854**
#亏损企业	Loss-suffering Enterprises	2568068
按地区分	**Gorped by Region**	
市区	City	5607991
永宁	Yongning	1405446
贺兰	Helan	2081212
灵武	Lingwu	8269208
按轻重工分	**Grouped by Light & Heavy Industries**	
轻工业	Light Industry	4453245
重工业	Heavy Industry	12910609
按企业规模分	**Grouped by Size of Enterprises**	
大型企业	Large Enterprises	9349479
中型企业	Medium-sized Enterprises	2667750
小型企业	Small Enterprises	5106149
微型企业	Micro-enterprises	240476
按登记注册类型分	**Grouped by Status of Registration**	
内资企业	Domestic Funded	15007252
国有企业	State-owned Enterprises	954599
中央企业	Central	943681
地方企业	Local	10918
有限责任公司	Limited Liability Corporations	5775817
国有独资公司	State Sole Funded Corporations	1708838
其他有限责任公司	Other Limited Liability Corporations	4066979
股份有限公司	Share-holding Corporations Limited	3195029
私营企业	Private Enterprises	5081807
私营独资企业	Private Sole Funded Corporations	2469
私营有限责任公司	Private Limited Liability Corporations	4895467
私营股份有限公司	Private Share-holding Corporations Limited	183872
港、澳、台商投资企业	Enterprises with Funds fromHong Kong,Macaoand Taiwan	1752159
合资经营企业(港或澳、台资)	Joint-venturesEnterprises(Hongkong, Macao or Taiwan)	1583799
港澳台商独资经营企业	Enterprises with Fundsfrom Hong Kong,Macao andTaiwan	168360
外商投资企业	Foreign Funded Enterprises	604443
中外合资经营企业	Joint-venture Enterprises	277955
外资企业	Foreign Enterprises	326488

continued

（10 000yuan）

主营业务成本 Cost of Principal Business	其他业务收入 Revenus from Other Business	其他业务利润 Other Profits	销售费用 Selling Costs	管理费用 Management Costs
13848456	**350068**	**–23114**	**371110**	**777562**
2528128	53281	–716	49248	154919
4098490	204559	8649	107922	185306
1122716	49570	–33435	51346	91445
1606168	34606	626	83484	99597
7021086	61332	1046	128358	401214
3516376	203540	–28701	146112	193899
10332080	146528	5588	224998	583663
6964654	150668	–29966	175589	464052
2199353	54670	7591	68202	121531
4493701	143727	–738	121624	180730
190748	1002		5695	11250
11994355	198271	–32504	300516	695622
927126	2679	–1760	13	10021
914606	1227			9052
12521	1452	–1760	13	969
4550539	104945	3917	152474	436726
1190531	1407	174	52209	237520
3360008	103538	3743	100265	199206
1959208	46076	–36317	49473	96078
4557482	44571	1656	98556	152797
2039			10	15
4398936	44536	1656	91227	144272
156506	35		7319	8511
1382627	28067	2081	40534	42870
1255663	24666	2033	31860	27256
126964	3402	48	8675	15614
471475	123729	7309	30059	39070
192346	88406	5509	15657	21085
279129	35323	1801	14402	17986

4—6 续表7 continued

单位:万元 (2016)

指 标	Item	主营业务收入 Revenue from Principal Business
按工业行业大类分	**Grouped by Sector**	
煤炭开采和洗选业	Mining and Washing of Coal	1740092
农副食品加工业	Processing of Food from Agricultural Products	597498
食品制造业	Manufacture of Foods	782284
酒、饮料和精制茶制造业	Manufacture of Wine, Beverage and Tea	162033
纺织业	Manufacture of Textile	2027230
纺织服装、服饰业	Manufacture of Textile Wearing Apparel and Apparel Industry	15556
皮革、毛皮、羽毛及其制品和制鞋业	Manufacture ofleather, Fur,Feather, Footwearand Related Products	71453
木材加工及木、竹、藤、棕、草制品业	ProcessingofTimber,ManufactureofWood,Bamboo,Rattan,PalmandStrawProducts	79456
家具制造业	Manufacture of Furniture	77120
造纸及纸制品业	Manufacture of Paper and Paper Products	73923
印刷和记录媒介复制业	Printing,Reproduction of Recording Media	40719
文教、工美、体育和娱乐用品制造业	Manufacture of Articles for Culture,Education,Arts and Crafts,Sport and Entertainment Activities	4197
石油加工、炼焦及核燃料加工业	Processing of Petroleum,Coking, Processing of Nuclear Fuel	4387953
化学原料及化学制品制造业	Manufacture of Raw Chemical Materials and Chemical Products	937114
医药制造业	Manufacture of Medicines	433007
橡胶和塑料制品业	Manufacture of Rubber and Plastics	235716
非金属矿物制品业	Manufacture of Non-metallic Mineral Products	533507
黑色金属冶炼及压延加工业	Smelting and Pressing of Ferrous Metals	133963
有色金属冶炼及压延加工业	Smelting and Pressing of Non-ferrous Metals	833576
金属制品业	Manufacture of Metal Products	295983
通用设备制造业	Manufacture of General Purpose Machinery	250927
专用设备制造业	Manufacture of Special Purpose Machinery	95848
汽车制造业	Manufature of Automotive Industry	6029
铁路、船舶、航空航天和其他运输设备制造业	ManufatureofRailways,Shipbailding,AerospaceandOtherTransporationEquipment	5413
电气机械及器材制造业	Manufacture of Electrical Machinery andEquipment	507877
仪器仪表制造业	Manufacture of Measuring Instruments	124787
废弃资源综合利用业	Vtilization Waste Resources	90435
电力、热力的生产和供应业	Production and Supply of Electric Power,Gasand Water	2048979
燃气生产和供应业	Production and Supply of Gas	703574
水的生产和供应业	Production and Supply of Water	67604

continued

(10 000yuan)

主营业务成本 Cost of Principal Business	其他业务收入 Revenus from Other Business	其他业务利润 Other Profits	销售费用 Selling Costs	管理费用 Management Costs
1270048			52654	232564
531205	3752	231	15714	18869
612163	120520	420	56832	48449
99759	11674	71	14770	13014
1571868	10509	4133	36437	50598
13338		35	1002	1130
65326			573	907
74526	239		1516	1053
70541			2052	2601
62688	103	0	1496	3772
34799	1137		811	2125
3567			92	88
3039722	25370	2033	42454	85520
914080	34463	1305	10276	66383
320814	52762	-33554	10577	44494
217938	46706	1765	10522	7795
429562	3054	252	40476	29115
114967	4870	1866	5653	11907
773781	5350	-2695	16427	9095
259715			4341	17466
204631	4105	-695	12979	25975
79346	108	9	3603	7618
5349			30	356
3769	325		159	640
449069	4762	217	14865	18425
104630	5		6041	7749
82197			1018	2883
1773789	13095	479	400	45387
626371	5467	1014	3193	13531
38900	1693		4149	8055

4—6 续表8 continued

单位:万元 (2016)

指 标	Item	财务费用 Financial Costs
总 计	**Total**	**649261**
# 亏损企业	Loss-suffering Enterprises	190498
按地区分	**Gorped by Region**	
市区	City	121246
永宁	Yongning	31535
贺兰	Helan	47766
灵武	Lingwu	448714
按轻重工分	**Grouped by Light & Heavy Industries**	
轻工业	Light Industry	147045
重工业	Heavy Industry	502215
按企业规模分	**Grouped by Size of Enterprises**	
大型企业	Large Enterprises	358212
中型企业	Medium-sized Enterprises	154704
小型企业	Small Enterprises	119619
微型企业	Micro-enterprises	16725
按登记注册类型分	**Grouped by Status of Registration**	
内资企业	Domestic Funded	587218
国有企业	State-owned Enterprises	15761
中央企业	Central	15785
地方企业	Local	-24
有限责任公司	Limited Liability Corporations	380431
国有独资公司	State Sole Funded Corporations	121620
其他有限责任公司	Other Limited Liability Corporations	258811
股份有限公司	Share-holding Corporations Limited	50131
私营企业	Private Enterprises	140896
私营独资企业	Private Sole Funded Corporations	14
私营有限责任公司	Private Limited Liability Corporations	132467
私营股份有限公司	Private Share-holding Corporations Limited	8415
港、澳、台商投资企业	Enterprises with Funds fromHong Kong,Macaoand Taiwan	50325
合资经营企业(港或澳、台资)	Joint-venturesEnterprises(Hongkong,Macao or Taiwan)	40872
港澳台商独资经营企业	Enterprises with Fundsfrom Hong Kong,Macao andTaiwan	9453
外商投资企业	Foreign Funded Enterprises	11717
中外合资经营企业	Joint-venture Enterprises	7790
外资企业	Foreign Enterprises	3928

continued

(10 000yuan)

# 利息支出 Interest Expense	营业利润 Operating Profits	利润总额 Total Profits	亏损企业亏损总额 Total Loss ofLoss-suffering Enterprises	本年应付职工薪酬 Wages Payable This Year	从业人员平均人数(人) Annual AverageEmployed Persons(person)
624525	**632588**	**718626**	**369602**	**1115138**	**128295**
191118	-376140	-369602	369602	145575	22348
122642	341260	363496	81779	212923	36832
31547	70513	76717	3941	81860	12157
18492	56269	64090	22680	74928	14265
451843	164546	214324	261204	745428	65042
123952	231437	268303	21936	187578	36377
500573	401152	450323	347666	927559	91918
335362	332478	346503	213711	780971	70320
155414	117796	154461	81054	138596	21246
117442	167129	202197	72755	191992	35956
16307	15186	15466	2083	3578	773
546624	367154	462184	345544	971913	108603
15959	1882	3264	2062	35719	3949
15959	3668	4224		34361	3683
	-1786	-960	2062	1358	266
341329	-3389	70287	248814	703799	62575
109027	23588	49958	291	490372	30906
232302	-26977	20329	248523	213427	31669
48422	249063	242461	5587	103511	12921
140914	119599	146171	89081	128885	29158
14	392	392		71	20
132647	116899	142810	86505	120428	27623
8254	2308	2969	2576	8386	1515
64778	214418	200022	18902	89092	10953
55142	216743	197501	1974	77998	9426
9635	-2325	2521	16928	11094	1527
13123	51016	56420	5156	54132	8739
12135	44253	48846		20141	4371
988	6763	7574	5156	33991	4368

4—6　续表9　continued

单位:万元 (2016)

指　标	Item	财务费用 Financial Costs
按工业行业大类分	**Grouped by Sector**	
煤炭开采和洗选业	Mining and Washing of Coal	96178
农副食品加工业	Processing of Food from Agricultural Products	8549
食品制造业	Manufacture of Foods	10799
酒、饮料和精制茶制造业	Manufacture of Wine, Beverage and Tea	4045
纺织业	Manufacture of Textile	98500
纺织服装、服饰业	Manufacture of Textile Wearing Apparel and Apparel Industry	349
皮革、毛皮、羽毛及其制品和制鞋业	Manufacture ofleather, Fur,Feather, Footwearand Related Products	1009
木材加工及木、竹、藤、棕、草制品业	ProcessingofTimber,ManufactureofWood,Bamboo,Rattan,PalmandStrawProducts	716
家具制造业	Manufacture of Furniture	283
造纸及纸制品业	Manufacture of Paper and Paper Products	2624
印刷和记录媒介复制业	Printing,Reproduction of Recording Media	292
文教、工美、体育和娱乐用品制造业	Manufacture of Articles for Culture,Education,Arts and Crafts,Sport and Entertainment Activities	2
石油加工、炼焦及核燃料加工业	Processing of Petroleum,Coking, Processing of Nuclear Fuel	98217
化学原料及化学制品制造业	Manufacture of Raw Chemical Materials and Chemical Products	83040
医药制造业	Manufacture of Medicines	16348
橡胶和塑料制品业	Manufacture of Rubber and Plastics	479
非金属矿物制品业	Manufacture of Non-metallic Mineral Products	9247
黑色金属冶炼及压延加工业	Smelting and Pressing of Ferrous Metals	5176
有色金属冶炼及压延加工业	Smelting and Pressing of Non-ferrous Metals	22389
金属制品业	Manufacture of Metal Products	5210
通用设备制造业	Manufacture of General Purpose Machinery	5927
专用设备制造业	Manufacture of Special Purpose Machinery	1949
汽车制造业	Manufature of Automotive Industry	146
铁路、船舶、航空航天和其他运输设备制造业	ManufatureofRailways,Shipbailding,AerospaceandOtherTransporationEquipment	43
电气机械及器材制造业	Manufacture of Electrical Machinery andEquipment	6024
仪器仪表制造业	Manufacture of Measuring Instruments	881
废弃资源综合利用业	Vtilization Waste Resources	788
电力、热力的生产和供应业	Production and Supply of Electric Power,Gasand Water	138750
燃气生产和供应业	Production and Supply of Gas	24260
水的生产和供应业	Production and Supply of Water	7043

continued

(10 000yuan)

# 利息支出 Interest Expense	营业利润 Operating Profits	利润总额 Total Profits	亏损企业亏损总额 Total Loss of Loss-suffering Enterprises	本年应付职工薪酬 Wages Payable This Year	从业人员平均人数(人) Annual Average Employed Persons (person)
83530	6259	31572	1456	483689	30594
7655	20677	27509	13833	17758	3993
11405	57240	61397	450	48662	6955
4130	12806	15402	1134	11507	2035
76084	100703	117247	1892	46432	11948
256	-486	383		3370	886
960	3552	4616		1455	414
51	1535	1283		1092	207
281	1548	1690	579	7489	662
2127	3588	4014		6455	1906
300	2843	3524		3414	642
2	437	443		74	18
115005	349419	315893	60417	116516	15991
80593	-152839	-150773	226339	69081	8737
16265	8337	9958	4041	31959	5035
632	1994	2640	6974	23623	3623
9262	21920	29344	3656	28858	4964
5550	1764	3248	4102	10197	2548
21984	6220	4331	5737	29946	3258
4746	9212	10930	1835	9590	2029
2749	-870	1814	12858	29116	5179
1591	4628	6566	2544	7786	1572
93	123	133		123	38
44	641	724		578	88
5405	21193	24888	2052	17056	3502
831	4047	5386		5312	740
749	2322	3302		2141	269
138962	97589	132507	9186	87952	8121
25901	36271	35742	7554	9777	1211
7384	9917	12915	2965	4135	1130

4-7 规模以上工业企业主要经济指标(市区)

单位:万元　　　　　　　　　　　　　　　　　　　　　　　　　　(2016)

指　标	Item	企业单位数(个) Number of Enterprises (unit)
总　计	**Total**	**136**
#亏损企业	Loss-suffering Enterprises	33
按轻重工分	**Grouped by Light & Heavy Industries**	
轻工业	Light Industry	35
重工业	Heavy Industry	101
按企业规模分	**Grouped by Size of Enterprises**	
大型企业	Large Enterprises	5
中型企业	Medium-sized Enterprises	23
小型企业	Small Enterprises	104
微型企业	Micro-enterprises	4
按登记注册类型分	**Grouped by Status of Registration**	
内资企业	Domestic Funded	115
国有企业	State-owned Enterprises	2
中央企业	Central	1
地方企业	Local	1
有限责任公司	Limited Liability Corporations	50
国有独资公司	State Sole Funded Corporations	3
其他有限责任公司	Other Limited Liability Corporations	47
股份有限公司	Share-holding Corporations Limited	7
私营企业	Private Enterprises	56
私营有限责任公司	Private Limited Liability Corporations	55
私营股份有限公司	Private Share-holding Corporations Limited	1
港、澳、台商投资企业	Enterpriseswith Funds from Hong Kong,Macaoand Taiwan	7
合资经营企业(港或澳、台资)	Joint-ventures Enterprises(Hongkong,Macao or Taiwan)	1
港澳台商独资经营企业	Enterprises with Funds from HongKong,Macao and Taiwan	6
外商投资企业	Foreign Funded Enterprises	14
中外合资经营企业	Joint-venture Enterprises	8
外资企业	Foreign Enterprises	6

Main Economic Indicators of Industrial Enterprises above Designated Size (City)

(10 000yuan)

# 亏损企业 Loss-suffering Enterprises	工业总产值（当年价格） Gross Output Value of Industrial (current prices)	工业销售产值（当年价格） Output Value of Industrial Sold (current prices)	资产总计 Total Assets	流动资产总计 Total Working Capitas	# 存货 Stock	# 产成品 Finished Products
33	**5698678**	**5540596**	**8902546**	**3527030**	**781663**	**231448**
33	416040	390747	1883341	1043324	217824	46855
4	731224	626220	946787	572347	199170	48178
29	4967455	4914376	7955759	2954683	582493	183270
1	3078854	3053230	1818250	446874	141808	29089
2	1304305	1199860	3531123	1640178	385384	86065
29	1297809	1267279	3399138	1402348	248481	116073
1	17711	20227	154035	37630	5989	221
30	4957839	4882167	7593217	2810780	540972	169553
	309312	309707	328207	25280	139	
	303574	303969	318424	21781	58	
	5738	5738	9783	3499	81	
12	1281815	1287184	3278084	1431518	170179	56915
1	80177	84250	341667	79599	10205	
11	1201638	1202934	2936418	1351919	159973	56915
1	2214073	2182615	1793697	253953	123232	38358
17	1152639	1102661	2193230	1100028	247423	74280
17	1146649	1096608	2185947	1094049	246591	74137
	5990	6054	7282	5979	831	143
2	150070	142435	280377	130235	15356	6472
1	7149	11374	11556	4691	2783	2783
1	142922	131061	268822	125544	12574	3689
1	590769	515994	1028951	586015	225335	55423
	306414	218833	666488	412298	166403	40364
1	284355	297161	362463	173718	58931	15059

4—7 续表1

单位:万元 （2016）

指 标	Item	企业单位数（个）Number of Enterprises（unit）
按工业行业大类分	**Grouped by Sector**	**136**
煤炭开采和洗选业	Mining and Washing of Coal	1
农副食品加工业	Processing of Food from Agricultural Products	10
食品制造业	Manufacture of Foods	8
酒、饮料和精制茶制造业	Manufacture of Wine, Beverage and Tea	3
纺织业	Manufacture of Textile	4
纺织服装、服饰业	Manufacture of Textile Wearing Appareland Apparel Industry	2
造纸及纸制品业	Manufacture of Paper and Paper Products	2
印刷和记录媒介复制业	Printing,Reproduction of Recording Media	1
石油加工、炼焦及核燃料加工业	Processing ofPetroleum,Coking, Processing of NuclearFuel	3
化学原料及化学制品制造业	Manufacture of RawChemical Materials and Chemical Products	13
医药制造业	Manufacture of Medicines	3
橡胶和塑料制品业	Manufacture of Rubber and Plastics	6
非金属矿物制品业	Manufacture of Non-metallic Mineral Products	14
黑色金属冶炼及压延加工业	Smelting and Pressing of Ferrous Metals	3
金属制品业	Manufacture of Metal Products	2
通用设备制造业	Manufacture of General Purpose Machinery	17
专用设备制造业	Manufacture of Special Purpose Machinery	7
铁路、船舶、航空航天和其他运输设备制造业	ManufatureofRailways,Shipbailding,AerospaceandOtherTransporationEquipment	1
电气机械及器材制造业	Manufacture of Electrical Machinery and Equipment	11
仪器仪表制造业	Manufacture of Measuring Instruments	2
电力、热力的生产和供应业	Production and Supply of Electric Power,Gas and Water	14
燃气生产和供应业	Production and Supply of Gas	7
水的生产和供应业	Production and Supply of Water	2

continued

(10 000yuan)

# 亏损企业 Loss-suffering Enterprises	工业总产值（当年价格） Gross Output Value of Industrial (current prices)	工业销售产值（当年价格） Output Value of Industrial Sold (current prices)	资产总计 Total Assets	流动资产总计 Total Working Capitas	# 存货 Stock	# 产成品 Finished Products
33	**5698678**	**5540596**	**8902546**	**3527030**	**781663**	**231448**
	251922	250990	296543	52520	9848	7564
1	109113	106078	115480	76836	33844	5164
1	296261	286316	137796	75585	11546	4623
1	43035	34698	111878	10550	6463	254
1	194070	115154	317692	269863	119105	25304
	13021	9916	64313	56212	15637	10468
	14804	14005	21632	15313	4659	434
	6060	6064	19948	15163	517	
1	2166192	2113557	1723815	683683	199150	24129
4	507711	513116	542962	319868	63663	24784
	18950	18018	27429	14318	5991	1744
2	187752	193332	208817	119553	42440	25498
5	190638	186730	439292	188402	16496	8105
	92147	86840	323983	131374	46631	14347
	19727	19129	28270	9740	2653	492
7	229970	230905	568244	298787	86232	35093
2	39277	41830	146231	75681	29476	6346
	2847	2697	3225	2973	28	
3	199590	211970	257331	160002	27430	7557
	61809	60604	59745	52492	10257	3475
2	576994	574139	1829751	327418	4913	187
2	445701	433419	1439339	523981	44135	25857
1	31087	31087	218831	46720	548	24

4—7　续表2

单位:万元　　(2016)

指　标	Item	固定资产总计 Total Value of FixedAssets
总　计	Total	**3187089**
# 亏损企业	Loss-suffering Enterprises	374684
按轻重工分	**Grouped by Light & Heavy Industries**	
轻工业	Light Industry	286650
重工业	Heavy Industry	2900439
按企业规模分	**Grouped by Size of Enterprises**	
大型企业	Large Enterprises	1340578
中型企业	Medium-sized Enterprises	966234
小型企业	Small Enterprises	783344
微型企业	Micro-enterprises	96933
按登记注册类型分	**Grouped by Status of Registration**	
内资企业	Domestic Funded	2831770
国有企业	State-owned Enterprises	276737
中央企业	Central	270603
地方企业	Local	6134
有限责任公司	Limited Liability Corporations	1193545
国有独资公司	State Sole Funded Corporations	255248
其他有限责任公司	Other Limited Liability Corporations	938296
股份有限公司	Share-holding Corporations Limited	1069949
私营企业	Private Enterprises	291539
私营独资企业	Private Sole Funded Corporations	290311
私营有限责任公司	Private Limited Liability Corporations	1228
私营股份有限公司	Private Share-holding Corporations Limited	53282
港、澳、台商投资企业	Enterprises with Funds fromHong Kong,Macaoand Taiwan	5416
合资经营企业(港或澳、台资)	Joint-venturesEnterprises(Hongkong, Macao or Taiwan)	47867
港澳台商独资经营企业	Enterprises with Fundsfrom Hong Kong,Macao andTaiwan	302036
外商投资企业	Foreign Funded Enterprises	140891
中外合资经营企业	Joint-venture Enterprises	161145

continued

(10 000yuan)

固定资产原价 Original Value of Fixed Assets	累计折旧 Accumulated Depreciation	负债合计 Total Liabilities	流动负债合计 Total Working Liabilities	# 应付账款 Accounts Payable
4576235	**1943263**	**5169347**	**3425868**	**985925**
623817	284382	1578455	1309471	391348
440861	155922	498206	454123	122602
4135373	1787341	4671141	2971746	863323
2093468	1077881	713432	493708	234123
1365330	501363	2218567	1678746	390138
1000081	343596	2107870	1156166	356833
117356	20423	129478	97248	4831
3962896	1677858	4412061	2812939	715107
476919	224520	222097	93752	57864
466870	220605	216790	90461	56668
10049	3915	5306	3290	1196
1519149	548870	1935709	1228273	323816
303016	121204	242781	75942	22648
1216133	427667	1692928	1152331	301168
1553812	767581	802632	316274	61177
413017	136887	1451623	1174640	272251
410917	135802	1446260	1169277	269264
2100	1085	5364	5364	2987
93985	40817	192179	120390	67138
24209	18793	16453	10453	881
69776	22023	175726	109937	66257
519354	224588	565107	492540	203680
190772	52877	352239	279854	59557
328582	171711	212869	212686	144123

4—7　续表3

单位:万元　　　　(2016)

指　标	Item	固定资产总计 Total Value of Fixed Assets
按工业行业大类分	**Grouped by Sector**	**3187089**
煤炭开采和洗选业	Mining and Washing of Coal	5328
农副食品加工业	Processing of Food from Agricultural Products	28379
食品制造业	Manufacture of Foods	53762
酒、饮料和精制茶制造业	Manufacture of Wine, Beverage and Tea	81407
纺织业	Manufacture of Textile	31255
纺织服装、服饰业	Manufacture of Textile Wearing Appareland Apparel Industry	6381
造纸及纸制品业	Manufacture of Paper and Paper Products	5659
印刷和记录媒介复制业	Printing,Reproduction of Recording Media	3252
石油加工、炼焦及核燃料加工业	Processing ofPetroleum,Coking, Processing of NuclearFuel	881779
化学原料及化学制品制造业	Manufacture of RawChemical Materials and Chemical Products	200424
医药制造业	Manufacture of Medicines	10684
橡胶和塑料制品业	Manufacture of Rubber and Plastics	79584
非金属矿物制品业	Manufacture of Non-metallic Mineral Products	201004
黑色金属冶炼及压延加工业	Smelting and Pressing of Ferrous Metals	86878
金属制品业	Manufacture of Metal Products	14443
通用设备制造业	Manufacture of General Purpose Machinery	213241
专用设备制造业	Manufacture of Special Purpose Machinery	34060
铁路、船舶、航空航天和其他运输设备制造业	ManufatureofRailways,Shipbailding,AerospaceandOtherTransporationEquipment	203
电气机械及器材制造业	Manufacture of Electrical Machinery and Equipment	58168
仪器仪表制造业	Manufacture of Measuring Instruments	4903
电力、热力的生产和供应业	Production and Supply of Electric Power,Gas and Water	844836
燃气生产和供应业	Production and Supply of Gas	277020
水的生产和供应业	Production and Supply of Water	64438

continued

(10 000yuan)

固定资产原价 Original Value of Fixed Assets	累计折旧 Accumulated Depreciation	负债合计 Total Liabilities	流动负债合计 Total Working Liabilities	# 应付账款 Accounts Payable
4576235	**1943263**	**5169347**	**3425868**	**985925**
6524	1195	60543	28193	2654
44384	16378	37026	34682	7208
80667	28128	96379	94098	27451
105866	24573	110032	110032	44233
44833	13578	148077	117180	12607
12130	5749	46000	45428	24483
10600	4941	14375	13286	2070
8692	5440	11304	11304	1321
1364710	740984	991060	870962	195515
237123	77919	208391	172205	77880
18896	8212	10436	7771	1212
201750	129801	165752	159440	118621
313068	117800	199284	196267	79950
120991	37468	204508	136404	37735
16713	2289	10974	10974	917
316773	131602	264393	239174	91523
41415	10810	101583	97843	14988
353	150	1998	1998	1252
75471	20520	145445	107421	39982
7453	2549	48107	46737	16457
1183991	440803	1296881	416249	128076
252693	75673	903982	484457	55513
111139	46701	92819	23764	4279

4—7　续表4

单位:万元　　(2016)

指　标	Item	所有者权益合计 Owners' Equities
总　计	**Total**	**3733196**
#亏损企业	Loss-suffering Enterprises	304886
按轻重工分	**Grouped by Light & Heavy Industries**	
轻工业	Light Industry	448580
重工业	Heavy Industry	3284616
按企业规模分	**Grouped by Size of Enterprises**	
大型企业	Large Enterprises	1104818
中型企业	Medium-sized Enterprises	1312556
小型企业	Small Enterprises	1291266
微型企业	Micro-enterprises	24557
按登记注册类型分	**Grouped by Status of Registration**	
内资企业	Domestic Funded	3181154
国有企业	State-owned Enterprises	106110
中央企业	Central	101634
地方企业	Local	4477
有限责任公司	Limited Liability Corporations	1342374
国有独资公司	State Sole Funded Corporations	98886
其他有限责任公司	Other Limited Liability Corporations	1243488
股份有限公司	Share-holding Corporations Limited	991065
私营企业	Private Enterprises	741605
私营有限责任公司	Private Limited Liability Corporations	739686
私营股份有限公司	Private Share-holding Corporations Limited	1919
港、澳、台商投资企业	Enterpriseswith Funds from Hong Kong,Macaoand Taiwan	88198
合资经营企业(港或澳、台资)	Joint-ventures Enterprises(Hongkong, Macao or Taiwan)	-4898
港澳台商独资经营企业	Enterprises with Funds from HongKong,Macao and Taiwan	93096
外商投资企业	Foreign Funded Enterprises	463844
中外合资经营企业	Joint-venture Enterprises	314249
外资企业	Foreign Enterprises	149595

continued

(10 000yuan)

实收资本 Paid-up Capital	国家资本 State-owned Capital	集体资本 Collective-owned Capital	法人资本 Corporate Capital	个人资本 Personal Capital	港澳台资本 Capital frome Hong KongMacao and Taiwan	外商资本 Foreign Capital
2489543	**828370**	**11044**	**1112971**	**321958**	**81032**	**134167**
434656	3017		169954	188869	38166	34650
218900	7209		188984	16999	2867	2841
2270643	821162	11044	923987	304959	78166	131326
798628	711978		52000			34650
730746	75927	9250	336886	211863		96821
942028	28366	1794	718046	110095	81032	2695
18140	12100		6040			
2143771	827620	11044	990605	314501		
29980	29980					
27072	27072					
2908	2908					
800700	107723	11044	660580	21353		
92904	16000		76904			
707795	91723	11044	583676	21353		
876035	689918		152923	33194		
437057			177103	259954		
435657			177103	258554		
1400				1400		
95307			7275	7000	81032	
9700			7275		2425	
85607				7000	78607	
250464	750		115091	457		134167
114722	750		107091	457		6425
135742			8000			127742

4—7 续表5

单位:万元 （2016）

指 标	Item	所有者权益合计 Owners' Equities
按工业行业大类分	**Grouped by Sector**	
煤炭开采和洗选业	Mining and Washing of Coal	236000
农副食品加工业	Processing of Food from Agricultural Products	78454
食品制造业	Manufacture of Foods	41417
酒、饮料和精制茶制造业	Manufacture of Wine, Beverage and Tea	1846
纺织业	Manufacture of Textile	169614
纺织服装、服饰业	Manufacture of Textile Wearing Appareland Apparel Industry	18313
造纸及纸制品业	Manufacture of Paper and Paper Products	7258
印刷和记录媒介复制业	Printing,Reproduction of Recording Media	8644
石油加工、炼焦及核燃料加工业	Processing ofPetroleum,Coking, Processing of NuclearFuel	732755
化学原料及化学制品制造业	Manufacture of RawChemical Materials and Chemical Products	334571
医药制造业	Manufacture of Medicines	16993
橡胶和塑料制品业	Manufacture of Rubber and Plastics	43065
非金属矿物制品业	Manufacture of Non-metallic Mineral Products	240007
黑色金属冶炼及压延加工业	Smelting and Pressing of Ferrous Metals	119476
金属制品业	Manufacture of Metal Products	17296
通用设备制造业	Manufacture of General Purpose Machinery	303852
专用设备制造业	Manufacture of Special Purpose Machinery	44648
铁路、船舶、航空航天和其他运输设备制造业	ManufatureofRailways,Shipbailding,AerospaceandOtherTransporationEquipment	1226
电气机械及器材制造业	Manufacture of Electrical Machinery and Equipment	111886
仪器仪表制造业	Manufacture of Measuring Instruments	11638
电力、热力的生产和供应业	Production and Supply of Electric Power,Gas and Water	532869
燃气生产和供应业	Production and Supply of Gas	535357
水的生产和供应业	Production and Supply of Water	126012

continued

(10 000yuan)

实收资本 Paid-up Capital	国家资本 State-owned Capital	集体资本 Collective-owned Capital	法人资本 Corporate Capital	个人资本 Personal Capital	港澳台资本 Capital frome Hong Kong, Macao and Taiwan	外商资本 Foreign Capital
30000				30000		
27674			17919	6564	600	2591
27260			25000	2260		
1781			300		1481	
35313			31313	4000		
8669	750		7669			250
5000			1517	3483		
5371	5371					
827906	684906		2100	140900		
99903			94370	4643	786	104
9037	1088		7257	692		
91072			28226	1121	2425	59300
175938	50000	1794	114037	10107		
75410			61826	10000		3584
12600			10600	2000		
173062			61904	42821		68338
38226			19255	18971		
660				660		
51954		9250	20111	22593		
7200				7200		
360195	82091		229561	8544	40000	
291562	4165		281997	5400		
133749			98008		35741	

4—7 续表6

单位:万元 (2016)

指 标	Item	主营业务收入 Revenue from Principal Business
总 计	**Total**	**5607991**
# 亏损企业	Loss-suffering Enterprises	403783
按轻重工分	**Grouped by Light & Heavy Industries**	
轻工业	Light Industry	520381
重工业	Heavy Industry	5087610
按企业规模分	**Grouped by Size of Enterprises**	
大型企业	Large Enterprises	2954633
中型企业	Medium-sized Enterprises	1238573
小型企业	Small Enterprises	1395900
微型企业	Micro-enterprises	18886
按登记注册类型分	**Grouped by Status of Registration**	
内资企业	Domestic Funded	4946167
国有企业	State-owned Enterprises	309312
中央企业	Central	303574
地方企业	Local	5738
有限责任公司	Limited Liability Corporations	1370082
国有独资公司	State Sole Funded Corporations	80306
其他有限责任公司	Other Limited Liability Corporations	1289776
股份有限公司	Share-holding Corporations Limited	2196435
私营企业	Private Enterprises	1070338
私营有限责任公司	Private Limited Liability Corporations	1064284
私营股份有限公司	Private Share-holding Corporations Limited	6054
港、澳、台商投资企业	Enterpriseswith Funds from Hong Kong,Macaoand Taiwan	136298
合资经营企业(港或澳、台资)	Joint-ventures Enterprises(Hongkong,Macao or Taiwan)	9079
港澳台商独资经营企业	Enterprises with Funds from HongKong,Macao and Taiwan	127219
外商投资企业	Foreign Funded Enterprises	525527
中外合资经营企业	Joint-venture Enterprises	230417
外资企业	Foreign Enterprises	295109

continued

(10 000yuan)

主营业务成本 Cost of Principal Business	其他业务收入 Revenus from Other Business	其他业务利润 Other Profits	销售费用 Selling Costs	管理费用 Management Costs
4098490	**204559**	**8649**	**107922**	**185306**
401110	15719	239	15235	37213
412462	123243	3712	28226	25214
3686028	81316	4937	79696	160092
1844702	50639	910	22169	52860
1029527	35466	6246	45701	69775
1214166	117759	1494	40021	60822
10095	695		31	1849
3568033	85543	1337	79006	143280
299004	1483	434	5	3333
294221	395			2912
4783	1088	434	5	421
1111136	65245	1426	45544	54833
68574	991	174	531	3288
1042562	64255	1252	45013	51545
1161249	579	9	9132	48472
996644	18235	-532	24325	36642
992178	18234	-532	24120	35683
4466	1		205	959
102377	2482	3	7511	9507
9494	19		1071	360
92883	2463	3	6440	9147
428080	116534	7309	21406	32520
170875	83585	5509	7594	17777
257206	32949	1801	13812	14743

4—7　续表7

单位:万元　(2016)

指　标	Item	主营业务收入 Revenue from Principal Business
按工业行业大类分	**Grouped by Sector**	
煤炭开采和洗选业	Mining and Washing of Coal	250990
农副食品加工业	Processing of Food from Agricultural Products	101653
食品制造业	Manufacture of Foods	179563
酒、饮料和精制茶制造业	Manufacture of Wine, Beverage and Tea	34004
纺织业	Manufacture of Textile	119900
纺织服装、服饰业	Manufacture of Textile Wearing Appareland Apparel Industry	13123
造纸及纸制品业	Manufacture of Paper and Paper Products	14057
印刷和记录媒介复制业	Printing,Reproduction of Recording Media	4927
石油加工、炼焦及核燃料加工业	Processing ofPetroleum,Coking, Processing of NuclearFuel	2124643
化学原料及化学制品制造业	Manufacture of RawChemical Materials and Chemical Products	500418
医药制造业	Manufacture of Medicines	16646
橡胶和塑料制品业	Manufacture of Rubber and Plastics	193214
非金属矿物制品业	Manufacture of Non-metallic Mineral Products	192462
黑色金属冶炼及压延加工业	Smelting and Pressing of Ferrous Metals	94611
金属制品业	Manufacture of Metal Products	20128
通用设备制造业	Manufacture of General Purpose Machinery	229468
专用设备制造业	Manufacture of Special Purpose Machinery	35321
铁路、船舶、航空航天和其他运输设备制造业	ManufatureofRailways,Shipbailding,AerospaceandOtherTransporationEquipment	2637
电气机械及器材制造业	Manufacture of Electrical Machinery and Equipment	198826
仪器仪表制造业	Manufacture of Measuring Instruments	57426
电力、热力的生产和供应业	Production and Supply of Electric Power,Gas and Water	573058
燃气生产和供应业	Production and Supply of Gas	619510
水的生产和供应业	Production and Supply of Water	31406

continued

(10 000yuan)

主营业务成本 Cost of Principal Business	其他业务收入 Revenus from Other Business	其他业务利润 Other Profits	销售费用 Selling Costs	管理费用 Management Costs
248341			763	910
81586	106	7	5237	3948
152475	114045	412	12676	3939
29486	3158	3	31	1685
87314	4130	3198	741	4432
11101		35	1001	1128
11325	84	-19	936	1380
3276	1137		17	1393
1129569	0	0	8404	49807
407020	15577	178	3789	9876
8229	142	77	3630	3858
181012	45316	1801	9842	6290
152077	2677	207	22524	11004
73602	4682	1858	4860	10894
17795			32	856
185406	3210	-730	12243	25130
27911	108	9	2125	6094
1375	325		139	604
167318	4762	217	7162	9333
43248	5		5610	5285
501418	4223	1337	371	10484
557203	433	60	2109	10391
20404	442		3682	6587

4—7 续表8

单位:万元 (2016)

指 标	Item	财务费用 Financial Costs
总 计	**Total**	**121246**
#亏损企业	Loss-suffering Enterprises	32874
按轻重工分	**Grouped by Light & Heavy Industries**	
轻工业	Light Industry	7078
重工业	Heavy Industry	114168
按企业规模分	**Grouped by Size of Enterprises**	
大型企业	Large Enterprises	15149
中型企业	Medium-sized Enterprises	63725
小型企业	Small Enterprises	39033
微型企业	Micro-enterprises	3339
按登记注册类型分	**Grouped by Status of Registration**	
内资企业	Domestic Funded	103413
国有企业	State-owned Enterprises	5088
中央企业	Central	5078
地方企业	Local	10
有限责任公司	Limited Liability Corporations	44183
国有独资公司	State Sole Funded Corporations	6560
其他有限责任公司	Other Limited Liability Corporations	37623
股份有限公司	Share-holding Corporations Limited	19221
私营企业	Private Enterprises	34920
私营独资企业	Private Sole Funded Corporations	34802
私营有限责任公司	Private Limited Liability Corporations	118
私营股份有限公司	Private Share-holding Corporations Limited	6119
港、澳、台商投资企业	Enterprises with Funds fromHong Kong,Macaoand Taiwan	1
合资经营企业(港或澳、台资)	Joint-venturesEnterprises(Hongkong,Macao or Taiwan)	6118
港澳台商独资经营企业	Enterprises with Fundsfrom Hong Kong,Macao andTaiwan	11714
外商投资企业	Foreign Funded Enterprises	7833
中外合资经营企业	Joint-venture Enterprises	3880

continued

(10 000yuan)

# 利息支出 Interest Expense	营业利润 Operating Profits	利润总额 Total Profits	亏损企业亏损总额 Total Loss ofLoss-suffering Enterprises	本年应付职工薪酬 Wages Payable This Year	从业人员平均人数(人) Annual Average EmployedPersons (person)
122642	**341260**	**363496**	**81779**	**212923**	**36832**
33336	-88037	-81779	81779	39701	7313
11424	50256	60524	249	29118	6925
111219	291005	302972	81529	183804	29907
13434	262498	252742	4994	70562	10497
65610	33982	47485	44854	73612	13738
40335	41712	59767	31840	68237	12533
3263	3068	3502	91	512	64
103408	291596	304599	71847	156495	27837
5134	2109	2461		12126	1379
5134	1180	1359		11054	1185
	929	1102		1072	194
42504	114091	133063	17736	75666	13015
6584	1066	817	291	5591	823
35920	113026	132246	17445	70075	12192
19447	204481	193995	5338	35380	6359
36324	-29084	-24921	48773	33323	7084
36266	-29290	-24922	48773	32410	6958
58	206	1		914	126
6290	8813	13357	4939	8629	1185
1	-2009	-1974	1974	731	113
6288	10822	15331	2965	7898	1072
12945	40851	45541	4994	47799	7810
12025	35063	39029		16866	3894
920	5788	6512	4994	30933	3916

4—7　续表9

单位:万元　　　　　　　　　　　　　　　　　　　　　　　　　　　　　　　　（2016）

指　标	Item	财务费用 Financial Costs
按工业行业大类分	**Grouped by Sector**	
煤炭开采和洗选业	Mining and Washing of Coal	986
农副食品加工业	Processing of Food from Agricultural Products	1216
食品制造业	Manufacture of Foods	70
酒、饮料和精制茶制造业	Manufacture of Wine, Beverage and Tea	2051
纺织业	Manufacture of Textile	2895
纺织服装、服饰业	Manufacture of Textile Wearing Appareland Apparel Industry	349
造纸及纸制品业	Manufacture of Paper and Paper Products	368
印刷和记录媒介复制业	Printing,Reproduction of Recording Media	-4
石油加工、炼焦及核燃料加工业	Processing ofPetroleum,Coking, Processing of NuclearFuel	26703
化学原料及化学制品制造业	Manufacture of RawChemical Materials and Chemical Products	5422
医药制造业	Manufacture of Medicines	235
橡胶和塑料制品业	Manufacture of Rubber and Plastics	151
非金属矿物制品业	Manufacture of Non-metallic Mineral Products	4730
黑色金属冶炼及压延加工业	Smelting and Pressing of Ferrous Metals	4654
金属制品业	Manufacture of Metal Products	577
通用设备制造业	Manufacture of General Purpose Machinery	5874
专用设备制造业	Manufacture of Special Purpose Machinery	1218
铁路、船舶、航空航天和其他运输设备制造业	ManufatureofRailways,Shipbailding,AerospaceandOtherTransporationEquipment	4
电气机械及器材制造业	Manufacture of Electrical Machinery and Equipment	4279
仪器仪表制造业	Manufacture of Measuring Instruments	581
电力、热力的生产和供应业	Production and Supply of Electric Power,Gas and Water	32050
燃气生产和供应业	Production and Supply of Gas	23553
水的生产和供应业	Production and Supply of Water	3284

continued

(10 000yuan)

# 利息支出 Interest Expense	营业利润 Operating Profits	利润总额 Total Profits	亏损企业亏损总额 Total Loss of Loss-suffering	本年应付职工薪酬 Wages Payable This Year	从业人员平均人数(人) Annual AverageEmployed Persons(person)
1023	435	442		2035	583
1347	9599	11021	22	4919	1057
173	10563	11328	62	7464	1718
2087	-162	1523	91	1537	216
6773	27681	29846	74	3752	854
255	-678	191		3362	871
456	475	871		2078	428
4	433	1079		910	202
27397	152385	141021	39516	31633	5124
3040	68441	69453	2293	21985	3949
250	532	1248		4321	723
328	-889	-377	6967	21353	3112
4920	285	7027	583	15539	2279
5025	6047	6838		8182	2118
577	828	933		806	168
2692	-1473	1203	12858	28265	4966
903	-630	1274	2544	5550	1087
5	355	438		578	88
4199	12691	16138	1463	11994	2268
574	1372	2424		4248	511
31870	28886	33478	4786	24050	2791
25172	26363	25769	7554	7210	835
3574	-2279	329	2965	1153	884

4—8 工业企业按工业总产值排序前50名

The Sort before 50 of Industrial Enterpries According to Industrial Output Value

（2016）

名 次 Number	企业名称 Company Name	法人代表 Legal Representative
1	神华宁夏煤业集团有限责任公司(灵武市)	邵俊杰
2	中国石油天然气股份有限公司宁夏石化分公司	陈　坚
3	宁夏宝丰能源集团股份有限公司	刘元管
4	宁夏电力公司	赵　亮
5	宁夏中银绒业国际集团有限公司	马生明
6	宁夏宝塔能源化工有限公司	纪　静
7	宁夏如意科技时尚产业有限公司	宇恒星
8	青铜峡铝业股份有限公司宁东分公司	刘　丰
9	宁夏伊品生物科技股份有限公司	闫晓平
10	华电宁夏灵武发电有限公司	李天光
11	银川隆基硅材料有限公司	李振国
12	宁夏嘉源绒业集团有限公司	杨立功
13	宁夏广银铝业有限公司	王　刚
14	宁夏马斯特(集团)实业有限公司	汪　勇
15	蒙牛乳业(银川)有限公司	黄　华
16	宁夏通达新能源集团有限公司	李华平
17	宁夏泰瑞制药股份有限公司	王　义
18	中国石化长城能源化工(宁夏)有限公司	杨　栋
19	宁夏荣昌绒业集团有限公司	杨建荣
20	德泓国际绒业股份有限公司	回振丽
21	宁夏特米尔羊绒制品有限公司	李国仁
22	宁夏远高新能源装备制造有限公司	赵建军
23	宁夏京能宁东发电有限责任公司	朱　炎
24	宁夏泰益欣生物科技有限公司	王勇平
25	神华国能宁夏煤电有限公司	于建民
26	银川佳通轮胎有限公司	李怀靖
27	宁夏和宁化学有限公司	宁忠培
28	宁夏启元药业有限公司	胡吉东
29	宁夏瑞银有色金属科技有限公司	杨文礼
30	宁夏小巨人机床有限公司	董庆富
31	银川宝塔精细化工有限公司	孙淑兰
32	宁夏昊王米业集团有限公司	王　忠
33	宁夏东部热电股份有限公司	马富强
34	宁夏哈纳斯新能源集团有限公司	王　奎
35	宁夏百川通清洁能源有限公司	袁湘海
36	宁夏磐泰能源科技有限公司	崔立滨
37	宁夏赛马水泥有限公司	蒋明刚
38	中铝宁夏能源集团有限公司	朱润洲
39	宁夏力成电气集团有限公司	陈庆成
40	宁夏北方精工钢结构实业有限公司	陈　卿
41	宁夏天马冶化(集团)股份有限公司	李汉生
42	宁夏国华宁东发电有限公司	陈寅彪
43	宁夏达源再生资源开发有限公司	白铁军
44	宁夏隆基宁光仪表有限公司	钟宝申
45	宁夏兴唐米业集团有限公司	杨茂红
46	宁夏力成电气集团制造有限公司	陈　宇
47	宁夏银和新能源科技有限公司	贺贤汉
48	宁夏紫荆花纸业有限公司	纳巨波
49	宁夏电投西夏热电有限公司	王建华
50	徐州中煤(宁夏)钢结构建设有限公司	刘　洁

注:神华宁夏煤业集团有限责任公司只含银川市数据。

a)The date of Shenhua Ningxia Coal Tndustry Group limited liability company only included Yinchua's date.

4—9 工业企业按固定资产原价排序前50名

The Sort before 50 of Industrial Enterprises According to Original Value of Fixed Assets

（2016）

名次 Number	企业名称 Company Name	法人代表 Legal Representative
1	神华宁夏煤业集团有限责任公司(灵武市)	邵俊杰
2	中国石化长城能源化工(宁夏)有限公司	杨　栋
3	宁夏宝丰能源集团股份有限公司	刘元管
4	宁夏电力公司	赵　亮
5	中国石油天然气股份有限公司宁夏石化分公司	陈　坚
6	华电宁夏灵武发电有限公司	李天光
7	神华国能宁夏煤电有限公司	于建民
8	宁夏和宁化学有限公司	宁忠培
9	宁夏中银绒业国际集团有限公司	马生明
10	青铜峡铝业股份有限公司宁东分公司	刘　丰
11	宁夏京能宁东发电有限责任公司	朱　炎
12	宁夏伊品生物科技股份有限公司	闫晓平
13	宁夏如意科技时尚产业有限公司	宇恒星
14	中铝宁夏能源集团有限公司	朱润洲
15	宁夏国华宁东发电有限公司	陈寅彪
16	宁夏启元药业有限公司	胡吉东
17	华电国际宁夏新能源发电有限公司宁东分公司	李长军
18	宁夏电投西夏热电有限公司	王建华
19	宁夏赛马水泥有限公司	蒋明刚
20	宁夏宁东欣润光伏发电有限公司	余龙泉
21	宁夏泰瑞制药股份有限公司	王　义
22	宁夏宁东水务有限责任公司	赵　欣
23	银川隆基硅材料有限公司	李振国
24	银川佳通轮胎有限公司	李怀靖
25	宁夏泰益欣生物科技有限公司	王勇平
26	银川中铁水务集团有限公司	王　军
27	宁夏远高新能源装备制造有限公司	赵建军
28	宁夏宝塔能源化工有限公司	纪　静
29	宁夏东部热电股份有限公司	马富强
30	宁夏银星能源股份有限公司	许　峰
31	宁夏哈纳斯液化天然气有限公司	马富强
32	舍弗勒(宁夏)有限公司	ZHANG YI LIN
33	宁夏宁东神舟光伏电力有限公司	徐震坤
34	银川宝塔精细化工有限公司	孙淑兰
35	宁夏电投银川热电有限公司	张泽文
36	宁夏电投热力有限公司	白加宏
37	宁夏小巨人机床有限公司	董庆富
38	龙源灵武风力发电有限公司	艾进才
39	共享装备股份有限公司	纳建虹
40	宁夏哈纳斯新能源集团有限公司	王　奎
41	蒙牛乳业(银川)有限公司	黄　华
42	宁夏紫荆花纸业有限公司	纳巨波
43	宝塔实业股份有限公司	赵立宝
44	宁夏西部热电有限公司	张　毅
45	宁夏瀛海天琛建材有限公司	范海龙
46	大唐昂立(灵武)新能源有限公司	胡国栋
47	银川顶津食品有限公司	张百清
48	宁夏嘉源绒业集团有限公司	杨立功
49	宁夏宏兴新能源开发有限公司	刘　娟
50	共享铸钢有限公司	彭　凡

注:神华宁夏煤业集团有限责任公司只含银川市数据。

a)The date of Shenhua Ningxia Coal Tndustry Group limited liability company only included Yinchua's date.

主要统计指标解释

【工业总产值】 是指工业企业在本年内生产的以货币形式表现的工业最终产品和提供工业劳务活动的总价值量。

工业总产值计算应遵循的三个原则：工业生产的原则、最终产品的原则、“工厂法”原则。

工业总产值的内容包括三部分：生产的成品价值、对外加工费收入、自制半成品在制品期末期初差额价值。

【工业增加值】 是指工业企业在报告期内以货币表现的工业生产活动的最终成果。工业增加值有两种计算方法：一是生产法，即工业总产值减去工业中间投入；二是收入法（又称要素分配法），即从收入的角度出发，根据生产要素在生产过程中应得到的收入份额计算，具体构成项目有固定资产折旧、劳动者报酬、生产税净值、营业盈余。

生产法计算公式为：工业增加值=工业总产值-工业中间投入+本年应交增值税

收入法（分配法）计算公式为：工业增加值=固定资产折旧+劳动者报酬+生产税净额+营业盈余

【实收资本】 指企业投资者实际投入的资本（或股本），包括货币、实物、无形资产等各种形式的投入。实收资本按投资主体可分为国家资本、集体资本、法人资本、个人资本、港澳台资本和外商资本。

【资产总计】 指企业拥有或控制的能以货币计量的经济资源，包括各种财产、债权和其他权利。资产按其流动性（即资产的变现能力和支付能力）划分为：流动资产、长期投资、固定资产、无形资产、递延资产和其他资产。

固定资产指企业使用期限超过一年的房屋、建筑物、机器、机械、运输工具以及其他与生产、经营有关的设备、器具、工具等。不属于生产经营主要设备的物品，单位价值在2000元以上，并且使用年限超过2年的，也应当作为固定资产。流动资产指企业可以在一年内或者超过一年的一个生产周期内变现或者耗用的资产，包括现金及各种存款、短期投资、应收及预付款项、存货等。

【负债合计】 指企业所承担的能以货币计量，将以资产或劳务偿付的债务。偿还形式包括货币、资产或提供劳务。负债一般按偿还期长短分为流动负债和长期负债。

流动负债指企业在一年内或超过一年的一个营业周期内需要偿还的债务，包括短期借款、应付票据、应付帐款、预收帐款、应付工资、应交税金、应付利润、预提费用等。

长期负债指企业偿还期在一年以上或者超过一年的一个营业周期以上的债务，包括长期借款、长期应付款、应付债券等。

【所有者权益合计】 指企业投资人对企业净资产的所有权。企业净资产等于企业全部资产减去全部负债后的余额，包括实收资本、资本公积金、盈余公积金和未分配利润等。

【利税总额】 指企业利润总额、产品销售税金及附加和应交增值税之和。

5
能 源
Energy

5—1 银川市全社会能源消费量

单位：万吨标准煤

年　份	Year	2012
全社会能源消费量	**Comprehensive Energy Consumption**	**1420.69**
第一产业	Primary Industry	11.92
第二产业	Secondary Industry	1220.21
工业	Industry	1195.85
模以上工业	Industrial Enterprises above Designated Size	1147.3
规模以下工业	Industrial Enterprises below Designated Size	21.11
损失量	Amount at Stake	27.44
建筑业	Construction	24.36
第三产业	Tertiary Industry	124.43
交通运输、仓储邮电	Transport,Storang and Post	62.04
批发、零售和住宿餐饮	Wholesale,Retail Trades,Hotels and Gatering Services	29.1
其他	Others	33.28
生活消费	living Consumption	64.04
城镇	Urban	49.42
农村	Rural	14.62

5—2 银川市能源加工转换情况

（2016）

指　标	Item	单位	Unit	合计 Total
投入量	Input	万吨标准煤	10 000 Tons of SCE	6267.99
产出量	Output	万吨标准煤	10 000 Tons of SCE	5231.74
转换损失量	Losses During The Process of Energy Conversion	万吨标准煤	10 000 Tons of SCE	1036.25
转换效率	Efficience of Energy Conversion	%	%	83.47

5—3 规上工业能源消费量及单位工业增加值能耗下降率

（2016）

地　区	Region	规模以上工业能源消费量（万吨标准煤） Energy Consumption of Industrial Enterprises above Designated Size（10 000 Tons of SCE）
银川市	Yinchuan	2141.20
兴庆区	Xinqing	11.30
金凤区	Jinfeng	14.20
西夏区	Xixia	236.70
永宁县	Yongning	135.60
贺兰县	Helan	55.70
灵武市	Lingwu	1686.30
宁　东	Ningdong	1670.10

Comprehensive Energy Consumption of the Whole Country in Yinchuan

(10 000 tons of SCE)

2013	2014	2015	2016
1623.15	**1870.13**	**2309.96**	**2398.23**
7.02	10.81	12.46	11.55
1475.28	1679.76	2117.29	2202.91
1459.25	1658.49	2095.17	2180.14
1435.79	1601.3	2056.38	2141.2
16.3	49.59	31.2	35.6
7.16	7.59	7.59	3.34
16.03	21.27	22.11	22.77
102.7	115.64	115.39	116.07
52.76	52.63	48.21	48.69
27	30.55	33.6	33.88
22.94	32.46	33.58	33.5
38.15	63.93	64.79	67.7
21.12	49.7	49.66	51.2
17.03	14.23	15.17	16.5

Energy Processing and Conversion

火电 Thermal Power	供热 Heating	洗煤 Washing Coal	炼焦 Coking	炼油 Petroleum Refineries	天然气液化 Liguefied Nature Gas
1401.72	207.82	3124.27	477.65	1033.23	23.29
578.18	174.01	3104.3	445.06	908.39	21.79
823.54	33.8	19.98	32.59	124.84	1.5
41.25	83.73	99.36	93.18	87.92	93.54

Energy Consumption of Industrial Enterprises above Designated Size and Drop Rate of Energy Consumption of Per Unit Industrial Added-value

单位工业增加值能耗下降率(%) Drop Rate of Energy Consumption of Per Unit Industrial Added-value(%)
-4.2
24.0
-9.7
12.9
-4.6
-7.4
-6.6
-7.1

5—4 全市规模以上工业企业能源生产、销售与库存

产 品	Product	单 位	Unit	年初存货 Invertory At Beginning of Year	产品产量 Production	
					2016年	2015年
原煤	Coal	吨	ton	8981256.32	61312523.16	69323598.48
无烟煤	Anthracite Coal	吨	ton	3302.00	5077777.00	6586218.00
炼焦烟煤	Coking Coal	吨	ton	1490711.00	3575369.00	8251388.00
一般烟煤	General Coal	吨	ton	7487243.32	52659377.16	54485992.48
褐煤	Lignite	吨	ton			
洗精煤(用于炼焦)	Clean Coal	吨	ton	310917.00	3402360.82	5075982.61
其他洗煤	Other Washing Coal	吨	ton	674175.06	44778612.57	10415608.58
煤制品	Coal Products	万立方米	10 000 su.m			
原油	Natural Grede Oil	吨	ton			
天然气	Natural Gas	万立方米	10 000 su.m			
液化天然气	Liquefied Natural Gas	吨	ton	14066.00	124040.26	85078.90
原油加工量	Crude Oil Processing Capacity	吨	ton		5714314.00	4759984.00
汽油	Gasoline	吨	ton	81600.28	2549790.00	2148946.00
煤油	Kerosene	吨	ton	1.00	196413.00	142231.00
柴油	Diesel Oil	吨	ton	96902.00	2343405.00	2018644.00
润滑油	Lubricating Oil	吨	ton			
燃料油	Fuel Oil	吨	ton	8806.00	56790.00	57616.00
石脑油	Naphtha	吨	ton	2467.00	49202.00	38296.00
溶剂油	Solvent Oil	吨	ton			
液化石油气	Liquefied Oil Gas	吨	ton	7484.00	463743.48	336522.89
石油焦	Petroleum Coke	吨	ton			
石油沥青	Asphalt	吨	ton			
炼厂干气	Refinery Dry Gas	吨	ton		145.00	160.00
其他石油制品	Other Oil Products	万千瓦小时	10 000 kwh	4196.00	484697.12	428894.89
焦炭	Coke	万千瓦小时	10 000 kwh	39707.08	4252952.24	4178879.09
发电量	Energy Output	万千瓦小时	10 000 kwh		5024165.18	5515875.61
火力发电量	Thermal Power	万千瓦小时	10 000 kwh		4704499.05	5245639.17
水力发电量	Hydropower	万千瓦小时	10 000 kwh			
核能发电量	Nuclear Power	万千瓦小时	10 000 kwh			
风力发电量	Wind Power	万千瓦小时	10 000 kwh		243736.14	218474.37
太阳能发电量	Solar Power	万千瓦小时	10 000 kwh		90832.96	67371.21
潮汐能发电量	Tidal Power	万千瓦小时	10 000 kwh			
地热能发电量	Geothermal Power	万千瓦小时	10 000 kwh			
其他发电量	Other Power	万千瓦小时	10 000 kwh			
煤气	Coal Gas	万立方米	10 000 su.m		116826.82	121501.43

EnergyPurchase,ConsumptionandInventoryofIndustrialEnterprisesaboveDesignatedSize

销售量 Sales volume				企业自用及其他 Enterprise for Own Use and Others		年末存货 Invertory At Year-end	
2016年	2015年	销往省外 Sales to Other Provinces		2016年	2015年	2016年	2015年
		2016年	2015年				
58711187.37	49781862.31	5033962.00	4050260.00	6142370.12	15094376.94	5410379.22	8981255.92
20449.00	328481.00			5044943.00	6297699.00	15687.00	3302.00
3955669.00	4698819.00			1006346.00	4568835.00	104065.00	1490711.00
54735069.37	44754562.31	5033962.00	4050260.00	91081.12	4227842.94	5290627.22	7487242.92
329904.00	2185039.00	329904.00	2185039.00			291469.00	310917.00
7723299.03	9815780.05	6529638.50	5584979.70	36778070.70	32045.00	757103.25	674175.06
1226855.46	928498.08	940521.51	691355.96	1304.00	1051.00	12535.80	14440.00
2499646.00	2152833.00	1916280.00	1941611.00	225.82	247.22	131519.46	81600.28
195028.00	143001.00	195028.00	143001.00			1386.00	1.00
2281461.00	2004864.00	1676334.00	1797764.00	683.00	806.00	158163.00	96902.00
630336.00	56055.00	56698.00	56055.00	1027.00	1212.00	7871.00	8806.00
51092.00	37238.00	44692.00	37238.00			577.00	2467.00
463675.07	303543.64	182129.00	146591.00		27388.00	7407.41	6616.25
160.00	160.00						
480902.55	424560.58	18205.00	13213.00			7997.50	5225.31
4181858.32	4167775.00	2887967.96	2834086.67		37007.20	110801.00	39707.08
3902066.36	4255110.30			668124.15	610582.52		
3592997.82	3989862.26			657458.45	605478.98		
234635.35	214288.00			9017.19	4301.49		
89150.39	66307.94			1834.28	1063.27		
				116826.82	121501.43		

5—5 全市规模以上工业分行业产值能耗

(2016)

指　标	Item	综合能源消费量（吨标准煤）Comprehensive Energy Consumption（tons of SCE）
合　计	**Total**	**25939364**
采矿业	Mining	6646634
煤炭开采和洗选业	Mining and Washing of Coal	6646634
制造业	**Manufacturing**	**11488265**
农副食品加工业	Processing of Food fromAgricultural Products	37817
食品制造业	Manufacture of Foods	613531
酒、饮料和精制茶制造业	Manufacture of Wine,Beverages and Tea	22288
纺织业	Manufacture of Textile	69030
纺织服装、服饰业	Manufacture of Textile and Apparel	1064
皮革、毛皮、羽毛及其制品和制鞋业	Manufactureof Leather,Fur,Feather,Related ProdusctsandShoe	1110
木材加工及木、竹、藤、棕、草制品业	Processing ofTimber,Manufacture of Wood,Bamboo,Rattan,Palmand StrawProducts	1619
家具制造业	Manufacture of Furniture	924
造纸及纸制品业	Manufacture of Paper and Paper Products	32687
印刷业和记录媒介的复制	Printing and Reproduction of Recording Media	215
石油加工炼焦及核燃料加工业	Processing of Petroleum,Coking and Processing ofNuclear Fuel	4850485
化学原料及化学制品制造业	Manufacture of RawChemical Materials and Chemical Products	3536006
医药制造业	Manufacture of Medicines	707570
橡胶和塑料制品业	Manufacture of Rubber and Plastics	70480
非金属矿物制品业	Manufacture of Mon-metallic Mineral Products	573131
黑色金属冶炼及压延加工业	Smelting and Pressing of Ferrous Metals	96233
有色金属冶炼及压延加工业	Smelting and Pressing of Non-ferrous Metals	836650
金属制品业	Manufacture of Metal Products	6718
通用设备制造业	Manufacture of General Purpose Machinery	13886
专用设备制造业	Manufacture of Special purpose Machinery	2163
汽车制造业	Manufacture of Car	35
铁路、船舶、航空航天和其他运输设备制造业	Manufacture of Railway,Ship,Aviation and Transport Equipment	52
电气机械及器材制造业	Manufacture of Electrical Machinery and Equipment	8142
仪器仪表制造业	Manufacture of Measuring Instruments	558
废弃资源综合利用业	Recycling and Disposal of Waste	5683
电力、燃气及水的生产和供应业	Electric Power,Gas andWater Production andSupply	7804466
电力、热力的生产和供应业	**Production and Supply of ElectricPower and Heat Power**	**7748015**
燃气生产和供应业	Production and Supply of Gas	27999
水的生产和供应业	Production and Supply of Water	28452

Energy Consumption of Industrial Enterprises above Designated Size by Industries

工业总产值（万元）Gross Industrial Output Value（10 000yuan）	产值单耗（吨标准煤/万元）Energy Consumption per Unit of Gross Industrial Output Value（tons of sce/10 000 yuan）
19855450	**1.3064**
2912807	2.2819
2912807	2.2819
14281163	**0.8044**
647238	0.0584
944359	0.6497
248663	0.0896
2319091	0.0298
15454	0.0688
92792	0.0120
90388	0.0179
82070	0.0113
87893	0.3719
52695	0.0041
4711744	1.0294
1056338	3.3474
552552	1.2805
232105	0.3037
599073	0.9567
130359	0.7382
874497	0.9567
347109	0.0194
264845	0.0524
111073	0.0195
7394	0.0047
5608	0.0093
579469	0.0141
134786	0.0041
89278	0.0637
2661480	2.9324
2062978	**3.7557**
531498	0.0527
67004	0.4246

5—6 全市规模以上工业企业能源购进、消费与库存情况

（2016）

指 标	Item	年初库存量 Inventory at the Beginning of the Year	购进量 Physical Quantity Purchased
原煤（吨）	Raw Coa(l ton)	2256123.85	46225477.26
无烟煤（吨）	Anthracite Coa(l ton)	126728.58	2656369.98
炼焦烟煤（吨）	Coking Coa(l ton)	207796.63	3852022.89
一般烟煤（吨）	General Coa(l ton)	1917983.75	39684357.39
褐煤（吨）	Lignite(ton)	3614.89	32727.00
洗精煤（吨）	Clean Coa(l ton)	245424.25	2465323.24
其它洗煤（吨）	Other Washing Coa(l ton)	2400.31	31116.88
煤制品（吨）	Coal Products(ton)		29913.04
焦炭（吨）	Coke(ton)	98760.48	339643.21
其它焦化产品（吨）	Other Coking Products(ton)	589.99	6471.49
焦炉煤气（万立方米）	Coking Gas(10 000 cu.m)		
天然气（气态）（万立方米）	Natural Gas(gaseous state)(10 000 cu.m)	1.00	111215.70
液化天然气（液态）（吨）	Liquefied Natura(l liquid state)Gas(ton)		1102802.02
煤层气	Coalbed Methane		1.86
原油（吨）	Crude Oi(l ton)	106251.00	5703916.00
汽油（吨）	Gasoline(ton)	116.09	3226.89
煤油（吨）	Kerosene(ton)	3.65	66.91
柴油（吨）	Diesel Oi(l ton)	571.08	20111.96
燃料油（吨）	Fuel Oi(l ton)	2517.38	938021.11
液化石油气（吨）	Liquefied Petroleum Gas(ton)	141.51	72542.83
润滑油（吨）	Lubricating Oi(l ton)	9.49	1028.41
溶剂油	Solvent Oil		1.64
石油焦（吨）	Petroleum coke(ton)	60426.09	180462.59
其它石油制品（吨）	Other Petroleum Products(ton)	4.42	73798.75
热力（百万千焦）	Hea(t million kilo-joule)		682291.44
电力（万千瓦时）	Electricity(10 000 kwh)		1260764.97
煤矸石用于燃料（吨）	Coal Gangue as Fue(l ton)		318600.00
城市生活垃圾（用于燃料）	Municipal Solid Waste(For fuel)		393103.15
余热余压（百万千焦）	Waste Heat and Excess Pressure(million kilo-joule)		
其他燃料（吨标准煤）	Other Feu(l tons of sce)		3.88
能源合计（吨标准煤）	Total Energy(tons of sce)		

Energy Purchase, Consumption and Inventory of Industrial Enterprises above Designated Size

消费量 Consumption	工业生产消费 Industrial Production	# 用于原材料 Used for Raw Materials	非工业生产消费 Non-industrial	合计中 运输工具消费 Total:Trans port consumption	年末库存量 Inventory at Year-end
86898856.21	86849445.33	4973125.19	49410.87		2009585.58
2737663.25	2737629.53	27405.50	33.72		136994.76
3884295.84	3884295.84	983256.83			97940.13
80243195.12	80194030.96	3931412.86	49164.15		1772030.69
33702.00	33489.00	31050.00	213.00		2620.00
5730652.31	5730652.31				72000.00
932230.73	932230.73	9909.34			2861.02
27877.55	27877.55				1916.11
334552.01	334537.01	284060.22	15.00		103682.05
6591.48	6591.48	6591.48			470.00
116826.82	116826.82	0.00			
111163.73	110848.28	31436.47	315.45	16.20	
1517.02	1516.00		1.02		
1.86	1.86		0.00		
5714314.00	5714314.00	0.00	0.00		95853.00
3489.34	1699.88	6.61	1789.46	1727.49	26.73
65.09	65.09		0.00		4.00
20850.49	18383.48		2467.00	3009.69	549.01
362730.17	362730.17				5208.82
71886.19	71768.19		118.00		916.15
1112.44	1083.32		29.12		18.94
1.64	1.64				
141133.92	141133.92				99754.76
73795.29	73789.80		5.49		6.07
32400261.86	31865377.86		534884.00		
1967523.65	1936984.68		30538.97	46.22	
621352.69	621352.69				
407030.23	407030.23				
3182555.70	3182555.70				
3.88			3.88		
78463441.60	78364034.66		99406.94		

5—7 全市规模以上工业企业能源购进、消费与库存附表情况

(2016)

指 标	Item	单 位	Unit	工业生产消费量 Industry Consumption	加工转换投入合计 Total Convert Input	火力发电 Thermal Power
原煤	Coal	吨	ton	84862269.75	72622761.64	21666153.34
无烟煤	Anthracite Coal	吨	ton	2691342.20	678023.72	
炼焦烟煤	Coking Coal	吨	ton	3884295.84	1804705.87	
一般烟煤	General Coal	吨	ton	78286631.71	70140032.05	21666153.34
褐煤	Lignite	吨	ton			
洗精煤	Clean Coal	吨	ton	5730652.31	5730652.31	
其它洗煤	Other Washing Coal	吨	ton	901574.56	0.00	
煤制品	Coal Products	吨	ton	27877.55	27877.55	
焦炭	Coke	吨	ton	250891.03		
其它焦化产品	Other Coking Products	吨	ton			
焦炉煤气	Coking Gas	万立方米	10 000 su.m	116826.82		
天然气(气态)	Natural Gas(gaseous state)	万立方米	10 000 su.m	102240.65	54168.68	27260.01
液化天然气(液态)	Liquefied Natura(l liquid state)Gas	吨	ton	1304.00		
原油	Crude Oil	吨	ton	5714314.00	5714314.00	
汽油	Gasoline	吨	ton	612.07		
煤油	Kerosene	吨	ton	1.70		
柴油	Diesel Oil	吨	ton	5314.47	179.16	179.16
燃料油	Fuel Oil	吨	ton	360966.17	359745.17	781.51
液化石油气	Liquefied Petroleum Gas	吨	ton	69783.26	69783.26	
炼厂干气	Net Gas of Plant	吨	ton			
石脑油	Naphtha	吨	ton			
润滑油	Lubricating Oil	吨	ton	1023.43		
其它石油制品	Other Petroleum Products	吨	ton	73722.46	72068.00	
热力	Heat	百万千焦	million kilo-joule	31183075.44		
电力	Electricity	万千瓦时	10 000 kwh	1062750.98		
煤矸石用于燃料	Coal Gangue as Fuel	吨	ton	621352.69	318600.00	318600.00
城市生活垃圾(用于燃料)	Municipal Solid Waste(For fuel)	吨	ton	407030.23	407030.23	407030.23
余热余压	Waste Heat and Excess Pressure	百万千焦	million kilo-joule	3182555.70	807656.20	807656.20
其他燃料	Other Fuel	吨标准煤	tons of SCE			
能源合计	Total Energy	吨标准煤	tons of SCE	75564501.95	62853126.72	14070422.42

Energy Purchase, Consumption and Inventory of Industrial Enterprises aboveDesignated Size

供热 Heating Supply	原煤入洗 Washing -dressing Coal	炼焦 Coking	炼油及煤制油 PetroleumRefining and Coal Products	天然气液化 Natural Gas iquefying	能源加工转换产出 Output in Processing	回收利用 Recycling
3023337.66	45676949.06		2256321.58			
	678023.72					
484653.00	1320052.87					
2538684.66	43678872.47		2256321.58			
		5730652.31			3311920.82	
					39879613.57	
27877.55						
					4252952.24	
					299094.31	
					116826.82	
9554.00				17354.67	0.00	
					124040.26	
			5714314.00			
					2549790.00	
					196413.00	
					2343405.00	
11.66			358952.00		56790.00	
			69783.26		463743.48	
					145.00	
					49202.00	
			72068.00		484697.12	
					51030546.17	
					4704499.05	
					1590158.27	
						3182555.70
2077526.15	31244493.83	4776498.70	10451849.27	232336.35	52316145.21	108525.15

5—8 全市规模以上工业分品种分行业能源消费

（2016）

指 标	Item	原煤(吨) Coal(ton)
合 计	**Total**	**86898856**
采矿业	Mining	50065139
煤炭开采和洗选业	Mining and Washing of Coal	50065139
制造业	**Manufacturing**	**16855539**
农副食品加工业	Mining and Washing of Coal	12197
食品制造业	Manufacture of Foods	1025055
酒、饮料和精制茶制造业	Manufacture of Wine,Beverages and Tea	6390
纺织业	Manufacture of Textile	9714
纺织服装、服饰业	Manufacture of Textile and Apparel	259
皮革、毛皮、羽毛及其制品和制鞋业	Manufacture of Leather,Fur,Feather,Related Produsts and Shoe	1321
木材加工及木、竹、藤、棕、草制品业	Processing of Timber,Manufacture of Wood,Bamboo,Rattan,Palm,and Straw Products	
家具制造业	Manufacture of Furniture	
造纸及纸制品业	Manufacture of Paper and Paper Products	41885
印刷和记录媒介复制业	Printing and Reproduction of Recording Media	8
文教、工美、体育和娱乐用品制造业	Manufacture of Cultureand Edueation,Arts and crafts,Sports and Entertainment Prdcucts	
石油加工炼焦及核燃料加工业	Processing of Petroleum,Coking and Processing of Nuclear Fuel	9344558
化学原料及化学制品制造业	Manufacture of Raw Chemical Materials and Chemical Products	4476963
医药制造业	Manufacture of Medicines	1206740
橡胶和塑料制品业	Manufacture of Rubber and Plastics	55876
非金属矿物制品业	Manufacture of Non-metallic Mineral Products	660480
黑色金属冶炼和压延加工业	Smelting and Pressing of Ferrous Metals	3033
有色金属冶炼和压延加工业	Smelting and Pressing of Non-ferrous Metals	3486
金属制品业	Manufacture of Metal Products	4599
通用设备制造业	Manufacture of General Purpose Machinery	55
专用设备制造业	Manufacture of Special purpose Machinery	121
汽车制造业	Manufacture of Car	
铁路、船舶、航空航天和其他运输设备制造业	Manufacture of Railway,Ship,Aviation and Transport Equipment	23
电气机械及器材制造业	Manufacture of Electrical Machinery and Equipment	2531
仪器仪表制造业	Manufacture of Measuring Instruments	
废弃资源综合利用业	Recycling and Disposal of Waste	243
电力、燃气及水的生产和供应业	**Electric Power,Gas and Water Production and Supply**	**19978178**
电力、热力的生产和供应	Production and Supply of Electric Power and Heat Power	19977872
燃气生产和供应业	Production and Supply of Gas	
水的生产和供应业	Production and Supply of Water	306

Energy Consumption of Industrial Enterprises above Designated Size by Variety by Industries

无烟煤(吨) Anthracite Coal(ton)	炼焦烟煤(吨) Coking Coal(ton)	一般烟煤(吨) General Coal(ton)	褐煤(吨) Lignite(ton)	洗精煤(吨) Clean Coal(ton)
2737663	**3884296**	**80243195**	**33702**	**5730652**
678024	1328614	48058502		
678024	1328614	48058502		
2059640	**2555682**	**12206515**	**33702**	**5730652**
32		9513	2652	
		1025055		
		6390		
154		9560		
259				
		1321		
		41885		
		8		
2001564	1046896	6296098		5730652
13861	1508786	2923266	31050	
		1206740		
		55876		
43714		616766		
		3033		
		3486		
		4599		
55		0		
		121		
		0		
		23		
		2531		
		0		
		243		
		19978178		
		19977872		
		0		
		306		

5—8 续表1

(2016)

指 标	Item	其它洗煤(吨) Other Washing Coal(ton)
合 计	**Total**	**932231**
采矿业	**Mining**	
煤炭开采和洗选业	Mining and Washing of Coal	
制造业	**Manufacturing**	**873957**
农副食品加工业	Mining and Washing of Coal	
食品制造业	Manufacture of Foods	
酒、饮料和精制茶制造业	Manufacture of Wine,Beverages and Tea	
纺织业	Manufacture of Textile	
纺织服装、服饰业	Manufacture of Textile and Apparel	
皮革、毛皮、羽毛及其制品和制鞋业	Manufacture of Leather,Fur,Feather,Related Produsts and Shoe	
木材加工及木、竹、藤、棕、草制品业	Processing of Timber,Manufacture of Wood,Bamboo,Rattan,Palm,and Straw Products	
家具制造业	Manufacture of Furniture	
造纸及纸制品业	Manufacture of Paper and Paper Products	
印刷和记录媒介复制业	Printing and Reproduction of Recording Media	
文教、工美、体育和娱乐用品制造业	Manufacture of Cultureand Edueation,Arts and crafts,Sports and Entertainment Prdcucts	
石油加工炼焦及核燃料加工业	Processing of Petroleum,Coking and Processing of Nuclear Fuel	843300
化学原料及化学制品制造业	Manufacture of Raw Chemical Materials and Chemical Products	15922
医药制造业	Manufacture of Medicines	
橡胶和塑料制品业	Manufacture of Rubber and Plastics	14734
非金属矿物制品业	Manufacture of Non-metallic Mineral Products	
黑色金属冶炼和压延加工业	Smelting and Pressing of Ferrous Metals	
有色金属冶炼和压延加工业	Smelting and Pressing of Non-ferrous Metals	
金属制品业	Manufacture of Metal Products	
通用设备制造业	Manufacture of General Purpose Machinery	
专用设备制造业	Manufacture of Special purpose Machinery	
汽车制造业	Manufacture of Car	
铁路、船舶、航空航天和其他运输设备制造业	Manufacture of Railway,Ship,Aviation and Transport Equipment	
电气机械及器材制造业	Manufacture of Electrical Machinery and Equipment	
仪器仪表制造业	Manufacture of Measuring Instruments	
废弃资源综合利用业	Recycling and Disposal of Waste	
电力、燃气及水的生产和供应业	**Electric Power,Gas and Water Production and Supply**	**58274**
电力、热力的生产和供应	Production and Supply of Electric Power and Heat Power	58274
燃气生产和供应业	Production and Supply of Gas	
水的生产和供应业	Production and Supply of Water	

continued

煤制品(吨) Coal Products(ton)	焦 炭(吨) Coke(ton)	其它焦化产品(吨) Other Coking Products(ton)	焦炉煤气(万立方米) Coking Gas (10 000 cu.m)	天然气(气态)(万立方米) Natural Gas (Gaseous State) (10 000 cu.m)	液化天然气(液态)(吨) Liquefied Natrual Gas(Liquid State)(ton)
27878	**334552**	**6591**	**116827**	**111164**	**1517**
				15080	
				15080	
	334552	**6591**	**116827**	**41860**	**213**
				793	
				764	
				1098	
				1352	
				55	
				111	
				47	
				192	
				6	
			116827	32126	
	284060			1401	
				32	
				66	
	314	6591		15	212
	31767			1186	
	15025			2000	
				64	
				400	
				42	1
				103	
				7	
	3386				
27878				**54224**	**1304**
27878				36817	
				17407	1304

5—8 续表2

(2016)

指 标	Item	原油(吨) Crude Oil (ton)
合 计	**Total**	**5714314**
采矿业	**Mining**	
煤炭开采和洗选业	Mining and Washing of Coal	
制造业	**Manufacturing**	**5714314**
农副食品加工业	Mining and Washing of Coal	
食品制造业	Manufacture of Foods	
酒、饮料和精制茶制造业	Manufacture of Wine,Beverages and Tea	
纺织业	Manufacture of Textile	
纺织服装、服饰业	Manufacture of Textile and Apparel	
皮革、毛皮、羽毛及其制品和制鞋业	Manufacture of Leather,Fur,Feather,Related Produsts and Shoe	
木材加工及木、竹、藤、棕、草制品业	Processing of Timber,Manufacture of Wood,Bamboo,Rattan,Palm,and Straw Prod-ucts	
家具制造业	Manufacture of Furniture	
造纸及纸制品业	Manufacture of Paper and Paper Products	
印刷和记录媒介复制业	Printing and Reproduction of Recording Media	
文教、工美、体育和娱乐用品制造业	Manufacture of Cultureand Edueation,Arts and crafts,Sports and Entertainment Prdcucts	
石油加工炼焦及核燃料加工业	Processing of Petroleum,Coking and Processing of Nuclear Fuel	5714314
化学原料及化学制品制造业	Manufacture of Raw Chemical Materials and Chemical Products	
医药制造业	Manufacture of Medicines	
橡胶和塑料制品业	Manufacture of Rubber and Plastics	
非金属矿物制品业	Manufacture of Non-metallic Mineral Products	
黑色金属冶炼和压延加工业	Smelting and Pressing of Ferrous Metals	
有色金属冶炼和压延加工业	Smelting and Pressing of Non-ferrous Metals	
金属制品业	Manufacture of Metal Products	
通用设备制造业	Manufacture of General Purpose Machinery	
专用设备制造业	Manufacture of Special purpose Machinery	
汽车制造业	Manufacture of Car	
铁路、船舶、航空航天和其他运输设备制造业	Manufacture of Railway,Ship,Aviation and Transport Equipment	
电气机械及器材制造业	Manufacture of Electrical Machinery and Equipment	
仪器仪表制造业	Manufacture of Measuring Instruments	
废弃资源综合利用业	Recycling and Disposal of Waste	
电力、燃气及水的生产和供应业	**Electric Power,Gas and Water Production and Supply**	
电力、热力的生产和供应	Production and Supply of Electric Power and Heat Power	
燃气生产和供应业	Production and Supply of Gas	
水的生产和供应业	Production and Supply of Water	

continued

汽油(吨) Gasoline(ton)	煤油(吨) Kerosene (ton)	柴油(吨) Diesel Oil (ton)	燃料油(吨) Fuel Oil(ton)	液化石油气(吨) Liquefied Petroleum Gas (ton)	润滑油(吨) Lubricating Oil (ton)
3489	**65**	**20850**	**362730**	**71886**	**1112**
497	**2**	**4013**			**1052**
497	2	4013			1052
2196	**63**	**16173**	**361743**	**71790**	**61**
270		127			1
113		121			
30		29			
105		133			
15					
25					
14					
27		29			
29					
8		14			
234		683	359979	2007	
337		678		69783	
29		134			
52		50			
108		12621			
27		246			
4		947			
37		13			
312	63	79			
76		89			
15					
151		39	1764		
161					
17		139			
796		**665**	**987**	**96**	
461		523	987		
86		1		96	
249		140			

5—8 续表3

(2016)

指 标	Item	石油焦(吨) Petroleum Coke (ton)
合 计	**Total**	**141134**
采矿业	**Mining**	
煤炭开采和洗选业	Mining and Washing of Coal	
制造业	**Manufacturing**	**141134**
农副食品加工业	Mining and Washing of Coal	
食品制造业	Manufacture of Foods	
酒、饮料和精制茶制造业	Manufacture of Wine,Beverages and Tea	
纺织业	Manufacture of Textile	
纺织服装、服饰业	Manufacture of Textile and Apparel	
皮革、毛皮、羽毛及其制品和制鞋业	Manufacture of Leather,Fur,Feather,Related Produsts and Shoe	
木材加工及木、竹、藤、棕、草制品业	Processing of Timber,Manufacture of Wood,Bamboo,Rattan,Palm,and Straw Products	
家具制造业	Manufacture of Furniture	
造纸及纸制品业	Manufacture of Paper and Paper Products	
印刷和记录媒介复制业	Printing and Reproduction of Recording Media	
文教、工美、体育和娱乐用品制造业	Manufacture of Cultureand Edueation,Arts and crafts,Sports and Entertainment Prdcucts	
石油加工炼焦及核燃料加工业	Processing of Petroleum,Coking and Processing of Nuclear Fuel	
化学原料及化学制品制造业	Manufacture of Raw Chemical Materials and Chemical Products	
医药制造业	Manufacture of Medicines	
橡胶和塑料制品业	Manufacture of Rubber and Plastics	
非金属矿物制品业	Manufacture of Non-metallic Mineral Products	
黑色金属冶炼和压延加工业	Smelting and Pressing of Ferrous Metals	3827
有色金属冶炼和压延加工业	Smelting and Pressing of Non-ferrous Metals	137307
金属制品业	Manufacture of Metal Products	
通用设备制造业	Manufacture of General Purpose Machinery	
专用设备制造业	Manufacture of Special purpose Machinery	
汽车制造业	Manufacture of Car	
铁路、船舶、航空航天和其他运输设备制造业	Manufacture of Railway,Ship,Aviation and Transport Equipment	
电气机械及器材制造业	Manufacture of Electrical Machinery and Equipment	
仪器仪表制造业	Manufacture of Measuring Instruments	
废弃资源综合利用业	Recycling and Disposal of Waste	
电力、燃气及水的生产和供应业	**Electric Power,Gas and Water Production and Supply**	
电力、热力的生产和供应	Production and Supply of Electric Power and Heat Power	
燃气生产和供应业	Production and Supply of Gas	
水的生产和供应业	Production and Supply of Water	

continued

其它石油制品(吨) Other Petroleum Products (ton)	热力 (百万千焦) Heat (million kilo-joule)	电力 (万千瓦时) Electricity (10 000kwh)	煤矸石用于燃料(吨) Coal Gangue asFuel(ton)	城市垃圾用于燃料(吨) City Garbage asFuel(ton)	生物质废料用于燃料(吨) Material Wasteas Fuel(ton)	余热余压 (百万 千焦) Waste Heat and Excess Pressure (million kilo-joule)	其他燃料 (吨标准煤) Other Feul (tons of SCE)
73795	**32400262**	**1967524**	**621353**	**407030**		**3182556**	**4**
1660		**182841**				**2374900**	
1660		182841				2374900	
72135	**32400262**	**1392726**	**302753**			**807656**	**4**
	298406	8668					
	8960001	72689					
		4640					
		36700					
		157					
		186					
		262					
		314					
	679420	4485					
		165					
		275					
72068		171448	302753				
	14859237	350656					
	7576717	70411					
		14034					
		64047				807656	
		42755					
		535931					
		2300					
67	18395	6730					
	8074	976					
		28					
		13					
	11	2338					4
		425					
		2092					
		391957	**318600**	**407030**			
		360971	318600	407030			
		8470					
		22517					

5—9 全市规模以上工业企业水消费

Water Consumption of Industrial Enterprises above Designated Size

（2016）

指　标	Item	取水总量（万立方米）Amount（10 000cu.m）	外供水量（万立方米）Amount（10 000cu.m）
地表淡水	Land Surface Water	16449.66	
陆地苦咸水	Land Lake Water	0.99	
地下淡水	Groundwater	16558.97	
自来水	Tap	11884.09	26050.05
其他水	Others	0.21	
再生水（中水）	Reclaimed Water	1374.74	

补充指标 Additional Index

指 标	Item	2016年（万立方米）This Year（10 000cu.m）	2015年（万立方米）Last Year（10 000cu.m）
外排水量	Disposable Water	17615.19	17524.98
重复用水量	Repeated Water Consumption	338181.26	346598.82
污水处理企业污水处理量	Sewage Treatment Capacity of Sewage Treatment Enterprises	12854.29	12632.08

主要统计指标解释

【能源消费量】 指能源使用企业（单位）在报告期内实际消费的各种能源的数量。能源消费量分实物量和标准量两种。能源消费实物量是按照报表规定的、体现物质形态属性的计量单位（如：吨、立方米）计算的能源消费量；能源消费标准量是按照能源标准计量单位（如：吨标准煤）计算的能源消费量。

【综合能源消费量】 指企业（单位）在报告期内工业生产实际消费的各种能源（扣除能源加工转换和能源回收利用等重复因素）的总和。计算综合能源消费量时，需要将各种能源品种的消费量换算成按照标准计量单位（如：吨标准煤）计量的消费量。

【能源加工转换投入】 能源加工转换，指为了特定的用途，将一种能源（一般为一次能源），经过一定的工艺，加工或转换成另外一种能源（二次能源）。

【取水量】 指企业从各种水源直接提取或者从市场购买的用于厂区、办公区内工业生产活动的水量，以实际获得的新水量为准。

用于工业生产活动的水量，包括主要生产用水、辅助生产用水（如机修、运输、空压站等）和附属生产用水（如绿化、办公室、浴室、食堂、厕所、保健站等），不包括非工业生产单位的用水量（如基建用水、厂内居民家庭用水和企业附属幼儿园、学校、对外营业的浴室、游泳池等的用水量）和居民生活用水量。

取水量包括企业取自地表、地下、城镇供水工程的水，外购的再生水(中水)、其他水或水的产品，以及企业为生产外供水或水产品而取用的水。不包括重复用水量、直流冷却水量、未利用直接排放的矿井水和雨水量、污水处理企业处理的污（废）水量、水力发电动力用水量。

【外供水量】 指企业外供给其他单位的水或水产品的量，以离厂水量为准。包括外供给其他企业或市场的原水、自来水、海水淡化水、矿泉水、纯净水等。不包括直流冷却水量、再生水（中水）、未利用直接排放的矿井水和雨水量、北方地区供暖企业供给城镇热力网内循环的热水量、进入城镇污水管网和直接排到自然环境中的水量。

【重复用水量】 指在确定的用水单元或系统内，所有未经处理和处理后又重复使用的水量总和，重复用水量不包括北方地区城镇热力网内循环的热水、火力发电设备内进行汽水循环的除盐水。

【非工业企业能源消费量】 指不是工业企业的法人单位所消费的各种能源，具体指建筑业和第三产业的企事业法人单位。其能源消费主要包括：(1)用于生产经营活动的能源；(2)用于技术更新改造措施、新技术研究以及科学试验等方面的能源；(3)用于经营维修、建筑及设备大修理、机电设备和交通运输工具等方面的能源；(4)用于劳动保护的能源；(5)其他非生产消费的能源。

主要统计指标解释

6 固定资产投资

Investment in Fixed Assets

6—1 主要年份全社会固定资产投资

Total Investment in Fixed Assets of the Whole Country in Main Years

单位:万元、平方米 （10 000 yuan,sq.m）

年份 Year	全社会固定资产投资 Total Investment in Fixed Assets	基本建设投资 Infrastructure	更新改造投资 Renovation and Reformation Investment	房地产开发投资 Real Estate	住宅 Residence	新增固定资产 Newly Increased Fixed Assets	各类房屋施工面积 Floor Space under Construction	住宅面积 Floor Space of Residence	各类房屋竣工面积 Floor Space Completed	住宅面积 Floor Space of Residence
1950	53	53				31	1467	1143	1100	800
1951	108	108				48	8000	5571	6000	3900
1952	445	445				224	6133	2857	4600	2000
1953	524	524				256	15600	5000	11700	3500
1954	715	715				387	26133	11231	19600	7300
1955	641	641				314	37733	18000	28300	11700
1956	667	667				363	70286	26462	49200	17200
1957	447	447				218	33857	13538	23700	8800
1958	2313	2313				750	383541	201987	272755	131987
1959	4840	4840				1048	441690	215213	318090	133746
1960	6397	6397				4188	463863	271040	332120	167240
1961	2400	2400				497	237231	130333	154200	78200
1962	666	666				464	29846	3833	19400	2300
1963	1066	1066				830	68462	18667	44500	11200
1964	2403	2403				2006	160923	75273	104600	41400
1965	4927	4927				3498	224061	100913	147599	56322
1966	5727	5727				3809	525333	248545	315200	136700
1967	3313	3313				349	58828	3091	37095	1700
1968	3776	3776				688	864784	43285	523517	26349
1969	3261	3261				1872	828898	143303	502565	72603
1970	4623	4623				2113	609499	29600	370699	14800
1971	5050	5050				2110	271931	162000	186198	81000
1972	4957	4957				2985	272935	126620	171547	66720
1973	5294	5294				3077	316289	124406	195381	64606
1974	5599	5599				3477	345613	129454	138739	46787
1975	6065	6065				4091	367316	126226	175353	56230
1976	5950	5950				3002	404323	130909	157000	57854
1977	6047	6047				4564	402883	131114	179555	60785
1978	8560	8376				5243	502900	148000	227020	72000
1979	11905	10919	862			8008	837493	388562	311284	134805
1980	16265	13699	2362			12648	1070119	524200	610119	284000
1981	15339	10653	3726			12949	1031995	542744	637528	315157

注:1.自 2003 年起全社会固定资产投资包括区统计局反馈不分地区项目投资。2008 年分组指标不含农户投资。

2.自 2011 年始,固定资产投资计划总投资起点由 50 万元调整为 500 万元,故,依据自治区统计局反馈数据对 2010 年数据进行修订。

6—1 continued

单位:万元、平方米 (10 000 yuan, sq.m)

年份 Year	全社会固定资产投资 Total Investment in Fixed Assets	基本建设投资 Infrastructure	更新改造投资 Renovation and Reformation Investment	房地产开发投资 Real Estate	住宅 Residence	新增固定资产 Newly Increased Fixed Assets	各类房屋施工面积 Floor Space under Construction	住宅面积 Floor Space of Residence	各类房屋竣工面积 Floor Space Completed	住宅面积 Floor Space of Residence
1982	18258	12208	4566			14997	1587654	997424	1186744	766054
1983	21385	11012	8241			15461	1093897	618285	498977	320511
1984	29330	15407	9384			19559	1887950	995322	1142746	686193
1985	55005	34872	13160			30347	2255500	1109428	1241225	701528
1986	66084	43894	17423			39289	2037959	943686	1346280	744614
1987	75101	51668	18597			55585	1532013	582122	965840	395009
1988	56292	33375	13822			33629	1409844	674239	982568	495398
1989	56419	29761	16852			38038	1158405	591582	781511	413010
1990	65500	36431	17340	2149	1764	48913	1398073	802355	939523	600655
1991	87636	44318	21405	8965	8372	60555	1899668	1195878	1303969	906242
1992	146519	78744	37615	13663	10400	151708	2410361	1324909	1578398	974386
1993	194002	84407	52851	22540	12104	173246	2969490	1811726	1987984	1384739
1994	246885	126134	66092	24037	19790	219909	2311284	1283794	1610092	990857
1995	227456	105098	43262	38376	28000	189329	2410970	1532772	1530400	1167180
1996	315463	154291	83632	41086	28111	252909	2600454	1442603	1761583	1178097
1997	380733	191802	60937	48590	31059	314142	4038255	2892013	3014031	2307205
1998	511270	277336	75541	88455	58856	359110	3931877	2559940	2611550	1799054
1999	516344	256873	70575	104919	59640	378007	4396176	2519022	3274393	1995085
2000	523923	204858	104399	126616	74690	525341	4552693	2652779	3115842	2087221
2001	560558	201025	106508	177941	98121	516897	4569637	2653177	3061367	1947532
2002	729627	326252	91328	240498	164659	479996	5766251	3485057	3093144	1992760
2003	1433939	620045	186981	393550	279647	1015596	9967477	6478985	6115154	4313808
2004	1717373	616663	257489	488078	295523	1007747	10510923	5643948	5390303	3441758
2005	2016507	905404	239750	566134	346375	1113990	11297484	6752154	6188935	4246691
2006	2328456	1284219	257813	576808	405861	1429210	11564933	6798205	5792179	3747578
2007	2926906	1689254	368149	627154	443118	1337848	12610230	7419524	6053179	4212773
2008	3656897	2280467	355143	786051	569594	2322089	13430521	8285362	5673344	3672797
2009	4921031	3307601	388898	995984	743543	2944037	17293716	10113633	6291230	4380586
2010	6486862	3927344	396627	1608188	1160756	2026383	25667621	14592765	6505184	4534215
2011	7338479	4194479	860018	2076719	1436173	6861875	34052766	18774469	8943919	4939024
2012	9187292	5226518	991762	2757023	1755066	3850184	39484833	22688905	8143678	6131097
2013	11490012	7255830	710424	3308094	1956800	5474655	60870147	27188302	7258174	5159194
2014	13927640	8851536	871698	3888952	2390099	8033073	53700347	29097660	9159764	5658438
2015	15408842	9221349	1854836	4091711	2541048	12193828	50938672	26997768	8966054	4812046
2016	17233117	11508090	381420	4749414	2781617	8134934	53556127	27069704	10098795	5634651

a)Since 2003, the total social investment in fixed assets including District Statistics Bureau feedback data that not classified region Project investment. The group index exchuding farmer investment in 2008.

b)Since 2011, the total Planned investment in fixed assets investment starting point adjustment from 50 million to 500 million, 2010 data rivised in-accordance with the Regional Bareau of feed back data.

6—2 主要年份按行业分的城镇固定资产投资

单位:万元

指　标	Item	2006 年	2007 年
按国民经济行业分	**Grouped by Sector**	**2131519**	**2681405**
第一产业	**Primary Industry**	**10671**	**6066**
农林牧渔业	Agriculture,Forestry,Animal Husbandary and Fishery	10671	6066
第二产业	**Secondary Industry**	**1018050**	**1554617**
工业	Industry	1011130	1553322
采矿业	Mining	178502	374274
制造业	Manufacturing	428972	745179
电力、燃气及水的生产和供应业	Production and Supply of Electricity,Gas and Water	403656	433869
建筑业	Construction	6920	1295
第三产业	**Tertiary Industry**	**1102798**	**1120722**
批发和零售业	Wholesale and Retail Trades	10419	14939
交通运输、仓储和邮电业	Transport,Storang and Post	38192	62187
住宿和餐饮业	Hotels and Catering Services	19605	16276
信息传输、软件和信息技术服务业	Information Transmission,Computer Services and Software	18123	7407
金融业	Financial Intermediation	5552	2353
房地产业	Real Estate	579990	648083
租赁和商务服务业	Leasing and Business Sewices	8000	4000
科学研究和技术服务业	Scientific Research and Technical Service	1067	2084
水利、环境和公共设施管理业	Management of Water Conservancy,Environment and Public Facilities	186496	128275
居民服务、修理和其他服务业	Services to Households and Other Services	650	
教育	Education	83565	84634
卫生和社会工作	Health and Social Work	41221	43446
文化、体育和娱乐业	Culture,Sports and Entertainment	26815	72346
公共管理、社会保障和社会组织	Public Management,Social Security and Social Organizations	83103	34692
国际组织	International Organizations		

注:1.自 2003 年起全社会固定资产投资包括区统计局反馈不分地区项目投资。2008 年分组指标不含农户投资。自 2011 年起,行业数据以国家统计局新编写的《2011 年国民经济行业分类注释》划分。自 2014 年起,农村非农户投资划入城镇投资范围。

2.自 2011 年始,固定资产投资计划总投资起点由 50 万元调整为 500 万元,故,依据自治区统计局反馈数据对 2010 年数据进行修订。

3.按照国家统计局 2013 年三次产业划分规定,农、林、牧、渔业中的农、林、牧、渔服务业,采矿业中的开采辅助活动,制造业中的金属制品、机械和设备修理业三个大类调入第三产业。故,第三产业分项和不等于总量。

Total Investment in Fixed Assets By Sector in Main Years

(10 000 yuan)

2008年	2009年	2010年	2011年	2012年	2013年	2014年	2015年	2016年
3392333	**4662067**	**5411380**	**7026745**	**8531538**	**10619200**	**13719186**	**15280187**	**17081882**
49172	**66019**	**61303**	**37978**	**48383**	**33630**	**178112**	**306770**	**284720**
49172	66019	61303	37978	15045	33630	178112	306770	284720
1985045	**2891341**	**2371644**	**3334368**	**4087744**	**4414842**	**4816642**	**6213842**	**7178149**
1983815	2890288	2367224	3328168	4069264	4409909	4799648	6162009	7174646
440974	464120	452482	569798	743269	398204	291305	162138	75038
1336429	1459230	1127564	2190023	2824876	3473965	3655514	3731758	4285128
206412	966938	787178	568347	501119	537740	852829	2268113	2814480
1230	1053	4420	6200	18480	4933	16994	51833	3503
1358116	**1704707**	**2978433**	**3654399**	**4395411**	**6170728**	**8724432**	**8759575**	**9619013**
40059	32203	96385	238434	100042	147261	94932	81155	125982
51716	61454	331359	271341	221943	341455	986317	1103371	1631739
8047	19253	23048	30568	33296	49390	70542	90570	95478
812		29737	53262	69354	66523	147292	246195	79258
1005	8101				5800	28800	53900	4998
884771	1050472	1919268	2355861	3316487	4344547	5410592	5197404	5296009
11906	5799	10577	10	53577	78593	53940	92637	35267
1100	1900	5495	9959	2900	9859	32854	68365	123713
184564	213083	309863	422934	328938	711746	1351679	1161923	1340746
	220			74766	23117	13347	13342	41588
43912	133619	89425	107342	65197	90236	131918	214931	225757
26473	38394	36829	22679	58690	57726	108285	59672	211632
65214	41284	38292	45482	29481	40841	65143	86426	236529
38537	98925	88155	96527	40740	181615	193625	196438	46411

a)Since 2003, the total social investment in fixed assets including District Statistics Bureau feedback data that not classifiedr

b)Since 2011, the total Planned investment in fixed assets investment starting point adjustment from 50 million to 500 million, 2010 data rivised in accordance with the Regional Bareau of feed back data.

c)According to provisions of the three divisions of industry by National Bureau of Statistics in 2013, the services of agriculture, forestry, animal husbandry and fishery, mining auxiliary activities of mining industry, metal products, machinery and equipment repair of maunfacture industry which transferred to the tertiary industry. So, tertiary industry component and is not equal to the total.

6—3 全社会固定资产投资及房屋建筑面积

单位:万元、平方米 （2016）

指 标	Item	总 计 Total
全社会固定资产投资	**Total Investment in Fixed Assets**	**17233117**
#住宅	Residence	2897988
国有经济控股	State-owned	8595928
新建	New Construction	8848674
扩建	Expansion	3020119
改建和技术改造	Reconstruction and Renovation	372729
迁建	Relocation	33357
单纯购置	Simply Purchase	57589
房地产开发投资	Real Estate Investment	4749414
农户投资	Farmers Investment	151235
按隶属关系分	**Grouped by Jurisdiction of Management**	
中央	Central Investment	1396897
地方	Local Investment	15684985
自治区	Autonomous Regions	4068209
地市县属	Cities of County	4021906
其他	Others	7594870
各类房屋施工面积	**Floor Space under Construction**	**53556127**
#住宅	Residence	27069704
新建	New Construction	9828665
扩建	Expansion	822445
改建和技术改造	Reconstruction and Renovation	111986
迁建	Relocation	64684
房地产开发	Real Estate	42728347
各类房屋竣工面积	**Floor Space Completed**	**10098795**
#住宅	Residence	5634651
新建	New Construction	2144406
扩建	Expansion	179336
改建和技术改造	Reconstruction and Renovation	110386
迁建	Relocation	8100
房地产开发	Real Estate	7656567

注:自2011年始,固定资产投资计划总投资起点由50万元调整为500万元,故,依据自治区统计局反馈数据对2010年数据进行修订。

Total Investment in Fixed Assets in the Whole Country and Area of Aousing Construction

(10 000 yuan, sq.m)

市 区 City	永宁县 Yongning	贺兰县 Helan	灵武市 Lingwu
7700380	**1726544**	**2071040**	**5735153**
2278251	228252	282538	108947
3231585	822043	346282	4196018
3402230	1181573	1230269	3034602
187862	86812	259857	2485588
154513	32946	157013	28257
33357			
49612	3077	4900	
3851393	365819	374127	158075
21413	56317	44874	28631
106545	10546	10286	1269520
7572422	1659681	2015880	4437002
1422603		85551	2560055
2277864	712472	464469	567101
3871955	947209	1465860	1309846
39716316	**4282899**	**6914390**	**2642522**
19546853	2525010	4392336	605505
7206219	569774	638829	1413843
54467	295825	305581	166572
1500	2726	93460	14300
64684			
32389446	3414574	5876520	1047807
7533831	**520007**	**1491367**	**553590**
4297712	281255	834275	221409
1532440	153675	389387	68904
44467		132269	2600
1500	2726	93460	12700
8100			
5947324	363606	876251	469386

a) Since 2011, the total Planned investment in fixed assets investment starting point adjustment from 50 million to 500 million, 2010 data rivised in accordance with the Regional Bareau of feed back data.

6—4 按国民经济行业分的固定资产投资

单位:万元 (2016)

指 标	Item	总 计 Total 2016年	2015年
本年资金来源合计	**Total of Sources of Funds This Year**	**14666562**	**15447188**
上年末结余资金	**Non-balance Funds Last Year**	**945108**	**1043745**
本年资金来源小计	**Subtotal of Sources of Funds This Year**	**13721454**	**14403443**
按资金来源分	**Grouped by Fund Sources**		
国家预算内资金	State Budget	664812	881645
国内贷款	Demestic Loans	4444418	3487906
债券	Bonds	1480	
利用外资	Foreign Investment	35501	2915
自筹资金	Self-raising Funds	5875198	7577571
其他资金	Others	2700045	2453406
按国民经济行业分	**Grouped by Sector**	**17081882**	**15280187**
第一产业	Primary Industry	284720	306770
农、林、牧、渔业	Agriculture,Forestry,Animal Husbandary and Fishery	284720	306770
第二产业	Secondary Industry	7178149	6213842
工业	Industry	7174646	6162009
采矿业	Mining	75038	162138
制造业	Manufacturing	4285128	3731758
电力、燃气及水的生产和供应业	Production and Supply of Electricity,Gas and Water	2814480	2268113
建筑业	Construction	3503	51833
第三产业	Tertiary Industry	9619013	8759575
批发和零售业	Wholesale and Retail Trades	125982	81155
交通运输、仓储和邮政业	Transport,Storage and Post	1631739	1103371
住宿和餐饮业	Hotels and Catering Services	95478	90570
信息传输、计算机服务和软件业	Information Transmission,Computer Services and Software	79258	246195
金融业	Financial Intermediation	4998	53900
房地产业	Real Estate	5296009	5197404
租赁和商务服务业	Leasing and Business Services	35267	92637
科学研究、技术服务和地质勘查业	Scientific Research,Technical Service and Geologic Prospecting	123713	68365
水利、环境和公共设施管理业	Management of Water Conservancy,Environment and Public Facilities	1340746	1161923
居民服务和其他服务业	Services to Households and Other Services	41588	13342
教育	Education	225757	214931
卫生、社会保障和社会福利业	Health,Social Security and Social Welfare	211632	59672
文化、体育和娱乐业	Culture,Sports and Entertainment	236529	86426
公共管理和社会组织	Public Management and Social Organizations	46411	196438
新增固定资产	**Newly Increased Fixed Assets**	**8134934**	**12193828**
固定资产交付使用率(%)	**Rate of Projects of Fixed Assets Completed and Put into Use(%)**	**47.6**	**79.8**

注:1. 该表不含农户投资

2. 自2011年始,固定资产投资计划总投资起点由50万元调整为500万元,故,依据自治区统计局反馈数据对2010年数据进行修订。

3. 按照国家统计局2013年三次产业划分规定,农、林、牧、渔业中的农、林、牧、渔服务业,采矿业中的开采辅助活动,制造业中的金属制品、机械和设备修理业三个大类调入第三产业。故,第三产业分项和不等于总量。

Total Investment in Fixed Assets By Sector

(10 000 yuan)

市　区 City		永宁县 Yongning		贺兰县 Helan		灵武市 Lingwu	
2016年	2015年	2016年	2015年	2016年	2015年	2016年	2015年
7676314	**7833217**	**663216**	**721033**	**1445570**	**1604584**	**4881462**	**5288354**
745948	**881805**	**25806**	**19848**	**23460**	**66117**	**149894**	**75975**
6930366	**6951412**	**637410**	**701185**	**1422110**	**1538467**	**4731568**	**5212379**
482416	625360	11778	3647	52877	135763	117741	116875
1904649	1057258	97617	157452	167662	36034	2274490	2237162
200				100		1180	
5251	2915			30250			
2258469	3152301	381053	518795	1017218	1219610	2218458	2686865
2279381	2113578	146962	21291	154003	147060	119699	171477
7678967	**6687745**	**1670227**	**2041663**	**2026166**	**1691982**	**5706522**	**4858797**
71862	53289	99014	117643	92571	90013	21273	45825
71862	53289	99014	117643	92571	90013	21273	45825
1370640	849042	191720	445678	942104	856709	4673685	4062413
1367137	825856	191720	445678	942104	836950	4673685	4053525
872	46276					74166	115862
771578	449461	173178	409252	749034	673852	2591338	2199193
594687	330119	18542	36426	193070	163098	2008181	1738470
3503	23186				19759		8888
6236465	5785414	1379493	1478342	991491	745260	1011564	750559
26506	7620	12218	25156	81135	47879	6123	500
611536	622080	267921	216158	150661	79507	601621	185626
46416	62450	4998	10706	44064	17414		
55354	236111	437	3640	11800	3959	11667	2485
	53900	4998					
4314280	3979058	378783	477389	424084	388975	178862	351982
12631	83217	15106	9420	3670		3860	
72120	42706	9262		42331	18000		7659
525965	339064	490298	599239	137311	68319	187172	155301
31346	2395	1542	2934	8700	8013		
178264	161371	21650	14407	23266	28409	2577	10744
158249	33855	5696	14439	38527	7027	9160	4351
164443	28583	62480		2546	57843	7060	
28015	101355	10642	54796	5392	9817	2362	30470
4251202	**3231412**	**1191772**	**1077421**	**1202509**	**2515803**	**1489451**	**5369192**
55.4	**48.3**	**71.4**	**52.8**	**59.3**	**148.7**	**26.1**	**110.5**

a)The data in above table does not include the farmers investment.

b) Since 2011, the total planned investment in fixed assets investment starting point adjustment from 50 million to 500 million, 2010 data rivised inaccordance with the Regional Bareau of feed back data.

c)According to provisions of the three divisions of industry by National Bureau of Statistics in 2013, the services of agriculture, forestry, animalhusbandry and fishery, mining auxiliary activities of mining industry, metal products, machinery and equipment repair of maunfacture industrywhich transferred to the tertiary industry. So, tertiary industry component and is not equal to the total.

6—5 各种分组的固定资产投资

单位:万元 (2016)

指 标	Item	总 计 Total	
		2016年	2015年
自开始建设至本年底累计完成投资	Investment Completed Since The Construction Until This Year-end	42837045	41900564
本年完成投资	**Investment Completed This Year**	**17081882**	**15280187**
住宅	Residence	2897988	2681994
按构成分	**Grouped by Structure**		
建筑工程	Construction	9515306	9725164
安装工程	Installation	1676551	1491232
设备工器具购置	Purchase of Equipment and Instruments	4034906	2816982
其他费用	Others	1855119	1246809
按建设性质分(不含房地产)	**Grouped by Type of Construction(Except Real Estate)**		
新建	New Construction	8848574	9610240
扩建	Expansion	3020119	557684
改建和技术改造	Reconstruction and Renovation	372729	940063
按经济类型分	**Grouped by Economic Types**		
内资	Domestic Funds	16197568	15079071
国有	State-owned Enterprises	4600345	5101292
有限责任公司	Limited Liability Corporations	5703194	4466198
国有独资公司	State Sole Funded Corporations	2898559	2311324
其他有限责任公司	Other Limited Liability Corporations	2804635	2154874
股份有限公司	Share-holding Corporations Ltd.	370458	196327
私营	Private Enterprises	5026954	5301343
其他内资	Other Domestic Funds	211294	11011
港、澳、台商投资	Enterprises with Sole Investment from Hongkong,Macao and Taiwan	836347	118864
外商投资	Foreign Share-holding Corporations Ltd.	41767	61392

注:1. 该表不含农户投资。

2. 自2011年始,固定资产投资计划总投资起点由50万元调整为500万元,故,依据自治区统计局反馈数据对2010年数据进行修订。

Total Investment in Fixed Assets By Sector

(10 000 yuan)

市 区 City		永宁县 Yongning		贺兰县 Helan		灵武市 Lingwu	
2016年	2015年	2016年	2015年	2016年	2015年	2016年	2015年
21131354	17577451	3170454	4066639	4174623	4511456	14360614	15745018
7678967	**6687745**	**1670227**	**2041663**	**2026166**	**1691982**	**5706522**	**4858797**
2278251	2141930	228252	143386	282538	270194	108947	126484
5345354	5091311	1386303	1689556	1073524	1197542	1710125	1746755
709555	668106	114655	100676	228031	86086	624310	636364
929374	376147	46894	163289	526096	374702	2532542	1902844
694684	552181	122375	88142	198515	33652	839545	572834
3402230	2916191	1181573	1576195	1230169	1211965	3034602	3905889
187862	129319	86812	199549	259857	26181	2485588	202635
154513	214589	32946	64353	157013	74191	28257	586930
7211996	6521718	1639383	2027934	2019966	1671122	5326223	4858297
1360269	1945885	737457	796485	195398	174300	2307221	2184622
2272591	1593316	491407	308107	414208	701359	2524988	1863416
885737	440161	84586	177	83797	44339	1844439	1826647
1386854	1153155	406821	307930	330411	657020	680549	36769
322780	101773	14088	29093	10897	6909	22693	58552
2968540	2877844	379096	891251	1207997	780541	471321	751707
2493		17335	2998	191466	8013		
425204	118364	30844				380299	500
41767	47663		13729				

a) The data in above table does not include the farmers investment.

b) Since 2011, the total Planned investment in fixed assets investment starting point adjustment from 50 million to 500 million, 2010 data rivised inaccordance with the Regional Bareau of feed back data.

6—6 固定资产投资效果

(2016)

指 标	Item	单 位	Unit	合 计 Total
建设项目投产率	**Rate of Construction Projects and Put into Produce**	**%**	**%**	**59.4**
本年施工项目	Projects under Construction This Year	个	unit	1262
本年竣工项目	Projects Completed This Year	个	unit	750
固定资产交付使用率	**Rate of Projects of Fixed Assets Completed and Put into Use**	**%**	**%**	**47.6**
本年新增固定资产	Newly Increased Fixed Assets This Year	万元	10 000 yuan	8134934
本年完成投资额	Investment Completed This Year	万元	10 000 yuan	17081882
建设周期	**Construction Period**	**年**	**year**	**3.7**
计划总投资	Total Planned Investment	万元	10 000 yuan	63991024
本年完成投资	Investment Completed This Year	万元	10 000 yuan	17081882
房屋建筑面积竣工率	**Rate of Floor Space of Buildings Completed**	**%**	**%**	**18.9**
施工面积	Floor Space of Buildings Under Construction	平方米	sq.m	53556127
竣工面积	Floor Space of Buildings Completed	平方米	sq.m	10098795

注:1. 该表不含农户投资。

2. 自 2011 年始,固定资产投资计划总投资起点由 50 万元调整为 500 万元,故,依据自治区统计局反馈数据对 2010 年数据进行修订。

The Effect of Fixed Assets Inverstment

新 建 New Construction	扩 建 Expansion	改建和技术改造 Reconstruction and Renovation	迁 建 Relocation	单纯购置 Simply Purchase	房地产开发 Real Estate
57.4	**54.9**	**78.5**	**25.0**	**80.0**	
1040	82	121	4	15	
597	45	95	1	12	
52.9	**15.3**	**77.0**	**9.1**	**96.0**	**55.7**
4682176	463459	287053	3030	55286	2643930
8848674	3020119	372729	33357	57589	4749414
2.9	**4.2**	**1.8**	**3.1**	**1.5**	**5.3**
25469583	12637943	653726	103921	85691	25040160
8848674	3020119	372729	33357	57589	4749414
21.8	**21.8**	**98.6**	**12.5**		**17.9**
9828665	822445	111986	64684		42728347
2144406	179336	110386	8100		7656567

a)The data in above table does not include the farmers investment.

b)Since 2011, the total Planned investment in fixed assets investment starting point adjustment from 50 million to 500 million, 2010 data rivised inaccordance with the Regional Bareau of feed back data.

6—7　主要重点项目建设情况

单位：万元　　　　　　　　　　　　　　　　　　　　　　　　　　　　　　　　(2016)

项目名称 Project Name	开工时间 Start Time	竣工时间 Completion Time
永宁黄河大桥及连接线	201310	201609
北京路东延伸及滨河黄河公路大桥项目	201403	
银川兵沟黄河大桥及连接线	201403	201611
智能移动终端应用大尺寸蓝宝石晶体项目	201409	
黄河银川段航运建设一期	201504	
宁夏振武灵武光伏电站	201508	
幼儿师范高等专科学校迁建二期	201509	
宁夏回族自治区脐带血造血干细胞库项目	201510	
西夏陵申报世界文化遗产工程	201511	
宁夏进口肉类指定口岸(水果、种苗口岸)	201601	
年产1550吨盐酸克林霉素及其衍生物建设项目	201601	
西夏热电厂二期2*350mw热电联产项目	201602	
滨河新区黄河外滩景区建设项目	201602	
银川滨河新区中联重科环卫机械建设项目	201602	
12万吨高性能差别化氨纶纤维项目	201602	
年产3000万件如意纺高档衬衫、300万套如意纺高档西装项目	201602	
宁夏生态纺织产业示范园中小企业孵化园	201603	201610
滨河新区长河大街地下管廊工程	201603	
华电宁东风电场西火石风电项目	201604	
贺兰县通威互联网渔光一体20兆瓦分布式光伏发电项目	201604	
银川滨河新区景城安置区(一期)	201605	
中汽西北(银川)汽车配件集散交易中心一期项目	201606	
沈阳路(亲水大街-新南公路)城市地下综合管廊及道路工程	201607	
银川天山海世界.黄河明珠建设项目	201609	

Coustruction Condition of Major Keystone Project

(10 000 yuan)

计划总投资 Total Planned Investment	累计完成投资 Accumulated Completion Investment	本年计划 Planned This Year	本年完成投资 Completion Investment This Year
212062	212062	68900	69006
505111	463181	48085	51565
187000	199846	48085	44821
105679	95822	50000	38056
34042	26114	5200	9874
50000	46480	40000	45356
35878	30837	36000	24881
10749	12316	3000	11816
54000	38681	37800	38618
36000	21558	36000	21558
137162	71160	85000	71160
292700	148940	120000	148940
67657	29382	67000	29382
16406	13700	23000	13700
525364	136272	130000	136272
192990	160100	160000	160100
45153	45153	45000	45153
80737	56762	84000	56762
40000	29409	30000	29409
20000	14000	10000	14000
629582	111484	300000	111484
114900	51853	58000	51853
155295	22433	62118	22433
400000	45976	10000	45976

6—8 房地产开发企业投资情况

单位:个、万元、平方米 （2016）

指 标	Item	总 计 Total
企业个数	**Number of Enterprises**	**307**
计划总投资	Total Planned Investment	25040160
自开始建设累计完成投资	Accumulative InvestmentActually Completed Since Starting of Construction up to the End of This Year	18620808
本年完成投资	Investment Completed This Year	4749414
配套工程投资	Project Investment	
按构成分	**Grouped by Structure**	
建筑工程	Construction	3487650
安装工程	Installation	657022
设备工器具购置	Purchase of Equipment and Instruments	46234
其他费用	Others	558508
#旧建筑物购置费	Purchased Costs of Older Buildings	36617
土地购置费	Toatal Value of Land Purchased	408377
按工程用途分	**Grouped by Use of Project**	
住宅	Residence	2781617
#90 平方米以下住房	Housing of 90 Square Meters Below	825222
90-144 平方米住房	Housing of 90-144 Square Meters	1568151
144 平方米以上住房	Housing of 144 Square Meters Above	388244
别墅、高档公寓	Villas, High-grade Apartments	115871
办公楼	Office Buildings	457948
商业营业用房	Houses for Business Use	786206
其他	Others	723643
本年新增固定资产	Newly Increased Fixed Assets This Year	2643930
本年资金来源合计	Total Funds This Year	5088852
上年末结余资金	Non-balance Funds Last Year	715753
本年资金来源小计	Subtotal of Sources of Funds This Year	4373099
国内贷款	Demestic Loans	734280
#银行贷款	Bank loans	668596
非银行金融机构贷款	Loans of Non-bank Financial Institutions	65684
自筹资金	Self-raising Funds	1323020
#自有资金	Own Funds	716044
股东投入资金	Shave holders' Funds Invested	62080
借入资金	Borroued Funds	307132
其他资金来源	Others	2315799
#定金及预收款	Deposit and Payment	1513976
个人按揭贷款	Individual Mortgage Loans	516387
本年各项应付款合计	Total Payable of All	1504401
#工程款	Projects Receivable	941266
待开发土地面积	Land Space Pending Development	961264
本年购置土地面积	Land Space Purchased This Year	444237
本年土地成交价款	Land Transaction Price This Year	66628
#拆迁补偿费	Relocation Compensation Fee	11338
土地使用权出让金	Transfer Fee of Land Use Right	55042
契税	Deed Tax	1201

Investment Statistics on Enterprises for Real Estate Development

(unit, 10 000yuan, sq.m)

国有经济 State-owned Enterprises	私营经济 Private Enterprises	其他有限责任公司 Other Limited Liability Corporations	外商投资 Foreign Funded Enterprises
12	**221**	**70**	**4**
3573648	12896966	7265748	1303798
2633620	10530974	4480310	975904
567053	3002206	1041845	138310
482301	2213110	696835	95404
31755	408394	214613	2260
	37066	9168	
52997	343636	121229	40646
32047	4570		
11429	247400	114953	34595
380755	1776739	516945	107178
181661	494222	131976	17363
136884	1064894	281018	85355
62210	217623	103951	4460
	99673	15798	400
15716	276054	166178	
67409	504610	204527	9660
103173	444803	154195	21472
354402	1869311	357366	62851
450831	3331858	1144389	161774
61303	403426	218506	32518
389528	2928432	925883	129256
194272	446097	93911	
194272	427813	46511	
	18284	47400	
51234	978509	280387	12890
47600	609600	58844	
	45667	3523	12890
	194145	112987	
144022	1503826	551585	116366
109113	942481	348047	114335
19500	351331	143625	1931
339143	809503	351015	4740
280171	517955	141850	1290
82646	737917	140701	
34684	330712	78841	
3192	44116	19320	
	11338		
3192	32530	19320	
95	879	227	

6—8 续表1

单位:个、万元、平方米 （2016）

指 标	Item	银川市 Yinchuan
企业个数	**Number of Enterprises**	**307**
计划总投资	Total Planned Investment	25040160
自开始建设累计完成投资	Accumulative InvestmentActually Completed Since Starting of Construction up to the End of This Year	18620808
本年完成投资	Investment Completed This Year	4749414
配套工程投资	Project Investment	
按构成分	**Grouped by Structure**	
建筑工程	Construction	3487650
安装工程	Installation	657022
设备工器具购置	Purchase of Equipment and Instruments	46234
其他费用	Others	558508
#旧建筑物购置费	Purchased Costs of Older Buildings	36617
土地购置费	Toatal Value of Land Purchased	408377
按工程用途分	**Grouped by Use of Project**	
住宅	Residence	2781617
#90平方米以下住房	Housing of 90 Square Meters Below	825222
90-144平方米住房	Housing of 90-144 Square Meters	1568151
144平方米以上住房	Housing of 144 Square Meters Above	388244
别墅、高档公寓	Villas, High-grade Apartments	115871
办公楼	Office Buildings	457948
商业营业用房	Houses for Business Use	786206
其他	Others	723643
本年新增固定资产	Newly Increased Fixed Assets This Year	2643930
本年资金来源合计	Total Funds This Year	5088852
上年末结余资金	Non-balance Funds Last Year	715753
本年资金来源小计	Subtotal of Sources of Funds This Year	4373099
国内贷款	Demestic Loans	734280
#银行贷款	Bank loans	668596
非银行金融机构贷款	Loans of Non-bank Financial Institutions	65684
自筹资金	Self-raising Funds	1323020
#自有资金	Own Funds	716044
股东投入资金	Shave holders' Funds Invested	62080
借入资金	Borroued Funds	307132
其他资金来源	Others	2315799
#定金及预收款	Deposit and Payment	1513976
个人按揭贷款	Individual Mortgage Loans	516387
本年各项应付款合计	Total Payable of All	1504401
#工程款	Projects Receivable	941266
待开发土地面积	Land Space Pending Development	961264
本年购置土地面积	Land Space Purchased This Year	444237
本年土地成交价款	Land Transaction Price This Year	66628
#拆迁补偿费	Relocation Compensation Fee	11338
土地使用权出让金	Transfer Fee of Land Use Right	55042
契税	Deed Tax	1201

continued

(unit,10 000yuan,sq.m)

市 区 City	兴庆区 Xingqing	金凤区 Jinfeng	西夏区 Xixia	永宁县 Yongning	贺兰县 Helan	灵武市 Lingwu
235	**127**	**99**	**9**	**19**	**30**	**23**
18829573	6126267	11312351	1390955	2005535	3249286	955766
14350443	3864555	9340253	1145635	1201709	2390447	678209
3851393	915782	2610216	325395	365819	374127	158075
2863155	681326	1954628	227201	242799	244851	136845
505276	103691	323273	78312	49898	92231	9617
39423	12288	23145	3990	3343	2850	618
443539	118477	309170	15892	69779	34195	10995
32082	3273	26012	2797			4535
306109	79950	221266	4893	66047	30532	5689
2184451	531823	1436053	216575	228252	278903	90011
646388	151460	372797	122131	61701	85867	31266
1197110	322714	782630	91766	159360	156457	55224
340953	57649	280626	2678	7191	36579	3521
104492	9655	94837		7849	2930	600
418002	92797	323326	1879	6505	32532	909
599864	130242	402438	67184	89261	41258	55823
649076	160920	448399	39757	41801	21434	11332
2258612	395238	1697310	166064	89835	179711	115772
4375852	2178071	2123968	73813	279658	185347	247995
652888	318558	331106	3224	24508	20706	17651
3722964	1859513	1792862	70589	255150	164641	230344
687550	312090	375460		2261	4446	40023
621866	280490	341376		2261	4446	40023
65684	31600	34084				
1034779	540896	453672	40211	122568	59844	105829
560111	332724	207694	19693	58463	19466	78004
26831	6506	20325		12890	3300	19059
235005	153529	78076	3400	26283	37078	8766
2000635	1006527	963730	30378	130321	100351	84492
1321257	687548	615307	18402	64803	60009	67907
434521	165191	259068	10262	31122	39998	10746
1258731	373210	857469	28052	69080	96588	80002
786199	247512	525261	13426	38348	48897	67822
788418	322461	465957		98296	53705	20845
110545	47880	62665		138263	195429	
32861	5843	27018		23672	10095	
9738	175	9563			1600	
23123	5668	17455		23672	8247	
726	267	459		227	248	

6—8 续表2

单位:个、万元、平方米 （2016）

指 标	Item	一 级 First Grade
企业个数	**Number of Enterprises**	**10**
计划总投资	Total Planned Investment	4735599
自开始建设累计完成投资	Accumulative InvestmentActually Completed Since Starting of Construction up to the End of This Year	4069208
本年完成投资	Investment Completed This Year	918795
配套工程投资	Project Investment	
按构成分	**Grouped by Structure**	
建筑工程	Construction	751177
安装工程	Installation	86915
设备工器具购置	Purchase of Equipment and Instruments	10587
其他费用	Others	70116
#旧建筑物购置费	Purchased Costs of Older Buildings	
土地购置费	Toatal Value of Land Purchased	30303
按工程用途分	**Grouped by Use of Project**	
住宅	Residence	430940
#90平方米以下住房	Housing of 90 Square Meters Below	92112
90-144平方米住房	Housing of 90-144 Square Meters	252814
144平方米以上住房	Housing of 144 Square Meters Above	86014
别墅、高档公寓	Villas, High-grade Apartments	59839
办公楼	Office Buildings	74142
商业营业用房	Houses for Business Use	178117
其他	Others	235596
本年新增固定资产	Newly Increased Fixed Assets This Year	1360448
本年资金来源合计	Total Funds This Year	1003525
上年末结余资金	Non-balance Funds Last Year	134823
本年资金来源小计	Subtotal of Sources of Funds This Year	868702
国内贷款	Demestic Loans	197300
#银行贷款	Bank loans	197300
非银行金融机构贷款	Loans of Non-bank Financial Institutions	
自筹资金	Self-raising Funds	192186
#自有资金	Own Funds	156700
股东投入资金	Shave holders' Funds Invested	
借入资金	Borroued Funds	25578
其他资金来源	Others	479216
#定金及预收款	Deposit and Payment	309068
个人按揭贷款	Individual Mortgage Loans	30937
本年各项应付款合计	Total Payable of All	159571
#工程款	Projects Receivable	58927
待开发土地面积	Land Space Pending Development	
本年购置土地面积	Land Space Purchased This Year	2237
本年土地成交价款	Land Transaction Price This Year	1251
#拆迁补偿费	Relocation Compensation Fee	
土地使用权出让金	Transfer Fee of Land Use Right	1251
契税	Deed Tax	135

continued

(unit, 10 000yuan, sq.m)

资质等级 Qualification Criteria				
二级 Second Grade	三级 Third Grade	四级 Forth Grade	暂定 Tentative	其他 Others
72	**73**	**58**	**93**	**1**
8090264	2573932	4489759	4816715	333891
6457963	2214434	2427557	3183327	268319
1473367	371283	809148	1122799	54022
1025884	276801	617907	769561	46320
269667	45951	83608	163179	7702
9245	5571	8714	12117	
168571	42960	98919	177942	
6044		30573		
131555	37141	60937	148441	
961169	187997	525042	629664	46805
275934	45705	175690	188976	46805
603521	115587	281243	314986	
81714	26705	68109	125702	
14436	4999	5000	31597	
111815	60247	49824	161920	
226598	86682	116826	175974	2009
173785	36357	117456	155241	5208
618439	199311	227847	187948	49937
1656503	541582	689400	1126683	71159
216064	95280	123184	114243	32159
1440439	446302	566216	1012440	39000
229066	20546	178913	78455	30000
210782	20146	131913	78455	30000
18284	400	47000		
443452	158961	190819	337602	
263579	95944	105221	94600	
555	19713	22042	19770	
72974	34424	62776	111380	
767921	266795	196484	596383	9000
523351	187497	131242	357318	5500
193495	71500	60536	156419	3500
284339	172536	397484	473371	17100
228895	111654	335934	188756	17100
491257	236277	90147	143583	
44859	10959	77228	308954	
10330	1400	21040	32607	
	175	9563	1600	
10330	1225	11477	30759	
310	37	149	570	

6—9 房地产开发企业经营情况

单位:万元 （2016）

指 标	Item	总计 Total
年初存货	**Stock in Early**	**10781535**
年末资产负债	**Assets and Liabilities at Year-end**	
流动资产合计	Total Circulating Funds	18269896
#应收账款	Projects Receivable	591411
存货	Stock	12134793
固定资产合计	Total Investment Assets	615652
固定资产原价	Original Value of Fixed Assets	832183
累计折旧	Accumulated Depreciation	258143
#本年折旧	Depreciation This Year	51694
在建工程	Construction in Process	283288
资产总计	Total Assets	20802084
流动负债合计	Total Liquid Liabilities	15178653
#应付账款	Projects Payment	2195306
非流动负债合计	Total Non-Liquid Liabilities	2201526
负债合计	Total Liabilities	17380179
所有者权益合计	Total Equity	3421905
#实收资本	Paid-in Capitals	2321419
损益及分配	**Profit, loss and Distribution**	
营业收入	Total Revenue	2669355
#主营业务收入	Revenue from Principal Business	2642490
土地转让收入	Land Transferred	
商品房屋销售收入	Sales Income of Commercial Flat	2538791
房屋出租收入	Income of Renting House	47227
其他收入	Others	56472
营业成本	Business Costs	2207438
#主营业务成本	Cost of Principal Business	2203810
营业税金及附加	Business Taxes and Other Charges	151754
#主营业务税金及附加	Taxes and Other Charges on Principal Business	151109
其他业务利润	Profits from Other Businesses	13463
销售费用	Saling Costs	89882
管理费用	Management Costs	176881
#税金	Taxes	16537
财务费用	Finance Costs	72332
#利息收入	Interest Income	3534
利息支出	Interest Expense	53186
资产减值损失	Impairment of Awwets	5826
公允价值变动收益	Fair Value Gain	1
投资收益	Investment Income	18453
营业利润	Business Profits	-24253
营业外收入	Income of Extra-business	53370
#政府补助	Government Grants	4275
营业外支出	Expenditure of Extra-business	56836
利润总额	Total Profits	-21469
应交所得税	Tax Payable	40936
人工成本及增值税	**Labour Cost and Value Added Tax**	
应交职工薪酬	Employee Pay Payable	81407
应交增值税	Value Added Tax Payable	38214

Operating Statistics on Enterprises for Real Estate Development

(10 000yuan)

国有经济 State-owned Enterprises	私营经济 Private Enterprises	其他有限责任公司 Other Limited Liability Corporations	外商投资 Foreign Funded Enterprises
693367	**6512705**	**2925261**	**650202**
1639664	11334148	4582120	713964
15214	379417	180013	16767
1008734	7605926	2947873	572259
84763	334307	195792	789
93087	418996	317376	2724
8379	121157	126672	1935
949	20611	29768	366
230533	12809	39946	
2061106	12391889	5627703	721387
1372061	9583648	3664222	558722
241123	1154621	742904	56659
233803	1220207	718466	29050
1605865	10803855	4382688	587772
455242	1588034	1245015	133615
193482	1179053	836885	112000
138893	1386136	994395	149932
138552	1363343	990694	149900
133679	1291061	964150	149900
2267	34957	10003	
2606	37324	16541	
125358	1130988	814179	136913
125302	1127934	813661	136913
6424	74272	64420	6639
6283	73978	64209	6639
128	11242	2062	32
3338	51043	30158	5343
11667	107894	52083	5238
462	13290	2514	271
1510	44501	26512	-191
275	1141	1859	260
1316	30655	21212	4
704	235	4888	
		1	
-75	17561	967	
-10183	-13140	3079	-4009
992	7286	44853	240
546	169	3552	8
1963	9637	44319	917
-11154	-9242	3614	-4686
1223	23354	16318	41
10812	43179	23786	3630
-2463	24026	13061	3590

6—9 续表1

单位:万元 （2016）

指 标	Item	银川市 Yinchuan
年初存货	**Stock in Early**	**10781535**
年末资产负债	**Assets and Liabilities at Year-end**	
流动资产合计	Total Circulating Funds	18269896
#应收账款	Projects Receivable	591411
存货	Stock	12134793
固定资产合计	Total Investment Assets	615652
固定资产原价	Original Value of Fixed Assets	832183
累计折旧	Accumulated Depreciation	258143
#本年折旧	Depreciation This Year	51694
在建工程	Construction in Process	283288
资产总计	Total Assets	20802084
流动负债合计	Total Liquid Liabilities	15178653
#应付账款	Projects Payment	2195306
非流动负债合计	Total Non-Liquid Liabilities	2201526
负债合计	Total Liabilities	17380179
所有者权益合计	Total Equity	3421905
#实收资本	Paid-in Capitals	2321419
损益及分配	**Profit, loss and Distribution**	
营业收入	Total Revenue	2669355
#主营业务收入	Revenue from Principal Business	2642490
土地转让收入	Land Transferred	
商品房屋销售收入	Sales Income of Commercial Flat	2538791
房屋出租收入	Income of Renting House	47227
其他收入	Others	56472
营业成本	Business Costs	2207438
#主营业务成本	Cost of Principal Business	2203810
营业税金及附加	Business Taxes and Other Charges	151754
#主营业务税金及附加	Taxes and Other Charges on Principal Business	151109
其他业务利润	Profits from Other Businesses	13463
销售费用	Saling Costs	89882
管理费用	Management Costs	176881
#税金	Taxes	16537
财务费用	Finance Costs	72332
#利息收入	Interest Income	3534
利息支出	Interest Expense	53186
资产减值损失	Impairment of Awwets	5826
公允价值变动收益	Fair Value Gain	1
投资收益	Investment Income	18453
营业利润	Business Profits	-24253
营业外收入	Income of Extra-business	53370
#政府补助	Government Grants	4275
营业外支出	Expenditure of Extra-business	56836
利润总额	Total Profits	-21469
应交所得税	Tax Payable	40936
人工成本及增值税	**Labour Cost and Value Added Tax**	
应交职工薪酬	Employee Pay Payable	81407
应交增值税	Value Added Tax Payable	38214

continued

(10 000yuan)

市 区 City	兴庆区 Xingqing	金凤区 Jinfeng	西夏区 Xixia	永宁县 Yongning	贺兰县 Helan	灵武市 Lingwu
9125667	**5019041**	**3774912**	**331714**	**568990**	**901832**	**185045**
15652457	8874841	6320998	456619	899487	1284747	433205
349537	188062	156249	5225	101907	132523	7444
10249585	6002446	3913816	333322	667341	894894	322973
533353	271941	205860	55552	21882	48669	11747
743749	349631	246828	147290	28256	56132	4045
233727	88532	53457	91738	8738	14162	1516
46455	14166	9486	22803	1320	3580	340
258420	246536	11884		23962	196	710
17755047	10122648	7017711	614688	1221283	1355486	470267
12845657	7382913	5087749	374995	889775	1112276	330945
1742670	850806	779884	111980	224289	191878	36469
2041249	1260841	666118	114290	73682	57543	29052
14886906	8643754	5753867	489286	963457	1169819	359997
2868141	1478894	1263844	125402	257827	185667	110271
2002475	937486	938800	126189	123868	115296	79780
2307400	1141359	1071825	94215	45658	249709	66589
2282440	1127544	1062872	92025	44165	249384	66501
2193858	1072573	1043988	77297	30631	247802	66501
44410	23318	14983	6108	1235	1583	
44173	31652	3901	8620	12299		
1902122	940291	875469	86361	42833	208676	53808
1898632	937145	875127	86361	42807	208562	53808
130902	65996	58971	5935	3597	13444	3811
130329	65675	58718	5935	3557	13425	3799
14609	3779	8640	2191	222	-1407	40
74933	37433	32995	4505	8954	4898	1097
141822	72492	62229	7101	12558	17308	5193
12921	9779	2666	476	1322	2211	83
64777	34121	25256	5400	1942	5403	210
3156	686	2410	60	262	35	82
47249	28582	15412	3255	948	4723	267
5861	5428	234	199		4	-39
1		1				
18242	16141	1396	705	200	11	
-1726	-4278	17134	-14581	-24060	-977	2510
51356	2889	47543	925	1390	410	214
4265	46	4218			10	
55284	8193	46514	578	468	655	429
596	-4267	19097	-14234	-23137	-1222	2294
37675	19699	14985	2991	342	2609	309
68544	36022	27084	5438	4240	6783	1840
31085	12823	14554	3708	2141	3506	1483

6—9 续表2

单位:万元 (2016)

指 标	Item	一级 First Grade
年初存货	**Stock in Early**	**2047713**
年末资产负债	**Assets and Liabilities at Year-end**	
流动资产合计	Total Circulating Funds	2979190
#应收账款	Projects Receivable	20363
存货	Stock	2319138
固定资产合计	Total Investment Assets	87781
固定资产原价	Original Value of Fixed Assets	108681
累计折旧	Accumulated Depreciation	20900
#本年折旧	Depreciation This Year	2682
在建工程	Construction in Process	116622
资产总计	Total Assets	3437348
流动负债合计	Total Liquid Liabilities	2504621
#应付账款	Projects Payment	238479
非流动负债合计	Total Non-Liquid Liabilities	359370
负债合计	Total Liabilities	2863990
所有者权益合计	Total Equity	573358
#实收资本	Paid-in Capitals	152262
损益及分配	**Profit, loss and Distribution**	
营业收入	Total Revenue	406105
#主营业务收入	Revenue from Principal Business	403204
土地转让收入	Land Transferred	
商品房屋销售收入	Sales Income of Commercial Flat	377278
房屋出租收入	Income of Renting House	20021
其他收入	Others	5905
营业成本	Business Costs	319783
#主营业务成本	Cost of Principal Business	319698
营业税金及附加	Business Taxes and Other Charges	23073
#主营业务税金及附加	Taxes and Other Charges on Principal Business	23043
其他业务利润	Profits from Other Businesses	2068
销售费用	Saling Costs	14544
管理费用	Management Costs	28286
#税金	Taxes	3442
财务费用	Finance Costs	22532
#利息收入	Interest Income	507
利息支出	Interest Expense	19118
资产减值损失	Impairment of Awwets	729
公允价值变动收益	Fair Value Gain	
投资收益	Investment Income	16306
营业利润	Business Profits	7133
营业外收入	Income of Extra-business	3288
#政府补助	Government Grants	46
营业外支出	Expenditure of Extra-business	1847
利润总额	Total Profits	14203
应交所得税	Tax Payable	9577
人工成本及增值税	**Labour Cost and Value Added Tax**	
应交职工薪酬	Employee Pay Payable	15060
应交增值税	Value Added Tax Payable	7050

continued

（10 000yuan）

资质等级 Qualification Criteria				
二级 Second Grade	三级 Third Grade	四级 Forth Grade	暂定 Tentative	其他 Others
3799135	**1797539**	**1125665**	**1944343**	**67140**
6059594	2648114	2070669	4131787	380543
185420	92918	138016	154548	147
4339800	1944002	1079889	2376637	75326
259366	55142	154245	59108	9
312055	84845	186749	139689	164
83670	31415	34764	87240	154
13722	5360	7168	22760	1
39671	9364	3062	114568	
6946589	2804300	2503986	4728808	381052
5165927	2383692	1525081	3264334	334998
848320	450766	221224	430912	5605
569242	173862	412422	645290	41340
5735170	2557554	1937503	3909624	376338
1211420	246747	566483	819184	4714
619041	289481	476776	783859	
1208532	334255	355721	364305	437
1189977	331390	355057	362425	437
1164126	317270	345195	334922	
12005	1232	6094	7439	437
13847	12888	3768	20064	
1011805	281080	279081	315689	
1009969	279702	278972	315469	
65665	17625	22445	22946	
65524	17427	22224	22892	
9271	2744	-1068	448	
21980	12543	17807	22901	107
56931	33045	31895	26528	197
6542	2626	1289	2638	
16790	9090	13033	10470	417
1511	92	388	1036	
9852	6527	10735	6955	
4605	20	66	406	
	1			
1573	294	-75	355	
31709	-18846	-8681	-35283	-284
2841	2404	1341	43483	14
292	10	556	3371	
7515	2050	1572	43303	548
27654	-18492	-8912	-35104	-819
11582	3166	4390	12221	
25748	11380	11032	17677	510
20183	6444	3948	573	17

6—10 房地产开发施工、竣工房屋面积

单位:平方米、万元、套 （2016）

指 标	Item	总计 Total
房屋施工面积	**Floor Space of Buildings under Construction**	**42728347**
住宅	Residence	26502126
#90 平方米以下住房	Housing of 90 Square Meters Below	7447526
144 平方米以上住房	Housing of 144 Square Meters Above	3269397
别墅、高档公寓	Villas and High-grade Apartments	1003675
办公楼	Office Buildings	3040559
商业营业用房	Houses for Business Use	6409360
其他	Others	6776302
本年新开工面积	Started This Year	7214344
住宅	Residence	4402915
#90 平方米以下住房	Housing of 90 Square Meters Below	1114918
144 平方米以上住房	Housing of 144 Square Meters Above	413534
别墅、高档公寓	Villas and High-grade Apartments	102772
办公楼	Office Buildings	623338
商业营业用房	Houses for Business Use	1066168
其他	Others	1121923
房屋竣工面积	**Floor Space of Buildings Completed**	**7656567**
住宅	Residence	5179196
#90 平方米以下住房	Housing of 90 Square Meters Below	1047774
144 平方米以上住房	Housing of 144 Square Meters Above	554893
别墅、高档公寓	Villas and High-grade Apartments	72949
办公楼	Office Buildings	257664
商业营业用房	Houses for Business Use	899028
其他	Others	1320679
不可销售面积	Non-sales Floor Space of Buildings	1280989
住宅	Residence	753196
#90 平方米以下住房	Housing of 90 Square Meters Below	449461
144 平方米以上住房	Housing of 144 Square Meters Above	96976
别墅、高档公寓	Villas and High-grade Apartments	
办公楼	Office Buildings	5703
商业营业用房	Houses for Business Use	45311
其他	Others	476779
商品住宅竣工套数	**Number of Commercialized Buildings Completed**	**46300**
#90 平方米以下住房	Housing of 90 Square Meters Below	14805
144 平方米以上住房	Housing of 144 Square Meters Above	2852
别墅、高档公寓	Villas and High-grade Apartments	861
竣工房屋价值	**Value of Buildings Completed**	**2175777**
住宅	Residence	1314212
#90 平方米以下住房	Housing of 90 Square Meters Below	281396
144 平方米以上住房	Housing of 144 Square Meters Above	190664
别墅、高档公寓	Villas and High-grade Apartments	26453
办公楼	Office Buildings	91414
商业营业用房	Houses for Business Use	347729
其他	Others	422422

Floor Space of Buildings under Construction and Completed for Real Estate Development

(sq.m, 10 000yuan, set)

国有经济 State-owned Enterprises	私营经济 Private Enterprises	其他有限责任公司 Other Limited Liability Corporations	外商投资 Foreign Funded Enterprises
6257459	**26052869**	**9699894**	**718125**
4490548	15975815	5465890	569873
2482262	3848629	1034025	82610
589790	1675939	979477	24191
	628349	356156	19170
223108	1894860	922591	
566003	3945755	1841321	56281
977800	4236439	1470092	91971
1225844	4166223	1557207	265070
782756	2480905	907979	231275
320057	607089	160858	26914
105333	205534	102667	
	94650	8122	
	401335	222003	
217616	672501	142256	33795
225472	611482	284969	
1313607	**4913238**	**1163736**	**265986**
1069828	3118171	778729	212468
397988	390119	203971	55696
211867	217456	125570	
	43632	29317	
	228560	29104	
12676	650267	223560	12525
231103	916240	132343	40993
531850	466052	258489	24598
461058	169136	122845	157
348508	23715	77238	
65152		31824	
	5703		
12676	19122	13327	186
58116	272091	122317	24255
10202	**26427**	**7551**	**2120**
5978	5447	2700	680
1036	1067	749	
	764	97	
354402	**1420237**	**338287**	**62851**
287626	759456	216438	50692
100869	99898	67172	13457
63181	93503	33980	
	14414	12039	
	70376	21038	
3051	273433	66591	4654
63725	316972	34220	7505

6—10 续表1

单位:平方米、万元、套 (2016)

指 标	Item	银川市 Yinchuan
房屋施工面积	**Floor Space of Buildings under Construction**	**42728347**
住宅	Residence	26502126
#90平方米以下住房	Housing of 90 Square Meters Below	7447526
144平方米以上住房	Housing of 144 Square Meters Above	3269397
别墅、高档公寓	Villas and High-grade Apartments	1003675
办公楼	Office Buildings	3040559
商业营业用房	Houses for Business Use	6409360
其他	Others	6776302
本年新开工面积	Started This Year	7214344
住宅	Residence	4402915
#90平方米以下住房	Housing of 90 Square Meters Below	1114918
144平方米以上住房	Housing of 144 Square Meters Above	413534
别墅、高档公寓	Villas and High-grade Apartments	102772
办公楼	Office Buildings	623338
商业营业用房	Houses for Business Use	1066168
其他	Others	1121923
房屋竣工面积	**Floor Space of Buildings Completed**	**7656567**
住宅	Residence	5179196
#90平方米以下住房	Housing of 90 Square Meters Below	1047774
144平方米以上住房	Housing of 144 Square Meters Above	554893
别墅、高档公寓	Villas and High-grade Apartments	72949
办公楼	Office Buildings	257664
商业营业用房	Houses for Business Use	899028
其他	Others	1320679
不可销售面积	Non-sales Floor Space of Buildings	1280989
住宅	Residence	753196
#90平方米以下住房	Housing of 90 Square Meters Below	449461
144平方米以上住房	Housing of 144 Square Meters Above	96976
别墅、高档公寓	Villas and High-grade Apartments	
办公楼	Office Buildings	5703
商业营业用房	Houses for Business Use	45311
其他	Others	476779
商品住宅竣工套数	**Number of Commercialized Buildings Completed**	**46300**
#90平方米以下住房	Housing of 90 Square Meters Below	14805
144平方米以上住房	Housing of 144 Square Meters Above	2852
别墅、高档公寓	Villas and High-grade Apartments	861
竣工房屋价值	**Value of Buildings Completed**	**2175777**
住宅	Residence	1314212
#90平方米以下住房	Housing of 90 Square Meters Below	281396
144平方米以上住房	Housing of 144 Square Meters Above	190664
别墅、高档公寓	Villas and High-grade Apartments	26453
办公楼	Office Buildings	91414
商业营业用房	Houses for Business Use	347729
其他	Others	422422

continued

(sq.m, 10 000yuan, set)

市 区 City				永宁县 Yongning	贺兰县 Helan	灵武市 Lingwu
	兴庆区 Xingqing	金凤区 Jinfeng	西夏区 Xixia			
32389446	**9024681**	**20744542**	**2620223**	**3414574**	**5876520**	**1047807**
19136378	4996088	12418618	1721672	2525010	4328018	512720
5520646	1285286	3508403	726957	688848	1100238	137794
2447676	613617	1804691	29368	176885	641130	3706
660488	140083	520405		184654	158278	255
2568562	849237	1717303	2022	11622	434405	25970
4848330	1847417	2418075	582838	510106	690885	360039
5836176	1331939	4190546	313691	367836	423212	149078
4744115	961977	3223665	558473	1061223	1105037	303969
2623205	481431	1814303	327471	759093	825686	194931
615788	81118	393438	141232	67741	349998	81391
315607	17686	297921		3054	92562	2311
94650	36607	58043		8122		
579569	151740	426907	922	8344	35425	
692719	192271	363036	137412	184448	113183	75818
848622	136535	619419	92668	109338	130743	33220
5947324	**1127791**	**4284806**	**534727**	**363606**	**876251**	**469386**
3902237	702570	2823811	375856	281255	774360	221344
902532	155808	656121	90603	33276	55563	56403
459096	183229	254650	21217	18149	77648	
44690		44690		17663	10596	
256165	116600	139565				1499
642893	160170	411727	70996	45087	49060	161988
1146029	148451	909703	87875	37264	52831	84555
1174946	269062	837858	68026	13295	67927	24821
707843	217975	489868		6513	38840	
435665	77238	358427			13796	
96976	31824	65152				
5703		5703				
26669	13327	13342		5362	13280	
434731	37760	328945	68026	1420	15807	24821
34464	**5380**	**25274**	**3810**	**2625**	**7066**	**2145**
12801	2137	9172	1492	722	654	628
2321	937	1240	144	95	436	
436		436		397	28	
1848600	**346850**	**1368070**	**133680**	**48154**	**163251**	**115772**
1085848	226223	762405	97220	33552	144335	50477
254890	44262	183516	27112	5505	9481	11520
168872	89948	73610	5314	1584	20208	
23875		23875		1543	1035	
90980	31723	59257				434
284653	47717	220856	16080	10561	10615	41900
387119	41187	325552	20380	4041	8301	22961

6—10　续表2

单位:平方米、万元、套　　(2016)

指　标	Item	一级 First Grade
房屋施工面积	**Floor Space of Buildings under Construction**	**6758501**
住宅	Residence	3910971
# 90 平方米以下住房	Housing of 90 Square Meters Below	878075
144 平方米以上住房	Housing of 144 Square Meters Above	782254
别墅、高档公寓	Villas and High-grade Apartments	257363
办公楼	Office Buildings	440228
商业营业用房	Houses for Business Use	865046
其他	Others	1542256
本年新开工面积	Started This Year	334174
住宅	Residence	80018
# 90 平方米以下住房	Housing of 90 Square Meters Below	19480
144 平方米以上住房	Housing of 144 Square Meters Above	12069
别墅、高档公寓	Villas and High-grade Apartments	
办公楼	Office Buildings	95639
商业营业用房	Houses for Business Use	100888
其他	Others	57629
房屋竣工面积	**Floor Space of Buildings Completed**	**2906389**
住宅	Residence	1776141
# 90 平方米以下住房	Housing of 90 Square Meters Below	133029
144 平方米以上住房	Housing of 144 Square Meters Above	335261
别墅、高档公寓	Villas and High-grade Apartments	43632
办公楼	Office Buildings	111134
商业营业用房	Houses for Business Use	263242
其他	Others	755872
不可销售面积	Non-sales Floor Space of Buildings	181182
住宅	Residence	
# 90 平方米以下住房	Housing of 90 Square Meters Below	
144 平方米以上住房	Housing of 144 Square Meters Above	
别墅、高档公寓	Villas and High-grade Apartments	
办公楼	Office Buildings	5703
商业营业用房	Houses for Business Use	
其他	Others	175479
商品住宅竣工套数	**Number of Commercialized Buildings Completed**	**13171**
# 90 平方米以下住房	Housing of 90 Square Meters Below	1881
144 平方米以上住房	Housing of 144 Square Meters Above	1490
别墅、高档公寓	Villas and High-grade Apartments	764
竣工房屋价值	**Value of Buildings Completed**	**979473**
住宅	Residence	490983
# 90 平方米以下住房	Housing of 90 Square Meters Below	42481
144 平方米以上住房	Housing of 144 Square Meters Above	125987
别墅、高档公寓	Villas and High-grade Apartments	14414
办公楼	Office Buildings	37003
商业营业用房	Houses for Business Use	168588
其他	Others	282899

continued

(sq.m, 10 000yuan, set)

资质等级 Qualification Criteria				
二级 Second Grade	三级 Third Grade	四级 Forth Grade	暂定 Tentative	其他 Others
14493379	**4597510**	**5860255**	**10045541**	**973161**
9849708	2589159	3979337	5298527	874424
2393016	336030	1405105	1560876	874424
993807	270883	465802	756651	
194554	97722	92035	362001	
716834	559459	236590	1087448	
1852948	802496	871594	1990535	26741
2073889	646396	772734	1669031	71996
2450435	1009046	1466698	1953991	
1570561	555613	1055408	1141315	
369152	61886	349128	315272	
138926	17906	80647	163986	
24706			78066	
185536	81343	38580	222240	
427977	179543	107406	250354	
266361	192547	265304	340082	
2369771	**904092**	**728760**	**531981**	**215574**
1826174	593322	467885	310373	205301
270307	96807	193666	148664	205301
100221	22435	65152	31824	
231	10596		18490	
43507	73919		29104	
228307	125433	177942	104104	
271783	111418	82933	88400	10273
249330	96619	330369	207915	215574
162780	6513	268729	109873	205301
23715		143207	77238	205301
		65152	31824	
13946	5362	12676	13327	
72604	84744	48964	84715	10273
16914	**5608**	**4134**	**2740**	**3733**
3762	1247	2244	1938	3733
613	130	415	204	
1	28		68	
568366	**199311**	**199384**	**179306**	**49937**
428828	117612	128829	100422	47538
66520	20659	53110	51088	47538
28811	4412	22024	9430	
58	1035		10946	
10990	22383		21038	
66329	30997	47045	34770	
62219	28319	23510	23076	2399

6—11 房地产开发商品房销售与出租情况

单位:平方米、万元、套 （2016）

指 标	Item	总 计 Total
出租房屋面积	**Floor Space of Buildings Rented**	**226267**
住宅	Residence	19770
#90 平方米以下住房	Housing of 90 Square Meters Below	19641
144 平方米以上住房	Housing of 144 Square Meters Above	
别墅、高档公寓	Villas and High-grade Apartments	
办公楼	Office Buildings	12787
商业营业用房	Houses for Business Use	193122
其他	Others	588
商品房销售面积	**Floor Space of Commercialized Buildings Sold**	**5648583**
住宅	Residence	4928382
#90 平方米以下住房	Housing of 90 Square Meters Below	624642
144 平方米以上住房	Housing of 144 Square Meters Above	760051
别墅、高档公寓	Villas and High-grade Apartments	114940
办公楼	Office Buildings	67890
商业营业用房	Houses for Business Use	484303
其他	Others	168008
现房销售面积	Floor Space of Existing Buildings Sold	1658929
住宅	Residence	1287331
#90 平方米以下住房	Housing of 90 Square Meters Below	113388
144 平方米以上住房	Housing of 144 Square Meters Above	266307
别墅、高档公寓	Villas and High-grade Apartments	17241
办公楼	Office Buildings	31912
商业营业用房	Houses for Business Use	274790
其他	Others	64896
期房销售面积	Floor Space of Forward Buildings Sold	3989654
住宅	Residence	3641051
#90 平方米以下住房	Housing of 90 Square Meters Below	511254
144 平方米以上住房	Housing of 144 Square Meters Above	493744
别墅、高档公寓	Villas and High-grade Apartments	97699
办公楼	Office Buildings	35978
商业营业用房	Houses for Business Use	209513
其他	Others	103112
商品房销售额		**2705703**
住宅	Residence	2192310
#90 平方米以下住房	Housing of 90 Square Meters Below	260059
144 平方米以上住房	Housing of 144 Square Meters Above	417910
别墅、高档公寓	Villas and High-grade Apartments	78266
办公楼	Office Buildings	54400
商业营业用房	Houses for Business Use	389273
其他	Others	69720
现房销售额	Total Sale of Existing Buildings	841611
住宅	Residence	590432
#90 平方米以下住房	Housing of 90 Square Meters Below	54760
144 平方米以上住房	Housing of 144 Square Meters Above	154426
别墅、高档公寓	Villas and High-grade Apartments	11182

Saled and Rented of Real Estate Commercialized Buildings

(sq.m, 10 000yuan, set)

国有经济 State-owned Enterprises	私营经济 Private Enterprises	其他有限责任公司 Other Limited Liability Corporations	外商投资 Foreign Funded Enterprises
15385	**200001**	**10881**	
	19770		
	19641		
11159	1628		
4226	178015	10881	
	588		
272369	**3899986**	**1252195**	**224033**
223534	3393876	1101815	209157
13667	467771	96277	46927
52368	487557	176532	43594
178	85510	28726	526
340	42242	25308	
15652	380562	83531	4558
32843	83306	41541	10318
133919	1129022	322126	73862
111132	824855	290170	61174
11541	80360	17127	4360
14943	159707	48063	43594
178	12488	4049	526
340	30914	658	
5947	238448	25937	4458
16500	34805	5361	8230
138450	2770964	930069	150171
112402	2569021	811645	147983
2126	387411	79150	42567
37425	327850	128469	
	73022	24677	
	11328	24650	
9705	142114	57594	100
16343	48501	36180	2088
124413	**1816697**	**652122**	**112471**
91158	1476167	525339	99646
5765	195574	40226	18494
22173	276267	91852	27618
114	60033	17829	290
133	29580	24687	
26957	274316	81687	6313
6165	36634	20409	6512
55390	565235	174598	46388
46617	370251	138560	35004
4724	40031	7955	2050
7371	93824	25613	27618
114	8437	2341	290

6—11 续表 1

单位:平方米、万元、套 （2016）

指 标	Item	总 计 Total
办公楼	Office Buildings	22735
商业营业用房	Houses for Business Use	203485
其他	Others	24959
期房销售额		1864092
住宅	Residence	1601878
# 90 平方米以下住房	Housing of 90 Square Meters Below	205299
144 平方米以上住房	Housing of 144 Square Meters Above	263484
别墅、高档公寓	Villas and High-grade Apartments	67084
办公楼	Office Buildings	31665
商业营业用房	Houses for Business Use	185788
其他	Others	44761
商品住宅销售套数	**Total Number of Flats of Commercialized Residential Buildings Sold**	**42854**
# 90 平方米以下住房	Housing of 90 Square Meters Below	7973
144 平方米以上住房	Housing of 144 Square Meters Above	4317
别墅、高档公寓	Villas and High-grade Apartments	1278
现房住宅销售套数	Total Number of Flats of Existing Residential Buildings Sold	10687
# 90 平方米以下住房	Housing of 90 Square meters Below	1508
144 平方米以上住房	Housing of 144 Square meters Above	1394
别墅、高档公寓	Villas and High-grade Apartments	83
期房住宅销售套数	Total Number of Flats of Forward Residential Buildings Sold	32167
# 90 平方米以下住房	Housing of 90 Square meters Below	6465
144 平方米以上住房	Housing of 144 Square meters Above	2923
别墅、高档公寓	Villas and High-grade Apartments	1195
待售面积	**Unsold Area**	**7230839**
住宅	Residence	4048057
# 90 平方米以下住房	Housing of 90 Square Meters Below	782676
144 平方米以上住房	Housing of 144 Square Meters Above	1174355
别墅、高档公寓	Villas and High-grade Apartments	177883
办公楼	Office Buildings	378581
商业营业用房	Houses for Business Use	1843333
其他	Others	960868
待售 1-3 年面积	Unsold Area of 1-3 year	3665642
住宅	Residence	1966931
# 90 平方米以下住房	Housing of 90 Square Meters Below	408967
144 平方米以上住房	Housing of 144 Square Meters Above	545227
别墅、高档公寓	Villas and High-grade Apartments	161853
办公楼	Office Buildings	122700
商业营业用房	Houses for Business Use	963409
其他	Others	612602
待售 3 年以上面积	Unsold Area above 3 year	290070
住宅	Residence	162840
# 90 平方米以下住房	Housing of 90 Square Meters Below	18483
144 平方米以上住房	Housing of 144 Square Meters Above	76720
别墅、高档公寓	Villas and High-grade Apartments	1570
办公楼	Office Buildings	9029
商业营业用房	Houses for Business Use	91571
其他	Others	26630

continued

(sq.m,10 000yuan,set)

国有经济 State-owned Enterprises	私营经济 Private Enterprises	其他有限责任公司 Other Limited Liability Corporations	外商投资 Foreign Funded Enterprises
133	21999	603	
5468	159053	32861	6103
3172	13932	2574	5281
69023	1251462	477524	66083
44541	1105916	386779	64642
1041	155543	32271	16444
14802	182443	66239	
	51596	15488	
	7581	24084	
21489	115263	48826	210
2993	22702	17835	1231
1766	**29687**	**9649**	**1752**
171	6076	1179	547
341	2882	952	142
1	978	297	2
927	7057	2386	317
147	1094	208	59
95	916	241	142
1	68	12	2
839	22630	7263	1435
24	4982	971	488
246	1966	711	
	910	285	
900987	**4417917**	**1714629**	**197306**
709708	2103500	1116616	118233
57945	569307	150660	4764
317933	450172	325706	80544
52906	88095	36882	
32744	343809	2028	
70979	1370645	378917	22792
87556	599963	217068	56281
302555	2522998	645166	194923
202048	1212779	434023	118081
13335	301163	89760	4709
73122	279717	111844	80544
40813	85553	35487	
13478	107194	2028	
14419	822209	103989	22792
72610	380816	105126	54050
11971	170155	107944	
1570	96991	64279	
	12286	6197	
1570	29181	45969	
1570			
5140	3889		
5261	44061	42249	
	25214	1416	

6—11 续表 2

单位:平方米、万元、套 (2016)

指 标	Item	银川市 Yinchuan
出租房屋面积	**Floor Space of Buildings Rented**	**226267**
住宅	Residence	19770
# 90 平方米以下住房	Housing of 90 Square Meters Below	19641
144 平方米以上住房	Housing of 144 Square Meters Above	
别墅、高档公寓	Villas and High-grade Apartments	
办公楼	Office Buildings	12787
商业营业用房	Houses for Business Use	193122
其他	Others	588
商品房销售面积	**Floor Space of Commercialized Buildings Sold**	**5648583**
住宅	Residence	4928382
# 90 平方米以下住房	Housing of 90 Square Meters Below	624642
144 平方米以上住房	Housing of 144 Square Meters Above	760051
别墅、高档公寓	Villas and High-grade Apartments	114940
办公楼	Office Buildings	67890
商业营业用房	Houses for Business Use	484303
其他	Others	168008
现房销售面积	Floor Space of Existing Buildings Sold	1658929
住宅	Residence	1287331
# 90 平方米以下住房	Housing of 90 Square Meters Below	113388
144 平方米以上住房	Housing of 144 Square Meters Above	266307
别墅、高档公寓	Villas and High-grade Apartments	17241
办公楼	Office Buildings	31912
商业营业用房	Houses for Business Use	274790
其他	Others	64896
期房销售面积	Floor Space of Forward Buildings Sold	3989654
住宅	Residence	3641051
# 90 平方米以下住房	Housing of 90 Square Meters Below	511254
144 平方米以上住房	Housing of 144 Square Meters Above	493744
别墅、高档公寓	Villas and High-grade Apartments	97699
办公楼	Office Buildings	35978
商业营业用房	Houses for Business Use	209513
其他	Others	103112
商品房销售额		**2705703**
住宅	Residence	2192310
# 90 平方米以下住房	Housing of 90 Square Meters Below	260059
144 平方米以上住房	Housing of 144 Square Meters Above	417910
别墅、高档公寓	Villas and High-grade Apartments	78266
办公楼	Office Buildings	54400
商业营业用房	Houses for Business Use	389273
其他	Others	69720
现房销售额	Total Sale of Existing Buildings	841611
住宅	Residence	590432
# 90 平方米以下住房	Housing of 90 Square Meters Below	54760
144 平方米以上住房	Housing of 144 Square Meters Above	154426
别墅、高档公寓	Villas and High-grade Apartments	11182

continued

（sq.m,10 000yuan,set）

市 区 City	兴庆区 Xingqing	金凤区 Jinfeng	西夏区 Xixia	永宁县 Yongning	贺兰县 Helan	灵武市 Lingwu
217665	**151412**	**35459**	**30794**			**8602**
19770	19770					
19641	19641					
12787	12787					
184520	118855	34871	30794			8602
588		588				
3854795	**861598**	**2542891**	**450306**	**624610**	**886491**	**282687**
3353697	685836	2249003	418858	555146	826928	192611
403733	72685	230312	100736	27573	182399	10937
645410	166694	464443	14273	7877	100645	6119
99627	16206	83421			14213	1100
65551	30638	34573	340		680	1659
289547	86576	175665	27306	65140	46968	82648
146000	58548	83650	3802	4324	11915	5769
1097968	214929	748811	134228	178090	232086	150785
830277	162043	538563	129671	124860	211814	120380
80131	17009	41355	21767	2915	20597	9745
231135	60265	160441	10429	5516	25878	3778
13623	10749	2874			3618	
31912	5243	26329	340			
181444	35454	142209	3781	52195	16515	24636
54335	12189	41710	436	1035	3757	5769
2756827	646669	1794080	316078	446520	654405	131902
2523420	523793	1710440	289187	430286	615114	72231
323602	55676	188957	78969	24658	161802	1192
414275	106429	304002	3844	2361	74767	2341
86004	5457	80547			10595	1100
33639	25395	8244			680	1659
108103	51122	33456	23525	12945	30453	58012
91665	46359	41940	3366	3289	8158	
2048914	**537150**	**1314187**	**197577**	**207090**	**339749**	**109950**
1655711	387431	1106194	162086	169159	307561	59879
191979	42318	110772	38889	7278	57725	3077
365254	109483	249877	5894	2694	47568	2394
69291	10536	58755			8336	639
53232	24395	28704	133		440	728
279050	95312	149407	34331	36290	26431	47502
60921	30012	29882	1027	1641	5317	1841
634854	147080	432641	55133	70817	85246	50694
436841	103951	281296	51594	42628	75090	35873
43978	11731	23858	8389	956	7045	2781
140740	41002	95453	4285	1787	10787	1112
9202	7392	1810			1980	

6—11 续表 3

单位:平方米、万元、套 （2016）

指 标	Item	银川市 Yinchuan
办公楼	Office Buildings	22735
商业营业用房	Houses for Business Use	203485
其他	Others	24959
期房销售额		1864092
住宅	Residence	1601878
# 90 平方米以下住房	Housing of 90 Square Meters Below	205299
144 平方米以上住房	Housing of 144 Square Meters Above	263484
别墅、高档公寓	Villas and High-grade Apartments	67084
办公楼	Office Buildings	31665
商业营业用房	Houses for Business Use	185788
其他	Others	44761
商品住宅销售套数	**Total Number of Flats of Commercialized Residential Buildings Sold**	**42854**
# 90 平方米以下住房	Housing of 90 Square Meters Below	7973
144 平方米以上住房	Housing of 144 Square Meters Above	4317
别墅、高档公寓	Villas and High-grade Apartments	1278
现房住宅销售套数	Total Number of Flats of Existing Residential Buildings Sold	10687
# 90 平方米以下住房	Housing of 90 Square meters Below	1508
144 平方米以上住房	Housing of 144 Square meters Above	1394
别墅、高档公寓	Villas and High-grade Apartments	83
期房住宅销售套数	Total Number of Flats of Forward Residential Buildings Sold	32167
# 90 平方米以下住房	Housing of 90 Square meters Below	6465
144 平方米以上住房	Housing of 144 Square meters Above	2923
别墅、高档公寓	Villas and High-grade Apartments	1195
待售面积	**Unsold Area**	**7230839**
住宅	Residence	4048057
# 90 平方米以下住房	Housing of 90 Square Meters Below	782676
144 平方米以上住房	Housing of 144 Square Meters Above	1174355
别墅、高档公寓	Villas and High-grade Apartments	177883
办公楼	Office Buildings	378581
商业营业用房	Houses for Business Use	1843333
其他	Others	960868
待售 1-3 年面积	Unsold Area of 1-3 year	3665642
住宅	Residence	1966931
# 90 平方米以下住房	Housing of 90 Square Meters Below	408967
144 平方米以上住房	Housing of 144 Square Meters Above	545227
别墅、高档公寓	Villas and High-grade Apartments	161853
办公楼	Office Buildings	122700
商业营业用房	Houses for Business Use	963409
其他	Others	612602
待售 3 年以上面积	Unsold Area above 3 year	290070
住宅	Residence	162840
# 90 平方米以下住房	Housing of 90 Square Meters Below	18483
144 平方米以上住房	Housing of 144 Square Meters Above	76720
别墅、高档公寓	Villas and High-grade Apartments	1570
办公楼	Office Buildings	9029
商业营业用房	Houses for Business Use	91571
其他	Others	26630

continued

(sq.m,10 000yuan,set)

市 区 City	兴庆区 Xingqing	金凤区 Jinfeng	西夏区 Xixia	永宁县 Yongning	贺兰县 Helan	灵武市 Lingwu
22735	2722	19880	133			
154262	34424	116501	3337	27639	8604	12980
21016	5983	14964	69	550	1552	1841
1414060	390070	881546	142444	136273	254503	59256
1218870	283480	824898	110492	126531	232471	24006
148001	30587	86914	30500	6322	50680	296
224514	68481	154424	1609	907	36781	1282
60089	3144	56945			6356	639
30497	21673	8824			440	728
124788	60888	32906	30994	8651	17827	34522
39905	24029	14918	958	1091	3765	
29197	**5853**	**19194**	**4150**	**4729**	**7367**	**1561**
5456	1127	3037	1292	326	2060	131
3705	918	2692	95	44	532	36
1244	135	1109			30	4
6764	1287	4221	1256	1124	1817	982
1108	279	558	271	39	244	117
1197	299	829	69	32	140	25
72	41	31			11	
22433	4566	14973	2894	3605	5550	579
4348	848	2479	1021	287	1816	14
2508	619	1863	26	12	392	11
1172	94	1078			19	4
4722326	**1542061**	**2456773**	**723492**	**659734**	**1276324**	**572455**
2391163	500170	1347140	543853	446450	902100	308344
512665	149080	228584	135001	79773	87030	103208
852733	209337	508803	134593	22081	251993	47548
57561	17354	40207		231	104820	15271
355561	144820	197224	13517		23020	
1217471	635371	485794	96306	184844	187006	254012
758131	261700	426615	69816	28440	164198	10099
2352150	1053313	1085360	213477	345593	783280	184619
1126762	314251	676604	135907	173423	526011	140735
275314	95031	122072	58211	56730	40987	35936
380633	140289	224898	15446	11054	138269	15271
55019	14812	40207			91563	15271
121060	56052	51491	13517		1640	
648508	470283	135689	42536	149613	129754	35534
455820	212727	221576	21517	22557	125875	8350
198047	89674	108373		15233	14747	62043
96635	47379	49256		5918	7331	52956
11511	11511			266	5761	945
60666	25275	35391			1570	14484
					1570	
9029	7933	1096				
68918	33626	35292		9315	6000	7338
23465	736	22729			1416	1749

6—11 续表 4

单位:平方米、万元、套 （2016）

指 标	Item	一级 First Grade
出租房屋面积	**Floor Space of Buildings Rented**	
住宅	Residence	
#90平方米以下住房	Housing of 90 Square Meters Below	
144平方米以上住房	Housing of 144 Square Meters Above	
别墅、高档公寓	Villas and High-grade Apartments	
办公楼	Office Buildings	
商业营业用房	Houses for Business Use	
其他	Others	
商品房销售面积	**Floor Space of Commercialized Buildings Sold**	**1112802**
住宅	Residence	933061
#90平方米以下住房	Housing of 90 Square Meters Below	109896
144平方米以上住房	Housing of 144 Square Meters Above	211505
别墅、高档公寓	Villas and High-grade Apartments	46404
办公楼	Office Buildings	32902
商业营业用房	Houses for Business Use	103010
其他	Others	43829
现房销售面积	Floor Space of Existing Buildings Sold	408506
住宅	Residence	280311
#90平方米以下住房	Housing of 90 Square Meters Below	28357
144平方米以上住房	Housing of 144 Square Meters Above	100801
别墅、高档公寓	Villas and High-grade Apartments	178
办公楼	Office Buildings	27320
商业营业用房	Houses for Business Use	86856
其他	Others	14019
期房销售面积	Floor Space of Forward Buildings Sold	704296
住宅	Residence	652750
#90平方米以下住房	Housing of 90 Square Meters Below	81539
144平方米以上住房	Housing of 144 Square Meters Above	110704
别墅、高档公寓	Villas and High-grade Apartments	46226
办公楼	Office Buildings	5582
商业营业用房	Houses for Business Use	16154
其他	Others	29810
商品房销售额		**621659**
住宅	Residence	483974
#90平方米以下住房	Housing of 90 Square Meters Below	56605
144平方米以上住房	Housing of 144 Square Meters Above	127504
别墅、高档公寓	Villas and High-grade Apartments	27162
办公楼	Office Buildings	24144
商业营业用房	Houses for Business Use	93197
其他	Others	20344
现房销售额	Total Sale of Existing Buildings	235271
住宅	Residence	139962
#90平方米以下住房	Housing of 90 Square Meters Below	11851
144平方米以上住房	Housing of 144 Square Meters Above	58321
别墅、高档公寓	Villas and High-grade Apartments	114

continued

(sq.m,10 000yuan,set)

资质等级 Qualification Criteria				
二级 Second Grade	三级 Third Grade	四级 Forth Grade	暂定 Tentative	其他 Others
189081	**8602**	**26305**	**2279**	
19770				
19641				
		12787		
168723	8602	13518	2279	
588				
1921156	**852205**	**488287**	**1274133**	
1632200	786467	374715	1201939	
240697	53328	63385	157336	
301093	67085	47889	132479	
8403	20379	1379	38375	
28606	2813		3569	
185005	48865	89773	57650	
75345	14060	23799	10975	
669121	442295	114931	24076	
498950	397309	98003	12758	
60201	12390	12104	336	
110872	31508	23126		
7000	8684	1379		
2799	1793			
132506	31355	12755	11318	
34866	11838	4173		
1252035	409910	373356	1250057	
1133250	389158	276712	1189181	
180496	40938	51281	157000	
190221	35577	24763	132479	
1403	11695		38375	
25807	1020		3569	
52499	17510	77018	46332	
40479	2222	19626	10975	
877261	**339651**	**264577**	**602555**	
685586	301062	190205	531483	
101121	19028	28473	54832	
147696	32139	27878	82693	
4183	13391	1042	32488	
25668	1505		3083	
136346	31866	67404	60460	
29661	5218	6968	7529	
334081	184213	67597	20449	
235199	159082	51606	4583	
30808	5001	6959	141	
65256	16376	14473		
3630	6396	1042		

6—11 续表 5

单位:平方米、万元、套 (2016)

指 标	Item	一级 First Grade
办公楼	Office Buildings	20372
商业营业用房	Houses for Business Use	68884
其他	Others	6053
期房销售额		386388
住宅	Residence	344012
#90 平方米以下住房	Housing of 90 Square Meters Below	44754
144 平方米以上住房	Housing of 144 Square Meters Above	69183
别墅、高档公寓	Villas and High-grade Apartments	27048
办公楼	Office Buildings	3772
商业营业用房	Houses for Business Use	24313
其他	Others	14291
商品住宅销售套数	**Total Number of Flats of Commercialized Residential Buildings Sold**	**7950**
#90 平方米以下住房	Housing of 90 Square Meters Below	1633
144 平方米以上住房	Housing of 144 Square Meters Above	1154
别墅、高档公寓	Villas and High-grade Apartments	730
现房住宅销售套数	Total Number of Flats of Existing Residential Buildings Sold	2220
#90 平方米以下住房	Housing of 90 Square meters Below	338
144 平方米以上住房	Housing of 144 Square meters Above	586
别墅、高档公寓	Villas and High-grade Apartments	1
期房住宅销售套数	Total Number of Flats of Forward Residential Buildings Sold	5730
#90 平方米以下住房	Housing of 90 Square meters Below	1295
144 平方米以上住房	Housing of 144 Square meters Above	568
别墅、高档公寓	Villas and High-grade Apartments	729
待售面积	**Unsold Area**	**1384432**
住宅	Residence	807873
#90 平方米以下住房	Housing of 90 Square Meters Below	156776
144 平方米以上住房	Housing of 144 Square Meters Above	274480
别墅、高档公寓	Villas and High-grade Apartments	41982
办公楼	Office Buildings	87931
商业营业用房	Houses for Business Use	219949
其他	Others	268679
待售 1-3 年面积	Unsold Area of 1-3 year	451538
住宅	Residence	272268
#90 平方米以下住房	Housing of 90 Square Meters Below	13375
144 平方米以上住房	Housing of 144 Square Meters Above	93052
别墅、高档公寓	Villas and High-grade Apartments	29889
办公楼	Office Buildings	29188
商业营业用房	Houses for Business Use	21463
其他	Others	128619
待售 3 年以上面积	Unsold Area above 3 year	7780
住宅	Residence	2683
#90 平方米以下住房	Housing of 90 Square Meters Below	
144 平方米以上住房	Housing of 144 Square Meters Above	2519
别墅、高档公寓	Villas and High-grade Apartments	1570
办公楼	Office Buildings	
商业营业用房	Houses for Business Use	5097
其他	Others	

continued

(sq.m,10 000yuan,set)

资质等级 Qualification Criteria				
二级 Second Grade	三级 Third Grade	四级 Forth Grade	暂定 Tentative	其他 Others
1773	590			
84909	20039	13787	15866	
12200	4502	2204		
543180	155438	196980	582106	
450387	141980	138599	526900	
70313	14027	21514	54691	
82440	15763	13405	82693	
553	6995		32488	
23895	915		3083	
51437	11827	53617	44594	
17461	716	4764	7529	
14346	**6571**	**3252**	**10735**	
3066	645	796	1833	
1727	327	252	857	
56	67	5	420	
4285	3248	818	116	
802	173	187	8	
547	161	100		
33	44	5		
10061	3323	2434	10619	
2264	472	609	1825	
1180	166	152	857	
23	23		420	
3123694	**1717694**	**768143**	**236876**	
1606307	1130463	374147	129267	
375880	180349	51845	17826	
450848	313930	126714	8383	
23249	30012	82640		
124702	86767	74885	4296	
978833	372221	178700	93630	
413852	128243	140411	9683	
1777253	747554	585450	103847	
786332	512824	333120	62387	
276401	78713	35392	5086	
208231	114573	120988	8383	
20476	28848	82640		
48075	7198	33943	4296	
681107	137776	95582	27481	
261739	89756	122805	9683	
209949	42553	29788		
140695	9927	9535		
9013	2908	6562		
72023	378	1800		
	3889	5140		
44040	28737	13697		
25214		1416		

6—12 房地产开发企业资质等级一、二级企业名单

The List of Real Estate Development Enterprise by Qualthication Clriteria of Frist and Second Grade

（2016）

单位名称 Unit Name	资质等级 Qualification Criteria	经济类型 Economic Types
宁夏新材房地产开发有限公司	一级	私营有限责任公司
宁夏住宅建设发展(集团)有限公司	一级	私营有限责任公司
宁夏正丰房地产开发有限公司	一级	私营有限责任公司
宁夏中房实业集团股份有限公司	一级	私营股份有限公司
银川建发集团股份有限公司	一级	私营股份有限公司
银川众一集团房地产开发有限公司	一级	私营有限责任公司
宁夏民生房地产开发有限公司	一级	私营有限责任公司
宁夏银帝房地产开发有限公司	一级	私营有限责任公司
宁夏亘元房地产开发有限公司	一级	国有独资公司
宁夏长城集团房地产开发有限公司	一级	私营有限责任公司
宁夏绿地房地产有限责任公司	二级	私营有限责任公司
宁夏荣恒房地产集团有限公司	二级	私营有限责任公司
宁夏银基房地产开发有限责任公司	二级	私营有限责任公司
宁夏兴泰隆房地产开发有限公司	二级	其他有限责任公司
宁夏天成市场开发有限责任公司	二级	私营有限责任公司
银川神州房地产开发有限公司	二级	私营有限责任公司
宁夏房地产综合开发有限公司	二级	私营有限责任公司
银川大地房地产开发有限责任公司	二级	私营有限责任公司
银川市白云房地产开发有限公司	二级	其他有限责任公司
宁夏昆仑房地产开发有限公司	二级	私营有限责任公司
银川三建房地产开发有限公司	二级	私营有限责任公司
宁夏华尊立达房地产开发集团有限公司	二级	私营有限责任公司
宁夏灵隆房地产开发有限责任公司	二级	私营有限责任公司
宁夏鹏晨明珠房地产开发有限公司	二级	私营有限责任公司
宁夏瑞信房地产开发有限公司	二级	私营有限责任公司
宁夏鸿丰投资置业有限公司	二级	私营有限责任公司
宁夏檀溪房地产开发有限公司	二级	私营有限责任公司
中海宏洋地产(银川)有限公司	二级	与港澳台商合资经营
宁夏隆安房地产开发有限公司	二级	私营有限责任公司
宁夏房地产开发集团有限公司	二级	国有独资公司
宁夏云天房地产开发集团有限公司	二级	私营有限责任公司
宁夏荣昌众汇房地产开发有限公司	二级	私营股份有限公司
宁夏大众房地产开发有限公司	二级	私营有限责任公司
宁夏富地房地产开发有限公司	二级	私营有限责任公司
宁夏宝丰地产开发有限公司	二级	其他有限责任公司
宁夏圣雪绒房地产开发有限公司	二级	私营有限责任公司
宁夏天骏房地产开发有限公司	二级	私营有限责任公司
宁夏北方温和房地产开发有限公司	二级	私营有限责任公司
宁夏银川龙马房地产开发有限公司	二级	私营有限责任公司
宁夏吉泰房地产开发有限公司	二级	私营有限责任公司
宁夏富兴达房地产开发集团有限公司	二级	私营有限责任公司
宁夏吉运开发建设集团有限公司	二级	私营有限责任公司
银川开发区宏建房地产开发有限公司	二级	私营有限责任公司

6—12　续表 1

单位名称 Unit Name	资质等级 Qualification Criteria	经济类型 Economic Types
宁夏英力特房地产开发有限公司	二级	其他有限责任公司
宁夏富龙房地产开发有限公司	二级	私营有限责任公司
宁夏中恒房地产开发有限公司	二级	私营有限责任公司
宁夏派胜房地产开发有限公司	二级	其他有限责任公司
宁夏新思路房地产开发有限公司	二级	私营有限责任公司
宁夏舜天房地产开发有限公司	二级	其他有限责任公司
宁夏建工集团房地产开发有限公司	二级	国有独资公司
银川市规划建筑设计院房地产开发有限公司	二级	其他有限责任公司
拉普斯置业有限公司	二级	外资企业
宁夏瑞兴房地产开发有限公司	二级	私营有限责任公司
宁夏浩海房地产开发集团有限公司	二级	私营有限责任公司
宁夏友厦房地产开发有限公司	二级	私营有限责任公司
宁夏鼎城房地产开发有限公司	二级	私营有限责任公司
宁夏建元房地产开发有限公司	二级	私营有限责任公司
银川市通城置业集团房地产有限公司	二级	私营有限责任公司
宁夏立业房地产开发有限公司	二级	私营有限责任公司
宁夏鑫业房地产开发有限公司	二级	私营有限责任公司
宁夏共享地产有限公司	二级	其他有限责任公司
宁夏恒诺房地产开发有限公司	二级	私营有限责任公司
宁夏汇融房地产开发有限公司	二级	私营有限责任公司
宁夏光耀房地产开发有限公司	二级	私营有限责任公司
银川隆光置业有限公司	二级	私营有限责任公司
宁夏铁路多元发展集团地产置业有限公司	二级	其他有限责任公司
宁夏海利达房地产开发有限公司	二级	私营有限责任公司
宁夏鑫祥房地产开发有限公司	二级	私营有限责任公司
宁夏上陵房地产开发有限公司	二级	其他有限责任公司
银川颐安建设集团有限公司	二级	私营有限责任公司
宁夏金色阳光房地产开发有限公司	二级	其他有限责任公司
银川市望远庆丰房地产开发有限公司	二级	私营有限责任公司
宁夏土木基业房地产开发有限公司	二级	私营有限责任公司
银川先泽房地产开发有限公司	二级	私营有限责任公司
宁夏银大房地产开发有限公司	二级	私营有限责任公司
宁夏地德人和房地产开发有限公司	二级	私营有限责任公司
银川旺元投资实业(集团)有限公司	二级	其他有限责任公司
宁夏恒昱源房地产开发有限公司	二级	私营有限责任公司
银川鲁银投资有限公司	二级	私营有限责任公司
宁夏金盛房地产开发有限公司	二级	私营有限责任公司
宁夏天地德科房地产开发有限公司	二级	私营有限责任公司
宁夏众一发展集团有限公司	二级	私营有限责任公司

主要统计指标解释

【全社会固定资产投资】 固定资产投资额是以货币表现的建造和购置固定资产活动的工作量，它是反映固定资产投资规模、速度、比例关系和使用方向的综合性指标。全社会固定资产投资按经济类型分，包括国有经济单位投资、城乡集体经济单位投资、其他各种经济类型的单位投资和城乡居民个人投资。全社会固定资产投资总额分为基本建设、更新改造、其他固定资产投资和房地产开发投资四个部分；城乡集体经济单位投资包括城镇集体所有制单位投资和农村集体所有制单位投资；其他各种经济类型单位投资包括联营经济、股份制经济、中外合资经营、中外合作经营、外资、与大陆合资经营、与大陆合作经营、港澳台独资及其他经济的单位投资。城乡居民个人投资包括城市、县城、镇、工矿区所辖范围内的个人建房和农村个人建房及购买生产性固定资产的投资。

【基本建设投资】 基本建设是企业、事业、行政单位以扩大生产能力或工程效益为主要目的的新建、扩建工程及有关工作。包括(1)列入中央和各级地方本年基本建设计划的建设项目，以及虽未列入本年基本建设计划，但使用以前年度基建计划内结转投资(包括利用基建设备材料)在本年继续施工的建设项目；(2)本年基本建设计划内投资与更新改造计划内投资结合安排的新建项目和新增生产能力(或工程效益)达到大中型项目标准的扩建项目，以及为改变生产力布局而进行的全厂性迁建项目；(3)国有单位既未列入基建计划，也未列入更新改造计划的总投资在50万元以上的新、扩建、恢复项目和为改变生产力布局而进行的全厂性迁建项目，以及行政、事业单位增建业务用房和行政单位增建生活福利设施的项目。

【更新改造投资】 更新改造指企业、事业单位对原有设施进行固定资产更新和技术改造，以及相应配套的工程和有关工作(不包括大修理和维护工程)。包括：(1)列入中央和各级地方本年更新改造计划的项目和虽未列入本年更新改造计划，但使用上年更新改造计划内结转的投产在本年继续施工的项目；(2)本年更新改造计划内投资与基本建设计划内投资结合安排的对企、事业单位原有设施进行技术改造或更新的项目和增建主要生产车间、分厂等其新增生产能力(或工程效益)未达到大中型项目标准的项目，以及由于城市环境保护和安全生产的需要而进行的迁建工作；(3)国有企、事业既未列入基建计划也未列入更新改造计划，总投资在50万元以上的属于改建式更新改造性质的项目，以及由于城市环境保护和安全生产的需要而进行的迁建工程。

【房地产开发投资】 包括各种经济类型的房地产开发公司、商品房建设公司及其他房地产开发单位统一开发的包括统代建、拆迁还建的住宅、厂房、仓库、饭店、宾馆、度假村、写字楼、办公楼等房屋建筑物和配套的服务设施、土地开发工程，如道路、给水、排水、供电、供热、通讯、平整场地等基础设施工程的投资。包括实际从事房地产开发或经营活动的附营房地产开发单位。

【其他固定资产投资】 全社会固定资产投资中未列入基本建设、更新改造和房地产开发投资的建造和购置固定资产的活动。包括：(1)国有单位按规定不纳入基本建设计划和更新改造计划管理，计划总投资或实际需要总投资在50万元以上的工程。(2)城镇集体经济单位固定投资。(3)除国有、城镇集体以外的联营经济、股份制经济、外商投资经济、港澳台投资经济及其他经济类型的企、事业单位建造和购置固定资产其计划总投资在50万元以上的、未列入基本建设计划和更新改造计划的项目。

【新增固定资产】 指通过投资活动所形成的新的固定资产价值。包括本年内建成投入生产或交付使用的工程价值和达到固定资产标准的设备、工具、器具的价值及有关应摊入的费用。它是以价值形成表示的固定资产投资成果的综合性指标，可以综合反映不同时期、不同部门、不同地区的固定资产投资成果。

【建设项目投产率】 指一定时期内全部建成投入生产项目个数占同期正式施工项目个数的比率。它是从项目建设速度的角度反映投资效果的指标。

【固定资产交付使用率】 指一定时期新增固定资产与同期完成投资额的比率。它是反映各个时期固定资产动用速度，衡量建设过程中宏观投资效果的一个综合性指标。

【商品房销售面积】 指报告期内出售商品房屋的合同总面积(即双方签署的正式买卖合同中所确定的建筑面积)。由现房销售建筑面积和期房销售建筑面积两部分组成。

【商品房销售额】 指报告期内出售商品房屋的合同总价款(即双方签署的正式买卖合同中所确定的合同总价)。该指标与商品房销售面积同口径，由现房销售额和期房销售额两部分组成。

【规划用地面积】 指根据经有关部门批准的项目规划，建设项目需要使用的土地面积。

【本年实际征用和购置土地面积】 指报告期内通过征用等各种方式获得使用权的土地面积。

【本年实际征用和购置土地成交价款】 指报告期内征用和购置土地进行土地使用权交易活动的最终金额。征用和购置的土地成交价款与征用和购置土地面积同口径，目的是正确计算平均土地征用和购置价格。

7

建筑业

Construction

7-1 主要年份建筑业主要指标

指 标	Item	单 位	Unit
企业个数	**Number of Enterprises**	**个**	**unit**
建筑业总产值	**Gross Output Value of Construction**	**万元**	**10 000yuan**
#一、二级企业	First and Second Grade	万元	10 000yuan
按构成分	**Grouped by Composition**		
建筑工程产值	Output Value of Construction	万元	10 000yuan
安装工程产值	Output Value of Installation	万元	10 000yuan
其他产值	Other Output Value	万元	10 000yuan
按登记注册类型分	**Grouped by Status of Registration**		
国有企业	State-owned Enterprises	万元	10 000yuan
集体企业	Collective-owned Enterprises	万元	10 000yuan
有限责任公司	Limited Liabilities Corporations	万元	10 000yuan
股份有限公司	Share-holding Corporations Limited	万元	10 000yuan
私营企业	Private Enterprises	万元	10 000yuan
港澳台投资企业	Funds from Hong Kong, Macao and Taiwan	万元	10 000yuan
外商投资企业	Foreign Funded	万元	10 000yuan
按建筑行业分	**Grouped by Construction Sector**		
房屋建筑业	House Building	万元	10 000yuan
土木工程建筑业	Civil Engineering	万元	10 000yuan
建筑安装业	Construction Installation	万元	10 000yuan
建筑装饰和其他建筑业	Construction Decoration and Other Construction	万元	10 000yuan
竣工产值	Output Value of Construction Completed	万元	10 000yuan
房屋施工面积	Floor Space of Buildings under Construction	万平方米	10 000sq.m
房屋竣工面积	Floor Space of Buildings Completed	万平方米	10 000sq.m
期末从业人员	Number of Employed Persons	人	person
工程结算收入	Revenue of Project Settlement Accounts	万元	10 000yuan
工程结算利润	Profits of Project Settlement Accounts	万元	10 000yuan
利税总额	Total Taxes and Profits	万元	10 000yuan

注:本表不包含劳务分包建筑企业数据。

Main Indicators on Construction Enterprises in Main Years

2005 年	2011 年	2012 年	2013 年	2014 年	2015 年	2016 年
283	**318**	**331**	**344**	**352**	**344**	**362**
809251	**2677155**	**2829250**	**3750575**	**4404625**	**3717353**	**3525490**
645233	2157079	2277545	3219796	3947704	3404735	3246890
712100	2530561	2685345	3603530	4188711	3515093	3287718
94899	138147	136283	128625	195664	180788	211836
2252	8447	7622	18421	20250	21473	25936
286807	819073	771179	1092670	793211	662742	698510
10742	11851	10080	18531	29905	7637	11434
281923	508423	652699	727406	1021153	898011	1020058
54618	153613	102399	241553	372578	2716209	38617
174982	1137618	1274610	1638921	2048260	1731402	1686343
180						
	46576	18283	31494	139518	145941	70530
450834	1703452	1967393	2702579	3114219	2503226	2189258
310988	863385	757592	942108	1191870	1140377	1259819
21027	30764	42069	45283	36411	28174	31149
26401	79553	62196	60605	62125	45577	45265
734117	2415940	2344996	3067652	3129988	2922459	2723148
770	2139	2385	3327	3045	2263	1847
416	879	948	1330	923	787	661
47829	64232	53864	70894	69295	88766	63199
778770	2643462	2799130	3803254	4406224	3944772	4121375
45563	132479	176711	174260	257409	238367	238927
33265	151769	165473	177330	263319	224349	162658

a)The date in above table doesn't include labor suvcontracting construction enterprise data.

7—2 全部建筑业企业主要指标

单位:万元、人 (2016)

指 标	Item	企业数(个) Number of Enterprises (unit)	#有工作量的企业数 Number of Workload Enterprises
总 计	**Total**	**387**	**336**
#一、二级企业	First and Second Grade	260	235
按地区分	**Grouped by County**		
市区	City	336	295
兴庆区	Xingqing	167	148
西夏区	Xixia	24	22
金凤区	Jinfeng	145	125
永宁县	Yongning	2	2
贺兰县	Helan	29	22
灵武市	Lingwu	20	17
按登记注册类型分	**Grouped by Status of Registration**		
内资企业	Domestic Funded	386	335
国有企业	State-owned Enterprises	20	18
集体企业	Collective-owned Enterprises	1	1
有限责任公司	Limited Liabilities Corporations	57	54
国有独资公司	State Sole Funded Corporations	14	13
其他有限责任公司	Other Limited Liabilities Corporations	43	41
股份有限公司	Share-holding Corporations Limited	2	2
私营企业	Private Enterprises	306	260
私营有限责任公司	Private Limited Liabilities Corporations	304	258
私营股份有限公司	Private Share-holding Corporations Ltd.	2	2
外商投资企业	Foreign Funded	1	1
中外合资经营企业	Domestic and Foreign Joint Funded Enterprises	1	1
按国民经济行业分(2011)	**Grouped by Sector(2011)**		
房屋建筑业	House Building	196	159
房屋建筑业	House Building	196	159
土木工程建筑业	Civil Engineering	106	100
铁路、道路、隧道和桥梁工程建筑	Railway, Road, Tunnel and Bridge	38	33
公路工程建筑	Road	8	6
市政道路工程建筑	Municipal Works	30	27
水利和内河港口工程建筑	Water and River Ports	27	27
水源及供水设施工程建筑	Construction of Water Source and Supply Water Facility	26	26
河湖治理及防洪设施工程建筑	Construciton of River Lake Administer and Hood Control Facility	1	1
工矿工程建筑	Mining	9	9
架线和管道工程建筑	Frame Line and Pipeline	24	23
架线及设备工程建筑	Frame Line Equipment Engineering	24	23
其他土木工程建筑	Other Civil Engineering	8	8

Main Indicators on Construction Enterprises

(10 000yuan, person)

企业总产值 Total Output Value of Enterprises	#建筑业总产值 Total Output Value of Construction	营业收入 Business Revenue	#主营业务收入 Revenue from Principal Business	税金 Taxes	利润总额 Total Profits	年末从业人数 Employed Persons at Year-end
3610449	**3530040**	**4176347**	**4124999**	**72403**	**90363**	**63371**
3310629	3250297	3850180	3810913	66479	76935	57140
3123636	3056630	3499890	3449065	60623	73950	54212
1746389	1709389	1877488	1856005	31992	46584	29787
330062	327124	357475	352640	6063	11159	7053
1047185	1020117	1264926	1240421	22568	16207	17372
46695	46695	49312	49277	1442	1453	530
339101	333141	414501	414183	4436	6276	7060
101016	93574	212645	212474	5902	8685	1569
3539919	3459510	4132974	4081684	72499	108403	62976
705006	698510	716405	705576	11839	5729	18204
11434	11434	14972	14972	123	319	226
1039877	1021646	1084339	1078811	16821	4865	19546
574785	572505	577563	574000	5749	4695	12032
465092	449141	506775	504811	11072	170	7514
38617	38617	42462	42444	509	495	491
1744986	1689305	2274797	2239882	43207	96994	24509
1472765	1417579	1992734	1959307	39893	86932	23480
272221	271725	282063	280575	3314	10062	1029
70530	70530	43373	43315	-95	-18039	395
70530	70530	43373	43315	-95	-18039	395
2238096	2193558	2629087	2609452	50096	64650	41692
2238096	2193558	2629087	2609452	50096	64650	41692
1293707	1259819	1449755	1428375	20367	22954	19233
694601	689152	815669	813822	11334	34586	7724
341085	339410	351902	350414	4461	10095	1838
353516	349742	463766	463408	6873	24491	5886
212906	201766	227384	219353	2783	8282	3998
210770	199630	226008	217976	2772	8604	3974
2137	2137	1377	1377	11	-321	24
86481	86225	61917	59872	196	-17531	1110
294195	277364	338241	328788	5800	-2634	6187
294195	277364	338241	328788	5800	-2634	6187
5524	5312	6544	6540	254	251	214

7—2 续表 1

单位:万元 (2016)

指 标	Item	企业数 Number of Enterprises (unit)	# 有工作量的企业数 Number of Workload Enterprises
建筑安装业	Construction Installation	43	40
电气安装	Electric Installation	32	30
管道和设备安装	Pipeline and Equipment	2	1
其他建筑安装业	Other Construction Installation	9	9
建筑装饰和其他建筑业	Construction Decoration and Other Construction	42	37
建筑装饰业	Construction Decoration	42	37
按控股情况分	**Grouped by Controlling Stake**		
国有控股	State-owned	39	36
集体控股	Collective-owned	5	5
私人控股	Private	341	293
外商控股	Foreign	2	2
按企业规模分	**Grouped by Enterprises Scale**		
大型	Large-Scale	7	7
中型	Medium-Scale	96	94
小型	Small-Scale	178	170
微型	Miniatrue	106	65
按营业状态分	**Grouped by Operating Status**		
营业	Operating	378	334
停业(歇业)	Turn Of(out of business)	7	1
当年吊销	Revoked current year	1	
其它	Others	1	1
按会计准则分	**Grouped by Accounting Standards**		
企业会计准则	Accounting Standards for Business Enterprises	175	152
小企业会计准则	Accounting Standards for Small Business Enterprises	81	63
其他企业会计制度	Others	131	121
按企业资质等级分	**Grouped by Qualification Criteria**		
施工总承包	General Contractors	232	209
特级	Special Grade	1	1
一级	First Grade	17	17
二级	Second Grade	127	119
三级及以下	Third Grade and Below	87	72
专业承包	Professional Contractors	130	115
一级	First Grade	11	10
二级	Second Grade	86	79
三级及以下	Third Grade and Below	33	26
劳务分包	Labour Subcontractors	25	12
一级	First Grade	18	9
三级及以下	Third Grade and Below	7	3

continued

（10 000yuan）

企业总产值 Total Output Value of Enterprises	# 建筑业总产值 Total Output Value of Construction	营业收入 Business Revenue	# 主营业务收入 Revenue from Principal Business	税金 Taxes	利润总额 Total Profits	年末从业人数 Employed Persons at Year-end
32147	31399	40939	31983	719	142	1204
28895	28167	35848	29606	613	357	966
250	250	250	250	8	9	8
3002	2982	4841	2128	97	–225	230
46499	45265	56567	55189	1222	2617	1242
46499	45265	56567	55189	1222	2617	1242
1310389	1301613	1339249	1324815	18337	10913	31199
72360	56429	82950	82484	1805	–9710	1571
2144957	2089256	2698563	2662172	52289	106946	29721
82743	82743	55586	55528	–27	–17786	880
1157041	1156545	1240136	1228435	16532	23643	23477
1912060	1857456	2446893	2434762	46057	55448	26770
489582	464607	465646	450991	9384	12739	11123
51767	51432	23672	10811	429	–1467	2001
3609987	3529578	4175803	4124540	72386	90436	63362
172	172	255	169	7	–90	9
290	290	290	290	10	18	
2540591	2499362	2910549	2882621	49853	50039	43752
188261	182323	266198	264192	4449	10189	3789
881596	848355	999600	978186	18101	30136	15830
3342801	3265161	3863661	3829503	65956	82722	57361
133888	133888	136027	134237	1904	1544	3742
1633633	1631301	1725467	1714761	23540	26932	29249
1305107	1249644	1711762	1699468	35541	43505	19019
270173	250328	290405	281037	4971	10741	5351
263098	260329	309042	291873	6402	7578	5838
126764	126136	146947	145087	2346	4165	1865
107828	105921	127476	114879	3121	771	3121
28505	28272	34620	31906	935	2642	852
4550	4550	3644	3624	45	64	172
3408	3408	2501	2481	26	19	144
1143	1143	1143	1143	19	45	28

7—3 建筑业总产值

单位:万元 (2016)

指 标	Item	企业数(个) Number of Enterprises (unit)	#有工作量的企业数 Number of Workload Enterprises
总 计	**Total**	362	324
#一、二级企业	First and Second Grade	242	226
按地区分	**Grouped by County**		
市区	City	316	286
兴庆区	Xingqing	155	144
西夏区	Xixia	21	20
金凤区	Jinfeng	140	122
永宁县	Yongning	2	2
贺兰县	Helan	25	20
灵武市	Lingwu	19	16
按登记注册类型分	**Grouped by Status of Registration**		
内资企业	Domestic Funded	361	323
国有企业	State-owned Enterprises	20	18
集体企业	Collective-owned Enterprises	1	1
有限责任公司	Limited Liabilities Corporations	56	53
国有独资公司	State Sole Funded Corporations	14	13
其他有限责任公司	Other Limited Liabilities Corporations	42	40
股份有限公司	Share-holding Corporations Limited	2	2
私营企业	Private Enterprises	282	249
私营有限责任公司	Private Limited Liabilities Corporations	280	247
私营股份有限公司	Private Share-holding Corporations Ltd.	2	2
外商投资企业	Foreign Funded	1	1
中外合资经营企业	Domestic and Foreign Joint Funded Enterprises	1	1
按国民经济行业分(2011)	**Grouped by Sector(2011)**		
房屋建筑业	House Building	173	148
房屋建筑业	House Building	173	148
土木工程建筑业	Civil Engineering	106	100
铁路、道路、隧道和桥梁工程建筑	Railway, Road, Tunnel and Bridge	38	33
公路工程建筑	Road	8	6
市政道路工程建筑	Municipal Works	30	27
水利和内河港口工程建筑	Water and River Ports	27	27
水源及供水设施工程建筑	Construction of Water Source and Supply Water Facility	26	26
河湖治理及防洪设施工程建筑	Construciton of River Lake Administer and Hood Control Facility	1	1
工矿工程建筑	Mining	9	9
架线和管道工程建筑	Frame Line and Pipeline	24	23
架线及设备工程建筑	Frame Line Equipment Engineering	24	23
其他土木工程建筑	Other Civil Engineering	8	8

Total Output Value of Construction

(10 000yuan)

建筑业总产值 Total Output Valueof Construction	# 装饰装修产值 Output Value of Decoration	# 在外省完成的产值 Output Value of Completed Outside the Province	建筑工程产值 Output Value of Construction	安装工程产值 Output Value of Installation	其他产值 Others	竣工产值 Output Value of Construction Completed
3525490	56948	354620	3287718	211836	25936	2723148
3246890	44237	350362	3038542	185744	22604	2507634
3052471	53958	249242	2847312	190218	14941	2454379
1707027	16136	105121	1554697	148932	3399	1239138
326590	11180	10159	320704	31	5855	255874
1018854	26642	133962	971912	41255	5687	959367
46695			39438	7257		22848
333039		105378	307683	14362	10994	166664
93285	2990		93285			79257
3454960	56948	284090	3217188	211836	25936	2652618
698510		70045	568137	124517	5855	420217
11434			11434			10357
1020058	13556	136147	976504	32506	11048	822988
572505		115525	551758	9753	10994	422326
447553	13556	20623	424746	22754	53	400663
38617			38617			28915
1686343	43392	77897	1622497	54813	9033	1370142
1414617	43392	27546	1350772	54813	9033	1089219
271725		50351	271725			280923
70530		70530	70530			70530
70530		70530	70530			70530
2189258	16678	147571	2159623	18587	11048	1672086
2189258	16678	147571	2159623	18587	11048	1672086
1259819	1145	203241	1087113	160678	12029	988011
689152	1051	60662	687958		1194	601308
339410		59657	339410			335869
349742	1051	1005	348548		1194	265439
201766		10208	191830	9937		191425
199630		10208	189693	9937		189289
2137			2137			2137
86225	94	74284	79200	1170	5855	79186
277364		58087	122813	149571	4980	111773
277364		58087	122813	149571	4980	111773
5312			5312			4320

7—3 续表 1

单位:万元 (2016)

指 标	Item	企业数(个) Number of Enterprises (unit)	#有工作量的企业数 Number of Workload Enterprises
建筑安装业	Construction Installation	41	39
电气安装	Electric Installation	32	30
其他建筑安装业	Other Construction Installation	9	9
建筑装饰和其他建筑业	Construction Decoration and Other Construction	42	37
建筑装饰业	Construction Decoration	42	37
按控股情况分	**Grouped by Controlling Stake**		
国有控股	State-owned	39	36
集体控股	Collective-owned	5	5
私人控股	Private	316	281
外商控股	Foreign	2	2
按企业规模分	**Grouped by Enterprises Scale**		
大型	Large-Scale	7	7
中型	Medium-Scale	96	94
小型	Small-Scale	176	168
微型	Miniatrue	83	55
按营业状态分	**Grouped by Operating Status**		
营业	Operating	355	323
停业(歇业)	Turn Of(out of business)	6	1
当年吊销	Revoked current year	1	
按会计准则分	**Grouped by Accounting Standards**		
企业会计准则	Accounting Standards for Business Enterprises	162	146
小企业会计准则	Accounting Standards for Small Business Enterprises	70	57
其他企业会计制度	Others	130	121
按企业资质等级分	**Grouped by Qualification Criteria**		
施工总承包	General Contractors	232	209
特级	Special Grade	1	1
一级	First Grade	17	17
二级	Second Grade	127	119
三级及以下	Third Grade and Below	87	72
专业承包	Professional Contractors	130	115
一级	First Grade	11	10
二级	Second Grade	86	79
三级及以下	Third Grade and Below	33	26

continued

（10 000yuan）

建筑业总产值 Total Output Valueof Construction	# 装饰装修产值 Output Value of Decoration	# 在外省完成的产值 Output Value of Completed Outside the Province	建筑工程产值 Output Value of Construction	安装工程产值 Output Value of Installation	其他产值 Others	竣工产值 Output Value of Construction Completed
31149		951	2414	27722	1013	22705
28167		951	2414	24740	1013	20153
2982				2982		2552
45265	39124	2857	38568	4850	1847	40346
45265	39124	2857	38568	4850	1847	40346
1301613	10073	185570	1143237	141527	16849	865493
56429		512	49586	6844		42975
2084705	46875	85795	2012153	63466	9086	1744151
82743		82743	82743			70530
1156545		199695	1080321	65230	10994	868296
1857456	25269	125747	1770141	84226	3089	1381154
463545	28155	27256	394023	57674	11848	394884
47944	3524	1922	43233	4706	5	78814
3525318	56948	354620	3287546	211836	25936	2722976
172			172			172
2496110	36626	323529	2304206	173340	18564	1906488
181025	8150	4027	168297	7554	5173	104018
848355	12171	27064	815215	30942	2199	712643
3265161	17389	316020	3147945	97471	19745	2554965
133888		3335	133888			139563
1631301	927	208424	1551204	67910	12188	1189413
1249644	3751	100504	1226469	15619	7557	1035895
250328	12711	3757	236385	13943		190094
260329	39558	38600	139773	114365	6191	168183
126136	20661	23466	51511	72723	1902	29266
105921	18897	14634	75470	29493	958	113496
28272		500	12791	12150	3332	25421

7—4 建筑业合同签订及承包工程完成情况

单位:万元 （2016）

指 标	Item	签订的合同额 Total Value of Contracts	上年结转合同额 Value from Contracts Signed in Last Year
总 计	**Total**	**5488749**	**1895919**
#一、二级企业	First and Second Grade	5074127	1783804
按地区分	**Grouped by County**		
市区	City	4825825	1661953
兴庆区	Xingqing	2609830	854862
西夏区	Xixia	439232	192384
金凤区	Jinfeng	1776763	614708
永宁县	Yongning	83008	37626
贺兰县	Helan	446986	139578
灵武市	Lingwu	132930	56762
按登记注册类型分	**Grouped by Status of Registration**		
内资企业	Domestic Funded	5418219	1864840
国有企业	State-owned Enterprises	1033736	343543
集体企业	Collective-owned Enterprises	16764	2730
有限责任公司	Limited Liabilities Corporations	1543394	665461
国有独资公司	State Sole Funded Corporations	878297	397016
其他有限责任公司	Other Limited Liabilities Corporations	665096	268446
股份有限公司	Share-holding Corporations Limited	68836	31164
私营企业	Private Enterprises	2755490	821941
私营有限责任公司	Private Limited Liabilities Corporations	2094623	623221
私营股份有限公司	Private Share-holding Corporations Ltd.	660867	198720
外商投资企业	Foreign Funded	70530	31080
中外合资经营企业	Domestic and Foreign Joint Funded Enterprises	70530	31080
按国民经济行业分(2011)	**Grouped by Sector(2011)**		
房屋建筑业	House Building	3099976	1259015
房屋建筑业	House Building	3099976	1259015
土木工程建筑业	Civil Engineering	2294509	617333
铁路、道路、隧道和桥梁工程建筑	Railway, Road, Tunnel and Bridge	1324215	347546
公路工程建筑	Road	762763	237255
市政道路工程建筑	Municipal Works	561453	110292
水利和内河港口工程建筑	Water and River Ports	349700	73343
水源及供水设施工程建筑	Construction of Water Source and Supply Water Facility	347564	73047
河湖治理及防洪设施工程建筑	Construciton of River Lake Administer and Hood Control Facility	2137	296
工矿工程建筑	Mining	86533	31306
架线和管道工程建筑	Frame Line and Pipeline	528291	164255
架线及设备工程建筑	Frame Line Equipment Engineering	528291	164255
其他土木工程建筑	Other Civil Engineering	5770	882

Contracts Signed and Completion of Contracted Projects by Construction Enterprises

(10 000yuan)

本年新签合同额 Value from New Contracts Signed in This Year	直接从建设单位承揽工程完成的产值 Completed Output Value of Projects Contracted Directly from Investors	自行完成施工产值 Own-completed Output Value	分包出去工程的产值 Output Value of Out-sourced Projects	从建设单位以外承揽工程完成的产值 Completed Output Value of Projects Contracted from Non-investors
3592829	**3529517**	**3514377**	**15140**	**11113**
3290323	3256466	3245178	11288	1712
3163871	3056740	3041601	15140	10871
1754968	1703169	1702979	190	4048
246849	326269	326269		321
1162055	1027303	1012353	14950	6501
45382	46695	46695		
307408	332796	332796		243
76168	93285	93285		
3553379	3447745	3443847	3898	11113
690192	698510	698510		
14034	11434	11434		
877932	1019032	1019032		1025
481282	571480	571480		1025
396651	447553	447553		
37672	38617	38617		
1933548	1680153	1676255	3898	10088
1471402	1408427	1404529	3898	10088
462147	271725	271725		
39450	81772	70530	11242	
39450	81772	70530	11242	
1840961	2186915	2183063	3852	6195
1840961	2186915	2183063	3852	6195
1677176	1269298	1258056	11242	1764
976669	689012	689012		140
525508	339410	339410		
451161	349602	349602		140
276357	200402	200402		1364
274517	198266	198266		1364
1841	2137	2137		
55228	97467	86225	11242	
364035	277364	277364		
364035	277364	277364		
4888	5052	5052		260

7—4 续表

单位:万元 （2016）

指 标	Item	签订的合同额 Total Value of Contracts	上年结转合同额 Value from Contracts Signed in Last Year
建筑安装业	Construction Installation	44095	10819
电气安装	Electric Installation	40750	10599
其他建筑安装业	Other Construction Installation	3345	220
建筑装饰和其他建筑业	Construction Decoration and Other Construction	50169	8753
建筑装饰业	Construction Decoration	50169	8753
按控股情况分	**Grouped by Controlling Stake**		
国有控股	State-owned	1948981	748072
集体控股	Collective-owned	86189	15671
私人控股	Private	3366917	1090535
外商控股	Foreign	86661	41641
按企业规模分	**Grouped by Enterprises Scale**		
大型	Large-Scale	1960073	737305
中型	Medium-Scale	2828815	890481
小型	Small-Scale	628637	223469
微型	Miniatrue	71224	44665
按营业状态分	**Grouped by Operating Status**		
营业	Operating	5488576	1895919
停业(歇业)	Turn Of(out of business)	172	
按会计准则分	**Grouped by Accounting Standards**		
企业会计准则	Accounting Standards for Business Enterprises	4093130	1488473
小企业会计准则	Accounting Standards for Small Business Enterprises	228838	62947
其他企业会计制度	Others	1166781	344499
按企业资质等级分	**Grouped by Qualification Criteria**		
施工总承包	General Contractors	5114374	1772360
特级	Special Grade	254883	155710
一级	First Grade	2688570	881159
二级	Second Grade	1786306	631731
三级及以下	Third Grade and Below	384616	103760
专业承包	Professional Contractors	374374	123560
一级	First Grade	219833	85205
二级	Second Grade	124535	29998
三级及以下	Third Grade and Below	30006	8356

continued

(10 000yuan)

本年新签合同额 Value from New Contracts Signed in This Year	直接从建设单位承揽工程 完成的产值 Completed Output Value of Projects Contracted Directly from Investors	自行完成施工产值 Own-completed Output Value	分包出去工程的产值 Output Value of Out-sourced Projects	从建设单位以外承揽工程 完成的产值 Completed Output Value of Projects Contracted from Non-investors
33276	28146	28105	41	3043
30151	27138	27098	41	1069
3125	1007	1007		1975
41416	45158	45153	5	111
41416	45158	45153	5	111
1200910	1300587	1300587		1025
70518	56429	56429		
2276382	2078515	2074617	3898	10088
45019	93985	82743	11242	
1222767	1156545	1156545		
1938335	1868398	1853489	14909	3967
405168	457631	457405	226	6140
26559	46943	46938	5	1006
3592657	3529344	3514204	15140	11113
172	172	172		
2604657	2503364	2488455	14909	7655
165891	178918	178918		2107
822281	847234	847003	231	1352
3342015	3272557	3257462	15094	7699
99173	133888	133888		
1807412	1631301	1631301		
1154574	1260508	1249266	11242	379
280856	246860	243008	3852	7320
250815	256960	256914	46	3415
134628	125636	125636		500
94537	105133	105088	46	833
21650	26191	26191		2082

7—5 房屋建筑施工面积及竣工面积

单位:平方米 (2016)

指 标	Item	房屋建筑施工面积 Floor Space of Buildings UNDER Construction
总 计	**Total**	**18468513**
#一、二级企业	First and Second Grade	16752504
按地区分	**Grouped by County**	
市区	City	15739810
兴庆区	Xingqing	7980926
西夏区	Xixia	2814404
金凤区	Jinfeng	4944480
永宁县	Yongning	141225
贺兰县	Helan	1817345
灵武市	Lingwu	770133
按登记注册类型分	**Grouped by Status of Registration**	
内资企业	Domestic Funded	18468513
国有企业	State-owned Enterprises	1928560
集体企业	Collective-owned Enterprises	45936
有限责任公司	Limited Liabilities Corporations	8939738
国有独资公司	State Sole Funded Corporations	5099754
其他有限责任公司	Other Limited Liabilities Corporations	3839984
私营企业	Private Enterprises	7554279
私营有限责任公司	Private Limited Liabilities Corporations	7554279
按国民经济行业分(2011)	**Grouped by Sector(2011)**	
房屋建筑业	House Building	17716974
房屋建筑业	House Building	17716974
土木工程建筑业	Civil Engineering	751539
铁路、道路、隧道和桥梁工程建筑	Railway, Road, Tunnel and Bridge	249525
公路工程建筑	Road	5952
市政道路工程建筑	Municipal Works	243573
水利和内河港口工程建筑	Water and River Ports	18174
水源及供水设施工程建筑	Construction of Water Source and Supply Water Facility	18174
架线和管道工程建筑	Frame Line and Pipeline	483840
架线及设备工程建筑	Frame Line Equipment Engineering	483840
按控股情况分	**Grouped by Controlling Stake**	
国有控股	State-owned	7028314
集体控股	Collective-owned	48865
私人控股	Private	11188445
外商控股	Foreign	202889
按企业规模分	**Grouped by Enterprises Scale**	
大型	Large-Scale	6405786
中型	Medium-Scale	9423831
小型	Small-Scale	1884762
微型	Miniatrue	754134
按营业状态分	**Grouped by Operating Status**	
营业	Operating	18468513
按会计准则分	Grouped by Accounting Standards	
企业会计准则	Accounting Standards for Business Enterprises	13119088
小企业会计准则	Accounting Standards for Small Business Enterprises	903844
其他企业会计制度	Others	4445581
按企业资质等级分	**Grouped by Qualification Criteria**	
施工总承包	General Contractors	18448087
特级	Special Grade	1515374
一级	First Grade	7845492
二级	Second Grade	7381468
三级及以下	Third Grade and Below	1705753
专业承包	Professional Contractors	20426
一级	First Grade	10170
二级	Second Grade	
三级及以下	Third Grade and Below	10256

Floor Space of Buildings Constructed and Completed

(sq.m)

本年新开工面积 Floor Space of New Buildings in This Year	实行投标承包面积 Floor Space of Contracted Projects	房屋建筑竣工面积 Floor Space of Buildings Completed	住宅房屋 Residence
5865441	**17010391**	**6613832**	**3783067**
5116039	15310355	6252529	3495890
5149065	15555260	5893091	3404040
3122542	7802450	2937931	1367147
857007	2814404	1124622	537687
1169516	4938406	1830538	1499206
49596	141225	73556	23928
367234	549773	352863	88801
299546	764133	294322	266298
5865441	17010391	6613832	3783067
812643	1786223	831401	281596
40943	45936	44654	44654
1919358	7663723	2768721	1904547
771925	3833382	1471549	924322
1147433	3830341	1297172	980225
3092497	7514509	2969056	1552270
3092497	7514509	2969056	1552270
5304129	16410832	6467996	3742214
5304129	16410832	6467996	3742214
561312	599559	145836	40853
208699	239882	75174	40853
	5952		
208699	233930	75174	40853
5280	18174	3817	
5280	18174	3817	
347333	341503	66845	
347333	341503	66845	
1584568	5619605	2302950	1205918
42443	48865	44654	44654
4238430	11139032	4266228	2532495
	202889		
1222708	4997077	2092238	1124878
4282435	9396665	2927114	1728964
311403	1863515	1180009	514754
48895	753134	414471	414471
5865441	17010391	6613832	3783067
3894413	11692536	4318071	2441073
515351	903844	828784	190326
1455677	4414011	1466977	1151668
5847115	16989965	6029810	3783067
151197	1515374	600415	536677
2058562	6436783	2180743	1019925
2898210	7348028	2897605	1939288
739146	1689780	351047	287177
18326	20426	584022	
8070	10170	666	
		573100	
10256	10256	10256	

7—5 续表 1

单位:平方米 （2016）

指 标	Item	商业及服务用房屋 Business and Service
总 计	**Total**	**806299**
#一、二级企业	First and Second Grade	749611
按地区分	**Grouped by County**	
市区	City	699986
兴庆区	Xingqing	410256
西夏区	Xixia	235174
金凤区	Jinfeng	54556
永宁县	Yongning	
贺兰县	Helan	102916
灵武市	Lingwu	3397
按登记注册类型分	**Grouped by Status of Registration**	
内资企业	Domestic Funded	806299
国有企业	State-owned Enterprises	192633
集体企业	Collective-owned Enterprises	
有限责任公司	Limited Liabilities Corporations	249875
国有独资公司	State Sole Funded Corporations	59087
其他有限责任公司	Other Limited Liabilities Corporations	190788
私营企业	Private Enterprises	363791
私营有限责任公司	Private Limited Liabilities Corporations	363791
按国民经济行业分(2011)	**Grouped by Sector(2011)**	
房屋建筑业	House Building	787617
房屋建筑业	House Building	787617
土木工程建筑业	Civil Engineering	18682
铁路、道路、隧道和桥梁工程建筑	Railway, Road, Tunnel and Bridge	18682
公路工程建筑	Road	
市政道路工程建筑	Municipal Works	18682
水利和内河港口工程建筑	Water and River Ports	
水源及供水设施工程建筑	Construction of Water Source and Supply Water Facility	
架线和管道工程建筑	Frame Line and Pipeline	
架线及设备工程建筑	Frame Line Equipment Engineering	
按控股情况分	**Grouped by Controlling Stake**	
国有控股	State-owned	251720
集体控股	Collective-owned	
私人控股	Private	554579
外商控股	Foreign	
按企业规模分	**Grouped by Enterprises Scale**	
大型	Large-Scale	227558
中型	Medium-Scale	553554
小型	Small-Scale	25187
微型	Miniatrue	
按营业状态分	**Grouped by Operating Status**	
营业	Operating	806299
按会计准则分	**Grouped by Accounting Standards**	
企业会计准则	Accounting Standards for Business Enterprises	662605
小企业会计准则	Accounting Standards for Small Business Enterprises	54147
其他企业会计制度	Others	89547
按企业资质等级分	**Grouped by Qualification Criteria**	
施工总承包	General Contractors	806299
特级	Special Grade	
一级	First Grade	266098
二级	Second Grade	483513
三级及以下	Third Grade and Below	56688
专业承包	Professional Contractors	
一级	First Grade	
二级	Second Grade	
三级及以下	Third Grade and Below	

continued

(sq.m)

商厦房屋（批发和零售用房）Commercial（wholesale and retail trade）	宾馆用房屋（住宿用房）Hotel（hoteling）	餐饮用房屋（餐饮用房）Catering（catering services）	商务会展用房屋 Commercial Exhibition	其他商业及服务用房屋（居民服务业用房）Other Business and Service（other services）	办公用房屋 Offices
597842	**22199**	**36405**	**12519**	**137334**	**313377**
541154	22199	36405	12519	137334	310695
570927	15857	31105	12519	69578	186632
356955			4523	48778	55102
167960	15857	30557		20800	57835
46012		548	7996		73695
					49628
23518	6342	5300		67756	77117
3397					
597842	22199	36405	12519	137334	313377
171833				20800	29225
236414			12519	942	170968
59087					121340
177327			12519	942	49628
189595	22199	36405		115592	113184
189595	22199	36405		115592	113184
597842	22199	36405	12519	118652	310189
597842	22199	36405	12519	118652	310189
				18682	3188
				18682	997
				18682	997
					2191
					2191
230920				20800	150565
366922	22199	36405	12519	116534	162812
227558					121340
349620	22199	36405	7996	137334	153725
20664			4523		38312
597842	22199	36405	12519	137334	313377
471312	15857	31105	7996	136335	280779
41506	6342	5300		999	2682
85024			4523		29916
597842	22199	36405	12519	137334	313377
					6570
227558				38540	138970
313596	22199	36405	12519	98794	165155
56688					2682

7—5 续表 2

单位:平方米 (2016)

指 标	Item	科研、教育、医疗用房屋 Scientific Research, Education and Medical
总 计	**Total**	**637678**
#一、二级企业	First and Second Grade	637678
按地区分	**Grouped by County**	
市区	City	625768
兴庆区	Xingqing	312086
西夏区	Xixia	167865
金凤区	Jinfeng	145817
永宁县	Yongning	
贺兰县	Helan	11000
灵武市	Lingwu	910
按登记注册类型分	**Grouped by Status of Registration**	
内资企业	Domestic Funded	637678
国有企业	State-owned Enterprises	212249
集体企业	Collective-owned Enterprises	
有限责任公司	Limited Liabilities Corporations	218057
国有独资公司	State Sole Funded Corporations	184995
其他有限责任公司	Other Limited Liabilities Corporations	33062
私营企业	Private Enterprises	207372
私营有限责任公司	Private Limited Liabilities Corporations	207372
按国民经济行业分(2011)	**Grouped by Sector(2011)**	
房屋建筑业	House Building	623036
房屋建筑业	House Building	623036
土木工程建筑业	Civil Engineering	14642
铁路、道路、隧道和桥梁工程建筑	Railway, Road, Tunnel and Bridge	14642
公路工程建筑	Road	
市政道路工程建筑	Municipal Works	14642
水利和内河港口工程建筑	Water and River Ports	
水源及供水设施工程建筑	Construction of Water Source and Supply Water Facility	
架线和管道工程建筑	Frame Line and Pipeline	
架线及设备工程建筑	Frame Line Equipment Engineering	
按控股情况分	**Grouped by Controlling Stake**	
国有控股	State-owned	397244
集体控股	Collective-owned	
私人控股	Private	240434
外商控股	Foreign	
按企业规模分	**Grouped by Enterprises Scale**	
大型	Large-Scale	342428
中型	Medium-Scale	288250
小型	Small-Scale	7000
微型	Miniatrue	
按营业状态分	**Grouped by Operating Status**	
营业	Operating	637678
按会计准则分	**Grouped by Accounting Standards**	
企业会计准则	Accounting Standards for Business Enterprises	555470
小企业会计准则	Accounting Standards for Small Business Enterprises	5661
其他企业会计制度	Others	76547
按企业资质等级分	**Grouped by Qualification Criteria**	
施工总承包	General Contractors	637678
特级	Special Grade	57168
一级	First Grade	423678
二级	Second Grade	156832
三级及以下	Third Grade and Below	
专业承包	Professional Contractors	
一级	First Grade	
二级	Second Grade	
三级及以下	Third Grade and Below	

continued

(sq.m)

科学研究用房屋 Scientific Research	教育用房屋 Education	医疗用房屋（卫生医疗用房） Medical (health and medical)	文化、体育、娱乐用房屋 Culture,Sports and Entertainment	厂房及建筑物 Workshop and Buildings	#厂房 Workshop	仓库 Warehouse	其他未列明的房屋建筑物 Other Buildings
17104	**476257**	**144317**	**43780**	**342295**	**247694**	**12403**	**674933**
17104	476257	144317	43780	332039	247694	12403	670433
6104	475347	144317	43780	246749	212498	12403	673733
	225313	86773	43780	101943	101527	4146	643471
4475	106146	57244		118992	86985	2759	4310
1629	143888	300		25814	23986	5498	25952
11000				71829	35196		1200
	910			23717			
17104	476257	144317	43780	342295	247694	12403	674933
	125476	86773	34858	75271	75271	2236	3333
15475	145338	57244		173128	105195	2759	49387
15475	112276	57244		173128	105195	2759	5918
	33062						43469
1629	205443	300	8922	93896	67228	7408	622213
1629	205443	300	8922	93896	67228	7408	622213
17104	461615	144317	43780	273824	179223	12403	674933
17104	461615	144317	43780	273824	179223	12403	674933
	14642			68471	68471		
	14642						
	14642						
				1626	1626		
				1626	1626		
				66845	66845		
				66845	66845		
15475	237752	144017	34858	248399	180466	4995	9251
1629	238505	300	8922	93896	67228	7408	665682
15475	182936	144017	34858	234107	166174	2759	4310
1629	286621		8922	95739	80034	6382	91578
	6700	300		12449	1486	3262	579045
17104	476257	144317	43780	342295	247694	12403	674933
17104	394349	144017	40912	281200	198683	9141	46891
	5661		2868				573100
	76247	300		61095	49011	3262	54942
17104	476257	144317	43780	331373	247028	12403	101833
	57168						
15475	264186	144017	34858	259407	191474	2759	35048
1629	154903	300	8922	71966	55554	9644	62285
							4500
				10922	666		573100
				666	666		
							573100
				10256			

7—6 房屋建筑竣工价值

单位：万元　　　　(2016)

指　标	Item	竣工房屋价值 Output Value of Buildings Completed
总　计	**Total**	**1115252**
# 一、二级企业	First and Second Grade	1065660
按地区分	**Grouped by County**	
市区	City	995287
兴庆区	Xingqing	429927
西夏区	Xixia	206882
金凤区	Jinfeng	358478
永宁县	Yongning	16317
贺兰县	Helan	65163
灵武市	Lingwu	38486
按登记注册类型分	**Grouped by Status of Registration**	
内资企业	Domestic Funded	1115252
国有企业	State-owned Enterprises	140204
集体企业	Collective-owned Enterprises	10357
有限责任公司	Limited Liabilities Corporations	544533
国有独资公司	State Sole Funded Corporations	307340
其他有限责任公司	Other Limited Liabilities Corporations	237193
私营企业	Private Enterprises	420158
私营有限责任公司	Private Limited Liabilities Corporations	420158
按国民经济行业分(2011)	**Grouped by Sector(2011)**	
房屋建筑业	House Building	1088617
房屋建筑业	House Building	1088617
土木工程建筑业	Civil Engineering	26635
铁路、道路、隧道和桥梁工程建筑	Railway, Road, Tunnel and Bridge	11513
公路工程建筑	Road	
市政道路工程建筑	Municipal Works	11513
水利和内河港口工程建筑	Water and River Ports	810
水源及供水设施工程建筑	Construction of Water Source and Supply Water Facility	810
架线和管道工程建筑	Frame Line and Pipeline	14312
架线及设备工程建筑	Frame Line Equipment Engineering	14312
按控股情况分	**Grouped by Controlling Stake**	
国有控股	State-owned	447544
集体控股	Collective-owned	10357
私人控股	Private	657352
外商控股	Foreign	
按企业规模分	**Grouped by Enterprises Scale**	
大型	Large-Scale	423158
中型	Medium-Scale	530626
小型	Small-Scale	101358
微型	Miniatrue	60110
按营业状态分	**Grouped by Operating Status**	
营业	Operating	1115252
按会计准则分	**Grouped by Accounting Standards**	
企业会计准则	Accounting Standards for Business Enterprises	828706
小企业会计准则	Accounting Standards for Small Business Enterprises	46710
其他企业会计制度	Others	239836
按企业资质等级分	**Grouped by Qualification Criteria**	
施工总承包	General Contractors	1111901
特级	Special Grade	139563
一级	First Grade	395769
二级	Second Grade	527511
三级及以下	Third Grade and Below	49059
专业承包	Professional Contractors	3351
一级	First Grade	194
二级	Second Grade	2624
三级及以下	Third Grade and Below	533

Output Value of Floor Space of Buildings Completed

(10 000yuan)

住宅房屋 Residence	商业及服务用房屋 Business and Service	商厦房屋（批发和零售用房） Commercial (wholesale and retail trade)	宾馆用房屋（住宿用房） Hotel (hoteling)	餐饮用房屋（餐饮用房） Catering (catering services)	商务会展用房屋 Commercial Exhibition	其他商业及服务用房屋（居民服务业用房） Other Business and Service (other services)	办公用房屋 Offices
670221	**155653**	**107017**	**6270**	**10352**	**2951**	**29062**	**69624**
628625	148866	100230	6270	10352	2951	29062	69178
615553	132677	102559	4520	8889	2951	13757	41514
232145	80899	67507			2035	11357	13360
94063	41276	25625	4520	8731		2400	12480
289346	10501	9427		158	916		15674
4247							12070
14530	22643	4125	1750	1463		15305	16040
35892	333	333					
670221	155653	107017	6270	10352	2951	29062	69624
37559	36789	34389				2400	3265
10357							
365728	45167	42050			2951	165	40378
193611	8271	8271					28309
172117	36896	33779			2951	165	12070
256577	73697	30578	6270	10352		26497	25980
256577	73697	30578	6270	10352		26497	25980
663440	153836	107017	6270	10352	2951	27245	68888
663440	153836	107017	6270	10352	2951	27245	68888
6782	1817					1817	735
6782	1817					1817	260
6782	1817					1817	260
							475
							475
231170	45060	42660				2400	31574
10357							
428694	110592	64357	6270	10352	2951	26662	38050
223679	42288	42288					28309
303822	110160	63560	6270	10352	916	29062	31143
82610	3204	1169			2035		10172
60110							
670221	155653	107017	6270	10352	2951	29062	69624
451180	131560	88448	4520	8889	916	28786	60995
29812	12132	8643	1750	1463		276	445
189229	11961	9926			2035		8183
670221	155653	107017	6270	10352	2951	29062	69624
123415							1108
172941	46340	42288				4052	30880
332269	102526	57942	6270	10352	2951	25010	37190
41596	6787	6787					445

7—6 续表

单位:万元 (2016)

指 标	Item	科研、教育、医疗用房屋 Scientific Research, Education and Medical
总 计	**Total**	**129808**
#一、二级企业	First and Second Grade	129808
按地区分	**Grouped by County**	
市区	City	126657
兴庆区	Xingqing	58423
西夏区	Xixia	36687
金凤区	Jinfeng	31547
永宁县	Yongning	
贺兰县	Helan	2969
灵武市	Lingwu	183
按登记注册类型分	**Grouped by Status of Registration**	
内资企业	Domestic Funded	129808
国有企业	State-owned Enterprises	37609
集体企业	Collective-owned Enterprises	
有限责任公司	Limited Liabilities Corporations	55009
国有独资公司	State Sole Funded Corporations	48326
其他有限责任公司	Other Limited Liabilities Corporations	6683
私营企业	Private Enterprises	37191
私营有限责任公司	Private Limited Liabilities Corporations	37191
按国民经济行业分(2011)	**Grouped by Sector(2011)**	
房屋建筑业	House Building	127153
房屋建筑业	House Building	127153
土木工程建筑业	Civil Engineering	2655
铁路、道路、隧道和桥梁工程建筑	Railway, Road, Tunnel and Bridge	2655
公路工程建筑	Road	
市政道路工程建筑	Municipal Works	2655
水利和内河港口工程建筑	Water and River Ports	
水源及供水设施工程建筑	Construction of Water Source and Supply Water Facility	
架线和管道工程建筑	Frame Line and Pipeline	
架线及设备工程建筑	Frame Line Equipment Engineering	
按控股情况分	**Grouped by Controlling Stake**	
国有控股	State-owned	85935
集体控股	Collective-owned	
私人控股	Private	43873
外商控股	Foreign	
按企业规模分	**Grouped by Enterprises Scale**	
大型	Large-Scale	79073
中型	Medium-Scale	49515
小型	Small-Scale	1220
微型	Miniatrue	
按营业状态分	**Grouped by Operating Status**	
营业	Operating	129808
按会计准则分	**Grouped by Accounting Standards**	
企业会计准则	Accounting Standards for Business Enterprises	117456
小企业会计准则	Accounting Standards for Small Business Enterprises	979
其他企业会计制度	Others	11373
按企业资质等级分	**Grouped by Qualification Criteria**	
施工总承包	General Contractors	129808
特级	Special Grade	15040
一级	First Grade	83939
二级	Second Grade	30829
三级及以下	Third Grade and Below	
专业承包	Professional Contractors	
一级	First Grade	
二级	Second Grade	
三级及以下	Third Grade and Below	

continued

(10 000yuan)

科学研究用房屋 Scientific Research	教育用房屋 Education	医疗用房屋 (卫生医疗用房) Medical (health and medical)	文化、体育、娱乐用房屋 Culture,Sports and Entertainment	厂房及建筑物 Workshop and Buildings	#厂房 Workshop	仓库 Warehouse	其他未列明的房屋建筑物 Other Buildings
4505	**92059**	**33244**	**9949**	**56889**	**44190**	**2523**	**20586**
4505	92059	33244	9949	56357	44190	2523	20355
1537	91876	33244	9949	45869	39808	2523	20548
	42146	16277	9949	18268	18033	1430	15454
1142	18618	16927		20934	15489	210	1233
395	31113	40		6667	6286	883	3861
2969				8943	4382		38
	183			2078			
4505	92059	33244	9949	56889	44190	2523	20586
	21332	16277	7859	16351	16351	396	376
4111	33971	16927		26888	16943	210	11152
4111	27288	16927		26888	16943	210	1724
	6683						9428
395	36756	40	2089	13650	10896	1917	9058
395	36756	40	2089	13650	10896	1917	9058
4505	89404	33244	9949	42243	29543	2523	20586
4505	89404	33244	9949	42243	29543	2523	20586
	2655			14647	14647		
	2655						
	2655						
				335	335		
				335	335		
				14312	14312		
				14312	14312		
4111	48620	33204	7859	43239	33293	606	2100
395	43439	40	2089	13650	10896	1917	18486
4111	41758	33204	7859	40506	30561	210	1233
395	49121		2089	15654	13493	1826	16417
	1180	40		729	136	487	2936
4505	92059	33244	9949	56889	44190	2523	20586
4505	79747	33204	9231	46875	35088	2036	9374
	979		718				2624
	11333	40		10015	9101	487	8588
4505	92059	33244	9949	56163	43996	2523	17962
	15040						
4111	46624	33204	7859	43768	33822	210	9831
395	30395	40	2089	12395	10174	2313	7900
							231
				727	194		2624
				194	194		
							2624
				533			

7—7 建筑业企业自有施工机械设备及劳动人员情况

（2016）

指 标	Item	年末自有施工机械设备净值(万元) Net Value of Machinery and Equipment Owned (10 000 yuan)
总 计	**Total**	**52678**
#一、二级企业	First and Second Grade	45810
按地区分	**Grouped by County**	
市区	City	42371
兴庆区	Xingqing	23063
西夏区	Xixia	2128
金凤区	Jinfeng	17180
永宁县	Yongning	133
贺兰县	Helan	6674
灵武市	Lingwu	3500
按登记注册类型分	**Grouped by Status of Registration**	
内资企业	Domestic Funded	52678
国有企业	State-owned Enterprises	11581
集体企业	Collective-owned Enterprises	
有限责任公司	Limited Liabilities Corporations	12216
国有独资公司	State Sole Funded Corporations	5045
其他有限责任公司	Other Limited Liabilities Corporations	7171
股份有限公司	Share-holding Corporations Limited	
私营企业	Private Enterprises	28881
私营有限责任公司	Private Limited Liabilities Corporations	22692
私营股份有限公司	Private Share-holding Corporations Ltd.	6189
外商投资企业	Foreign Funded	
中外合资经营企业	Domestic and Foreign Joint Funded Enterprises	
按国民经济行业分(2011)	**Grouped by Sector(2011)**	
房屋建筑业	House Building	25865
房屋建筑业	House Building	25865
土木工程建筑业	Civil Engineering	25989
铁路、道路、隧道和桥梁工程建筑	Railway, Road, Tunnel and Bridge	12786
公路工程建筑	Road	7872
市政道路工程建筑	Municipal Works	4914
水利和内河港口工程建筑	Water and River Ports	4712
水源及供水设施工程建筑	Construction of Water Source and Supply Water Facility	3770
河湖治理及防洪设施工程建筑	Construciton of River Lake Administer and Hood Control Facility	942
工矿工程建筑	Mining	1542
架线和管道工程建筑	Frame Line and Pipeline	6810
架线及设备工程建筑	Frame Line Equipment Engineering	6810
其他土木工程建筑	Other Civil Engineering	139

Machinery and Equipment Owned and Employed Persons by Construction Enterprises

年末自有施工机械设备总台数(台) Number of Machinery and Equipment Owned (set)	年末自有施工机械设备总功率(千瓦) Total Power of Machinery and Equipment Owned (kw)	从事建筑业活动的平均人数(人) Average Number of People Engaged in the Construction Industry(person)	期末从业人员数(人) Number of Employed Persons at Year-end (person)	工程技术人员(人) Engineering Persons (person)	一级建造师(人) First Construction Enginee(person)
14113	**300860**	**129694**	**63199**	**13784**	**737**
12718	244538	116483	56996	12195	684
10065	231199	111355	54083	12227	587
6758	139386	58607	29711	6072	357
688	19462	14056	7041	1459	61
2619	72351	38692	17331	4696	169
6	95	2186	530	183	
3593	51234	12680	7017	816	140
449	18332	3473	1569	558	10
14113	300860	129206	62804	13672	737
3009	53084	21572	18204	2165	137
		396	226	163	
2952	77326	40171	19546	3740	275
1207	33617	21673	12032	1772	187
1745	43709	18498	7514	1968	88
		813	491	87	1
8152	170450	66254	24337	7517	324
7997	157135	57133	23308	6967	291
155	13315	9121	1029	550	33
		488	395	112	
		488	395	112	
8978	169153	86938	41528	7867	462
8978	169153	86938	41528	7867	462
4308	128766	38586	19233	5115	228
901	61793	21711	7724	2623	111
227	19863	10953	1838	697	38
674	41930	10758	5886	1926	73
476	21469	8297	3998	1101	17
473	21257	8173	3974	1088	16
3	212	124	24	13	1
399	8179	1338	1110	268	14
2376	33536	6944	6187	1097	84
2376	33536	6944	6187	1097	84
156	3789	296	214	26	2

7—7 续表

(2016)

指 标	Item	年末自有施工机械设备净值(万元) Net Value of Machinery and Equipment Owned (10 000 yuan)
建筑安装业	Construction Installation	353
电气安装	Electric Installation	168
其他建筑安装业	Other Construction Installation	185
建筑装饰和其他建筑业	Construction Decoration and Other Construction	472
建筑装饰业	Construction Decoration	472
按控股情况分	**Grouped by Controlling Stake**	
国有控股	State-owned	16890
集体控股	Collective-owned	424
私人控股	Private	35318
外商控股	Foreign	47
按企业规模分	**Grouped by Enterprises Scale**	
大型	Large-Scale	13696
中型	Medium-Scale	24393
小型	Small-Scale	13157
微型	Miniatrue	1432
按营业状态分	**Grouped by Operating Status**	
营业	Operating	52301
停业(歇业)	Turn Of(out of business)	377
按会计准则分	**Grouped by Accounting Standards**	
企业会计准则	Accounting Standards for Business Enterprises	35919
小企业会计准则	Accounting Standards for Small Business Enterprises	2418
其他企业会计制度	Others	14342
按企业资质等级分	**Grouped by Qualification Criteria**	
施工总承包	General Contractors	43308
特级	Special Grade	1076
一级	First Grade	16283
二级	Second Grade	20445
三级及以下	Third Grade and Below	5504
专业承包	Professional Contractors	9370
一级	First Grade	4314
二级	Second Grade	3692
三级及以下	Third Grade and Below	1364

continued

年末自有施工机械设备总台数(台) Number of Machinery and Equipment Owned (set)	年末自有施工机械设备总功率(千瓦) Total Power of Machinery and Equipment Owned (kw)	从事建筑业活动的平均人数(人) Average Number of People Engaged in the Construction Industry(person)	期末从业人员数(人) Number of Employed Persons at Year-end (person)	工程技术人员(人) Engineering Persons (person)	一级建造师(人) First Construction Enginee(person)
134	911	1784	1196	395	14
118	606	1536	966	307	11
16	305	248	230	88	3
693	2030	2386	1242	407	33
693	2030	2386	1242	407	33
4249	87628	44723	31199	4025	329
141	8554	1865	1571	578	4
9646	204076	82132	29549	8786	385
77	602	974	880	395	19
2277	54902	40136	23477	2494	261
8240	165399	64795	26770	7772	308
3001	73720	22045	11091	2913	143
595	6839	2718	1861	605	25
14061	297274	129674	63190	13776	737
52	3586	20	9	8	
9512	212505	88147	43709	8474	509
730	14189	7746	3660	1094	36
3871	74166	33801	15830	4216	192
11769	267567	120519	57361	11910	633
135	2558	5655	3742	581	28
3803	92037	53657	29249	4542	375
6497	118287	49349	19019	5429	183
1334	54685	11858	5351	1358	47
2344	33293	9175	5838	1874	104
1368	14830	2247	1865	406	73
915	16826	5575	3121	1237	25
61	1637	1353	852	231	6

7—8 建筑业企业财务状况

单位:万元　　　　　　　　　　　　　　　　　　　　　　　　　　　　　　(2016)

指　标	Item	年初存货 Stock	资产总计 Total Funds
总　计	**Total**	**687438**	**4811278**
#一、二级企业	First and Second Grade	602436	4332646
按地区分	**Grouped by County**		
市区	City	525618	3940838
永宁县	Yongning	1449	237834
贺兰县	Helan	91808	422947
灵武市	Lingwu	68563	209659
按登记注册类型分	**Grouped by Status of Registration**		
内资企业	Domestic Funded	668411	4605567
国有企业	State-owned Enterprises	90205	686211
集体企业	Collective-owned Enterprises	101	101
有限责任公司	Limited Liabilities Corporations	199128	1478865
国有独资公司	State Sole Funded Corporations	64583	582633
其他有限责任公司	Other Limited Liabilities Corporations	134545	896232
股份有限公司	Share-holding Corporations Limited	10262	65534
私营企业	Private Enterprises	368716	2374857
私营有限责任公司	Private Limited Liabilities Corporations	352191	2087350
私营股份有限公司	Private Share-holding Corporations Ltd.	16525	287506
外商投资企业	Foreign Funded	19027	176991
中外合资经营企业	Domestic and Foreign Joint Funded Enterprises	19027	176991
按国民经济行业分	**Grouped by Sector**		
房屋建筑业	Building and Civil Engineering	473836	3144124
土木工程建筑业	Civil Engineering	200759	1525176
铁路、道路、隧道和桥梁工程建筑	Railway, Road, Tunnel and Bridge	98502	807653
水利和内河港口工程建筑	Water and River Ports	36017	205137
工矿工程建筑	Mining	20357	199671
架线和管道工程建筑	Frame Line and Pipeline	45205	302382
其他土木工程建筑	Other Civil Engineering	678	10332
建筑安装业	Construction Installation	6531	54047
建筑装饰和其他建筑业	Construction Decoration and Other Construction	6312	87931
建筑装饰业	Construction Decoration	6312	87931
按控股情况分	**Grouped by Controlling Stake**		
国有控股	State-owned	158637	1285594
集体控股	Collective-owned	29120	104128
私人控股	Private	476974	3207157
外商控股	Foreign	22707	214398
按营业状态分	**Grouped by Operating Status**		
营业	Operating	687248	4809062
停业(歇业)	Closed(go out of business)	190	2216
按会计准则分	**Grouped by Accounting Standards**		
企业会计准则	Accounting Standards for Business Enterprises	499920	3278910
小企业会计准则	Accounting Standards for Small Business Enterprises	36366	296663
其他企业会计制度	Others	151153	1235705
按企业资质等级分	**Grouped by Qualification Criteria**		
施工总承包	General Contractors	650734	4424979
特级	Special Grade	4840	156188
一级	First Grade	235970	1605755
二级	Second Grade	331585	2244175
三级及以下	Third Grade and Below	78340	418862
专业承包	Professional Contractors	36704	386299
一级	First Grade	2472	111102
二级	Second Grade	27571	215427
三级及以下	Third Grade and Below	6662	59770

Financial Indicators on Construction Enterprises

(10 000yuan)

流动资产合计 Total Circulating Funds	应收工程款 Projects Receivable	存货 Stock	固定资产合计 Total Investment Assets	固定资产减值准备 Impairment of Fixed Assets	固定资产原价 Original Value of Fixed Assets	累计折旧 Accumulated Depreciation	本年折旧 Depreciation This Year
4284601	**2143939**	**556506**	**295156**	**2870**	**486196**	**217380**	**30426**
3866728	1965403	490226	258065	557	431996	194826	27001
3464794	1685490	429393	262159	2870	431575	194001	26849
237177	163020	3816	636		1222	586	275
389933	212006	76321	26145		39051	14527	2391
192698	83423	46975	6215		14348	8266	911
4139344	2035141	555815	266995	2870	441528	200873	26525
612051	320431	52279	59177	151	112508	61018	3680
22875		20	356		599	243	14
1337780	579361	190206	57410	308	100803	51425	10733
495510	243218	76578	20345		35977	15888	2198
842270	336143	113628	37065	308	64827	35537	8535
60608	27778	9543	3617		5088	1472	667
2106031	1107571	303767	146435	2411	222529	86716	11431
1878991	1024168	270029	106673	2411	173688	75948	8124
227040	83403	33738	39762		48842	10768	3307
145257	108798	690	28161		44668	16507	3901
145257	108798	690	28161		44668	16507	3901
2854418	1457624	390562	142470	2701	225627	99296	14846
1311269	635630	152722	138080	151	239174	108831	14127
711100	337062	88410	62815		89939	29199	5346
184236	80187	14522	10616	151	24929	14908	1771
161356	114004	2218	33530		53471	22492	4292
245734	97528	47076	30166		69346	41657	2631
8844	6848	497	953		1489	576	87
44208	22031	7027	7973	18	11872	5015	842
74707	28653	6195	6633		9524	4238	611
74707	28653	6195	6633		9524	4238	611
1121695	570320	131182	81192	151	151903	78655	6368
87660	17230	22423	7587		16784	9197	781
2892617	1438867	399027	178181	2719	272751	112967	19367
182629	117522	3874	28196		44758	16562	3910
4283267	2143556	556337	294275	2870	484088	216154	30426
1334	383	169	881		2108	1227	
2900522	1461582	424278	221881	2562	346424	143570	19196
278164	119072	45660	9252		20476	11599	983
1105915	563285	86568	64022	308	119296	62212	10247
3993257	2000362	513074	223080	2852	387751	176023	25991
100792	47422	2017	1691		3447	1756	225
1467683	682851	185125	92721	151	160195	70102	13481
2055547	1115267	266258	100931	387	181886	86192	9555
369236	154822	59674	27736	2313	42224	17974	2730
291345	143577	43432	72076	18	98445	41357	4435
91112	42688	12180	10793		24510	14201	569
151595	77175	24646	51930	18	61958	22576	3171
48637	23714	6606	9354		11977	4581	695

7—8 续表 1

单位:万元 (2016)

指 标	Item	在建工程 Construction in Process	负债合计 Total Liabilities
总 计	**Total**	**17656**	**3458322**
#一、二级企业	First and Second Grade	14274	3146365
按地区分	**Grouped by County**		
市区	City	16682	2794473
永宁县	Yongning		226309
贺兰县	Helan	975	319532
灵武市	Lingwu		118008
按登记注册类型分	**Grouped by Status of Registration**		
内资企业	Domestic Funded	17656	3301097
国有企业	State-owned Enterprises	2912	548985
集体企业	Collective-owned Enterprises		22031
有限责任公司	Limited Liabilities Corporations	6548	1196506
国有独资公司	State Sole Funded Corporations	257	478130
其他有限责任公司	Other Limited Liabilities Corporations	6291	718376
股份有限公司	Share-holding Corporations Limited		31775
私营企业	Private Enterprises	8196	1501799
私营有限责任公司	Private Limited Liabilities Corporations	6509	1279733
私营股份有限公司	Private Share-holding Corporations Ltd.	1688	222067
外商投资企业	Foreign Funded		157225
中外合资经营企业	Domestic and Foreign Joint Funded Enterprises		157225
按国民经济行业分	**Grouped by Sector**		
房屋建筑业	Building and Civil Engineering	10169	2371834
土木工程建筑业	Civil Engineering	5564	1010471
铁路、道路、隧道和桥梁工程建筑	Railway, Road, Tunnel and Bridge	1752	516191
水利和内河港口工程建筑	Water and River Ports		118032
工矿工程建筑	Mining	2542	165688
架线和管道工程建筑	Frame Line and Pipeline	1270	203750
其他土木工程建筑	Other Civil Engineering		6810
建筑安装业	Construction Installation	794	29579
建筑装饰和其他建筑业	Construction Decoration and Other Construction	1129	46437
建筑装饰业	Construction Decoration	1129	46437
按控股情况分	**Grouped by Controlling Stake**		
国有控股	State-owned	3169	1040006
集体控股	Collective-owned		83449
私人控股	Private	14488	2150403
外商控股	Foreign		184464
按营业状态分	**Grouped by Operating Status**		
营业	Operating	17656	3458039
停业(歇业)	Closed(out of business)		283
按会计准则分	**Grouped by Accounting Standards**		
企业会计准则	Accounting Standards for Business Enterprises	12956	2447624
小企业会计准则	Accounting Standards for Small Business Enterprises	2	153100
其他企业会计制度	Others	4699	857598
按企业资质等级分	**Grouped by Qualification Criteria**		
施工总承包	General Contractors	9555	3267392
特级	Special Grade		120859
一级	First Grade	2628	1338052
二级	Second Grade	4268	1519658
三级及以下	Third Grade and Below	2658	288823
专业承包	Professional Contractors	8102	190931
一级	First Grade	344	67398
二级	Second Grade	7033	100398
三级及以下	Third Grade and Below	725	23135

continued

（10 000yuan）

流动负债合计 Total Liquid Liabilities	应付账款 Accounts Payable	非流动负债合计 Total Non-Liquid Liabilities	所有者权益合计 Owners' Equity	实收资本 Paid-in Capitals	国家资本 State-owned Capitals	集体资本 Collective owned Capitals	法人资本 Corporate Capitals	个人资本 Personal Capitals	外商资本 Foreign Capitals
3402847	**1492440**	**49176**	**1352956**	**942820**	**156029**	**2503**	**106784**	**652204**	**25300**
3097438	1370609	46273	1186282	803963	144854	2503	96093	535213	25300
2749018	1341751	39292	1146364	797675	122494		95703	554179	25300
226302	5106	7	11524	14238	536		7000	6702	
311808	120252	7588	103416	79451	32313		3000	44138	
115719	25332	2289	91651	51455	686	2503	1081	47185	
3254794	1411918	40003	1333190	912820	156029	2503	92084	652204	10000
544094	292756	4892	137226	75245	75245				
22031	11375		6789	2503		2503			
1194109	413899	133	282359	235952	80783		87646	57523	10000
478127	199994	4	104503	80942	79029		1913		
715983	213905	129	177856	155010	1755		85732	57523	10000
31775	19516		33759	21905			4438	17467	
1462786	674372	34978	873057	577214				577214	
1241029	545115	34668	807618	545291				545291	
221757	129257	310	65439	31923				31923	
148052	80522	9173	19766	30000			14700		15300
148052	80522	9173	19766	30000			14700		15300
2336052	926251	29874	772289	531136	104325	2503	45808	368499	10000
993049	542977	17286	514705	355137	51703		57817	230317	15300
516051	298436	4	291462	175043	2176		29041	143826	
117391	40401	641	87106	53536	15346		348	37841	
153824	82544	11865	33983	45281	6178		14700	9103	15300
198973	117516	4777	98632	78143	28003		13527	36613	
6810	4080		3523	3135			200	2935	
27382	14583	1942	24467	24898			1240	23658	
46364	8630	73	41494	31649			1919	29730	
46364	8630	73	41494	31649			1919	29730	
1035110	501011	4896	245588	159702	156029		2893	780	
83449	39597		20680	12751		2503	10227	20	
2108997	866971	35107	1056754	730367			78963	651404	
175291	84861	9173	29934	40000			14700		25300
3402564	1492283	49176	1351023	940285	154294	2503	106784	651404	25300
283	157		1933	2535	1735			800	
2419723	992266	27901	831285	532142	140047	2503	74604	289688	25300
151572	67797	1528	143563	114417	8183		423	105811	
831552	432378	19747	378107	296261	7799		31757	256705	
3219587	1409287	41781	1157588	804484	129042	2503	100592	547048	25300
120859	57161		35329	28218	28218				
1328099	755268	9953	267702	182609	69145		17393	96071	
1486572	482779	30670	724517	482224	21054	2503	74198	359169	25300
284057	114079	1158	130039	111433	10625		9001	91808	
183260	83153	7395	195368	138335	26987		6192	105156	
64884	36505	2514	43704	35326	17706		800	16820	
97023	38896	3136	115029	75587	8731		3702	63153	
21353	7752	1745	36635	27423	550		1690	25183	

7—8 续表 2

单位:万元 (2016)

指 标	Item	营业收入 Business Revenue	主营业务收入 Revenue from Principal Business
总 计	**Total**	**4220551**	**4169149**
#一、二级企业	First and Second Grade	3886642	3847321
按地区分	**Grouped by County**		
市区	City	3527670	3476772
永宁县	Yongning	49312	49277
贺兰县	Helan	415686	415388
灵武市	Lingwu	227883	227713
按登记注册类型分	**Grouped by Status of Registration**		
内资企业	Domestic Funded	4177178	4125834
国有企业	State-owned Enterprises	736300	725397
集体企业	Collective-owned Enterprises	14972	14972
有限责任公司	Limited Liabilities Corporations	1083460	1077932
国有独资公司	State Sole Funded Corporations	577563	574000
其他有限责任公司	Other Limited Liabilities Corporations	505896	503932
股份有限公司	Share-holding Corporations Limited	42462	42444
私营企业	Private Enterprises	2299985	2265090
私营有限责任公司	Private Limited Liabilities Corporations	2017922	1984515
私营股份有限公司	Private Share-holding Corporations Ltd.	282063	280575
外商投资企业	Foreign Funded	43373	43315
中外合资经营企业	Domestic and Foreign Joint Funded Enterprises	43373	43315
按国民经济行业分	**Grouped by Sector**		
房屋建筑业	Building and Civil Engineering	2669361	2649672
土木工程建筑业	Civil Engineering	1452739	1431359
铁路、道路、隧道和桥梁工程建筑	Railway, Road, Tunnel and Bridge	817331	815485
水利和内河港口工程建筑	Water and River Ports	227384	219353
工矿工程建筑	Mining	61917	59872
架线和管道工程建筑	Frame Line and Pipeline	339563	330109
其他土木工程建筑	Other Civil Engineering	6544	6540
建筑安装业	Construction Installation	40823	31868
建筑装饰和其他建筑业	Construction Decoration and Other Construction	57628	56250
建筑装饰业	Construction Decoration	57628	56250
按控股情况分	**Grouped by Controlling Stake**		
国有控股	State-owned	1359143	1344636
集体控股	Collective-owned	82950	82484
私人控股	Private	2722872	2686502
外商控股	Foreign	55586	55528
按营业状态分	**Grouped by Operating Status**		
营业	Operating	4220296	4168980
停业(歇业)	Closed(out of business)	255	169
按会计准则分	**Grouped by Accounting Standards**		
企业会计准则	Accounting Standards for Business Enterprises	2946326	2918345
小企业会计准则	Accounting Standards for Small Business Enterprises	266812	264806
其他企业会计制度	Others	1007412	985998
按企业资质等级分	**Grouped by Qualification Criteria**		
施工总承包	General Contractors	3908208	3873975
特级	Special Grade	136027	134237
一级	First Grade	1725467	1714761
二级	Second Grade	1749389	1737020
三级及以下	Third Grade and Below	297326	287958
专业承包	Professional Contractors	312343	295174
一级	First Grade	146947	145087
二级	Second Grade	128813	116216
三级及以下	Third Grade and Below	36584	33870

continued

(10 000yuan)

营业成本 Business Costs	主营业务成本 Costs of Principal Business	营业税金及附加 Business Taxes and Other Charges	主营业务税金及附加 Taxes and Other Charges on Principal Business	其他业务利润 Profits from Other Businesses	销售费用 Selling Costs	管理费用 Management Costs	税金 Taxes
3886030	**3844561**	**67659**	**66981**	**9256**	**7510**	**124420**	**5520**
3587521	3558301	62279	61728	9550	6051	110298	4778
3247993	3206598	56143	55798	9159	6702	106051	4791
45999	45969	1426	1426	6		434	16
387907	387863	3917	3584	–80	808	14611	512
204131	204131	6173	6173	170		3323	201
3835696	3794373	67769	67091	9343	7510	120068	5505
690424	681754	10656	10618	2196	162	21628	1286
14023	14023	107	107			353	16
1017736	1013333	15146	14709	688	154	35445	1702
548869	545688	5285	4864	–39		17498	464
468867	467645	9860	9845	727	154	17947	1238
39580	39455	489	489	–107		1637	21
2073934	2045809	41372	41169	6566	7195	61005	2480
1816578	1788468	38552	38349	5094	7161	49377	1986
257356	257340	2821	2821	1472	33	11628	493
50333	50188	–110	–110	–87		4352	15
50333	50188	–110	–110	–87		4352	15
2476551	2461328	48268	47818	4016	821	55431	2507
1326394	1307940	17780	17666	2813	5683	59883	2652
736580	736477	10530	10530	1744	4516	26177	840
207327	198933	2499	2455	–408	202	8185	284
66246	64295	139	139	94	146	6221	57
310763	302757	4413	4343	1378	787	18737	1416
5478	5478	199	199	5	32	563	56
33867	27099	573	462	2077	770	5172	148
49218	48194	1038	1035	350	236	3934	212
49218	48194	1038	1035	350	236	3934	212
1281936	1270054	16647	16188	2167	202	40201	1793
77861	77695	1509	1493	284	1	6374	296
2464537	2435261	49583	49380	6891	7308	72926	3378
61696	61551	–80	–80	–87		4918	53
3885862	3844402	67657	66980	9179	7510	124211	5514
168	159	2	2	77		208	6
2721521	2698419	46828	46350	4400	5995	86383	3645
241417	239858	4392	4363	417	409	8788	79
923092	906285	16438	16269	4438	1106	29249	1796
3615928	3586211	62455	61903	3964	5518	98782	4238
131284	129424	1896	1881	–84		1230	8
1629637	1621622	21641	21283	2331		40764	1899
1584700	1574640	34169	34084	2224	5026	46769	1938
270307	260525	4748	4655	–508	491	10019	394
270102	258350	5204	5078	5292	1993	25638	1282
132619	131672	2002	2000	911	321	7376	344
109281	100943	2570	2480	4168	703	14159	590
28202	25735	632	599	213	968	4103	348

7—8 续表 3

单位:万元 （2016）

指　标	Item	财务费用 Financial Costs	利息收入 Interest Income
总　计	**Total**	**30685**	**1535**
#一、二级企业	First and Second Grade	29181	1454
按地区分	**Grouped by County**		
市区	City	25523	1462
永宁县	Yongning	-20	34
贺兰县	Helan	3780	24
灵武市	Lingwu	1403	15
按登记注册类型分	**Grouped by Status of Registration**		
内资企业	Domestic Funded	24036	1496
国有企业	State-owned Enterprises	4383	192
集体企业	Collective-owned Enterprises	143	
有限责任公司	Limited Liabilities Corporations	4440	271
国有独资公司	State Sole Funded Corporations	2738	172
其他有限责任公司	Other Limited Liabilities Corporations	1701	99
股份有限公司	Share-holding Corporations Limited	264	48
私营企业	Private Enterprises	14806	985
私营有限责任公司	Private Limited Liabilities Corporations	14652	178
私营股份有限公司	Private Share-holding Corporations Ltd.	154	807
外商投资企业	Foreign Funded	6650	39
中外合资经营企业	Domestic and Foreign Joint Funded Enterprises	6650	39
按国民经济行业分	**Grouped by Sector**		
房屋建筑业	Building and Civil Engineering	16841	204
土木工程建筑业	Civil Engineering	13011	1309
铁路、道路、隧道和桥梁工程建筑	Railway, Road, Tunnel and Bridge	4748	1030
水利和内河港口工程建筑	Water and River Ports	688	86
工矿工程建筑	Mining	6654	56
架线和管道工程建筑	Frame Line and Pipeline	898	137
其他土木工程建筑	Other Civil Engineering	21	
建筑安装业	Construction Installation	367	5
建筑装饰和其他建筑业	Construction Decoration and Other Construction	467	17
建筑装饰业	Construction Decoration	467	17
按控股情况分	**Grouped by Controlling Stake**		
国有控股	State-owned	7115	371
集体控股	Collective-owned	304	36
私人控股	Private	16618	1088
外商控股	Foreign	6649	39
按营业状态分	**Grouped by Operating Status**		
营业	Operating	30686	1535
停业(歇业)	Closed(out of business)	-1	
按会计准则分	**Grouped by Accounting Standards**		
企业会计准则	Accounting Standards for Business Enterprises	21765	1417
小企业会计准则	Accounting Standards for Small Business Enterprises	1627	13
其他企业会计制度	Others	7294	105
按企业资质等级分	**Grouped by Qualification Criteria**		
施工总承包	General Contractors	29253	1477
特级	Special Grade	-3	13
一级	First Grade	6846	1023
二级	Second Grade	21229	372
三级及以下	Third Grade and Below	1181	70
专业承包	Professional Contractors	1432	58
一级	First Grade	47	32
二级	Second Grade	1062	15
三级及以下	Third Grade and Below	323	11

continued

(10 000yuan)

利息支出 Interest Expense	资产减值损失 Empairment of Assets	投资收益 Investment Income	营业利润 Business Profits	营业外收入 Income Expect Business	政府补助 Government Subsidy	营业外支出 Expenses Expect Business
22124	**6288**	**-2225**	**95734**	**5262**	**703**	**5866**
20920	6213	-2467	82719	4845	651	5610
17340	7057	-2257	75944	4283	702	5091
13			1474			21
3493	-769	32	5464	905	1	220
1278			12853	74		533
18875	6183	-554	115360	3445	703	5636
4385	370	-93	8585	758	152	1861
142			346			27
3943	5837	-692	4064	1505	325	770
2589	-278	116	3621	1232	322	242
1353	6115	-808	443	273	3	527
273		10	502	26		34
10132	-24	221	101863	1155	226	2945
9416	1	77	91624	718	46	2330
717	-25	144	10239	437	180	614
3249	105	-1671	-19627	1817		230
3249	105	-1671	-19627	1817		230
12929	-10	-183	71277	1950	335	3487
8387	6056	-2041	21891	3214	368	2273
3533	-8	196	34931	435	39	846
701	325	239	8312	293	60	406
3262	105	-1671	-19265	1976		242
879	5634	-805	-2340	511	269	778
12			252			1
370	1		74	90		80
438	242		2493	7		25
438	242		2493	7		25
6975	333	24	12787	1995	474	2201
340	5799	-808	-9706	169		173
11559	50	231	112025	1280	229	3262
3249	105	-1671	-19373	1817		230
22124	6288	-2225	95856	5230	703	5866
			-122	32		
15544	6150	-2364	55321	4700	675	4657
1234			10179	92	1	197
5347	138	139	30234	470	27	1012
21028	6415	-2002	87858	4753	542	4780
	340		1280	291	262	27
6903	-123	176	26877	1750	190	1695
13232	6124	-2417	49041	2354	39	2830
892	74	239	10659	358	51	228
1096	-128	-222	7876	509	161	1086
75	12		4570	38		443
709	-139	-226	951	413	160	615
312		3	2356	59	1	28

7—8 续表 4

单位:万元 (2016)

指 标	Item	利润总额 Total Profits
总 计	**Total**	**95270**
#一、二级企业	First and Second Grade	82007
按地区分	**Grouped by County**	
市区	City	75275
永宁县	Yongning	1453
贺兰县	Helan	6148
灵武市	Lingwu	12394
按登记注册类型分	**Grouped by Status of Registration**	
内资企业	Domestic Funded	113309
国有企业	State-owned Enterprises	7482
集体企业	Collective-owned Enterprises	319
有限责任公司	Limited Liabilities Corporations	4884
国有独资公司	State Sole Funded Corporations	4695
其他有限责任公司	Other Limited Liabilities Corporations	189
股份有限公司	Share-holding Corporations Limited	495
私营企业	Private Enterprises	100129
私营有限责任公司	Private Limited Liabilities Corporations	90067
私营股份有限公司	Private Share-holding Corporations Ltd.	10062
外商投资企业	Foreign Funded	-18039
中外合资经营企业	Domestic and Foreign Joint Funded Enterprises	-18039
按国民经济行业分	**Grouped by Sector**	
房屋建筑业	Building and Civil Engineering	69740
土木工程建筑业	Civil Engineering	22971
铁路、道路、隧道和桥梁工程建筑	Railway, Road, Tunnel and Bridge	34573
水利和内河港口工程建筑	Water and River Ports	8282
工矿工程建筑	Mining	-17531
架线和管道工程建筑	Frame Line and Pipeline	-2603
其他土木工程建筑	Other Civil Engineering	251
建筑安装业	Construction Installation	83
建筑装饰和其他建筑业	Construction Decoration and Other Construction	2476
建筑装饰业	Construction Decoration	2476
按控股情况分	**Grouped by Controlling Stake**	
国有控股	State-owned	12665
集体控股	Collective-owned	-9710
私人控股	Private	110099
外商控股	Foreign	-17786
按营业状态分	**Grouped by Operating Status**	
营业	Operating	95360
停业(歇业)	Closed(out of business)	-90
按会计准则分	**Grouped by Accounting Standards**	
企业会计准则	Accounting Standards for Business Enterprises	55365
小企业会计准则	Accounting Standards for Small Business Enterprises	10074
其他企业会计制度	Others	29831
按企业资质等级分	**Grouped by Qualification Criteria**	
施工总承包	General Contractors	87967
特级	Special Grade	1544
一级	First Grade	26932
二级	Second Grade	48618
三级及以下	Third Grade and Below	10873
专业承包	Professional Contractors	7303
一级	First Grade	4165
二级	Second Grade	748
三级及以下	Third Grade and Below	2390

continued

(10 000yuan)

应交所得税 Tax Payable	应付职工薪酬 （本年贷方累计 发生额） Deal with Wages （volume of gredit side）	应交增值税 Value Added Tax Payable	在境外完成的营业收入 Overseas Revenues
50560	**251124**	**68733**	**877**
46274	231726	63396	877
42157	216070	62365	877
1386	10207	1365	
2757	13628	2414	
4259	11220	2589	
50668	242676	67161	877
4258	41986	14037	877
302	83	1213	
8586	72847	12292	
2151	18644	5665	
6435	54203	6628	
136	2056	12	
37386	125705	39606	
35842	116114	31923	
1544	9591	7683	
-108	8449	1572	
-108	8449	1572	
32356	158235	37943	
16966	82721	28642	877
13332	23121	15491	
1562	12620	4739	
-16	14149	2783	
1971	32395	5552	877
116	436	77	
287	6489	955	
951	3679	1193	
951	3679	1193	
6810	61772	20600	877
547	15093	1950	
43065	165377	44611	
138	8883	1572	
50560	251031	68733	877
	93		
28180	170406	48260	877
3882	15779	3300	
18498	64939	17173	
46939	214619	62439	877
1540	3836	3409	
13601	65199	25315	877
28104	129779	29083	
3695	15806	4632	
3621	36506	6294	
1128	16891	3181	
1902	16022	2408	
591	3593	705	

7—9 劳务分包建筑业企业生产经营情况

单位:万元 (2016)

指 标	Item	企业数(个) Number of Enterprises (unit)	有工作量的企业数 Number of Enter Prise with Workload
总 计	**Total**	**25**	**12**
#一、二级企业	First and Second Grade	18	9
按地区分	**Grouped by County**		
市区	City	20	9
永宁县	Yongning		
贺兰县	Helan	4	2
灵武市	Lingwu	1	1
按登记注册类型分	**Grouped by Status of Registration**		
内资企业	Domestic Funded	25	12
有限责任公司	Limited Liabilities Corporations	1	1
国有独资公司	State Sole Funded Corporations		
其他有限责任公司	Other Limited Liabilities Corporations	1	1
私营企业	Private Enterprises	24	11
私营有限责任公司	Private Limited Liabilities Corporations	24	11
按国民经济行业分	**Grouped by Sector**		
房屋建筑业	Building and Civil Engineering	23	11
建筑安装业	Construction and Installation Industry	2	1
管道和设备安装	Piping and Equipment Installation	2	1
按控股情况分	**Grouped by Controlling Stake**		
国有控股	State-owned		
私人控股	Private	25	12
按营业状态分	**Grouped by Operating Status**		
营业	Operating	23	11
停业(歇业)	Closed(out of business)	1	
其他	Revoked current year	1	1
按会计准则分	**Grouped by Accounting Standards**		
企业会计准则	Accounting Standards for Business Enterprises	13	6
小企业会计准则	Accounting Standards for Small Business Enterprises	11	6
其他企业会计制度	Others	1	
按企业资质等级分	**Grouped by Qualification Criteria**		
一级	First Grade	18	9
三级及以下	Third Grade and Below	7	3

Production and Business Statistics of Labour Subcontractors in Construction Industry

(10 000yuan)

建筑业总产值 Total Output Value of Construction	装饰装修产值 Dueput Value of Decoration	固定资产原价 Original Value of Fixed Assets	本年折旧 Depreciation This Year	资产总计 Total Capital	负债合计 Total Liabilities	实收资本 Paid-in Capitals
4550	**322**	**256**	**39**	**3889**	**2051**	**1803**
3408	32	253	38	2633	1324	818
4158	30	212	31	3662	2049	1700
102	2	41	6	108	-1	68
290	290	3	1	119	3	35
4550	322	256	39	3889	2051	1803
1588		101	18	231	5	200
1588		101	18	231	5	200
2962	322	155	20	3658	2047	1603
2962	322	155	20	3658	2047	1603
4300	322	256	39	3579	1852	1753
250				310	200	50
250				310	200	50
4550	322	256	39	3889	2051	1803
4261	32	253	38	3770	2049	1768
290	290	3	1	119	3	35
3252		226	30	1735	1255	368
1299	322	30	9	2154	797	1435
3408	32	253	38	2633	1324	818
1143	290	3	1	1256	727	985

7—9 续表 1

单位:万元 （2016）

指 标	Item	营业收入 Business Revenue	主营业务收入 Revenue from Principal Business
总 计	**Total**	**3644**	**3624**
# 一、二级企业	First and Second Grade	2501	2481
按地区分	**Grouped by County**		
市区	City	3302	3302
永宁县	Yongning		
贺兰县	Helan	53	33
灵武市	Lingwu	290	290
按登记注册类型分	**Grouped by Status of Registration**		
内资企业	Domestic Funded	3644	3624
有限责任公司	Limited Liabilities Corporations	1621	1621
国有独资公司	State Sole Funded Corporations		
其他有限责任公司	Other Limited Liabilities Corporations	1621	1621
私营企业	Private Enterprises	2023	2003
私营有限责任公司	Private Limited Liabilities Corporations	2023	2003
按国民经济行业分	**Grouped by Sector**		
房屋建筑业	Building and Civil Engineering	3394	3374
建筑安装业	Construction and Installation Industry	250	250
管道和设备安装	Piping and Equipment Installation	250	250
按控股情况分	**Grouped by Controlling Stake**		
国有控股	State-owned		
私人控股	Private	3644	3624
按营业状态分	**Grouped by Operating Status**		
营业	Operating	3354	3334
停业(歇业)	Closed(out of business)		
其他	Others	290	290
按会计准则分	**Grouped by Accounting Standards**		
企业会计准则	Accounting Standards for Business Enterprises	2446	2426
小企业会计准则	Accounting Standards for Small Business Enterprises	1198	1198
其他企业会计制度	Others		
按企业资质等级分	**Grouped by Qualification Criteria**		
一级	First Grade	2501	2481
三级及以下	Third Grade and Below	1143	1143

continued

（10 000yuan）

营业成本 Business Costs	主营业务成本 Costs of Principal Business	营业税金及附加 Business Taxes and Other Charges	主营业务税金及附加 Taxes and Other Charges on Principal Business	销售费用 Sale Costs	管理费用 Management Costs	税金 Taxes	财务费用 Financial Costs	营业利润 Business Profits	利润总额 Total Profits
3403	**3393**	**44**	**34**	**10**	**218**	**2**	**4**	**53**	**29**
2393	2383	25	15	1	126	2	3	40	17
3145	3145	13	13	1	175	1		–8	–7
42	32	20	10		5	1	3	43	18
216	216	10	10	9	37		1	18	18
3403	3393	44	34	10	218	2	4	53	29
1588	1588				34			–1	1
1588	1588				34			–1	1
1814	1804	43	33	10	184	2	4	53	28
1814	1804	43	33	10	184	2	4	53	28
3183	3173	35	25	10	205	2	4	44	20
220	220	8	8		12			9	9
220	220	8	8		12			9	9
3403	3393	44	34	10	218	2	4	53	29
3187	3177	34	24	1	181	2	3	35	12
216	216	10	10	9	37		1	18	18
2345	2335	30	20	1	73	1	3	56	32
1058	1058	14	14	9	145	1	1	–3	–3
2393	2383	25	15	1	126	2	3	40	17
1010	1010	19	19	9	92		1	13	13

7—9 续表 2

单位:万元 (2016)

指 标	Item	应付职工薪酬（本年贷方累计发生额）Deal with Wages（volume of gredit side）
总 计	**Total**	**1484**
#一、二级企业	First and Second Grade	760
按地区分	**Grouped by County**	
市区	City	1255
永宁县	Yongning	
贺兰县	Helan	174
灵武市	Lingwu	56
按登记注册类型分	**Grouped by Status of Registration**	
内资企业	Domestic Funded	1484
有限责任公司	Limited Liabilities Corporations	
国有独资公司	State Sole Funded Corporations	
其他有限责任公司	Other Limited Liabilities Corporations	
私营企业	Private Enterprises	1484
私营有限责任公司	Private Limited Liabilities Corporations	1484
按国民经济行业分	**Grouped by Sector**	
房屋建筑业	Building and Civil Engineering	1455
建筑安装业	Construction and Installation Industry	29
管道和设备安装	Piping and Equipment Installation	29
按控股情况分	**Grouped by Controlling Stake**	
国有控股	State-owned	
私人控股	Private	1484
按营业状态分	**Grouped by Operating Status**	
营业	Operating	1428
停业(歇业)	Closed(out of business)	
其他	Others	56
按会计准则分	**Grouped by Accounting Standards**	
企业会计准则	Accounting Standards for Business Enterprises	172
小企业会计准则	Accounting Standards for Small Business Enterprises	1312
其他企业会计制度	Others	
按企业资质等级分	**Grouped by Qualification Criteria**	
一级	First Grade	760
三级及以下	Third Grade and Below	724

continued

(10 000yuan)

全部从业人员平均人数(人) Average Number of Total Persons Employed(person)	期末从业人员数(人) Number of Employed Persons (person)	# 工程技术人员 Engineering Persons	# 现场施工人员 Site Construction Persons	应交增值税 Value Added Tax Payable
506	**233**	**33**	**64**	**9**
292	166	25	39	9
447	176	27	56	9
59	57	6	8	
506	233	33	64	9
506	233	33	64	9
506	233	33	64	9
492	219	29	58	9
14	14	4	6	
14	14	4	6	
506	233	33	64	9
506	233	33	64	9
73	68	13	26	
430	162	20	38	9
3	3			
292	166	25	39	9
214	67	8	25	

7—10 全部建筑业企业主要指标(市区)

单位:万元、人 (2016)

指 标	Item	企业数(个) Number of Enterprises(unit)
总 计	**Total**	**336**
# 一、二级企业	First and Second Grade	233
按辖区分	**Grouped by County**	
兴庆区	Xingqing	167
西夏区	Xixia	24
金凤区	Jinfeng	145
按登记注册类型分	**Grouped by Status of Registration**	
内资企业	Domestic Funded	335
国有企业	State-owned Enterprises	19
有限责任公司	Limited Liabilities Corporations	50
国有独资公司	State Sole Funded Corporations	13
其他有限责任公司	Other Limited Liabilities Corporations	37
股份有限公司	Share-holding Corporations Limited	2
私营企业	Private Enterprises	264
私营有限责任公司	Private Limited Liabilities Corporations	262
私营股份有限公司	Private Share-holding Corporations Ltd.	2
外商投资企业	Foreign Funded	1
中外合资经营企业	Domestic and Foreign Joint Funded Enterprises	1
按国民经济行业分(2011)	**Grouped by Sector(2011)**	
房屋建筑业	House Building	160
房屋建筑业	House Building	160
土木工程建筑业	Civil Engineering	92
铁路、道路、隧道和桥梁工程建筑	Railway, Road, Tunnel and Bridge	33
公路工程建筑	Road	7
市政道路工程建筑	Municipal Works	26
水利和内河港口工程建筑	Water and River Ports	21
水源及供水设施工程建筑	Construction of Water Source and Supply Water Facility	20
河湖治理及防洪设施工程建筑	Construciton of River Lake Administer and Hood Control Facility	1
工矿工程建筑	Mining	8
架线和管道工程建筑	Frame Line and Pipeline	22
架线及设备工程建筑	Frame Line Equipment Engineering	22
其他土木工程建筑	Other Civil Engineering	8

Main Indicators on Construction Enterprises(City)

(10 000 yuan, person)

#有工作量的 企业数 Number of Workload Enterprises	企业总产值 Total Output Value of Enterprises	#建筑业总产值 Total Output Value of Construction	营业收入 Business Revenue	#主营业务收入 Revenue from Principal Business	税金 Taxes	利润总额 Total Profits	年末从业人数 Employed Persons at Year-end
295	**3123636**	**3056630**	**3499890**	**3449065**	**60623**	**73950**	**54212**
212	2882057	2828224	3285742	3246958	57033	64222	49365
148	1746389	1709389	1877488	1856005	31992	46584	29787
22	330062	327124	357475	352640	6063	11159	7053
125	1047185	1020117	1264926	1240421	22568	16207	17372
294	3053106	2986100	3456516	3405750	60718	91989	53817
17	704553	698057	715930	705124	11830	5725	18183
47	709723	691491	706914	701696	13142	2942	13395
12	319336	317056	329441	326146	5347	4628	7256
35	390387	374436	377473	375549	7795	-1686	6139
2	38617	38617	42462	42444	509	495	491
228	1600214	1557934	1991211	1956487	35237	82827	21748
226	1327993	1286209	1709148	1675912	31923	72765	20719
2	272221	271725	282063	280575	3314	10062	1029
1	70530	70530	43373	43315	-95	-18039	395
1	70530	70530	43373	43315	-95	-18039	395
131	1799016	1762880	2015292	1995947	39375	52000	33816
131	1799016	1762880	2015292	1995947	39375	52000	33816
87	1245975	1217087	1387092	1365946	19308	19191	17950
29	688035	684586	803602	801926	11079	33942	7525
6	341085	339410	351902	350414	4461	10095	1838
23	346950	345176	451700	451512	6618	23847	5687
21	175046	166907	183558	175568	2046	4413	3045
20	172910	164770	182181	174191	2035	4734	3021
1	2137	2137	1377	1377	11	-321	24
8	86029	85773	61441	59420	188	-17535	1089
21	291340	274509	331947	322493	5741	-1880	6077
21	291340	274509	331947	322493	5741	-1880	6077
8	5524	5312	6544	6540	254	251	214

7—10 续表

单位:万元 （2016）

指 标	Item	企业数(个) Number of Enterprises(unit)	#有工作量的 企业数 Number of Workload Enterprises
建筑安装业	Construction Installation	43	40
电气安装	Electric Installation	32	30
管道和设备安装	Pipeline and Equipment	2	1
其他建筑安装业	Other Construction Installation	9	9
建筑装饰和其他建筑业	Construction Decoration and Other Construction	41	37
建筑装饰业	Construction Decoration	41	37
按控股情况分	**Grouped by Controlling Stake**		
国有控股	State-owned	34	31
集体控股	Collective-owned	4	4
私人控股	Private	296	258
外商控股	Foreign	2	2
按企业规模分	**Grouped by Enterprises Scale**		
大型	Large-Scale	6	6
中型	Medium-Scale	77	76
小型	Small-Scale	158	153
微型	Miniatrue	95	60
按营业状态分	**Grouped by Operating Status**		
营业	Operating	329	294
停业(歇业)	Closed(out of business)	6	1
当年吊销	Revoked current year	1	
按会计准则分	**Grouped by Accounting Standards**		
企业会计准则	Accounting Standards for Business Enterprises	141	126
小企业会计准则	Accounting Standards for Small Business Enterprises	70	54
其他企业会计制度	Others	125	115
按企业资质等级分	**Grouped by Qualification Criteria**		
施工总承包	General Contractors	194	175
特级	Special Grade	1	1
一级	First Grade	16	16
二级	Second Grade	107	100
三级及以下	Third Grade and Below	70	58
专业承包	Professional Contractors	122	111
一级	First Grade	11	10
二级	Second Grade	84	78
三级及以下	Third Grade and Below	27	23
劳务分包	Labour Subcontractors	20	9
一级	First Grade	14	7
三级及以下	Third Grade and Below	6	2

continued

(10 000yuan)

企业总产值 Total Output Value of Enterprises	#建筑业总产值 Total Output Value of Construction	营业收入 Business Revenue	#主营业务收入 Revenue from Principal Business	税金 Taxes	利润总额 Total Profits	年末从业人数 Employed Persons at Year-end
32147	31399	40939	31983	719	142	1204
28895	28167	35848	29606	613	357	966
250	250	250	250	8	9	8
3002	2982	4841	2128	97	-225	230
46499	45265	56567	55189	1222	2617	1242
46499	45265	56567	55189	1222	2617	1242
1034550	1025774	1068286	1054186	17661	10751	25542
60927	44996	67978	67512	1682	-10029	1345
1945417	1903117	2308039	2271839	41308	91013	26445
82743	82743	55586	55528	-27	-17786	880
901591	901096	992014	980581	16130	23576	18701
1727299	1683892	2076001	2063870	35609	39291	23896
443764	420993	408688	394268	8487	12417	9691
50983	50649	23187	10346	397	-1334	1924
3123464	3056457	2318580	3448896	60616	74040	54203
172	172	255	169	7	-90	9
2105275	2076707	2318580	2291005	40318	37572	35692
156744	151547	222271	220435	3170	7043	3027
861617	828376	959039	937625	17135	29335	15493
2860220	2795982	3194840	3161161	54283	65597	48400
133888	133888	136027	134237	1904	1544	3742
1378184	1375852	1477344	1466908	23139	26866	24473
1132539	1083575	1395975	1383850	26527	30882	16084
215609	202667	185494	176166	2714	6305	4101
259258	256489	301748	284602	6326	8327	5683
126764	126136	146947	145087	2346	4165	1865
107376	105468	127000	114427	3113	767	3100
25118	24885	27801	25088	867	3396	718
4158	4158	3302	3302	14	26	129
3305	3305	2449	2449	5	-2	101
853	853	853	853	9	27	28

7—11 建筑业总产值(市区)

单位:万元 (2016)

指 标	Item	企业数(个) Number ofEnterprises (unit)
总 计	**Total**	**316**
#一、二级企业	First and Second Grade	219
按辖区分	**Grouped by County**	
兴庆区	Xingqing	155
西夏区	Xixia	21
金凤区	Jinfeng	140
按登记注册类型分	**Grouped by Status of Registration**	
内资企业	Domestic Funded	315
国有企业	State-owned Enterprises	19
有限责任公司	Limited Liabilities Corporations	49
国有独资公司	State Sole Funded Corporations	13
其他有限责任公司	Other Limited Liabilities Corporations	36
股份有限公司	Share-holding Corporations Limited	2
私营企业	Private Enterprises	245
私营有限责任公司	Private Limited Liabilities Corporations	243
私营股份有限公司	Private Share-holding Corporations Ltd.	2
外商投资企业	Foreign Funded	1
中外合资经营企业	Domestic and Foreign Joint Funded Enterprises	1
按国民经济行业分(2011)	**Grouped by Sector(2011)**	
房屋建筑业	House Building	142
房屋建筑业	House Building	142
土木工程建筑业	Civil Engineering	92
铁路、道路、隧道和桥梁工程建筑	Railway,Road,Tunnel and Bridge	33
公路工程建筑	Road	7
市政道路工程建筑	Municipal Works	26
水利和内河港口工程建筑	Water and River Ports	21
水源及供水设施工程建筑	Construction of Water Source and Supply Water Facility	20
河湖治理及防洪设施工程建筑	Construciton of River Lake Administer and Hood Control Facility	1
工矿工程建筑	Mining	8
架线和管道工程建筑	Frame Line and Pipeline	22
架线及设备工程建筑	Frame Line Equipment Engineering	22
其他土木工程建筑	Other Civil Engineering	8

Total Output Value of Construction(City)

(10 000 yuan)

#有工作量的企业数 Number of Workload Enterprises	建筑业总产值 Total Output Value of Construction	#装饰装修产值 Output Value of Decoration	#在外省完成的产值 Output Value of Completed Outside the Province	建筑工程产值 Output Value of Construction	安装工程产值 Output Value of Installation	其他产值 Others	竣工产值 Output Value of Construction Completed
286	**3052471**	**53958**	**249242**	**2847312**	**190218**	**14941**	**2454379**
205	2824919	44237	244985	2639072	174237	11610	2286758
144	1707027	16136	105121	1554697	148932	3399	1239138
20	326590	11180	10159	320704	31	5855	255874
122	1018854	26642	133962	971912	41255	5687	959367
285	2981941	53958	178712	2776782	190218	14941	2383849
17	698057		70045	567685	124517	5855	419764
46	689903	13556	30770	674353	15497	53	638272
12	317056		10147	317056			318086
34	372848	13556	20623	357298	15497	53	320186
2	38617			38617			28915
220	1555364	40402	77897	1496128	50203	9033	1296898
218	1283639	40402	27546	1224403	50203	9033	1015975
2	271725		50351	271725			280923
1	70530		70530	70530			70530
1	70530		70530	70530			70530
123	1758971	13688	42193	1751838	7080	53	1432049
123	1758971	13688	42193	1751838	7080	53	1432049
87	1217087	1145	203241	1054492	150566	12029	959279
29	684586	1051	60662	683392		1194	598239
6	339410		59657	339410			335869
23	345176	1051	1005	343983		1194	262370
21	166907		10208	164227	2680		169069
20	164770		10208	162090	2680		166933
1	2137			2137			2137
8	85773	94	74284	78748	1170	5855	78734
21	274509		58087	122813	146717	4980	108918
21	274509		58087	122813	146717	4980	108918
8	5312			5312			4320

7—11 续表

单位:万元 (2016)

指 标	Item	企业数(个) Number of Enterprises (unit)
建筑安装业	Construction Installation	41
电气安装	Electric Installation	32
其他建筑安装业	Other Construction Installation	9
建筑装饰和其他建筑业	Construction Decoration and Other Construction	41
建筑装饰业	Construction Decoration	41
按控股情况分	**Grouped by Controlling Stake**	
国有控股	State-owned	34
集体控股	Collective-owned	4
私人控股	Private	276
外商控股	Foreign	2
按企业规模分	**Grouped by Enterprises Scale**	
大型	Large-Scale	6
中型	Medium-Scale	77
小型	Small-Scale	156
微型	Miniatrue	77
按营业状态分	**Grouped by Operating Status**	
营业	Operating	310
停业(歇业)	Closed(out of business)	5
当年吊销	Revoked current year	1
按会计准则分	**Grouped by Accounting Standards**	
企业会计准则	Accounting Standards for Business Enterprises	131
小企业会计准则	Accounting Standards for Small Business Enterprises	61
其他企业会计制度	Other Accounting Standards	124
按企业资质等级分	**Grouped by Qualification Criteria**	
施工总承包	General Contractors	194
特级	Special Grade	1
一级	First Grade	16
二级	Second Grade	107
三级及以下	Third Grade and Below	70
专业承包	Professional Contractors	122
一级	First Grade	11
二级	Second Grade	84
三级及以下	Third Grade and Below	27

continued

(10 000yuan)

# 有工作量的企业数 Number of Workload Enterprises	建筑业总产值 Total Output Value of Construction	# 装饰装修产值 Output Value of Decoration	# 在外省完成的产值 Output Value of Completed Outside the Province	建筑工程产值 Output Value of Construction	安装工程产值 Output Value of Installation	其他产值 Others	竣工产值 Output Value of Construction Completed
39	31149		951	2414	27722	1013	22705
30	28167		951	2414	24740	1013	20153
9	2982				2982		2552
37	45265	39124	2857	38568	4850	1847	40346
37	45265	39124	2857	38568	4850	1847	40346
31	1025774	10073	80192	895402	124517	5855	746292
4	44996		512	38152	6844		32618
249	1898959	43885	85795	1831016	58857	9086	1604939
2	82743		82743	82743			70530
6	901096		94318	845618	55478		764056
76	1683892	22279	125747	1598333	82471	3089	1250782
151	419930	28155	27256	360520	47563	11848	361119
53	47552	3524	1922	42841	4706	5	78422
285	3052299	53958	249242	2847140	190218	14941	2454207
1	172			172			172
121	2073555	36626	218152	1913414	152572	7569	1693815
50	150540	5160	4027	137812	7554	5173	92908
115	828376	12171	27064	796087	30091	2199	667656
175	2795982	14399	210642	2708525	78707	8750	2290036
1	133888		3335	133888			139563
16	1375852	927	103046	1316501	58157	1194	1085174
100	1083575	3751	100504	1062155	13864	7557	919711
58	202667	9721	3757	195981	6686		145588
111	256489	39558	38600	138788	111511	6191	164343
10	126136	20661	23466	51511	72723	1902	29266
78	105468	18897	14634	75018	29493	958	113043
23	24885		500	12259	9295	3332	22034

7—12 建筑业合同签订及承包工程完成情况(市区)

单位:万元　　　　(2016)

指　标	Item	签订的合同额 Total Value of Contracts
总　计	**Total**	**4825825**
#一、二级企业	First and Second Grade	4478520
按辖区分	**Grouped by County**	
兴庆区	Xingqing	2609830
西夏区	Xixia	439232
金凤区	Jinfeng	1776763
按登记注册类型分	**Grouped by Status of Registration**	
内资企业	Domestic Funded	4755295
国有企业	State-owned Enterprises	1033283
有限责任公司	Limited Liabilities Corporations	1077945
国有独资公司	State Sole Funded Corporations	531706
其他有限责任公司	Other Limited Liabilities Corporations	546239
股份有限公司	Share-holding Corporations Limited	68836
私营企业	Private Enterprises	2575231
私营有限责任公司	Private Limited Liabilities Corporations	1914364
私营股份有限公司	Private Share-holding Corporations Ltd.	660867
外商投资企业	Foreign Funded	70530
中外合资经营企业	Domestic and Foreign Joint Funded Enterprises	70530
按国民经济行业分(2011)	**Grouped by Sector(2011)**	
房屋建筑业	House Building	2494814
房屋建筑业	House Building	2494814
土木工程建筑业	Civil Engineering	2236747
铁路、道路、隧道和桥梁工程建筑	Railway, Road, Tunnel and Bridge	1316578
公路工程建筑	Road	762763
市政道路工程建筑	Municipal Works	553816
水利和内河港口工程建筑	Water and River Ports	302882
水源及供水设施工程建筑	Construction of Water Source and Supply Water Facility	300746
河湖治理及防洪设施工程建筑	Construciton of River Lake Administer and Hood Control Facility	2137
工矿工程建筑	Mining	86081
架线和管道工程建筑	Frame Line and Pipeline	525436
架线及设备工程建筑	Frame Line Equipment Engineering	525436

Contracts Signed and Completion of Contracted Projects by Construction Enterprises(City)

(10 000 yuan)

上年结转合同额 Value from Contracts Signed in Last Year	本年新签合同额 Value from New ContractsSigned in This Year	直接从建设单位承揽工程完成的产值 Completed Output Value of Projects Contracted Directly from Investors			从建设单位以外承揽工程完成的产值 Completed Output Value of Projects Contracted from Non-investors
			自行完成 施工产值 Own- completed Output Value	分包出去工程的产值 Output Value of Out-sourced Projects	
1661953	**3163871**	**3056740**	**3041601**	**15140**	**10871**
1571577	2906943	2834573	2823286	11288	1633
854862	1754968	1703169	1702979	190	4048
192384	246849	326269	326269		321
614708	1162055	1027303	1012353	14950	6501
1630874	3124421	2974968	2971071	3898	10871
343543	689740	698057	698057		
512806	565138	688878	688878		1025
294790	236916	316030	316030		1025
218017	328223	372848	372848		
31164	37672	38617	38617		
743360	1831871	1549417	1545519	3898	9845
544640	1369724	1277691	1273793	3898	9845
198720	462147	271725	271725		
31080	39450	81772	70530	11242	
31080	39450	81772	70530	11242	
1045228	1449586	1756871	1753019	3852	5952
1045228	1449586	1756871	1753019	3852	5952
597154	1639593	1226565	1215323	11242	1764
347276	969302	684446	684446		140
237255	525508	339410	339410		
110022	443794	345036	345036		140
53434	249448	165543	165543		1364
53138	247607	163406	163406		1364
296	1841	2137	2137		
31306	54775	97015	85773	11242	
164255	361181	274509	274509		
164255	361181	274509	274509		

单位:万元 （2016）

指　标	Item	签订的合同额 Total Value of Contracts
其他土木工程建筑	Other Civil Engineering	5770
建筑安装业	Construction Installation	44095
电气安装	Electric Installation	40750
其他建筑安装业	Other Construction Installation	3345
建筑装饰和其他建筑业	Construction Decoration and Other Construction	50169
建筑装饰业	Construction Decoration	50169
按控股情况分	**Grouped by Controlling Stake**	
国有控股	State-owned	1576433
集体控股	Collective-owned	69425
私人控股	Private	3093306
外商控股	Foreign	86661
按企业规模分	**Grouped by Enterprises Scale**	
大型	Large-Scale	1613481
中型	Medium-Scale	2565560
小型	Small-Scale	575838
微型	Miniatrue	70945
按营业状态分	**Grouped by Operating Status**	
营业	Operating	4825652
停业(歇业)	Closed(out of business)	172
按会计准则分	**Grouped by Accounting Standards**	
企业会计准则	Accounting Standards for Business Enterprises	3490865
小企业会计准则	Accounting Standards for Small Business Enterprises	190438
其他企业会计制度	Other Accounting Standards	1144521
按企业资质等级分	**Grouped by Qualification Criteria**	
施工总承包	General Contractors	4455290
特级	Special Grade	254883
一级	First Grade	2341979
二级	Second Grade	1537743
三级及以下	Third Grade and Below	320685
专业承包	Professional Contractors	370535
一级	First Grade	219833
二级	Second Grade	124082
三级及以下	Third Grade and Below	26619

continued

(10 000yuan)

上年结转合同额 Value from Contracts Signed in Last Year	本年新签合同额 Value from New ContractsSigned in This Year	直接从建设单位承揽工程完成的产值 Completed Output Value of Projects Contracted Directly from Investors	自行完成施工产值 Own- completed Output Value	分包出去工程的产值 Output Value of Out-sourced Projects	从建设单位以外承揽工程完成的产值 Completed Output Value of Projects Contracted from Non-investors
882	4888	5052	5052		260
10819	33276	28146	28105	41	3043
10599	30151	27138	27098	41	1069
220	3125	1007	1007		1975
8753	41416	45158	45153	5	111
8753	41416	45158	45153	5	111
638938	937495	1024749	1024749		1025
12941	56484	44996	44996		
968433	2124873	1893011	1889113	3898	9845
41641	45019	93985	82743	11242	
635079	978402	901096	901096		
774433	1791128	1694834	1679925	14909	3967
207777	368062	414094	413869	226	6062
44665	26280	46716	46711	5	842
1661953	3163699	3056568	3041428	15140	10871
	172	172	172		
1292066	2198799	2081052	2066143	14909	7412
35274	155164	148433	148433		2107
334613	809908	827255	827024	231	1352
1538394	2916896	2803620	2788526	15094	7456
155710	99173	133888	133888		
778933	1563046	1375852	1375852		
521730	1016013	1094517	1083275	11242	300
82020	238665	199364	195511	3852	7156
123560	246975	253120	253075	46	3415
85205	134628	125636	125636		500
29998	94084	104681	104635	46	833
8356	18263	22804	22804		2082

7—13 房屋建筑施工面积及竣工面积(市区)

单位:平方米 (2016)

指 标	Item	房屋建筑施工面积 Floor Space of Buildings under Construction	本年新开工面积 Floor Space of New Buildings in This Year
总 计	**Total**	**15739810**	**5149065**
#一、二级企业	First and Second Grade	14181098	4477803
按辖区分	**Grouped by County**		
兴庆区	Xingqing	7980926	3122542
西夏区	Xixia	2814404	857007
金凤区	Jinfeng	4944480	1169516
按登记注册类型分	**Grouped by Status of Registration**		
内资企业	Domestic Funded	15739810	5149065
国有企业	State-owned Enterprises	1928560	812643
有限责任公司	Limited Liabilities Corporations	7217851	1698929
国有独资公司	State Sole Funded Corporations	3713203	651746
其他有限责任公司	Other Limited Liabilities Corporations	3504648	1047183
私营企业	Private Enterprises	6593399	2637493
私营有限责任公司	Private Limited Liabilities Corporations	6593399	2637493
按国民经济行业分(2011)	**Grouped by Sector(2011)**		
房屋建筑业	House Building	14988271	4587753
房屋建筑业	House Building	14988271	4587753
土木工程建筑业	Civil Engineering	751539	561312
铁路、道路、隧道和桥梁工程建筑	Railway, Road, Tunnel and Bridge	249525	208699
公路工程建筑	Road	5952	
市政道路工程建筑	Municipal Works	243573	208699
水利和内河港口工程建筑	Water and River Ports	18174	5280
水源及供水设施工程建筑	Construction of Water Source and Supply Water Facility	18174	5280
架线和管道工程建筑	Frame Line and Pipeline	483840	347333
架线及设备工程建筑	Frame Line Equipment Engineering	483840	347333
按控股情况分	**Grouped by Controlling Stake**		
国有控股	State-owned	5641763	1464389
集体控股	Collective-owned	2929	1500
私人控股	Private	9892229	3683176
外商控股	Foreign	202889	
按企业规模分	**Grouped by Enterprises Scale**		
大型	Large-Scale	5019235	1102529
中型	Medium-Scale	8146903	3709202
小型	Small-Scale	1819538	288439
微型	Miniatrue	754134	48895
按营业状态分	**Grouped by Operating Status**		
营业	Operating	15739810	5149065
按会计准则分	**Grouped by Accounting Standards**		
企业会计准则	Accounting Standards for Business Enterprises	10744415	3312046
小企业会计准则	Accounting Standards for Small Business Enterprises	667540	416424
其他企业会计制度	Other Accounting Standards	4327855	1420595
按企业资质等级分	**Grouped by Qualification Criteria**		
施工总承包	General Contractors	15729640	5140995
特级	Special Grade	1515374	151197
一级	First Grade	6458941	1938383
二级	Second Grade	6196613	2380153
三级及以下	Third Grade and Below	1558712	671262
专业承包	Professional Contractors	10170	8070
一级	First Grade	10170	8070
二级	Second Grade		

Floor Space of Buildings Constructed and Completed (City)

(sq.m)

实行投标承包面积 Floor Space of ontracted Projects	房屋建筑竣工面积 FloorSpace ofBuildings Completed	住宅房屋 Residence	商业及服务用房屋 Business and Service	商厦房屋(批发和零售用房) Commercial (wholesale, retail trade)	餐饮用房屋(餐饮用房) Catering (catering services)	宾馆用房屋(住宿用房) Hotel (hoteling)	商务会展用房屋 Commercial Exhibition	其他商业及服务用房屋(居民服务业用房) Other Business and Service (other services)
15555260	**5893091**	**3404040**	**699986**	**570927**	**15857**	**31105**	**12519**	**69578**
14006521	5610500	3161801	666816	537757	15857	31105	12519	69578
7802450	2937931	1367147	410256	356955			4523	48778
2814404	1124622	537687	235174	167960	15857	30557		20800
4938406	1830538	1499206	54556	46012		548	7996	
15555260	5893091	3404040	699986	570927	15857	31105	12519	69578
1786223	831401	281596	192633	171833				20800
7208208	2367439	1739254	222960	209499			12519	942
3713203	1291420	904139	59087	59087				
3495005	1076019	835615	163873	150412			12519	942
6560829	2694251	1382696	284393	189595	15857	31105		47836
6560829	2694251	1382690	284393	189595	15857	31105		47836
14955701	5747255	3363187	681304	570927	15857	31105	12519	50896
14955701	5747255	3363187	681304	570927	15857	31105	12519	50896
599559	145836	40853	18682					18682
239882	75174	40853	18682					18682
5952								
233930	75174	40853	18682					18682
18174	3817							
18174	3817							
341503	66845							
341503	66845							
5499426	2122821	1185735	251720	230920				20800
2929								
9850016	3770270	2218305	448266	340007	15857	31105	12519	48778
202889								
4876898	1912109	1104695	227558	227558				
8119737	2412808	1384970	447241	322705	15857	31105	7996	69578
1805491	1153703	499904	25187	20664			4523	
753134	414471	414471						
15555260	5893091	3404040	699986	570927	15857	31105	12519	69578
10591435	3719399	2157821	572330	447794	15857	31105	7996	69578
667540	810962	185145	41506	41506				
4296285	1362730	1061074	86150	81627			4523	
15545090	5319325	3404040	699986	570927	15857	31105	12519	69578
1515374	600415	536677						
6316604	2000614	999742	266098	227558				38540
6164373	2435705	1625382	400718	310199	15857	31105	12519	31038
1548739	282591	242239	33170	33170				
10170	573766							
10170	666							
	573100							

7—13 续表

单位:平方米 （2016）

指 标	Item	办公用房屋 Offices	科研、教育、医疗用房屋 Scientific Research, Education andMedical
总 计	**Total**	**186632**	**625768**
#一、二级企业	First and Second Grade	183950	625768
按辖区分	**Grouped by County**		
兴庆区	Xingqing	55102	312086
西夏区	Xixia	57835	167865
金凤区	Jinfeng	73695	145817
按登记注册类型分	**Grouped by Status of Registration**		
内资企业	Domestic Funded	186632	625768
国有企业	State-owned Enterprises	29225	212249
有限责任公司	Limited Liabilities Corporations	44223	207057
国有独资公司	State Sole Funded Corporations	44223	173995
其他有限责任公司	Other Limited Liabilities Corporations		33062
私营企业	Private Enterprises	113184	206462
私营有限责任公司	Private Limited Liabilities Corporations	113184	206462
按国民经济行业分(2011)	**Grouped by Sector(2011)**		
房屋建筑业	House Building	183444	611126
房屋建筑业	House Building	183444	611126
土木工程建筑业	Civil Engineering	3188	14642
铁路、道路、隧道和桥梁工程建筑	Railway, Road, Tunnel and Bridge	997	14642
公路工程建筑	Road		
市政道路工程建筑	Municipal Works	997	14642
水利和内河港口工程建筑	Water and River Ports	2191	
水源及供水设施工程建筑	Construction of Water Source and Supply Water Facility	2191	
架线和管道工程建筑	Frame Line and Pipeline		
架线及设备工程建筑	Frame Line Equipment Engineering		
按控股情况分	**Grouped by Controlling Stake**		
国有控股	State-owned	73448	386244
集体控股	Collective-owned		
私人控股	Private	113184	239524
外商控股	Foreign		
按企业规模分	**Grouped by Enterprises Scale**		
大型	Large-Scale	44223	331428
中型	Medium-Scale	104097	287340
小型	Small-Scale	38312	7000
微型	Miniatrue		
按营业状态分	**Grouped by Operating Status**		
营业	Operating	186632	625768
按会计准则分	**Grouped by Accounting Standards**		
企业会计准则	Accounting Standards for Business Enterprises	154034	543560
小企业会计准则	Accounting Standards for Small Business Enterprises	2682	5661
其他企业会计制度	Others	29916	76547
按企业资质等级分	**Grouped by Qualification Criteria**		
施工总承包	General Contractors	186632	625768
特级	Special Grade	6570	57168
一级	First Grade	61853	412678
二级	Second Grade	115527	155922
三级及以下	Third Grade and Below	2682	
专业承包	Professional Contractors		
一级	First Grade		
二级	Second Grade		

continued

(sq.m)

科学研究用房屋 Scientific Research	教育用房屋 Education	医疗用房屋（卫生医疗用房）Medical（health and medical）	文化、体育、娱乐用房屋 Culture, Sports andEntertainment	厂房及建筑物 Workshopand Buildings	# 厂 房 Workshop	仓 库 Warehouse	其他未列明的房屋建筑物 Other Buildings
6104	**475347**	**144317**	**43780**	**246749**	**212498**	**12403**	**673733**
6104	475347	144317	43780	246749	212498	12403	669233
	225313	86773	43780	101943	101527	4146	643471
4475	106146	57244		118992	86985	2759	4310
1629	143888	300		25814	23986	5498	25952
6104	475347	144317	43780	246749	212498	12403	673733
	125476	86773	34858	75271	75271	2236	3333
4475	145338	57244		101299	69999	2759	49387
4475	112276	57244		101299	69999	2759	5918
	33062						43469
1629	204533	300	8922	70179	67228	7408	621013
1629	204533	300	8922	70179	67228	7408	621013
6104	460705	144317	43780	178278	144027	12403	673733
6104	460705	144317	43780	178278	144027	12403	673733
	14642			68471	68471		
	14642						
	14642						
				1626	1626		
				1626	1626		
				66845	66845		
				66845	66845		
4475	237752	144017	34858	176570	145270	4995	9251
1629	237595	300	8922	70179	67228	7408	664482
4475	182936	144017	34858	162278	130978	2759	4310
1629	285711		8922	82278	80034	6382	91578
	6700	300		2193	1486	3262	577845
6104	475347	144317	43780	246749	212498	12403	673733
6104	393439	144017	40912	195910	163487	9141	45691
	5661		2868				573100
	76247	300		50839	49011	3262	54942
6104	475347	144317	43780	246083	211832	12403	100633
	57168						
4475	264186	144017	34858	187578	156278	2759	35048
1629	153993	300	8922	58505	55554	9644	61085
							4500
				666	666		573100
				666	666		
							573100

7—14 房屋建筑竣工价值(市区)

单位:万元　　(2016)

指　标	Item	竣工房屋价值 OutputValue of BuildingsCompleted	住宅房屋 Residence
总　计	**Total**	**995287**	**615553**
#一、二级企业	First and Second Grade	958235	581839
按辖区分	**Grouped by County**		
兴庆区	Xingqing	429927	232145
西夏区	Xixia	206882	94063
金凤区	Jinfeng	358478	289346
按登记注册类型分	**Grouped by Status of Registration**		
内资企业	Domestic Funded	995287	615553
国有企业	State-owned Enterprises	140204	37559
有限责任公司	Limited Liabilities Corporations	472364	338039
国有独资公司	State Sole Funded Corporations	275100	189324
其他有限责任公司	Other Limited Liabilities Corporations	197264	148715
私营企业	Private Enterprises	382719	239955
私营有限责任公司	Private Limited Liabilities Corporations	382719	239955
按国民经济行业分(2011)	**Grouped by Sector(2011)**		
房屋建筑业	House Building	968652	608771
房屋建筑业	House Building	968652	608771
土木工程建筑业	Civil Engineering	26635	6782
铁路、道路、隧道和桥梁工程建筑	Railway, Road, Tunnel and Bridge	11513	6782
公路工程建筑	Road		
市政道路工程建筑	Municipal Works	11513	6782
水利和内河港口工程建筑	Water and River Ports	810	
水源及供水设施工程建筑	Construction of Water Source and Supply Water Facility	810	
架线和管道工程建筑	Frame Line and Pipeline	14312	
架线及设备工程建筑	Frame Line Equipment Engineering	14312	
按控股情况分	**Grouped by Controlling Stake**		
国有控股	State-owned	415304	226883
集体控股	Collective-owned		
私人控股	Private	579983	388670
外商控股	Foreign		
按企业规模分	**Grouped by Enterprises Scale**		
大型	Large-Scale	390918	219392
中型	Medium-Scale	445500	255469
小型	Small-Scale	98759	80582
微型	Miniatrue	60110	60110
按营业状态分	**Grouped by Operating Status**		
营业	Operating	995287	615553
按会计准则分	**Grouped by Accounting Standards**		
企业会计准则	Accounting Standards for Business Enterprises	727950	411366
小企业会计准则	Accounting Standards for Small Business Enterprises	41668	28259
其他企业会计制度	Others	225669	175928
按企业资质等级分	**Grouped by Qualification Criteria**		
施工总承包	General Contractors	992469	615553
特级	Special Grade	139563	123415
一级	First Grade	363529	168653
二级	Second Grade	452325	289771
三级及以下	Third Grade and Below	37052	33714
专业承包	Professional Contractors	2818	
一级	First Grade	194	
二级	Second Grade	2624	

Output Value of Floor Space of Buildings Completed(City)

(10 000 yuan)

商业及服务用房屋 Business and Service	商厦房屋（批发和零售用房） Commercial (wholesale, retail trade)	宾馆用房屋（住宿用房） Hotel(hoteling)	餐饮用房屋（餐饮用房） Catering (cateringservices)	商务会展用房屋 Business Exhibition	其他商业及服务用房屋（居民服务业用房） Other Business and Service (other services)	办公用房屋 Offices
132677	**102559**	**4520**	**8889**	**2951**	**13757**	**41514**
130015	99897	4520	8889	2951	13757	41068
80899	67507			2035	11357	13360
41276	25625	4520	8731		2400	12480
10501	9427		158	916		15674
132677	102559	4520	8889	2951	13757	41514
36789	34389				2400	3265
40708	37592			2951	165	12268
8271	8271					12268
32437	29321			2951	165	
55179	30578	4520	8889		11192	25980
55179	30578	4520	8889		11192	25980
130860	102559	4520	8889	2951	11940	40778
130860	102559	4520	8889	2951	11940	40778
1817					1817	735
1817					1817	260
1817					1817	260
						475
						475
45060	42660				2400	15533
87616	59899	4520	8889	2951	11357	25980
42288	42288					12268
87184	59102	4520	8889	916	13757	19073
3204	1169			2035		10172
132677	102559	4520	8889	2951	13757	41514
112406	84323	4520	8889	916	13757	32885
8643	8643					445
11628	9593			2035		8183
132677	102559	4520	8889	2951	13757	41514
						1108
46340	42288				4052	14840
83675	57609	4520	8889	2951	9705	25120
2662	2662					445

7—14 续表

单位:万元 （2016）

指 标	Item	科研、教育、医疗用房屋 Scientific Research, Education and Medical
总 计	**Total**	**126657**
#一、二级企业	First and Second Grade	126657
按辖区分	**Grouped by County**	
兴庆区	Xingqing	58423
西夏区	Xixia	36687
金凤区	Jinfeng	31547
按登记注册类型分	**Grouped by Status of Registration**	
内资企业	Domestic Funded	126657
国有企业	State-owned Enterprises	37609
有限责任公司	Limited Liabilities Corporations	52040
国有独资公司	State Sole Funded Corporations	45357
其他有限责任公司	Other Limited Liabilities Corporations	6683
私营企业	Private Enterprises	37008
私营有限责任公司	Private Limited Liabilities Corporations	37008
按国民经济行业分(2011)	**Grouped by Sector(2011)**	
房屋建筑业	House Building	124002
房屋建筑业	House Building	124002
土木工程建筑业	Civil Engineering	2655
铁路、道路、隧道和桥梁工程建筑	Railway, Road, Tunnel and Bridge	2655
公路工程建筑	Road	
市政道路工程建筑	Municipal Works	2655
水利和内河港口工程建筑	Water and River Ports	
水源及供水设施工程建筑	Construction of Water Source and Supply Water Facility	
架线和管道工程建筑	Frame Line and Pipeline	
架线及设备工程建筑	Frame Line Equipment Engineering	
按控股情况分	**Grouped by Controlling Stake**	
国有控股	State-owned	82966
集体控股	Collective-owned	
私人控股	Private	43691
外商控股	Foreign	
按企业规模分	**Grouped by Enterprises Scale**	
大型	Large-Scale	76104
中型	Medium-Scale	49333
小型	Small-Scale	1220
微型	Miniatrue	
按营业状态分	**Grouped by Operating Status**	
营业	Operating	126657
按会计准则分	**Grouped by Accounting Standards**	
企业会计准则	Accounting Standards for Business Enterprises	114305
小企业会计准则	Accounting Standards for Small Business Enterprises	979
其他企业会计制度	Others	11373
按企业资质等级分	**Grouped by Qualification Criteria**	
施工总承包	General Contractors	126657
特级	Special Grade	15040
一级	First Grade	80970
二级	Second Grade	30647
三级及以下	Third Grade and Below	
专业承包	Professional Contractors	
一级	First Grade	
二级	Second Grade	

continued

(10 000 yuan)

科学研究用房屋 Scientific Research	教育用房屋 Education	医疗用房屋（卫生医疗用房） Medical (health and medical)	文化、体育、娱乐用房屋 Culture, Sports andEntertainment	厂房及建筑物 Workshop and Buildings	# 厂房 Workshop	仓库 Warehouse	其他未列明的房屋建筑物 Other Buildings
1537	**91876**	**33244**	**9949**	**45869**	**39808**	**2523**	**20548**
1537	91876	33244	9949	45869	39808	2523	20317
	42146	16277	9949	18268	18033	1430	15454
1142	18618	16927		20934	15489	210	1233
395	31113	40		6667	6286	883	3861
1537	91876	33244	9949	45869	39808	2523	20548
	21332	16277	7859	16351	16351	396	376
1142	33971	16927		17946	12561	210	11152
1142	27288	16927		17946	12561	210	1724
	6683						9428
395	36573	40	2089	11572	10896	1917	9019
395	36573	40	2089	11572	10896	1917	9019
1537	89221	33244	9949	31222	25161	2523	20548
1537	89221	33244	9949	31222	25161	2523	20548
	2655			14647	14647		
	2655						
	2655						
				335	335		
				335	335		
				14312	14312		
				14312	14312		
1142	48620	33204	7859	34297	28911	606	2100
395	43256	40	2089	11572	10896	1917	18448
1142	41758	33204	7859	31564	26179	210	1233
395	48938		2089	14109	13493	1826	16417
	1180	40		196	136	487	2898
1537	91876	33244	9949	45869	39808	2523	20548
1537	79564	33204	9231	36387	30707	2036	9335
	979		718				2624
	11333	40		9482	9101	487	8588
1537	91876	33244	9949	45675	39614	2523	17924
	15040						
1142	46624	33204	7859	34825	29440	210	9831
395	30212	40	2089	10849	10174	2313	7862
							231
				194	194		2624
				194	194		
							2624

7—15 建筑业企业自有施工机械设备及劳动人员情况(市区)

(2016)

指 标	Item	年末自有施工机械设备净值(万元) Net Value of Machinery and Equipment Owned at Year-end (10 000 yuan)
总 计	**Total**	**42371**
#一、二级企业	First and Second Grade	37056
按辖区分	**Grouped by County**	
兴庆区	Xingqing	23063
西夏区	Xixia	2128
金凤区	Jinfeng	17180
按登记注册类型分	**Grouped by Status of Registration**	
内资企业	Domestic Funded	42371
国有企业	State-owned Enterprises	11581
有限责任公司	Limited Liabilities Corporations	7145
国有独资公司	State Sole Funded Corporations	1140
其他有限责任公司	Other Limited Liabilities Corporations	6005
股份有限公司	Share-holding Corporations Limited	
私营企业	Private Enterprises	23645
私营有限责任公司	Private Limited Liabilities Corporations	17456
私营股份有限公司	Private Share-holding Corporations Ltd.	6189
外商投资企业	Foreign Funded	
中外合资经营企业	Domestic and Foreign Joint Funded Enterprises	
按国民经济行业分(2011)	**Grouped by Sector(2011)**	
房屋建筑业	House Building	17240
房屋建筑业	House Building	17240
土木工程建筑业	Civil Engineering	24306
铁路、道路、隧道和桥梁工程建筑	Railway, Road, Tunnel and Bridge	12420
公路工程建筑	Road	7872
市政道路工程建筑	Municipal Works	4548
水利和内河港口工程建筑	Water and River Ports	3417
水源及供水设施工程建筑	Construction of Water Source and Supply Water Facility	2475
河湖治理及防洪设施工程建筑	Construciton of River Lake Administer and Hood Control Facility	942
工矿工程建筑	Mining	1542
架线和管道工程建筑	Frame Line and Pipeline	6788
架线及设备工程建筑	Frame Line Equipment Engineering	6788
其他土木工程建筑	Other Civil Engineering	139

Machinery and Equipment Owned and Employed Persons by Construction Enterprises (City)

年末自有施工机械设备总台数(台) Number of Machinery and Equipment Owned	年末自有施工机械设备总功率(千瓦) Total Power of Machinery and Equipment Owned	从事建筑业活动的平均人数(人) Average Number of People Engaged in the Construction Industry(person)	期末从业人员数(人) Number of Employed Persons at Year-end (person)	工程技术人员(人) Engineering Persons (person)	一级建造师(人) First Construction Engineer (person)
10065	**231199**	**111355**	**54083**	**12227**	**587**
8923	197525	100612	49264	10885	535
6758	139386	58607	29711	6072	357
688	19462	14056	7041	1459	61
2619	72351	38692	17331	4696	169
10065	231199	110867	53688	12115	587
3009	53084	21492	18183	2163	137
1815	45011	27937	13395	3041	143
207	5679	12865	7256	1351	55
1608	39332	15072	6139	1690	88
		813	491	87	1
5241	133104	60625	21619	6824	306
5086	119789	51504	20590	6274	273
155	13315	9121	1029	550	33
		488	395	112	
		488	395	112	
5034	105623	70544	33695	6503	321
5034	105623	70544	33695	6503	321
4204	122635	36641	17950	4922	219
861	60084	21477	7525	2558	102
227	19863	10953	1838	697	38
634	40221	10524	5687	1861	64
425	17153	6788	3045	1005	17
422	16941	6664	3021	992	16
3	212	124	24	13	1
399	8179	1258	1089	266	14
2363	33430	6822	6077	1067	84
2363	33430	6822	6077	1067	84
156	3789	296	214	26	2

7—15 续表

（2016）

指　标	Item	年末自有施工机械设备净值(万元) Net Value of Machinery and Equipment Owned at Year-end (10 000 yuan)
建筑安装业	Construction Installation	353
电气安装	Electric Installation	168
其他建筑安装业	Other Construction Installation	185
建筑装饰和其他建筑业	Construction Decoration and Other Construction	472
建筑装饰业	Construction Decoration	472
按控股情况分	**Grouped by Controlling Stake**	
国有控股	State-owned	12728
集体控股	Collective-owned	424
私人控股	Private	29172
外商控股	Foreign	47
按企业规模分	**Grouped by Enterprises Scale**	
大型	Large-Scale	9791
中型	Medium-Scale	19554
小型	Small-Scale	11593
微型	Miniatrue	1432
按营业状态分	**Grouped by Operating Status**	
营业	Operating	41994
停业(歇业)	Closed(out of business)	377
按会计准则分	**Grouped by Accounting Standards**	
企业会计准则	Accounting Standards for Business Enterprises	27498
小企业会计准则	Accounting Standards for Small Business Enterprises	1860
其他企业会计制度	Others	13013
按企业资质等级分	**Grouped by Qualification Criteria**	
施工总承包	General Contractors	33106
特级	Special Grade	1076
一级	First Grade	12378
二级	Second Grade	15596
三级及以下	Third Grade and Below	4056
专业承包	Professional Contractors	9265
一级	First Grade	4314
二级	Second Grade	3692
三级及以下	Third Grade and Below	1259

continued

年末自有施工机械设备总台数(台) Number of Machinery and Equipment Owned	年末自有施工机械设备总功率(千瓦) Total Power of Machinery	从事建筑业活动的平均人数(人) Average Number of People Engaged in the Construction Industry(person)	期末从业人员数(人) Number of EmployedPersons at Year-end (person)	工程技术人员(人) Engineering Perons (peron)	一级建造师(人) First Construction Engineer (person)
134	911	1784	1196	395	14
118	606	1536	966	307	11
16	305	248	230	88	3
693	2030	2386	1242	407	33
693	2030	2386	1242	407	33
3232	58825	34759	25542	3546	197
141	8554	1469	1345	415	4
6615	163218	74153	26316	7871	367
77	602	974	880	395	19
1277	26964	31328	18701	2073	129
5294	126662	57507	23896	6866	302
2899	70734	19877	9659	2715	132
595	6839	2643	1827	573	24
10013	227613	111335	54074	12219	587
52	3586	20	9	8	
5659	149777	71817	35664	7169	370
670	12375	6486	2926	974	25
3736	69047	33052	15493	4084	192
7743	198038	102408	48400	10388	483
135	2558	5655	3742	581	28
2803	64099	44849	24473	4121	243
3702	99212	42366	16084	4542	166
1103	32169	9538	4101	1144	46
2322	33161	8947	5683	1839	104
1368	14830	2247	1865	406	73
915	16826	5495	3100	1235	25
39	1505	1205	718	198	6

7—16 建筑业企业财务状况(市区)

单位:万元 (2016)

指 标	Item	年初存货 Stock	资产总计 Total Funds
总 计	**Total**	**525618**	**3940838**
#一、二级企业	First and Second Grade	462927	3569273
按辖区分	**Grouped by County**		
兴庆区	Xingqing	264304	1751855
西夏区	Xixia	33936	480628
金凤区	Jinfeng	227378	1708355
按登记注册类型分	**Grouped by Status of Registration**		
内资企业	Domestic Funded	506592	3763846
国有企业	State-owned Enterprises	90103	684817
有限责任公司	Limited Liabilities Corporations	122766	926639
国有独资公司	State Sole Funded Corporations	10515	312727
其他有限责任公司	Other Limited Liabilities Corporations	112252	613912
股份有限公司	Share-holding Corporations Limited	10262	65534
私营企业	Private Enterprises	283460	2086857
私营有限责任公司	Private Limited Liabilities Corporations	266936	1799350
私营股份有限公司	Private Share-holding Corporations Ltd.	16525	287506
外商投资企业	Foreign Funded	19027	176991
中外合资经营企业	Domestic and Foreign Joint Funded Enterprises	19027	176991
按国民经济行业分	**Grouped by Sector**		
房屋建筑业	Building and Civil Engineering	320492	2358097
土木工程建筑业	Civil Engineering	192327	1441722
铁路、道路、隧道和桥梁工程建筑	Railway, Road, Tunnel and Bridge	93647	786492
水利和内河港口工程建筑	Water and River Ports	33571	151454
工矿工程建筑	Mining	20256	198277
架线和管道工程建筑	Frame Line and Pipeline	44175	295167
其他土木工程建筑	Other Civil Engineering	678	10332
建筑安装业	Construction Installation	6531	54047
建筑装饰和其他建筑业	Construction Decoration and Other Construction	6269	86972
建筑装饰业	Construction Decoration	6269	86972
按控股情况分	**Grouped by Controlling Stake**		
国有控股	State-owned	102052	1006464
集体控股	Collective-owned	29019	75308
私人控股	Private	371840	2644668
外商控股	Foreign	22707	214398
按营业状态分	**Grouped by Operating Status**		
营业	Operating	525598	3939688
停业(歇业)	Closed(out of business)	21	1149
按会计准则分	**Grouped by Accounting Standards**		
企业会计准则	Accounting Standards for Business Enterprises	373424	2509047
小企业会计准则	Accounting Standards for Small Business Enterprises	17252	231710
其他企业会计制度	Others	134942	1200081
按企业资质等级分	**Grouped by Qualification Criteria**		
施工总承包	General Contractors	490258	3569226
特级	Special Grade	4840	156188
一级	First Grade	181902	1335849
二级	Second Grade	246414	1753168
三级及以下	Third Grade and Below	57103	324021
专业承包	Professional Contractors	35360	371611
一级	First Grade	2472	111102
二级	Second Grade	27300	212966
三级及以下	Third Grade and Below	5588	47544

Financial Indicators on Construction Enterprises(City)

(10 000yuan)

流动资产合计 Total Circulating Funds	应收工程款 Projects Receivable	存货 Stock	固定资产合计 Total Investment Assets	固定资产减值准备 Impairment of Fixed Assets	固定资产原价 Original Value of Fixed Assets	累计折旧 Accumulated Depreciation	本年折旧 Depreciation This Year
3464794	**1685490**	**429393**	**262159**	**2870**	**431575**	**194001**	**26849**
3146735	1556118	377038	232160	557	386492	174716	23932
1607295	715794	159357	92782	477	182527	98779	12216
459222	260313	66246	11922	80	24934	13484	1386
1398276	709384	203790	157455	2313	224114	81738	13247
3319536	1576692	428703	233998	2870	386907	177494	22948
610771	320021	52246	59177	151	112305	60814	3669
808083	248968	115755	38261	308	69410	38923	8480
245302	105191	7333	3988		10703	6715	362
562781	143777	108422	34273	308	58707	32209	8118
60608	27778	9543	3617		5088	1472	667
1840075	979925	251159	132943	2411	200104	76285	10132
1613035	896523	217420	93181	2411	151262	65517	6825
227040	83403	33738	39762		48842	10768	3307
145257	108798	690	28161		44668	16507	3901
145257	108798	690	28161		44668	16507	3901
2107902	1049682	269950	117464	2701	184337	82485	12037
1238671	585191	146222	130355	151	226217	102373	13435
695919	329386	84444	59711		84583	26947	5174
133780	40230	13090	7483	151	18519	11140	1296
160076	113595	2185	33530		53268	22288	4281
240053	95131	46007	28678		68359	41422	2598
8844	6848	497	953		1489	576	87
44208	22031	7027	7973	18	11872	5015	842
74013	28586	6195	6367		9149	4129	535
74013	28586	6195	6367		9149	4129	535
863918	430120	60503	63314	151	123581	67953	4419
64785	17230	22403	7232		16185	8954	767
2353461	1120617	342614	163417	2719	247052	100533	17754
182629	117522	3874	28196		44758	16562	3910
3463995	1685217	429393	261808	2870	430117	192894	26849
798	273		351		1458	1107	
2173492	1037729	328345	193661	2562	301393	125162	15923
215148	96714	22530	7388		16650	9498	852
1076153	551047	78518	61109	308	113532	59341	10074
3184511	1545857	387589	193529	2852	336569	153377	22540
100792	47422	2017	1691		3447	1756	225
1217475	544824	115880	76364	151	134921	60929	11646
1587577	844529	222517	91913	387	162509	75578	8333
278668	109082	47176	23562	2313	35692	15114	2336
280283	139633	41804	68629	18	95007	40624	4309
91112	42688	12180	10793		24510	14201	569
149779	76655	24444	51399	18	61104	22253	3160
39391	20290	5180	6437		9392	4171	581

7—16 续表1

单位:万元 （2016）

指 标	Item	在建工程 Construction in Process	负债合计 Total Liabilities
总 计	**Total**	**16682**	**2794473**
#一、二级企业	First and Second Grade	14017	2541559
按辖区分	**Grouped by County**		
兴庆区	Xingqing	7357	1248092
西夏区	Xixia	354	365417
金凤区	Jinfeng	8970	1180964
按登记注册类型分	**Grouped by Status of Registration**		
内资企业	Domestic Funded	16682	2637248
国有企业	State-owned Enterprises	2912	548703
有限责任公司	Limited Liabilities Corporations	6291	706144
国有独资公司	State Sole Funded Corporations		246633
其他有限责任公司	Other Limited Liabilities Corporations	6291	459511
股份有限公司	Share-holding Corporations Limited		31775
私营企业	Private Enterprises	7478	1350626
私营有限责任公司	Private Limited Liabilities Corporations	5791	1128559
私营股份有限公司	Private Share-holding Corporations Ltd.	1688	222067
外商投资企业	Foreign Funded		157225
中外合资经营企业	Domestic and Foreign Joint Funded Enterprises		157225
按国民经济行业分	**Grouped by Sector**		
房屋建筑业	Building and Civil Engineering	9911	1743642
土木工程建筑业	Civil Engineering	4848	974852
铁路、道路、隧道和桥梁工程建筑	Railway, Road, Tunnel and Bridge	1752	509993
水利和内河港口工程建筑	Water and River Ports		91093
工矿工程建筑	Mining	2542	165405
架线和管道工程建筑	Frame Line and Pipeline	553	201550
其他土木工程建筑	Other Civil Engineering		6810
建筑安装业	Construction Installation	794	29579
建筑装饰和其他建筑业	Construction Decoration and Other Construction	1129	46400
建筑装饰业	Construction Decoration	1129	46400
按控股情况分	**Grouped by Controlling Stake**		
国有控股	State-owned	2912	802661
集体控股	Collective-owned		61417
私人控股	Private	13770	1745931
外商控股	Foreign		184464
按营业状态分	**Grouped by Operating Status**		
营业	Operating	16682	2794190
停业(歇业)	Closed(out of business)		283
按会计准则分	**Grouped by Accounting Standards**		
企业会计准则	Accounting Standards for Business Enterprises	11983	1824633
小企业会计准则	Accounting Standards for Small Business Enterprises		121324
其他企业会计制度	Others	4699	848517
按企业资质等级分	**Grouped by Qualification Criteria**		
施工总承包	General Contractors	9298	2607480
特级	Special Grade		120859
一级	First Grade	2372	1106555
二级	Second Grade	4268	1146632
三级及以下	Third Grade and Below	2658	233433
专业承包	Professional Contractors	7384	186994
一级	First Grade	344	67398
二级	Second Grade	7033	100115
三级及以下	Third Grade and Below	7	19481

continued

（10 000yuan）

流动负债合计 Total Liquid Liabilities	应付账款 Accounts Payable	非流动负债合计 Total Non-Liquid Liabilities	所有者权益合计 Owners' Equity	实收资本 Paid-in Capitals	国家资本 State-owned Capitals	集体资本 Collectiveowned Capitals	法人资本 Corporate Capitals	个人资本 Personal Capitals	外商资本 Foreign Capitals
2749018	**1341751**	**39292**	**1146364**	**797675**	**122494**		**95703**	**554179**	**25300**
2502265	1258502	36777	1027714	691096	113074		88012	464710	25300
1223743	650004	22049	503763	379755	53147		44876	271731	10000
364660	159228	732	115211	54502	27629		11060	15813	
1160615	532520	16511	527391	363419	41718		39766	266635	15300
2600966	1261229	30119	1126598	767675	122494		81003	554179	10000
543811	292618	4892	136114	74445	74445				
703755	310739	126	220495	181415	48049		76564	46801	10000
246629	122623	4	66094	49962	48049		1913		
457126	188116	122	154401	131452			74651	46801	10000
31775	19516		33759	21905			4438	17467	
1321625	638355	25101	736231	489910				489910	
1099868	509098	24791	670791	457987				457987	
221757	129257	310	65439	31923				31923	
148052	80522	9173	19766	30000			14700		15300
148052	80522	9173	19766	30000			14700		15300
1717743	790934	19991	614455	415360	73346		34727	297287	10000
957565	527629	17286	466871	326069	49149		57817	203804	15300
509989	296539	4	276499	161345	2176		29041	130127	
90452	28508	641	60361	42667	13592		348	28726	
153541	82406	11865	32872	44481	5378		14700	9103	15300
196774	116097	4777	93616	74443	28003		13527	32913	
6810	4080		3523	3135			200	2935	
27382	14583	1942	24467	24898			1240	23658	
46327	8605	73	40571	31349			1919	29430	
46327	8605	73	40571	31349			1919	29430	
797765	418410	4896	203804	126007	122494		2893	620	
61417	28222		13890	10247			10227	20	
1714544	810259	25224	898737	621421			67882	553539	
175291	84861	9173	29934	40000			14700		25300
2748735	1341594	39292	1145498	795941	120760		95703	554179	25300
283	157		866	1735	1735				
1805388	849161	19245	684414	423614	106512		64604	227199	25300
121023	60741	300	110386	97405	8183		423	88799	
822607	431849	19747	351564	276656	7799		30676	238181	
2569695	1260381	31897	961747	666606	96307		89510	455488	25300
120859	57161		35329	28218	28218				
1096602	677897	9953	229294	151630	38165		17393	96071	
1123179	448181	21174	606536	401936	21054		66117	289466	25300
229055	77142	770	90588	84822	8871		6001	69951	
179323	81370	7395	184618	131069	26187		6192	98690	
64884	36505	2514	43704	35326	17706		800	16820	
96740	38759	3136	112851	73986	7931		3702	62353	
17699	6107	1745	28063	21757	550		1690	19517	

7—16 续表2

单位:万元 （2016）

指 标	Item	营业收入 Business Revenue	主营业务收入 Revenue from Principal Business
总 计	**Total**	**3527670**	**3476772**
#一、二级企业	First and Second Grade	3312078	3273220
按辖区分	**Grouped by County**		
兴庆区	Xingqing	1878263	1856780
西夏区	Xixia	377161	372251
金凤区	Jinfeng	1272246	1247740
按登记注册类型分	**Grouped by Status of Registration**		
内资企业	Domestic Funded	3484297	3433456
国有企业	State-owned Enterprises	735824	724944
有限责任公司	Limited Liabilities Corporations	706035	700817
国有独资公司	State Sole Funded Corporations	329441	326146
其他有限责任公司	Other Limited Liabilities Corporations	376594	374670
股份有限公司	Share-holding Corporations Limited	42462	42444
私营企业	Private Enterprises	1999976	1965252
私营有限责任公司	Private Limited Liabilities Corporations	1717913	1684677
私营股份有限公司	Private Share-holding Corporations Ltd.	282063	280575
外商投资企业	Foreign Funded	43373	43315
中外合资经营企业	Domestic and Foreign Joint Funded Enterprises	43373	43315
按国民经济行业分	**Grouped by Sector**		
房屋建筑业	Building and Civil Engineering	2039678	2020259
土木工程建筑业	Civil Engineering	1389541	1368395
铁路、道路、隧道和桥梁工程建筑	Railway, Road, Tunnel and Bridge	804730	803054
水利和内河港口工程建筑	Water and River Ports	183558	175568
工矿工程建筑	Mining	61441	59420
架线和管道工程建筑	Frame Line and Pipeline	333268	323815
其他土木工程建筑	Other Civil Engineering	6544	6540
建筑安装业	Construction Installation	40823	31868
建筑装饰和其他建筑业	Construction Decoration and Other Construction	57628	56250
建筑装饰业	Construction Decoration	57628	56250
按控股情况分	**Grouped by Controlling Stake**		
国有控股	State-owned	1088181	1074006
集体控股	Collective-owned	67978	67512
私人控股	Private	2315925	2279725
外商控股	Foreign	55586	55528
按营业状态分	**Grouped by Operating Status**		
营业	Operating	3527415	3476602
停业(歇业)	Closed(out of business)	255	169
按会计准则分	**Grouped by Accounting Standards**		
企业会计准则	Accounting Standards for Business Enterprises	2337642	2309993
小企业会计准则	Accounting Standards for Small Business Enterprises	223177	221342
其他企业会计制度	Others	966851	945437
按企业资质等级分	**Grouped by Qualification Criteria**		
施工总承包	General Contractors	3223156	3189403
特级	Special Grade	136027	134237
一级	First Grade	1477344	1466908
二级	Second Grade	1423423	1411224
三级及以下	Third Grade and Below	186362	177035
专业承包	Professional Contractors	304514	287368
一级	First Grade	146947	145087
二级	Second Grade	128337	115764
三级及以下	Third Grade and Below	29230	26517

continued

（10 000yuan）

营业成本 Business Costs	主营业务成本 Costs of Principal Business	营业税金及附加 Business Taxes and Other Charges	主营业务税金及附加 Taxes and OtherCharges on PrincipalBusiness	其他业务利润 Profits from Other Businesses	销售费用 Selling Costs	管理费用 Management Costs	税金 Taxes
3247993	**3206598**	**56143**	**55798**	**9159**	**6702**	**106051**	**4791**
3058042	3028866	53084	52866	9465	5977	94722	4204
1737658	1718201	29755	29604	1874	5684	50277	2292
343840	340522	5917	5900	1576	43	8593	247
1166496	1147876	20471	20295	5709	975	47182	2252
3197660	3156410	56253	55908	9246	6702	101700	4776
690005	681336	10648	10610	2173	162	21585	1286
659208	654878	11869	11765	784	154	23282	1300
313331	310193	5216	5128	68		6519	131
345877	344684	6653	6637	716	154	16763	1169
39580	39455	489	489	-107		1637	21
1808867	1780742	33248	33045	6396	6386	55195	2169
1551511	1523402	30427	30224	4924	6353	43567	1676
257356	257340	2821	2821	1472	33	11628	493
50333	50188	-110	-110	-87		4352	15
50333	50188	-110	-110	-87		4352	15
1893441	1878262	37697	37581	4124	746	39616	1897
1271467	1253044	16834	16721	2608	4950	57449	2534
725871	725768	10283	10283	1573	4516	25330	827
169135	160770	1854	1810	-419	202	7255	192
65827	63877	131	131	71	146	6179	57
305156	297151	4368	4298	1378	54	18123	1403
5478	5478	199	199	5	32	563	56
33867	27099	573	462	2077	770	5172	148
49218	48194	1038	1035	350	236	3815	212
49218	48194	1038	1035	350	236	3815	212
1024443	1012635	16332	16206	2241	202	28763	1433
63838	63672	1402	1387	284	1	6021	280
2098016	2068740	38489	38286	6721	6500	66349	3025
61696	61551	-80	-80	-87		4918	53
3247825	3206440	56141	55797	9083	6702	105843	4785
168	159	2	2	77		208	6
2158052	2135023	37505	37359	4474	5208	70275	2958
204412	202853	3131	3102	247	408	7605	71
885529	868723	15506	15337	4438	1086	28172	1761
2984902	2955258	51006	50787	3890	5444	81278	3524
131284	129424	1896	1881	-84		1230	8
1394099	1386127	21572	21547	2439		29785	1566
1291178	1281118	25051	24966	2054	4953	42215	1697
168341	158589	2487	2393	-519	491	8049	253
263091	251340	5137	5011	5269	1258	24773	1267
132619	131672	2002	2000	911	321	7376	344
108862	100525	2562	2472	4145	703	14117	590
21610	19144	572	539	213	234	3280	334

7—16 续表3

单位:万元 (2016)

指 标	Item	财务费用 Financial Costs	利息收入 Interest Income
总 计	**Total**	**25523**	**1462**
#一、二级企业	First and Second Grade	24259	1403
按辖区分	**Grouped by County**		
兴庆区	Xingqing	7097	392
西夏区	Xixia	4863	84
金凤区	Jinfeng	13563	986
按登记注册类型分	**Grouped by Status of Registration**		
内资企业	Domestic Funded	18874	1424
国有企业	State-owned Enterprises	4383	192
有限责任公司	Limited Liabilities Corporations	1584	219
国有独资公司	State Sole Funded Corporations	-144	163
其他有限责任公司	Other Limited Liabilities Corporations	1728	56
股份有限公司	Share-holding Corporations Limited	264	48
私营企业	Private Enterprises	12642	964
私营有限责任公司	Private Limited Liabilities Corporations	12488	157
私营股份有限公司	Private Share-holding Corporations Ltd.	154	807
外商投资企业	Foreign Funded	6650	39
中外合资经营企业	Domestic and Foreign Joint Funded Enterprises	6650	39
按国民经济行业分	**Grouped by Sector**		
房屋建筑业	Building and Civil Engineering	11936	154
土木工程建筑业	Civil Engineering	12752	1286
铁路、道路、隧道和桥梁工程建筑	Railway, Road, Tunnel and Bridge	4536	1029
水利和内河港口工程建筑	Water and River Ports	677	64
工矿工程建筑	Mining	6654	56
架线和管道工程建筑	Frame Line and Pipeline	863	137
其他土木工程建筑	Other Civil Engineering	21	
建筑安装业	Construction Installation	367	5
建筑装饰和其他建筑业	Construction Decoration and Other Construction	468	17
建筑装饰业	Construction Decoration	468	17
按控股情况分	**Grouped by Controlling Stake**		
国有控股	State-owned	4239	355
集体控股	Collective-owned	161	36
私人控股	Private	14474	1032
外商控股	Foreign	6649	39
按营业状态分	**Grouped by Operating Status**		
营业	Operating	25524	1462
停业(歇业)	Closed(out of business)	-1	
按会计准则分	**Grouped by Accounting Standards**		
企业会计准则	Accounting Standards for Business Enterprises	17835	1350
小企业会计准则	Accounting Standards for Small Business Enterprises	538	11
其他企业会计制度	Others	7150	101
按企业资质等级分	**Grouped by Qualification Criteria**		
施工总承包	General Contractors	24172	1404
特级	Special Grade	-3	13
一级	First Grade	3964	1014
二级	Second Grade	19189	329
三级及以下	Third Grade and Below	1022	49
专业承包	Professional Contractors	1351	58
一级	First Grade	47	32
二级	Second Grade	1062	15
三级及以下	Third Grade and Below	242	11

continued

(10 000yuan)

利息支出 Interest Expense	资产减值损失 Empairment of Assets	投资收益 Investment Income	营业利润 Business Profits	营业外收入 Income Expect Business	政府补助 Government Subsidy	营业外支出 ExpensesExpect Business
17340	**7057**	**-2257**	**75944**	**4283**	**702**	**5091**
16395	6982	-2499	66599	4025	651	4975
5929	218	65	47723	942	222	2211
4581	644	261	13439	290	10	894
6830	6195	-2583	14782	3051	470	1986
14091	6952	-586	95570	2466	702	4861
4385	370	-93	8578	758	152	1859
1346	6606	-724	2663	758	325	544
7	491	84	4166	485	322	108
1339	6115	-808	-1504	273	3	437
273		10	502	26		34
8087	-24	221	83827	923	225	2425
7370	1	77	73588	486	45	1811
717	-25	144	10239	437	180	614
3249	105	-1671	-19627	1817		230
3249	105	-1671	-19627	1817		230
8422	759	-216	55268	1113	335	3067
8109	6056	-2041	17991	3073	367	1920
3322	-8	196	34346	435	38	828
668	325	239	4264	152	60	88
3262	105	-1671	-19271	1976		240
845	5634	-805	-1600	511	269	763
12			252			1
370	1		74	90		80
438	242		2611	7		24
438	242		2611	7		24
4392	1102	-9	13146	1249	474	1975
198	5799	-808	-10052	169		145
9501	50	231	92223	1048	228	2741
3249	105	-1671	-19373	1817		230
17340	7057	-2257	76066	4251	702	5091
			-122	32		
11980	6919	-2396	39453	3739	674	3924
147			7083	75	1	181
5213	138	139	29408	470	27	987
16324	7184	-2035	67137	3792	542	4034
	340		1280	291	262	27
4321	646	144	27422	1004	190	1560
11289	6124	-2417	32383	2280	39	2332
714	74	239	6053	217	51	115
1015	-128	-222	8806	491	160	1057
75	12		4570	38		443
709	-139	-226	944	413	160	613
231		3	3292	41		1

7—16　续表4

单位：万元　　　　　　　　　　　　　　　　　　　　　　　　　　　　　　(2016)

指　标	Item	利润总额 Total Profits
总　计	**Total**	**75275**
#一、二级企业	First and Second Grade	65702
按辖区分	**Grouped by County**	
兴庆区	Xingqing	46509
西夏区	Xixia	12919
金凤区	Jinfeng	15847
按登记注册类型分	**Grouped by Status of Registration**	
内资企业	Domestic Funded	93315
国有企业	State-owned Enterprises	7478
有限责任公司	Limited Liabilities Corporations	2961
国有独资公司	State Sole Funded Corporations	4628
其他有限责任公司	Other Limited Liabilities Corporations	-1667
股份有限公司	Share-holding Corporations Limited	495
私营企业	Private Enterprises	82381
私营有限责任公司	Private Limited Liabilities Corporations	72319
私营股份有限公司	Private Share-holding Corporations Ltd.	10062
外商投资企业	Foreign Funded	-18039
中外合资经营企业	Domestic and Foreign Joint Funded Enterprises	-18039
按国民经济行业分	**Grouped by Sector**	
房屋建筑业	Building and Civil Engineering	53314
土木工程建筑业	Civil Engineering	19284
铁路、道路、隧道和桥梁工程建筑	Railway, Road, Tunnel and Bridge	34005
水利和内河港口工程建筑	Water and River Ports	4413
工矿工程建筑	Mining	-17535
架线和管道工程建筑	Frame Line and Pipeline	-1849
其他土木工程建筑	Other Civil Engineering	251
建筑安装业	Construction Installation	83
建筑装饰和其他建筑业	Construction Decoration and Other Construction	2594
建筑装饰业	Construction Decoration	2594
按控股情况分	**Grouped by Controlling Stake**	
国有控股	State-owned	12504
集体控股	Collective-owned	-10029
私人控股	Private	90585
外商控股	Foreign	-17786
其他	Others	
按营业状态分	**Grouped by Operating Status**	
营业	Operating	75366
停业(歇业)	Closed(out of business)	-90
按会计准则分	**Grouped by Accounting Standards**	
企业会计准则	Accounting Standards for Business Enterprises	39268
小企业会计准则	Accounting Standards for Small Business Enterprises	6977
其他企业会计制度	Others	29030
按企业资质等级分	**Grouped by Qualification Criteria**	
施工总承包	General Contractors	67032
特级	Special Grade	1544
一级	First Grade	26866
二级	Second Grade	32384
三级及以下	Third Grade and Below	6239
专业承包	Professional Contractors	8243
一级	First Grade	4165
二级	Second Grade	744
三级及以下	Third Grade and Below	3335

continued

(10 000yuan)

应交所得税 Tax Payable	应付职工薪酬(本年贷方累计 发生额) Deal with Wages(volume of gredit side)	应交增值税 Value Added Tax Payable	在境外完成的营业收入 Overseas Revenues
42157	**216070**	**62365**	**877**
39542	200815	58051	877
23480	119424	34522	877
4290	14550	3520	
14388	82096	24323	
42265	207622	60794	877
4258	41944	14014	877
6472	46898	10596	
2445	9500	5665	
4027	37399	4931	
136	2056	12	
31400	116723	36171	
29856	107132	28488	
1544	9591	7683	
-108	8449	1572	
-108	8449	1572	
24770	125949	32561	
16149	79982	27656	877
13207	22656	15397	
1035	11003	3960	
-16	14108	2760	
1807	31778	5462	877
116	436	77	
287	6489	955	
951	3650	1193	
951	3650	1193	
7079	51830	20312	877
245	15010	737	
34696	140348	39744	
138	8883	1572	
42157	215990	62365	877
	80		
21523	142529	42489	877
2797	15279	2910	
17837	58262	16967	
38712	180421	56196	877
1540	3836	3409	
13895	56055	25315	877
21077	108065	23761	
2200	12465	3711	
3445	35649	6170	
1128	16891	3181	
1902	15968	2385	
415	2791	604	

7—17 劳务分包建筑业企业生产经营情况(市区)

单位:万元 (2016)

指 标	Item	企业数(个) Number of Enterprises(unit)
总 计	**Total**	**20**
#一、二级企业	First and Second Grade	14
按辖区分	**Grouped by County**	
兴庆区	Xingqing	12
西夏区	Xixia	3
金凤区	Jinfeng	5
按登记注册类型分	**Grouped by Status of Registration**	
内资企业	Domestic Funded	20
有限责任公司	Limited Liabilities Corporations	1
其他有限责任公司	Other Limited Liabilities Corporations	1
私营企业	Private Enterprises	19
私营有限责任公司	Private Limited Liabilities Corporations	19
按国民经济行业分	**Grouped by Sector**	
房屋建筑业	Building and Civil Engineering	18
建筑安装业	Construction and Installation Industry	2
管道和设备安装	Piping and Equipment Installation	2
按控股情况分	**Grouped by Controlling Stake**	
国有控股	State-owned	
私人控股	Private	20
按营业状态分	**Grouped by Operating Status**	
营业	Operating	19
停业(歇业)	Closed(out of business)	1
按会计准则分	**Grouped by Accounting Standards**	
企业会计准则	Accounting Standards for Business Enterprises	10
小企业会计准则	Accounting Standards for Small Business Enterprises	9
其他企业会计制度	Others	1
按企业资质等级分	**Grouped by Qualification Criteria**	
一级	First Grade	14
三级及以下	Third Grade and Below	6

Production and Business Statistics of Labour Subcontractors in Construction Industry (City)

(10 000 yuan)

有工作量的企业数 Number of Enter Prise with Workload	建筑业总产值 Total Output Value of Construction	固定资产原价 Original Value of Fixed Assets	本年折旧 Depreciation This Year	资产总计 Total Capital	负债合计 Total Liabilities	实收资本 Paid-in Capitals
9	**4158**	**212**	**31**	**3662**	**2049**	**1700**
7	3305	212	31	2525	1325	750
4	2362	107	19	1067	256	650
2	535	45	3	876	886	650
3	1262	61	9	1720	908	400
9	4158	212	31	3662	2049	1700
1	1588	101	18	231	5	200
1	1588	101	18	231	5	200
8	2570	112	13	3431	2044	1500
8	2570	112	13	3431	2044	1500
8	3908	212	31	3352	1849	1650
1	250			310	200	50
1	250			310	200	50
9	4158	212	31	3662	2049	1700
9	4158	212	31	3662	2049	1700
5	3152	195	25	1677	1255	350
4	1007	17	6	1985	795	1350
7	3305	212	31	2525	1325	750
2	853			1137	725	950

7—17 续表1

单位:万元 （2016）

指 标	Item	营业收入 Business Revenue	主营业务收入 Revenue from Principal Business
总 计	**Total**	**3302**	**3302**
#一、二级企业	First and Second Grade	2449	2449
按辖区分	**Grouped by County**		
兴庆区	Xingqing	1932	1932
西夏区	Xixia	209	209
金凤区	Jinfeng	1161	1161
按登记注册类型分	**Grouped by Status of Registration**		
内资企业	Domestic Funded	3302	3302
有限责任公司	Limited Liabilities Corporations	1621	1621
其他有限责任公司	Other Limited Liabilities Corporations	1621	1621
私营企业	Private Enterprises	1681	1681
私营有限责任公司	Private Limited Liabilities Corporations	1681	1681
按国民经济行业分	**Grouped by Sector**		
房屋建筑业	Building and Civil Engineering	3052	3052
建筑安装业	Construction and Installation Industry	250	250
管道和设备安装	Piping and Equipment Installation	250	250
按控股情况分	**Grouped by Controlling Stake**		
国有控股	State-owned		
私人控股	Private	3302	3302
按营业状态分	**Grouped by Operating Status**		
营业	Operating	3302	3302
停业(歇业)	Closed(out of business)		
按会计准则分	**Grouped by Accounting Standards**		
企业会计准则	Accounting Standards for Business Enterprises	2396	2396
小企业会计准则	Accounting Standards for Small Business Enterprises	906	906
其他企业会计制度	Others		
按企业资质等级分	**Grouped by Qualification Criteria**		
一级	First Grade	2449	2449
三级及以下	Third Grade and Below	853	853

continued

(10 000yuan)

营业成本 Business Costs	主营业务成本 Costs of Principal Business	营业税金及附加 Business Taxes and Other Charges	主营业务税金及附加 Taxes and Other Charges onPrincipal Business	销售费用 Sale Costs	管理费用 Management Costs	税金 Taxes	财务费用 Financial Costs	营业利润 Business Profits	利润总额 Total Profits
3145	**3145**	**13**	**13**	**1**	**175**	**1**		**-8**	**-7**
2351	2351	5	5	1	120			-3	-2
1861	1861	11	11	1	66			18	20
186	186	2	2		28			-7	-7
1099	1099	1	1		81			-19	-20
3145	3145	13	13	1	175	1		-8	-7
1588	1588				34			-1	1
1588	1588				34			-1	1
1557	1557	13	13	1	142	1		-7	-8
1557	1557	13	13	1	142	1		-7	-8
2925	2925	5	5	1	163			-17	-16
220	220	8	8		12			9	9
220	220	8	8		12			9	9
3145	3145	13	13	1	175	1		-8	-7
3145	3145	13	13	1	175	1		-8	-7
2305	2305	10	10	1	68			13	14
840	840	4	4		107			-21	-21
2351	2351	5	5	1	120			-3	-2
794	794	9	9		55			-5	-5

7—17 续表2

单位:万元 (2016)

指 标	Item	应付职工薪酬（本年贷方累计发生额）Deal with Wages (volume of gredit side)
总 计	**Total**	**1255**
#一、二级企业	First and Second Grade	587
按辖区分	**Grouped by County**	
兴庆区	Xingqing	235
西夏区	Xixia	227
金凤区	Jinfeng	793
按登记注册类型分	**Grouped by Status of Registration**	
内资企业	Domestic Funded	1255
有限责任公司	Limited Liabilities Corporations	
其他有限责任公司	Other Limited Liabilities Corporations	
私营企业	Private Enterprises	1255
私营有限责任公司	Private Limited Liabilities Corporations	1255
按国民经济行业分	**Grouped by Sector**	
房屋建筑业	Building and Civil Engineering	1226
建筑安装业	Construction and Installation Industry	29
管道和设备安装	Piping and Equipment Installation	29
按控股情况分	**Grouped by Controlling Stake**	
国有控股	State-owned	
私人控股	Private	1255
按营业状态分	**Grouped by Operating Status**	
营业	Operating	1255
停业(歇业)	Closed(out of business)	
按会计准则分	**Grouped by Accounting Standards**	
企业会计准则	Accounting Standards for Business Enterprises	93
小企业会计准则	Accounting Standards for Small Business Enterprises	1161
其他企业会计制度	Others	
按企业资质等级分	**Grouped by Qualification Criteria**	
一级	First Grade	587
三级及以下	Third Grade and Below	668

continued

(10 000yuan)

全部从业人员平均人数(人) Average Number of Total Persons Employed(person)	期末从业人员数(人) Number of Employed Persons			应交增值税 Value Added Tax Payable
		工程技术人员 Engineering Persons	现场施工人员 Site Construction Persons	
447	**176**	**27**	**56**	**9**
233	109	19	31	9
68	93	18	24	
39	40	3	2	5
340	43	6	30	4
447	176	27	56	9
447	176	27	56	9
447	176	27	56	9
433	162	23	50	9
14	14	4	6	
14	14	4	6	
447	176	27	56	9
447	176	27	56	9
47	39	7	18	
397	134	20	38	9
3	3			
233	109	19	31	9
214	67	8	25	

7—18 建筑业总承包资质等级一、二级企业名单

Construction Industry List by Contracted Qualification Criteria with First or Secord Grade

（2016）

单位名称 Unit Name	行业类别 Sectors	注册类型 Registration Type	资质等级 Qualification Griteria	企业规模 Scale Enterprises
宁夏建工集团有限公司	房屋建筑业	建筑工程特级	国有独资公司	大型
宁夏第二建筑有限公司	房屋建筑业	建筑工程一级	国有独资公司	大型
宁夏第五建筑公司	房屋建筑业	建筑工程一级	国有企业	中型
宁夏第一建筑公司	房屋建筑业	建筑工程一级	国有企业	大型
宁夏正丰建筑工程有限公司	房屋建筑业	建筑工程一级	其他有限责任公司	中型
宁夏恺元建筑有限公司	房屋建筑业	建筑工程一级	私营有限责任公司	中型
银川三建工程有限责任公司	房屋建筑业	建筑工程一级	私营有限责任公司	中型
宁夏煤炭基本建设有限公司	房屋建筑业	建筑工程一级	国有独资公司	大型
宁夏住宅建设工程有限公司	房屋建筑业	建筑工程一级	私营有限责任公司	中型
宁夏宁房建筑工程有限公司	房屋建筑业	建筑工程一级	私营有限责任公司	中型
宁夏圣峰建筑工程有限公司	房屋建筑业	建筑工程二级	私营有限责任公司	中型
宁夏海江建筑工程有限公司	房屋建筑业	建筑工程二级	私营有限责任公司	小型
宁夏恒基建筑安装工程有限公司	房屋建筑业	建筑工程二级	私营有限责任公司	中型
宁夏伊丰建设工程有限公司	房屋建筑业	建筑工程二级	私营有限责任公司	小型
宁夏顺城建设有限公司	房屋建筑业	建筑工程二级	私营有限责任公司	小型
宁夏英利达建筑工程有限公司	房屋建筑业	建筑工程二级	私营有限责任公司	小型
宁夏弘和石油建设工程有限公司	房屋建筑业	建筑工程二级	私营有限责任公司	微型
宁夏鑫和成建筑工程有限公司	房屋建筑业	建筑工程二级	私营有限责任公司	小型
宁夏石油化工建设有限公司	房屋建筑业	建筑工程二级	私营有限责任公司	中型
宁夏回族自治区建设工程有限公司	房屋建筑业	建筑工程二级	私营有限责任公司	中型
宁夏回族自治区农垦建设实业总公司	房屋建筑业	建筑工程二级	国有企业	中型
宁夏新月建筑有限公司	房屋建筑业	建筑工程二级	私营有限责任公司	小型
宁夏对外建设总公司	房屋建筑业	建筑工程二级	国有企业	中型
宁夏固本建筑有限公司	房屋建筑业	建筑工程二级	其他有限责任公司	中型
宁夏陆磐建筑工程有限公司	房屋建筑业	建筑工程二级	私营有限责任公司	中型
宁夏华宇建设工程有限公司	房屋建筑业	建筑工程二级	其他有限责任公司	中型
银川市郊区第二建筑有限公司	房屋建筑业	建筑工程二级	私营有限责任公司	小型
银川市第一建筑工程有限责任公司	房屋建筑业	建筑工程二级	私营有限责任公司	中型
宁夏长城集团建筑工程有限责任公司	房屋建筑业	建筑工程二级	私营有限责任公司	微型
宁夏斯达建筑工程有限公司	房屋建筑业	建筑工程二级	私营有限责任公司	中型
宁夏永建建筑工程有限公司	房屋建筑业	建筑工程二级	其他有限责任公司	中型
宁夏功达建筑工程有限责任公司	房屋建筑业	建筑工程二级	私营有限责任公司	中型
宁夏盛泰龙建筑有限公司	房屋建筑业	建筑工程二级	私营有限责任公司	中型
宁夏灵隆建设集团有限责任公司	房屋建筑业	建筑工程二级	私营有限责任公司	大型
宁夏德达建筑安装工程有限公司	房屋建筑业	建筑工程二级	私营有限责任公司	中型
灵武市建筑工程公司	房屋建筑业	建筑工程二级	集体企业	中型
宁夏万通建设工程有限公司	房屋建筑业	建筑工程二级	其他有限责任公司	中型
宁夏启融通建设工程有限公司	房屋建筑业	建筑工程二级	私营有限责任公司	小型
宁夏华力坤建设工程有限公司	房屋建筑业	建筑工程二级	私营有限责任公司	微型
宁夏亘捷建设工程有限公司	房屋建筑业	建筑工程二级	私营有限责任公司	小型
宁夏鎏铭建设工程有限公司	房屋建筑业	建筑工程二级	私营有限责任公司	小型
宁夏润海建设工程发展有限公司	房屋建筑业	建筑工程二级	私营有限责任公司	小型
宁夏忠仁建设工程有限公司	房屋建筑业	建筑工程二级	私营有限责任公司	中型
宁夏凯田建筑工程有限公司	房屋建筑业	建筑工程二级	私营有限责任公司	小型
宁夏勇峰建筑工程有限公司	房屋建筑业	建筑工程二级	私营有限责任公司	小型
宁夏天易建筑工程有限公司	房屋建筑业	建筑工程二级	私营有限责任公司	小型
宁夏吉兴达建筑工程有限公司	房屋建筑业	建筑工程二级	私营有限责任公司	小型
宁夏天筑建筑工程有限公司	房屋建筑业	建筑工程二级	私营有限责任公司	中型
宁夏恒远达建筑工程有限公司	房屋建筑业	建筑工程二级	私营有限责任公司	小型

7—18　续表 1　continued

单位名称 Unit Name	行业类别 Sectors	注册类型 Registration Type	资质等级 Qualification Griteria	企业规模 Scale Enterprises
宁夏坤隆建设工程有限公司	房屋建筑业	建筑工程二级	私营有限责任公司	中型
宁夏振新达建筑工程有限公司	房屋建筑业	建筑工程二级	私营有限责任公司	小型
宁夏鹏晨建设工程有限公司	房屋建筑业	建筑工程二级	私营有限责任公司	中型
宁夏瑞泽建筑安装工程有限公司	房屋建筑业	建筑工程二级	私营有限责任公司	小型
银川城建集团工程有限公司	房屋建筑业	建筑工程二级	其他有限责任公司	中型
宁夏华鹏建设集团有限公司	房屋建筑业	建筑工程二级	私营有限责任公司	微型
宁夏铭龙建设有限公司	房屋建筑业	建筑工程二级	其他有限责任公司	中型
宁夏岭夏建设工程有限公司	房屋建筑业	建筑工程二级	私营有限责任公司	中型
宁夏银隆建筑工程有限公司	房屋建筑业	建筑工程二级	私营有限责任公司	中型
宁夏长河伟业建筑工程有限公司	房屋建筑业	建筑工程二级	私营有限责任公司	小型
宁夏佳凯建筑工程有限公司	房屋建筑业	建筑工程二级	私营有限责任公司	中型
宁夏华建建筑有限责任公司	房屋建筑业	建筑工程二级	私营有限责任公司	中型
宁夏圣特建筑安装工程有限公司	房屋建筑业	建筑工程二级	私营有限责任公司	中型
宁夏第三建筑有限公司	房屋建筑业	建筑工程二级	国有独资公司	中型
宁夏海山佳盛建设工程有限公司	房屋建筑业	建筑工程二级	私营有限责任公司	小型
宁夏宁东建设集团有限公司	房屋建筑业	建筑工程二级	私营有限责任公司	中型
银川聚仁建筑工程有限公司	房屋建筑业	建筑工程二级	私营有限责任公司	中型
宁夏回族自治区新圣基建筑工程有限公司	房屋建筑业	建筑工程二级	其他有限责任公司	中型
宁夏宏斌建筑工程有限公司	房屋建筑业	建筑工程二级	私营有限责任公司	小型
宁夏浩泞建筑工程有限公司	房屋建筑业	建筑工程二级	私营有限责任公司	中型
宁夏嘉屋建设工程有限公司	房屋建筑业	建筑工程二级	私营有限责任公司	中型
宁夏众鑫鹏建筑工程有限责任公司	房屋建筑业	建筑工程二级	私营有限责任公司	中型
宁夏吉运建筑安装有限公司	房屋建筑业	建筑工程二级	其他有限责任公司	微型
宁夏百力德建筑工程有限公司	房屋建筑业	建筑工程二级	私营有限责任公司	中型
宁夏兴亚建筑工程有限公司	房屋建筑业	建筑工程二级	其他有限责任公司	中型
宁夏建昌建筑实业有限公司	房屋建筑业	建筑工程二级	私营有限责任公司	小型
宁夏灵武市第六建筑安装工程有限公司	房屋建筑业	建筑工程二级	私营有限责任公司	中型
宁夏成城建设集团有限公司	房屋建筑业	建筑工程二级	私营有限责任公司	中型
宁夏科强建筑安装有限公司	房屋建筑业	建筑工程二级	私营有限责任公司	中型
宁夏长银建设工程有限公司	房屋建筑业	建筑工程二级	私营有限责任公司	小型
宁夏银晨建筑工程有限公司	房屋建筑业	建筑工程二级	私营有限责任公司	中型
宁夏业通建设工程有限公司	房屋建筑业	建筑工程二级	私营有限责任公司	小型
宁夏卓越建筑安装工程有限公司	房屋建筑业	建筑工程二级	其他有限责任公司	小型
宁夏三鑫机械化工程有限公司	房屋建筑业	建筑工程二级	其他有限责任公司	小型
宁夏威翔建筑工程有限公司	房屋建筑业	建筑工程二级	私营有限责任公司	中型
宁夏北方彩新建工集团股份有限公司	房屋建筑业	建筑工程二级	股份有限公司	小型
宁夏亘利建筑工程有限公司	房屋建筑业	建筑工程二级	私营有限责任公司	小型
宁夏北方明珠建筑工程有限公司	房屋建筑业	建筑工程二级	私营有限责任公司	中型
宁夏天拓石油建设工程有限公司	房屋建筑业	建筑工程二级	私营有限责任公司	微型
宁夏隆洋建筑实业有限公司	房屋建筑业	建筑工程二级	私营有限责任公司	小型
宁夏宁鑫建设工程有限公司	房屋建筑业	建筑工程二级	私营有限责任公司	小型
宁夏大捷建设工程有限公司	房屋建筑业	建筑工程二级	私营有限责任公司	中型
宁夏庆元建设实业有限公司	房屋建筑业	建筑工程二级	私营有限责任公司	中型
宁夏云腾建设工程有限公司	房屋建筑业	建筑工程二级	私营有限责任公司	小型
宁夏合泰建设工程有限公司	房屋建筑业	建筑工程二级	私营有限责任公司	小型
宁夏浩林建筑安装工程有限公司	房屋建筑业	建筑工程二级	私营有限责任公司	小型

7—18 续表 2 continued

单位名称 Unit Name	行业类别 Sectors	注册类型 Registration Type	资质等级 Qualification Griteria	企业规模 Scale Enterprises
宁夏众一建设工程有限公司	房屋建筑业	建筑工程二级	其他有限责任公司	中型
宁夏永刚建筑工程有限公司	房屋建筑业	建筑工程二级	其他有限责任公司	中型
宁夏可泰建筑工程有限责任公司	房屋建筑业	建筑工程二级	私营有限责任公司	小型
宁夏励诚建设工程有限公司	房屋建筑业	建筑工程二级	私营有限责任公司	小型
宁夏大方建筑工程有限公司	房屋建筑业	建筑工程二级	私营有限责任公司	小型
宁夏年丰建筑工程有限公司	房屋建筑业	建筑工程二级	私营有限责任公司	微型
宁夏路桥工程股份有限公司	公路工程建筑	公路工程一级	私营股份有限公司	大型
宁夏路昊公路工程有限公司	公路工程建筑	公路工程一级	股份有限公司	中型
宁夏银鑫建设工程有限公司	公路工程建筑	公路工程二级	私营有限责任公司	中型
宁夏路捷建设集团有限公司	公路工程建筑	公路工程二级	私营有限责任公司	中型
宁夏回族自治区水利水电工程局	水源及供水设施工程建筑	水利水电工程一级	国有企业	中型
正坤建设有限公司	水源及供水设施工程建筑	水利水电工程二级	私营有限责任公司	中型
宁夏灵州建设安装集团有限公司	水源及供水设施工程建筑	水利水电工程二级	私营有限责任公司	中型
宁夏电力建设工程公司	架线及设备工程建筑	电力工程一级	国有企业	大型
宁夏元亘电力有限公司	架线及设备工程建筑	电力工程二级	私营有限责任公司	小型
宁夏中新能电力建设有限公司	架线及设备工程建筑	电力工程二级	其他有限责任公司	中型
宁夏天信建设发展有限责任公司	架线及设备工程建筑	电力工程二级	其他有限责任公司	中型
宁夏天净元光电力有限公司	架线及设备工程建筑	电力工程二级	其他有限责任公司	中型
核工业宁夏工程公司	工矿工程建筑	矿山工程二级	国有企业	微型
宁夏天宏爆破有限公司	工矿工程建筑	矿山工程二级	私营有限责任公司	中型
宁夏宁化安装检修厂	工矿工程建筑	石油化工工程二级	国有企业	小型
宁夏长中建筑安装工程有限公司	工矿工程建筑	石油化工工程二级	私营有限责任公司	小型
斯伦贝谢长和油田工程有限公司	工矿工程建筑	石油化工工程二级	中外合资经营公司	中型
银川第一市政工程有限责任公司	市政道路工程建筑	市政公用工程一级	私营有限责任公司	中型
银川第二市政工程有限责任公司	市政道路工程建筑	市政公用工程一级	其他有限责任公司	中型
宁夏方圆建设工程有限公司	市政道路工程建筑	市政公用工程一级	私营有限责任公司	中型
视通建设有限公司	市政道路工程建筑	市政公用工程一级	私营有限责任公司	中型
宁夏中畅恒基景观工程有限公司	市政道路工程建筑	市政公用工程二级	私营有限责任公司	小型
宁夏宝康市政园林工程有限公司	市政道路工程建筑	市政公用工程二级	私营有限责任公司	小型
宁夏诚捷祥建设工程有限公司	市政道路工程建筑	市政公用工程二级	私营有限责任公司	中型
宁夏政柏建设工程有限公司	市政道路工程建筑	市政公用工程二级	私营有限责任公司	小型
宁夏创世恒通公路工程有限公司	市政道路工程建筑	市政公用工程二级	私营有限责任公司	小型
宁夏邦晟建设工程有限公司	市政道路工程建筑	市政公用工程二级	私营有限责任公司	小型
银川天宏实业有限公司	市政道路工程建筑	市政公用工程二级	私营有限责任公司	中型
宁夏鑫源建设工程有限公司	市政道路工程建筑	市政公用工程二级	私营有限责任公司	中型
宁夏中远工程建设有限公司	市政道路工程建筑	市政公用工程二级	私营有限责任公司	中型
宁夏新宇建设工程有限公司	市政道路工程建筑	市政公用工程二级	私营有限责任公司	小型
宁夏建宏道路有限公司	市政道路工程建筑	市政公用工程二级	其他有限责任公司	小型
银川中铁水务集团市政工程有限公司	市政道路工程建筑	市政公用工程二级	国有独资公司	中型
银川市成通建设工程有限公司	市政道路工程建筑	市政公用工程二级	私营有限责任公司	中型
银川市市政建设工程有限责任公司	市政道路工程建筑	市政公用工程二级	私营有限责任公司	中型
宁夏诚畅建设工程有限公司	市政道路工程建筑	市政公用工程二级	私营有限责任公司	中型
宁夏赐鑫建筑工程有限公司	市政道路工程建筑	市政公用工程二级	其他有限责任公司	中型
宁夏凯珠机械化工程有限公司	市政道路工程建筑	市政公用工程二级	私营有限责任公司	小型
宁夏万嘉市政建设工程有限公司	市政道路工程建筑	市政公用工程二级	私营有限责任公司	中型
宁夏晨洋公路工程有限公司	市政道路工程建筑	市政公用工程二级	私营有限责任公司	小型
宁夏天基伟业建设工程有限公司	市政道路工程建筑	市政公用工程二级	私营有限责任公司	中型
宁夏通信建设公司	架线及设备工程建筑	通信工程二级	国有独资公司	中型
宁夏中移通信技术工程有限公司	架线及设备工程建筑	通信工程二级	国有独资公司	小型
宁夏捷运通信工程建设有限公司	架线及设备工程建筑	通信工程二级	私营有限责任公司	小型

7—19 建筑业专业承包资质等级一、二级企业名单

Construction Industry List by Professional Contractor Qualification Criteria with First or Secord Grade

（2016）

单位名称 UnitName	行业类别 Sectors	注册类型 Registration Type	资质等级 Qualification Criteria	企业规模 Scale Enterprises
宁夏伊斯兰地质工程公司	房屋建筑业	地基基础工程一级	国有企业	中型
宁夏地质工程勘察院	房屋建筑业	地基基础工程二级	国有企业	小型
宁夏大力岩土工程公司	房屋建筑业	地基基础工程二级	国有企业	小型
宁夏建筑科学研究院有限公司	房屋建筑业	地基基础工程二级	私营有限责任公司	微型
宁夏基础工程有限公司	房屋建筑业	地基基础工程二级	其他有限责任公司	小型
宁夏煤炭勘察工程公司	房屋建筑业	地基基础工程二级	国有企业	中型
宁夏夯利岩土工程有限公司	房屋建筑业	地基基础工程二级	私营有限责任公司	小型
宁夏夯中岩土工程有限公司	房屋建筑业	地基基础工程二级	其他有限责任公司	小型
宁夏建工岩土工程有限公司	房屋建筑业	地基基础工程二级	国有独资公司	中型
宁夏天力基础工程有限公司	房屋建筑业	地基基础工程二级	私营有限责任公司	小型
宁夏天斧机械化工程有限公司	房屋建筑业	地基基础工程二级	私营有限责任公司	小型
宁夏有色地质工程公司	工矿工程建筑	地基基础工程二级（工矿钻井）	国有企业	小型
宁夏清达有线电视网络有限公司	电气安装	电子与智能化工程二级	私营有限责任公司	微型
宁夏亚视电子科技有限公司	电气安装	电子与智能化工程二级	私营有限责任公司	小型
宁夏奇文安全系统工程有限公司	电气安装	电子与智能化工程二级	私营有限责任公司	小型
宁夏嘉宁科技实业有限公司	电气安装	电子与智能化工程二级	私营有限责任公司	小型
宁夏金维电子科技有限公司	电气安装	电子与智能化工程二级	私营有限责任公司	微型
宁夏安正科贸有限公司	电气安装	电子与智能化工程二级	私营有限责任公司	小型
宁夏新锐达视讯有限公司	电气安装	电子与智能化工程二级	私营有限责任公司	微型
银川市福林科技有限公司	电气安装	电子与智能化工程二级	私营有限责任公司	小型
宁夏佳邦建筑智能化工程有限公司	电气安装	电子与智能化工程二级	私营有限责任公司	微型
宁夏正宇科技网络有限公司	电气安装	电子与智能化工程二级	私营有限责任公司	微型
宁夏智林智能科技有限公司	电气安装	电子与智能化工程二级	私营有限责任公司	小型
宁夏众安消防安全工程有限公司	电气安装	消防设施工程一级	私营有限责任公司	小型
银川瑞安祥消防安全技术工程有限公司	电气安装	消防设施工程一级	私营有限责任公司	小型
宁夏龙津消防安全技术有限公司	电气安装	消防设施工程二级	私营有限责任公司	微型
宁夏优泰消防安全工程有限公司	电气安装	消防设施工程二级	私营有限责任公司	微型
宁夏仁昊建设工程有限公司	电气安装	消防设施工程二级	私营有限责任公司	微型
宁夏欣安消防工程有限公司	电气安装	消防设施工程二级	私营有限责任公司	微型
宁夏安消消防设施工程有限公司	电气安装	消防设施工程二级	私营有限责任公司	小型
宁夏众邦消防工程有限公司	电气安装	消防设施工程二级	私营有限责任公司	小型
宁夏易兴建设工程有限公司	电气安装	消防设施工程二级	私营有限责任公司	微型
宁夏宁电消防设备有限公司	电气安装	消防设施工程二级	私营有限责任公司	小型
宁夏丰亨环保消防工程有限公司	电气安装	消防设施工程二级	私营有限责任公司	微型
宁夏久安消防工程有限公司	电气安装	消防设施工程二级	私营有限责任公司	小型
宁夏众辰安全技术有限公司	电气安装	消防设施工程二级	私营有限责任公司	小型
宁夏隆泰华消防工程有限公司	电气安装	消防设施工程二级	私营有限责任公司	小型
宁夏高力安装工程有限公司	电气安装	消防设施工程二级	私营有限责任公司	微型
宁夏恒创设备安装工程有限公司	电气安装	消防设施工程二级	其他有限责任公司	小型
宁夏安邦智能科技有限公司	电气安装	消防设施工程二级	私营有限责任公司	微型
宁夏爱华建筑装饰工程有限公司	建筑装饰业	建筑装修装饰工程一级	私营有限责任公司	微型
宁夏古月建筑装饰工程有限公司	建筑装饰业	建筑装修装饰工程一级	私营有限责任公司	小型
宁夏建工集团装饰工程有限公司	建筑装饰业	建筑装修装饰工程一级	其他有限责任公司	中型
银川汇达建筑装饰工程有限公司	建筑装饰业	建筑装修装饰工程一级	私营有限责任公司	小型
宁夏鑫吉海医疗工程有限公司	建筑装饰业	建筑装修装饰工程一级	私营有限责任公司	中型
宁夏美筑广告装饰工程有限公司	建筑装饰业	建筑装修装饰工程二级	私营有限责任公司	小型
宁夏天邦装饰工程有限公司	建筑装饰业	建筑装修装饰工程二级	私营有限责任公司	微型
银川中房建设装饰有限公司	建筑装饰业	建筑装修装饰工程二级	私营有限责任公司	小型

7—19 续表 continued

单位名称 UnitName	行业类别 Sectors	注册类型 Registration Type	资质等级 Qualification Griteria	企业规模 Scale Enterprises
宁夏三昌建筑装饰工程有限公司	建筑装饰业	建筑装修装饰工程二级	私营有限责任公司	微型
银川市城市规划设计研究院装饰工程有限公司	建筑装饰业	建筑装修装饰工程二级	私营有限责任公司	小型
银川市民政福利建筑装饰有限公司	建筑装饰业	建筑装修装饰工程二级	私营有限责任公司	小型
宁夏建筑设计装饰工程有限公司	建筑装饰业	建筑装修装饰工程二级	其他有限责任公司	微型
银川市金利装饰发展有限公司	建筑装饰业	建筑装修装饰工程二级	私营有限责任公司	微型
宁夏乾坤广告装潢设计有限公司	建筑装饰业	建筑装修装饰工程二级	私营有限责任公司	微型
宁夏屹立建筑装饰工程有限公司	建筑装饰业	建筑装修装饰工程二级	私营有限责任公司	微型
宁夏环城建设工程有限公司	建筑装饰业	建筑装修装饰工程二级	私营有限责任公司	微型
宁夏集美建筑装饰工程有限公司	建筑装饰业	建筑装修装饰工程二级	私营有限责任公司	微型
宁夏完美艺家装饰工程有限公司	建筑装饰业	建筑装修装饰工程二级	私营有限责任公司	微型
宁夏元泰装饰工程有限公司	建筑装饰业	建筑装修装饰工程二级	私营有限责任公司	小型
宁夏中联装饰工程有限公司	建筑装饰业	建筑装修装饰工程二级	私营有限责任公司	小型
宁夏西美装饰工程有限公司	建筑装饰业	建筑装修装饰工程二级	私营有限责任公司	微型
宁夏森达广告装饰工程有限公司	建筑装饰业	建筑装修装饰工程二级	私营有限责任公司	小型
宁夏生美装饰工程有限公司	建筑装饰业	建筑装修装饰工程二级	私营有限责任公司	小型
宁夏三维空间装饰设计工程有限公司	建筑装饰业	建筑装修装饰工程二级	私营有限责任公司	小型
宁夏鑫北装饰有限公司	建筑装饰业	建筑装修装饰工程二级	私营有限责任公司	小型
宁夏新三星建设工程有限公司	建筑装饰业	建筑装修装饰工程二级	私营有限责任公司	小型
宁夏鑫翔建设集团股份有限公司	建筑装饰业	建筑装修装饰工程二级	私营有限责任公司	微型
宁夏信誉建筑装饰工程有限公司	建筑装饰业	建筑装修装饰工程二级	私营有限责任公司	小型
宁夏金匠广告装饰工程有限公司	建筑装饰业	建筑装修装饰工程二级	私营有限责任公司	微型
银川市空间工程服务有限公司	建筑装饰业	建筑装修装饰工程二级	私营有限责任公司	小型
宁夏通恒建筑装饰有限公司	建筑装饰业	建筑装修装饰工程二级	私营有限责任公司	微型
宁夏百韧广告装饰工程有限公司	建筑装饰业	建筑装修装饰工程二级	私营有限责任公司	小型
银川泰冉装饰设计工程有限公司	建筑装饰业	建筑装修装饰工程二级	私营有限责任公司	微型
宁夏舜豪建筑装饰工程有限公司	建筑装饰业	建筑装修装饰工程二级	私营有限责任公司	微型
银川新形象装饰设计工程有限公司	建筑装饰业	建筑装修装饰工程二级	私营有限责任公司	小型
宁夏恒亚制造安装有限公司	建筑装饰业	建筑装修装饰工程二级	其他有限责任公司	小型
宁夏金利马建筑装饰工程有限公司	建筑装饰业	建筑装修装饰工程二级	私营有限责任公司	微型
宁夏通锦建筑装饰有限公司	建筑装饰业	建筑装修装饰工程二级	私营有限责任公司	微型
宁夏僖泰装饰工程有限公司	建筑装饰业	建筑装修装饰工程二级	私营有限责任公司	小型
深装华南(宁夏)建筑装饰工程有限公司	建筑装饰业	建筑装修装饰工程二级	私营有限责任公司	小型
宁夏北方时空建筑装饰工程有限公司	建筑装饰业	建筑装修装饰工程二级	私营有限责任公司	微型
宁夏建科骏瀚特种工程有限公司	其他土木工程建筑	防水防腐保温工程二级	私营有限责任公司	微型
宁夏住宅康克建材科技工程有限公司	其他土木工程建筑	防水防腐保温工程二级	其他有限责任公司	小型
银川恒丰达防腐保温工程有限公司	其他土木工程建筑	防水防腐保温工程二级	私营有限责任公司	微型
宁夏凯田装饰设计工程有限公司	房屋建筑业	建筑幕墙工程一级	私营有限责任公司	小型
宁夏红鼎盛建设工程有限公司	房屋建筑业	建筑幕墙工程二级	私营有限责任公司	微型
银川金辉建筑装饰工程有限公司	房屋建筑业	建筑幕墙工程二级	私营有限责任公司	微型
宁夏鸿日建筑幕墙装饰有限公司	房屋建筑业	建筑幕墙工程二级	私营有限责任公司	小型
银川市亮化工程建设有限公司	架线及设备工程建筑	城市及道路照明工程二级	其他有限责任公司	小型
宁夏怡达公路工程有限公司	公路工程建筑	公路路面工程二级	私营有限责任公司	小型
宁夏东和交通工程开发有限公司	公路工程建筑	公路交通工程(交通安全设施)	国有独资公司	微型
宁夏送变电工程公司	架线及设备工程建筑	输变电工程一级	国有企业	中型
宁夏昊能电力有限公司	架线及设备工程建筑	输变电工程一级	私营有限责任公司	中型
宁夏百川输变电工程有限公司	架线及设备工程建筑	输变电工程二级	私营股份有限公司	小型
宁夏坤承电力工程有限公司	架线及设备工程建筑	输变电工程二级	私营有限责任公司	中型
宁夏瑞威尔能源环境工程有限公司	工矿工程建筑	环保工程二级	私营有限责任公司	小型

主要统计指标解释

【建筑业统计单位】指从事房屋、构筑物建造和设备安装活动的法人企业。建筑业法人企业应同时具备的条件是：1. 依法成立，有自己的名称、组织机构和场所，能够承担民事责任；2. 独立拥有和使用资产，承担负债，有权与其他单位签订合同；3. 独立核算盈亏，能够编制资产负债表。统计范围是具有建筑业资质等级的独立核算的总承包、专业承包和劳务分包企业。

【年末自有施工机械设备总台数】指年末本企业（或单位）自有的直接用于工程施工的各种机械设备的台数。但不包括附属辅助生产机械设备、运输设备、生产试验机械设备的台数。

【年末自有施工机械设备总功率】指年末本企业（或单位）自有的直接用于工程施工的各种机械设备年末总功率，按设定能力或查定能力计算。包括施工机械本身的动力和为该机械服务的单独动力设备，如电动机等。但不包括附属辅助生产机械设备、运输机械设备、生产试验机械设备的功率。计算单位用千瓦，动力换算可按 1 马力=0.735 千瓦折合成千瓦数。电焊机、变压器、锅炉不计算动力。

【建筑业总产值】是以货币表现的建筑业企业在一定时期内生产的建筑业产品和服务的总和。建筑业总产值包括三部分内容：

（1）建筑工程产值：指列入建筑工程预算内的各种工程价值。

（2）安装工程产值：指设备安装工程价值，不包括被安装设备本身价值。

（3）其他产值：建筑业总产值中除建筑工程、安装工程以外的产值。包括房屋构筑物修理产值、非标准设备制造产值、总包企业向分包企业收取的管理费以及不能明确划分的施工活动所完成的产值。

【工程结算收入】指本企业承包工程实现的工程价款结算收入以及向发包单位收取的除工程价款以外的按规定列作营业收入的各种款项，如临时设施费、劳动保险费、施工机构调迁费等以及向发包单位收取的各种索赔款。

【建筑业增加值】是建筑业企业在报告期内以货币表现的建筑业生产经营活动的最终成果。目前建筑业增加值采用分配法（收入法）计算，即从收入的角度出发，根据生产要素在生产过程中应得的收入份额计算。具体计算公式是：

建筑业增加值=本年提取的固定资产折旧+本年应付工资总额+本年应付福利费+管理费中的税金、劳动待业保险金+工程结算税金及附加+营业利润

【工程结算利润】指已结算工程实现的利润。如亏损以“–”号表示。计算公式为：工程结算利润=工程结算收入–工程结算成本–销售费用–工程结算税金及附加。

【企业总收入】指与企业生产经营直接有关的各项收入，包括工程结算收入和其他业务收入。计算公式为：

企业总收入=工程结算收入+其他业务收入

【房屋建筑施工面积】指在报告期内施过工的全部房屋建筑面积，它包括本期新开工的房屋面积、上期施工跨入本期继续施工的房屋面积、上期停缓建在本期恢复施工的房屋面积、本期竣工的房屋面积以及本期施工后又停缓建的房屋面积。

【房屋建筑竣工面积】指在报告期内房屋建筑按照设计要求已全部完工，达到了住人和使用条件，经检查验收鉴定合格，正式移交使用单位的房屋建筑面积。

【从事建筑业活动的平均人数】指建筑业企业（或单位）报告期实际拥有的、与建筑施工活动有关的平均人数，包括参加本企业（或单位）建筑施工活动的非本企业（或单位）人员，但不包括企业内部社会服务性机构的人员以及由本企业支付工资但所从事的工作与本企业生产基本无关的人员。

8 交通运输与邮电

Transport, Postal and Telecommunication Services

8—1 主要年份交通运输业主要经济指标

Major Economic Indicators of Transport Conveyance in Main Years

年 份 Year	载客汽车年末拥有量(辆) Number of Passenger Vehicles at Year-end (unit)	载货汽车年末拥有量(辆) Number of Truck at Year-end (unit)	公路客运量(万人) Passenger Traffic of Highways (10 000 persons)	公路客运周转量(万人公里) Passenger-kilometers of Highways (10 000 person-km)	公路货运量(万吨) Freight Traffic of Highways (10 000 tons)	公路货运周转量(万吨公里) Freight Ton-kilometers of Highways (10 000 ton-km)
1978	227	1028	185	12436	441	17512
1979	230	1083	162	10980	476	11429
1980	1225	3647	189	15004	469	10284
1981	1448	3668	265	14477	266	8391
1982	1488	3718	340	18282	284	10400
1983	1719	3154	344	20421	319	12018
1984	2030	3583	400	22801	292	12851
1985	2840	4791	529	30601	645	30305
1986	2838	4778	653	35965	672	29367
1987	3028	5152	815	41344	688	38034
1988	3313	5380	879	48898	649	37890
1989	3789	6023	1154	54764	646	36800
1990	4422	7532	1095	49564	685	36796
1991	4794	7913	1329	54133	735	40943
1992	5285	8533	1396	56210	862	46592
1993	5991	9306	1324	57166	960	56678
1994	6908	10068	1405	62297	957	58098
1995	7921	11387	1784	74634	1083	59637
1996	9754	12627	2057	82712	1103	62332
1997	13025	13819	2196	94080	1125	66804
1998	15393	15408	2396	106437	1210	78994
1999	17687	17353	2118	117973	1157	159830
2000	19286	17825	2457	134031	1422	170906
2001	21002	19278	2526	144234	1504	168145
2002	23395	17963	2672	152435	1600	190162
2003	27499	25117	1974	124815	1897	211205
2004	27928	24570	2240	142166	2013	216448
2005	28852	31253	2468	160420	2149	232092
2006	48154	28130	2475	162024	2170	235412
2007	56514	28035	2601	173365	2261	247417
2008	76417	35092	2775	187408	2428	263994
2009	106290	45953	2498	216942	9433	1257876
2010	133293	54316	2682	231846	10244	1347185
2011	206527	73279	2926	251785	11473	1498070
2012	267539	86579	3201	279481	12976	1728042
2013	328567	99235	2818	251389	14520	1604415
2014	391035	107336	3366	303176	15314	1643428
2015	460883	106105	3602	318396	10656	1370800
2016	542718	112795	3447	311482	8779	1132969

8—2 主要年份邮电业主要经济指标

Major Economic Indicators of Post and Telecommunication Services in Main Years

年 份 Year	邮电业务总量（万元）Business Volume of Postal and Telecommunication（10 000 yuan）	函件（万件）Number of Letters（10 000 pcs）	包件（万件）Number of Packages（10 000pcs）	年末本地固定电话用户（户）Number of Telephone Subscribers（household）	#住宅电话 Residence	移动电话用户期末数（户）Number of Mobile Telephone Subscribers（household）	上网用户（户）Number of Internet Users（household）
1978	183	413	7.4	2622			
1979	188	546	7.6	2717			
1980	200	603	7.4	3303			
1981	289	652	7.3	3498			
1982	310	674	6.9	3742			
1983	343	651	7.1	4230			
1984	377	636	11.3	5036			
1985	465	897	8.5	5738			
1986	532	949	9.8	6721			
1987	606	1001	9.5	7007			
1988	789	969	11.3	9003			
1989	998	934	10.2	10610			
1990	2307	976	9	12178			
1991	2953	1153	7	14036			
1992	3798	1086	8.5	16572			
1993	5800	1292	13	29502			
1994	8199	1225	9	49742	26509	2495	
1995	12967	1296	10	81657	55094	4740	
1996	18352	1356	11	108910	80450	8053	
1997	25225	1098	11	130056	95776	15457	
1998	37400	1090	11	160444	126770	31935	
1999	57015	1098	12.6	187467	150534	52902	
2000	72997	1213	15	260162	171586	107817	21102
2001	116008	1685	15.1	329612	185834	197215	47456
2002	130389	134	18.3	402525	214230	327112	116364
2003	150294	59	20.3	457690	246919	580460	150238
2004	199442	44	21.3	541000	253133	705009	181568
2005	218200	649	20.4	615000	267000	856800	221700
2006	246431	1964	17.5	572300	258030	1035800	108600
2007	280632	1132	18.2	535100	260900	1248600	114000
2008	326375	942	15	536835	259688	1226000	116410
2009	360200	1830	15.8	628400	302800	1469700	197400
2010	431880	1281	15.5	677691	339035	1821558	241946
2011	264017	600	17.1	495652	374830	2428721	307117
2012	293125	828	16.6	508069	402494	3102341	339593
2013	366108	655	17.3	509774	419314	3428468	385854
2014	365423	581	15.6	532104	430248	3796484	440269
2015	316125	594	17.4	389543	410576	3600094	492937
2016	348251	642	18.3	323852	387645	3906918	637648

8—3 全社会客货运输量

Traffic Volume of Passenger and Freight

（2016）

指 标	Item	客运量（万人）Passenger Traffic（10 000 persons）	客运周转量（万人公里）Passenger-kilometers（10 000 person-km）	货运量（万吨）Freight Traffic（10 000 tons）	货运周转量（万吨公里）Freight Tonkilometers（10 000 ton-km）
公路运输	Highways	3447	311482	8779	1132969
民航运输	Civil Aviation	298	418493	1.49	2350

8—4 机动车拥有量

Ownership Volume of Motor Vehicle

单位:辆　　（2016）　　（unit）

指 标	Item	合 计 Total	#个人 Personal	#营运 Service	#公交客运 Bus	#出租客运 Taxi
总 计	**Total**	**712452**	**650781**	**77476**	**2089**	**5544**
汽车	Automotive	664908	606512	68723	2089	5544
载客汽车	Passenger Vehicles	542718	504806	10559	2077	5544
大型	Large-scale	4493	101	3306	1965	1
中型	Medium-sized	2573	942	584	101	1
小型	Small-scale	531314	499606	6669	11	5542
微型	Miniature	4338	4157			
载货汽车	Truck	112795	95110	52758		
重型	Heavy	16692	10585	16148		
中型	Medium-sized	3732	3328	3390		
轻型	Lightweight	92035	80890	32993		
微型	Miniature	336		227		
其它汽车	Others	9395		5406	12	
摩托车	Motorcycle	38729	38436	80		
普通	Ordinary	37733	37483	80		
轻便	Portable	996	953			
拖拉机	Tractor					
挂车	Trailer	8815	5833	8673		

8—5 邮政、电信业务量

指 标	Item	单 位	Unit	2006 年
邮电业务总量	Business Volume of Postal and Telecommunication	万元	10 000yuan	246431
# 邮政	Post	万元	10 000yuan	13495
包件	Number of Packages	万件	10 000 pcs	17.49
订销报纸累计份数	Number of Subscribed and Sold Newspapers Cumulative Copies	万份	10 000 copies	1584.41
订销杂志累计份数	Number of Subscribed and Sold Magazines Cumulative Copies	万份	10 000 copies	128.88
收寄特快专递	Pieces of Express Mail Services	万份	10 000 copies	33.42
市内电话年末到达户数	Number of Telephone Subscribers at Year-end	户	subscriber	572300
住宅电话	Household Telephone Subscribers	户	subscriber	263800
农村电话期末到达户数	Rural Fixed Telephone Subscribers at Year-end	户	subscriber	89250
公用电话	Public Telephone	部	set	42100
移动电话期末数	Number of Mobile Telephone Subscribers at Year-end	部	set	1035800
互联网用户	Number of Internet Users	户	subscriber	108600
邮政局、所总数	Total Number of Post and Spot	处	unit	387
邮政服务网点	Number of Postal Offices	处	unit	108
电信服务网点	Number of Telecommunication Offices	处	unit	279
本地网及接入网设备总容量	Broad Band Subscribers Capacity of Internet	门	line	842000
电话普及率	Popularization Rate of Telephone	部/百人	set/100persons	118.3
移动电话普及率	Popularization Rate of Mobile Telephone	部/百人	set/100persons	71.59

Business Volume of Post and Telecommunication Services

2007 年	2008 年	2009 年	2010 年	2011 年	2012 年	2013 年	2014 年	2015 年	2016 年
280632	326375	360200	431880	264017	293125	366108	365423	316125	348253
15857	15196	14187	15836	10845	12318	13264	12832	17835	20514
18.2	15.04	15.84	15.51	17.06	16.6	17.3	15.6	17.4	18.3
2429	2064.12	2168.05	2319.77	2720.8	2857.79	3281.1	3190.9	3164.27	2569.92
179.8	154.75	158.28	167.3	174.85	174.88	168.15	158.08	173.75	184.05
41.7	36.59	25.31	28.87	25.41	26.9	21.4	17.3	29.38	96.42
535100	536835	451966	677691	495652	508069	509774	526517	389543	323852
260900	259688	291551	339035	374830	402494	419314	430231	410576	387645
90620	84612	73722	71847	60679	54640	49212	43214	26050	17819
43300	37960	48545	47987	45743	42611	41248	39785	20716	16388
1248600	1226000	1634830	1821558	2428721	3102341	3428468	3796467	3600094	3906918
114000	116410	197386	241946	307117	339593	385854	440291	492937	637648
410	412	498	536	614	555	542	680	106	103
160	107	115	105	98	97	97	106	2109	2117
250	305	383	431	516	458	445	426	1120	1292
845000	899770	891521	876060	901443	929538	937147	975216	993214	987654
119.8	115.7	122.6	125.4	144.36	176.43	187.5	208.6	196.4	185.7
83.9	80.5	96.1	91.39	119.89	151.6	164.3	176.2	182.32	196.76

主要统计指标解释

【货(客)运量】指在一定时期内,各种运输工具实际运送的货物(旅客)数量。货运按吨计算,客运按人计算。

【货物(旅客)周转量】指在一定时期内,由各种运输工具运送的货物(旅客)数量与其相应运输距离的乘积之总和。计算公式为:

货物(旅客)周转量=∑货物(旅客)运输量×运输距离

【邮电业务总量】即邮电专业产品量。邮电业务量按专业分类包括函件、机要文件、包裹、汇票、报刊发行、邮政快件、特快专递、邮政储蓄、集邮、公众电报、用户电报、传真、长途电话、出租电路、市话无线寻呼、移动电话、分组交换数据通信、出租代维等。

【移动电话用户】指在邮电部门登记,通过移动电话交换机进入移动电话网、占有移动电话号码的电话用户,按实际办理登记手续进入邮电部门移动电话网的户数进行计算。一部(台)移动电话统计为一户。

【固定电话用户】指在电信运营商营业网点办理开户登记手续并已接入固定电话网上,并按固定电话业务进行经营管理的全部电话用户。包括普通电话用户、公共电话用户、窄带综合业务数字网(N-ISDN)用户、智能网专用接入终端用户等。

【计算机互联网(INTERNET)用户】计算机互联网是一个连接计算机网的网络,范围遍及全世界,包括局域网、城域网和广域网,旨在实现计算机资源共享。它分为两大类,一类是学术范围的非盈利的网络,另一类是商业性或非学术的网络。接入这个网络的用户,称为INTERNET用户。

9

内贸、外贸和旅游

Domestic Trade, Foreign Trade and Tourism

9—1主要年份社会消费品零售总额分类情况

Total Retail Saled Values of Consumer Goods by Category in Main Years

单位:万元 (10 000yuan)

年份 Year	社会消费品零售总额 Total Retail Sales of Consumer Goods	按经济类型分 Grouped by Economic Type					按行业分 Grouped by Sector	
		国有经济 State-owned	集体经济 Collective-owned	个体经济 Individual	私营经济 Private	股份制经济 Share-holding	批发和零售业 Wholesale and Retail Trade	住宿和餐饮业 Hotels and Catering Services
1949	728	177		540			618	
1950	1128	335	69	711			860	66
1951	1601	468	99	1019			1245	75
1952	2080	616	172	1275			1555	90
1953	2588	678	297	1559			2024	94
1954	3131	906	516	1647			2604	139
1955	3101	994	524	1546			2672	115
1956	3505	1342	1046	963			2949	163
1957	3761	1384	1226	958			2968	164
1958	5098	2299	1925	455			4271	193
1959	7038	4537	2163	222			6520	331
1960	8007	5484	2460				7625	231
1961	7362	5211	2065				7271	256
1962	7079	5628	1225	83			6421	378
1963	6998	5354	1381	102			6319	375
1964	7059	5506	1404	46			6442	295
1965	7213	5575	1533	46			6610	286
1966	8193	6062	2111	5			7603	291
1967	7796	6136	1641	7			7435	250
1968	8324	6376	1928	10			7763	260
1969	8730	6616	2090	11			8231	275
1970	9857	7452	2375	14			9326	329
1971	10821	8254	2536	9			10354	352
1972	13137	9430	3370	12			12125	468
1973	13343	9738	3564	15			12709	484
1974	13933	10008	3778	10			13229	473
1975	14903	10766	3974	11			13963	559
1976	16050	11561	4328	18			15001	599
1977	16780	12039	4559	24			15628	577
1978	22581	14282	5963	40			18031	773
1979	26308	19110	6782	221			21049	885
1980	30622	22929	6924	417			24425	1066
1981	34389	24324	8970	970			27137	1102

9—1 续表 continued

单位:万元 (10 000yuan)

年份 Year	社会消费品零售总额 Total Retail Sales of Consumer Goods	按经济类型分 Grouped by Economic Type					按行业分 Grouped by Sector	
		国有经济 State-owned	集体经济 Collective-owned	个体经济 Individual	私营经济 Private	股份制经济 Share-holding	批发和零售业 Wholesale and Retail Trade	住宿和餐饮业 Hotels and Catering Services
1982	39754	25835	12656	1243			31332	1436
1983	44007	27596	13924	2398			34590	1547
1984	52457	29743	15408	6932			41148	2104
1985	64364	36022	15084	12455			50945	2330
1986	74148	41250	18806	13215			59079	2499
1987	84158	43319	25144	14419			66184	3581
1988	106964	53149	32266	20370			84657	4406
1989	123437	61632	36472	23670			98072	4767
1990	135904	65184	36417	32575			107772	5487
1991	151126	71094	38439	39379			119229	6463
1992	173341	81822	43881	44707			136158	8091
1993	197262	93383	20010	50249	32864	382	181725	10960
1994	229350	106092	21929	61113	38550	1093	199277	23476
1995	306588	143211	29752	77665	52273	2715	267919	31548
1996	357052	158139	35227	90725	59843	11012	312164	36994
1997	396506	144521	32856	112897	63924	38925	346450	41993
1998	434333	138273	29095	131677	71097	56507	378256	47821
1999	471686	125797	23359	148339	86828	79256	408701	54567
2000	519939	111087	19636	175010	106822	99046	448299	63039
2001	567457	98044	17126	192152	118014	123542	486107	72563
2002	631580	88324	14679	225369	144302	149996	537957	85124
2003	719856	81502	12754	257501	165745	193922	611801	99806
2004	828554	78049	11349	299751	194872	236438	703023	117450
2005	954130	76948	11530	339585	231788	286559	809167	137023
2006	1107665	79711	10552	392046	405463	214033	941556	159583
2007	1317421	92843	11471	448567	510765	246667	1126913	184785
2008	1616499	97582	14296	522094	620487	349751	1370188	240549
2009	2042129	134824	11712	524427	629819	727251	1766161	272020
2010	2446470	86917	12848	574085	730708	994984	2131164	315306
2011	3116998	129041	14604	649466	851599	1469824	2737851	379147
2012	3569297	75602	15232	590872	1208496	1665508	3196050	373247
2013	4051813	70843	15741	725107	1085524	2117639	3655413	396400
2014	4454190	70801	19532	867631	1233817	2164136	4031619	422571
2015	4776287	47638	5893	1332987	1488606	1780833	4131980	644307
2016	5141927	45438	5383	1502518	1690331	1765915	4587696	554231

9—2 社会消费品零售总额

Total Retail Saled of Consumer Goods

单位:万元 （2016） （10 000yuan）

指 标	Item	合计 Total	兴庆区 Xingqing	金凤区 jinfeng	西夏区 Xixia	永宁县 Yongning	贺兰县 Helan	灵武市 Lingwu
社会消费品零售总额	**Total Retail Sales of Consumer Goods**	**5141927**	**2485685**	**739680**	**243154**	**185556**	**1330140**	**157711**
按销售单位所在地分	**Grouped by Location**							
城镇	Town	5005586	2464905	724669	237368	166990	1283082	128572
# 城区	Urban Area	3415176	2298391	720199	223267	5422	75332	92565
乡村	Country	136341	20780	15011	5786	18566	47058	29139
按登记注册类型分	**Grouped by Economic Type**							
国有经济	State- Owned	45438	33304	3565	2929	75	163	5401
集体经济	Cllective-Owned	5383	2370	1395	149	482	883	104
私营经济	Private	1690331	473938	276897	31170	53571	818155	36599
个体经济	Individual	1502518	918594	92594	67275	99066	246300	78689
股份制经济	Share-Holding	1765915	1022923	358993	139746	31670	177361	35222
其他经济	Others	132343	34556	6236	1885	692	87278	1696
按行业分	**Grouped by Sector**							
批发业	Wholesale	588781	200885	137075	62248	51110	108471	28993
# 限额以上	Above Norm	338440	90591	114901	60867	9620	37219	25242
零售业	Retail	3998914	1957327	500812	150932	114423	1170984	104435
# 限额以上	Above Norm	2585812	1021444	460304	92187	25394	959306	27178
住宿业	Lodging Industry	47061	24821	16424	1360	77	3490	889
# 限额以上	Above Norm	32608	15595	14554	411	10	1148	889
餐饮业	Catering Sevices	507170	302652	85368	28614	19946	47195	23393
# 限额以上	Above Norm	40950	25970	7139	2023		5447	371

9—3 限额以上批发和零售业法人企业商品购进、销售、库存总额

单位:万元　　　　　　　　　　　　　　　　　　　　　　　　　　　　　　　　(2016)

指　标	Item	法人企业数(个) Corporate Enterprises (unit)	商品购进额 Total Commodity Purchase
总　计	**Total**	**261**	**7199663**
兴庆区	Xingqing	70	1844984
西夏区	Xixia	26	543907
金凤区	Jinfeng	51	3237880
永宁县	Yongning	26	280791
贺兰县	Helan	69	951738
灵武市	Lingwu	19	340364
批发业	**Wholesale Trade**	**98**	**4589219**
按批发行业小类分	Grouped by Wholesale Industry Small Class		
农、林、牧产品批发	Wholesale of Agricultural, Forestry, Animal Husbandry Products	2	20985
谷物、豆及薯类批发	Wholesale of Grain, Bean and Potatoes	1	19424
牲畜批发	Wholesale of Livestock	1	1561
食品、饮料及烟草制品批发	Wholesale of Food,Beverages and Tobacoos	8	721103
米、面制品及食用油批发	Wholesale of Rice,Flour and Edible Oil	1	3142
果品、蔬菜批发	Wholesale of Fruits and Vegetables	1	459
肉、禽、蛋、奶及水产品批发	Wholesale of Meat and Aquatic Products	1	2580
盐及调味品批发	Wholesale of Salt and Condiments	1	3894
酒、饮料及茶叶批发	Wholesale of Beverages and tea	2	9672
烟草制品批发	Wholesale of Tobacoos	2	701356
纺织、服装及家庭用品批发	Wholesale of Textiles,Garments and Daily Consummer Aticles	2	12578
服装批发	Wholesale of Garments	1	3479
家用电器批发	Wholesale of Household Electrical Appliances	1	9099
文化、体育用品及器材批发	Wholesale of Cultural,Sports Goods Appliances and Equipments	1	28886
图书批发	Wholesale of Books	1	28886
医药及医疗器材批发	Wholesale of Medicines and Medical Appliances	8	259285
西药批发	Wholesale of Western Medicine	6	232459
医疗用品及器材批发	Wholesale of Medical Supplies and Equipment	2	26825
矿产品、建材及化工产品批发	Wholesale of Mineral Products,Building Materials and Chemical Products	61	3420629
煤炭及制品批发	Wholesale of Coal and Related Products	4	65721
石油及制品批发	Wholesale of Petroleum and Related Products	12	2900100
金属及金属矿批发	Wholesale of Metallic mineral Products	38	392754
建材批发	Wholesale of Building Materials	1	4668
化肥批发	Wholesale of Chemical Fertilizer	3	11348
农药批发	Wholesale of Pesticide	1	11105
其他化工产品批发	Wholesale of Other Chemical Products	2	34933
机械设备、五金产品及电子产品批发	Wholesale of Machinery,Hardware and Electronic Equipment	14	55755

Total Purchases,Sales and Stock of Enterprises above Designated Size of Wholesale and Retail Trades

(10 000 yuan)

商品销售额 Total Commodity Sales Value	通过公共网络实现的商品销售额 Commodity Sales Through Public Network	使用银行卡支付的商品销售额 Commodity Sales Payed for by Bank Cards	批发额 Wholesale Value	零售额 Retail Value	通过公共网络实现的商品零售额 Commodity Retail Value Through Public Network	期末商品库存额 Total Stock at Year-end	年末零售营业面积(平方米) Area of Retail Business at Year-end (sq.m)
7915764	**389666**	**1676179**	**4704268**	**3211496**	**85575**	**559721**	**969242**
1979629	3201	357129	833080	1146550	3163	203293	436716
698469		37375	543691	154779		49644	37919
3438794	312519	479527	2620169	818625	24624	121466	311724
344697		36294	249628	95069		54659	91689
1068259	58686	737842	90672	977587	53681	117169	83150
385915	15260	28012	367028	18887	4108	13490	8044
5062149	**298617**	**364250**	**4532410**	**529739**		**263054**	**164926**
26663		26663	26406	257		860	
24548		24548	24548			219	
2115		2115	1858	257		641	
817393	287465	255559	813253	4140		47660	700
4072		4072	4072			337	
498		498	498			39	
2671			2671			36	
8174			8174			932	
10915		2945	6775	4140		5899	700
791063	287465	248044	791063			40418	
12088			11688	400		7875	580
2357			1957	400		5318	80
9732			9732			2557	500
25649			25649			5881	
25649			25649			5881	
283007		476	148908	134099		20277	4430
251801		476	117702	134099		17478	4430
31205			31205			2799	
3761031	11152	34078	3393352	367679		149856	158071
67195	11152		67136	59		1264	
3158228		9	2795197	363031		102391	157271
472290		33280	467700	4590		37256	800
4672			4672			204	
12194		790	12194			4827	
9422			9422			1798	
37031			37031			2117	
67278		14192	44114	23164		24078	1145

9—3 续表1

单位：万元 （2016）

指 标	Item	法人企业数（个）Corporate Enterprises（unit）	商品购进额 Total Commodity Purchase
农业机械批发	Wholesale of Agriculture Machinary	2	9857
汽车批发	Wholesale of MotorVehicles	6	29917
电气设备批发	Wholesale of Electrical Equipment	2	6811
计算机、软件及辅助设备批发	Wholesale of Computer,Software and Assistant Aplliances	1	3246
其他机械设备及电子产品批发	Wholesale of Other Machinary and Electric Equipment	3	5925
其他批发业	Other Wholesale	2	69999
再生物资回收与批发	Recovery and Wholesale of Recycled Materials	1	30397
其他未列明批发业	Other Wholesale Unlisted	1	39602
按登记注册类型分	Grouped By Registration Type		
内资企业	Domestic Funded Enterprises	98	4589219
国有企业	State-owned Enterprises	5	737278
有限责任公司	Limited Liability Corporations	30	764882
国有独资公司	State-owned Enterprises	1	44260
其他有限责任公司	Other Limited Liability Corporations	29	720623
股份有限公司	Share-holding Corporations Ltd.	7	2555982
私营企业	Private Enterprises	56	531077
私营有限责任公司	Private Limited Liability Corporations	55	530618
私营股份有限公司	Private Share-holding Corporations Ltd.	1	459
按控股情况分	Grouped By Controlling Stake		
国有控股	State-owned	16	3534433
集体控股	Collective-owned	1	2570
私人控股	Private	73	988968
其他	Others	8	63248
按经营形式分	Grouped By Business Form		
独立门店	Indipendent Stores	82	1307381
连锁总店	Distributor Chain	1	296986
连锁门店	Chain Stores	2	329326
其他	Others	13	2655527
按单位规模分	Grouped By Unit Scale		
大型	large-scale	5	1029801
中型	Medium-scale	28	3183274
小型	Small-scale	53	340904
微型	Miniature	12	35240
零售业	**Retail Trade**	**163**	**2610444**
按零售行业小类分	Grouped by Retail Trade Industry Small Class		
综合零售	Integrated Retail	16	726829
百货零售	Retail of General Merchandise	11	372218
超级市场零售	Retail of Supermarkets	2	353969
其他综合零售	Others	3	641

continued

(10 000 yuan)

商品销售额 Total Commodity Sales Value	通过公共网络实现的商品销售额 Commodity Sales Through Public Network	使用银行卡支付的商品销售额 Commodity Sales Payed for by Bank Cards	批发额 Wholesale Value	零售额 Retail Value	通过公共网络实现的商品零售额 Commodity Retail Value Through Public Network	期末商品库存额 Total Stock at Year-end	年末零售营业面积(平方米) Area of Retail Business at Year-end (sq.m)
15340				15340		4074	855
31304		10195	25357	5947		8910	
9001			8936	65		8349	177
4972			3160	1812		366	113
6661		3997	6661			2379	
69041		33283	69041			6568	
33283		33283	33283			1929	
35759			35759			4639	
						263054	164926
5062149	298617	364250	4532410	529739		47567	
828958	287465	252117	828958			49038	748
848775		47143	709060	139715			
44260			44260			49038	748
804515		47143	664800	139715		85831	156916
2773578		9	2415192	358386		80617	7262
610838	11152	64982	579201	31637		80578	7262
610340	11152	64484	578703	31637		39	
498		498	498			149103	157351
3881428	287465	252551	3388340	493088		4373	
3532			3532			96487	7575
1108383	11152	78416	1074933	33450		13091	
68807		33283	65606	3201		118829	7430
1501915	298617	303879	1464457	37459		7915	55400
330280			192495	137785		41669	101516
488880			268279	220601		94640	580
2741074		60372	2607180	133894		62754	157296
1311017	287465	248470	818994	492023		127341	6138
3278560		57881	3254848	23713		64463	1237
429520	11152	53040	415517	14003		8495	255
43052		4859	43052		85575	296667	804316
2853615	**91049**	**1311929**	**171858**	**2681758**		**46313**	**511762**
796068		347613	4762	791307		15503	300842
436725		225013		436725		29884	181120
338346		110033	4762	333585		925	29800
20997		12567		20997		7398	9332

9—3 续表2

单位:万元 (2016)

指 标	Item	法人企业数(个) Corporate Enterprises (unit)	商品购进额 Total Commodity Purchase
食品、饮料及烟草制品专门零售	Retail of Food,Beverages and Tobaccos	10	21308
粮油零售	Retail of Grain and Oil	1	1296
果品、蔬菜零售	Retail of Fruits and Vegetables	3	10815
酒、饮料及茶叶零售	Retail of Wine,Beverages and Tea	4	7363
烟草制品零售	Retail of Tobacco Products	1	898
其他食品零售	Retail of Other Food	1	938
纺织、服装及日用品专门零售	Special Retail of Textiles,Garments and Daily Consumer Articles	2	6415
服装零售	Retail of Garments	1	3772
钟表、眼镜零售	Retail of Watches and Glasses	1	2643
其他日用品零售	Retail of Other Daily Consumer Articles	10	35836
文化、体育用品及器材专门零售	Retail of Culture,Sports Appliances and Equipments	1	8246
体育用品及器材零售	Retail of Sports Goods Appliances and Equipments	2	13824
图书、报刊零售	Retail of Books, Newspapers and Magazines	2	7964
珠宝首饰零售	Retail of Jewelery	3	3702
工艺美术品及收藏品零售	Retail of Arts ,Crafts and Collections	1	1169
其他文化用品零售	Retail of Other Culture Appliances	1	931
医药及医疗器材专门零售	Retail of Medicines and Medical Appliances	15	253790
药品零售	Retail of Drug	14	252681
医疗用品及器材零售	Retail of Medical Supplies and Appliances	1	1109
汽车、摩托车、燃料及零配件专门零售	Retail of Motor Vehicles,Motorcycles,Fuel and Parts	93	1291501
汽车零售	Retail of Motor Vehicles	79	1238439
汽车零配件零售	Retail of Motor Vehicles and Parts	1	11597
机动车燃料零售	Retail of Motor Vehicles Fuel	13	41465
家用电器及电子产品专门零售	Special Retailof Household Electric Appliances and Electronic Products	14	268930
家用视听设备零售	Retail of Household Audio and Video Equipment	2	7020
日用家电设备零售	Retail of Household Electric Appliances	4	215008
计算机、软件及辅助设备零售	Retail of Computer,Software and Assistant Appliances	6	38174
通信设备零售	Retail of Communication Equipments	2	8728
五金、家具及室内装饰材料专门零售	Special Retail of Hardware,Furniture and Decoration Materials	2	2849
家具零售	Retail of Furniture	1	2589
其他室内装饰材料零售	Retail of Other Decoration Materials	1	260
货摊、无店铺及其他零售业	Retail of Non-shop and Other Retails	1	2987

continued

(10 000 yuan)

商品销售额 Total Commodity Sales Value	通过公共网络实现的商品销售额 Commodity Sales Through Public Network	使用银行卡支付的商品销售额 Commodity Sales Payed for by Bank Cards	批发额 Wholesale Value	零售额 Retail Value	通过公共网络实现的商品零售额 Commodity Retail Value Through Public Network	期末商品库存额 Total Stock at Year-end	年末零售营业面积(平方米) Area of Retail Business at Year-end (sq.m)
25585	405	4918	4688	20897		415	300
1338				1338		1838	5492
11969		3265		11969		4695	1940
9246	405	87	4465	4780		335	1100
1958		1566		1958		115	500
1075			223	852		9391	282
9811				9811		5381	40
4013				4013		4010	242
5798				5798	287	19275	17880
31182	717	2387	3457	27725		2890	2000
6228			2099	4129		4806	11200
13834				13834	37	9394	3376
4901	37	1259		4901	250	1127	900
3866	680	208	1258	2608		844	254
1433		920	100	1333		214	150
920				920		25324	39344
282409	38	1842	86975	195434		25191	38964
281306	38	1842	86975	194331		133	380
1103				1103	70497	150382	120365
1433427	75097	852638	36432	1396995	66389	146068	80989
1364822	70989	837534	27623	1337199		1555	300
14768		11815	547	14221	4108	2759	39076
53836	4108	3290	8262	45574	14791	36270	77761
264949	14791	98454	35544	229406		532	8086
8685		4253		8685	3163	27168	65278
205973	3163	94201	23416	182557	11628	7754	2666
40988	11628		9307	31680		815	1731
9304			2820	6483		1401	25590
5406		4077		5406		401	5600
3472		2143		3472		1000	19990
1934		1934		1934		914	2000
4777				4777		914	2000

9—3 续表3

单位:万元 (2016)

指 标	Item	法人企业数(个) Corporate Enterprises (unit)	商品购进额 Total Commodity Purchase
生活用燃料零售	Retail of Life Fuel	1	2987
按登记注册类型分	Grouped By Registration Type		
内资企业	Domestic Funded Enterprises	160	2528465
国有企业	State-owned Enterprises	5	32453
集体企业	Collective-owned Enterprises	1	1422
有限责任公司	Limited Liability Corporations	56	1111725
国有独资公司	State-owned Enterprises	1	2987
其他有限责任公司	Other Limited Liability Corporations	55	1108737
股份有限公司	Share-holding Corporations Ltd.	2	272013
私营企业	Private Enterprises	96	1110853
私营有限责任公司	Private Limited Liability Corporations	96	1110853
港、澳、台商投资企业	Hong Kong, Macao and Taiwan Investment Enterprises	2	77434
与港澳台商合资经营企业	With the Joint Venture Enterprises from Hong Kong, Macao and Taiwan	1	48673
港澳台商独资企业	Hong Kong, Macao, Taiwan-Owned Enterprise	1	28761
外商投资企业	Foreign Funded Enterprises	1	4545
中外合资经营企业	Sino-foreign Joint Venture Enterprises	1	4545
按控股情况分	Grouped By Controlling Stake		
国有控股	State-owned	8	37648
集体控股	Collective-owned	3	30235
私人控股	Private	134	1532725
港澳台商控股	Holding from Hong Kong, Macao and Taiwan	2	77434
外商控股	Foreign	1	36993
其他	Others	15	895409
按经营形式分	Grouped By Business Form		
独立门店	Indipendent Store	140	1904788
连锁总店	Distributor Chain	11	635664
连锁门店	Distributor Store	4	27581
其他	Others	8	42411
按单位规模分	Grouped By Unit Scale		
大型	Large-scale	5	817966
中型	Medium-scale	92	1552989
小型	Small-scale	59	227877
微型	Miniature	7	11612
按零售业态分	Grouped By Retail Formats		
有店铺零售	Have a Retail Store	157	2577906
超市	Supermarket	6	11735
大型超市	Hypermarket	5	603160
百货店	Department Store	10	315193
专业店	Speciality Store	44	503994
专卖店	Franchised Store	89	1142047
家居建材商店	Home Fureishing Materials Store	2	1126
厂家直销中心	Center of Manufacturer Direct Deal	1	652
无店铺零售	Non-store Retail	6	32538

continued

(10 000 yuan)

商品销售额 Total Commodity Sales Value	通过公共网络实现的商品销售额 Commodity Sales Through Public Network	使用银行卡支付的商品销售额 Commodity Sales Payed for by Bank Cards	批发额 Wholesale Value	零售额 Retail Value	通过公共网络实现的商品零售额 Commodity Retail Value Through Public Network	期末商品库存额 Total Stock at Year-end	年末零售营业面积(平方米) Area of Retail Business at Year-end (sq.m)
4777				4777	85575	287922	803516
2767894	91049	1283096	168378	2599516		6420	25765
36089	38	9768		36089		60	300
1727				1727	27499	121018	434086
1198812	31756	358468	133763	1065048		914	2000
4777				4777	27499	120103	432086
1194035	31756	358468	133763	1060271		10047	164056
278256		161999		278256	58076	150377	179309
1253011	59255	752861	34614	1218397	58076	150377	179309
1253011	59255	752861	34614	1218397		8745	500
78964		28833		78964		5582	300
49613				49613		3163	200
29351		28833		29351		1	300
6757			3480	3277		1	300
6757			3480	3277		7696	29165
44210	38	11334		44210		1412	11458
31659		882		31659	82412	198157	356325
1778095	87848	901459	144158	1633937		8745	500
78964		28833		78964		6789	76793
42963		42963		42963	3163	73869	330075
877725	3163	326457	27700	850025	70784	216306	410596
2149917	76258	1053902	129849	2020068		73457	322398
618771		232934	31422	587349	3163	1082	38722
34189	3163	19095	841	33348	11628	5822	32600
50739	11628	5998	9746	40993		66551	402701
798891		350404	28178	770714	85325	185927	316982
1793480	89925	888681	126048	1667432	250	42602	74191
247509	1123	68591	17407	230102		1587	10442
13735		4253	225	13510	73947	291638	792716
2811676	79421	1311842	162335	2649341		3145	6727
13852		3327	617	13235		64632	326541
584937		232250	28178	556759		7952	240946
392980		193673		392980	7308	59577	126596
552769	7308	43571	108830	443939	66639	155155	70676
1263394	71707	837088	24305	1239089		1178	20990
2765		1934		2765			240
979	405		405	574	11628	5029	11600
41940	11628	87	9523	32417	9523		

9—4　限额以上批发和零售业法人企业商品分类销售额

单位:万元　　　　　　　　　　　　　　　　　　　　　　　　　　　　　　　（2016）

指　标	Item	销售额 Sales Value	批发额 Wholesale Value	零售额 Retail Value
总　计	**Total**	**7680123**	**4493155**	**3186968**
批发业	Wholesale Trade	**4870287**	**4379210**	**491078**
粮油、食品类	Grain and Oils, Food	39244	39244	
#粮油类	Grain and Oils	29446	29446	
肉禽蛋类	Meat Poultry and eggs	946	946	
水产品类	Aquatic Products			
蔬菜类	Vegetables			
干鲜果品类	Dried and Fresh Melons and Fruits	677	677	
饮料类	Beverages	5564		5564
烟酒类	Tobacco and Liquor	731555	728683	2872
服装、鞋帽、针纺织品类	Clothing,Shoes,Hats and Textiles	2018	1030	989
#服装类	Clothing	2018	1030	989
鞋帽类	Footwear and Hats			
针纺织品类	Textiles			
化妆品类	Cosmetics			
金银珠宝类	Gold,Silver and jewelry			
日用品类	Articles for Daily Use	6232	5360	872
#儿童玩具类	Children`s toys			
五金、电料类	Hardware & Electrical Materials			
体育、娱乐用品类	Sports and Entertainment Products			
#照相器材类	Photographic Equipments			
书报杂志类	Newspapers and Magazines	25649	25649	
电子出版物及音像制品类	E-journals and Video Products	372		372
家用电器和音像器材类	Household Appliances and Video Equipments	9732	9625	107
中西药品类	Traditional Chinese and Western Medicine	253236	119204	134032
#西药类	Western Medicine	177796	82521	95275
中草药及中成药类	Traditional Chinese	63945	25188	38757
文化办公用品类	Cultral and Official Goods	9002	8061	940
#计算机及其配套产品	Computer and Corollary Equipments	3355	2414	940
家具类	Furniture			
通讯器材类	Communication Appliances			
煤炭及制品类	Coal and Related Products	61630	61620	10
木材及制品类	Wood and Wooden Products	243	243	
石油及制品类	Petroleum and Related Products	3173438	2828735	344703
化工材料及制品类	Raw Chemical Materials and Related Products	56811	56811	
#化肥类	Fertilizer	23362	23362	
金属材料类	Metal Materials	354288	354288	
建筑及装潢材料类	Building and Decoration Materials	4598	4598	
机电产品及设备类	Mechanical & Electrical Products	26454	25850	604
#农机类	Agricultural Machinery	15339	15339	
汽车类	Automobile	31115	31115	
其他类	Others	79108	79094	14

Sale Values of Wholesale and Retail by Enterprises above Designated Size by Category (City)

(10 000yuan)

指　标	Item	销售额 Sales Value	批发额 Wholesale Value	零售额 Retail Value
零售业	**Retail Trade**	**2809845**	**113955**	**2695890**
粮油、食品类	Grain and Oils, Food	277892	4843	273049
#粮油类	Grain and Oils	49953	19	49934
肉禽蛋类	Meat Poultry and eggs	38262	55	38207
水产品类	Aquatic Products	2065	2	2063
蔬菜类	Vegetables	9031	44	8987
干鲜果品类	Dried and Fresh Melons and Fruits	13751	1961	11790
饮料类	Beverages	18087	671	17416
烟酒类	Tobacco and Liquor	47829	707	47121
服装、鞋帽、针纺织品类	Clothing,Shoes,Hats and Textiles	258577	1002	257575
#服装类	Clothing	180008	575	179433
鞋帽类	Footwear and Hats	47957	421	47536
针纺织品类	Textiles	30612	5	30607
化妆品类	Cosmetics	42835	2	42833
金银珠宝类	Gold,Silver and jewelry	91586		91586
日用品类	Articles for Daily Use	95267	387	94880
#儿童玩具类	Children`s toys	1529	0	1529
五金、电料类	Hardware & Electrical Materials	1105	1	1105
体育、娱乐用品类	Sports and Entertainment Products	10294	511	9783
#照相器材类	Photographic Equipments	12		12
书报杂志类	Newspapers and Magazines	11971		11971
电子出版物及音像制品类	E-journals and Video Products	1972		1972
家用电器和音像器材类	Household Appliances and Video Equipments	170171	17014	153157
中西药品类	Traditional Chinese and Western Medicine	278355	16999	261356
#西药类	Western Medicine	247697	14198	233499
中草药及中成药类	Traditional Chinese	29466	2801	26665
文化办公用品类	Cultral and Official Goods	53767	7410	46357
#计算机及其配套产品	Computer and Corollary Equipments	13076	563	12514
家具类	Furniture	5798		5798
通讯器材类	Communication Appliances	56666	9816	46850
煤炭及制品类	Coal and Related Products			
木材及制品类	Wood and Wooden Products			
石油及制品类	Petroleum and Related Products	50982	8652	42330
化工材料及制品类	Raw Chemical Materials and Related Products			
#化肥类	Fertilizer			
金属材料类	Metal Materials			
建筑及装潢材料类	Building and Decoration Materials			
机电产品及设备类	Mechanical & Electrical Products			
#农机类	Agricultural Machinery			
汽车类	Automobile	1334258	45750	1288508
其他类	Others	2433	191	2242

9—5 限额以上批发和零售业法人企业主要财务状况

单位:万元 (2016)

指 标	Item	法人企业数(个) Number of Corporate (unit)
总 计	**Total**	**261**
兴庆区	Xingqing	70
西夏区	Xixia	26
金凤区	Jinfeng	51
永宁县	Yongning	26
贺兰县	Helan	69
灵武市	Lingwu	19
批发业	**Wholesale Trade**	**98**
按批发行业小类分	Grouped by Wholesale Industry Small Class	
农、林、牧产品批发	Wholesale of Agricultural, Forestry, Animal Husbandry Products	2
谷物、豆及薯类批发	Wholesale of Grain, Bean and Potatoes	1
牲畜批发	Wholesale of Livestock	1
食品、饮料及烟草制品批发	Wholesale of Food,Beverages and Tobacoos	8
米、面制品及食用油批发	Wholesale of Rice,Flour and Edible Oil	1
果品、蔬菜批发	Wholesale of Fruits and Vegetables	1
肉、禽、蛋、奶及水产品批发	Wholesale of Meat and Aquatic Products	1
盐及调味品批发	Wholesale of Salt and Condiments	1
酒、饮料及茶叶批发	Wholesale of Beverages and tea	2
烟草制品批发	Wholesale of Tobacoos	2
纺织、服装及家庭用品批发	Wholesale of Textiles,Garments and Daily Consummer Aticles	2
服装批发	Wholesale of Garments	1
家用电器批发	Wholesale of Household Electrical Appliances	1
文化、体育用品及器材批发	Wholesale of Cultural,Sports Goods Appliances and Equipments	1
图书批发	Wholesale of Books	1
医药及医疗器材批发	Wholesale of Medicines and Medical Appliances	8
西药批发	Wholesale of Western Medicine	6
医疗用品及器材批发	Wholesale of Medical Supplies and Equipment	2
矿产品、建材及化工产品批发	Wholesale of Mineral Products, Building Materials and Chemical Products	61
煤炭及制品批发	Wholesale of Coal and Related Products	4
石油及制品批发	Wholesale of Petroleum and Related Products	12
金属及金属矿批发	Wholesale of Metallic mineral Products	38
建材批发	Wholesale of Building Materials	1
化肥批发	Wholesale of Chemical Fertilizer	3
农药批发	Wholesale of Pesticide	1
其他化工产品批发	Wholesale of Other Chemical Products	2
机械设备、五金产品及电子产品批发	Wholesale of Mechanical Equipment, Hardware Products and Electronic Products	14

Financial Indicators of Wholesale and Retail by Enterprises above Designated Size

(10 000 yuan)

年初存货 Invertory at Begining of Year	流动资产合计 Total Working Capitals	应收帐款 Accounts Receivable	存货 Stock
484963	**2986480**	**450104**	**468733**
169712	1093406	143028	194899
46513	227476	70826	37340
91677	598720	131674	98950
18090	70853	20368	21937
144779	413779	55439	104319
14193	582246	28770	11289
160968	**1808375**	**254265**	**209969**
2857	7390	2199	860
2325	5387	987	219
533	2002	1212	641
30292	323965	965	41707
1196	4624		394
4	12139	563	605
183	559	246	258
1191	8500	122	825
4717	7108	34	5080
23002	291035	1	34545
7693	13817	4739	5214
5799	9681	4739	2657
1894	4136		2557
2218	19085	6944	3362
2218	19085	6944	3362
18429	146456	75850	19988
15622	122244	66808	16932
2806	24211	9042	3056
75913	1034040	105308	109542
1178	30852	14907	1649
28719	647182	25710	69483
37913	316157	53209	29731
227	4961	2298	227
5001	22310	5923	4795
840	4656	1135	1798
2036	7922	2127	1859
20821	89036	29374	22729

9—5 续表 1

单位:万元 (2016)

指 标	Item	法人企业数(个) Number of Corporate (unit)
农业机械批发	Wholesale of Agriculture Machinary	2
汽车批发	Wholesale of MotorVehicles	6
电气设备批发	Wholesale of Electrical Equipment	2
计算机、软件及辅助设备批发	Wholesale of Computer,Software and Assistant Aplliances	1
其他机械设备及电子产品批发	Wholesale of Other Machinary and Electric Equipment	3
其他批发业	Other Wholesale	2
再生物资回收与批发	Recovery and Wholesale of Recycled Materials	1
其他未列明批发业	Other Wholesale Unlisted	1
按登记注册类型分	Grouped By Registration Type	
内资企业	Domestic Funded Enterprises	98
国有企业	State-owned Enterprises	5
有限责任公司	Limited Liability Corporations	30
国有独资公司	State-owned Enterprises	1
其他有限责任公司	Other Limited Liability Corporations	29
股份有限公司	Share-holding Corporations Ltd.	7
私营企业	Private Enterprises	56
私营有限责任公司	Private Limited Liability Corporations	55
私营股份有限公司	Private Share-holding Corporations Ltd.	1
按控股情况分	Grouped By Controlling Stake	
国有控股	State-owned	16
集体控股	Collective-owned	1
私人控股	Private	73
其他	Others	8
按经营形式分	Grouped By Business Form	
独立门店	Indipendent Stores	82
连锁总店	Distributor Chain	1
连锁门店	Chain Stores	2
其他	Others	13
按单位规模分	Grouped By Unit Scale	
大型	large-scale	5
中型	Medium-scale	28
小型	Small-scale	53
微型	Miniature	12
零售业	**Retail Trade**	**163**
按零售行业小类分	Grouped by Retail Trade Industry Small Class	
综合零售	Integrated Retail	16
百货零售	Retail of General Merchandise	11
超级市场零售	Retail of Supermarkets	2
其他综合零售	Others	3
食品、饮料及烟草制品专门零售	Retail of Food,Beverages and Tobaccos	10
粮油零售	Retail of Grain and Oil	1

continued

(10 000 yuan)

年初存货 Invertory at Begining of Year	流动资产合计 Total Working Capitals	应收帐款 Accounts Receivable	存货 Stock
2427	11628	4911	4074
10358	34359	13233	9041
6734	36603	9425	7136
259	728	179	428
1043	5719	1627	2050
2746	174587	28887	6568
1699	31652	28672	1929
1048	142934	215	4639
160968	1808375	254265	209969
27607	323244	7066	39126
51028	803195	121691	46506
462	21126	9447	473
50566	782069	112244	46033
12960	81954	1278	52594
69374	599981	124230	71743
69370	587842	123668	71138
4	12139	563	605
52371	527621	66484	104558
5001	20780	5706	4373
84268	1192165	149544	89966
19329	67808	32532	11072
107654	1329268	164223	104074
6574	33727	1129	9742
5774	8743		6675
40967	436638	88913	89478
22841	219984	49753	27675
59162	1149181	106107	118208
74141	381233	86650	61680
4825	57977	11756	2406
323995	**1178106**	**195838**	**258764**
45584	273162	45946	21007
13844	160691	5875	13768
30624	110529	39541	6431
1116	1943	530	808
7573	27491	3396	6497
450	970	100	416

9—5 续表 2

单位:万元 （2016）

指 标	Item	法人企业数(个) Number of Corporate (unit)
果品、蔬菜零售	Retail of Fruits and Vegetables	3
酒、饮料及茶叶零售	Retail of Wine,Beverages and Tea	4
烟草制品零售	Retail of Tobacco Products	1
其他食品零售	Retail of Other Food	1
纺织、服装及日用品专门零售	Special Retail of Textiles,Garments and Daily Consumer Articles	2
服装零售	Retail of Garments	1
钟表、眼镜零售	Retail of Watches and Glasses	1
文化、体育用品及器材专门零售	Retail of Culture,Sports Appliances and Equipments	10
体育用品及器材零售	Retail of Sports Goods Appliances and Equipments	1
图书、报刊零售	Retail of Books, Newspapers and Magazines	2
珠宝首饰零售	Retail of Jewelery	2
工艺美术品及收藏品零售	Retail of Arts ,Crafts and Collections	3
乐器零售	Retail of Musical instrument	1
其他文化用品零售	Retail of Other Culture Appliances	1
医药及医疗器材专门零售	Retail of Medical Supplies and Appliances	15
药品零售	Retail of Drug	14
医疗用品及器材零售	Retail of Medical Supplies and Appliances	1
汽车、摩托车、燃料及零配件专门零售	Retail of Motor Vehicles,Motorcycles,Fuel and Parts	93
汽车零售	Retail of Motor Vehicles	79
汽车零配件零售	Retail of Motor Vehicles and Parts	1
机动车燃料零售	Retail of Motor Vehicles Fuel	13
家用电器及电子产品专门零售	Special Retailof Household Electric Appliances and Electronic Products	14
家用视听设备零售	Retail of Household Audio and Video Equipment	2
日用家电设备零售	Retail of Household Electric Appliances	4
计算机、软件及辅助设备零售	Retail of Computer,Software and Assistant Appliances	6
通信设备零售	Retail of Communication Equipments	2
五金、家具及室内装饰材料专门零售	Special Retail of Hardware,Furniture and Decoration Materials	2
家具零售	Retail of Furniture	1
其他室内装饰材料零售	Retail of Other Decoration Materials	1
货摊、无店铺及其他零售业	Retail of Non-shop and Other Retails	1
生活用燃料零售	Retail of Life Fuel	1
按登记注册类型分	Grouped By Registration Type	
内资企业	Domestic Funded Enterprises	160
国有企业	State-owned Enterprises	5

continued

(10 000 yuan)

年初存货 Invertory at Begining of Year	流动资产合计 Total Working Capitals	应收帐款 Accounts Receivable	存货 Stock
1951	4319	1083	1073
4293	20798	1980	4609
629	962	99	286
250	442	134	112
8450	9815	-52	8031
4464	6234	15	4603
3986	3581	-67	3428
15004	36902	4890	20483
4222	5716		5612
3877	8745	1016	4227
5014	12218	2512	8811
435	8462	1213	288
752	844	1	841
704	918	148	704
23478	143589	85323	24211
23370	143414	85301	24098
108	175	22	113
191008	543384	45102	137276
185560	498205	41821	133249
3702	4687	1151	1317
1746	40491	2130	2710
31783	137553	10755	40033
583	2911	574	532
21031	103221	3886	30969
9652	27968	6099	7756
517	3453	197	776
350	3102	379	418
350	2975	270	401
	127	110	17
767	3108	98	809
767	3108	98	809
318665	1163183	194713	251300
5352	14468	1199	5455

9—5 续表 3

单位：万元 （2016）

指 标	Item	法人企业数(个) Number of Corporate (unit)
集体企业	Collective-owned Enterprises	1
有限责任公司	Limited Liability Corporations	56
国有独资公司	State-owned Enterprises	1
其他有限责任公司	Other Limited Liability Corporations	55
股份有限公司	Share-holding Corporations Ltd.	2
私营企业	Private Enterprises	96
私营有限责任公司	Private Limited Liability Corporations	96
港、澳、台商投资企业	Hong Kong, Macao and Taiwan Investment Enterprises	2
与港澳台商合资经营企业	With the Joint Venture Enterprises from Hong Kong, Macao and Taiwan	1
港澳台商独资企业	Hong Kong, Macao, Taiwan-Owned Enterprise	1
外商投资企业	Foreign Funded Enterprises	1
中外合资经营企业	Sino-foreign Joint Venture Enterprises	1
按控股情况分	Grouped By Controlling Stake	
国有控股	State-owned	8
集体控股	Collective-owned	3
私人控股	Private	134
港澳台商控股	Holding from Hong Kong, Macao and Taiwan	2
外商控股	Foreign	1
其他	Others	15
按经营形式分	Grouped By Business Form	
独立门店	Indipendent Store	137
连锁总店	Distributor Chain	14
连锁门店	Distributor Store	4
其他	Others	8
按单位规模分	Grouped By Unit Scale	
大型	Large-scale	5
中型	Medium-scale	92
小型	Small-scale	59
微型	Miniature	7
按零售业态分	Grouped By Retail Formats	
有店铺零售	Have a Retail Store	157
超市	Supermarket	6
大型超市	Hypermarket	5
百货店	Department Store	10
专业店	Speciality Store	44
专卖店	Franchised Store	89
家居建材商店	Home Fureishing Materials Store	2
厂家直销中心	Center of Manufacturer Direct Deal	1
无店铺零售	Non-store Retail	6

continued

(10 000 yuan)

年初存货 Invertory at Begining of Year	流动资产合计 Total Working Capitals	应收帐款 Accounts Receivable	存货 Stock
31	299	120	60
120586	484282	109551	95745
767	3108	98	809
119819	481174	109453	94936
10154	128408	4716	9625
182543	535727	79127	140415
182543	535727	79127	140415
5252	12332	1058	7364
3739	6730	941	4660
1513	5602	117	2703
78	2591	68	100
78	2591	68	100
6772	25106	1902	6573
4597	16951	2687	1621
233878	733742	136392	184266
5252	12332	1058	7364
6761	13698	3171	6538
66735	376277	50629	52402
250342	897281	126210	202579
69139	253920	58398	52691
765	5374	1318	363
3750	21532	9912	3132
59617	328191	46111	44412
228041	678303	139652	178376
33746	163518	9043	33872
2591	8093	1032	2104
320141	1156519	185172	254721
3112	5172	892	2286
57810	220903	45139	42665
6294	140940	2662	6392
65178	308782	96338	62383
187528	476134	39537	140800
213	2464	197	195
7	2125	407	1
3854	21586	10666	4043

9—5 续表4

单位：万元　　(2016)

指　标	Item	固定资产合计 Total Fixed Assets	固定资产原价 Original Value of Fixed Assets
总　计	**Total**	**396665**	**584893**
兴庆区	Xingqing	105648	175611
西夏区	Xixia	53159	91689
金凤区	Jinfeng	129049	183298
永宁县	Yongning	20870	12096
贺兰县	Helan	56901	85171
灵武市	Lingwu	31039	37028
批发业	**Wholesale Trade**	**222162**	**298296**
按批发行业小类分	Grouped by Wholesale Industry Small Class		
农、林、牧产品批发	Wholesale of Agricultural, Forestry, Animal Husbandry Products	3812	4288
谷物、豆及薯类批发	Wholesale of Grain, Bean and Potatoes	2092	2311
牲畜批发	Wholesale of Livestock	1719	1977
食品、饮料及烟草制品批发	Wholesale of Food,Beverages and Tobacoos	30675	43469
米、面制品及食用油批发	Wholesale of Rice,Flour and Edible Oil	5859	7604
果品、蔬菜批发	Wholesale of Fruits and Vegetables	7789	8105
肉、禽、蛋、奶及水产品批发	Wholesale of Meat and Aquatic Products	115	120
盐及调味品批发	Wholesale of Salt and Condiments	123	359
酒、饮料及茶叶批发	Wholesale of Beverages and tea	125	619
烟草制品批发	Wholesale of Tobacoos	16664	26662
纺织、服装及家庭用品批发	Wholesale of Textiles,Garments and Daily Consummer Aticles	9086	10645
服装批发	Wholesale of Garments	9083	10614
家用电器批发	Wholesale of Household Electrical Appliances	4	30
文化、体育用品及器材批发	Wholesale of Cultural,Sports Goods Appliances and Equipments	1361	3365
图书批发	Wholesale of Books	1361	3365
医药及医疗器材批发	Wholesale of Medicines and Medical Appliances	12139	14461
西药批发	Wholesale of Western Medicine	12065	14132
医疗用品及器材批发	Wholesale of Medical Supplies and Equipment	74	329
矿产品、建材及化工产品批发	Wholesale of Mineral Products, Building Materials and Chemical Products	161499	214929
煤炭及制品批发	Wholesale of Coal and Related Products	17371	23298
石油及制品批发	Wholesale of Petroleum and Related Products	130904	171149
金属及金属矿批发	Wholesale of Metallic mineral Products	5498	10068
建材批发	Wholesale of Building Materials	129	408
化肥批发	Wholesale of Chemical Fertilizer	4636	6382
农药批发	Wholesale of Pesticide	2343	2463
其他化工产品批发	Wholesale of Other Chemical Products	617	1162
机械设备、五金产品及电子产品批发	Wholesale of Mechanical Equipment, Hardware Products and Electronic Products	1095	3278

continued

(10 000 yuan)

累计折旧 Accumulated Depreciation		在建工程 Construction in Process	资产总计 Total Assets	流动负债合计 Total Current Liabilities		非流动负债合计 Totale of Non-current Liabilities
	本年折旧 Depreciation This Year				应付账款 Accounts Payable	
206514	**37626**	**137977**	**4197833**	**2775871**	**511099**	**313573**
70488	9299	61346	1632974	955108	213778	150866
39942	5371	5079	334866	247779	33632	7184
54249	12471	64967	926669	614991	149889	15021
6590	1747	2608	155756	119126	3348	43
28270	6737	2402	531496	398828	67881	5547
6975	2002	1576	616072	440039	42572	134912
92874	**21795**	**92565**	**2520091**	**1649431**	**235806**	**278130**
476	309		11930	3827	424	
219	51		7748	2217	101	
258	258		4182	1610	322	
12794	3507	21153	448033	205142	17036	13733
1745	1745	116	11171	1328	248	6642
317	290	248	20211	11968	9455	6800
5	5		710	279	55	
236	28		13221	3579	159	198
494	56		7233	5756		
9997	1383	20789	395488	182232	7120	93
1559	310		23925	5245	1628	6500
1532	308		19785	1377	1140	6500
27	2		4140	3868	488	
2004	176	1104	30091	14456	9192	1001
2004	176	1104	30091	14456	9192	1001
2322	678	2371	164374	127887	72283	1737
2066	650	1154	138238	105271	62245	1737
255	28	1217	26136	22616	10038	
70169	16057	67046	1472439	1107783	73971	142454
5927	1205		48867	20937	2091	
56882	13944	64502	974020	728788	43488	122730
4570	428		391443	312496	26610	11000
279			5090	3292	241	
1847	311	132	33806	32304	75	6023
120	120		7120	2615	948	
545	50	2412	12093	7352	519	2700
2183	473	890	92630	89542	48619	406

9—5 续表 5

单位:万元 (2016)

指 标	Item	固定资产合计 Total Fixed Assets	固定资产原价 Original Value of Fixed Assets
农业机械批发	Wholesale of Agriculture Machinary	421	685
汽车批发	Wholesale of MotorVehicles	363	1759
电气设备批发	Wholesale of Electrical Equipment	269	784
计算机、软件及辅助设备批发	Wholesale of Computer,Software and Assistant Aplliances		
其他机械设备及电子产品批发	Wholesale of Other Machinary and Electric Equipment	41	50
其他批发业	Other Wholesale	2495	3862
再生物资回收与批发	Recovery and Wholesale of Recycled Materials	46	123
其他未列明批发业	Other Wholesale Unlisted	2449	3739
按登记注册类型分	Grouped By Registration Type		
内资企业	Domestic Funded Enterprises	222162	298296
国有企业	State-owned Enterprises	24007	37990
有限责任公司	Limited Liability Corporations	37420	49693
国有独资公司	State-owned Enterprises	16849	21602
其他有限责任公司	Other Limited Liability Corporations	20570	28090
股份有限公司	Share-holding Corporations Ltd.	123991	153996
私营企业	Private Enterprises	36744	56618
私营有限责任公司	Private Limited Liability Corporations	28956	48513
私营股份有限公司	Private Share-holding Corporations Ltd.	7789	8105
按控股情况分	Grouped By Controlling Stake		
国有控股	State-owned	175798	225919
集体控股	Collective-owned	4250	5922
私人控股	Private	40358	63568
其他	Others	1757	2887
按经营形式分	Grouped By Business Form		
独立门店	Indipendent Stores	67003	105057
连锁总店	Distributor Chain	84478	104584
连锁门店	Chain Stores	38761	48346
其他	Others	31920	40309
按单位规模分	Grouped By Unit Scale		
大型	large-scale	136744	172948
中型	Medium-scale	47124	73514
小型	Small-scale	28927	41519
微型	Miniature	9367	10316
零售业	**Retail Trade**	**174503**	**286597**
按零售行业小类分	Grouped by Retail Trade Industry Small Class		
综合零售	Integrated Retail	47836	93308
百货零售	Retail of General Merchandise	25772	57939
超级市场零售	Retail of Supermarkets	21988	35209
其他综合零售	Others	76	160
食品、饮料及烟草制品专门零售	Retail of Food,Beverages and Tobaccos	4449	8159
粮油零售	Retail of Grain and Oil	410	753

continued

(10 000 yuan)

累计折旧 Accumulated Depreciation	本年折旧 Depreciation This Year	在建工程 Construction in Process	资产总计 Total Assets	流动负债合计 Total Current Liabilities	应付账款 Accounts Payable	非流动负债合计 Totale of Non-current Liabilities
264	56		12062	9494	6605	
1396	388	890	37207	41534	18147	95
515	30		36873	34214	20597	
			728	686	311	311
9			5760	3613	2959	
1367	285		276670	95550	12654	112300
77	20		31713	21499	10349	
1291	265		244957	74052	2305	112300
92874	21795	92565	2520091	1649431	235806	278130
13983	3332	22009	449970	201595	16719	7935
12375	2306	3272	872027	632098	102612	131648
4753	1027		38609	12696	831	
7622	1279	3272	833418	619402	101781	131648
45334	13128	59682	387960	295553	5805	1118
21183	3030	7602	810134	520185	110671	137430
20867	2740	7354	789923	508217	101216	130630
317	290	248	20211	11968	9455	6800
65449	17996	82077	991316	595351	76718	9084
1775	304	132	31817	31869		6023
24520	3372	7943	1413159	960414	145842	260323
1130	124	2412	83799	61797	13246	2700
39466	6651	12094	1607943	1011281	155736	276494
20105	8501	56572	221632	130124	4936	218
24913	4615	3110	126092	126092	22	
8389	2029	20789	564424	381933	75112	1418
51532	13967	59682	541880	342044	54988	249
26390	3863	28058	1432693	889541	107963	236830
14003	3666	4577	475932	364410	59004	34251
949	300	248	69586	53436	13851	6800
113639	**15831**	**45412**	**1677741**	**1126440**	**275293**	**35442**
45834	1189	25895	502728	255083	107330	18814
32529	1160	22232	339570	161564	49021	4555
13221		3663	160978	90680	57300	14259
84	29		2180	2839	1009	
3709	614	1417	43514	30477	2143	2293
343	40		1535	606	453	28

9—5 续表 6

单位:万元 （2016）

指　标	Item	固定资产合计 Total Fixed Assets	固定资产原价 Original Value of Fixed Assets
果品、蔬菜零售	Retail of Fruits and Vegetables	3269	5893
酒、饮料及茶叶零售	Retail of Wine,Beverages and Tea	657	1359
烟草制品零售	Retail of Tobacco Products	2	32
其他食品零售	Retail of Other Food	112	121
纺织、服装及日用品专门零售	Special Retail of Textiles,Garments and Daily Consumer Articles	1040	1948
服装零售	Retail of Garments	4	47
钟表、眼镜零售	Retail of Watches and Glasses	1036	1901
文化、体育用品及器材专门零售	Retail of Culture,Sports Appliances and Equipments	14459	18283
体育用品及器材零售	Retail of Sports Goods Appliances and Equipments	118	453
图书、报刊零售	Retail of Books, Newspapers and Magazines	7579	10327
珠宝首饰零售	Retail of Jewelery	5840	6440
工艺美术品及收藏品零售	Retail of Arts ,Crafts and Collections	918	1056
乐器零售	Retail of Musical instrument	1	5
其他文化用品零售	Retail of Other Culture Appliances	3	3
医药及医疗器材专门零售	Retail of Medical Supplies and Appliances	7819	13521
药品零售	Retail of Drug	7776	13477
医疗用品及器材零售	Retail of Medical Supplies and Appliances	43	44
汽车、摩托车、燃料及零配件专门零售	Retail of Motor Vehicles,Motorcycles,Fuel and Parts	90309	134743
汽车零售	Retail of Motor Vehicles	81739	118094
汽车零配件零售	Retail of Motor Vehicles and Parts	1279	1517
机动车燃料零售	Retail of Motor Vehicles Fuel	7291	15131
家用电器及电子产品专门零售	Special Retailof Household Electric Appliances and Electronic Products	6326	9703
家用视听设备零售	Retail of Household Audio and Video Equipment	56	110
日用家电设备零售	Retail of Household Electric Appliances	5865	8424
计算机、软件及辅助设备零售	Retail of Computer,Software and Assistant Appliances	368	914
通信设备零售	Retail of Communication Equipments	37	255
五金、家具及室内装饰材料专门零售	Special Retail of Hardware,Furniture and Decoration Materials	778	1757
家具零售	Retail of Furniture	772	1744
其他室内装饰材料零售	Retail of Other Decoration Materials	6	13
货摊、无店铺及其他零售业	Retail of Non-shop and Other Retails	1487	5175
生活用燃料零售	Retail of Life Fuel	1487	5175
按登记注册类型分	Grouped By Registration Type		
内资企业	Domestic Funded Enterprises	165345	272022
国有企业	State-owned Enterprises	8354	14059

continued

(10 000 yuan)

累计折旧 Accumulated Depreciation	本年折旧 Depreciation This Year	在建工程 Construction in Process	资产总计 Total Assets	流动负债合计 Total Current Liabilities	应付账款 Accounts Payable	非流动负债合计 Totale of Non-current Liabilities
2624	407	1044	10903	7288	749	1485
702	153	373	29549	22297	770	780
30	5		965	187	144	
9	9		562	100	28	
908	125		11096	7180	522	1511
43	4		6240	6548		
865	121		4856	632	522	1511
3824	837	6822	64946	31722	10189	5145
334	61		7380	4424	1398	
2748	392	5861	22481	11811	7225	3760
600	322	960	22143	6287	212	
138	62		11161	7624	589	1385
4	1		845	742	401	
			936	834	365	
5702	2511	2606	158621	125866	71948	442
5702	2511	2606	158403	125736	71818	442
1	1		219	130	130	
45618	10173	6957	729184	562193	48220	6516
36518	8029	2672	665539	509249	43195	5926
238	44		6186	5006	213	14
8862	2100	4285	57459	47938	4811	576
3378	119	1653	158180	106576	30484	722
55	0		3046	1601	393	
2559	23		121513	79934	19279	722
546	76	1653	30061	22234	9792	
218	21		3559	2807	1020	
979	54	63	4144	6243	3804	
972	51		3948	2511	72	
8	3	63	195	3732	3732	
3688	209		5329	1101	654	
3688	209		5329	1101	654	
108223	15408	45411	1649156	1113123	269894	33778
5705	517	5861	29141	15275	9872	3800

9—5 续表 7

单位：万元　　　　　　　　　　　　　　　　　　　　　　　　　　　　　　　　（2016）

指　标	Item	固定资产合计 Total Fixed Assets	固定资产原价 Original Value of Fixed Assets
集体企业	Collective-owned Enterprises	8	29
有限责任公司	Limited Liability Corporations	54089	96732
国有独资公司	State-owned Enterprises	1487	5175
其他有限责任公司	Other Limited Liability Corporations	52602	91557
股份有限公司	Share-holding Corporations Ltd.	21288	48794
私营企业	Private Enterprises	81606	112409
私营有限责任公司	Private Limited Liability Corporations	81606	112409
港、澳、台商投资企业	Hong Kong, Macao and Taiwan Investment Enterprises	8153	10838
与港澳台商合资经营企业	With the Joint Venture Enterprises from Hong Kong, Macao and Taiwan	7125	9122
港澳台商独资企业	Hong Kong, Macao, Taiwan-Owned Enterprise	1028	1717
外商投资企业	Foreign Funded Enterprises	1006	3736
中外合资经营企业	Sino-foreign Joint Venture Enterprises	1006	3736
按控股情况分	Grouped By Controlling Stake		
国有控股	State-owned	9869	19304
集体控股	Collective-owned	710	1465
私人控股	Private	104080	153946
港澳台商控股	Holding from Hong Kong, Macao and Taiwan	8153	10838
外商控股	Foreign	1252	1252
其他	Others	50440	99792
按经营形式分	Grouped By Business Form		
独立门店	Indipendent Store	135985	224920
连锁总店	Distributor Chain	35695	56833
连锁门店	Distributor Store	1101	2019
其他	Others	1723	2824
按单位规模分	Grouped By Unit Scale		
大型	Large-scale	48567	91313
中型	Medium-scale	105505	163618
小型	Small-scale	19729	30225
微型	Miniature	703	1441
按零售业态分	Grouped By Retail Formats		
有店铺零售	Have a Retail Store	173316	283952
超市	Supermarket	2656	3289
大型超市	Hypermarket	29044	44721
百货店	Department Store	22378	54176
专业店	Speciality Store	39005	65652
专卖店	Franchised Store	79725	115593
家居建材商店	Home Fureishing Materials Store	506	513
厂家直销中心	Center of Manufacturer Direct Deal	3	9
无店铺零售	Non-store Retail	1188	2644

continued

（10 000 yuan）

累计折旧 Accumulated Depreciation	本年折旧 Depreciation This Year	在建工程 Construction in Process	资产总计 Total Assets	流动负债合计 Total Current Liabilities	应付账款 Accounts Payable	非流动负债合计 Totale of Non-current Liabilities
21			307	278	255	
42678	6266	13656	621625	449496	163435	7066
3688	209		5329	1101	654	
38990	6058	13656	616296	448395	162781	7066
27868	681	22232	295179	126462	23531	4530
31951	7944	3661	702905	521614	72801	18381
31951	7944	3661	702905	521614	72801	18381
2686	237	2	24866	13117	5398	1665
1997		2	15800	7917	5030	1665
689	237		9067	5199	368	
2730	186		3719	200	2	
2730	186		3719	200	2	
9435	733	5861	43329	23169	10673	4835
755	152	1653	21793	20284	17014	
51049	11399	10115	956182	728341	130403	21363
2686	237	2	24866	13117	5398	1665
362	27		20522	39615	9448	2100
49353	3284	27781	611049	301915	102358	5479
90119	12624	33390	1301124	870245	155507	28071
21500	2372	10292	342906	231877	104141	6591
918	177	8	7937	5293	3020	
1102	659	1722	25774	19025	12625	780
43109	681	25895	562584	280598	98701	19511
59099	12178	15492	897119	660559	157764	13173
10694	2970	3938	209091	178783	17326	2759
738	2	88	8948	6501	1503	
112147	15558	43753	1652656	1113145	267092	34662
634	147	119	9235	4835	1286	433
16040	140	3663	298270	204324	94333	17081
31798	1045	22232	308582	113286	30867	2455
27796	5650	15066	401656	313904	94558	5771
35868	8569	2611	629752	469430	42305	8922
8	3	63	3032	6144	3743	
5	5		2129	1221		
1492	273	1659	25086	13295	8201	780

9—5 续表 8

单位:万元 (2016)

指 标	Item	负债合计 Total Liabilities
总 计	**Total**	**3088988**
兴庆区	Xingqing	1105364
西夏区	Xixia	254963
金凤区	Jinfeng	630192
永宁县	Yongning	119144
贺兰县	Helan	404375
灵武市	Lingwu	574951
批发业	**Wholesale Trade**	**1927225**
按批发行业小类分	Grouped by Wholesale Industry Small Class	
农、林、牧产品批发	Wholesale of Agricultural, Forestry, Animal Husbandry Products	3827
谷物、豆及薯类批发	Wholesale of Grain, Bean and Potatoes	2217
牲畜批发	Wholesale of Livestock	1610
食品、饮料及烟草制品批发	Wholesale of Food,Beverages and Tobacoos	218875
米、面制品及食用油批发	Wholesale of Rice,Flour and Edible Oil	7970
果品、蔬菜批发	Wholesale of Fruits and Vegetables	18768
肉、禽、蛋、奶及水产品批发	Wholesale of Meat and Aquatic Products	279
盐及调味品批发	Wholesale of Salt and Condiments	3777
酒、饮料及茶叶批发	Wholesale of Beverages and tea	5756
烟草制品批发	Wholesale of Tobacoos	182325
纺织、服装及家庭用品批发	Wholesale of Textiles,Garments and Daily Consummer Aticles	11745
服装批发	Wholesale of Garments	7877
家用电器批发	Wholesale of Household Electrical Appliances	3868
文化、体育用品及器材批发	Wholesale of Cultural,Sports Goods Appliances and Equipments	15457
图书批发	Wholesale of Books	15457
医药及医疗器材批发	Wholesale of Medicines and Medical Appliances	129623
西药批发	Wholesale of Western Medicine	107007
医疗用品及器材批发	Wholesale of Medical Supplies and Equipment	22616
矿产品、建材及化工产品批发	Wholesale of Mineral Products,Building Materials and Chemical Products	1250212
煤炭及制品批发	Wholesale of Coal and Related Products	20937
石油及制品批发	Wholesale of Petroleum and Related Products	851518
金属及金属矿批发	Wholesale of Metallic mineral Products	323471
建材批发	Wholesale of Building Materials	3292
化肥批发	Wholesale of Chemical Fertilizer	38327
农药批发	Wholesale of Pesticide	2615
其他化工产品批发	Wholesale of Other Chemical Products	10052
机械设备、五金产品及电子产品批发	Wholesale of Mechanical Equipment, Hardware Products and Electronic Products	89637

continued

（10 000 yuan）

所有者权益 Total Owners' Equities	实收资本 Paid-in Capitals	国家资本 State-owned Capitals	集体资本 State-ownde Capitals	法人资本 Corporate Capitals	个人资本 Personal Capitals	港澳台资本 Hongkong, Macao and Taiwan Capitals	外商资本 Foreign Capitais
1108845	**770964**	**26312**	**2914**	**592234**	**139867**	**8089**	**1548**
527610	208970	15286	933	169730	23021		
79903	93885	278	1980	67763	23864		
296478	194608	3684	1	145814	43562		1548
36613	37428			17984	19444		
127121	108309	7009		68679	24533	8089	
41121	127763	55		122265	5443		
592866	**506271**	**16899**	**2751**	**420018**	**66603**		
8103	3500			1000	2500		
5531	1000			1000			
2572	2500				2500		
229158	14838	9669		4069	1100		
3201	3751	3751					
1443	2000			2000			
431	500			500			
9443	3384	3384					
1477	1100				1100		
213162	4103	2534		1569			
12180	20542			20542			
11908	20442			20442			
272	100			100			
14634	7009	7009					
14634	7009	7009					
34750	16595			13802	2793		
31231	13095			10302	2793		
3520	3500			3500			
222227	341244	220	2751	287472	50801		
27930	22801			20600	2201		
122502	214158			205958	8200		
67973	96608	220		57856	38532		
1798	2000			2000			
-4521	3250		1950		1300		
4505	1058			1058			
2041	1369		801		568		
2993	12543			3134	9409		

9—5 续表 9

单位:万元 (2016)

指标	Item	负债合计 Total Liabilities
农业机械批发	Wholesale of Agriculture Machinary	9494
汽车批发	Wholesale of MotorVehicles	41629
电气设备批发	Wholesale of Electrical Equipment	34214
计算机、软件及辅助设备批发	Wholesale of Computer,Software and Assistant Aplliances	686
其他机械设备及电子产品批发	Wholesale of Other Machinary and Electric Equipment	3613
其他批发业	Other Wholesale	207850
再生物资回收与批发	Recovery and Wholesale of Recycled Materials	21499
其他未列明批发业	Other Wholesale Unlisted	186352
按登记注册类型分	Grouped By Registration Type	
内资企业	Domestic Funded Enterprises	1927225
国有企业	State-owned Enterprises	209529
有限责任公司	Limited Liability Corporations	763436
国有独资公司	State-owned Enterprises	12696
其他有限责任公司	Other Limited Liability Corporations	750740
股份有限公司	Share-holding Corporations Ltd.	296672
私营企业	Private Enterprises	657589
私营有限责任公司	Private Limited Liability Corporations	638821
私营股份有限公司	Private Share-holding Corporations Ltd.	18768
按控股情况分	Grouped By Controlling Stake	
国有控股	State-owned	604435
集体控股	Collective-owned	37892
私人控股	Private	1220401
其他	Others	64497
按经营形式分	Grouped By Business Form	
独立门店	Indipendent Stores	1287439
连锁总店	Distributor Chain	130342
连锁门店	Chain Stores	126092
其他	Others	383352
按单位规模分	Grouped By Unit Scale	
大型	large-scale	342293
中型	Medium-scale	1126371
小型	Small-scale	398325
微型	Miniature	60236
零售业	**Retail Trade**	**1161763**
按零售行业小类分	Grouped by Retail Trade Industry Small Class	
综合零售	Integrated Retail	273897
百货零售	Retail of General Merchandise	166120
超级市场零售	Retail of Supermarkets	104938
其他综合零售	Others	2839
食品、饮料及烟草制品专门零售	Retail of Food,Beverages and Tobaccos	32770
粮油零售	Retail of Grain and Oil	634

continued

(10 000 yuan)

所有者权益 Total Owners' Equities	实收资本 Paid-in Capitals	国家资本 State-owned Capitals	集体资本 State-ownde Capitals	法人资本 Corporate Capitals	个人资本 Personal Capitals	港澳台资本 Hongkong, Macao and Taiwan Capitals	外商资本 Foreign Capitais
2567	1850				1850		
-4422	5501			2342	3159		
2659	2900				2900		
42	42			42			
2147	2250			750	1500		
68820	90000			90000			
10214	10000			10000			
58606	80000			80000			
592866	506271	16899	2751	420018	66603		
240441	18247	16679		1569			
108592	191740	220	2751	162434	26335		
25913	20600			20600			
82679	171140	220	2751	141834	26335		
91288	100856			100856			
152545	195427			155160	40268		
151102	193427			153160	40268		
1443	2000			2000			
386881	152936	16899		136037			
-6075	3150		1950		1200		
192757	323354			259751	63603		
19303	26831		801	24230	1800		
320504	374076	14365	2751	296760	60200		
91290	100806			100806			
181073	31389	2534		22452	6403		
199587	112437			112437			
306322	253218	12927		231308	8983		
77607	120339	3972	2751	65223	48393		
9350	20277			11050	9227		
515979	**264692**	**9413**	**163**	**172216**	**73264**	**8089**	**1548**
228831	50026	500		47844	1682		
173451	35026	500		34344	182		
56040	13400			13400			
-659	1600			100	1500		
10744	8253	57	30	560	7606		
902	57	57					

单位:万元 (2016)

指 标	Item	负债合计 Total Liabilities
果品、蔬菜零售	Retail of Fruits and Vegetables	8772
酒、饮料及茶叶零售	Retail of Wine,Beverages and Tea	23077
烟草制品零售	Retail of Tobacco Products	187
其他食品零售	Retail of Other Food	100
纺织、服装及日用品专门零售	Special Retail of Textiles,Garments and Daily Consumer Articles	8691
服装零售	Retail of Garments	6548
钟表、眼镜零售	Retail of Watches and Glasses	2143
文化、体育用品及器材专门零售	Retail of Culture,Sports Appliances and Equipments	36867
体育用品及器材零售	Retail of Sports Goods Appliances and Equipments	4424
图书、报刊零售	Retail of Books, Newspapers and Magazines	15571
珠宝首饰零售	Retail of Jewelery	6287
工艺美术品及收藏品零售	Retail of Arts ,Crafts and Collections	9009
乐器零售	Retail of Musical instrument	742
其他文化用品零售	Retail of Other Culture Appliances	834
医药及医疗器材专门零售	Retail of Medicines and Medical Appliances	126308
药品零售	Retail of Drug	126178
医疗用品及器材零售	Retail of Musical instrument and Appliances	130
汽车、摩托车、燃料及零配件专门零售	Retail of Motor Vehicles,Motorcycles,Fuel and Parts	568589
汽车零售	Retail of Motor Vehicles	515055
汽车零配件零售	Retail of Motor Vehicles and Parts	5020
机动车燃料零售	Retail of Motor Vehicles Fuel	48515
家用电器及电子产品专门零售	Special Retailof Household Electric Appliances and Electronic Products	107298
家用视听设备零售	Retail of Household Audio and Video Equipment	1601
日用家电设备零售	Retail of Household Electric Appliances	80656
计算机、软件及辅助设备零售	Retail of Computer,Software and Assistant Appliances	22234
通信设备零售	Retail of Communication Equipments	2807
五金、家具及室内装饰材料专门零售	Special Retail of Hardware,Furniture and Decoration Materials	6243
家具零售	Retail of Furniture	2511
其他室内装饰材料零售	Retail of Other Decoration Materials	3732
货摊、无店铺及其他零售业	Retail of Non-shop and Other Retails	1101
生活用燃料零售	Retail of Life Fuel	1101
按登记注册类型分	Grouped By Registration Type	
内资企业	Domestic Funded Enterprises	1146781
国有企业	State-owned Enterprises	19075

continued

(10 000 yuan)

所有者权益 Total Owners' Equities	实收资本 Paid-in Capitals	国家资本 State-owned Capitals	集体资本 State-ownde Capitals	法人资本 Corporate Capitals	个人资本 Personal Capitals	港澳台资本 Hongkong, Macao and Taiwan Capitals	外商资本 Foreign Capitais
2131	2500				2500		
6472	5216		30	110	5076		
778	450			450			
462	30				30		
2405	3161			1800	1361		
-308	1800			1800			
2713	1361				1361		
28079	24673	4335		2837	17501		
2957	2837			2837			
6910	4055	4055					
15856	16601				16601		
2152	978	280			698		
103	100				100		
102	102				102		
32313	18700	50		13354	5296		
32225	18650	50		13354	5246		
89	50				50		
160595	139150	300	133	93972	35108	8089	1548
150484	127629			89383	30158	8089	
1166	1750			1750			
8945	9771	300	133	2840	4950		1548
50882	15458			10848	4610		
1446	1500			1500			
40857	6856			2898	3958		
7828	6352			5900	452		
752	750			550	200		
-2099	1100			1000	100		
1438	1000			1000			
-3537	100				100		
4228	4171	4171					
4228	4171	4171					
502375	251756	9113	163	169217	73264		
10066	4969	4162		807			

9—5 续表 11

单位:万元 （2016）

指 标	Item	负债合计 Total Liabilities
集体企业	Collective-owned Enterprises	278
有限责任公司	Limited Liability Corporations	456442
国有独资公司	State-owned Enterprises	1101
其他有限责任公司	Other Limited Liability Corporations	455341
股份有限公司	Share-holding Corporations Ltd.	130991
私营企业	Private Enterprises	539995
私营有限责任公司	Private Limited Liability Corporations	539995
港、澳、台商投资企业	Hong Kong, Macao and Taiwan Investment Enterprises	14782
与港澳台商合资经营企业	With the Joint Venture Enterprises from Hong Kong, Macao and Taiwan	9582
港澳台商独资企业	Hong Kong, Macao, Taiwan-Owned Enterprise	5199
外商投资企业	Foreign Funded Enterprises	200
中外合资经营企业	Sino-foreign Joint Venture Enterprises	200
按控股情况分	Grouped By Controlling Stake	
国有控股	State-owned	28004
集体控股	Collective-owned	20284
私人控股	Private	749584
港澳台商控股	Holding from Hong Kong, Macao and Taiwan	14782
外商控股	Foreign	41715
其他	Others	307394
按经营形式分	Grouped By Business Form	
独立门店	Indipendent Store	898196
连锁总店	Distributor Chain	238468
连锁门店	Distributor Store	5293
其他	Others	19805
按单位规模分	Grouped By Unit Scale	
大型	Large-scale	300108
中型	Medium-scale	673612
小型	Small-scale	181542
微型	Miniature	6501
按零售业态分	Grouped By Retail Formats	
有店铺零售	Have a Retail Store	1147687
超市	Supermarket	5268
大型超市	Hypermarket	221405
百货店	Department Store	115742
专业店	Speciality Store	319856
专卖店	Franchised Store	478052
家居建材商店	Home Fureishing Materials Store	6144
厂家直销中心	Center of Manufacturer Direct Deal	1221
无店铺零售	Non-store Retail	14076

continued

(10 000 yuan)

所有者权益 Total Owners' Equities	实收资本 Paid-in Capitals	国家资本 State-owned Capitals	集体资本 State-ownde Capitals	法人资本 Corporate Capitals	个人资本 Personal Capitals	港澳台资本 Hongkong, Macao and Taiwan Capitals	外商资本 Foreign Capitais
29	1		1				
165184	75427	4451	162	55870	14944		
4228	4171	4171					
160955	71256	280	162	55870	14944		
164187	23063	500		22563			
162910	148297			89977	58320		
162910	148297			89977	58320		
10085	10889			2800		8089	
6217	7000			2800		4200	
3867	3889					3889	
3519	2048	300		199			1548
3519	2048	300		199			1548
15325	9890	8613		1257	20		
1508	2551		1	2550			
206598	189790	300	30	121078	66834		1548
10085	10889			2800		8089	
-21193	500	500					
303655	51074		132	44531	6410		
402927	219528	4913	133	140803	64043	8089	1548
104439	31258	4500		18740	8018		
2644	4681			3681	1000		
5969	9226		30	8993	203		
262475	40063	500		35963	3600		
223507	188532	8471		119710	50714	8089	1548
27549	33646	442	163	14493	18549		
2447	2452			2050	402		
504969	255576	9413	133	164853	71541	8089	1548
3968	4217			1524	2693		
76865	19500	500		15400	3600		
192840	32719			31119	1600		
81801	66186	8751	133	31625	24129		1548
151699	132254	162		84585	39419	8089	
-3112	600			500	100		
908	100			100			
11010	9116		30	7363	1723		

9—5 续表 12

单位:万元 （2016）

指　标	Item	营业收入 Total Revenue	主营业务收入 Revenue from Principal Business
总　计	**Total**	**7207486**	**7107513**
兴庆区	Xingqing	1714631	1693778
西夏区	Xixia	617846	595169
金凤区	Jinfeng	3314558	3278837
永宁县	Yongning	314877	305796
贺兰县	Helan	911305	903361
灵武市	Lingwu	334269	330572
批发业	**Wholesale Trade**	**4693378**	**4653606**
按批发行业小类分	Grouped by Wholesale Industry Small Class		
农、林、牧产品批发	Wholesale of Agricultural, Forestry, Animal Husbandry Products	24706	24706
谷物、豆及薯类批发	Wholesale of Grain, Bean and Potatoes	22591	22591
牲畜批发	Wholesale of Livestock	2115	2115
食品、饮料及烟草制品批发	Wholesale of Food,Beverages and Tobacoos	700300	699940
米、面制品及食用油批发	Wholesale of Rice,Flour and Edible Oil	4213	4072
果品、蔬菜批发	Wholesale of Fruits and Vegetables	498	498
肉、禽、蛋、奶及水产品批发	Wholesale of Meat and Aquatic Products	2671	2671
盐及调味品批发	Wholesale of Salt and Condiments	7321	7248
酒、饮料及茶叶批发	Wholesale of Beverages and tea	9329	9329
烟草制品批发	Wholesale of Tobacoos	676269	676122
纺织、服装及家庭用品批发	Wholesale of Textiles,Garments and Daily Consummer Aticles	11812	11746
服装批发	Wholesale of Garments	2080	2014
家用电器批发	Wholesale of Household Electrical Appliances	9732	9732
文化、体育用品及器材批发	Wholesale of Cultural,Sports Goods Appliances and Equipments	21144	20984
文具用品批发	Wholesale of Stationery	21144	20984
图书批发	Wholesale of Books	241926	241837
医药及医疗器材批发	Wholesale of Medicines and Medical Appliances	215217	215131
西药批发	Wholesale of Western Medicine	26709	26705
医疗用品及器材批发	Wholesale of Medical Supplies and Equipment	3564468	3526131
矿产品、建材及化工产品批发	Wholesale of Mineral Products,Building Materials and Chemical Products	71892	54210
煤炭及制品批发	Wholesale of Coal and Related Products	3008076	2987550
石油及制品批发	Wholesale of Petroleum and Related Products	428868	428816
金属及金属矿批发	Wholesale of Metallic mineral Products	3993	3993
建材批发	Wholesale of Building Materials	10490	10490
化肥批发	Wholesale of Chemical Fertilizer	9422	9422
农药批发	Wholesale of Pesticide	31727	31651
其他化工产品批发	Wholesale of Other Chemical Products	64662	64199
机械设备、五金产品及电子产品批发	Wholesale of Mechanical Equipment, Hardware Products and Electronic Products	7207486	7107513

continued

（10 000 yuan）

营业成本 Business Costs	主营业务成本 Costs of Principal Business	营业税金及附加 Business Taxes and Other Charges	主营业务税金及附加 Taxes and Other Charges on Principal Business	其他业务利润 Profits from Other Businesses	销售费用 Selling Costs	管理费用 Management Costs	税金 Taxes
6707750	**6667384**	**48296**	**48121**	**42898**	**261098**	**108802**	**5344**
1523942	1517579	5881	5845	19025	104659	43573	2158
591917	571939	836	810	14628	19715	4381	389
3120804	3117923	39051	39019	2027	86733	34659	919
293851	287478	399	331	425	15388	2029	236
844428	842953	1876	1863	5516	29631	20233	1343
332809	329513	254	254	1278	4972	3927	299
4499733	**4466190**	**38351**	**38199**	**19557**	**81252**	**41348**	**2192**
23020	23020	7	7		130	150	5
21458	21458	7	7		130	83	5
1561	1561					67	
607174	607088	35767	35741	980	5662	16523	488
3976	3963			1	260	516	
459	459				155	517	
2580	2580				22	141	
3852	3812	74	57	33	524	700	
8370	8370	4	4	833	339	264	7
587937	587903	35689	35680	113	4362	14385	481
10918	10786	28	28		1479	639	10
2323	2191	14	14		966	340	
8595	8595	14	14		513	300	10
18623	18621	1	1	159	719	1360	73
18623	18621	1	1	159	719	1360	73
220688	219687	326	326	202	10882	4597	324
195710	194709	299	299	94	9533	4178	318
24978	24978	28	28	107	1349	420	7
3496925	3464776	1961	1851	17659	58168	13180	1098
67855	50322	105	105	15393	2667	455	9
2959985	2945378	1639	1539	1749	47474	8679	817
416377	416377	152	142	451	6916	2636	232
3993	3993	0	0	0		75	1
10377	10377	7	7		207	649	37
8297	8297				180	130	2
30043	30033	58	58	67	724	556	
59650	59642	188	171	425	3553	2714	91
6707750	6667384	48296	48121	42898	261098	108802	5344

9—5 续表 13

单位:万元 (2016)

指 标	Item	营业收入 Total Revenue	主营业务收入 Revenue from Principal Business
农业机械批发	Wholesale of Agriculture Machinary	15340	15340
汽车批发	Wholesale of MotorVehicles	28981	28528
电气设备批发	Wholesale of Electrical Equipment	9495	9495
计算机、软件及辅助设备批发	Wholesale of Computer,Software and Assistant Aplliances	4260	4250
其他机械设备及电子产品批发	Wholesale of Other Machinary and Electric Equipment	6586	6586
其他批发业	Other Wholesale	64361	64064
再生物资回收与批发	Recovery and Wholesale of Recycled Materials	28447	28150
其他未列明批发业	Other Wholesale Unlisted	35914	35914
按登记注册类型分	Grouped By Registration Type		
内资企业	Domestic Funded Enterprises	4693378	4653606
国有企业	State-owned Enterprises	708947	708427
有限责任公司	Limited Liability Corporations	751029	735731
国有独资公司	State-owned Enterprises	52268	37829
其他有限责任公司	Other Limited Liability Corporations	698762	697902
股份有限公司	Share-holding Corporations Ltd.	2679523	2660622
私营企业	Private Enterprises	553879	548826
私营独资企业	Private Owned Enterprises	553381	548328
私营有限责任公司	Private Limited Liability Corporations	498	498
私营股份有限公司	Private Share-holding Corporations Ltd.		
按控股情况分	Grouped By Controlling Stake	3641959	3608011
国有控股	State-owned	3125	3125
集体控股	Collective-owned	984639	979188
私人控股	Private	63655	63281
其他	Others		
按经营形式分	Grouped By Business Form	1330584	1310208
独立门店	Indipendent Stores	300323	297320
连锁总店	Distributor Chain	425999	410293
连锁门店	Chain Stores	2636472	2635785
其他	Others		
按单位规模分	Grouped By Unit Scale	1147495	1128614
大型	large-scale	3112007	3094813
中型	Medium-scale	394135	390490
小型	Small-scale	39741	39689
微型	Miniature	2514108	2453907
零售业	**Retail Trade**		
按零售行业小类分	Grouped by Retail Trade Industry Small Class	705475	667189
综合零售	Integrated Retail	352289	344770
百货零售	Retail of General Merchandise	344488	314240
超级市场零售	Retail of Supermarkets	8698	8179
其他综合零售	Others	21950	21883
食品、饮料及烟草制品专门零售	Retail of Food,Beverages and Tobaccos	727	662
粮油零售	Retail of Grain and Oil	15340	15340

continued

(10 000 yuan)

营业成本 Business Costs	主营业务成本 Costs of Principal Business	营业税金及附加 Business Taxes and Other Charges	主营业务税金及附加 Taxes and Other Charges on Principal Business	其他业务利润 Profits from Other Businesses	销售费用 Selling Costs	管理费用 Management Costs	税金 Taxes
14081	14081	3	3		1712	423	50
27202	27202	86	69	425	1498	1002	36
8208	8208	90	90		331	716	5
4188	4180	3	3		5	42	
5971	5971	7	7		6	530	
62735	62571	74	74	133	661	2185	103
27282	27117	54	54	133	632	262	3
35453	35453	20	20		29	1924	101
4499733	4466190	38351	38199	19557	81252	41348	2192
614388	614300	35764	35738	306	5865	16961	554
733170	717573	601	601	16344	11372	6402	781
49917	35526	95	95	14439	1566	169	
683252	682047	506	506	1905	9806	6234	781
2629070	2614653	1382	1281	1383	44335	6322	471
523105	519664	605	578	1525	19680	11663	387
522646	519205	605	578	1525	19525	11146	387
459	459				155	517	
3483981	3454083	37398	37272	16212	54670	25733	1360
3236	3236	5	5		39	608	34
953349	949878	849	822	2312	24129	13942	790
59167	58993	100	100	1033	2416	1066	9
1225885	1207942	36452	36418	17884	31207	23602	1096
266221	263559	560	554	1326	18793	5706	247
399498	387878	781	686		24105	607	217
2608128	2606811	559	541	347	7147	11434	633
1011296	995995	36907	36806	1479	49061	15554	901
3072467	3057696	1144	1118	16498	21247	18544	996
377257	373786	274	257	1581	9866	6507	282
38713	38713	27	18	0	1078	743	14
2208017	2201194	9945	9922	23341	179846	67453	3152
570892	569653	5710	5710	8759	100910	19344	838
280636	279398	4076	4076	7598	55847	7467	679
282498	282498	1566	1566		43197	11277	145
7758	7758	69	69	1161	1866	600	14
19186	19178	115	115	56	2766	1059	23
1281	1273	3	3	56	193	117	5
14081	14081	3	3		1712	423	50

9—5 续表 14

单位:万元 (2016)

指标	Item	营业收入 Total Revenue	主营业务收入 Revenue from Principal Business
果品、蔬菜零售	Retail of Fruits and Vegetables	10573	10573
酒、饮料及茶叶零售	Retail of Wine,Beverages and Tea	7902	7902
烟草制品零售	Retail of Tobacco Products	1676	1673
其他食品零售	Retail of Other Food	1072	1072
纺织、服装及日用品专门零售	Special Retail of Textiles,Garments and Daily Consumer Articles	8386	8386
服装零售	Retail of Garments	3430	3430
钟表、眼镜零售	Retail of Watches and Glasses	4956	4956
其他日用品零售	Retail of Other Daily Consumer Articles	28555	28304
文化、体育用品及器材专门零售	Retail of Culture,Sports Appliances and Equipments	7226	7226
体育用品及器材零售	Retail of Sports Goods Appliances and Equipments	11710	11459
图书、报刊零售	Retail of Books, Newspapers and Magazines	4443	4443
珠宝首饰零售	Retail of Jewelery	3160	3160
工艺美术品及收藏品零售	Retail of Arts ,Crafts and Collections	1230	1230
乐器零售	Retail of Musical instrument	786	786
其他文化用品零售	Retail of Other Culture Appliances	244257	243736
医药及医疗器材专门零售	Retail of Medicines and Medical Appliances	243072	242551
药品零售	Retail of Drug	1185	1185
医疗用品及器材零售	Retail of Medical Supplies and Appliances	1258455	1250681
汽车、摩托车、燃料及零配件专门零售	Retail of Motor Vehicles,Motorcycles,Fuel and Parts	1196499	1188733
汽车零售	Retail of Motor Vehicles	12624	12623
汽车零配件零售	Retail of Motor Vehicles and Parts	49332	49325
机动车燃料零售	Retail of Motor Vehicles Fuel	238596	225460
家用电器及电子产品专门零售	Special Retailof Household Electric Appliances and Electronic Products	7811	2532
家用视听设备零售	Retail of Household Audio and Video Equipment	177655	169921
日用家电设备零售	Retail of Household Electric Appliances	45011	45011
计算机、软件及辅助设备零售	Retail of Computer,Software and Assistant Appliances	8120	7995
通信设备零售	Retail of Communication Equipments	4048	4041
五金、家具及室内装饰材料专门零售	Special Retail of Hardware,Furniture and Decoration Materials	3472	3472
家具零售	Retail of Furniture	576	569
其他室内装饰材料零售	Retail of Other Decoration Materials	4386	4227
货摊、无店铺及其他零售业	Retail of Non-shop and Other Retails	4386	4227
生活用燃料零售	Retail of Life Fuel		
按登记注册类型分	Grouped By Registration Type	2438775	2380436
内资企业	Domestic Funded Enterprises	30092	28807
国有企业	State-owned Enterprises	10573	10573

continued

(10 000 yuan)

营业成本 Business Costs	主营业务成本 Costs of Principal Business	营业税金及附加 Business Taxes and Other Charges	主营业务税金及附加 Taxes and Other Charges on Principal Business	其他业务利润 Profits from Other Businesses	销售费用 Selling Costs	管理费用 Management Costs	税金 Taxes
8714	8714	4	4		1599	553	4
6965	6965	92	92		592	317	13
1342	1342	13	13		328	51	1
885	885	3	3		54	21	
6900	6900	40	40		1027	870	
3089	3089	6	6		379	301	
3812	3812	35	35		648	569	
21425	21367	106	96	192	3482	3582	127
5323	5323	8	8		899	848	
8297	8238	5	5	192	1716	1667	16
3752	3752	28	18		459	775	46
2303	2303	63	63		242	209	53
1070	1070	1	1		109	40	12
680	680	1	1		57	45	
218985	218920	482	482	1684	11022	6459	243
218042	217978	482	482	1684	11005	6277	243
943	943	0	0		18	182	1
1165883	1164361	2542	2530	4603	36780	27432	1564
1114198	1112677	2345	2333	4575	32441	23582	1502
12263	12263	25	25		203	232	33
39422	39421	172	172	27	4136	3618	29
198069	194150	896	896	8048	22649	7263	291
6355	2436	28	28		981	302	12
144649	144649	775	775	7823	19282	5848	235
39983	39983	68	68	100	1630	926	39
7081	7081	25	25	124	756	188	4
3367	3367	31	31		593	901	15
2537	2537	15	15		464	307	15
830	830	16	16		130	594	
3311	3298	23	23		616	543	51
3311	3298	23	23		616	543	51
2140362	2134183	9768	9746	23341	176236	65907	3124
23843	23777	226	226	281	3715	2480	45
8714	8714	4	4		1599	553	4

9—5 续表 15

单位:万元 （2016）

指 标	Item	营业收入 Total Revenue	主营业务收入 Revenue from Principal Business
集体企业	Collective-owned Enterprises	1476	1476
有限责任公司	Limited Liability Corporations	1093442	1047620
国有独资公司	State-owned Enterprises	4386	4227
其他有限责任公司	Other Limited Liability Corporations	1089055	1043392
股份有限公司	Share-holding Corporations Ltd.	220243	220243
私营企业	Private Enterprises	1093523	1082292
私营有限责任公司	Private Limited Liability Corporations	1093523	1082292
港、澳、台商投资企业	Hong Kong, Macao and Taiwan Investment Enterprises	69353	67491
与港澳台商合资经营企业	With the Joint Venture Enterprises from Hong Kong, Macao and Taiwan	44106	42404
港澳台商独资企业	Hong Kong, Macao, Taiwan-Owned Enterprise	25247	25087
外商投资企业	Foreign Funded Enterprises	5980	5980
中外合资经营企业	Sino-foreign Joint Venture Enterprises	5980	5980
按控股情况分	Grouped By Controlling Stake		
国有控股	State-owned	37339	35893
集体控股	Collective-owned	36954	36954
私人控股	Private	1546266	1528065
港澳台商控股	Holding from Hong Kong, Macao and Taiwan	69353	67491
外商控股	Foreign	44568	44568
其他	Others	779627	740936
按经营形式分	Grouped By Business Form		
独立门店	Indipendent Store	1840729	1819776
连锁总店	Distributor Chain	597849	559000
连锁门店	Distributor Store	29444	29063
其他	Others	46086	46068
按单位规模分	Grouped By Unit Scale		
大型	Large-scale	722191	684208
中型	Medium-scale	1558876	1542670
小型	Small-scale	220693	219960
微型	Miniature	12347	7069
按零售业态分	Grouped By Retail Formats		
有店铺零售	Have a Retail Store	2475946	2415746
超市	Supermarket	12599	12599
大型超市	Hypermarket	570187	532204
百货店	Department Store	292473	284435
专业店	Speciality Store	492867	486274
专卖店	Franchised Store	1105696	1098116
家居建材商店	Home Fureishing Materials Store	1287	1280
厂家直销中心	Center of Manufacturer Direct Deal	837	837
无店铺零售	Non-store Retail	38162	38162

continued

（10 000 yuan）

营业成本 Business Costs	主营业务成本 Costs of Principal Business	营业税金及附加 Business Taxes and Other Charges	主营业务税金及附加 Taxes and Other Charges on Principal Business	其他业务利润 Profits from Other Businesses	销售费用 Selling Costs	管理费用 Management Costs	税金 Taxes
1181	1181	5	5		131	80	
938591	937273	4836	4828	13263	94377	30699	1394
3311	3298	23	23		616	543	51
935280	933975	4813	4805	13263	93761	30156	1342
174368	174368	2354	2354	4303	37055	4705	223
1002379	997585	2348	2333	5495	40958	27943	1463
1002379	997585	2348	2333	5495	40958	27943	1463
63186	62541	131	131		2989	1347	28
40433	39789	97	97		1891	753	
22752	22752	33	33		1098	594	28
4470	4470	46	46		621	200	
4470	4470	46	46		621	200	
29615	29535	262	262	281	4662	3131	99
29829	29829	81	81		4916	206	25
1407633	1401600	4569	4547	10418	65989	39432	2291
63186	62541	131	131		2989	1347	28
39719	39719	311	311	4303	12481	642	180
638036	637970	4591	4591	8339	88809	22696	529
1648910	1642223	6870	6848	8968	97928	45276	2374
490327	490204	2819	2819	12664	76490	19429	719
25426	25413	85	85	371	4022	1072	17
43354	43354	171	171	1338	1406	1676	43
583454	583454	4656	4656	12038	96708	21176	583
1411922	1409027	4784	4772	9161	72648	38016	2303
202013	202004	467	457	1938	9341	7799	245
10628	6709	38	38	205	1149	463	21
2173017	2166194	9808	9785	22003	178707	66070	3106
9672	9672	38	38		1956	645	23
468676	468676	2673	2673	12038	76085	17113	541
228580	227341	3764	3764	4456	41259	7385	512
441611	437554	1077	1076	1149	23977	14977	461
1022434	1020907	2239	2217	4361	35071	25297	1569
1393	1393	16	16		202	611	
651	651	2	2		157	42	0
35001	35001	137	137	1338	1139	1384	46

9—5 续表 16

单位:万元 （2016）

指 标	Item	财务费用 Financial Costs	利息收入 Interest Income	利息支出 Interest Expense
总 计	**Total**	**66332**	**7325**	**51440**
兴庆区	Xingqing	10805	2622	6880
西夏区	Xixia	6039	75	1774
金凤区	Jinfeng	7785	3304	3343
永宁县	Yongning	785	54	546
贺兰县	Helan	11645	299	9073
灵武市	Lingwu	29273	971	29824
批发业	**Wholesale Trade**	**40459**	**6279**	**35480**
按批发行业小类分	Grouped by Wholesale Industry Small Class			
农、林、牧产品批发	Wholesale of Agricultural, Forestry, Animal Husbandry Products	205		200
谷物、豆及薯类批发	Wholesale of Grain, Bean and Potatoes	161		158
牲畜批发	Wholesale of Livestock	44		42
食品、饮料及烟草制品批发	Wholesale of Food,Beverages and Tobacoos	–964	3658	2672
米、面制品及食用油批发	Wholesale of Rice,Flour and Edible Oil	6	–5	11
果品、蔬菜批发	Wholesale of Fruits and Vegetables	2327	0	2327
肉、禽、蛋、奶及水产品批发	Wholesale of Meat and Aquatic Products	3	0	
盐及调味品批发	Wholesale of Salt and Condiments	38	1	38
酒、饮料及茶叶批发	Wholesale of Beverages and tea	310		296
烟草制品批发	Wholesale of Tobacoos	–3648	3662	
纺织、服装及家庭用品批发	Wholesale of Textiles,Garments and Daily Consummer Aticles	61	34	92
服装批发	Wholesale of Garments	1		
家用电器批发	Wholesale of Household Electrical Appliances	60	34	92
文化、体育用品及器材批发	Wholesale of Cultural,Sports Goods Appliances and Equipments	–15	–17	
文具用品批发	Wholesale of Stationery	–15	–17	
图书批发	Wholesale of Books	–109	424	265
医药及医疗器材批发	Wholesale of Medicines and Medical Appliances	101	194	265
西药批发	Wholesale of Western Medicine	–210	230	
医疗用品及器材批发	Wholesale of Medical Supplies and Equipment	38012	2148	29253
矿产品、建材及化工产品批发	Wholesale of Mineral Products,Building Materials and Chemical Products	117	13	81
煤炭及制品批发	Wholesale of Coal and Related Products	29063	1985	27710
石油及制品批发	Wholesale of Petroleum and Related Products	6015	95	855
金属及金属矿批发	Wholesale of Metallic mineral Products	39		39
建材批发	Wholesale of Building Materials	2591	0	566
化肥批发	Wholesale of Chemical Fertilizer	51	51	
农药批发	Wholesale of Pesticide	136	4	2
其他化工产品批发	Wholesale of Other Chemical Products	66332	7325	51440

continued

(10 000 yuan)

资产减值损失 Asset Impairment Loss	公允价值变动收益 Profits and Losses on The Changes in Fair Value	投资收益 Investment Income	营业利润 Business Profits	营业外收入 Revenue Excluding Business	政府补助 Government Subsidies	营业外支出 Non-business Expenditure	利润总额 Total Profits	应交所得税 Tax Payable	应付职工薪酬 Benefits of Employee Payable	应交增值税 Added Tax Payable
7155	**-11**	**43744**	**53170**	**9727**	**2813**	**6917**	**57680**	**23047**	**140823**	**152621**
1528	-11	38302	63698	5904	2525	4120	64635	10404	50377	54190
166		0	-5208	1412	10	712	-4404	516	10659	47124
629		2633	25778	1420	178	770	26455	9877	43909	29023
		169	2525	55		77	2611	141	4834	3100
461		2597	7782	662	8	647	7796	2099	27372	14794
4371		43	-41405	274	93	591	-39414	11	3672	4391
4908		**36837**	**25071**	**3577**	**2439**	**2663**	**27278**	**13529**	**46836**	**75566**
			1193	69	69	18	1245		172	2
			751				751		140	2
			443	69	69	18	494		32	
3		35251	71386	1000	900	455	74073	10073	11568	13751
			-545	797	787		252		535	
			-2960				-818		240	
			-76	12	12		-63		87	
		278	2411	101	101	13	2499	559	159	439
			42			2	41	6	277	41
3		34973	72514	90		440	72163	9508	10269	13272
4371			-5684	57		1	-5628	25	553	629
4371			-5934	57			-5877		315	573
			249			1	249	25	238	56
70		39	426	38		17	448		1378	
70		39	426	38		17	448		1378	
62			5480	280	200	51	5622	948	5079	2327
62			5335	236	200	51	5521	910	4153	2321
			145	44			101	38	927	5
438		1524	-42761	1016	281	1673	-43202	2433	25209	57954
150			544	28		36	537	50	660	97
240			-39073	600	20	1499	-40035	2314	20994	56194
48		1524	-1753	369	248	121	-1397	16	1785	659
			-115						17	3
			-3341	8	2	11	-3288		1165	708
			765	10	10		775		165	
			211	2		6	207	53	424	293
7155	-11	43744	53170	9727	2813	6917	57680	23047	140823	152621

9—5 续表17

单位:万元 (2016)

指 标	Item	财务费用 Financial Costs	利息收入 Interest Income	利息支出 Interest Expense
机械设备、五金产品及电子产品批发	Wholesale of Mechanical Equipment, Hardware Products and Electronic Products	1080	15	992
农业机械批发	Wholesale of Agriculture Machinary	33	0	5
汽车批发	Wholesale of MotorVehicles	617	12	586
电气设备批发	Wholesale of Electrical Equipment	404	3	401
计算机、软件及辅助设备批发	Wholesale of Computer,Software and Assistant Aplliances	27		
其他机械设备及电子产品批发	Wholesale of Other Machinary and Electric Equipment	0	0	
其他批发业	Other Wholesale	2189	18	2007
再生物资回收与批发	Recovery and Wholesale of Recycled Materials	226	3	310
其他未列明批发业	Other Wholesale Unlisted	1963	15	1697
按登记注册类型分	Grouped By Registration Type			
内资企业	Domestic Funded Enterprises	40459	6279	35480
国有企业	State-owned Enterprises	-3619	3641	49
有限责任公司	Limited Liability Corporations	31464	1171	29016
国有独资公司	State-owned Enterprises	-10	11	1
其他有限责任公司	Other Limited Liability Corporations	31474	1159	29015
股份有限公司	Share-holding Corporations Ltd.	2094	1073	10
私营企业	Private Enterprises	10519	395	6405
私营有限责任公司	Private Limited Liability Corporations	8193	394	4078
私营股份有限公司	Private Share-holding Corporations Ltd.	2327	0	2327
按控股情况分	Grouped By Controlling Stake			
国有控股	State-owned	-1537	4920	234
集体控股	Collective-owned	2565	0	543
私人控股	Private	37561	1336	34013
其他	Others	1870	23	690
按经营形式分	Grouped By Business Form			
独立门店	Indipendent Stores	38848	3525	34661
连锁总店	Distributor Chain	1577	1074	9
连锁门店	Chain Stores	516		
其他	Others	-482	1681	810
按单位规模分	Grouped By Unit Scale			
大型	large-scale	-68	3440	183
中型	Medium-scale	28274	2738	30316
小型	Small-scale	8917	92	2362
微型	Miniature	3336	10	2620
零售业	**Retail Trade**	**25873**	**1045**	**15960**
按零售行业小类分	Grouped by Retail Trade Industry Small Class			
综合零售	Integrated Retail	4666	351	553
百货零售	Retail of General Merchandise	2290	350	528
超级市场零售	Retail of Supermarkets	2300		
其他综合零售	Others	76	0	25
食品、饮料及烟草制品专门零售	Retail of Food,Beverages and Tobaccos	620	18	520
粮油零售	Retail of Grain and Oil	-1	1	

continued

(10 000 yuan)

资产减值损失 Asset Impairment Loss	公允价值变动收益 Profits and Losses on The Changes in Fair Value	投资收益 Investment Income	营业利润 Business Profits	营业外收入 Revenue Excluding Business		营业外支出 Non-business Expenditure	利润总额 Total Profits	应交所得税 Tax Payable	应付职工薪酬 Benefits of Employee Payable	应交增值税 Added Tax Payable
					政府补助 Government Subsidies					
-4		9	-1532	1039	984	19	-1489	42	1516	507
		9	74	980	979	5	73	16	185	26
-4			-1421	53		11	-1378	19	570	143
			-254	1		1	-254		431	256
			-5				-5		40	12
			73	5	5	2	76	7	290	71
-31		15	-3437	78	5	431	-3790	7	1362	395
-31			23	5	5		29	7	577	395
		15	-3460	73		431	-3818		785	
4908		36837	25071	3577	2439	2663	27278	13529	46836	75566
73		35290	74806	1026	888	470	75362	10067	12342	13710
228		159	-32049	411	205	635	-32273	1013	7916	5917
150			380			19	361	46	456	
78		159	-32430	411	205	616	-32635	967	7460	5917
240			-3989	412	25	946	-4518	1864	19704	53467
4368		1388	-13696	1728	1321	612	-11292	584	6873	2472
4368		1388	-10736	1728	1321	612	-10474	584	6633	2472
			-2960				-818		240	
524		35290	76411	1665	1108	1443	76638	12876	35834	68374
			-3326	5		11	-3333		143	701
4415		1547	-47082	1895	1321	1190	-45089	599	9579	5768
-31			-932	12	10	19	-939	54	1280	722
4635		1036	-28032	2831	2131	1268	-25181	6775	22611	18219
240			7225	56		256	7025	1864	7396	5022
			424	331		691	70		10325	48352
33		35801	45455	359	307	449	45364	4889	6504	3972
302			34374	690	200	972	34097	8278	29477	65577
239		35313	6382	1834	1355	1528	5624	5151	12607	7513
4368		1499	-11554	1048	879	160	-10675	99	4372	2314
		25	-4131	5	5	3	-1768	0	381	162
2247	**-11**	**6907**	**28099**	**6151**	**375**	**4254**	**30402**	**9519**	**93987**	**77056**
1732		286	3667	2810	129	3106	3532	3844	31919	11380
1419		286	839	503	129	2746	-1238	2749	15341	6276
313			3338	2269		345	5257	1095	16263	4976
			-510	39	0	15	-487		315	128
			-1796	1199	196	18	-597	27	1734	285
			-867	903			36		186	25

9—5 续表 18

单位:万元 （2016）

指 标	Item	财务费用 Financial Costs	利息收入 Interest Income	利息支出 Interest Expense
果品、蔬菜零售	Retail of Fruits and Vegetables	318	17	285
酒、饮料及茶叶零售	Retail of Wine,Beverages and Tea	266	-1	235
烟草制品零售	Retail of Tobacco Products	5	1	
其他食品零售	Retail of Other Food	31		
纺织、服装及日用品专门零售	Special Retail of Textiles,Garments and Daily Consumer Articles	498		425
服装零售	Retail of Garments	426		425
钟表、眼镜零售	Retail of Watches and Glasses	72		
文化、体育用品及器材专门零售	Retail of Culture,Sports Appliances and Equipments	458	6	250
体育用品及器材零售	Retail of Sports Goods Appliances and Equipments	104		
图书、报刊零售	Retail of Books, Newspapers and Magazines	13	-2	
珠宝首饰零售	Retail of Jewelery	244	0	149
工艺美术品及收藏品零售	Retail of Arts ,Crafts and Collections	96	8	100
乐器零售	Retail of Musical instrument	0		
其他文化用品零售	Retail of Other Culture Appliances	1		
医药及医疗器材专门零售	Retail of Medicines and Medical Appliances	3177	202	2880
药品零售	Retail of Drug	3177	202	2880
医疗用品及器材零售	Retail of Medical Supplies and Appliances			
汽车、摩托车、燃料及零配件专门零售	Retail of Motor Vehicles,Motorcycles,Fuel and Parts	15267	346	10668
汽车零售	Retail of Motor Vehicles	13912	304	9359
汽车零配件零售	Retail of Motor Vehicles and Parts	320	24	307
机动车燃料零售	Retail of Motor Vehicles Fuel	1035	18	1002
家用电器及电子产品专门零售	Special Retailof Household Electric Appliances and Electronic Products	1049	117	596
家用视听设备零售	Retail of Household Audio and Video Equipment	38	17	
日用家电设备零售	Retail of Household Electric Appliances	765	96	346
计算机、软件及辅助设备零售	Retail of Computer,Software and Assistant Appliances	192	5	206
通信设备零售	Retail of Communication Equipments	55		45
五金、家具及室内装饰材料专门零售	Special Retail of Hardware,Furniture and Decoration Materials	70	1	67
家具零售	Retail of Furniture	68	1	67
其他室内装饰材料零售	Retail of Other Decoration Materials	2	0	
货摊、无店铺及其他零售业	Retail of Non-shop and Other Retails	68	5	
生活用燃料零售	Retail of Life Fuel	68	5	
按登记注册类型分	Grouped By Registration Type			
内资企业	Domestic Funded Enterprises	25423	1010	15646
国有企业	State-owned Enterprises	35	19	0

continued

(10 000 yuan)

资产减值损失 Asset Impairment Loss	公允价值变动收益 Profits and Losses on The Changes in Fair Value	投资收益 Investment Income	营业利润 Business Profits	营业外收入 Revenue Excluding Business	政府补助 Government Subsidies	营业外支出 Non-business Expenditure	利润总额 Total Profits	应交所得税 Tax Payable	应付职工薪酬 Benefits of Employee Payable	应交增值税 Added Tax Payable
			-614	166	166	1	-431		813	32
			-329	129	30	17	-218	27	385	114
			-64	0		0	-64		273	115
			78				78		78	
			-949			15	-964		968	320
			-770			15	-785		406	31
			-179				-179		563	288
			-498	557	1	5	51	54	3977	90
			44				44		494	
			13	452		4	460		2628	54
			-815	105	1	1	-711		524	
			248				248	53	225	24
			10				10	1	80	12
			2				1		26	
60	-11	54	4044	263	33	155	4121	965	8362	4908
60	-11	11	4044	263	33	155	4078	965	8266	4905
		43					43		96	2
455		6558	17792	771	14	871	17762	3183	35365	27840
375		6558	17366	732	14	806	17322	2756	32847	25610
80			-500	34		27	-493		402	1
			926	5		37	933	428	2117	2229
			6918	285	2	66	7328	1401	9619	31896
			107	4		1	111	22	319	
			6336	277		59	6643	1266	7119	31103
			459	3	2	6	559	113	1747	633
			16			1	15		434	160
			-913	3		17	-927		685	145
			82	1		16	67		426	145
			-995	1		1	-994		259	
		9	-167	264		1	96	46	1357	192
		9	-167	264		1	96	46	1357	192
2244	-11	6903	26203	6104	375	4200	28514	9345	92054	76567
	-11	11	-207	1424		5	1223	182	4409	384

9—5 续表 19

单位:万元　　　　　　　　　　　　　　　　　　　　　　　　　　　　(2016)

指　标	Item	财务费用 Financial Costs	利息收入 Interest Income	利息支出 Interest Expense
集体企业	Collective-owned Enterprises	3		
有限责任公司	Limited Liability Corporations	5907	558	4250
国有独资公司	State-owned Enterprises	68	5	
其他有限责任公司	Other Limited Liability Corporations	5839	553	4250
股份有限公司	Share-holding Corporations Ltd.	1857	96	531
私营企业	Private Enterprises	17622	337	10864
私营有限责任公司	Private Limited Liability Corporations	17622	337	10864
港、澳、台商投资企业	Hong Kong, Macao and Taiwan Investment Enterprises	465	15	314
与港澳台商合资经营企业	With the Joint Venture Enterprises from Hong Kong, Macao and Taiwan	302	2	153
港澳台商独资企业	Hong Kong, Macao, Taiwan-Owned Enterprise	163	14	161
外商投资企业	Foreign Funded Enterprises	-16	20	
中外合资经营企业	Sino-foreign Joint Venture Enterprises	-16	20	
按控股情况分	Grouped By Controlling Stake			
国有控股	State-owned	196	32	95
集体控股	Collective-owned	64	47	118
私人控股	Private	22202	652	14738
港澳台商控股	Holding from Hong Kong, Macao and Taiwan	465	15	314
外商控股	Foreign	446		
其他	Others	2501	299	694
按经营形式分	Grouped By Business Form			
独立门店	Indipendent Store	23503	826	15567
连锁总店	Distributor Chain	2007	200	211
连锁门店	Distributor Store	126	19	89
其他	Others	237	0	93
按单位规模分	Grouped By Unit Scale			
大型	Large-scale	4501	174	540
中型	Medium-scale	17628	816	12840
小型	Small-scale	3698	54	2573
微型	Miniature	45	0	7
按零售业态分	Grouped By Retail Formats			
有店铺零售	Have a Retail Store	25676	1045	15867
超市	Supermarket	57	12	20
大型超市	Hypermarket	3139	120	16
百货店	Department Store	1867	308	547
专业店	Speciality Store	6084	272	4876
专卖店	Franchised Store	14434	332	10382
家居建材商店	Home Fureishing Materials Store	67	0	
厂家直销中心	Center of Manufacturer Direct Deal	28	0	26
无店铺零售	Non-store Retail	197	0	93

continued

(10 000 yuan)

资产减值损失 Asset Impairment Loss	公允价值变动收益 Profits and Losses on The Changes in Fair Value	投资收益 Investment Income	营业利润 Business Profits	营业外收入 Revenue Excluding Business	政府补助 Government Subsidies	营业外支出 Non-business Expenditure	利润总额 Total Profits	应交所得税 Tax Payable	应付职工薪酬 Benefits of Employee Payable	应交增值税 Added Tax Payable
			77	0			77	2	38	38
512		1009	17931	1942	205	599	19355	4580	41159	48632
		9	−167	264		1	96	46	1357	192
512		1000	18098	1678	205	598	19259	4535	39802	48440
1390		286	−1200	403	129	2745	−3542	1779	9289	3374
343		5598	9602	2335	42	851	11402	2802	37159	24139
343		5598	9602	2335	42	851	11402	2802	37159	24139
3		3	1236	43		54	1225		1544	318
3			626	26		24	627		1142	
		3	611	17		30	598		402	318
			659	4			663	174	389	170
			659	4			663	174	389	170
	−11	20	−518	1688		7	1174	228	6103	691
22			83	14		0	99	45	3048	968
519		6598	14750	2813	212	1074	16889	4871	48794	32537
3		3	1236	43		54	1225		1544	318
111			−9141	224	120	2170	−11086		4587	661
1592		286	21689	1369	43	950	22101	4375	29910	41880
1822	−11	6864	23819	4141	219	1742	26655	6697	59493	35945
425		43	6324	1901	153	2470	5704	2704	31904	39159
			−1287	6		35	−1294	1	1399	34
			−758	102	2	7	−664	117	1190	1918
1703		286	10278	2940	129	3096	10117	4140	31820	39398
531		6513	20375	1920	215	1051	21558	4867	55008	34473
13	−11	109	−2580	1207	32	106	−1377	488	6801	3131
			25	84		1	104	25	358	55
2247	−11	6907	27794	6048	372	4249	30004	9398	93028	76502
			231	21		5	266	89	1080	523
447			2056	2775	120	2521	2304	2361	29270	37161
1285		286	9778	285	9	592	9638	2749	8906	5261
80		4009	7341	1091	36	343	8271	1475	20318	10926
434	−11	2612	9434	1874	207	772	10587	2724	33069	22613
			−1003	1		1	−1003		329	
			−43			16	−58		56	18
			305	102	2	5	397	121	959	554

9—6 限额以上批发和零售业连锁经营情况

单位:万元 (2016)

指 标	Item	连锁总店数（个）Number of Chain Stores (unit)
总 计	**Total**	**10**
按登记注册类型分	**Grouped By Registration Type**	
内资企业	Domestic Funded Enterprises	10
国有企业	State-owned Enterprises	1
有限责任公司	Limited Liability Corporations	6
其他有限责任公司	Other Limited Liability Corporations	6
股份有限公司	Share-holding Corporations Ltd.	1
私营企业	Private Enterprises	2
私营有限责任公司	Limited Liability Corporations	1
私营股份有限公司	Private Share-holding Corporations Ltd.	1
按行业分	**Grouped By Sector**	
批发业	Wholesale Trade	1
矿产品、建材及化工产品批发	Wholesale of Mineral Products, Building Materialsand Chemical Products	1
机械设备、五金产品及电子产品批发	Wholesale of Mechanical Equipment,hardware and Electronic Products	
零售业	Retail Trade	**9**
综合零售	Integrated Retail	3
文化、体育用品及器材专门零售	Retail of Culture,Sports Appliances and Equipments	1
医药及医疗器材专门零售	Retail of Medicines and Medical Appliances	4
家用电器及电子产品专门零售	Special Retail ofHousehold Electric Appliances and Electronic Products	1
按业态分	**Grouped By Retail Formats**	
超市	Supermarket	1
大型超市	Hypermarket	2
专业店	Speciality Store	7
其中:加油站	Gas Station	1
其他	Others	

Chain Operations Statistics of Wholesale and Retail by Enterprises above Designated Size

(10 000yuan)

商品购进总额 Total Purchase	统一配送 Unified Distribution	商品销售总额 Total Sales of Commodities	零售额 Retail Sales
854540	**488080**	**915088**	**744261**
854540	488080	915088	744261
12802	12802	12822	12822
596529	255381	547347	547347
596529	255381	547347	547347
200253	200253	306803	139288
44955	19644	48117	44805
25311		28149	28149
19644	19644	19968	16655
200253	200253	306803	139288
200253	200253	306803	139288
654287	287827	608285	604973
403452	36992	385431	385431
12802	12802	12822	12822
46048	46048	46521	43209
191984	191984	163511	163511
25311		28149	28149
378141	36992	357282	357282
451088	451088	529657	358830
200253	200253	306803	139288

9—7 限额以上住宿和餐饮业法人企业经营情况

单位:万元 （2016）

指 标	Item	法人企业数（个）Number of Corporate Unit (unit)	从业人员（人）Number of Employees at Year-end (Person)
总 计	**Total**	**66**	**6709**
住宿业	**Hotels**	**32**	**3780**
按住宿业行业小类分	Grouped by Hotels Industry Small Class		
旅游饭店	Turist Hotel	26	3358
一般旅馆	General Hotel	5	408
其他住宿业	Other Hotels	1	14
按登记注册类型分	Grouped By Registration Type		
内资企业	Domestic Funded Enterprises	32	3780
国有企业	State-owned Enterprises	2	607
集体企业	Collective-owned Enterprises	1	45
有限责任公司	Limited Liability Corporations	17	2000
国有独资公司	State-owned Enterprises	2	234
其他有限责任公司	Other Limited Liability Corporations	15	1766
股份有限公司	Share-holding Corporations Ltd.		
私营企业	Private Enterprises	12	1128
私营独资企业	Private Owned Enterprises		
私营有限责任公司	Private Limited Liability Corporations	12	1128
按控股情况分	Grouped By Controlling Stake		
国有控股	State-owned	7	1370
集体控股	Collective-owned	3	218
私人控股	Private	20	1839
其他	Others	2	353
按经营形式分	Grouped By Business Form		
独立门店	Indipendent Stores	27	3095
连锁总店	General Chain Store	2	196
其他	Others	3	489
按单位规模分	Grouped By Unit Scale		
大型	Large-scale		
中型	Medium-scale	8	1872

Bussiness of Hotels and Catering Servies by Enterprises above Designated Size

(10 000 yuan)

营业额 Business Revenue	使用银行卡支付的营业额 Business Revenue payed for Bank Cards	客房收入 From Hotel Rooms	通过公共网络实现的客房收入 Hotel Rooms Revenue from Public Network	通过非自营平台实现的客房收入 Hotel Rooms Revenue from Non-proprietary Platform	餐费收入 From Meals	通过公共网络实现的餐费收入 Meal Revenue from Public Network	通过非自营平台实现的餐费收入 Meal Rooms Revenue from Non-proprietary Platform	商品销售额 From Commodities	其他收入 From Other Income
87426	**24283**	**29480**	**3274**	**538**	**51807**	**2733**	**168**	**977**	**5162**
49645	**15212**	**22727**	**2693**	**524**	**21643**	**2111**	**145**	**557**	**4718**
44567	12112	19797	2356	454	19575	2093	145	509	4686
4828	2934	2760	238		1988	18		48	32
250	167	170	100	70	80				
49645	15212	22727	2693	524	21643	2111	145	557	4718
8491	82	4593	13	13	2744	69	69	21	1133
277		277							
28532	9420	12533	1630	311	12855	1368	63	408	2737
3034		1445			867			81	642
25499	9420	11088	1630	311	11988	1368	63	328	2095
12345	5711	5324	1051	200	6044	674	13	128	848
12345	5711	5324	1051	200	6044	674	13	128	848
18460	2029	8876	1268	14	6469	1366	69	197	2918
1903	552	880	3		627	2		130	267
21730	9494	9565	1253	341	10595	735	67	221	1350
7552	3137	3406	169	169	3952	9	9	10	184
38988	10882	18380	2072	355	16267	1558	136	520	3821
1114		601	382		512	512		1	
9544	4330	3747	239	169	4864	41	9	36	897
28072	7382	12614	1635	322	12415	1557	132	105	2939

9—7 续表 1

单位:万元 (2016)

指 标	Item	法人企业数(个) Number of Corporate Unit (unit)	从业人员(人) Number of Employees at Year-end (Person)
小型	Small-scale	24	1908
微型	Miniature		
按星级分	Grouped By Star Grade		
五星	Five		
四星	Four	11	1538
三星	Three	8	605
二星	Two		
一星	One		
其他	Others	13	1637
餐饮业	**Catering Servies**	**34**	**2929**
按餐饮业行业小类分	Grouped by Catering Industry Small Class		
正餐服务	Dinner Service	34	2929
快餐服务	Fast Food Service		
按登记注册类型分	Grouped By Registration Type		
内资企业	Domestic Funded Enterprises	33	2839
有限责任公司	Limited Liability Corporations	4	720
国有独资公司	State-owned Enterprises		
其他有限责任公司	Other Limited Liability Corporations	4	720
股份有限公司	Share-holding Corporations Ltd.		
私营企业	Private Enterprises	29	2119
私营独资企业	Private Owned Enterprises	1	60
私营合伙企业	Private Partnership Enterprises		
私营有限责任公司	Private Limited Liability Corporations	26	1953
私营股份有限公司	Private Share-holding Corporations Ltd.	2	106
外商投资企业	Foreign Funded Enterprises	1	90
中外合资经营企业	Sino-foreign Joint Venture Enterprises	1	90
按控股情况分	Grouped By Controlling Stake		
国有控股	State-owned	1	94

continued

(10 000 yuan)

营业额 Business Revenue	使用银行卡支付的营业额 Business Revenue payed for Bank Cards	客房收入 From Hotel Rooms	通过公共网络实现的客房收入 Hotel Rooms Revenue from Public Network	通过非自营平台实现的客房收入 Hotel Rooms Revenue from Non-proprietary Platform	餐费收入 From Meals	通过公共网络实现的餐费收入 Meal Revenue from Public Network	通过非自营平台实现的餐费收入 Meal Rooms Revenue from Non-proprietary Platform	商品销售额 From Commodities	其他收入 From Other Income
21573	7831	10113	1058	201	9228	554	13	452	1780
18970	5154	8294	2001	143	8097	2022	82	137	2441
7604	2442	2882	45	1	3989	9		282	450
23072	7617	11550	647	380	9556	80	63	139	1827
37782	**9071**	**6753**	**581**	**15**	**30164**	**622**	**24**	**420**	**444**
37782	9071	6753	581	15	30164	622	24	420	444
36518	8312	6753	581	15	28901	450	24	420	444
10606	3120	4162	529	15	6298	220	23	27	119
10606	3120	4162	529	15	6298	220	23	27	119
25912	5192	2591	52		22603	229	1	393	325
873	258				848			26	
23737	4935	2591	52		20454	229	1	368	325
1302					1302				
1264	758				1264	173			
1264	758				1264	173			
961		348			557			19	37

9—7 续表 2

单位:万元 (2016)

指 标	Item	法人企业数(个) Number of Corporate Unit (unit)	从业人员(人) Number of Employees at Year-end (Person)
集体控股	Collective-owned		
私人控股	Private	31	2500
港澳台商控股	Holding from Hong Kong, Macao and Taiwan		
外商控股	Foreign	1	90
其他	Others	1	245
按经营形式分	Grouped By Business Form		
独立门店	Indipendent Stores	29	2457
连锁门店	Distributor Chain	2	129
其他	Others	3	343
按单位规模分	Grouped By Unit Scale		
大型	large-scale		
中型	Medium-scale	4	896
小型	Small-scale	29	1995
微型	Miniature	1	38
住宿业按地区分组	**Accommodation Industry Grouped by Region**	**32**	**3780**
银川市	Yinchuan	32	3780
兴庆区	Xingqing	17	1973
西夏区	Xixia	3	120
金凤区	Jinfeng	8	1252
永宁县	Yongning	1	64
贺兰县	Helan	2	271
灵武市	Lingwu	1	100
餐饮业按地区分组	**Catering Industry Grouped by Region**	**34**	**2929**
银川市	Yinchuan	34	2929
兴庆区	Xingqing	12	1603
西夏区	Xixia	2	129
金凤区	Jinfeng	13	743
永宁县	Yongning		
贺兰县	Helan	5	346
灵武市	Lingwu	2	108

continued

(10 000 yuan)

营业额 Business Revenue	使用银行卡支付的营业额 Business Revenue payed for Bank Cards	客房收入 From Hotel Rooms	通过公共网络实现的客房收入 Hotel Rooms Revenue from Public Network	通过非自营平台实现的客房收入 Hotel Rooms Revenue from Non-proprietary Platform	餐费收入 From Meals	通过公共网络实现的餐费收入 Meal Revenue from Public Network	通过非自营平台实现的餐费收入 Meal Rooms Revenue from Non-proprietary Platform	商品销售额 From Commodities	其他收入 From Other Income
32324	8312	5264	566		26253	427	1	401	406
1264	758				1264	173			
3232		1140	15	15	2091	23	23		1
32498	9071	5602	566		26046	599	1	407	443
1238					1238				
4046		1151	15	15	2880	23	23	13	1
13271	3120	3883	529	15	9058	220	23	90	240
24314	5950	2870	52		20911	402	1	329	204
197					195			2	
49645	**15212**	**22727**	**2693**	**524**	**21643**	**2111**	**145**	**557**	**4718**
49645	15212	22727	2693	524	21643	2111	145	557	4718
24701	7931	11084	1768	285	10272	1569	136	371	2974
1260		783			396			81	
19609	6616	9138	543	239	8658	26	9	68	1744
1007		997						10	
1628	209	480	382		1121	516		28	
1439	457	244			1195				
37782	**9071**	**6753**	**581**	**15**	**30164**	**622**	**24**	**420**	**444**
37782	9071	6753	581	15	30164	622	24	420	444
20923	4818	3884	529	15	16566	220	23	225	249
1400		348			996			19	37
8363	2080	539			7789	352	1	35	
5493	966	832	5		4362	25		141	158
1602	1207	1150	46		451	25			

9—7 续表3

单位:万元 （2016）

指 标	Item	客房数(间) Number of Rooms(room)
总 计	**Total**	**6787**
住宿业	**Hotels**	**5518**
按住宿业行业小类分	Grouped by Hotels Industry Small Class	
旅游饭店	Turist Hotel	4911
一般旅馆	General Hotel	574
其他住宿业	Other Hotels	33
按登记注册类型分	Grouped By Registration Type	
内资企业	Domestic Funded Enterprises	5518
国有企业	State-owned Enterprises	605
集体企业	Collective-owned Enterprises	105
有限责任公司	Limited Liability Corporations	3166
国有独资公司	State-owned Enterprises	216
其他有限责任公司	Other Limited Liability Corporations	2950
股份有限公司	Share-holding Corporations Ltd.	
私营企业	Private Enterprises	1642
私营独资企业	Private Owned Enterprises	
私营有限责任公司	Private Limited Liability Corporations	1642
按控股情况分	Grouped By Controlling Stake	
国有控股	State-owned	1363
集体控股	Collective-owned	298
私人控股	Private	2582
其他	Others	1275
按经营形式分	Grouped By Business Form	
独立门店	Indipendent Stores	4302
连锁总店	Distributor Chain	530
其他	Others	686
按单位规模分	Grouped By Unit Scale	
大型	Large-scale	

continued

（10 000 yuan）

床位数(个) Number of Beds(unit)	餐位数(位) Number of Dining-seats (person)	年末餐饮营业面积(平方米) Operating Area of Catering Servies at Year-end (sq.m)
11223	**28387**	**163839**
9215	**12660**	**74192**
8222	11140	62202
943	1420	10790
50	100	1200
9215	12660	74192
796	1488	2255
210		
5641	6191	46381
513	540	1550
5128	5651	44831
2568	4981	25556
2568	4981	25556
2207	3573	12451
505	300	1790
4117	8181	56531
2386	606	3420
7347	10554	64202
712	1000	4000
1156	1106	5990

9—7 续表4

单位:万元 (2016)

指 标	Item	客房数(间) Number of Rooms(room)
中型	Medium-scale	1816
小型	Small-scale	3702
微型	Miniature	
按星级分	Grouped By Star Grade	
五星	Five	
四星	Four	1845
三星	Three	884
二星	Two	
一星	One	
其他	Others	2789
餐饮业	**Catering Servies**	**1269**
按餐饮业行业小类分	Grouped by Catering Industry Small Class	
正餐服务	Dinner Service	1269
快餐服务	Fast Food Service	
按登记注册类型分	Grouped By Registration Type	
内资企业	Domestic Funded Enterprises	1269
有限责任公司	Limited Liability Corporations	733
国有独资公司	State-owned Enterprises	
其他有限责任公司	Other Limited Liability Corporations	733
股份有限公司	Share-holding Corporations Ltd.	
私营企业	Private Enterprises	536
私营独资企业	Private Owned Enterprises	
私营合伙企业	Private Partnership Enterprises	
私营有限责任公司	Private Limited Liability Corporations	536
私营股份有限公司	Private Share-holding Corporations Ltd.	
外商投资企业	Foreign Funded Enterprises	
中外合资经营企业	Sino-foreign Joint Venture Enterprises	
按控股情况分	Grouped By Controlling Stake	
国有控股	State-owned	81

continued

(10 000 yuan)

床位数(个) Number of Beds(unit)	餐位数(位) Number of Dining-seats (person)	年末餐饮营业面积(平方米) Operating Area of Catering Servies at Year-end (sq.m)
2732	5339	27471
6483	7321	46721
2942	5759	27571
1553	2580	20635
4720	4321	25986
2008	**15727**	**89647**
2008	15727	89647
2008	13727	80647
1181	1758	13456
1181	1758	13456
827	11969	67191
	200	1400
827	10639	60191
	1130	5600
	2000	9000
	2000	9000
215	228	350

9—7 续表 5

单位:万元 (2016)

指 标	Item	客房数(间) Number of Rooms(room)
集体控股	Collective-owned	
私人控股	Private	917
港澳台商控股	Holding from Hong Kong, Macao and Taiwan	
外商控股	Foreign	
其他	Others	271
按经营形式分	Grouped By Business Form	
独立门店	Indipendent Stores	984
连锁门店	Distributor Chain	
其他	Others	285
按单位规模分	Grouped By Unit Scale	
大型	large-scale	
中型	Medium-scale	690
小型	Small-scale	579
微型	Miniature	
住宿业按地区分组	**Accommodation Industry Grouped by Region**	**5518**
银川市	Yinchuan	5518
兴庆区	Xingqing	2253
西夏区	Xixia	262
金凤区	Jinfeng	1468
永宁县	Yongning	920
贺兰县	Helan	523
灵武市	Lingwu	92
餐饮业按地区分组	**Catering Industry Grouped by Region**	**1269**
银川市	Yinchuan	1269
兴庆区	Xingqing	619
西夏区	Xixia	81
金凤区	Jinfeng	135
永宁县	Yongning	
贺兰县	Helan	217
灵武市	Lingwu	217

continued

(10 000 yuan)

床位数(个) Number of Beds(unit)	餐位数(位) Number of Dining-seats (person)	年末餐饮营业面积(平方米) Operating Area of Catering Servies at Year-end (sq.m)
1359	12819	76991
	2000	9000
434	680	3306
1544	13369	74867
	1250	6800
464	1108	7980
1060	2420	18306
948	13111	70841
	196	500
9215	**12660**	**74192**
9215	12660	74192
3756	6404	40332
612	380	950
2161	4026	25840
1810		
726	1600	5770
150	250	1300
2008	**15727**	**89647**
2008	15727	89647
932	6082	37356
215	428	950
200	5266	36258
361	2827	7683
300	1124	7400

9—8 限额以上住宿和餐饮业法人企业主要财务状况

单位:万元 （2016）

指 标	Item	法人企业数(个) Number of Corporate (unit)
总 计	**Total**	**66**
住宿业	**Hotels**	**32**
按住宿业行业小类分	Grouped by Hotels Industry Small Class	
旅游饭店	Turist Hotel	26
一般旅馆	General Hotel	5
其他住宿业	Other Hotel	1
按登记注册类型分	Grouped By Registration Type	
内资企业	Domestic Funded Enterprises	32
国有企业	State-owned Enterprises	2
集体企业	Collective-owned Enterprises	1
有限责任公司	Limited Liability Corporations	17
国有独资公司	State-owned Enterprises	2
其他有限责任公司	Other Limited Liability Corporations	15
股份有限公司	Share-holding Corporations Ltd.	
私营企业	Private Enterprises	12
私营独资企业	Private Owned Enterprises	
私营有限责任公司	Private Limited Liability Corporations	12
按控股情况分	Grouped By Controlling Stake	
国有控股	State-owned	7
集体控股	Collective-owned	3
私人控股	Private	20
港澳台商控股	Holding from Hong Kong, Macao and Taiwan	
外商控股	Foreign	
其他	Others	2
按经营形式分	Grouped By Business Form	
独立门店	Indipendent Stores	27
连锁门店	Distributor Chain	2
其他	Others	3
按单位规模分	Grouped By Unit Scale	
大型	Large-scale	
中型	Medium-scale	8
小型	Small-scale	24
微型	Miniature	

Financial Indicators of Hotels and Catering Servies by Enterprises above Designed Size

(10 000 yuan)

流动资产合计 Total Working Capitals	应收帐款 Accounts Receivable	存货 Stock	固定资产合计 Total Fixed Assets	固定资产原价 Original Value of Fixed Assets	累计折旧 Accumulated Depreciation	本年折旧 Depreciation this year
154234	**-37916**	**5191**	**182642**	**268967**	**86324**	**13029**
102980	**-42346**	**2774**	**147659**	**215309**	**67650**	**9959**
81098	-42530	1709	140881	205848	64967	9037
21192	183	1061	6778	9348	2570	922
690	2	4		113	113	
102980	-42346	2774	147659	215309	67650	9959
5959	5	121	81433	102307	20874	3359
169	3		8	31	24	
67405	-46911	1718	39592	72932	33341	5511
2061	369	219	6203	8163	1961	1756
65345	-47280	1499	33389	64769	31380	3755
29446	4558	935	26627	40038	13412	1089
29446	4558	935	26627	40038	13412	1089
11106	553	547	108066	152791	44726	6254
830	41	24	978	1960	983	33
79540	-44652	2140	38413	60329	21916	3659
11504	1713	64	203	229	26	13
98936	-43359	2526	139558	198384	58826	9456
285	193	91	177	215	38	20
3760	819	156	7925	16710	8785	483
19552	4242	911	102896	146477	43580	6263
83428	-46588	1863	44763	68832	24070	3696

9—8 续表1

单位:万元 (2016)

指 标	Item	法人企业数(个) Number of Corporate (unit)
按星级分	Grouped By Star Grade	
五星	Five	
四星	Four	11
三星	Three	8
二星	Two	
一星	One	
其他	Others	13
餐饮业	**Catering Servies**	**34**
按餐饮业行业小类分	Grouped by Catering Industry Small Class	
正餐服务	Dinner Service	34
快餐服务	Fast Food Service	
按登记注册类型分	Grouped By Registration Type	
内资企业	Domestic Funded Enterprises	33
有限责任公司	Limited Liability Corporations	4
国有独资公司	State-owned Enterprises	
其他有限责任公司	Other Limited Liability Corporations	4
股份有限公司	Share-holding Corporations Ltd.	
私营企业	Private Enterprises	29
私营独资企业	Private Owned Enterprises	1
私营合伙企业	Private Partnership Enterprises	
私营有限责任公司	Private Limited Liability Corporations	26
私营股份有限公司	Private Share-holding Corporations Ltd.	2
外商投资企业	Foreign Funded Enterprises	1
中外合资经营企业	Sino-foreign Joint Venture Enterprises	1
按控股情况分	Grouped By Controlling Stake	
国有控股	State-owned	1
集体控股	Collective-owned	
私人控股	Private	31

continued

(10 000 yuan)

流动资产合计 Total Working Capitals	应收帐款 Accounts Receivable	存货 Stock	固定资产合计 Total Fixed Assets	固定资产原价 Original Value of Fixed Assets	累计折旧 Accumulated Depreciation	本年折旧 Depreciation this year
26857	4656	1147	45232	79683	34451	3380
5172	308	178	7728	17506	9778	768
70952	-47310	1449	94699	118120	23421	5811
51254	**4430**	**2417**	**34983**	**53658**	**18674**	**3071**
51254	4430	2417	34983	53658	18674	3071
32514	4085	2268	31449	46143	14694	3071
10710	645	475	4118	6413	2295	1290
10710	645	475	4118	6413	2295	1290
21804	3441	1793	27331	39731	12400	1781
95	33	47	27	28	1	1
19888	2866	1701	25377	35277	9900	1653
1821	542	45	1927	4426	2499	126
18740	344	150	3535	7515	3980	
18740	344	150	3535	7515	3980	
235	-7	45	36	162	126	
31121	3856	2111	29858	43924	14066	2569

9—8 续表 2

单位:万元 (2016)

指 标	Item	法人企业数(个) Number of Corporate (unit)
外商控股	Foreign	1
其他	Others	1
按经营形式分	Grouped By Business Form	
独立门店	Indipendent Stores	29
连锁门店	Distributor Chain	2
其他	Others	3
按单位规模分	Grouped By Unit Scale	
大型	large-scale	
中型	Medium-scale	4
小型	Small-scale	29
微型	Miniature	1
住宿业按地区分组	**Accommodation Industry Grouped by Region**	
银川市	Yinchuan	32
兴庆区	Xingqing	17
西夏区	Xixia	3
金凤区	Jinfeng	8
永宁县	Yongning	1
贺兰县	Helan	2
灵武市	Lingwu	1
餐饮业按地区分组	**Catering Industry Grouped by Region**	
银川市	Yinchuan	34
兴庆区	Xingqing	12
西夏区	Xixia	2
金凤区	Jinfeng	13
永宁县	Yongning	
贺兰县	Helan	5
灵武市	Lingwu	2

continued

（10 000 yuan）

流动资产合计 Total Working Capitals	应收帐款 Accounts Receivable	存货 Stock	固定资产合计 Total Fixed Assets	固定资产原价 Original Value of Fixed Assets	累计折旧 Accumulated Depreciation	本年折旧 Depreciation this year
18740	344	150	3535	7515	3980	
1158	236	112	1555	2057	502	502
47808	3625	2222	31592	47150	15558	2441
1883	559	44	1542	4058	2516	128
1563	246	151	1849	2450	601	502
14376	655	365	13901	18207	4306	1633
36864	3774	2043	21079	35444	14366	1435
14		9	4	7	3	3
102980	-42346	2774	147659	215309	67650	9959
44297	-45498	1210	41305	83560	42255	5325
996	209	188	4979	5354	375	129
31487	979	1043	90367	111595	21227	4355
10035	988	43	167	175	8	2
546	193	153	225	323	98	54
15619	783	138	10617	14303	3686	94
51254	4430	2417	34983	53658	18674	3071
16122	2641	702	15665	24317	8652	2031
315	19	51	436	562	126	
24907	836	494	6697	13409	6712	671
5130	143	77	5082	7435	2353	369
4780	790	1094	7104	7935	832	

9—8 续表 3

单位:万元 (2016)

指 标	Item	在建工程 Construction in Process	资产总计 Total Assets
合 计	**Total**	**9633**	**382172**
住宿业	**Hotels**	**4952**	**272537**
按住宿业行业小类分	Grouped by Hotels Industry Small Class		
旅游饭店	Turist Hotel	4383	239115
一般旅馆	General Hotel	569	32731
其他住宿业	Other Hotel		690
按登记注册类型分	Grouped By Registration Type		
内资企业	Domestic Funded Enterprises	4952	272537
国有企业	State-owned Enterprises	1489	88922
集体企业	Collective-owned Enterprises		177
有限责任公司	Limited Liability Corporations	2805	123773
国有独资公司	State-owned Enterprises	122	10334
其他有限责任公司	Other Limited Liability Corporations	2683	113439
股份有限公司	Share-holding Corporations Ltd.		
私营企业	Private Enterprises	658	59665
私营独资企业	Private Owned Enterprises		
私营有限责任公司	Private Limited Liability Corporations	658	59665
按控股情况分	Grouped By Controlling Stake		
国有控股	State-owned	1661	124606
集体控股	Collective-owned		2865
私人控股	Private	938	127838
港澳台商控股	Holding from Hong Kong, Macao and Taiwan		
外商控股	Foreign		
其他	Others	2353	17227
按经营形式分	Grouped By Business Form		
独立门店	Indipendent Stores	4952	258455
连锁门店	Distributor Chain		503
其他	Others		13579
按单位规模分	Grouped By Unit Scale		
大型	Large-scale		
中型	Medium-scale	1568	127731
小型	Small-scale	3384	144805
微型	Miniature		

continued

(10 000 yuan)

流动负债合计 Total Current Liabilities	应付账款 Accounts Payable	非流动负债合计 Totale of Non-current Liabilities	负债合计 Total Liabilities	所有者权益 Total Owners' Equities	实收资本 Paid-in Capitals	国家资本 State-owned Capitals	集体资本 Collective-owned Capitals	法人资本 Corporate Capitals	个人资本 Personal Capitals
168870	**39129**	**178281**	**347152**	**35020**	**110133**	**22949**	**3593**	**49298**	**34294**
93072	**17193**	**158372**	**251444**	**21093**	**84102**	**22949**	**3593**	**38603**	**18958**
77017	15484	140468	217485	21630	81159	22949	3581	38573	16057
15873	1710	17904	33777	-1045	2842		12	30	2800
182			182	508	101				101
93072	17193	158372	251444	21093	84102	22949	3593	38603	18958
4349	2011	98096	102446	-13524	4035	4035			
20	1		20	157	12		12		
56774	12866	50861	107635	16137	48398	18914	3581	10562	15342
7128	491	61	7189	3145	2404	142		2262	
49646	12375	50800	100446	12993	45994	18771	3581	8300	15342
31929	2315	9414	41343	18322	31657			28041	3616
31929	2315	9414	41343	18322	31657			28041	3616
30787	3663	104595	135382	-10776	25210	22949		2262	
729	184	9	738	2128	3593		3593		
49387	4340	53768	103155	24683	44799			35841	8958
12169	9007		12169	5058	10500			500	10000
82947	7868	158372	241318	17136	69034	8532	3581	37993	18928
202	202		202	301	140			110	30
9924	9124		9924	3655	14928	14416	12	500	
33350	13151	114658	148008	-20277	26656	22307		3850	500
59722	4042	43714	103436	41369	57446	642	3593	34753	18458

9—8 续表 4

单位:万元 (2016)

指 标	Item	在建工程 Construction in Process	资产总计 Total Assets
按星级分	Grouped By Star Grade		
五星	Five		
四星	Four	139	76162
三星	Three	83	15566
二星	Two		
一星	One		
其他	Others	4730	180809
餐饮业	**Catering Servies**	**4681**	**109636**
按餐饮业行业小类分	Grouped by Catering Industry Small Class		
正餐服务	Dinner Service	4681	109636
快餐服务	Fast Food Service		
按登记注册类型分	Grouped By Registration Type		
内资企业	Domestic Funded Enterprises	4681	87287
有限责任公司	Limited Liability Corporations		23523
国有独资公司	State-owned Enterprises		
其他有限责任公司	Other Limited Liability Corporations		23523
股份有限公司	Share-holding Corporations Ltd.		
私营企业	Private Enterprises	4681	63764
私营独资企业	Private Owned Enterprises		122
私营合伙企业	Private Partnership Enterprises		
私营有限责任公司	Private Limited Liability Corporations	4681	59468
私营股份有限公司	Private Share-holding Corporations Ltd.		4174
外商投资企业	Foreign Funded Enterprises		22349
中外合资经营企业	Sino-foreign Joint Venture Enterprises		22349
按控股情况分	Grouped By Controlling Stake		
国有控股	State-owned		293
集体控股	Collective-owned		
私人控股	Private	4681	81986

continued

(10 000 yuan)

流动负债合计 Total Current Liabilities	应付账款 Accounts Payable	非流动负债合计 Totale of Non-current Liabilities	负债合计 Total Liabilities	所有者权益 Total Owners' Equities	实收资本 Paid-in Capitals	国家资本 State-owned Capitals	集体资本 Collective-owned Capitals	法人资本 Corporate Capitals	个人资本 Personal Capitals
44527	3208	6709	51236	24926	52747	20460		30273	2014
6331	600	7444	13775	1791	8798	500	1887	2800	3612
42214	13386	144219	186433	–5624	22557	1989	1707	5530	13332
75798	**21936**	**19910**	**95708**	**13928**	**26031**			**10695**	**15336**
75798	21936	19910	95708	13928	26031			10695	15336
59329	10925	16883	76212	11075	24631			9295	15336
26412	2672	10700	37112	–13589	3618			3618	
26412	2672	10700	37112	–13589	3618			3618	
32917	8253	6183	39100	24664	21013			5677	15336
73	66		73	50	25				25
31325	7413	6179	37503	21964	18718			5677	13041
1520	774	4	1524	2650	2270				2270
16469	11011	3027	19496	2853	1400			1400	
16469	11011	3027	19496	2853	1400			1400	
1873	58		1873	–1580	100			100	
49608	9343	16883	66490	15496	24013			8677	15336

9—8 续表 5

单位:万元 (2016)

指 标	Item	在建工程 Construction in Process	资产总计 Total Assets
外商控股	Foreign		22349
其他	Others		5007
按经营形式分	Grouped By Business Form		
独立门店	Indipendent Stores	4681	99700
连锁门店	Distributor Chain		3887
其他	Others		6049
按单位规模分	Grouped By Unit Scale		
大型	large-scale		
中型	Medium-scale	330	33107
小型	Small-scale	4351	76508
微型	Miniature		21
住宿业按地区分组	**Accommodation Industry Grouped by Region**		
银川市	Yinchuan	4952	272537
兴庆区	Xingqing	406	93185
西夏区	Xixia	122	7110
金凤区	Jinfeng	1585	129676
永宁县	Yongning	2353	14085
贺兰县	Helan	486	1284
灵武市	Lingwu		27197
餐饮业按地区分组	**Catering Industry Grouped by Region**		
银川市	Yinchuan	4681	109636
兴庆区	Xingqing	330	41962
西夏区	Xixia		795
金凤区	Jinfeng		39254
永宁县	Yongning		
贺兰县	Helan		12013
灵武市	Lingwu	4351	15612

continued

(10 000 yuan)

流动负债合计 Total Current Liabilities	应付账款 Accounts Payable	非流动负债合计 Totale of Non-current Liabilities	负债合计 Total Liabilities	所有者权益 Total Owners' Equities	实收资本 Paid-in Capitals				
						国家资本 State-owned Capitals	集体资本 Collective-owned Capitals	法人资本 Corporate Capitals	个人资本 Personal Capitals
16469	11011	3027	19496	2853	1400			1400	
7848	1525		7848	-2841	518			518	
65478	19556	19910	85388	14313	23092			10177	12915
1582	774		1582	2305	2270				2270
8738	1606		8738	-2690	669			518	151
33593	6557	10534	44127	-11020	2618			1518	1100
42202	15377	9375	51577	24930	23398			9162	14236
3	2		3	17	15			15	
93072	17193	158372	251444	21093	84102	22949	3593	38603	18958
47085	2791	38588	85673	7512	41318	20960	3581	10750	6027
6036	410		6036	1074	184	142	12		30
29619	13089	115983	145603	-15927	10848	1847		6100	2901
2906	33		2906	11178	10000				10000
952	397		952	332	140			140	
6474	473	3800	10274	16923	21613			21613	
75798	21936	19910	95708	13928	26031			10695	15336
30680	3391	12351	43031	-1069	11558			2421	9136
1891	58	4	1895	-1100	200			100	100
26988	13641	4727	31715	7539	8813			4064	4749
9490	4773	27	9517	2496	1860			510	1350
6750	73	2800	9550	6062	3600			3600	

9—8 续表 6

单位:万元 （2016）

指 标	Item	营业收入 Total Revenue	主营业务收入 Revenue from Principal Business
总 计	**Total**	**87422**	**86930**
住宿业	**Hotels**	**49560**	**49096**
按住宿业行业小类分	Grouped by Hotels Industry Small Class		
旅游饭店	Turist Hotel	44500	44036
一般旅馆	General Hotel	4810	4810
其他住宿业	Other Hotel	250	250
按登记注册类型分	Grouped By Registration Type		
内资企业	Domestic Funded Enterprises	49560	49096
国有企业	State-owned Enterprises	8492	8492
集体企业	Collective-owned Enterprises	266	266
有限责任公司	Limited Liability Corporations	28485	28037
国有独资公司	State-owned Enterprises	2991	2915
其他有限责任公司	Other Limited Liability Corporations	25495	25122
股份有限公司	Share-holding Corporations Ltd.		
私营企业	Private Enterprises	12317	12301
私营独资企业	Private Owned Enterprises		
私营有限责任公司	Private Limited Liability Corporations	12317	12301
按控股情况分	Grouped By Controlling Stake		
国有控股	State-owned	18537	18342
集体控股	Collective-owned	1892	1663
私人控股	Private	21580	21539
港澳台商控股	Holding from Hong Kong, Macao and Taiwan		
外商控股	Foreign		
其他	Others	7552	7552
按经营形式分	Grouped By Business Form		
独立门店	Indipendent Stores	38915	38450
连锁门店	Distributor Chain	1114	1114
其他	Others	9532	9532
按单位规模分	Grouped By Unit Scale		
大型	Large-scale		
中型	Medium-scale	27950	27916
小型	Small-scale	21610	21179
微型	Miniature		

continued

(10 000 yuan)

营业成本 Business Costs	主营业务成本 Costs of Principal Business	营业税金及附加 Business Taxes and Other Charges	主营业务税金及附加 Taxes and Other Charges on Principal Business	其他业务利润 Profits from Other Businesses	销售费用 Selling Costs
37194	**37130**	**2576**	**2566**	**169**	**34583**
20586	**20521**	**1496**	**1496**	**62**	**21751**
19299	19234	1387	1387	62	19439
1239	1239	102	102		2163
48	48	7	7		149
20586	20521	1496	1496	62	21751
1939	1939	145	145		8148
		3	3		102
14584	14519	939	939	57	8764
2748	2748	134	134		
11836	11771	805	805	57	8764
4063	4063	409	409	5	4737
4063	4063	409	409	5	4737
10975	10910	712	712	55	8279
901	901	41	41		537
7314	7314	624	624	7	10323
1395	1395	119	119		2613
16139	16074	1132	1132	62	19335
692	692	67	67		2
3755	3755	298	298		2415
11962	11962	829	829		13503
8624	8559	667	667	62	8248

9—8 续表 7

单位:万元 (2016)

指 标	Item	营业收入 Total Revenue	主营业务收入 Revenue from Principal Business
按星级分	Grouped By Star Grade		
五星	Five		
四星	Four	18950	18934
三星	Three	7712	7590
二星	Two		
一星	One		
其他	Others	22899	22572
餐饮业	**Catering Servies**	**37862**	**37834**
按餐饮业行业小类分	Grouped by Catering Industry Small Class		
正餐服务	Dinner Service	37862	37834
快餐服务	Fast Food Service		
按登记注册类型分	Grouped By Registration Type		
内资企业	Domestic Funded Enterprises	36598	36570
有限责任公司	Limited Liability Corporations	10456	10456
国有独资公司	State-owned Enterprises		
其他有限责任公司	Other Limited Liability Corporations	10456	10456
股份有限公司	Share-holding Corporations Ltd.		
私营企业	Private Enterprises	26143	26115
私营独资企业	Private Owned Enterprises	859	859
私营合伙企业	Private Partnership Enterprises		
私营有限责任公司	Private Limited Liability Corporations	23982	23954
私营股份有限公司	Private Share-holding Corporations Ltd.	1302	1302
外商投资企业	Foreign Funded Enterprises	1264	1264
中外合资经营企业	Sino-foreign Joint Venture Enterprises	1264	1264
按控股情况分	Grouped By Controlling Stake		
国有控股	State-owned	941	941
集体控股	Collective-owned		
私人控股	Private	32547	32519

continued

(10 000 yuan)

营业成本 Business Costs	主营业务成本 Costs of Principal Business	营业税金及附加 Business Taxes and Other Charges	主营业务税金及附加 Taxes and Other Charges on Principal Business	其他业务利润 Profits from Other Businesses	销售费用 Selling Costs
11178	11178	838	838	5	4440
3830	3766	208	208	57	2535
5577	5577	450	450		14777
16609	**16609**	**1080**	**1071**	**107**	**12832**
16609	16609	1080	1071	107	12832
15442	15442	985	976	107	12244
3823	3823	184	184	8	4220
3823	3823	184	184	8	4220
11618	11618	801	792	99	8025
390	390	47	40		379
10552	10552	729	728	99	7327
676	676	24	24		319
1167	1167	95	95		588
1167	1167	95	95		588
451	451	18	18	8	393
14221	14221	929	920	99	9280

9—8 续表 8

单位:万元 (2016)

指 标	Item	营业收入 Total Revenue	主营业务收入 Revenue from Principal Business
外商控股	Foreign	1264	1264
其他	Others	3111	3111
按经营形式分	Grouped By Business Form		
独立门店	Indipendent Stores	32700	32672
连锁门店	Distributor Chain	1238	1238
其他	Others	3924	3924
按单位规模分	Grouped By Unit Scale		
大型	large-scale		
中型	Medium-scale	13194	13166
小型	Small-scale	24599	24599
微型	Miniature	69	69
住宿业按地区分组	**Accommodation Industry Grouped by Region**		
银川市	Yinchuan	49560	49096
兴庆区	Xingqing	24677	24291
西夏区	Xixia	1205	1129
金凤区	Jinfeng	19603	19600
永宁县	Yongning	1007	1007
贺兰县	Helan	1628	1628
灵武市	Lingwu	1439	1439
餐饮业按地区分组	**Catering Industry Grouped by Region**		
银川市	Yinchuan	37862	37834
兴庆区	Xingqing	20801	20801
西夏区	Xixia	1380	1380
金凤区	Jinfeng	8670	8670
永宁县	Yongning		
贺兰县	Helan	5409	5381
灵武市	Lingwu	1602	1602

continued

（10 000 yuan）

营业成本 Business Costs	主营业务成本 Costs of Principal Business	营业税金及附加 Business Taxes and Other Charges	主营业务税金及附加 Taxes and Other Charges on Principal Business	其他业务利润 Profits from Other Businesses	销售费用 Selling Costs
1167	1167	95	95		588
770	770	38	38		2571
14863	14863	1001	992	8	9858
571	571	28	28		391
1175	1175	51	51	99	2583
3938	3938	301	301		5121
12634	12634	776	767	107	7681
37	37	2	2		30
20586	20521	1496	1496	62	21751
13517	13452	930	930	59	7418
634	634	66	66		102
5026	5026	389	389	2	12906
39	39	15	15		432
852	852	65	65		96
518	518	31	31		798
16609	16609	1080	1071	107	12832
7782	7782	589	581		7664
782	782	29	29	8	396
5259	5259	324	322	99	3119
2428	2428	84	84		1319
358	358	55	55		334

9—8 续表 9

单位:万元 (2016)

指　标	Item	管理费用 Management Costs	税金 Taxes
总　计	**Total**	**27087**	**581**
住宿业	**Hotels**	**15534**	**461**
按住宿业行业小类分	Grouped by Hotels Industry Small Class		
旅游饭店	Turist Hotel	13697	429
一般旅馆	General Hotel	1834	33
其他住宿业	Other Hotel	3	
按登记注册类型分	Grouped By Registration Type		
内资企业	Domestic Funded Enterprises	15534	461
国有企业	State-owned Enterprises	2492	106
集体企业	Collective-owned Enterprises	90	
有限责任公司	Limited Liability Corporations	8573	180
国有独资公司	State-owned Enterprises	324	
其他有限责任公司	Other Limited Liability Corporations	8249	180
股份有限公司	Share-holding Corporations Ltd.		
私营企业	Private Enterprises	4379	175
私营独资企业	Private Owned Enterprises		
私营有限责任公司	Private Limited Liability Corporations	4379	175
按控股情况分	Grouped By Controlling Stake		
国有控股	State-owned	4134	183
集体控股	Collective-owned	347	34
私人控股	Private	6310	245
港澳台商控股	Holding from Hong Kong, Macao and Taiwan		
外商控股	Foreign		
其他	Others	4743	
按经营形式分	Grouped By Business Form		
独立门店	Indipendent Stores	10394	461
连锁总店	Distributor Chain	97	
其他	Others	5043	
按单位规模分	Grouped By Unit Scale		
大型	Large-scale		
中型	Medium-scale	9455	106
小型	Small-scale	6079	355
微型	Miniature		

continued

(10 000 yuan)

财务费用 Financial Costs	利息收入 Interest Income	利息支出 Interest Expense	资产减值损失 Asset Impairment Loss	投资收益 Investment Income	营业利润 Business Profits
3588	**368**	**1587**	**11**	**36**	**-17487**
1847	**347**	**1023**	**11**	**36**	**-11630**
723	348	170	11	36	-10020
1106		835			-1634
19		19			24
1847	347	1023	11	36	-11630
34	-2				-4266
2					69
1018	22	926	12	36	-5369
6	1				-221
1012	21	926	12	36	-5148
794	328	97	-1		-2064
794	328	97	-1		-2064
53	17		12	33	-5594
14	1	10			51
1748	329	1013	-1	3	-4737
32	1				-1350
1809	330	1011	2	36	-9860
12		12			244
26	17		9		-2013
98	16	8	12		-7909
1749	331	1015	-1	36	-3721

9—8 续表 10

单位:万元 （2016）

指 标	Item	管理费用 Management Costs	税金 Taxes
按星级分	Grouped By Star Grade		
五星	Five		
四星	Four	4188	145
三星	Three	1694	178
二星	Two		
一星	One		
其他	Others	9652	138
餐饮业	**Catering Servies**	**11553**	**120**
按餐饮业行业小类分	Grouped by Catering Industry Small Class		
正餐服务	Dinner Service	11553	120
快餐服务	Fast Food Service		
按登记注册类型分	Grouped By Registration Type		
内资企业	Domestic Funded Enterprises	11154	105
有限责任公司	Limited Liability Corporations	6268	
国有独资公司	State-owned Enterprises		
其他有限责任公司	Other Limited Liability Corporations	6268	
股份有限公司	Share-holding Corporations Ltd.		
私营企业	Private Enterprises	4885	105
私营独资企业	Private Owned Enterprises	36	14
私营合伙企业	Private Partnership Enterprises		
私营有限责任公司	Private Limited Liability Corporations	4747	80
私营股份有限公司	Private Share-holding Corporations Ltd.	103	11
外商投资企业	Foreign Funded Enterprises	399	15
中外合资经营企业	Sino-foreign Joint Venture Enterprises	399	15
按控股情况分	Grouped By Controlling Stake		
国有控股	State-owned	91	
集体控股	Collective-owned		
私人控股	Private	9581	105

continued

（10 000 yuan）

财务费用 Financial Costs	利息收入 Interest Income	利息支出 Interest Expense	资产减值损失 Asset Impairment Loss	投资收益 Investment Income	营业利润 Business Profits
538	346	79	11		–2243
105	3	86		33	–629
1204	–1	858		3	–8758
1741	**21**	**564**			**–5857**
1741	21	564			–5857
1721	21	564			–4946
1144	18	172			–5184
1144	18	172			–5184
576	3	393			237
6					1
528	2	351			100
43		42			136
21					–911
21					–911
3					–15
1699	3	564			–3164

9—8 续表 11

单位:万元 （2016）

指 标	Item	管理费用 Management Costs	税金 Taxes
外商控股	Foreign	399	15
其他	Others	1481	
按经营形式分	Grouped By Business Form		
独立门店	Indipendent Stores	9735	95
连锁门店	Distributor Chain	133	25
其他	Others	1685	
按单位规模分	Grouped By Unit Scale		
大型	large-scale		
中型	Medium-scale	7337	5
小型	Small-scale	4208	115
微型	Miniature	8	
住宿业按地区分组	**Accommodation Industry Grouped by Region**	**15534**	**461**
银川市	Yinchuan	15534	461
兴庆区	Xingqing	5805	349
西夏区	Xixia	433	
金凤区	Jinfeng	8737	112
永宁县	Yongning	3	
贺兰县	Helan	334	
灵武市	Lingwu	223	
餐饮业按地区分组	**Catering Industry Grouped by Region**	**11553**	**120**
银川市	Yinchuan	11553	120
兴庆区	Xingqing	8389	36
西夏区	Xixia	92	
金凤区	Jinfeng	1344	35
永宁县	Yongning		
贺兰县	Helan	959	
灵武市	Lingwu	769	50

continued

(10 000 yuan)

财务费用 Financial Costs			资产减值损失 Asset Impairment Loss	投资收益 Investment Income	营业利润 Business Profits
	利息收入 Interest Income	利息支出 Interest Expense			
21					-911
18	18				-1768
1670	2	522			-4332
45		42			72
27	19				-1596
1032	18	60			-4534
709	3	504			-1315
					-9
1847	**347**	**1023**	**11**	**36**	**-11630**
1847	347	1023	11	36	-11630
225	21	158	12	36	-3194
3					-34
1213	-2	853	-1		-8666
4					516
14		12			268
388	328				-518
1741	**21**	**564**			**-5857**
1741	21	564			-5857
1134	20	110			-4757
4					77
300	1	177			-1581
16		2			603
286		276			-200

9—8 续表 12

单位:万元 (2016)

指 标	Item	营业外收入 Revenue from Excluding Business	政府补贴 Subsidies Income Government Subsidies
总 计	**Total**	**1261**	**138**
住宿业	**Hotels**	**988**	**13**
按住宿业行业小类分	Grouped by Hotels Industry Small Class		
旅游饭店	Turist Hotel	727	5
一般旅馆	General Hotel	261	9
其他住宿业	Other Hotel		
按登记注册类型分	Grouped By Registration Type		
内资企业	Domestic Funded Enterprises	988	13
国有企业	State-owned Enterprises	116	
集体企业	Collective-owned Enterprises		
有限责任公司	Limited Liability Corporations	137	3
国有独资公司	State-owned Enterprises	40	
其他有限责任公司	Other Limited Liability Corporations	97	3
股份有限公司	Share-holding Corporations Ltd.		
私营企业	Private Enterprises	735	11
私营独资企业	Private Owned Enterprises		
私营有限责任公司	Private Limited Liability Corporations	735	11
按控股情况分	Grouped By Controlling Stake		
国有控股	State-owned	207	
集体控股	Collective-owned	1	1
私人控股	Private	775	13
港澳台商控股	Holding from Hong Kong, Macao and Taiwan		
外商控股	Foreign		
其他	Others	6	
按经营形式分	Grouped By Business Form		
独立门店	Indipendent Stores	940	13
连锁总店	Distributor Chain		
其他	Others	48	
按单位规模分	Grouped By Unit Scale		
大型	Large-scale		
中型	Medium-scale	205	
小型	Small-scale	783	13
微型	Miniature		

continued

(10 000 yuan)

营业外支出 Expence from Excluding Business	利润总额 Total Profits	应交所得税 Tax Payable	应付职工薪酬 Benefits of Employee Payable	应交增值税 Added Tax Payable	从事住宿和餐饮业活动的从业人员平均人数(人) Average Number of Employees Engaged in the Accommodation and Catering Industry(person)
187	**-16614**	**326**	**24078**	**1939**	**6644**
119	**-10378**	**157**	**13871**	**1245**	**3705**
115	-9001	129	12868	1127	3253
4	-1377	25	1002	116	438
		3	1	2	14
119	-10378	157	13871	1245	3705
10	-4160		3616	117	615
1	69	17	84	7	45
75	-5427	109	6451	842	1909
20	-322	69	257	284	253
55	-5105	40	6194	558	1656
34	-860	31	3720	280	1136
34	-860	31	3720	280	1136
68	-5577	69	5151	539	1260
2	50	17	579	13	203
49	-3507	67	6547	487	1868
	-1344	3	1593	206	374
102	-8639	117	11033	962	2996
	244	22	465		195
18	-1983	17	2373	283	514
55	-7759	69	7820	773	1844
64	-2620	87	6051	473	1861

9—8 续表 13

单位:万元 (2016)

指 标	Item	营业外收入 Revenue from Excluding Business	政府补贴 Subsidies Income Government Subsidies
按星级分	Grouped By Star Grade		
五星	Five		
四星	Four	634	2
三星	Three	111	11
二星	Two		
一星	One		
其他	Others	244	
餐饮业	**Catering Servies**	**272**	**125**
按餐饮业行业小类分	Grouped by Catering Industry Small Class		
正餐服务	Dinner Service	272	125
快餐服务	Fast Food Service		
按登记注册类型分	Grouped By Registration Type		
内资企业	Domestic Funded Enterprises	272	125
有限责任公司	Limited Liability Corporations	61	
国有独资公司	State-owned Enterprises		
其他有限责任公司	Other Limited Liability Corporations	61	
股份有限公司	Share-holding Corporations Ltd.		
私营企业	Private Enterprises	211	125
私营独资企业	Private Owned Enterprises	105	105
私营合伙企业	Private Partnership Enterprises		
私营有限责任公司	Private Limited Liability Corporations	41	20
私营股份有限公司	Private Share-holding Corporations Ltd.	65	
外商投资企业	Foreign Funded Enterprises		
中外合资经营企业	Sino-foreign Joint Venture Enterprises		
按控股情况分	Grouped By Controlling Stake		
国有控股	State-owned	2	
集体控股	Collective-owned		
私人控股	Private	259	125

continued

(10 000 yuan)

营业外支出 Expence from Excluding Business	利润总额 Total Profits	应交所得税 Tax Payable	应付职工薪酬 Benefits of Employee Payable	应交增值税 Added Tax Payable	从事住宿和餐饮业活动的从业人员平均人数（人） Average Number of Employees Engaged in the Accommodation and Catering Industry(person)
78	-1169	90	5005	644	1441
16	-534	57	1792	156	541
25	-8675	10	7073	446	1723
68	**-6236**	**170**	**10207**	**693**	**2939**
68	-6236	170	10207	693	2939
68	-5325	170	9783	693	2844
15	-5129		3178	156	777
15	-5129		3178	156	777
53	-196	170	6606	537	2067
	1		150	14	61
52	-286	158	6154	502	1901
1	89	12	302	21	105
	-911		424		95
	-911		424		95
12	-17		290		104
56	-3551	170	8278	693	2462

9—8 续表 14

单位:万元 （2016）

指 标	Item	营业外收入 Revenue from Excluding Business	政府补贴 Subsidies Income Government Subsidies
外商控股	Foreign		
其他	Others	11	
按经营形式分	Grouped By Business Form		
独立门店	Indipendent Stores	197	125
连锁门店	Distributor Chain	65	
其他	Others	11	
按单位规模分	Grouped By Unit Scale		
大型	large-scale		
中型	Medium-scale	83	20
小型	Small-scale	190	105
微型	Miniature		
住宿业按地区分组	**Accommodation Industry Grouped by Region**	**988**	**13**
银川市	Yinchuan	988	13
兴庆区	Xingqing	261	3
西夏区	Xixia	37	
金凤区	Jinfeng	682	11
永宁县	Yongning	6	
贺兰县	Helan	2	
灵武市	Lingwu		
餐饮业按地区分组	**Catering Industry Grouped by Region**	**272**	**125**
银川市	Yinchuan	272	125
兴庆区	Xingqing	249	125
西夏区	Xixia	2	
金凤区	Jinfeng	4	
永宁县	Yongning		
贺兰县	Helan	12	
灵武市	Lingwu	5	

continued

（10 000 yuan）

营业外支出 Expence from Excluding Business	利润总额 Total Profits	应交所得税 Tax Payable	应付职工薪酬 Benefits of Employee Payable	应交增值税 Added Tax Payable	从事住宿和餐饮业活动的从业人员平均人数（人） Average Number of Employees Engaged in the Accommodation and Catering Industry（person）
	-911		424		95
	-1757		1216		278
67	-4482	153	8254	665	2443
1	108	12	384	21	128
	-1862	4	1569	8	368
31	-4483	54	3477	182	946
36	-1745	115	6725	511	1965
	-9	1	5		28
119	**-10378**	**157**	**13871**	**1245**	**3705**
119	-10378	157	13871	1245	3705
94	-3017	73	6205	690	1824
21	-140	20	329	7	140
3	-8011	40	6007	486	1315
	521	3	214		61
1	269	22	674	6	265
			441	57	100
68	**-6236**	**170**	**10207**	**693**	**2939**
68	-6236	170	10207	693	2939
9	-4096	108	5382	198	1645
12	-36		402		139
1	-1882	44	2940	326	694
24	-5	13	1057	132	353
22	-217	4	427	38	108

9—9 限额以上批发和零售业法人企业购进、销售、库存总额(市区)

单位:万元 (2016)

指标	Item	法人企业数(个) Corporate Enterprises (unit)
总 计	**Total**	**146**
批发业	**Wholesale Trade**	**59**
按批发行业小类分	Grouped by Wholesale Industry Small Class	
食品、饮料及烟草制品批发	Wholesale of Food,Beverages and Tobacoos	6
米、面制品及食用油批发	Wholesale of Rice,Flour and Edible Oil	1
盐及调味品批发	Wholesale of Meat and Aquatic Products	1
酒、饮料及茶叶批发	Wholesale of Salt and Condiments	2
烟草制品批发	Wholesale of Beverages and tea	2
纺织、服装及家庭用品批发	Wholesale of Textiles,Garments and Daily Consummer Aticles	1
家用电器批发	Wholesale of Household Electrical Appliances	1
医药及医疗器材批发	Wholesale of Medicines and Medical Appliances	6
西药批发	Wholesale of Western Medicine	4
医疗用品及器材批发	Wholesale of Medical Supplies and Equipment	2
矿产品、建材及化工产品批发	Wholesale of Mineral Products,Building Materials and Chemical Products	34
煤炭及制品批发	Wholesale of Coal and Related Products	2
石油及制品批发	Wholesale of Petroleum and Related Products	9
金属及金属矿批发	Wholesale of Metallic mineral Products	18
建材批发	Wholesale of Building Materials	1
化肥批发	Wholesale of Chemical Fertilizer	2
其他化工产品批发	Wholesale of Other Chemical Products	2
机械设备、五金产品及电子产品批发	Wholesale of Machinery,Hardware and Electronic Equipment	10
农业机械批发	Wholesale of Agriculture Machinary	2
汽车批发	Wholesale of MotorVehicles	2
电气设备批发	Wholesale of Electrical Equipment	2
计算机、软件及辅助设备批发	Wholesale of Computer,Software and Assistant Aplliances	1
其他机械设备及电子产品批发	Wholesale of Other Machinary and Electric Equipment	3

Total Purchases,Sales and Stock of Wholesale and Retail Trades by Enterprises above Designated Size (City)

(10 000yuan)

商品购进额 Total Commodity Purchase	商品销售额 Total Commodity Sales Value	通过公共网络实现的商品销售额 Commodity Sales Through Public Network	使用银行卡支付的商品销售额 Commodity Sales Payed for by Bank Cards
5620769	**6111450**	**315720**	**869939**
3917454	**4290410**	**287465**	**298523**
718064	814224	287465	255061
3142	4072		4072
3894	8174		
9672	10915		2945
701356	791063	287465	248044
9099	9732		
9099	9732		
232509	257864		426
205683	226659		426
26825	31205		
2853188	3092948		9
46436	46748		
2504286	2670935		9
254532	324267		
4668	4672		
8334	9295		
34933	37031		
34596	46601		9744
9857	15340		
8758	10628		5747
6811	9001		
3246	4972		
5925	6661		3997

9—9 续表 1

单位:万元 (2016)

指 标	Item	法人企业数(个) Corporate Enterprises (unit)
其他批发业	Other Wholesale	2
再生物资回收与批发	Recovery and Wholesale of Recycled Materials	1
其他未列明批发业	Other Wholesale Unlisted	1
按登记注册类型分	Grouped By Registration Type	
内资企业	Domestic Funded Enterprises	59
国有企业	State-owned Enterprises	4
有限责任公司	Limited Liability Corporations	16
国有独资公司	State-owned Enterprises	1
其他有限责任公司	Other Limited Liability Corporations	15
股份有限公司	Share-holding Corporations Ltd.	6
私营企业	Private Enterprises	33
私营有限责任公司	Private Limited Liability Corporations	33
按控股情况分	Grouped By Controlling Stake	
国有控股	State-owned	14
集体控股	Collective-owned	1
私人控股	Private	39
其他	Others	5
按经营形式分	Grouped By Business Form	
独立门店	Indipendent Stores	47
连锁总店	Distributor Chain	1
连锁门店	Chain Stores	1
其他	Others	10
按单位规模分	Grouped By Unit Scale	
大型	large-scale	4
中型	Medium-scale	22
小型	Small-scale	27
微型	Miniature	6
零售业	**Retail Trade**	**87**
按零售行业小类分	Grouped by Retail Trade Industry Small Class	
综合零售	Integrated Retail	11
百货零售	Retail of General Merchandise	9
超级市场零售	Retail of Supermarkets	2
食品、饮料及烟草制品专门零售	Retail of Food,Beverages and Tobaccos	7

continued

(10 000 yuan)

商品购进额 Total Commodity Purchase	商品销售额 Total Commodity Sales Value	通过公共网络实现的商品销售额 Commodity Sales Through Public Network	使用银行卡支付的商品销售额 Commodity Sales Payed for by Bank Cards
69999	69041		33283
30397	33283		33283
39602	35759		
3917454	4290410	287465	298523
708392	803309	287465	252117
381076	431517		37706
44260	44260		
336817	387257		37706
2426909	2591501		9
401077	464084		8692
401077	464084		8692
3376474	3673702	287465	252551
2570	3532		
490610	559937		12689
47799	53240		33283
790610	943778	287465	264814
296986	330280		
200253	306803		
2629606	2709550		33709
900728	1128940	287465	248470
2822538	2882664		33283
178541	255425		16770
15647	23383		
1703315	**1821039**	**28255**	**571416**
724876	773878		334984
370907	435532		224951
353969	338346		110033
11914	15883		1653

9—9 续表 2

单位:万元 (2016)

指 标	Item	法人企业数(个) Corporate Enterprises (unit)
粮油零售	Retail of Grain and Oil	1
果品、蔬菜零售	Retail of Fruits and Vegetables	2
酒、饮料及茶叶零售	Retail of Wine,Beverages and Tea	2
烟草制品零售	Retail of Tobacco Products	1
其他食品零售	Retail of Other Food	1
纺织、服装及日用品专门零售	Special Retail of Textiles,Garments and Daily Consumer Articles	2
服装零售	Retail of Garments	1
钟表、眼镜零售	Retail of Watches and Glasses	1
文化、体育用品及器材专门零售	Retail of Culture,Sports Appliances and Equipments	9
体育用品及器材零售	Retail of Sports Goods Appliances and Equipments	1
图书、报刊零售	Retail of Books, Newspapers and Magazines	1
珠宝首饰零售	Retail of Jewelery	2
工艺美术品及收藏品零售	Retail of Arts ,Crafts and Collections	3
乐器零售	Retail of Musical instrument	1
其他文化用品零售	Retail of Other Culture Appliances	1
医药及医疗器材专门零售	Retail of Medicines and Medical Appliances	11
药品零售	Retail of Drug	11
汽车、摩托车、燃料及零配件专门零售	Retail of Motor Vehicles,Motorcycles,Fuel and Parts	33
汽车零售	Retail of Motor Vehicles	23
机动车燃料零售	Retail of Motor Vehicles Fuel	10
家用电器及电子产品专门零售	Special Retailof Household Electric Appliances and Electronic Products	12
家用视听设备零售	Retail of Household Audio and Video Equipment	1
日用家电设备零售	Retail of Household Electric Appliances	3
计算机、软件及辅助设备零售	Retail of Computer,Software and Assistant Appliances	6
通信设备零售	Retail of Communication Equipments	2
五金、家具及室内装饰材料专门零售	Special Retail of Hardware,Furniture and Decoration Materials	1
家具零售	Retail of Furniture	1
货摊、无店铺及其他零售业	Retail of Other Decoration Materials	1
生活用燃料零售	Retail of Life Fuel	1
按登记注册类型分	Grouped By Registration Type	
内资企业	Domestic Funded Enterprises	86
国有企业	State-owned Enterprises	4

continued

（10 000 yuan）

商品购进额 Total Commodity Purchase	商品销售额 Total Commodity Sales Value	通过公共网络实现的商品销售额 Commodity Sales Through Public Network	使用银行卡支付的商品销售额 Commodity Sales Payed for by Bank Cards
1296	1338		
3832	5839		
4951	5674		87
898	1958		1566
938	1075		
6415	9811		
3772	4013		
2643	5798		
34814	30170	717	2387
8246	6228		
12802	12822		
7964	4901	37	1259
3702	3866	680	208
1169	1433		920
931	920		
246117	272373	38	1842
246117	272373	38	1842
407973	449065	12708	129954
370410	401741	12708	126664
37564	47324		3290
265629	261608	14791	98454
4585	6176		4253
214142	205142	3163	94201
38174	40988	11628	
8728	9304		
2589	3472		2143
2589	3472		2143
2987	4777		
2987	4777		
1698769	1814282	28255	571416
31431	35077	38	9768

9—9 续表 3

单位:万元 (2016)

指 标	Item	法人企业数(个) Corporate Enterprises (unit)
集体企业	Collective-owned Enterprises	1
有限责任公司	Limited Liability Corporations	43
国有独资公司	State-owned Enterprises	1
其他有限责任公司	Other Limited Liability Corporations	42
股份有限公司	Share-holding Corporations Ltd.	2
私营企业	Private Enterprises	36
私营有限责任公司	Private Limited Liability Corporations	36
外商投资企业	Foreign Funded Enterprises	1
中外合资经营企业	Sino-foreign Joint Venture Enterprises	1
按控股情况分	Grouped By Controlling Stake	
国有控股	State-owned	7
集体控股	Collective-owned	3
私人控股	Private	63
外商控股	Foreign	1
其他	Others	13
按经营形式分	Grouped By Business Form	
独立门店	Indipendent Stores	68
连锁总店	Distributor Chain	11
连锁门店	Distributor Stores	2
其他	Others	6
按单位规模分	Grouped By Unit Scale	
大型	Large-scale	5
中型	Medium-scale	48
小型	Small-scale	28
微型	Miniature	6
按零售业态分	Grouped By Retail Formats	
有店铺零售	Retail of Having a Store	83
超市	Supermarket	2
大型超市	Hypermarket	5
百货店	Department Store	7
专业店	Speciality Store	40
专卖店	Franchised Store	29
无店铺零售	Retail of Non-store	4

continued

(10 000 yuan)

商品购进额 Total Commodity Purchase	商品销售额 Total Commodity Sales Value	通过公共网络实现的商品销售额 Commodity Sales Through Public Network	使用银行卡支付的商品销售额 Commodity Sales Payed for by Bank Cards
1422	1727		
1010655	1082608	27499	300876
2987	4777		
1007668	1077831	27499	300876
272013	278256		161999
383249	416615	717	98772
383249	416615	717	98772
4545	6757		
4545	6757		
36626	43198	38	11334
30235	31659		882
708227	829747	25054	192966
36993	42963		42963
891234	873472	3163	323271
1006459	1127591	13464	318588
635664	618771		232934
19451	26313	3163	15830
41741	48364	11628	4064
817966	798891		350404
780465	904532	27536	208160
94510	105171	718	8600
10373	12444		4253
1673555	1783055	16626	571329
3448	6217		
603160	584937		232250
313701	371231		181106
495392	539750	3200	43571
257855	280920	13426	114403
29760	37985	11628	87

9—9 续表 4

单位:万元 (2016)

指　标	Item	批发额 Wholesale Value
总　计	**Total**	**3997165**
批发业	**Wholesale Trade**	**3842700**
按批发行业小类分	Grouped by Wholesale Industry Small Class	
食品、饮料及烟草制品批发	Wholesale of Food,Beverages and Tobacoos	810084
米、面制品及食用油批发	Wholesale of Rice,Flour and Edible Oil	4072
盐及调味品批发	Wholesale of Meat and Aquatic Products	8174
酒、饮料及茶叶批发	Wholesale of Salt and Condiments	6775
烟草制品批发	Wholesale of Beverages and tea	791063
纺织、服装及家庭用品批发	Wholesale of Textiles,Garments and Daily Consummer Aticles	9732
家用电器批发	Wholesale of Household Electrical Appliances	9732
医药及医疗器材批发	Wholesale of Medicines and Medical Appliances	123765
西药批发	Wholesale of Western Medicine	92560
医疗用品及器材批发	Wholesale of Medical Supplies and Equipment	31205
矿产品、建材及化工产品批发	Wholesale of Mineral Products,Building Materials and Chemical Products	2806640
煤炭及制品批发	Wholesale of Coal and Related Products	46748
石油及制品批发	Wholesale of Petroleum and Related Products	2389216
金属及金属矿批发	Wholesale of Metallic mineral Products	319677
建材批发	Wholesale of Building Materials	4672
化肥批发	Wholesale of Chemical Fertilizer	9295
其他化工产品批发	Wholesale of Other Chemical Products	37031
机械设备、五金产品及电子产品批发	Wholesale of Machinery,Hardware and Electronic Equipment	23438
农业机械批发	Wholesale of Agriculture Machinary	
汽车批发	Wholesale of MotorVehicles	4681
电气设备批发	Wholesale of Electrical Equipment	8936
计算机、软件及辅助设备批发	Wholesale of Computer,Software and Assistant Aplliances	3160
其他机械设备及电子产品批发	Wholesale of Other Machinary and Electric Equipment	6661

continued

(10 000 yuan)

零售额 Retail Value	通过公共网络实现的商品销售额 Commodity Sales Through Public Network	期末商品库存额 Total Stock at Year-end	年末零售营业面积(平方米) Area of Retail Business at Year-end (sq.m)
2114285	**27786**	**373249**	**782887**
447710		**187789**	**92846**
4140		47585	700
		337	
		932	
4140		5899	700
		40418	
		2557	500
		2557	500
134099		18372	4430
134099		15573	4430
		2799	
286308		93242	86071
		3	
281718		65931	85271
4590		20614	800
		204	
		4373	
		2117	
23164		19465	1145
15340		4074	855
5947		4297	
65		8349	177
1812		366	113
		2379	

9—9 续表 5

单位:万元 （2016）

指 标	Item	批发额 Wholesale Value
其他批发业	Other Wholesale	69041
再生物资回收与批发	Recovery and Wholesale of Recycled Materials	33283
其他未列明批发业	Other Wholesale Unlisted	35759
按登记注册类型分	Grouped By Registration Type	
内资企业	Domestic Funded Enterprises	3842700
国有企业	State-owned Enterprises	803309
有限责任公司	Limited Liability Corporations	291801
国有独资公司	State-owned Enterprises	44260
其他有限责任公司	Other Limited Liability Corporations	247542
股份有限公司	Share-holding Corporations Ltd.	2314428
私营企业	Private Enterprises	433162
私营有限责任公司	Private Limited Liability Corporations	433162
按控股情况分	Grouped By Controlling Stake	
国有控股	State-owned	3261927
集体控股	Collective-owned	3532
私人控股	Private	527203
其他	Others	50039
按经营形式分	Grouped By Business Form	
独立门店	Indipendent Stores	906778
连锁总店	Distributor Chain	192495
连锁门店	Chain Stores	167514
其他	Others	2575913
按单位规模分	Grouped By Unit Scale	
大型	large-scale	718229
中型	Medium-scale	2858951
小型	Small-scale	242137
微型	Miniature	23383
零售业	**Retail Trade**	**154464**
按零售行业小类分	Grouped by Retail Trade Industry Small Class	
综合零售	Integrated Retail	4762
百货零售	Retail of General Merchandise	
超级市场零售	Retail of Supermarkets	4762

continued

（10 000 yuan）

零售额 Retail Value	通过公共网络实现的商品销售额 Commodity Sales Through Public Network	期末商品库存额 Total Stock at Year-end	年末零售营业面积(平方米) Area of Retail Business at Year-end (sq.m)
		6568	
		1929	
		4639	
447710		187789	92846
		41687	
139715		35466	748
139715		35466	748
277073		49910	84916
30922		60727	7182
30922		60727	7182
411775		107301	85351
		4373	
32734		64736	7495
3201		11379	
37000		80684	7350
137785		7915	55400
139288		5748	29516
133637		93443	580
410710		26833	85296
23713		115348	6138
13288		38717	1157
		6891	255
1666575	**27786**	**185460**	**690041**
769117		43732	476962
435532		13848	295842
333585		29884	181120

9—9 续表 6

单位：万元 （2016）

指　标	Item	批发额 Wholesale Value
食品、饮料及烟草制品专门零售	Retail of Food,Beverages and Tobaccos	4283
粮油零售	Retail of Grain and Oil	
果品、蔬菜零售	Retail of Fruits and Vegetables	
酒、饮料及茶叶零售	Retail of Wine,Beverages and Tea	4060
烟草制品零售	Retail of Tobacco Products	
其他食品零售	Retail of Other Food	223
纺织、服装及日用品专门零售	Special Retail of Textiles,Garments and Daily Consumer Articles	
服装零售	Retail of Garments	
钟表、眼镜零售	Retail of Watches and Glasses	
文化、体育用品及器材专门零售	Retail of Culture,Sports Appliances and Equipments	3457
体育用品及器材零售	Retail of Sports Goods Appliances and Equipments	2099
图书、报刊零售	Retail of Books, Newspapers and Magazines	
珠宝首饰零售	Retail of Jewelery	
工艺美术品及收藏品零售	Retail of Arts ,Crafts and Collections	1258
乐器零售	Retail of Musical instrument	100
其他文化用品零售	Retail of Other Culture Appliances	
医药及医疗器材专门零售	Retail of Medicines and Medical Appliances	85517
药品零售	Retail of Drug	85517
汽车、摩托车、燃料及零配件专门零售	Retail of Motor Vehicles,Motorcycles,Fuel and Parts	20902
汽车零售	Retail of Motor Vehicles	12640
机动车燃料零售	Retail of Motor Vehicles Fuel	8262
家用电器及电子产品专门零售	Special Retailof Household Electric Appliances and Electronic Products	35544
家用视听设备零售	Retail of Household Audio and Video Equipment	
日用家电设备零售	Retail of Household Electric Appliances	23416
计算机、软件及辅助设备零售	Retail of Computer,Software and Assistant Appliances	9307
通信设备零售	Retail of Communication Equipments	2820
五金、家具及室内装饰材料专门零售	Special Retail of Hardware,Furniture and Decoration Materials	
家具零售	Retail of Furniture	
货摊、无店铺及其他零售业	Retail of Other Decoration Materials	
生活用燃料零售	Retail of Life Fuel	
按登记注册类型分	Grouped By Registration Type	
内资企业	Domestic Funded Enterprises	150984
国有企业	State-owned Enterprises	

continued

(10 000 yuan)

零售额 Retail Value	通过公共网络实现的商品销售额 Commodity Sales Through Public Network	期末商品库存额 Total Stock at Year-end	年末零售营业面积(平方米) Area of Retail Business at Year-end (sq.m)
11601		5766	5220
1338		415	300
5839		885	1820
1614		4017	1500
1958		335	1100
852		115	500
9811		9391	282
4013		5381	40
5798		4010	242
26713	287	19197	17680
4129		2890	2000
12822		4728	11000
4901	37	9394	3376
2608	250	1127	900
1333		844	254
920		214	150
186856		23818	33164
186856		23818	33164
428163	12708	46542	72452
389101	12708	43839	42840
39062		2703	29612
226065	14791	35698	76681
6176		139	8006
181726	3163	26990	64278
31680	11628	7754	2666
6483		815	1731
3472		401	5600
3472		401	5600
4777		914	2000
4777		914	2000
1663298	27786	185459	689741
35077		6342	25565

9—9 续表 7

单位:万元 （2016）

指 标	Item	批发额 Wholesale Value
集体企业	Collective-owned Enterprises	
有限责任公司	Limited Liability Corporations	131075
国有独资公司	State-owned Enterprises	
其他有限责任公司	Other Limited Liability Corporations	131075
股份有限公司	Share-holding Corporations Ltd.	
私营企业	Private Enterprises	19910
私营有限责任公司	Private Limited Liability Corporations	19910
外商投资企业	Foreign Funded Enterprises	3480
中外合资经营企业	Sino-foreign Joint Venture Enterprises	3480
按控股情况分	Grouped By Controlling Stake	
国有控股	State-owned	
集体控股	Collective-owned	
私人控股	Private	126765
外商控股	Foreign	
其他	Others	27700
按经营形式分	Grouped By Business Form	
独立门店	Indipendent Stores	113297
连锁总店	Distributor Chain	31422
连锁门店	Distributor Stores	
其他	Others	9746
按单位规模分	Grouped By Unit Scale	
大型	Large-scale	28178
中型	Medium-scale	112022
小型	Small-scale	14040
微型	Miniature	225
按零售业态分	Grouped By Retail Formats	
有店铺零售	Retail of Having a Store	144942
超市	Supermarket	
大型超市	Hypermarket	28178
百货店	Department Store	
专业店	Speciality Store	107989
专卖店	Franchised Store	8775
无店铺零售	Retail of Non-store	9523

continued

(10 000 yuan)

零售额 Retail Value	通过公共网络实现的商品销售额 Commodity Sales Through Public Network	期末商品库存额 Total Stock at Year-end	年末零售营业面积(平方米) Area of Retail Business at Year-end (sq.m)
1727		60	300
951533	27499	105968	416601
4777		914	2000
946756	27499	105054	414601
278256		10047	164056
396705	287	63042	83219
396705	287	63042	83219
3277		1	300
3277		1	300
43198		7618	28965
31659		1412	11458
702983	24624	97150	243180
42963		6789	76793
845772	3163	72491	329645
1014295	12995	107362	325983
587349		73457	322398
26313	3163	23	29550
38619	11628	4617	12110
770714		66551	402701
792511	27536	94534	232090
91131	250	22803	45548
12219		1572	9702
1638113	16158	181145	681641
6217		1577	1055
556759		64632	326541
371231		5720	207946
431761	3200	58450	114532
272145	12958	50767	31567
28462	11628	4315	8400

9—10 限额以上批发和零售业法人企业商品分类销售额(市区)

单位:万元 (2016)

指标	Item	销售额 Sales Value	批发额 Wholesale Value	零售额 Retail Value
总 计	**Total**	**5939191**	**3787675**	**2151516**
批发业	**Wholesale Trade**	**4131140**	**3706684**	**424457**
粮油、食品类	Grain and Oils, Food	14459	14459	
#粮油类	Grain and Oils	4899	4899	
肉禽蛋类	Meat Poultry and eggs	946	946	
水产品类	Aquatic Products			
蔬菜类	Vegetables			
干鲜果品类	Dried and Fresh Melons and Fruits	440	440	
饮料类	Beverages			
烟酒类	Tobacco and Liquor	729468	728683	785
服装、鞋帽、针纺织品类	Clothing,Shoes,Hats and Textiles			
#服装类	Clothing			
鞋帽类	Footwear and Hats			
针纺织品类	Textiles			
化妆品类	Cosmetics			
金银珠宝类	Gold,Silver and jewelry			
日用品类	Articles for Daily Use	5360	5360	
#儿童玩具类	Children`s toys			
五金、电料类	Hardware & Electrical Materials			
体育、娱乐用品类	Sports and Entertainment Products			
#照相器材类	Photographic Equipments			
书报杂志类	Newspapers and Magazines			
电子出版物及音像制品类	E-journals and Video Products			
家用电器和音像器材类	Household Appliances and Video Equipments	9732	9625	107
中西药品类	Traditional Chinese and Western Medicine	228094	94062	134032
#西药类	Western Medicine	153449	58174	95275
中草药及中成药类	Traditional Chinese	63150	24393	38757
文化办公用品类	Cultral and Official Goods	9002	8061	940
#计算机及其配套产品	Computer and Corollary Equipments	3355	2414	940
家具类	Furniture			
通讯器材类	Communication Appliances			
煤炭及制品类	Coal and Related Products	46037	46027	10
木材及制品类	Wood and Wooden Products	20	20	
石油及制品类	Petroleum and Related Products	2698174	2410209	287965
化工材料及制品类	Raw Chemical Materials and Related Products	44171	44171	
#化肥类	Fertilizer	10723	10723	
金属材料类	Metal Materials	230535	230535	
机电产品及设备类	Mechanical & Electrical Products	26454	25850	604
#农机类	Agricultural Machinery	15339	15339	
汽车类	Automobile	10599	10599	
其他类	Others	79036	79023	14

Sale Values of Wholesale and Retail by Enterprises above Designated Size by Category(City)

（10 000yuan）

指　标	Item	销售额 Sales Value	批发额 Wholesale Value	零售额 Retail Value
零售业	**Retail Trade**	**1808051**	**80991**	**1727060**
粮油、食品类	Grain and Oils, Food	272680	4843	267837
#粮油类	Grain and Oils	49108	19	49089
肉禽蛋类	Meat Poultry and eggs	37451	55	37396
水产品类	Aquatic Products	1999	2	1997
蔬菜类	Vegetables	6531	44	6487
干鲜果品类	Dried and Fresh Melons and Fruits	12771	1961	10810
饮料类	Beverages	15935	6	15929
烟酒类	Tobacco and Liquor	46143	301	45842
服装、鞋帽、针纺织品类	Clothing,Shoes,Hats and Textiles	241475	1002	240473
#服装类	Clothing	164542	575	163967
鞋帽类	Footwear and Hats	46720	421	46299
针纺织品类	Textiles	30213	5	30208
化妆品类	Cosmetics	42273	2	42271
金银珠宝类	Gold,Silver and jewelry	87250		87250
日用品类	Articles for Daily Use	95000	387	94613
#儿童玩具类	Children`s toys	1496	0	1496
五金、电料类	Hardware & Electrical Materials	1062	1	1062
体育、娱乐用品类	Sports and Entertainment Products	10246	511	9735
#照相器材类	Photographic Equipments	12		12
书报杂志类	Newspapers and Magazines	10959		10959
电子出版物及音像制品类	E-journals and Video Products	1972		1972
家用电器和音像器材类	Household Appliances and Video Equipments	166653	17014	149639
中西药品类	Traditional Chinese and Western Medicine	275550	15571	259979
#西药类	Western Medicine	245593	12982	232611
中草药及中成药类	Traditional Chinese	28765	2589	26175
文化办公用品类	Cultral and Official Goods	53751	7410	46340
#计算机及其配套产品	Computer and Corollary Equipments	13076	563	12514
家具类	Furniture	3864		3864
通讯器材类	Communication Appliances	56666	9816	46850
煤炭及制品类	Coal and Related Products			
木材及制品类	Wood and Wooden Products			
石油及制品类	Petroleum and Related Products	48734	8652	40082
化工材料及制品类	Raw Chemical Materials and Related Products			
#化肥类	Fertilizer			
金属材料类	Metal Materials			
机电产品及设备类	Mechanical & Electrical Products			
#农机类	Agricultural Machinery			
汽车类	Automobile	376504	15286	361218
其他类	Others	1334	191	1143

9—11 限额以上批发和零售业法人单位主要财务状况(市区)

单位:万元 (2016)

指　标	Item	法人企业数(个) Number of Corporate (unit)
总　计	**Total**	**146**
批发业	**Wholesale Trade**	**59**
按批发行业小类分	Grouped by Wholesale Industry Small Class	
食品、饮料及烟草制品批发	Wholesale of Food,Beverages and Tobacoos	6
米、面制品及食用油批发	Wholesale of Rice,Flour and Edible Oil	1
盐及调味品批发	Wholesale of Salt and Condiments	1
酒、饮料及茶叶批发	Wholesale of Beverages and tea	2
烟草制品批发	Wholesale of Tobacco Products	2
纺织、服装及家庭用品批发	Wholesale of Textiles,Garments and Daily Consummer Aticles	1
家用电器批发	Wholesale of Household Electrical Appliances	1
医药及医疗器材批发	Wholesale of Medicines and Medical Appliances	6
西药批发	Wholesale of Western Medicine	4
医疗用品及器材批发	Wholesale of Medical Supplies and Equipment	2
矿产品、建材及化工产品批发	Wholesale of Mineral Products,Building Materials and Chemical Products	34
煤炭及制品批发	Wholesale of Coal and Related Products	2
石油及制品批发	Wholesale of Petroleum and Related Products	9
金属及金属矿批发	Wholesale of Metallic mineral Products	18
建材批发	Wholesale of Building Materials	1
化肥批发	Wholesale of Chemical Fertilizer	2
其他化工产品批发	Wholesale of Other Chemical Products	2
机械设备、五金产品及电子产品批发	Wholesale of Machinery,Hardware and Electronic Equipment	10
农业机械批发	Wholesale of Agriculture Machinary	2
汽车批发	Wholesale of MotorVehicles	2
电气设备批发	Wholesale of Electrical Equipment	2
计算机、软件及辅助设备批发	Wholesale of Computer,Software and Assistant Aplliances	1
其他机械设备及电子产品批发	Wholesale of Other Machinary and Electric Equipment	3

Financial Indicators of Wholesale and Retail by Enterprises above Designated Size (City)

(10 000yuan)

年初存货 Invertory at Beginning of Year	流动资产合计 Total Working Capitals	应收帐款 Accounts Receivable	存货 Stock	固定资产合计 Total Fixed Assets	固定资产原价 Original Value of Fixed Assets
307468	**1920912**	**344956**	**330823**	**287132**	**449633**
123132	**1111338**	**183572**	**169409**	**177586**	**255152**
30105	311267	156	40844	22771	35244
1196	4624		394	5859	7604
1191	8500	122	825	123	359
4717	7108	34	5080	125	619
23002	291035	1	34545	16664	26662
1894	4136		2557	4	30
1894	4136		2557	4	30
15224	136874	70503	16459	10996	12727
12417	112663	61461	13403	10922	12397
2806	24211	9042	3056	74	329
56743	420494	64936	85366	140523	201097
465	22026	10316	476	17074	22003
24793	109217	10922	65824	113521	162994
24222	255588	33568	12607	4932	8608
227	4961	2298	227	129	408
5001	20780	5706	4373	4250	5922
2036	7922	2127	1859	617	1162
16420	63980	19091	17615	798	2193
2427	11628	4911	4074	421	685
5957	9303	2949	3928	66	674
6734	36603	9425	7136	269	784
259	728	179	428		
1043	5719	1627	2050	41	50

9—11 续表 1

单位:万元 (2016)

指　标	Item	法人企业数(个) Number of Corporate (unit)
其他批发业	Other Wholesale	2
再生物资回收与批发	Recovery and Wholesale of Recycled Materials	1
其他未列明批发业	Other Wholesale Unlisted	1
按登记注册类型分	Grouped By Registration Type	
内资企业	Domestic Funded Enterprises	59
国有企业	State-owned Enterprises	4
有限责任公司	Limited Liability Corporations	16
国有独资公司	State-owned Enterprises	1
其他有限责任公司	Other Limited Liability Corporations	15
股份有限公司	Share-holding Corporations Ltd.	6
私营企业	Private Enterprises	33
私营有限责任公司	Private Limited Liability Corporations	33
按控股情况分	Grouped By Controlling Stake	
国有控股	State-owned	14
集体控股	Collective-owned	1
私人控股	Private	39
其他	Others	5
按经营形式分	Grouped By Business Form	
独立门店	Indipendent Stores	47
连锁总店	Distributor Chain	1
连锁门店	Chain Stores	1
其他	Others	10
按单位规模分	Grouped By Unit Scale	
大型	large-scale	4
中型	Medium-scale	22
小型	Small-scale	27
微型	Miniature	6
零售业	**Retail Trade**	**87**
按零售行业小类分	Grouped by Retail Trade Industry Small Class	
综合零售	Integrated Retail	11
百货零售	Retail of General Merchandise	9

continued

(10 000 yuan)

年初存货 Invertory at Beginning of Year	流动资产合计 Total Working Capitals	应收帐款 Accounts Receivable	存货 Stock	固定资产合计 Total Fixed Assets	固定资产原价 Original Value of Fixed Assets
2746	174587	28887	6568	2495	3862
1699	31652	28672	1929	46	123
1048	142934	215	4639	2449	3739
123132	1111338	183572	169409	177586	255152
25389	304159	122	35764	22646	34625
37946	230070	97389	30918	33951	43014
462	21126	9447	473	16849	21602
37485	208943	87943	30445	17102	21412
10020	76688	1278	49395	108662	149935
49777	500422	84782	53333	12327	27580
49777	500422	84782	53333	12327	27580
47214	503270	59540	97997	159108	218492
5001	20780	5706	4373	4250	5922
52656	527110	87774	56984	12475	27875
18261	60179	30552	10056	1753	2863
76229	648965	98833	68425	41587	70283
6574	33727	1129	9742	84478	104584
2834	3477		3477	23433	44285
37495	425170	83610	87767	28088	36001
19901	214718	49753	24476	121415	168886
50098	583293	80032	107991	37995	59011
49822	276326	46548	36592	16615	25117
3311	37001	7239	350	1560	2139
184336	**809574**	**161384**	**161414**	**109547**	**194481**
43074	269457	45340	18679	46098	91466
12450	158928	5799	12247	24110	56257

9—11 续表 2

单位:万元 (2016)

指 标	Item	法人企业数(个) Number of Corporate (unit)
超级市场零售	Retail of Supermarkets	2
食品、饮料及烟草制品专门零售	Retail of Food,Beverages and Tobaccos	7
粮油零售	Retail of Grain and Oil	1
果品、蔬菜零售	Retail of Fruits and Vegetables	2
酒、饮料及茶叶零售	Retail of Wine,Beverages and Tea	2
烟草制品零售	Retail of Tobaccos	1
其它食品零售	Retail of Other Food	1
纺织、服装及日用品专门零售	Special Retail of Textiles,Garments and Daily Consumer Articles	2
服装零售	Retail of Garments	1
钟表、眼镜零售	Retail of Watches and Glasses	1
文化、体育用品及器材专门零售	Retail of Culture,Sports Appliances and Equipments	9
体育用品及器材零售	Retail of Sports Goods Appliances and Equipments	1
图书、报刊零售	Retail of Books, Newspapers and Magazines	1
珠宝首饰零售	Retail of Jewelery	2
工艺美术品及收藏品零售	Retail of Arts ,Crafts and Collections	3
乐器零售	Retail of Musical instrument	1
其他文化用品零售	Retail of Other Culture Appliances	1
医药及医疗器材专门零售	Retail of Medicines and Medical Appliances	11
药品零售	Retail of Drug	11
汽车、摩托车、燃料及零配件专门零售	Retail of Motor Vehicles,Motorcycles,Fuel and Parts	33
汽车零售	Retail of Motor Vehicles	23
机动车燃料零售	Retail of Motor Vehicles Fuel	10
家用电器及电子产品专门零售	Special Retailof Household Electric Appliances and Electronic Products	12
家用视听设备零售	Retail of Household Audio and Video Equipment	1
日用家电设备零售	Retail of Household Electric Appliances	3
计算机、软件及辅助设备零售	Retail of Computer,Software and Assistant Appliances	6
通信设备零售	Retail of Communication Equipments	2
五金、家具及室内装饰材料专门零售	Special Retail of Hardware,Furniture and Decoration Materials	1
家具零售	Retail of Furniture	1
货摊、无店铺及其他零售业	Retail of Non-shop and Other Retails	1
生活用燃料零售	Retail of Life Fuel	1
按登记注册类型分	Grouped By Registration Type	
内资企业	Domestic Funded Enterprises	86

continued

(10 000 yuan)

年初存货 Invertory at Beginning of Year	流动资产合计 Total Working Capitals			固定资产合计 Total Fixed Assets	固定资产原价 Original Value of Fixed Assets
		应收帐款 Accounts Receivable	存货 Stock		
30624	110529	39541	6431	21988	35209
5835	22987	1985	5128	3699	7090
450	970	100	416	410	753
1395	3689	647	881	2529	4840
3112	16924	1005	3433	647	1343
629	962	99	286	2	32
250	422	134	112	112	121
8450	9815	-52	8031	1040	1948
4464	6234	15	4603	4	47
3986	3581	-67	3428	1036	1901
15004	36243	4857	20405	14358	18014
4222	5716		5612	118	453
3877	8085	983	4149	7478	10058
5014	12218	2512	8811	5840	6440
435	8462	1213	288	918	1056
752	844	1	841	1	5
704	918	148	704	3	3
21913	139765	84412	22745	7274	12324
21913	139765	84412	22745	7274	12324
57801	191616	13851	45755	29020	47547
56088	153058	11801	43066	24916	36483
1713	38558	2050	2689	4104	11064
31143	133608	10623	39461	5797	9174
156	1303	529	139	27	81
20819	100884	3798	30791	5365	7924
9652	27968	6099	7756	368	914
517	3453	197	776	37	255
350	2975	270	401	772	1744
350	2975	270	401	772	1744
767	3108	98	809	1487	5175
767	3108	98	809	1487	5175
184258	806983	161317	161314	108541	190745

9—11 续表 3

单位：万元 （2016）

指　标	Item	法人企业数(个) Number of Corporate (unit)
国有企业	State-owned Enterprises	4
集体企业	Collective-owned Enterprises	1
有限责任公司	Limited Liability Corporations	43
国有独资公司	State-owned Enterprises	1
其他有限责任公司	Other Limited Liability Corporations	42
股份有限公司	Share-holding Corporations Ltd.	2
私营企业	Private Enterprises	36
私营有限责任公司	Private Limited Liability Corporations	36
外商投资企业	Foreign Funded Enterprises	1
中外合资经营企业	Sino-foreign Joint Venture Enterprises	1
按控股情况分	Grouped By Controlling Stake	
国有控股	State-owned	7
集体控股	Collective-owned	3
私人控股	Private	63
外商控股	Foreign	1
其他	Others	13
按经营形式分	Grouped By Business Form	
独立门店	Indipendent Stores	68
连锁总店	Distributor Chain	11
连锁门店	Distrubtor Stores	2
其他	Others	6
按单位规模分	Grouped By Unit Scale	
大型	Large-scale	5
中型	Medium-scale	48
小型	Small-scale	28
微型	Miniature	6
按零售业态分	Grouped By Retail Formats	
有店铺零售	Retail of Having a Store	83
超市	Supermarket	2
大型超市	Hypermarket	5
百货店	Department Store	7
专业店	Speciality Store	40
专卖店	Franchised Store	29
无店铺零售	Retail of Non-store	4

continued

(10 000 yuan)

年初存货 Invertory at Beginning of Year	流动资产合计 Total Working Capitals	应收帐款 Accounts Receivable	存货 Stock	固定资产合计 Total Fixed Assets	固定资产原价 Original Value of Fixed Assets
5352	13808	1166	5377	8253	13790
31	299	120	60	8	29
104075	450038	106887	81483	45621	83729
767	3108	98	809	1487	5175
103308	446930	106789	80674	44134	78553
10154	128408	4716	9625	21288	48794
64647	214430	48427	64769	33370	44403
64647	214430	48427	64769	33370	44403
78	2591	68	100	1006	3736
78	2591	68	100	1006	3736
6772	24447	1868	6495	9769	19035
4597	16951	2687	1621	710	1465
100260	384355	103103	95735	47428	73135
6761	13698	3171	6538	1252	1252
65945	370123	50555	51024	50388	99594
114016	534146	93049	107561	72313	134830
66598	250256	58324	50729	35393	56470
2	3866	240	27	125	372
3720	21306	9772	3097	1715	2809
59617	328191	46111	44412	48567	91313
102699	379668	108628	95196	52365	87665
19444	94510	5661	19702	7918	14072
2575	7204	985	2104	697	1432
181657	790208	151330	158546	108581	192514
2059	3142	262	1577	122	178
57810	220903	45139	42665	29044	44721
4103	137809	2055	4370	22344	54054
63867	304497	95607	61220	35620	61439
53819	123857	8267	48714	21451	32121
2679	19366	10054	2868	966	1967

9—11 续表4

单位:万元 (2016)

指 标	Item	累计折旧 Accumulated Depreciation
总 计	**Total**	**164437**
批发业	**Wholesale Trade**	**78978**
按批发行业小类分	Grouped by Wholesale Industry Small Class	
食品、饮料及烟草制品批发	Wholesale of Food,Beverages and Tobacoos	12472
米、面制品及食用油批发	Wholesale of Rice,Flour and Edible Oil	1745
盐及调味品批发	Wholesale of Salt and Condiments	236
酒、饮料及茶叶批发	Wholesale of Beverages and tea	494
烟草制品批发	Wholesale of Tobacco Products	9997
纺织、服装及家庭用品批发	Wholesale of Textiles,Garments and Daily Consummer Aticles	27
家用电器批发	Wholesale of Household Electrical Appliances	27
医药及医疗器材批发	Wholesale of Medicines and Medical Appliances	1731
西药批发	Wholesale of Western Medicine	1475
医疗用品及器材批发	Wholesale of Medical Supplies and Equipment	255
矿产品、建材及化工产品批发	Wholesale of Mineral Products,Building Materials and Chemical Products	61986
煤炭及制品批发	Wholesale of Coal and Related Products	4929
石油及制品批发	Wholesale of Petroleum and Related Products	50783
金属及金属矿批发	Wholesale of Metallic mineral Products	3676
建材批发	Wholesale of Building Materials	279
化肥批发	Wholesale of Chemical Fertilizer	1775
其他化工产品批发	Wholesale of Other Chemical Products	545
机械设备、五金产品及电子产品批发	Wholesale of Machinery,Hardware and Electronic Equipment	1395
农业机械批发	Wholesale of Agriculture Machinary	264
汽车批发	Wholesale of MotorVehicles	608
电气设备批发	Wholesale of Electrical Equipment	515
计算机、软件及辅助设备批发	Wholesale of Computer,Software and Assistant Aplliances	
其他机械设备及电子产品批发	Wholesale of Other Machinary and Electric Equipment	9

continued

(10 000 yuan)

本年折旧 Depreciation This Year	在建工程 Construction in Process	资产总计 Total Assets	流动负债合计 Total Current Liabilities	应付账款 Accounts Payable	非流动负债合计 Total of Non-current Liabilities
27033	**131384**	**2895126**	**1818909**	**397480**	**173071**
18217	**87980**	**1701391**	**1051770**	**161257**	**140417**
3212	20905	427112	192895	7527	6933
1745	116	11171	1328	248	6642
28		13221	3579	159	198
56		7233	5756		
1383	20789	395488	182232	7120	93
2		4140	3868	488	
2		4140	3868	488	
600	2371	153598	121257	67715	31
572	1154	127462	98640	57678	31
28	1217	26136	22616	10038	
14025	64097	773280	578722	40417	20842
1085		39744	13573	1215	
12246	61553	360716	243881	14152	1118
341		323820	278755	24291	11000
		5090	3292	241	
304	132	31817	31869		6023
50	2412	12093	7352	519	2700
94	607	66590	59478	32457	311
56		12062	9494	6605	
8	607	11167	11471	1985	
30		36873	34214	20597	
		728	686	311	311
		5760	3613	2959	

9—11 续表 5

单位：万元 （2016）

指 标	Item	累计折旧 Accumulated Depreciation
其他批发业	Other Wholesale	1367
再生物资回收与批发	Recovery and Wholesale of Recycled Materials	77
其他未列明批发业	Other Wholesale Unlisted	1291
按登记注册类型分	Grouped By Registration Type	
内资企业	Domestic Funded Enterprises	78978
国有企业	State-owned Enterprises	11978
有限责任公司	Limited Liability Corporations	9165
国有独资公司	State-owned Enterprises	4753
其他有限责任公司	Other Limited Liability Corporations	4412
股份有限公司	Share-holding Corporations Ltd.	41272
私营企业	Private Enterprises	16562
私营有限责任公司	Private Limited Liability Corporations	16562
按控股情况分	Grouped By Controlling Stake	
国有控股	State-owned	59384
集体控股	Collective-owned	1775
私人控股	Private	16709
其他	Others	1111
按经营形式分	Grouped By Business Form	
独立门店	Indipendent Stores	30108
连锁总店	Distributor Chain	20105
连锁门店	Chain Stores	20852
其他	Others	7913
按单位规模分	Grouped By Unit Scale	
大型	large-scale	47471
中型	Medium-scale	21016
小型	Small-scale	9913
微型	Miniature	579
零售业	**Retail Trade**	**85459**
按零售行业小类分	Grouped by Retail Trade Industry Small Class	
综合零售	Integrated Retail	45731
百货零售	Retail of General Merchandise	32510

continued

(10 000 yuan)

本年折旧 Depreciation This Year	在建工程 Construction in Process	资产总计 Total Assets	流动负债合计 Total Current Liabilities	应付账款 Accounts Payable	非流动负债合计 Total of Non-current Liabilities
285		276670	95550	12654	112300
20		31713	21499	10349	
265		244957	74052	2305	112300
18217	87980	1701391	1051770	161257	140417
3156	20905	419879	187139	7527	6933
1975	2931	288643	203053	70515	9065
1027		38609	12696	831	
948	2931	250034	190356	69684	9065
11622	57074	309850	217443	5782	1118
1465	7070	683019	444135	77433	123300
1465	7070	683019	444135	77433	123300
16315	78365	883115	502786	67504	8083
304	132	31817	31869		6023
1476	7070	710528	457271	80507	123611
122	2412	75932	59844	13245	2700
4887	10117	883431	498635	83937	139515
8501	56572	221632	130124	4936	218
3109	502	47982	47982		
1720	20789	548346	375029	72384	684
12462	57074	463770	263934	54966	249
3199	26330	846565	459136	65630	113151
2548	4577	350638	291570	36605	27016
8		40418	37130	4056	
8816	**43404**	**1193735**	**767139**	**236223**	**32655**
1141	25895	497085	249746	106235	18814
1141	22232	336107	159067	48935	4555

9—11 续表 6

单位:万元 (2016)

指 标	Item	累计折旧 Accumulated Depreciation
超级市场零售	Retail of Supermarkets	13221
食品、饮料及烟草制品专门零售	Retail of Food,Beverages and Tobaccos	3390
粮油零售	Retail of Grain and Oil	343
果品、蔬菜零售	Retail of Fruits and Vegetables	2311
酒、饮料及茶叶零售	Retail of Wine,Beverages and Tea	696
烟草制品零售	Retail of Tobaccos	30
其它食品零售	Retail of Other Food	9
纺织、服装及日用品专门零售	Special Retail of Textiles,Garments and Daily Consumer Articles	908
服装零售	Retail of Garments	43
钟表、眼镜零售	Retail of Watches and Glasses	865
文化、体育用品及器材专门零售	Retail of Culture,Sports Appliances and Equipments	3655
体育用品及器材零售	Retail of Sports Goods Appliances and Equipments	334
图书、报刊零售	Retail of Books, Newspapers and Magazines	2580
珠宝首饰零售	Retail of Jewelery	600
工艺美术品及收藏品零售	Retail of Arts ,Crafts and Collections	138
乐器零售	Retail of Musical instrument	4
其他文化用品零售	Retail of Other Culture Appliances	
医药及医疗器材专门零售	Retail of Medicines and Medical Appliances	5049
药品零售	Retail of Drug	5049
汽车、摩托车、燃料及零配件专门零售	Retail of Motor Vehicles,Motorcycles,Fuel and Parts	18690
汽车零售	Retail of Motor Vehicles	11729
机动车燃料零售	Retail of Motor Vehicles Fuel	6961
家用电器及电子产品专门零售	Special Retailof Household Electric Appliances and Electronic Products	3377
家用视听设备零售	Retail of Household Audio and Video Equipment	53
日用家电设备零售	Retail of Household Electric Appliances	2559
计算机、软件及辅助设备零售	Retail of Computer,Software and Assistant Appliances	546
通信设备零售	Retail of Communication Equipments	218
五金、家具及室内装饰材料专门零售	Special Retail of Hardware,Furniture and Decoration Materials	972
家具零售	Retail of Furniture	972
货摊、无店铺及其他零售业	Retail of Non-shop and Other Retails	3688
生活用燃料零售	Retail of Life Fuel	3688
按登记注册类型分	Grouped By Registration Type	
内资企业	Domestic Funded Enterprises	82729

continued

(10 000 yuan)

本年折旧 Depreciation This Year	在建工程 Construction in Process	资产总计 Total Assets	流动负债合计 Total Current Liabilities	应付账款 Accounts Payable	非流动负债合计 Total of Non-current Liabilities
	3663	160978	90680	57300	14259
501	1409	38249	26925	1607	2293
40		1535	606	453	28
299	1036	9525	6681	881	1485
148	373	25663	19351	102	780
5		965	187	144	
9		562	100	28	
125		11096	7180	522	1511
4		6240	6548		
121		4856	632	522	1511
669	6822	64163	31457	10040	5145
61		7380	4424	1398	
223	5861	21698	11546	7076	3760
322	960	22143	6287	212	
62		11161	7624	589	1385
1		845	742	401	
		936	834	365	
2436	2563	154107	123188	70545	442
2436	2563	154107	123188	70545	442
3565	5063	266051	221637	16066	3728
1996	1765	213802	177499	10862	3172
1569	3299	52249	44138	5205	556
119	1653	153707	103395	30482	722
0		1410	832	401	
23		118676	77523	19268	722
76	1653	30061	22234	9792	
21		3559	2807	1020	
51		3948	2511	72	
51		3948	2511	72	
209		5329	1101	654	
209		5329	1101	654	
8630	43404	1190015	766939	236222	32655

9—11 续表 7

单位：万元 （2016）

指 标	Item	累计折旧 Accumulated Depreciation
国有企业	State-owned Enterprises	5536
集体企业	Collective-owned Enterprises	21
有限责任公司	Limited Liability Corporations	38108
国有独资公司	State-owned Enterprises	3688
其他有限责任公司	Other Limited Liability Corporations	34420
股份有限公司	Share-holding Corporations Ltd.	27868
私营企业	Private Enterprises	11195
私营有限责任公司	Private Limited Liability Corporations	11195
外商投资企业	Foreign Funded Enterprises	2730
中外合资经营企业	Sino-foreign Joint Venture Enterprises	2730
按控股情况分	Grouped By Controlling Stake	
国有控股	State-owned	9266
集体控股	Collective-owned	755
私人控股	Private	25869
外商控股	Foreign	362
其他	Others	49206
按经营形式分	Grouped By Business Form	
独立门店	Indipendent Stores	62679
连锁总店	Distributor Chain	21439
连锁门店	Distrubtor Stores	247
其他	Others	1094
按单位规模分	Grouped By Unit Scale	
大型	Large-scale	43109
中型	Medium-scale	35299
小型	Small-scale	6316
微型	Miniature	735
按零售业态分	Grouped By Retail Formats	
有店铺零售	Retail of Having a Store	84458
超市	Supermarket	57
大型超市	Hypermarket	16040
百货店	Department Store	31710
专业店	Speciality Store	25981
专卖店	Franchised Store	10671
无店铺零售	Retail of Non-store	1001

continued

(10 000 yuan)

	在建工程 Construction in Process	资产总计 Total Assets	流动负债合计 Total Current Liabilities		非流动负债合计 Total of Non-current Liabilities
本年折旧 Depreciation This Year				应付账款 Accounts Payable	
348	5861	28358	15009	9723	3800
		307	278	255	
5675	13612	574756	413147	161335	6419
209		5329	1101	654	
5467	13612	569427	412046	160681	6419
681	22232	295179	126462	23531	4530
1925	1698	291416	212043	41378	17905
1925	1698	291416	212043	41378	17905
186		3719	200	2	
186		3719	200	2	
564	5861	42547	22903	10524	4835
152	1653	21793	20284	17014	
4823	8109	504283	389079	96970	20743
27		20522	39615	9448	2100
3250	27781	604591	295258	102268	4977
5798	31453	824074	518775	121802	25283
2315	10292	338739	229294	102921	6591
47		5446	3856	2612	
656	1659	25475	15214	8889	780
681	25895	562584	280598	98701	19511
6238	13750	499820	374286	125829	10939
1896	3671	123279	105765	10200	2206
0	88	8053	6491	1494	
8595	41745	1171120	755587	228690	31874
27	68	4492	2390	1176	433
140	3663	298270	204324	94333	17081
1001	22232	305243	108878	29772	2455
5105	14079	393924	308484	93922	5751
2323	1703	169191	131511	9488	6155
221	1659	22615	11553	7533	780

9—11　续表 8

单位:万元　　(2016)

指　标	Item	负债合计 Total Liabilities
总　计	**Total**	**1991550**
批发业	**Wholesale Trade**	**1191876**
按批发行业小类分	Grouped by Wholesale Industry Small Class	
食品、饮料及烟草制品批发	Wholesale of Food,Beverages and Tobacoos	199828
米、面制品及食用油批发	Wholesale of Rice,Flour and Edible Oil	7970
盐及调味品批发	Wholesale of Salt and Condiments	3777
酒、饮料及茶叶批发	Wholesale of Beverages and tea	5756
烟草制品批发	Wholesale of Tobacco Products	182325
纺织、服装及家庭用品批发	Wholesale of Textiles,Garments and Daily Consummer Aticles	3868
家用电器批发	Wholesale of Household Electrical Appliances	3868
医药及医疗器材批发	Wholesale of Medicines and Medical Appliances	121288
西药批发	Wholesale of Western Medicine	98671
医疗用品及器材批发	Wholesale of Medical Supplies and Equipment	22616
矿产品、建材及化工产品批发	Wholesale of Mineral Products,Building Materials and Chemical Products	599564
煤炭及制品批发	Wholesale of Coal and Related Products	13573
石油及制品批发	Wholesale of Petroleum and Related Products	245000
金属及金属矿批发	Wholesale of Metallic mineral Products	289755
建材批发	Wholesale of Building Materials	3292
化肥批发	Wholesale of Chemical Fertilizer	37892
其他化工产品批发	Wholesale of Other Chemical Products	10052
机械设备、五金产品及电子产品批发	Wholesale of Machinery,Hardware and Electronic Equipment	59478
农业机械批发	Wholesale of Agriculture Machinary	9494
汽车批发	Wholesale of MotorVehicles	11471
电气设备批发	Wholesale of Electrical Equipment	34214
计算机、软件及辅助设备批发	Wholesale of Computer,Software and Assistant Aplliances	686
其他机械设备及电子产品批发	Wholesale of Other Machinary and Electric Equipment	3613

continued

(10 000 yuan)

所有者权益 Total Owners' Equities	实收资本 Paid-in Capitals	国家资本 State-owned Capitals	法人资本 Corporate Capitals	个人资本 Personal Capitals	营业收入 Total Revenue	主营业务收入 Revenue from Principal Business
903576	**496563**	**19248**	**383307**	**89547**	**5642388**	**5563185**
509515	**338698**	**9890**	**284884**	**41173**	**4012415**	**3986016**
227284	12338	9669	1569	1100	697131	696771
3201	3751	3751			4213	4072
9443	3384	3384			7321	7248
1477	1100			1100	9329	9329
213162	4103	2534	1569		676269	676122
272	100		100		9732	9732
272	100		100		9732	9732
32311	15905		13562	2343	221215	221125
28791	12405		10062	2343	194505	194420
3520	3500		3500		26709	26705
173716	210690	220	178862	28856	2973815	2948172
26171	20800		20600	200	54413	39974
115717	119908		112708	7200	2590359	2579284
34065	63462	220	43554	19688	285104	285052
1798	2000		2000		3993	3993
-6075	3150			1200	8220	8220
2041	1369			568	31727	31651
7112	9666		792	8874	46162	46152
2567	1850			1850	15340	15340
-304	2624			2624	10481	10481
2659	2900			2900	9495	9495
42	42		42		4260	4250
2147	2250		750	1500	6586	6586

9—11 续表 9

单位:万元 （2016）

指 标	Item	负债合计 Total Liabilities
其他批发业	Other Wholesale	207850
再生物资回收与批发	Recovery and Wholesale of Recycled Materials	21499
其他未列明批发业	Other Wholesale Unlisted	186352
按登记注册类型分	Grouped By Registration Type	
内资企业	Domestic Funded Enterprises	1191876
国有企业	State-owned Enterprises	194072
有限责任公司	Limited Liability Corporations	211807
国有独资公司	State-owned Enterprises	12696
其他有限责任公司	Other Limited Liability Corporations	199111
股份有限公司	Share-holding Corporations Ltd.	218562
私营企业	Private Enterprises	567435
私营有限责任公司	Private Limited Liability Corporations	567435
按控股情况分	Grouped By Controlling Stake	
国有控股	State-owned	510868
集体控股	Collective--owned	37892
私人控股	Private	580571
其他	Others	62544
按经营形式分	Grouped By Business Form	
独立门店	Indipendent Stores	637839
连锁总店	Distributor Chain	130342
连锁门店	Chain Stores	47982
其他	Others	375712
按单位规模分	Grouped By Unit Scale	
大型	large-scale	264183
中型	Medium-scale	572288
小型	Small-scale	318276
微型	Miniature	37130
零售业	**Retail Trade**	**799674**
按零售行业小类分	Grouped by Retail Trade Industry Small Class	
综合零售	Integrated Retail	268560
百货零售	Retail of General Merchandise	163622

continued

(10 000 yuan)

所有者权益 Total Owners' Equities	实收资本 Paid-in Capitals	国家资本 State-owned Capitals	法人资本 Corporate Capitals	个人资本 Personal Capitals	营业收入 Total Revenue	主营业务收入 Revenue from Principal Business
68820	90000		90000		64361	64064
10214	10000		10000		28447	28150
58606	80000		80000		35914	35914
509515	338698	9890	284884	41173	4012415	3986016
225807	11238	9669	1569		687802	687443
76836	74555	220	58884	12700	383981	369070
25913	20600		20600		52268	37829
50923	53955	220	38284	12700	331713	331241
91288	100856		100856		2522460	2512622
115584	152049		123576	28473	418172	416881
115584	152049		123576	28473	418172	416881
372246	145927	9890	136037		3463751	3439027
-6075	3150			1200	3125	3125
129956	169290		130317	38973	500128	498827
13387	20331		18530	1000	45411	45037
245592	210302	7355	162866	37330	835833	819767
91290	100806		100806		300323	297320
					268936	262293
172633	27589	2534	21212	3843	2607323	2606636
199587	112437		112437		990431	980615
274278	148511	5918	134000	8593	2772288	2756067
32362	64200	3972	30397	27080	229638	229329
3289	13550		8050	5500	20058	20006
394061	**157866**	**9359**	**98422**	**48374**	**1629973**	**1577169**
228525	47019	500	46519		695776	658008
172485	33619	500	33119		351287	343769

9—11 续表 10

单位:万元 （2016）

指 标	Item	负债合计 Total Liabilities
超级市场零售	Retail of Supermarkets	104938
食品、饮料及烟草制品专门零售	Retail of Food,Beverages and Tobaccos	29218
粮油零售	Retail of Grain and Oil	634
果品、蔬菜零售	Retail of Fruits and Vegetables	8165
酒、饮料及茶叶零售	Retail of Wine,Beverages and Tea	19351
烟草制品零售	Retail of Tobaccos	187
其它食品零售	Retail of Other Food	100
纺织、服装及日用品专门零售	Special Retail of Textiles,Garments and Daily Consumer Articles	8691
服装零售	Retail of Garments	6548
钟表、眼镜零售	Retail of Watches and Glasses	2143
文化、体育用品及器材专门零售	Retail of Culture,Sports Appliances and Equipments	36602
体育用品及器材零售	Retail of Sports Goods Appliances and Equipments	4424
图书、报刊零售	Retail of Books, Newspapers and Magazines	15306
珠宝首饰零售	Retail of Jewelery	6287
工艺美术品及收藏品零售	Retail of Arts ,Crafts and Collections	9009
乐器零售	Retail of Musical instrument	742
其他文化用品零售	Retail of Other Culture Appliances	834
医药及医疗器材专门零售	Retail of Medicines and Medical Appliances	123630
药品零售	Retail of Drug	123630
汽车、摩托车、燃料及零配件专门零售	Retail of Motor Vehicles,Motorcycles,Fuel and Parts	225246
汽车零售	Retail of Motor Vehicles	180551
机动车燃料零售	Retail of Motor Vehicles Fuel	44694
家用电器及电子产品专门零售	Special Retailof Household Electric Appliances and Electronic Products	104117
家用视听设备零售	Retail of Household Audio and Video Equipment	832
日用家电设备零售	Retail of Household Electric Appliances	78245
计算机、软件及辅助设备零售	Retail of Computer,Software and Assistant Appliances	22234
通信设备零售	Retail of Communication Equipments	2807
五金、家具及室内装饰材料专门零售	Special Retail of Hardware,Furniture and Decoration Materials	2511
家具零售	Retail of Furniture	2511
货摊、无店铺及其他零售业	Retail of Non-shop and Other Retails	1101
生活用燃料零售	Retail of Life Fuel	1101
按登记注册类型分	Grouped By Registration Type	
内资企业	Domestic Funded Enterprises	799474

continued

(10 000 yuan)

所有者权益 Total Owners' Equities	实收资本 Paid-in Capitals	国家资本 State-owned Capitals	法人资本 Corporate Capitals	个人资本 Personal Capitals	营业收入 Total Revenue	主营业务收入 Revenue from Principal Business
56040	13400		13400		344488	314240
9032	7103	57	460	6556	13437	13370
902	57	57			727	662
1359	1500			1500	5113	5113
5531	5066		10	5026	4850	4850
778	450		450		1676	1673
462	30			30	1072	1072
2405	3161		1800	1361	8386	8386
-308	1800		1800		3430	3430
2713	1361			1361	4956	4956
27561	24618	4280	2837	17501	27538	27288
2957	2837		2837		7226	7226
6393	4000	4000			10693	10443
15856	16601			16601	4443	4443
2152	978	280		698	3160	3160
103	100			100	1230	1230
102	102			102	786	786
30477	17169	50	12363	4756	235435	234914
30477	17169	50	12363	4756	235435	234914
40805	39666	300	24095	13590	406168	405265
33251	30995		21635	9360	362718	361822
7555	8671	300	2460	4230	43450	43443
49590	13958		9348	4610	235376	222239
578	500		500		5301	23
40432	6356		2398	3958	176945	169211
7828	6352		5900	452	45011	45011
752	750		550	200	8120	7995
1438	1000		1000		3472	3472
1438	1000		1000		3472	3472
4228	4171	4171			4386	4227
4228	4171	4171			4386	4227
390542	155818	9058	98223	48374	1623993	1571189

9—11 续表 11

单位:万元 (2016)

指 标	Item	负债合计 Total Liabilities
国有企业	State-owned Enterprises	18810
集体企业	Collective-owned Enterprises	278
有限责任公司	Limited Liability Corporations	419447
国有独资公司	State-owned Enterprises	1101
其他有限责任公司	Other Limited Liability Corporations	418346
股份有限公司	Share-holding Corporations Ltd.	130991
私营企业	Private Enterprises	229948
私营有限责任公司	Private Limited Liability Corporations	229948
外商投资企业	Foreign Funded Enterprises	200
中外合资经营企业	Sino-foreign Joint Venture Enterprises	200
按控股情况分	Grouped By Controlling Stake	
国有控股	State-owned	27739
集体控股	Collective-owned	20284
私人控股	Private	409702
外商控股	Foreign	41715
其他	Others	300234
按经营形式分	Grouped By Business Form	
独立门店	Indipendent Stores	543939
连锁总店	Distributor Chain	235885
连锁门店	Distrubtor Stores	3856
其他	Others	15995
按单位规模分	Grouped By Unit Scale	
大型	Large-scale	300108
中型	Medium-scale	385105
小型	Small-scale	107970
微型	Miniature	6491
按零售业态分	Grouped By Retail Formats	
有店铺零售	Retail of Having a Store	787341
超市	Supermarket	2823
大型超市	Hypermarket	221405
百货店	Department Store	111334
专业店	Speciality Store	314415
专卖店	Franchised Store	137365
无店铺零售	Retail of Non-store	12333

continued

(10 000 yuan)

所有者权益 Total Owners' Equities	实收资本 Paid-in Capitals	国家资本 State-owned Capitals	法人资本 Corporate Capitals	个人资本 Personal Capitals	营业收入 Total Revenue	主营业务收入 Revenue from Principal Business
9548	4914	4107	807		29075	27790
29	1				1476	1476
155310	66246	4451	48689	12944	993374	947730
4228	4171	4171			4386	4227
151081	62075	280	48689	12944	988987	943503
164187	23063	500	22563		220243	220243
61468	61594		26164	35430	379826	373950
61468	61594		26164	35430	379826	373950
3519	2048	300	199		5980	5980
3519	2048	300	199		5980	5980
14808	9835	8558	1257	20	36322	34876
1508	2551		2550		36954	36954
94581	94606	300	50784	41944	736140	723473
-21193	500	500			44568	44568
304356	50374		43831	6410	775989	737298
280136	115673	4859	67841	41293	972463	958899
102855	29708	4500	18230	6978	589887	551038
1590	3398		3398		22489	22108
9480	9086		8953	103	45134	45123
262475	40063	500	35963	3600	722191	684208
114715	98749	8471	55992	32737	800760	791551
15308	17102	387	4917	11635	95946	95612
1562	1952		1550	402	11076	5798
383779	149399	9359	91059	47301	1595233	1542429
1670	1611			1611	5955	5955
76865	19500	500	15400	3600	570187	532204
193909	31119		31119		283048	275529
79509	64404	8751	30453	23519	481462	474869
31826	32765	107	14087	18571	254581	253871
10282	8466		7363	1073	34740	34740

9—11 续表 12

单位:万元 (2016)

指 标	Item	营业成本 Business Costs
总 计	**Total**	**5232968**
批发业	**Wholesale Trade**	**3841301**
按批发行业小类分	Grouped by Wholesale Industry Small Class	
食品、饮料及烟草制品批发	Wholesale of Food,Beverages and Tobacoos	604135
米、面制品及食用油批发	Wholesale of Rice,Flour and Edible Oil	3976
盐及调味品批发	Wholesale of Salt and Condiments	3852
酒、饮料及茶叶批发	Wholesale of Beverages and tea	8370
烟草制品批发	Wholesale of Tobacco Products	587937
纺织、服装及家庭用品批发	Wholesale of Textiles,Garments and Daily Consummer Aticles	8595
家用电器批发	Wholesale of Household Electrical Appliances	8595
医药及医疗器材批发	Wholesale of Medicines and Medical Appliances	201893
西药批发	Wholesale of Western Medicine	176915
医疗用品及器材批发	Wholesale of Medical Supplies and Equipment	24978
矿产品、建材及化工产品批发	Wholesale of Mineral Products,Building Materials and Chemical Products	2921423
煤炭及制品批发	Wholesale of Coal and Related Products	51782
石油及制品批发	Wholesale of Petroleum and Related Products	2547781
金属及金属矿批发	Wholesale of Metallic mineral Products	279537
建材批发	Wholesale of Building Materials	3993
化肥批发	Wholesale of Chemical Fertilizer	8287
其他化工产品批发	Wholesale of Other Chemical Products	30043
机械设备、五金产品及电子产品批发	Wholesale of Machinery,Hardware and Electronic Equipment	42519
农业机械批发	Wholesale of Agriculture Machinary	14081
汽车批发	Wholesale of MotorVehicles	10071
电气设备批发	Wholesale of Electrical Equipment	8208
计算机、软件及辅助设备批发	Wholesale of Computer,Software and Assistant Aplliances	4188
其他机械设备及电子产品批发	Wholesale of Other Machinary and Electric Equipment	5971

continued

(10 000 yuan)

主营业务成本 Costs of Principal Business	营业税金及附加 Business Taxes and Other Charges	主营业务税金及附加 Taxes and Other Charges on Principal Business	其他业务利润 Profits from Other Businesses	销售费用 Selling Costs
5203746	**45764**	**45670**	**35680**	**210318**
3817429	**37686**	**37602**	**17233**	**59612**
604049	35767	35741	980	5485
3963			1	260
3812	74	57	33	524
8370	4	4	833	339
587903	35689	35680	113	4362
8595	14	14		513
8595	14	14		513
200892	325	325	202	9673
175914	297	297	94	8325
24978	28	28	107	1349
2898811	1378	1337	15918	41094
37391	99	99	14439	1720
2539569	1119	1086	1383	35072
279537	95	86	30	3432
3993				
8287	7	7		147
30033	58	58	67	724
42511	129	112		2186
14081	3	3		1712
10071	27	10		132
8208	90	90		331
4180	3	3		5
5971	7	7		6

9—11 续表 13

单位:万元 （2016）

指 标	Item	营业成本 Business Costs
其他批发业	Other Wholesale	62735
再生物资回收与批发	Recovery and Wholesale of Recycled Materials	27282
其他未列明批发业	Other Wholesale Unlisted	35453
按登记注册类型分	Grouped By Registration Type	
内资企业	Domestic Funded Enterprises	3841301
国有企业	State-owned Enterprises	595765
有限责任公司	Limited Liability Corporations	365530
国有独资公司	State-owned Enterprises	49917
其他有限责任公司	Other Limited Liability Corporations	315612
股份有限公司	Share-holding Corporations Ltd.	2483705
私营企业	Private Enterprises	396301
私营有限责任公司	Private Limited Liability Corporations	396301
按控股情况分	Grouped By Controlling Stake	
国有控股	State-owned	3319993
集体控股	Collective-owned	3236
私人控股	Private	476318
其他	Others	41755
按经营形式分	Grouped By Business Form	
独立门店	Indipendent Stores	739682
连锁总店	Distributor Chain	266221
连锁门店	Chain Stores	254133
其他	Others	2581265
按单位规模分	Grouped By Unit Scale	
大型	large-scale	865930
中型	Medium-scale	2732995
小型	Small-scale	222373
微型	Miniature	20004
零售业	**Retail Trade**	**1391666**
按零售行业小类分	Grouped by Retail Trade Industry Small Class	
综合零售	Integrated Retail	562304
百货零售	Retail of General Merchandise	279805

continued

(10 000 yuan)

主营业务成本 Costs of Principal Business	营业税金及附加 Business Taxes and Other Charges	主营业务税金及附加 Taxes and Other Charges on Principal Business	其他业务利润 Profits from Other Businesses	销售费用 Selling Costs
62571	74	74	133	661
27117	54	54	133	632
35453	20	20		29
3817429	37686	37602	17233	59612
595679	35763	35737	147	5146
349955	372	372	15556	7090
35526	95	95	14439	1566
314429	276	276	1117	5524
2475661	1049	1017	1383	33185
396134	503	477	147	14191
396134	503	477	147	14191
3296470	37065	37007	16053	42801
3236	5	5		39
476143	534	508	147	15090
41580	83	83	1033	1683
725037	36127	36093	15560	21054
263559	560	554	1326	18793
248885	449	422		12954
2579948	551	533	347	6810
857002	36574	36542	1479	37911
2718248	914	888	15549	17596
222175	175	158	205	4064
20004	23	14	0	42
1386317	**8078**	**8068**	**18447**	**150706**
561065	5631	5631	7598	98803
278567	4066	4066	7598	55607

9—11 续表 14

单位:万元 （2016）

指　标	Item	营业成本 Business Costs
超级市场零售	Retail of Supermarkets	282498
食品、饮料及烟草制品专门零售	Retail of Food,Beverages and Tobaccos	11860
粮油零售	Retail of Grain and Oil	1281
果品、蔬菜零售	Retail of Fruits and Vegetables	4143
酒、饮料及茶叶零售	Retail of Wine,Beverages and Tea	4209
烟草制品零售	Retail of Tobaccos	1342
其它食品零售	Retail of Other Food	885
纺织、服装及日用品专门零售	Special Retail of Textiles,Garments and Daily Consumer Articles	6900
服装零售	Retail of Garments	3089
钟表、眼镜零售	Retail of Watches and Glasses	3812
文化、体育用品及器材专门零售	Retail of Culture,Sports Appliances and Equipments	20708
体育用品及器材零售	Retail of Sports Goods Appliances and Equipments	5323
图书、报刊零售	Retail of Books, Newspapers and Magazines	7579
珠宝首饰零售	Retail of Jewelery	3752
工艺美术品及收藏品零售	Retail of Arts ,Crafts and Collections	2303
乐器零售	Retail of Musical instrument	1070
其他文化用品零售	Retail of Other Culture Appliances	680
医药及医疗器材专门零售	Retail of Medicines and Medical Appliances	212033
药品零售	Retail of Drug	212033
汽车、摩托车、燃料及零配件专门零售	Retail of Motor Vehicles,Motorcycles,Fuel and Parts	376945
汽车零售	Retail of Motor Vehicles	341430
机动车燃料零售	Retail of Motor Vehicles Fuel	35516
家用电器及电子产品专门零售	Special Retailof Household Electric Appliances and Electronic Products	195069
家用视听设备零售	Retail of Household Audio and Video Equipment	3919
日用家电设备零售	Retail of Household Electric Appliances	144086
计算机、软件及辅助设备零售	Retail of Computer,Software and Assistant Appliances	39983
通信设备零售	Retail of Communication Equipments	7081
五金、家具及室内装饰材料专门零售	Special Retail of Hardware,Furniture and Decoration Materials	2537
家具零售	Retail of Furniture	2537
货摊、无店铺及其他零售业	Retail of Non-shop and Other Retails	3311
生活用燃料零售	Retail of Life Fuel	3311
按登记注册类型分	Grouped By Registration Type	
内资企业	Domestic Funded Enterprises	1387197

continued

(10 000 yuan)

主营业务成本 Costs of Principal Business	营业税金及附加 Business Taxes and Other Charges	主营业务税金及附加 Taxes and Other Charges on Principal Business	其他业务利润 Profits from Other Businesses	销售费用 Selling Costs
282498	1566	1566		43197
11852	111	111	56	1856
1273	3	3	56	193
4143	4	4		1035
4209	89	89		246
1342	13	13		328
885	3	3		54
6900	40	40		1027
3089	6	6		379
3812	35	35		648
20649	106	96	192	3349
5323	8	8		899
7521	5	5	192	1583
3752	28	18		459
2303	63	63		242
1070	1	1		109
680	1	1		57
211969	468	468	1774	10140
211969	468	468	1774	10140
376897	789	789	779	11894
341382	640	640	773	8033
35515	149	149	6	3862
191150	895	895	8048	22555
	27	27		959
144086	775	775	7823	19210
39983	68	68	100	1630
7081	25	25	124	756
2537	15	15		464
2537	15	15		464
3298	23	23		616
3298	23	23		616
1381847	8032	8022	18447	150085

9—11 续表 15

单位:万元 （2016）

指 标	Item	营业成本 Business Costs
国有企业	State-owned Enterprises	23126
集体企业	Collective-owned Enterprises	1181
有限责任公司	Limited Liability Corporations	845828
国有独资公司	State-owned Enterprises	3311
其他有限责任公司	Other Limited Liability Corporations	842516
股份有限公司	Share-holding Corporations Ltd.	174368
私营企业	Private Enterprises	342695
私营有限责任公司	Private Limited Liability Corporations	342695
外商投资企业	Foreign Funded Enterprises	4470
中外合资经营企业	Sino-foreign Joint Venture Enterprises	4470
按控股情况分	Grouped By Controlling Stake	
国有控股	State-owned	28897
集体控股	Collective-owned	29829
私人控股	Private	658669
外商控股	Foreign	39719
其他	Others	634552
按经营形式分	Grouped By Business Form	
独立门店	Indipendent Stores	845729
连锁总店	Distributor Chain	483961
连锁门店	Distrubtor Stores	19810
其他	Others	42167
按单位规模分	Grouped By Unit Scale	
大型	Large-scale	583454
中型	Medium-scale	711371
小型	Small-scale	87450
微型	Miniature	9392
按零售业态分	Grouped By Retail Formats	
有店铺零售	Retail of Having a Store	1359640
超市	Supermarket	4133
大型超市	Hypermarket	468676
百货店	Department Store	220216
专业店	Speciality Store	433310
专卖店	Franchised Store	233306
无店铺零售	Retail of Non-store	32026

continued

(10 000 yuan)

主营业务成本 Costs of Principal Business	营业税金及附加 Business Taxes and Other Charges	主营业务税金及附加 Taxes and Other Charges on Principal Business	其他业务利润 Profits from Other Businesses	销售费用 Selling Costs
23059	225	225	281	3582
1181	5	5		131
844510	4683	4683	13260	91201
3298	23	23		616
841211	4660	4660	13260	90585
174368	2354	2354	4303	37055
338730	765	755	603	18116
338730	765	755	603	18116
4470	46	46		621
4470	46	46		621
28818	262	262	281	4529
29829	81	81		4916
653466	2837	2826	5524	40127
39719	311	311	4303	12481
634485	4588	4588	8339	88653
840516	5033	5023	3984	70757
483838	2812	2812	12757	75458
19797	78	78	369	3232
42167	155	155	1338	1259
583454	4656	4656	12038	96708
709949	3076	3076	5923	48245
87441	312	302	312	4629
5473	34	34	174	1124
1354291	7944	7934	17109	149834
4133	26	26		1334
468676	2673	2673	12038	76085
218978	3695	3695	3295	39174
429253	1043	1043	1218	22954
233253	508	498	558	10287
32026	134	134	1338	872

9—11 续表 16

单位:万元 (2016)

指 标	Item	管理费用 Management Costs
总 计	**Total**	**82353**
批发业	**Wholesale Trade**	**35429**
按批发行业小类分	Grouped by Wholesale Industry Small Class	
食品、饮料及烟草制品批发	Wholesale of Food,Beverages and Tobacoos	15865
米、面制品及食用油批发	Wholesale of Rice,Flour and Edible Oil	516
盐及调味品批发	Wholesale of Salt and Condiments	700
酒、饮料及茶叶批发	Wholesale of Beverages and tea	264
烟草制品批发	Wholesale of Tobacco Products	14385
纺织、服装及家庭用品批发	Wholesale of Textiles,Garments and Daily Consummer Aticles	300
家用电器批发	Wholesale of Household Electrical Appliances	300
医药及医疗器材批发	Wholesale of Medicines and Medical Appliances	4026
西药批发	Wholesale of Western Medicine	3606
医疗用品及器材批发	Wholesale of Medical Supplies and Equipment	420
矿产品、建材及化工产品批发	Wholesale of Mineral Products,Building Materials and Chemical Products	11089
煤炭及制品批发	Wholesale of Coal and Related Products	314
石油及制品批发	Wholesale of Petroleum and Related Products	7650
金属及金属矿批发	Wholesale of Metallic mineral Products	1883
建材批发	Wholesale of Building Materials	75
化肥批发	Wholesale of Chemical Fertilizer	611
其他化工产品批发	Wholesale of Other Chemical Products	556
机械设备、五金产品及电子产品批发	Wholesale of Machinery,Hardware and Electronic Equipment	1964
农业机械批发	Wholesale of Agriculture Machinary	423
汽车批发	Wholesale of MotorVehicles	253
电气设备批发	Wholesale of Electrical Equipment	716
计算机、软件及辅助设备批发	Wholesale of Computer,Software and Assistant Aplliances	42
其他机械设备及电子产品批发	Wholesale of Other Machinary and Electric Equipment	530

continued

(10 000 yuan)

税金 Taxes	财务费用 Financial Costs	利息收入 Interest Income	利息支出 Interest Expense	资产减值损失 Asset Impairment Loss	投资收益 Investment Income
3457	**24605**	**5980**	**11986**	**2323**	**40935**
1647	**10230**	**5280**	**4876**	**471**	**36629**
488	-3294	3658	345	3	35251
	6	-5	11		
	38	1	38		278
7	310		296		
481	-3648	3662		3	34973
10	60	34	92		
10	60	34	92		
314	-179	424	196	62	
308	31	194	196	62	
7	-210	230			
646	10757	1143	1601	438	1355
1	-8	12	1	150	
501	2568	1085	516	240	
106	5457	43	500	48	1355
1	39		39		
37	2565	0	543		
	136	4	2		
87	696	3	636		9
50	33	0	5		9
32	233	1	229		
5	404	3	401		
	27				
	0	0			

9—11 续表 17

单位:万元 (2016)

指 标	Item	管理费用 Management Costs
其他批发业	Other Wholesale	2185
再生物资回收与批发	Recovery and Wholesale of Recycled Materials	262
其他未列明批发业	Other Wholesale Unlisted	1924
按登记注册类型分	Grouped By Registration Type	
内资企业	Domestic Funded Enterprises	35429
国有企业	State-owned Enterprises	15601
有限责任公司	Limited Liability Corporations	4829
国有独资公司	State-owned Enterprises	169
其他有限责任公司	Other Limited Liability Corporations	4660
股份有限公司	Share-holding Corporations Ltd.	6193
私营企业	Private Enterprises	8807
私营有限责任公司	Private Limited Liability Corporations	8807
按控股情况分	Grouped By Controlling Stake	
国有控股	State-owned	24244
集体控股	Collective-owned	608
私人控股	Private	9579
其他	Others	999
按经营形式分	Grouped By Business Form	
独立门店	Indipendent Stores	18313
连锁总店	Distributor Chain	5706
连锁门店	Chain Stores	477
其他	Others	10933
按单位规模分	Grouped By Unit Scale	
大型	large-scale	15425
中型	Medium-scale	15745
小型	Small-scale	4147
微型	Miniature	113
零售业	**Retail Trade**	**46924**
按零售行业小类分	Grouped by Retail Trade Industry Small Class	
综合零售	Integrated Retail	18713
百货零售	Retail of General Merchandise	7436

continued

(10 000 yuan)

税金 Taxes	财务费用 Financial Costs			资产减值损失 Asset Impairment Loss	投资收益 Investment Income
		利息收入 Interest Income	利息支出 Interest Expense		
103	2189	18	2007	-31	15
3	226	3	310	-31	
101	1963	15	1697		15
1647	10230	5280	4876	471	36629
481	-3604	3658	49	3	35251
396	4655	219	1466	228	
	-10	11	1	150	
396	4665	208	1464	78	
434	2078	1073	10	240	
336	7101	329	3351		1378
336	7101	329	3351		1378
1251	-1538	4937	234	454	35251
34	2565	0	543		
354	7447	340	3492	48	1378
9	1756	3	607	-31	
596	8841	2525	4256	198	829
247	1577	1074	9	240	
180	499				
624	-688	1681	610	33	35801
864	-84	3440	183	302	
626	1365	1795	2724	169	35275
156	8085	38	1798		1355
1	864	7	171		0
1810	**14375**	**700**	**7110**	**1853**	**4306**
824	4584	350	528	1732	286
679	2284	350	528	1419	286

9—11 续表 18

单位:万元 (2016)

指 标	Item	管理费用 Management Costs
超级市场零售	Retail of Supermarkets	11277
食品、饮料及烟草制品专门零售	Retail of Food,Beverages and Tobaccos	743
粮油零售	Retail of Grain and Oil	117
果品、蔬菜零售	Retail of Fruits and Vegetables	282
酒、饮料及茶叶零售	Retail of Wine,Beverages and Tea	271
烟草制品零售	Retail of Tobaccos	51
其它食品零售	Retail of Other Food	21
纺织、服装及日用品专门零售	Special Retail of Textiles,Garments and Daily Consumer Articles	870
服装零售	Retail of Garments	301
钟表、眼镜零售	Retail of Watches and Glasses	569
文化、体育用品及器材专门零售	Retail of Culture,Sports Appliances and Equipments	3487
体育用品及器材零售	Retail of Sports Goods Appliances and Equipments	848
图书、报刊零售	Retail of Books, Newspapers and Magazines	1571
珠宝首饰零售	Retail of Jewelery	775
工艺美术品及收藏品零售	Retail of Arts ,Crafts and Collections	209
乐器零售	Retail of Musical instrument	40
其他文化用品零售	Retail of Other Culture Appliances	45
医药及医疗器材专门零售	Retail of Medicines and Medical Appliances	5965
药品零售	Retail of Drug	5965
汽车、摩托车、燃料及零配件专门零售	Retail of Motor Vehicles,Motorcycles,Fuel and Parts	9093
汽车零售	Retail of Motor Vehicles	7243
机动车燃料零售	Retail of Motor Vehicles Fuel	1850
家用电器及电子产品专门零售	Special Retailof Household Electric Appliances and Electronic Products	7203
家用视听设备零售	Retail of Household Audio and Video Equipment	259
日用家电设备零售	Retail of Household Electric Appliances	5830
计算机、软件及辅助设备零售	Retail of Computer,Software and Assistant Appliances	926
通信设备零售	Retail of Communication Equipments	188
五金、家具及室内装饰材料专门零售	Special Retail of Hardware,Furniture and Decoration Materials	307
家具零售	Retail of Furniture	307
货摊、无店铺及其他零售业	Retail of Non-shop and Other Retails	543
生活用燃料零售	Retail of Life Fuel	543
按登记注册类型分	Grouped By Registration Type	
内资企业	Domestic Funded Enterprises	46724

continued

(10 000 yuan)

税金 Taxes	财务费用 Financial Costs	利息收入 Interest Income	利息支出 Interest Expense	资产减值损失 Asset Impairment Loss	投资收益 Investment Income
145	2300			313	
21	536	1	494		
5	-1	1			
2	292	0	285		
13	209	-1	209		
1	5	1			
	31				
	498		425		
	426		425		
	72				
127	459	5	250		
	104				
16	15	-4			
46	244	0	149		
53	96	8	100		
12	0				
	1				
231	3156	205	2867	60	11
231	3156	205	2867	60	11
251	4042	33	1884	61	4000
226	3006	14	882	61	4000
25	1035	18	1002		
290	966	101	596		
11	20	0			
235	699	96	346		
39	192	5	206		
4	55		45		
15	68	1	67		
15	68	1	67		
51	68	5			9
51	68	5			9
1810	14391	680	7110	1853	4306

9—11 续表 19

单位:万元 (2016)

指 标	Item	管理费用 Management Costs
国有企业	State-owned Enterprises	2384
集体企业	Collective-owned Enterprises	80
有限责任公司	Limited Liability Corporations	28160
国有独资公司	State-owned Enterprises	543
其他有限责任公司	Other Limited Liability Corporations	27617
股份有限公司	Share-holding Corporations Ltd.	4705
私营企业	Private Enterprises	11395
私营有限责任公司	Private Limited Liability Corporations	11395
外商投资企业	Foreign Funded Enterprises	200
中外合资经营企业	Sino-foreign Joint Venture Enterprises	200
按控股情况分	Grouped By Controlling Stake	
国有控股	State-owned	3036
集体控股	Collective-owned	206
私人控股	Private	20642
外商控股	Foreign	642
其他	Others	22398
按经营形式分	Grouped By Business Form	
独立门店	Indipendent Stores	26040
连锁总店	Distributor Chain	19204
连锁门店	Distrubtor Stores	604
其他	Others	1076
按单位规模分	Grouped By Unit Scale	
大型	Large-scale	21176
中型	Medium-scale	21797
小型	Small-scale	3491
微型	Miniature	460
按零售业态分	Grouped By Retail Formats	
有店铺零售	Retail of Having a Store	45850
超市	Supermarket	225
大型超市	Hypermarket	17113
百货店	Department Store	6794
专业店	Speciality Store	13313
专卖店	Franchised Store	8407
无店铺零售	Retail of Non-store	1073

continued

(10 000 yuan)

税金 Taxes	财务费用 Financial Costs			资产减值损失 Asset Impairment Loss	投资收益 Investment Income
		利息收入 Interest Income	利息支出 Interest Expense		
45	37	18	0		11
	3				
1220	4996	507	3439	408	1009
51	68	5			9
1169	4928	501	3439	408	1000
223	1857	96	531	1390	286
323	7498	60	3140	55	3000
323	7498	60	3140	55	3000
	-16	20			
	-16	20			
99	198	31	95		20
25	64	47	118	22	
979	11284	324	6316	127	4000
180	446			111	
528	2384	299	581	1592	286
1042	12069	498	6735	1428	4306
717	1989	200	199	425	
9	83	2	84		
43	235	0	93		
583	4501	174	540	1703	286
1092	8146	476	5194	150	4009
115	1684	49	1370		11
20	45	0	7		
1767	14208	700	7018	1853	4306
16	22	0	13		
541	3139	120	16	447	
499	1789	308	522	1285	286
455	6067	271	4871	80	4009
257	3191	1	1597	40	11
43	167	0	93		

9—11 续表 20

单位:万元　　(2016)

指　标	Item	营业利润 Business Profits
总　计	**Total**	**84392**
批发业	**Wholesale Trade**	**65293**
按批发行业小类分	Grouped by Wholesale Industry Small Class	
食品、饮料及烟草制品批发	Wholesale of Food,Beverages and Tobacoos	74422
米、面制品及食用油批发	Wholesale of Rice,Flour and Edible Oil	-545
盐及调味品批发	Wholesale of Salt and Condiments	2411
酒、饮料及茶叶批发	Wholesale of Beverages and tea	42
烟草制品批发	Wholesale of Tobacco Products	72514
纺织、服装及家庭用品批发	Wholesale of Textiles,Garments and Daily Consummer Aticles	249
家用电器批发	Wholesale of Household Electrical Appliances	249
医药及医疗器材批发	Wholesale of Medicines and Medical Appliances	5414
西药批发	Wholesale of Western Medicine	5269
医疗用品及器材批发	Wholesale of Medical Supplies and Equipment	145
矿产品、建材及化工产品批发	Wholesale of Mineral Products,Building Materials and Chemical Products	-11010
煤炭及制品批发	Wholesale of Coal and Related Products	356
石油及制品批发	Wholesale of Petroleum and Related Products	-4070
金属及金属矿批发	Wholesale of Metallic mineral Products	-3995
建材批发	Wholesale of Building Materials	-115
化肥批发	Wholesale of Chemical Fertilizer	-3398
其他化工产品批发	Wholesale of Other Chemical Products	211
机械设备、五金产品及电子产品批发	Wholesale of Machinery,Hardware and Electronic Equipment	-346
农业机械批发	Wholesale of Agriculture Machinary	74
汽车批发	Wholesale of MotorVehicles	-235
电气设备批发	Wholesale of Electrical Equipment	-254
计算机、软件及辅助设备批发	Wholesale of Computer,Software and Assistant Aplliances	-5
其他机械设备及电子产品批发	Wholesale of Other Machinary and Electric Equipment	73

continued

(10 000 yuan)

营业外收入 Revenue Excluding Business		营业外支出 Non-business Expenditure	利润总额 Total Profits	应交所得税 Tax Payable	应付职工薪酬 Benefits of Employee Payable	应交增值税 Added Tax Payable
	政府补助 Subsidies Income Government Subsidies					
8740	**2712**	**5602**	**86796**	**20797**	**104366**	**130315**
3159	**2345**	**1984**	**65452**	**13492**	**37992**	**68958**
988	888	455	74955	10073	11241	13751
797	787		252		535	
101	101	13	2499	559	159	439
		2	41	6	277	41
90		440	72163	9508	10269	13272
		1	249	25	238	56
		1	249	25	238	56
280	200	51	5556	947	4644	2261
236	200	51	5455	909	3718	2255
44			101	38	927	5
826	269	1038	-11172	2416	19424	52043
28		19	365	47	503	19
429	20	894	-4603	2314	16122	50548
363	248	108	-3736	3	1236	473
					17	3
5		11	-3404		1122	708
2		6	207	53	424	293
987	984	9	-346	23	1083	452
980	979	5	73	16	185	26
1		1	-235		138	88
1		1	-254		431	256
			-5		40	12
5	5	2	76	7	290	71

单位:万元 （2016）

指 标	Item	营业利润 Business Profits
其他批发业	Other Wholesale	-3437
再生物资回收与批发	Recovery and Wholesale of Recycled Materials	23
其他未列明批发业	Other Wholesale Unlisted	-3460
按登记注册类型分	Grouped By Registration Type	
内资企业	Domestic Funded Enterprises	65293
国有企业	State-owned Enterprises	74380
有限责任公司	Limited Liability Corporations	1278
国有独资公司	State-owned Enterprises	380
其他有限责任公司	Other Limited Liability Corporations	897
股份有限公司	Share-holding Corporations Ltd.	-3989
私营企业	Private Enterprises	-6375
私营有限责任公司	Private Limited Liability Corporations	-6375
按控股情况分	Grouped By Controlling Stake	
国有控股	State-owned	75985
集体控股	Collective-owned	-3326
私人控股	Private	-6533
其他	Others	833
按经营形式分	Grouped By Business Form	
独立门店	Indipendent Stores	13424
连锁总店	Distributor Chain	7225
连锁门店	Chain Stores	424
其他	Others	44220
按单位规模分	Grouped By Unit Scale	
大型	large-scale	34374
中型	Medium-scale	39757
小型	Small-scale	-7851
微型	Miniature	-988
零售业	**Retail Trade**	**19100**
按零售行业小类分	Grouped by Retail Trade Industry Small Class	
综合零售	Integrated Retail	4295

continued

(10 000 yuan)

营业外收入 Revenue Excluding Business	政府补助 Subsidies Income Government Subsidies	营业外支出 Non-business Expenditure	利润总额 Total Profits	应交所得税 Tax Payable	应付职工薪酬 Benefits of Employee Payable	应交增值税 Added Tax Payable
78	5	431	-3790	7	1362	395
5	5		29	7	577	395
73		431	-3818		785	
3159	2345	1984	65452	13492	37992	68958
988	888	453	74914	10067	10964	13710
287	205	70	1496	1001	5846	2870
		19	361	46	456	
287	205	51	1134	955	5390	2870
365	25	894	-4518	1864	16216	50683
1519	1227	568	-6440	560	4967	1694
1519	1227	568	-6440	560	4967	1694
1580	1108	1374	76191	12876	30967	65591
5		11	-3333		143	701
1562	1227	592	-6578	562	5667	1973
12	10	7	-828	54	1215	693
2530	2107	659	14279	6739	17468	14397
56		256	7025	1864	7396	5022
284		638	70		6836	45569
290	238	432	44078	4889	6293	3970
643	200	920	34097	8278	25988	62794
1668	1345	959	39402	5151	8945	4563
843	795	103	-7176	63	3011	1461
5	5	3	-871		49	140
5581	**367**	**3618**	**21344**	**7305**	**66374**	**61363**
2771	129	3091	4024	3844	31451	11247

9—11 续表 22

单位:万元 (2016)

指 标	Item	营业利润 Business Profits
百货零售	Retail of General Merchandise	957
超级市场零售	Retail of Supermarkets	3338
食品、饮料及烟草制品专门零售	Retail of Food,Beverages and Tobaccos	-1670
粮油零售	Retail of Grain and Oil	-867
果品、蔬菜零售	Retail of Fruits and Vegetables	-643
酒、饮料及茶叶零售	Retail of Wine,Beverages and Tea	-175
烟草制品零售	Retail of Tobaccos	-64
其它食品零售	Retail of Other Food	78
纺织、服装及日用品专门零售	Special Retail of Textiles,Garments and Daily Consumer Articles	-949
服装零售	Retail of Garments	-770
钟表、眼镜零售	Retail of Watches and Glasses	-179
文化、体育用品及器材专门零售	Retail of Culture,Sports Appliances and Equipments	-570
体育用品及器材零售	Retail of Sports Goods Appliances and Equipments	44
图书、报刊零售	Retail of Books, Newspapers and Magazines	-59
珠宝首饰零售	Retail of Jewelery	-815
工艺美术品及收藏品零售	Retail of Arts ,Crafts and Collections	248
乐器零售	Retail of Musical instrument	10
其他文化用品零售	Retail of Other Culture Appliances	2
医药及医疗器材专门零售	Retail of Medicines and Medical Appliances	3628
药品零售	Retail of Drug	3628
汽车、摩托车、燃料及零配件专门零售	Retail of Motor Vehicles,Motorcycles,Fuel and Parts	7515
汽车零售	Retail of Motor Vehicles	6476
机动车燃料零售	Retail of Motor Vehicles Fuel	1038
家用电器及电子产品专门零售	Special Retailof Household Electric Appliances and Electronic Products	6936
家用视听设备零售	Retail of Household Audio and Video Equipment	117
日用家电设备零售	Retail of Household Electric Appliances	6345
计算机、软件及辅助设备零售	Retail of Computer,Software and Assistant Appliances	459
通信设备零售	Retail of Communication Equipments	16
五金、家具及室内装饰材料专门零售	Special Retail of Hardware,Furniture and Decoration Materials	82
家具零售	Retail of Furniture	82
货摊、无店铺及其他零售业	Retail of Non-shop and Other Retails	-167
生活用燃料零售	Retail of Life Fuel	-167
按登记注册类型分	Grouped By Registration Type	
内资企业	Domestic Funded Enterprises	18440

continued

(10 000 yuan)

营业外收入 Revenue Excluding Business	政府补助 Subsidies Income Government Subsidies	营业外支出 Non-business Expenditure	利润总额 Total Profits	应交所得税 Tax Payable	应付职工薪酬 Benefits of Employee Payable	应交增值税 Added Tax Payable
503	129	2746	-1233	2749	15188	6271
2269		345	5257	1095	16263	4976
1201	196	3	-472	27	1235	264
903			36		186	25
170	166	1	-473		378	31
127	30	2	-50	27	321	93
0		0	-64		273	115
			78			
		15	-964		968	320
		15	-785		406	31
			-179		563	288
552	1	3	-23	54	3883	90
			44		494	
447		1	386		2534	54
105	1	1	-711		524	
			248	53	225	24
			10	1	80	12
			1		26	
261	33	149	3751	963	7596	3809
261	33	149	3751	963	7596	3809
247	7	275	7518	971	9990	13401
242	7	244	6507	554	8398	11374
5		31	1011	416	1591	2027
285	2	66	7346	1401	9468	31896
4		1	121	22	238	
277		59	6652	1266	7049	31103
3	2	6	559	113	1747	633
		1	15		434	160
1		16	67		426	145
1		16	67		426	145
264		1	96	46	1357	192
264		1	96	46	1357	192
5578	367	3618	20681	7131	65985	61193

9—11 续表 23

单位:万元 （2016）

指　标	Item	营业利润 Business Profits
国有企业	State-owned Enterprises	-279
集体企业	Collective-owned Enterprises	77
有限责任公司	Limited Liability Corporations	17509
国有独资公司	State-owned Enterprises	-167
其他有限责任公司	Other Limited Liability Corporations	17676
股份有限公司	Share-holding Corporations Ltd.	-1200
私营企业	Private Enterprises	2334
私营有限责任公司	Private Limited Liability Corporations	2334
外商投资企业	Foreign Funded Enterprises	659
中外合资经营企业	Sino-foreign Joint Venture Enterprises	659
按控股情况分	Grouped By Controlling Stake	
国有控股	State-owned	-590
集体控股	Collective-owned	83
私人控股	Private	6640
外商控股	Foreign	-9141
其他	Others	22108
按经营形式分	Grouped By Business Form	
独立门店	Indipendent Stores	14120
连锁总店	Distributor Chain	6055
连锁门店	Distrubtor Stores	-1318
其他	Others	243
按单位规模分	Grouped By Unit Scale	
大型	Large-scale	10278
中型	Medium-scale	10387
小型	Small-scale	-1588
微型	Miniature	22
按零售业态分	Grouped By Retail Formats	
有店铺零售	Retail of Having a Store	18632
超市	Supermarket	217
大型超市	Hypermarket	2056
百货店	Department Store	10380
专业店	Speciality Store	6998
专卖店	Franchised Store	-1019
无店铺零售	Retail of Non-store	468

continued

(10 000 yuan)

营业外收入 Revenue Excluding Business	政府补助 Subsidies Income Government Subsidies	营业外支出 Non-business Expenditure	利润总额 Total Profits	应交所得税 Tax Payable	应付职工薪酬 Benefits of Employee Payable	应交增值税 Added Tax Payable
1419		2	1149	182	4314	384
0			77	2	38	38
1855	203	553	18893	4257	38526	47664
264		1	96	46	1357	192
1591	203	552	18797	4211	37169	47472
403	129	2745	-3542	1779	9289	3374
1900	36	317	4104	911	13817	9733
1900	36	317	4104	911	13817	9733
4			663	174	389	170
4			663	174	389	170
1683		4	1100	228	6009	691
14		0	99	45	3048	968
2296	206	494	8715	2657	23037	17181
224	120	2170	-11086		4587	661
1364	41	950	22516	4375	29693	41862
3571	212	1109	16869	4485	33421	21049
1900	153	2469	5480	2704	31277	38446
9		33	-1342		756	-50
100	2	6	337	117	920	1918
2940	129	3096	10117	4140	31820	39398
1405	209	482	11535	2903	30857	20004
1152	30	39	-412	238	3364	1909
84		1	104	25	334	52
5482	365	3612	20782	7188	65554	60838
7		1	224	89	557	214
2775	120	2521	2304	2361	29270	37161
265	9	576	10122	2749	8449	5133
1089	36	334	7974	1467	19331	9956
1345	200	180	158	522	7947	8374
100	2	5	562	117	820	525

9—12 限额以上住宿和餐饮业法人企业经营情况(市区)

单位:万元 (2016)

指标	Item	法人企业数(个) Number of Corporate Unit (unit)
总计	**Total**	**55**
住宿业	**Hotels**	**28**
按住宿业行业小类分	Grouped by Hotels Industry Small Class	
旅游饭店	Turist Hotel	23
一般旅馆	General Hotel	4
其他住宿业	Other Hotels	1
按登记注册类型分	Grouped By Registration Type	
内资企业	Domestic Funded Enterprises	28
国有企业	State-owned Enterprises	2
集体企业	Collective-owned Enterprises	1
有限责任公司	Limited Liability Corporations	16
国有独资公司	State-owned Enterprises	2
其他有限责任公司	Other Limited Liability Corporations	14
股份有限公司	Share-holding Corporations Ltd.	
私营企业	Private Enterprises	9
私营独资企业	Private Owned Enterprises	
私营有限责任公司	Private Limited Liability Corporations	9
按控股情况分	Grouped By Controlling Stake	
国有控股	State-owned	7
集体控股	Collective-owned	3
私人控股	Private	17
其他	Others	1
按经营形式分	Grouped By Business Form	
独立门店	Indipendent Stores	24
连锁总店	Distributor Chain	1
其他	Others	3
按单位规模分	Grouped By Unit Scale	
大型	Large-scale	
中型	Medium-scale	8
小型	Small-scale	20
微型	Miniature	
按星级分	Grouped By Star Grade	
五星	Five	
四星	Four	9
三星	Three	8
二星	Two	
一星	One	
其他	Others	11
餐饮业	**Catering Servies**	**27**
按餐饮业行业小类分	Grouped by Catering Industry Small Class	
正餐服务	Dinner Service	27
快餐服务	Fast Food Service	

Bussiness of Hotels and Catering Servies by Enterprises above Designated Size (City)

(10 000 yuan)

从业人员期末人数（人）Number of Employees at Year-end (person)	营业额 Business Revenue	使用银行卡支付的营业额 Business Revenue payed for Bank Cards	客房收入 From Hotel Rooms	通过公共网络实现的客房收入 Hotel Rooms Revenue from Public Network	通过非自营平台实现的客房收入 Hotel Rooms Revenue from Non Proprietary Platform	餐费收入 From Meals
5820	**76257**	**21445**	**25777**	**2840**	**538**	**44678**
3345	**45570**	**14547**	**21005**	**2311**	**524**	**19327**
3013	41225	11655	18173	1973	454	17868
318	4095	2725	2662	238		1379
14	250	167	170	100	70	80
3345	45570	14547	21005	2311	524	19327
607	8491	82	4593	13	13	2744
45	277		277			
1936	27525	9420	11535	1630	311	12855
234	3034		1445			867
1702	24492	9420	10091	1630	311	11988
757	9277	5045	4600	669	200	3728
757	9277	5045	4600	669	200	3728
1370	18460	2029	8876	1268	14	6469
218	1903	552	880	3		627
1468	18663	8829	8840	871	341	8279
289	6544	3137	2409	169	169	3952
2841	35808	10217	17041	2072	355	14463
15	218		218			
489	9544	4330	3747	239	169	4864
1872	28072	7382	12614	1635	322	12415
1473	17498	7165	8392	676	201	6912
1257	16635	4697	7668	1619	143	6390
605	7604	2442	2882	45	1	3989
1483	21332	7408	10455	647	380	8947
2475	**30687**	**6898**	**4771**	**529**	**15**	**25351**
2475	30687	6898	4771	529	15	25351

9—12 续表 1

单位:万元 (2016)

指 标	Item	法人企业数(个) Number of Corporate Unit (unit)
按登记注册类型分	Grouped By Registration Type	
内资企业	Domestic Funded Enterprises	26
有限责任公司	Limited Liability Corporations	4
国有独资公司	State-owned Enterprises	
其他有限责任公司	Other Limited Liability Corporations	4
股份有限公司	Share-holding Corporations Ltd.	
私营企业	Private Enterprises	22
私营独资企业	Private Owned Enterprises	1
私营合伙企业	Private Partnership Enterprises	
私营有限责任公司	Private Limited Liability Corporations	19
私营股份有限公司	Private Share-holding Corporations Ltd.	2
外商投资企业	Foreign Funded Enterprises	1
中外合资经营企业	Sino-foreign Joint Venture Enterprises	1
按控股情况分	Grouped By Controlling Stake	
国有控股	State-owned	1
集体控股	Collective-owned	
私人控股	Private	24
港澳台商控股	Holding from Hong Kong, Macao and Taiwan	
外商控股	Foreign	1
其他	Others	1
按经营形式分	Grouped By Business Form	
独立门店	Indipendent Stores	22
连锁门店	Distrubtor Stores	2
其他	Others	3
按单位规模分	Grouped By Unit Scale	
大型	large-scale	
中型	Medium-scale	3
小型	Small-scale	23
微型	Miniature	1
住宿业按地区分组	**Accommodation Industry Grouped by Region**	**28**
兴庆区	Xingqing	17
西夏区	Xixia	3
金凤区	Jinfeng	8
餐饮业按地区分组	**Catering Industry Grouped by Region**	**27**
兴庆区	Xingqing	12
西夏区	Xixia	2
金凤区	Jinfeng	13

continued

(10 000 yuan)

从业人员期末人数（人） Number of Employees at Year-end (person)	营业额 Business Revenue	使用银行卡支付的营业额 Business Revenue payed for Bank Cards	客房收入 From Hotel Rooms	通过公共网络实现的客房收入 Hotel Rooms Revenue from Public Network	通过非自营平台实现的客房收入 Hotel Rooms Revenue from Non Proprietary Platform	餐费收入 From Meals
2385	29423	6140	4771	529	15	24087
720	10606	3120	4162	529	15	6298
720	10606	3120	4162	529	15	6298
1665	18817	3020	609			17790
60	873	258				848
1499	16642	2762	609			15640
106	1302					1302
90	1264	758				1264
90	1264	758				1264
94	961		348			557
2046	25229	6140	3283	514		21439
90	1264	758				1264
245	3232		1140	15	15	2091
2003	25403	6898	3620	514		21233
129	1238					1238
343	4046		1151	15	15	2880
766	11073	3120	3286	529	15	7698
1671	19417	3778	1486			17459
38	197					195
3345	**45570**	**14547**	**21005**	**2311**	**524**	**19327**
1973	24701	7931	11084	1768	285	10272
120	1260		783			396
1252	19609	6616	9138	543	239	8658
2475	**30687**	**6898**	**4771**	**529**	**15**	**25351**
1603	20923	4818	3884	529	15	16566
129	1400		348			996
743	8363	2080	539			7789

9—12 续表 2

单位:万元 (2016)

指 标	Item	通过公共网络实现的餐费收入 Meal Revenue from Public Network
总 计	**Total**	**2167**
住宿业	**Hotels**	**1595**
按住宿业行业小类分	Grouped by Hotels Industry Small Class	
旅游饭店	Turist Hotel	1581
一般旅馆	General Hotel	13
其他住宿业	Other Hotels	
按登记注册类型分	Grouped By Registration Type	
内资企业	Domestic Funded Enterprises	1595
国有企业	State-owned Enterprises	69
集体企业	Collective-owned Enterprises	
有限责任公司	Limited Liability Corporations	1368
国有独资公司	State-owned Enterprises	
其他有限责任公司	Other Limited Liability Corporations	1368
股份有限公司	Share-holding Corporations Ltd.	
私营企业	Private Enterprises	158
私营独资企业	Private Owned Enterprises	
私营有限责任公司	Private Limited Liability Corporations	158
按控股情况分	Grouped By Controlling Stake	
国有控股	State-owned	1366
集体控股	Collective-owned	2
私人控股	Private	219
其他	Others	9
按经营形式分	Grouped By Business Form	
独立门店	Indipendent Stores	1554
连锁总店	Distributor Chain	
其他	Others	41
按单位规模分	Grouped By Unit Scale	
大型	Large-scale	
中型	Medium-scale	1557
小型	Small-scale	38
微型	Miniature	
按星级分	Grouped By Star Grade	
五星	Five	
四星	Four	1510
三星	Three	9
二星	Two	
一星	One	
其他	Others	76
餐饮业	**Catering Servies**	**572**
按餐饮业行业小类分	Grouped by Catering Industry Small Class	
正餐服务	Dinner Service	572
快餐服务	Fast Food Service	

continued

(10 000 yuan)

通过非自营平台实现的餐费收入 Meal Revenue from Non Proprietary Platform	商品销售额收入 Sales From Commodities	其他收入 Other Income	客房数(间) Number of Rooms (room)	床位数(个) Number of Beds (unit)	餐位数(位) Number of Dining-seats (person)	年末餐饮营业面积(平方米) Operating Area of Catering Servies at Year-end(sq.m)
168	**799**	**5004**	**4818**	**7876**	**22586**	**141686**
145	**520**	**4718**	**3983**	**6529**	**10810**	**67122**
145	498	4686	3419	5622	9890	56902
	22	32	531	857	820	9020
			33	50	100	1200
145	520	4718	3983	6529	10810	67122
69	21	1133	605	796	1488	2255
			105	210		
63	398	2737	2246	3831	6191	46381
	81	642	216	513	540	1550
63	318	2095	2030	3318	5651	44831
13	101	848	1027	1692	3131	18486
13	101	848	1027	1692	3131	18486
69	197	2918	1363	2207	3573	12451
	130	267	298	505	300	1790
67	193	1350	1967	3241	6331	49461
9		184	355	576	606	3420
136	484	3821	3247	5301	9704	61132
			50	72		
9	36	897	686	1156	1106	5990
132	105	2939	1816	2732	5339	27471
13	414	1780	2167	3797	5471	39651
82	136	2441	1273	2152	4509	22271
	282	450	884	1553	2580	20635
63	102	1827	1826	2824	3721	24216
24	**279**	**286**	**835**	**1347**	**11776**	**74564**
24	279	286	835	1347	11776	74564

9—12 续表 3

单位:万元 （2016）

指 标	Item	通过公共网络实现的餐费收入 Meal Revenue from Public Network
按登记注册类型分	Grouped By Registration Type	
内资企业	Domestic Funded Enterprises	400
有限责任公司	Limited Liability Corporations	220
国有独资公司	State-owned Enterprises	
其他有限责任公司	Other Limited Liability Corporations	220
股份有限公司	Share-holding Corporations Ltd.	
私营企业	Private Enterprises	179
私营独资企业	Private Owned Enterprises	
私营合伙企业	Private Partnership Enterprises	
私营有限责任公司	Private Limited Liability Corporations	179
私营股份有限公司	Private Share-holding Corporations Ltd.	
外商投资企业	Foreign Funded Enterprises	173
中外合资经营企业	Sino-foreign Joint Venture Enterprises	173
按控股情况分	Grouped By Controlling Stake	
国有控股	State-owned	
集体控股	Collective-owned	
私人控股	Private	377
港澳台商控股	Holding from Hong Kong, Macao and Taiwan	
外商控股	Foreign	173
其他	Others	23
按经营形式分	Grouped By Business Form	
独立门店	Indipendent Stores	549
连锁门店	Distrubtor Stores	
其他	Others	23
按单位规模分	Grouped By Unit Scale	
大型	large-scale	
中型	Medium-scale	220
小型	Small-scale	352
微型	Miniature	
住宿业按地区分组	**Accommodation Industry Grouped by Region**	**1595**
兴庆区	Xingqing	1569
西夏区	Xixia	
金凤区	Jinfeng	26
餐饮业按地区分组	**Catering Industry Grouped by Region**	**572**
兴庆区	Xingqing	220
西夏区	Xixia	
金凤区	Jinfeng	352

continued

(10 000 yuan)

通过非自营平台实现的餐费收入 Meal Revenue from Non Proprietary Platform	商品销售额收入 Sales From Commodities	其他收入 Other Income	客房数(间) Number of Rooms (room)	床位数(个) Number of Beds (unit)	餐位数(位) Number of Dining-seats (person)	年末餐饮营业面积(平方米) Operating Area of Catering Servies at Year-end(sq.m)
24	279	286	835	1347	9776	65564
23	27	119	733	1181	1758	13456
23	27	119	733	1181	1758	13456
1	252	167	102	166	8018	52108
	26				200	1400
1	226	167	102	166	6688	45108
					1130	5600
					2000	9000
					2000	9000
	19	37	81	215	228	350
1	260	247	483	698	8868	61908
					2000	9000
23		1	271	434	680	3306
1	266	284	550	883	9418	59784
					1250	6800
23	13	1	285	464	1108	7980
23	8	82	531	796	1880	16306
1	270	204	304	551	9700	57758
	2				196	500
145	**520**	**4718**	**3983**	**6529**	**10810**	**67122**
136	371	2974	2253	3756	6404	40332
	81		262	612	380	950
9	68	1744	1468	2161	4026	25840
24	**279**	**286**	**835**	**1347**	**11776**	**74564**
23	225	249	619	932	6082	37356
	19	37	81	215	428	950
1	35		135	200	5266	36258

9—13 限额以上住宿和餐饮业法人企业主要财务状况(市区)

单位:万元 (2016)

指 标	Item	法人企业数(个) Number of Corporate (unit)
总 计	**Total**	**55**
住宿业	**Hotels**	**28**
按住宿业行业小类分	Grouped by Hotels Industry Small Class	
旅游饭店	Turist Hotel	23
一般旅馆	General Hotel	4
其他住宿业	Other Hotels	1
按登记注册类型分	Grouped By Registration Type	
内资企业	Domestic Funded Enterprises	28
国有企业	State-owned Enterprises	2
集体企业	Collective-owned Enterprises	1
有限责任公司	Limited Liability Corporations	16
国有独资公司	State-owned Enterprises	2
其他有限责任公司	Other Limited Liability Corporations	14
股份有限公司	Share-holding Corporations Ltd.	
私营企业	Private Enterprises	9
私营独资企业	Private Owned Enterprises	
私营有限责任公司	Private Limited Liability Corporations	9
按控股情况分	Grouped By Controlling Stake	
国有控股	State-owned	7
集体控股	Collective-owned	3
私人控股	Private	17
其他	Others	1
按经营形式分	Grouped By Business Form	
独立门店	Indipendent Stores	24
连锁总店	Distributor Chain	1
其他	Others	3
按单位规模分	Grouped By Unit Scale	
大型	Large-scale	
中型	Medium-scale	8
小型	Small-scale	20
微型	Miniature	
按星级分	Grouped By Star Grade	
五星	Five	
四星	Four	9
三星	Three	8
二星	Two	
一星	One	
其他	Others	11

Financial Indicators of Hotels and Catering Servies by Enterprises above Designated Size(City)

(10 000 yuan)

流动资产合计 Total Working Capitals	应收帐款 Accounts Receivable	存货 Stock	固定资产合计 Total Fixed Assets	固定资产原价 Original Value of Fixed Assets	累计折旧 Accumulated Depreciation	本年折旧 Depreciation This Year
118124	**-40814**	**3687**	**159448**	**238796**	**79348**	**12511**
76780	**-44310**	**2441**	**136651**	**200508**	**63858**	**9809**
55176	-44489	1449	129938	191190	61253	8921
20914	177	988	6713	9205	2492	888
690	2	4		113	113	
76780	-44310	2441	136651	200508	63858	9809
5959	5	121	81433	102307	20874	3359
169	3		8	31	24	
57370	-47899	1676	39425	72757	33333	5508
2061	369	219	6203	8163	1961	1756
55310	-48268	1456	33222	64594	31372	3752
13281	3581	645	15785	25413	9627	941
13281	3581	645	15785	25413	9627	941
11106	553	547	108066	152791	44726	6254
830	41	24	978	1960	983	33
63375	-45628	1849	27571	45703	18132	3511
1469	725	21	36	54	18	11
73004	-45135	2273	128709	183763	55054	9325
17	5	11	17	35	18	
3760	819	156	7925	16710	8785	483
19552	4242	911	102896	146477	43580	6263
57228	-48552	1530	33754	54032	20278	3546
10970	3685	929	34455	65200	30745	3266
5172	308	178	7728	17506	9778	768
60639	-48303	1334	94468	117802	23335	5775

9—13 续表 1

单位:万元 （2016）

指 标	Item	法人企业数(个) Number of Corporate (unit)
餐饮业	**Catering Servies**	**27**
按餐饮业行业小类分	Grouped by Catering Industry Small Class	
正餐服务	Dinner Service	27
快餐服务	Fast Food Service	
按登记注册类型分	Grouped By Registration Type	
内资企业	Domestic Funded Enterprises	26
有限责任公司	Limited Liability Corporations	4
国有独资公司	State-owned Enterprises	
其他有限责任公司	Other Limited Liability Corporations	4
股份有限公司	Share-holding Corporations Ltd.	
私营企业	Private Enterprises	22
私营独资企业	Private Owned Enterprises	1
私营合伙企业	Private Partnership Enterprises	
私营有限责任公司	Private Limited Liability Corporations	19
私营股份有限公司	Private Share-holding Corporations Ltd.	2
外商投资企业	Foreign Funded Enterprises	1
中外合资经营企业	Sino-foreign Joint Venture Enterprises	1
按控股情况分	Grouped By Controlling Stake	
国有控股	State-owned	1
集体控股	Collective-owned	
私人控股	Private	24
港澳台商控股	Holding from Hong Kong, Macao and Taiwan	1
外商控股	Foreign	1
其他	Others	
按经营形式分	Grouped By Business Form	22
独立门店	Indipendent Stores	2
其他	Others	3
按单位规模分	Grouped By Unit Scale	
大型	large-scale	
中型	Medium-scale	3
小型	Small-scale	23
微型	Miniature	1
住宿业按地区分组	**Accommodation Industry Grouped by Region**	**28**
兴庆区	Xingqing	17
西夏区	Xixia	3
金凤区	Jinfeng	8
餐饮业按地区分组	**Catering Industry Grouped by Region**	**27**
兴庆区	Xingqing	12
西夏区	Xixia	2
金凤区	Jinfeng	13

continued

(10 000 yuan)

流动资产合计 Total Working Capitals	应收帐款 Accounts Receivable	存货 Stock	固定资产合计 Total Fixed Assets	固定资产原价 Original Value of Fixed Assets	累计折旧 Accumulated Depreciation	本年折旧 Depreciation This Year
41344	**3496**	**1247**	**22798**	**38288**	**15490**	**2702**
41344	3496	1247	22798	38288	15490	2702
22604	3152	1097	19263	30773	11510	2702
10710	645	475	4118	6413	2295	1290
10710	645	475	4118	6413	2295	1290
11894	2507	622	15145	24361	9216	1412
95	33	47	27	28	1	1
9978	1932	530	13191	19907	6715	1285
1821	542	45	1927	4426	2499	126
18740	344	150	3535	7515	3980	
18740	344	150	3535	7515	3980	
235	–7	45	36	162	126	
21212	2923	940	17672	28554	10882	2200
18740	344	150	3535	7515	3980	
1158	236	112	1555	2057	502	502
37898	2691	1052	19406	31780	12374	2072
1883	559	44	1542	4058	2516	128
1563	246	151	1849	2450	601	502
9924	568	308	8900	11025	2125	1290
31406	2928	930	13893	27256	13362	1409
14		9	4	7	3	3
76780	**–44310**	**2441**	**136651**	**200508**	**63858**	**9809**
44297	–45498	1210	41305	83560	42255	5325
996	209	188	4979	5354	375	129
31487	979	1043	90367	111595	21227	4355
41344	**3496**	**1247**	**22798**	**38288**	**15490**	**2702**
16122	2641	702	15665	24317	8652	2031
315	19	51	436	562	126	
24907	836	494	6697	13409	6712	671

9—13 续表 2

单位:万元 (2016)

指标	Item	在建工程 Construction in Process
总计	**Total**	**2443**
住宿业	**Hotels**	**2113**
按住宿业行业小类分	Grouped by Hotels Industry Small Class	
旅游饭店	Turist Hotel	2030
一般旅馆	General Hotel	83
其他住宿业	Other Hotels	
按登记注册类型分	Grouped By Registration Type	
内资企业	Domestic Funded Enterprises	2113
国有企业	State-owned Enterprises	1489
集体企业	Collective-owned Enterprises	
有限责任公司	Limited Liability Corporations	452
国有独资公司	State-owned Enterprises	122
其他有限责任公司	Other Limited Liability Corporations	330
股份有限公司	Share-holding Corporations Ltd.	
私营企业	Private Enterprises	172
私营独资企业	Private Owned Enterprises	
私营有限责任公司	Private Limited Liability Corporations	172
按控股情况分	Grouped By Controlling Stake	
国有控股	State-owned	1661
集体控股	Collective-owned	
私人控股	Private	452
其他	Others	
按经营形式分	Grouped By Business Form	
独立门店	Indipendent Stores	2113
连锁总店	Distributor Chain	
其他	Others	
按单位规模分	Grouped By Unit Scale	
大型	Large-scale	
中型	Medium-scale	1568
小型	Small-scale	545
微型	Miniature	
按星级分	Grouped By Star Grade	
五星	Five	
四星	Four	139
三星	Three	83
二星	Two	
一星	One	
其他	Others	1891

continued

(10 000 yuan)

资产总计 Total Assets	流动负债合计 Total Current Liabilities	应付账款 Accounts Payable	非流动负债合计 Totale of Non-current Liabilities	负债合计 Total Liabilities	所有者权益 Total Owners' Equities
311983	**142299**	**33380**	**171654**	**313953**	**-1970**
229972	**82740**	**16291**	**154572**	**237312**	**-7341**
197379	67449	14790	136668	204117	-6738
31903	15109	1501	17904	33013	-1110
690	182			182	508
229972	82740	16291	154572	237312	-7341
88922	4349	2011	98096	102446	-13524
177	20	1		20	157
109688	53868	12833	50861	104729	4959
10334	7128	491	61	7189	3145
99354	46740	12342	50800	97540	1814
31185	24503	1445	5614	30117	1068
31185	24503	1445	5614	30117	1068
124606	30787	3663	104595	135382	-10776
2865	729	184	9	738	2128
99358	41962	3471	49968	91930	7428
3143	9263	8974		9263	-6121
216345	72803	7153	154572	227374	-11030
48	14	14		14	34
13579	9924	9124		9924	3655
127731	33350	13151	114658	148008	-20277
102241	49390	3140	39914	89304	12936
48510	37866	2547	2909	40774	7736
15566	6331	600	7444	13775	1791
165896	38544	13144	144219	182763	-16867

9—13 续表 3

单位:万元 （2016）

指　标	Item	在建工程 Construction in Process
餐饮业	**Catering Servies**	**330**
按餐饮业行业小类分	Grouped by Catering Industry Small Class	
正餐服务	Dinner Service	330
快餐服务	Fast Food Service	
按登记注册类型分	Grouped By Registration Type	
内资企业	Domestic Funded Enterprises	330
有限责任公司	Limited Liability Corporations	
国有独资公司	State-owned Enterprises	
其他有限责任公司	Other Limited Liability Corporations	
股份有限公司	Share-holding Corporations Ltd.	
私营企业	Private Enterprises	330
私营独资企业	Private Owned Enterprises	
私营合伙企业	Private Partnership Enterprises	
私营有限责任公司	Private Limited Liability Corporations	330
私营股份有限公司	Private Share-holding Corporations Ltd.	
外商投资企业	Foreign Funded Enterprises	
中外合资经营企业	Sino-foreign Joint Venture Enterprises	
按控股情况分	Grouped By Controlling Stake	
国有控股	State-owned	
集体控股	Collective-owned	
私人控股	Private	330
港澳台商控股	Holding from Hong Kong, Macao and Taiwan	
外商控股	Foreign	
其他	Others	
按经营形式分	Grouped By Business Form	
独立门店	Indipendent Stores	330
其他	Others	
按单位规模分	Grouped By Unit Scale	
大型	large-scale	
中型	Medium-scale	330
小型	Small-scale	
微型	Miniature	
住宿业按地区分组	**Accommodation Industry Grouped by Region**	**2113**
兴庆区	Xingqing	406
西夏区	Xixia	122
金凤区	Jinfeng	1585
餐饮业按地区分组	**Catering Industry Grouped by Region**	**330**
兴庆区	Xingqing	330
西夏区	Xixia	
金凤区	Jinfeng	

continued

(10 000 yuan)

资产总计 Total Assets	流动负债合计 Total Current Liabilities	应付账款 Accounts Payable	非流动负债合计 Totale of Non-current Liabilities	负债合计 Total Liabilities	所有者权益 Total Owners' Equities
82011	**59559**	**17090**	**17082**	**76641**	**5370**
82011	59559	17090	17082	76641	5370
59662	43090	6079	14055	57145	2517
23523	26412	2672	10700	37112	-13589
23523	26412	2672	10700	37112	-13589
36139	16678	3407	3355	20033	16106
122	73	66		73	50
31843	15085	2567	3351	18437	13407
4174	1520	774	4	1524	2650
22349	16469	11011	3027	19496	2853
22349	16469	11011	3027	19496	2853
293	1873	58		1873	-1580
54362	33369	4496	14055	47424	6938
22349	16469	11011	3027	19496	2853
5007	7848	1525		7848	-2841
72076	49239	14710	17082	66321	5755
3887	1582	774		1582	2305
6049	8738	1606		8738	-2690
23184	24641	1875	10534	35175	-11992
58807	34915	15213	6548	41463	17345
21	3	2		3	17
229972	**82740**	**16291**	**154572**	**237312**	**-7341**
93185	47085	2791	38588	85673	7512
7110	6036	410		6036	1074
129676	29619	13089	115983	145603	-15927
82011	**59559**	**17090**	**17082**	**76641**	**5370**
41962	30680	3391	12351	43031	-1069
795	1891	58	4	1895	-1100
39254	26988	13641	4727	31715	7539

9—13 续表4

单位:万元 (2016)

指　标	Item	实收资本 Paid-in Capitals
总　计	**Total**	**72921**
住宿业	**Hotels**	**52349**
按住宿业行业小类分	Grouped by Hotels Industry Small Class	
旅游饭店	Turist Hotel	49436
一般旅馆	General Hotel	2812
其他住宿业	Other Hotels	101
按登记注册类型分	Grouped By Registration Type	
内资企业	Domestic Funded Enterprises	52349
国有企业	State-owned Enterprises	4035
集体企业	Collective-owned Enterprises	12
有限责任公司	Limited Liability Corporations	38398
国有独资公司	State-owned Enterprises	2404
其他有限责任公司	Other Limited Liability Corporations	35994
股份有限公司	Share-holding Corporations Ltd.	
私营企业	Private Enterprises	9904
私营独资企业	Private Owned Enterprises	
私营有限责任公司	Private Limited Liability Corporations	9904
按控股情况分	Grouped By Controlling Stake	
国有控股	State-owned	25210
集体控股	Collective-owned	3593
私人控股	Private	23046
其他	Others	500
按经营形式分	Grouped By Business Form	
独立门店	Indipendent Stores	37391
连锁总店	Distributor Stores	30
其他	Others	14928
按单位规模分	Grouped By Unit Scale	
大型	Large-scale	
中型	Medium-scale	26656
小型	Small-scale	25693
微型	Miniature	
按星级分	Grouped By Star Grade	
五星	Five	
四星	Four	31024
三星	Three	8798
二星	Two	
一星	One	
其他	Others	12527

continued

(10 000 yuan)

国家资本 State-owned Capitals	集体资本 Collective-owned Capitals	法人资本 Corporate Capitals	个人资本 Personal Capitals	营业收入 Total Revenue	主营业务收入 Revenue from Principal Business	营业成本 Business Costs
22949	**3593**	**23435**	**22944**	**76336**	**75872**	**33001**
22949	**3593**	**16850**	**8958**	**45485**	**45021**	**19177**
22949	3581	16850	6057	41158	40694	18187
	12		2800	4077	4077	943
			101	250	250	48
22949	3593	16850	8958	45485	45021	19177
4035				8492	8492	1939
	12			266	266	
18914	3581	10562	5342	27478	27030	14545
142		2262		2991	2915	2748
18771	3581	8300	5342	24488	24115	11797
		6288	3616	9250	9234	2694
		6288	3616	9250	9234	2694
22949		2262		18537	18342	10975
	3593			1892	1663	901
		14088	8958	18512	18471	5945
		500		6544	6544	1356
8532	3581	16350	8928	35735	35271	15286
			30	218	218	136
14416	12	500		9532	9532	3755
22307		3850	500	27950	27916	11962
642	3593	13000	8458	17536	17105	7215
20460		8550	2014	16615	16599	10105
500	1887	2800	3612	7712	7590	3830
1989	1707	5500	3332	21159	20832	5242

9—13 续表 5

单位:万元 (2016)

指 标	Item	实收资本 Paid-in Capitals
餐饮业	**Catering Servies**	**20571**
按餐饮业行业小类分	Grouped by Catering Industry Small Class	
正餐服务	Dinner Service	20571
快餐服务	Fast Food Service	
按登记注册类型分	Grouped By Registration Type	
内资企业	Domestic Funded Enterprises	19171
有限责任公司	Limited Liability Corporations	3618
国有独资公司	State-owned Enterprises	
其他有限责任公司	Other Limited Liability Corporations	3618
股份有限公司	Share-holding Corporations Ltd.	
私营企业	Private Enterprises	15553
私营独资企业	Private Owned Enterprises	25
私营合伙企业	Private Partnership Enterprises	
私营有限责任公司	Private Limited Liability Corporations	13258
私营股份有限公司	Private Share-holding Corporations Ltd.	2270
外商投资企业	Foreign Funded Enterprises	1400
中外合资经营企业	Sino-foreign Joint Venture Enterprises	1400
按控股情况分	Grouped By Controlling Stake	
国有控股	State-owned	100
集体控股	Collective-owned	
私人控股	Private	18553
外商控股	Foreign	1400
其他	Others	518
按经营形式分	Grouped By Business Form	
独立门店	Indipendent Stores	17632
连锁门店	Distrubtor Stores	2270
其他	Others	669
按单位规模分	Grouped By Unit Scale	
大型	large-scale	
中型	Medium-scale	1618
小型	Small-scale	18938
微型	Miniature	15
住宿业按地区分组	**Accommodation Industry Grouped by Region**	**52349**
兴庆区	Xingqing	41318
西夏区	Xixia	184
金凤区	Jinfeng	10848
餐饮业按地区分组	**Catering Industry Grouped by Region**	**20571**
兴庆区	Xingqing	11558
西夏区	Xixia	200
金凤区	Jinfeng	8813

continued

(10 000 yuan)

国家资本 State-owned Capitals	集体资本 Collective-owned Capitals	法人资本 Corporate Capitals	个人资本 Personal Capitals	营业收入 Total Revenue	主营业务收入 Revenue from Principal Business	营业成本 Business Costs
		6585	**13986**	**30851**	**30851**	**13823**
		6585	13986	30851	30851	13823
		5185	13986	29588	29588	12656
		3618		10456	10456	3823
		3618		10456	10456	3823
		1567	13986	19132	19132	8833
			25	859	859	390
		1567	11691	16972	16972	7766
			2270	1302	1302	676
		1400		1264	1264	1167
		1400		1264	1264	1167
		100		941	941	451
		4567	13986	25536	25536	11435
		1400		1264	1264	1167
		518		3111	3111	770
		6067	11565	25689	25689	12078
			2270	1238	1238	571
		518	151	3924	3924	1175
		1518	100	11080	11080	3385
		5052	13886	19702	19702	10401
		15		69	69	37
22949	**3593**	**16850**	**8958**	**45485**	**45021**	**19177**
20960	3581	10750	6027	24677	24291	13517
142	12		30	1205	1129	634
1847		6100	2901	19603	19600	5026
		6585	**13986**	**30851**	**30851**	**13823**
		2421	9136	20801	20801	7782
		100	100	1380	1380	782
		4064	4749	8670	8670	5259

9—13 续表 6

单位:万元 (2016)

指　标	Item	主营业务成本 Costs of Principal Business
总　计	**Total**	**32936**
住宿业	**Hotels**	**19113**
按住宿业行业小类分	Grouped by Hotels Industry Small Class	
旅游饭店	Turist Hotel	18122
一般旅馆	General Hotel	943
其他住宿业	Other Hotels	48
按登记注册类型分	Grouped By Registration Type	
内资企业	Domestic Funded Enterprises	19113
国有企业	State-owned Enterprises	1939
集体企业	Collective-owned Enterprises	
有限责任公司	Limited Liability Corporations	14480
国有独资公司	State-owned Enterprises	2748
其他有限责任公司	Other Limited Liability Corporations	11732
股份有限公司	Share-holding Corporations Ltd.	
私营企业	Private Enterprises	2694
私营独资企业	Private Owned Enterprises	
私营有限责任公司	Private Limited Liability Corporations	2694
按控股情况分	Grouped By Controlling Stake	
国有控股	State-owned	10910
集体控股	Collective-owned	901
私人控股	Private	5945
其他	Others	1356
按经营形式分	Grouped By Business Form	
独立门店	Indipendent Stores	15221
连锁总店	Distributor Stores	136
其他	Others	3755
按单位规模分	Grouped By Unit Scale	
大型	Large-scale	
中型	Medium-scale	11962
小型	Small-scale	7151
微型	Miniature	
按星级分	Grouped By Star Grade	
五星	Five	
四星	Four	10105
三星	Three	3766
二星	Two	
一星	One	
其他	Others	5242

continued

（10 000 yuan）

营业税金及附加 Business Taxes and Other Charges	主营业务税金及附加 Taxes and Other Charges on Principal Business	其他业务利润 Profits from Other Businesses	销售费用 Selling Costs	管理费用 Management Costs	税金 Taxes	财务费用 Financial Costs
2326	**2317**	**169**	**31605**	**24799**	**532**	**2881**
1385	**1385**	**62**	**20426**	**14975**	**461**	**1442**
1286	1286	62	18208	13471	429	319
92	92		2070	1501	32	1104
7	7		149	3		19
1385	1385	62	20426	14975	461	1442
145	145		8148	2492	106	34
3	3		102	90		2
924	924	57	8333	8570	180	1015
134	134			324		6
790	790	57	8333	8246	180	1009
313	313	5	3844	3823	175	392
313	313	5	3844	3823	175	392
712	712	55	8279	4134	183	53
41	41		537	347	34	14
527	527	7	9430	5754	245	1346
104	104		2181	4740		28
1076	1076	62	18012	9835	461	1415
12	12			97		
298	298		2415	5043		26
829	829		13503	9455	106	98
556	556	62	6924	5520	355	1343
751	751	5	3640	3964	145	138
208	208	57	2535	1694	178	105
425	425		14251	9316	138	1198

9—13 续表 7

单位:万元 （2016）

指　标	Item	主营业务成本 Costs of Principal Business
餐饮业	**Catering Servies**	**13823**
按餐饮业行业小类分	Grouped by Catering Industry Small Class	
正餐服务	Dinner Service	13823
快餐服务	Fast Food Service	
按登记注册类型分	Grouped By Registration Type	
内资企业	Domestic Funded Enterprises	12656
有限责任公司	Limited Liability Corporations	3823
国有独资公司	State-owned Enterprises	
其他有限责任公司	Other Limited Liability Corporations	3823
股份有限公司	Share-holding Corporations Ltd.	
私营企业	Private Enterprises	8833
私营独资企业	Private Owned Enterprises	390
私营合伙企业	Private Partnership Enterprises	
私营有限责任公司	Private Limited Liability Corporations	7766
私营股份有限公司	Private Share-holding Corporations Ltd.	676
外商投资企业	Foreign Funded Enterprises	1167
中外合资经营企业	Sino-foreign Joint Venture Enterprises	1167
按控股情况分	Grouped By Controlling Stake	
国有控股	State-owned	451
集体控股	Collective-owned	
私人控股	Private	11435
外商控股	Foreign	1167
其他	Others	770
按经营形式分	Grouped By Business Form	
独立门店	Indipendent Stores	12078
连锁门店	Distrubtor Stores	571
其他	Others	1175
按单位规模分	Grouped By Unit Scale	
大型	large-scale	
中型	Medium-scale	3385
小型	Small-scale	10401
微型	Miniature	37
住宿业按地区分组	**Accommodation Industry Grouped by Region**	**19113**
兴庆区	Xingqing	13452
西夏区	Xixia	634
金凤区	Jinfeng	5026
餐饮业按地区分组	**Catering Industry Grouped by Region**	**13823**
兴庆区	Xingqing	7782
西夏区	Xixia	782
金凤区	Jinfeng	5259

continued

(10 000 yuan)

营业税金及附加 Business Taxes and Other Charges	主营业务税金及附加 Taxes and Other Charges on Principal Business	其他业务利润 Profits from Other Businesses	销售费用 Selling Costs	管理费用 Management Costs	税金 Taxes	财务费用 Financial Costs
941	**932**	**107**	**11179**	**9824**	**70**	**1439**
941	932	107	11179	9824	70	1439
846	837	107	10591	9426	55	1418
184	184	8	4220	6268		1144
184	184	8	4220	6268		1144
662	653	99	6372	3157	55	274
47	40		379	36	14	6
591	589	99	5674	3019	30	226
24	24		319	103	11	43
95	95		588	399	15	21
95	95		588	399	15	21
18	18	8	393	91		3
791	781	99	7627	7853	55	1397
95	95		588	399	15	21
38	38		2571	1481		18
863	853	8	8205	8007	45	1367
28	28		391	133	25	45
51	51	99	2583	1685		27
255	255		4304	6760	5	1024
684	675	107	6845	3056	65	415
2	2		30	8		
1385	**1385**	**62**	**20426**	**14975**	**461**	**1442**
930	930	59	7418	5805	349	225
66	66		102	433		3
389	389	2	12906	8737	112	1213
941	**932**	**107**	**11179**	**9824**	**70**	**1439**
589	581		7664	8389	36	1134
29	29	8	396	92		4
324	322	99	3119	1344	35	300

9—13 续表 8

单位:万元 (2016)

指 标	Item	利息收入 Interest Income
总 计	**Total**	**40**
住宿业	**Hotels**	**19**
按住宿业行业小类分	Grouped by Hotels Industry Small Class	
旅游饭店	Turist Hotel	19
一般旅馆	General Hotel	
其他住宿业	Other Hotels	
按登记注册类型分	Grouped By Registration Type	
内资企业	Domestic Funded Enterprises	19
国有企业	State-owned Enterprises	-2
集体企业	Collective-owned Enterprises	
有限责任公司	Limited Liability Corporations	22
国有独资公司	State-owned Enterprises	1
其他有限责任公司	Other Limited Liability Corporations	21
股份有限公司	Share-holding Corporations Ltd.	
私营企业	Private Enterprises	
私营独资企业	Private Owned Enterprises	
私营有限责任公司	Private Limited Liability Corporations	
按控股情况分	Grouped By Controlling Stake	
国有控股	State-owned	17
集体控股	Collective-owned	1
私人控股	Private	1
其他	Others	1
按经营形式分	Grouped By Business Form	
独立门店	Indipendent Stores	2
连锁总店	Distributor Stores	
其他	Others	17
按单位规模分	Grouped By Unit Scale	
大型	Large-scale	
中型	Medium-scale	16
小型	Small-scale	3
微型	Miniature	
按星级分	Grouped By Star Grade	
五星	Five	
四星	Four	17
三星	Three	3
二星	Two	
一星	One	
其他	Others	-1

continued

(10 000 yuan)

利息支出 Interest Expense	资产减值损失 Asset Impairment Loss	投资收益 Investment Income	营业利润 Business Profits	营业外收入 Revenue Excluding Business	政府补贴 Goveinment Subsidies	营业外支出 Expense Excluding Business
1298	**11**	**36**	**-18155**	**1236**	**138**	**139**
1011	**11**	**36**	**-11895**	**980**	**13**	**118**
158	11	36	-10288	721	5	114
835			-1631	259	9	3
19			24			
1011	11	36	-11895	980	13	118
			-4266	116		10
			69			1
926	12	36	-5884	131	3	75
			-221	40		20
926	12	36	-5663	91	3	55
85	-1		-1814	733	11	33
85	-1		-1814	733	11	33
	12	33	-5594	207		68
10			51	1	1	2
1001	-1	3	-4486	773	13	48
			-1865			
1011	2	36	-9855	932	13	100
			-27			
	9		-2013	48		18
8	12		-7909	205		55
1003	-1	36	-3986	775	13	63
67	11		-1995	634	2	78
86		33	-629	111	11	16
858		3	-9271	236		24

9—13 续表 9

单位:万元 (2016)

指 标	Item	利息收入 Interest Income
餐饮业	**Catering Servies**	**21**
按餐饮业行业小类分	Grouped by Catering Industry Small Class	
正餐服务	Dinner Service	21
快餐服务	Fast Food Service	
按登记注册类型分	Grouped By Registration Type	
内资企业	Domestic Funded Enterprises	21
有限责任公司	Limited Liability Corporations	18
国有独资公司	State-owned Enterprises	
其他有限责任公司	Other Limited Liability Corporations	18
股份有限公司	Share-holding Corporations Ltd.	
私营企业	Private Enterprises	2
私营独资企业	Private Owned Enterprises	
私营合伙企业	Private Partnership Enterprises	
私营有限责任公司	Private Limited Liability Corporations	2
私营股份有限公司	Private Share-holding Corporations Ltd.	
外商投资企业	Foreign Funded Enterprises	
中外合资经营企业	Sino-foreign Joint Venture Enterprises	
按控股情况分	Grouped By Controlling Stake	
国有控股	State-owned	
集体控股	Collective-owned	
私人控股	Private	2
外商控股	Foreign	
其他	Others	18
按经营形式分	Grouped By Business Form	
独立门店	Indipendent Stores	1
连锁门店	Distrubtor Stores	
其他	Others	19
按单位规模分	Grouped By Unit Scale	
大型	large-scale	
中型	Medium-scale	18
小型	Small-scale	2
微型	Miniature	
住宿业按地区分组	**Accommodation Industry Grouped by Region**	**19**
兴庆区	Xingqing	21
西夏区	Xixia	
金凤区	Jinfeng	-2
餐饮业按地区分组	**Catering Industry Grouped by Region**	**21**
兴庆区	Xingqing	20
西夏区	Xixia	
金凤区	Jinfeng	1

continued

(10 000 yuan)

利息支出 Interest Expense	资产减值损失 Asset Impairment Loss	投资收益 Investment Income	营业利润 Business Profits	营业外收入 Revenue Excluding Business	政府补贴 Goveinment Subsidies	营业外支出 Expense Excluding Business
287			**-6261**	**256**	**125**	**22**
287			-6261	256	125	22
287			-5350	256	125	22
172			-5184	61		15
172			-5184	61		15
115			-166	194	125	7
			1	105	105	
73			-304	25	20	6
42			136	65		1
			-911			
			-911			
			-15	2		12
287			-3567	242	125	10
			-911			
			-1768	11		
245			-4736	180	125	21
42			72	65		1
			-1596	11		
60			-4648	79	20	8
227			-1605	177	105	14
			-9			
1011	**11**	**36**	**-11895**	**980**	**13**	**118**
158	12	36	-3194	261	3	94
			-34	37		21
853	-1		-8666	682	11	3
287			**-6261**	**256**	**125**	**22**
110			-4757	249	125	9
			77	2		12
177			-1581	4		1

9—13 续表 10

单位:万元 (2016)

指 标	Item	利润总额 Total Profits
总 计	**Total**	**-17182**
住宿业	**Hotels**	**-11168**
按住宿业行业小类分	Grouped by Hotels Industry Small Class	
旅游饭店	Turist Hotel	-9792
一般旅馆	General Hotel	-1376
其他住宿业	Other Hotels	
按登记注册类型分	Grouped By Registration Type	
内资企业	Domestic Funded Enterprises	-11168
国有企业	State-owned Enterprises	-4160
集体企业	Collective-owned Enterprises	69
有限责任公司	Limited Liability Corporations	-5948
国有独资公司	State-owned Enterprises	-322
其他有限责任公司	Other Limited Liability Corporations	-5626
股份有限公司	Share-holding Corporations Ltd.	
私营企业	Private Enterprises	-1128
私营独资企业	Private Owned Enterprises	
私营有限责任公司	Private Limited Liability Corporations	-1128
按控股情况分	Grouped By Controlling Stake	
国有控股	State-owned	-5577
集体控股	Collective-owned	50
私人控股	Private	-3776
其他	Others	-1865
按经营形式分	Grouped By Business Form	
独立门店	Indipendent Stores	-9159
连锁总店	Distributor Stores	-27
其他	Others	-1983
按单位规模分	Grouped By Unit Scale	
大型	Large-scale	
中型	Medium-scale	-7759
小型	Small-scale	-3409
微型	Miniature	
按星级分	Grouped By Star Grade	
五星	Five	
四星	Four	-1439
三星	Three	-534
二星	Two	
一星	One	
其他	Others	-9195

continued

(10 000 yuan)

应交所得税 Tax Payable	应付职工薪酬 Benefits of Employee Payable	应交增值税 Added Tax Payable	从事住宿和餐饮业活动的从业人员平均人数(人) Average Number of Employees Engaged in the Accommodation and Catering Industry(person)
284	**21265**	**1707**	**5757**
132	**12542**	**1183**	**3279**
107	11792	1070	2912
23	748	111	353
3	1	2	14
132	12542	1183	3279
	3616	117	615
17	84	7	45
106	6237	842	1848
69	257	284	253
37	5980	558	1595
9	2605	217	771
9	2605	217	771
69	5151	539	1260
17	579	13	203
45	5432	425	1503
	1379	206	313
112	10124	900	2750
2	45		15
17	2373	283	514
69	7820	773	1844
63	4722	410	1435
70	4144	586	1161
57	1792	156	541
5	6605	440	1577

9—13 续表 11

单位:万元 (2016)

指 标	Item	利润总额 Total Profits
餐饮业	**Catering Servies**	**-6014**
按餐饮业行业小类分	Grouped by Catering Industry Small Class	
正餐服务	Dinner Service	-6014
快餐服务	Fast Food Service	
按登记注册类型分	Grouped By Registration Type	
内资企业	Domestic Funded Enterprises	-5103
有限责任公司	Limited Liability Corporations	-5129
国有独资公司	State-owned Enterprises	
其他有限责任公司	Other Limited Liability Corporations	-5129
股份有限公司	Share-holding Corporations Ltd.	
私营企业	Private Enterprises	26
私营独资企业	Private Owned Enterprises	1
私营合伙企业	Private Partnership Enterprises	
私营有限责任公司	Private Limited Liability Corporations	-64
私营股份有限公司	Private Share-holding Corporations Ltd.	89
外商投资企业	Foreign Funded Enterprises	-911
中外合资经营企业	Sino-foreign Joint Venture Enterprises	-911
按控股情况分	Grouped By Controlling Stake	
国有控股	State-owned	-17
集体控股	Collective-owned	
私人控股	Private	-3330
外商控股	Foreign	-911
其他	Others	-1757
按经营形式分	Grouped By Business Form	
独立门店	Indipendent Stores	-4260
连锁门店	Distrubtor Stores	108
其他	Others	-1862
按单位规模分	Grouped By Unit Scale	
大型	large-scale	
中型	Medium-scale	-4576
小型	Small-scale	-1429
微型	Miniature	-9
住宿业按地区分组	**Accommodation Industry Grouped by Region**	**-11168**
兴庆区	Xingqing	-3017
西夏区	Xixia	-140
金凤区	Jinfeng	-8011
餐饮业按地区分组	**Catering Industry Grouped by Region**	**-6014**
兴庆区	Xingqing	-4096
西夏区	Xixia	-36
金凤区	Jinfeng	-1882

continued

(10 000 yuan)

应交所得税 Tax Payable	应付职工薪酬 Benefits of Employee Payable	应交增值税 Added Tax Payable	从事住宿和餐饮业活动的从业人员平均人数(人) Average Number of Employees Engaged in the Accommodation and Catering Industry(person)
152	**8723**	**524**	**2478**
152	8723	524	2478
152	8299	524	2383
	3178	156	777
	3178	156	777
152	5122	368	1606
	150	14	61
140	4670	333	1440
12	302	21	105
	424		95
	424		95
	290		104
152	6794	524	2001
	424		95
	1216		278
136	6770	495	1982
12	384	21	128
4	1569	8	368
54	2927	150	803
98	5791	374	1647
1	5		28
132	**12542**	**1183**	**3279**
73	6205	690	1824
20	329	7	140
40	6007	486	1315
152	**8723**	**524**	**2478**
108	5382	198	1645
	402		139
44	2940	326	694

9—14 重点商品交易市场成交情况

(2016)

指 标	Item	市场个数(个) Number of Markets (unit)	#亿元以上市场 Markets Over 100 Million Yuan
总 计	**Total**	**39**	**23**
按经营环境分	**Grouped by Business Environment**		
露天式	Open Air	6	6
封闭式	Closed	33	17
其他	Others		
按经营方式分	**Grouped by Star**		
批发	Wholesale	14	10
零售	Retail	25	13
按市场类别分	**Grouped by Market**		
综合市场	Integrated Markets	6	4
工业消费品综合市场	Industrial Products Integrated Markets	1	1
农产品综合市场	Farm Produce Comprehensive Markets	2	2
其他综合市场	Others	3	1
专业市场	Special Markets	33	19
生产资料市场	Production Markets	5	4
农业生产用具市场	Agricultural Productions Markets	1	1
木材市场	Wood Markets		
金属材料市场	Metal Materials Markets	3	2
机械设备市场	Machinery and Equipment Markets	1	1
农产品市场	Agricultural Products Markets	5	5
粮油市场	Grain and Oil Markets	1	1
蔬菜市场	Vegetables Markets	2	2
水产品市场	Aquatil Products Markets		
干鲜果品市场	Fresh and Dried Fruits Markets	1	1
其他农产品市场	Others	1	1
纺织、服装、鞋帽市场	Textile, Garments, Footwear and Hat Wear Markets	7	3
布料及纺织品市场	Textiles and Textile Goods Markets		
服装市场	Garments	2	
鞋帽市场	Footwear and Hat Wear Markets	1	
其他纺织服装鞋帽市场	Others	4	3
日用品及文化用品市场	Daily Use Articles and Cultaral Goods Markets		
其他日用品及文化用品市场	Others		
电器、通讯器材、电子设备市场	Electrical,Communication Appliances and ElectronicEquipment Markets	2	1
通讯器材市场	Communication Appliances Markets	1	
计算机及辅助设备市场	Computer and Assistant Appliances Markets	1	1
家具、五金及装饰材料市场	Furniture,Hardware & Electrical Materials and Decoration Materials Markets	12	5
家具市场	Furniture Markets	5	3
装饰材料市场	Building and Decoration Materials Markets	3	
灯具市场	Lamps Markets	1	
其他装修市场	Others	3	2
汽车、摩托车及零配件市场	Automotive,Motorcycle and Accessories Markets	1	1
汽车市场	Automotive Markets	1	1
花、鸟、鱼、虫市场	Flowers, Birds, Fish and Insects Markets	1	
花卉市场	Flower Markets	1	

Basic Statistics on Commodity Exchange Markets of Transaction Value

摊位数量(个) Number of Booths(unit)	#亿元以上市场 Markets Over 100 Million Yuan	成交额(万元) Turnover(10 000yuan)	#亿元以上市场 Markets Over 100 Million Yuan
20613	**17085**	**1862693**	**1812484**
5761	5761	952725	952725
14852	11324	909968	859759
7378	6307	1344495	1323273
13235	10778	518198	489211
3882	3044	242981	225023
476	476	40329	40329
1495	1495	36074	36074
1911	1073	166578	148620
16731	14041	1619712	1587461
2195	2131	252105	250808
180	180	28110	28110
			0
1719	1655	199116	197819
296	296	24879	24879
3700	3700	1032136	1032136
62	62	17724	17724
2022	2022	356118	356118
1123	1123	413148	413148
493	493	245146	245146
6354	5348	172041	167639
427		1366	
227		1648	
5700	5348	169027	167639
374	314	35265	34105
60		1160	
314	314	34105	34105
3078	1738	103942	80950
1302	1146	42173	40347
1002		20453	
80		160	
694	592	41156	40603
810	810	21823	21823
810	810	21823	21823
220		2400	
220		2400	

9—14 续表

(2016)

指 标	Item	营业面积(平方米) Area of business (square meter)
总 计	**Total**	**2278927**
按经营环境分	**Grouped by Business Environment**	
露天式	Open Air	1015020
封闭式	Closed	1263907
其他	Others	
按经营方式分	**Grouped by Star**	
批发	Wholesale	1319033
零售	Retail	959894
按市场类别分	**Grouped by Market**	
综合市场	Integrated Markets	468670
工业消费品综合市场	Industrial Products Integrated Markets	40000
农产品综合市场	Farm Produce Comprehensive Markets	31020
其他综合市场	Others	397650
专业市场	Special Markets	1810257
生产资料市场	Production Markets	304196
农业生产用具市场	Agricultural Productions Markets	14000
木材市场	Wood Markets	
金属材料市场	Metal Materials Markets	255470
机械设备市场	Machinery and Equipment Markets	34726
农产品市场	Agricultural Products Markets	553711
粮油市场	Grain and Oil Markets	7864
蔬菜市场	Vegetables Markets	35000
水产品市场	Aquatil Products Markets	
干鲜果品市场	Fresh and Dried Fruits Markets	470900
其他农产品市场	Others	39947
纺织、服装、鞋帽市场	Textile, Garments, Footwear and Hat Wear Markets	151109
布料及纺织品市场	Textiles and Textile Goods Markets	
服装市场	Garments	18441
鞋帽市场	Footwear and Hat Wear Markets	8558
其他纺织服装鞋帽市场	Others	124110
日用品及文化用品市场	Daily Use Articles and Cultaral Goods Markets	
其他日用品及文化用品市场	Others	
电器、通讯器材、电子设备市场	Electrical,Communication Appliances and ElectronicEquipment Markets	12000
通讯器材市场	Communication Appliances Markets	3000
计算机及辅助设备市场	Computer and Assistant Appliances Markets	9000
家具、五金及装饰材料市场	Furniture,Hardware & Electrical Materials and Decoration Materials Markets	553241
家具市场	Furniture Markets	263280
装饰材料市场	Building and Decoration Materials Markets	148244
灯具市场	Lamps Markets	7300
其他装修市场	Others	134417
汽车、摩托车及零配件市场	Automotive,Motorcycle and Accessories Markets	229000
汽车市场	Automotive Markets	229000
花、鸟、鱼、虫市场	Flowers, Birds, Fish and Insects Markets	7000
花卉市场	Flower Markets	7000

continued

# 亿元以上市场 Markets Over 100 Million Yuan	成交额(万元) Turnover(10 000yuan)	# 亿元以上市场 Markets Over 100 Million Yuan
1636740	**1862693**	**1812484**
1015020	952725	952725
621720	909968	859759
884907	1344495	1323273
751833	518198	489211
108670	242981	225023
40000	40329	40329
31020	36074	36074
37650	166578	148620
1528070	1619712	1587461
291196	252105	250808
14000	28110	28110
242470	199116	197819
34726	24879	24879
553711	1032136	1032136
7864	17724	17724
35000	356118	356118
470900	413148	413148
39947	245146	245146
121000	172041	167639
	1366	
	1648	
121000	169027	167639
9000	35265	34105
	1160	
9000	34105	34105
324163	103942	80950
228163	42173	40347
	20453	
	160	
96000	41156	40603
229000	21823	21823
229000	21823	21823
	2400	
	2400	

9—15 利用外资情况

Utilization of Foreign Capital

单位:万美元 （2016） （USD 10 000）

指　标	Item	新批项目个数（个）Number of Newly Approved Project (unit)	项目总投资 Total Investment of Project	合同外资 Contracted Foreign Investment	实际利用外资 Actual Utilization of Foreign Capital
直接利用外资	Foreign Direct Investment	18	454279.22	31730.29	3555.18
#中外合资企业	Sino-foreign Joint Ventures	6	426280.96	19279.11	1753.57
外商独资企业	Foreign Funds Enterprises	12	27998.26	12451.18	1801.61

9—16 进出口贸易总额

Total Value of Imports and Exports

单位:亿元 （2016） （100 million yuan）

指　标	Item	合计 Total
进出口贸易总额	Total Trade Value of Imports and Exports	165.5
出口贸易总额	Total Trade Value of Exports	132.3
进口贸易总额	Total Trade Value of Imports	33.2

9—17 主要出口商品数量

Number of Major Export Commodities

指 标	Item	单位	Unit	2016年
铁合金	Ferrosilicon	千克	Kilogram	4372230
碳化硅	Silicon Carbide	千克	Kilogram	12759405
抗菌素	Antibiotics	千克	Kilogram	5197951
羊绒衫	Cashmere Sweater	件	pieces	3210637
其他活性炭	Other Activated Carbon	千克	Kilogram	22847989
制成的饲料添加剂	Made of Feed Additives	千克	Kilogram	54161115
其他未混合的水果汁	Unmixed fruit juice	千克	Kilogram	563862
机床及铸件	Machine tools and casting	千克	Kilogram	10256038
葡萄酒	Wine	升	Litre	342498
天然蜂蜜	Natural Honey	千克	Kilogram	3792820

9—18 旅游情况

Basic Statistics of Traveling

指 标	Item	单位	Unit	2016年	2015年
接待国内游客总人数	Total Number of Domestic Visitors	万人次	10 000 person-times	1100	741.36
接待国内游客总收入	Total Income of Domestic Visitors	亿元	100 million yuan	104	93.4
接待国内游客人均花费额	Per Capita Amount of Domestic Visitors	元	yuan	945.45	1259.89
接待海外旅游者	Number of Overseas Tourists	人次	person-times	18509	27117
旅游外汇收入	Tourism Exchange Income	万美元	USD 100 million	1993	1514.36

注：接待国内游客人均花费额类不含农家乐部分。

a)The per capita amount of domestic visitors does not agritainment.

9—19 批发零售企业按销售额排序(市区)

The Sort of Wholesale and Retail Enterprises in Terms of Sales Value(City)

(2016)

序号 Number	单位名称 Unit Name
1	中国石油天然气股份有限公司西北销售宁夏分公司
2	中国烟草总公司宁夏回族自治区公司
3	中国石油化工股份有限公司宁夏石油分公司
4	中国石油天然气股份有限公司宁夏银川销售公司
5	银川市新华百货连锁超市有限公司
6	宁夏灵武宝塔大古储运有限公司
7	宁夏回族自治区烟草公司银川市公司
8	银川新华百货商店股份有限公司
9	国药控股宁夏有限公司
10	银川新华百货东桥电器有限公司
11	中国石油天然气股份有限公司宁夏高速公路销售分公司
12	宁夏奥立升汽车销售服务有限公司
13	宁夏兰星石油销售(集团)公司
14	宁夏华源耀康医药有限公司
15	宁夏金润宝汽车销售服务有限公司
16	银川五宝实业发展有限公司
17	宁夏东钢物资有限责任公司
18	宁夏众欣联合中信医药有限公司
19	银川王府井百货有限责任公司
20	宁夏利之星汽车有限公司
21	宁夏路捷汽车贸易有限公司
22	宁夏医药贸易有限责任公司
23	宁夏京胜汽车销售服务有限公司
24	宁夏驰创贸易有限责任公司
25	宁夏金福源汽车销售服务有限公司
26	宁夏华润万家生活超市有限公司
27	宁夏同基国际贸易有限公司
28	宁夏润众汽车销售服务有限公司
29	宁夏福立升汽车销售服务有限公司
30	宁夏瑞静汽车销售服务有限公司

9—20 批发零售企业按零售额排序(市区)

The Sort of Wholesale and Retail Enterprises in Terms of Retail Value(City)

(2016)

序号 Number	单位名称 Unit Name
1	银川市新华百货连锁超市有限公司
2	银川新华百货商店股份有限公司
3	银川新华百货东桥电器有限公司
4	中国石油天然气股份有限公司宁夏银川销售公司
5	中国石油化工股份有限公司宁夏石油分公司
6	国药控股宁夏有限公司
7	中国石油天然气股份有限公司宁夏高速公路销售分公司
8	宁夏奥立升汽车销售服务有限公司
9	宁夏金润宝汽车销售服务有限公司
10	银川五宝实业发展有限公司
11	宁夏众欣联合中信医药有限公司
12	银川王府井百货有限责任公司
13	宁夏利之星汽车有限公司
14	宁夏路捷汽车贸易有限公司
15	宁夏医药贸易有限责任公司
16	宁夏京胜汽车销售服务有限公司
17	宁夏金福源汽车销售服务有限公司
18	宁夏华润万家生活超市有限公司
19	宁夏润众汽车销售服务有限公司
20	宁夏福立升汽车销售服务有限公司
21	宁夏瑞静汽车销售服务有限公司
22	宁夏怡通汽车销售服务有限公司
23	银川万达百货有限公司
24	宁夏驰川汽车销售服务有限公司
25	宁夏国芳百货购物广场有限公司
26	银川天银汽车销售服务有限公司
27	宁夏银川上陵丰田汽车销售服务有限公司
28	宁夏新丰泰信捷汽车销售服务有限公司
29	银川德联汽车销售服务有限公司
30	银川市双宝副食品有限公司

9—21 批发零售企业按固定资产合计排序(市区)

The Sort of Whole sale and Retail Enterprises in Terms of Original Value of Fixed Assets(City)

(2016)

序号 Number	单位名称 Unit Name
1	中国石油化工股份有限公司宁夏石油分公司
2	中国石油天然气股份有限公司宁夏银川销售公司
3	银川新华百货商店股份有限公司
4	宁夏驰创贸易有限责任公司
5	银川市新华百货连锁超市有限公司
6	中国石油天然气股份有限公司宁夏高速公路销售分公司
7	中国烟草总公司宁夏回族自治区公司
8	国药控股宁夏有限公司
9	宁夏中银邓肯服饰有限公司
10	宁夏中玺枣业股份有限公司
11	银川市新华书店有限公司
12	宁夏利之星汽车有限公司
13	银川市双宝副食品有限公司
14	宁夏储备粮滨河储备库
15	宁夏悦恒福黄金珠宝有限公司
16	银川新华百货东桥电器有限公司
17	宁夏金福源汽车销售服务有限公司
18	宁夏驰川汽车销售服务有限公司
19	宁夏银川上陵雷克萨斯汽车销售服务有限公司
20	宁夏国大药房连锁有限公司
21	宁夏中农金合农业生产资料有限责任公司
22	宁夏上陵卓恒安汽车销售服务有限公司
23	宁夏奥立升汽车销售服务有限公司
24	宁夏回族自治区烟草公司银川市公司
25	银川五宝实业发展有限公司
26	灵武市万通天然气有限公司
27	宁夏和嘉汽车销售服务有限公司
28	宁夏兰星石油销售(集团)公司
29	银川安利捷丰田汽车销售服务有限公司
30	宁夏上陵实业(集团)有限公司

9—22 批发零售企业按利润总额排序(市区)

The Sort of Wholesale and Retail Enterprises in Terms of Total Profits(City)

(2016)

序号 Number	单位名称 Unit Name
1	中国烟草总公司宁夏回族自治区公司
2	宁夏回族自治区烟草公司银川市公司
3	银川新华百货东桥电器有限公司
4	银川新华百货商店股份有限公司
5	中国石油化工股份有限公司宁夏石油分公司
6	银川市新华百货连锁超市有限公司
7	宁夏奥立升汽车销售服务有限公司
8	国药控股宁夏有限公司
9	宁夏银川上陵丰田汽车销售服务有限公司
10	银川王府井百货有限责任公司
11	宁夏京胜汽车销售服务有限公司
12	宁夏回族自治区盐业公司
13	宁夏国大药房连锁有限公司
14	银川市龙丰物资有限责任公司
15	银川天银汽车销售服务有限公司
16	宁夏金福源汽车销售服务有限公司
17	宁夏福立升汽车销售服务有限公司
18	宁夏东辉汽车销售服务有限公司
19	宁夏银古石油有限公司
20	宁夏众欣联合中信医药有限公司
21	银川德联汽车销售服务有限公司
22	宁夏农利达农资有限公司
23	宁夏锦玉缘粮油有限公司
24	宁夏驰川汽车销售服务有限公司
25	宁夏东钢物资有限责任公司
26	宁夏上陵迈轮汽车销售服务有限公司
27	银川洁能科技有限公司
28	宁夏利之星汽车有限公司
29	宁夏兰星石油销售(集团)公司
30	宁夏天利新华夏汽车连锁有限公司

9—23 住宿餐饮业企业按营业收入排序

The Sort of Hotels and Catering Servies Enterprises by Business Income

（2016）

序号 Number	单位名称 Unit Name
1	宁夏马斯特置业有限公司银川凯宾斯基饭店
2	百胜餐饮(西安)有限公司宁夏分公司
3	银川万达投资置业有限公司万达嘉华酒店
4	银川国际交流中心酒店管理有限公司
5	宁夏京能创业房地产开发有限公司酒店管理分公司
6	宁夏悦海宾馆
7	宁夏波斯顿饭店管理有限公司
8	银川立达深航国际酒店有限公司
9	银川西府井饭店有限公司
10	宁夏虹桥大酒店有限责任公司
11	宁夏太阳神大酒店有限公司
12	宁夏德隆楼德鼎逸品清真食品有限公司
13	宁夏黄河明珠投资有限公司黄河明珠大酒店
14	银川高新技术开发区广味儿海鲜餐厅
15	宁夏沙湖旅游股份有限公司沙湖宾馆
16	宁夏机场酒店管理有限公司
17	宁夏工会大厦
18	宁夏昊王国际饭店有限公司
19	宁夏国贸新天地大酒店有限公司
20	宁夏宝塔宾馆有限公司
21	宁夏世纪大饭店有限公司
22	银川马伟餐饮经营管理有限公司
23	银川川椒百味餐饮管理有限公司
24	宁夏中银大唐酒店有限公司
25	宁夏地德人和酒店有限公司
26	宁夏九洲国际饭店有限公司
27	银川市金凤区渔家海鲜坊(宝湖市场店)
28	银川市德隆楼清真餐饮有限公司
29	宁夏六盘红餐饮管理有限责任公司
30	银川同福餐饮服务有限公司

9—24 住宿餐饮业企业按客房收入排序

The Sort of Hotels and Catering Servies Enterprises by Hotel Rooms Income

（2016）

序号 Number	单位名称 Unit Name
1	宁夏马斯特置业有限公司银川凯宾斯基饭店
2	宁夏京能创业房地产开发有限公司酒店管理分公司
3	宁夏悦海宾馆
4	银川万达投资置业有限公司万达嘉华酒店
5	银川国际交流中心酒店管理有限公司
6	宁夏波斯顿饭店管理有限公司
7	银川西府井饭店有限公司
8	宁夏工会大厦
9	宁夏太阳神大酒店有限公司
10	宁夏机场酒店管理有限公司
11	银川立达深航国际酒店有限公司
12	宁夏地德人和酒店有限公司
13	宁夏虹桥大酒店有限责任公司
14	宁夏国贸新天地大酒店有限公司
15	宁夏兰花花国际大酒店有限公司
16	宁夏宁得酒店管理有限公司
17	宁夏黄河明珠投资有限公司黄河明珠大酒店
18	银川同福餐饮服务有限公司
19	宁夏沙湖旅游股份有限公司沙湖宾馆
20	宁夏宝塔宾馆有限公司
21	宁夏九洲国际饭店有限公司
22	宁夏昊王国际饭店有限公司
23	宁夏世纪大饭店有限公司
24	宁夏盛世花园大酒店有限公司
25	宁夏海悦建国饭店有限公司
26	银川颐和大酒店有限公司
27	宁夏贺兰纳帝国际饭店股份公司
28	宁夏大学国际交流中心(有限公司)
29	银川满春大酒店(有限公司)
30	宁夏祥元宾馆有限公司

9—25 商品交易市场按成交额排序

The Sort of Commodity Trading Market by Turnover Values

(2016)

序号 Number	市场名称 Market Name	单位(管理机构)名称 Uni(t Management Agencies)Name	市场负责人 Market Leader
1	宁夏四季鲜农产品综合批发市场	宁夏四季鲜果品蔬菜批发市场有限公司	高文河
2	新世纪冷链	宁夏新世纪市场管理有限公司	陈美英
3	宁夏润恒农副产品冷链物流产业园	宁夏润恒农产品市场有限公司	吴剑松
4	北环批发市场	银川北环蔬菜果品综合批发市场管理有限公司	徐彦文
5	东环批发市场	银川市东环综合批发市场	胡宝国
6	望远金属物流园	宁夏望远现代金属物流集团股份有限公司	刘玉怀
7	银川商城	银川盛广汇商业经营管理有限公司	李晓军
8	燕宝钢材市场	宁夏燕宝钢材市场有限公司	张　宁
9	宁夏商都	银川建发家世界有限责任公司	王　英
10	鼓楼商场	宁夏回族自治区供销社鼓楼商场	赵　喜

9—26 商品交易市场按营业面积排序

The Sort of Commodity Trading Market by Business Area

(2016)

序号 Number	市场名称 Market Name	单位(管理机构)名称 Uni(t Management Agencies)Name	市场负责人 Market Leader
1	宁夏四季鲜农产品综合批发市场	宁夏四季鲜果品蔬菜批发市场有限公司	高文河
2	国际汽车城	银川通和汽车城有限公司	张宝祥
3	望远金属物流园	宁夏望远现代金属物流集团股份有限公司	刘玉怀
4	宁夏润恒农副产品冷链物流产业园	宁夏润恒农产品市场有限公司	吴剑松
5	燕宝钢材市场	宁夏燕宝钢材市场有限公司	张　宁
6	美德亨国际家居博览中心	宁夏美德亨国际家居博览中心	尤小广
7	银川商城	银川盛广汇商业经营管理有限公司	李晓军
8	红星美凯龙	上海红星美凯龙品牌管理有限公司银川分公司	焦富征
9	居然之家	银川居然之家家居建材有限公司	孙少凯
10	龙盘家俬城	银川市龙盘房地产开发有限公司	朱福强

9—27 银川市星级宾馆一览表

List of Star Hotels in Yinchuan City

（2016）

宾馆名称 Hotel Name	地址 Address	电话 Telephone	星级 Star
虹桥大酒店	兴庆区解放西街16号	0951-6918888	★★★★
太阳神大酒店	兴庆区北京东路123号	0951-7868888	★★★★
西港航空酒店	兴庆区胜利南北街87号	0951-4090888	★★★★
黄河明珠大酒店	兴庆区新华东街520号	0951-6036666	★★★★
中银大唐饭店	灵武市西湖公园内	0951-4598888	★★★★
工会大厦	兴庆区解放东街1号	0951-6016898	★★★★
昊王国际饭店	银川得胜工业园新胜西路北3号	0951-8079456	★★★★
贺兰国际饭店	银川市贺兰县桃林北街	0951-7826666	★★★★
同福大饭店	新华东街93号	0951-6032678	★★★★
海天大酒店	银川市兴庆区解放东街333号	0951-7866666	★★★★
海悦建国饭店	银川市南薰东街3号	0951-6080777	★★★★
盛世花园大酒店	银川市玉皇阁北街46号	0951-6037999	★★★★
森淼假日酒店	银川市南环绕城高速公路植物园出口处向南300米	0951-5667113	★★★★
柏森国际饭店	银川市兴庆区南薰西街88号(三林巷口)	0951-8501999	★★★★
长相忆宾馆	兴庆区玉皇阁北街120号	0951-6710668	★★★
沙湖宾馆	兴庆区文化西街22号	0951-5012128	★★★
世纪大厦	兴庆区玉皇阁北街24号	0951-6080688	★★★
铁道宾馆	银川市怀远东路550号	0951-3962118	★★★
祥元宾馆	兴庆区长城东路280号	0951-4915888	★★★
绿洲饭店	兴庆区解放西街33号	0951-5029777	★★★
满春大酒店	丽景北街488号	0951—3990999	★★★
银泉宾馆	银川市胜利北街157号	0951-4081688	★★★
昊源宾馆	银川市中山南街裕民巷1—11号	0951-6021286	★★★
宝塔宾馆	金凤区宁安大街88号	0951-5699299	★★★
玉皇阁酒店	银川市玉皇阁北街8号	0951- 6090666	★★★
格林豪泰银川北京路酒店	银川市兴庆区北京东路792号	0951-5173888	★★★
民航蓝天宾馆	银川市民族北街34号	0951—6042968	★★★
清源大厦	银川市怀远西路155号	0951-3871088	★★★
智俊大酒店	丽景北街在水一方A区151号	0951—5173555	★★★
金润恒通饭店	上海东路841号	0951—6716666	★★★
金汇大酒店	银川市兴庆区清和南街649号	0951-4082388	★★★
阿依莎穆斯林大饭店	金凤区正源南街70号	0951-7692111	★★★
东泰阳光商务酒店	永宁县宁和北街	0951-8015588	★★★
贺兰银大湖城饭店	银川市贺兰县马家渠109国道金街1号	0951-8061299	★★★
横城假日酒店	银川滨河新区黄河横城旅游度假区	0951-4753309	★★★
云来连锁酒店(东门店)	解放东街169号	0951-3936688	★★★
云来连锁酒店(长城路店)	银川市金凤区长城中路373号	0951-3936699	★★★
银川市桃园酒店	兴庆区清河南街1352号	0951-5104666	★★★
银川市诚利宾馆	金凤区长城中路62号社会主义学院综合楼	0951-7834588	★★★
银川市富源大酒店	银川市上海东路896号	0951-3966666	★★★
旺元精品酒店	清和南街风机厂路口639号	0951-3828888	★★★

主要统计指标解释

【社会消费品零售总额】 指国民经济各行业直接售给城乡居民和社会集团的消费品总额,它是反映各行业通过多种商品流通渠道向居民和社会集团供应的生活消费品总量,是研究国内零售市场变动情况、反映经济景气程度的重要指标。

社会消费品零售总额包括:(1)售给城乡居民作为生活用的商品和修建房屋用的建筑材料;(2)售给社会集团的各种办公用品和公用消费品;(3)售给机关、团体、学校、部队、企业、事业单位的职工食堂和旅店(招待所)附设专门供本店旅客食用,不对外营业的食堂的各种食品、燃料;企业单位和国营农场直接售给本单位职工和职工食堂的自己生产的产品;(4)售给部队干部、战士生活用和粮食、副食品、衣着品、日用品、燃料;(5)售给来华的外国人、华侨、港澳台同胞的消费品;(6)居民自费购买的中、西药品、中药材及医疗用品;(7)报社、出版社直接售给居民和社会集团的报纸、图书、杂志,集邮公司出售的新、旧纪念邮票、特种邮票、首日封、集邮册、集邮工具等;(8)旧货寄售商店自购、自销部分的商品;(9)煤气公司、液化石油气站售给居民和社会集团的煤气灶具和罐装液化气石油气;(10)农民售给非农业居民和社会集团的商品。不包括售给国民经济各部门企业、事业单位(包括国有经济的农场)生产经营用的各种原材料、燃料、设备、工具等和售给批发零售贸易业、餐饮业作为转卖用的商品,旧货寄售商店受托寄售卖出的商品,服务业的营业收入,邮局出售邮票的收入,自来水、电力、煤气生产(供应)单位的产品供应收入,也不包括农民之间的商品销售。

【商品销售总额】 指对本企业(单位)以外的单位和个人出售的商品金额(包括售给本单位消费用的商品,含增值税)。它反映批发零售贸易业在国内市场上销售商品以及出口商品的总量。商品销售总额包括:(1)售给城乡居民和社会集团消费用的商品;(2)售给工业、农业、建筑业、运输邮电业、批发零售贸易业、餐饮业、服务业等作为生产、经营使用的商品;(3)售给批发零售贸易业作为转卖或加工后转卖的商品;(4)对国(境)外直接出口的商品。不包括出售本企业(单位)自用的废旧包装用品;未通过买卖行为付出的商品;经本单位介绍,由买卖双方直接结算,本单位只收取手续费的业务;购货退出的商品以及商品损耗和损失等。

【零售额】 指售给城乡居民用于生活消费和社会集团用于公共消费的商品金额。

商品零售包括:(1)售给城乡居民的各种生活消费品,售给入境旅游的外国人、华侨、港澳台同胞的各类商品;(2)售给行政事业单位、社会团体、军队和武警等机构的商品,以及以零售方式售给各类企业的商品。具体包括:用于非生产和社会交往的办公用品,如通讯设备、计算器具和设备、电讯网络设备、文印设备、音像视听器材和设备、纸张、本册、文具及装订文印材料、家具、日用电器、针纺织品、清洁卫生用品、文体用品、奖品、纪念品、礼品等;供内部人员乘坐的交通工具和燃料;用于办公设施修缮的各类配件、材料、工具等;用于取暖和防暑降温的设备、燃料、材料及食品等;专用于教学的用品和设备;非营利医疗机构的中、西药品、中药材和医疗设备器材;非专用的劳动保护用品;不对外营业的内部食堂用的餐具、炊具、设备、清洁卫生工具和食品、燃料等;军队、武警用于其人员生活的衣着品和个人用品;其他各类非生产性设备和用品。

商品零售不包括:(1)售给城乡居民已确知是用于生产、经营的商品;(2)售给各类农业生产者的生产资料类商品,如农机、农药化肥、农膜、种子饲料等商品;(3)售给企业单位生产用具及生产上专用的劳动保护用品。

【营业额】 指住宿和餐饮业单位在经营活动中因提供服务或销售商品等取得的全部收入,包括:客房收入、餐费收入、商品销售额(含增值税)和其他收入。不包括法人单位附营的其他行业产业活动单位的餐费收入、商品销售收入等各项收入。

【客房收入】 指住宿和餐饮业单位在经营活动中因提供住宿服务取得的收入。不包括法人单位附营的其他行业产业活动单位的客房收入。

【餐费收入】 指住宿和餐饮业单位因为顾客提供就餐服务取得的收人。包括:经烹饪、调制加工后出售的各种食品,如主食、炒菜、凉拌菜等的收入。不包括法人单位附营的其他行业产业活动单位的餐费收入。

【其他收入】 指营业额中除客房收入、餐费收入、商品销售额(含增值税)以外的其他收入。

【进出口总额】 海关进出口总额指实际进出我国国境的货物总金额。包括对外贸易实际进出口货样。来料加工装配进出口货物,国家间、联合国及国际组织无偿援助物资和赠送品,华侨、港澳台同胞和外籍华人捐赠品,租赁期满归承租人所有的租赁货物。进料加工进出口货物。边境地方贸易及边境地区小额贸易进出口货物(边民互市贸易除外),中外合资企业、中外合作经营企业、外商独资经营企业进出口货物和公用物品,到、离岸价格在规定限额以上进出口货物和广告品(无商业价值、无使用价值和免费提供出口的除外),从保税仓库提取在中国境内销售的进口货物,以及其他进出口货物。进出口总额用以观察一个国家在对外贸易方面的总规模,我国规定出口货物按离岸价格统计,进口货物按到岸价格统计。

【利用外资】 指我国各级政府、部门、企业和其他经济组织通过对外借款、吸收外商直接投资以及用其他方式筹措的境外现汇、设备、技术等。

财政金融保险

Governement Finance, Financial Intermediation and Insurance

10—1 主要年份地方财政收支情况

Local Financial Revenue and Expenditure in Main Years

单位:万元 (10 000 yuan)

年 份 Year	地方财政收入 Local Financial Revenue	# 市区 City	地方财政支出 Local Financial Expenditure	#市区 City	# 基本建设支出 Capital Construction	# 农业支出 Expenditure for Surporting Rural Production	# 文教科学卫生 Science, Education Culture and Health Care
1951	201	79	39	23	4		
1952	307	159	92	67	16		
1953	452	307	243	88	7	1	70
1954	850	604	337	181	91	2	79
1955	607	326	225	83	14	4	66
1956	584	341	409	198	54	5	172
1957	730	422	392	176	33	7	158
1958	773	721	1040	652	694	6	139
1959	1356	1242	1349	929	785	36	234
1960	2100	1576	2571	1761	1618	73	382
1961	1007	903	1631	876	638	113	343
1962	970	843	1194	759	439	26	319
1963	1145	982	1387	858	541	62	288
1964	1457	1108	1904	1244	871	84	499
1965	1580	1175	1641	1027	636	83	557
1966	1935	1501	1930	1207	742	83	578
1967	1434	1101	1520	892	651	42	461
1968	1260	913	1455	941	664	27	435
1969	2198	1782	1932	1298	1043	13	520
1970	2827	2381	2294	1430	1234	34	568
1971	3277	2798	2837	1527	1095	48	625
1972	3886	3265	3069	1873	975	80	709
1973	4449	3657	3451	2163	837	118	756
1974	4574	3655	3885	2507	1211	153	834
1975	5467	4308	4324	2410	1200	191	901
1976	5333	4037	5214	2528	1993	158	993
1977	5522	4057	5257	2776	1682	188	1035
1978	7254	5413	6833	3915	2317	202	
1979	7117	5441	8272	4688	2337	1955	
1980	3881	2396	6669	3411	276	1932	
1981	3160	1671	5153	2416	217	1070	

10—1　续表　continued

单位:万元 (10 000 yuan)

年 份 Year	地方财政收入 Local Financial Revenue	# 市区 City	地方财政支出 Local Financial Expenditure	#市区 City	# 基本建设支出 Capital Construction	# 农业支出 Expenditure for Surporting Rural Production	# 文教科学卫生 Science, Education Culture and Health Care
1982	3958	2271	7478	4221	501	1052	
1983	4087	2554	9219	5669	723	1335	
1984	5833	4080	12048	7390	809	1199	
1985	13171	10544	12223	6974	744	1472	
1986	14056	11251	17413	10993	1242	1513	
1987	15941	12815	15306	8986	368	1578	
1988	18850	15133	18230	10862	436	2023	
1989	21277	17458	21238	13674	470	2425	
1990	22965	19173	22367	14382	453	2315	
1991	26391	22130	26179	18147	493	1680	
1992	24737	19790	25198	16805	641	2136	
1993	31260	24223	31211	19732	866	2614	
1994	19598	14899	33718	21292	797	1878	
1995	26402	20868	42954	28799	1641	1673	
1996	42468	32474	51499	35104	2487	2279	
1997	54396	41935	66118	45690	2297	3099	
1998	74720	61745	85335	63941	2360	3394	
1999	80515	66323	90549	67040	2694	3369	
2000	94989	79183	123786	91481	16031	3416	
2001	123089	103303	163850	118290	25296	3530	
2002	133234	112189	202666	147863	36049	4689	
2003	160561	137437	234359	177796	29063	9665	
2004	194609	162362	284863	215923	30969	12876	
2005	249307	210424	343573	254325	35907	14021	
2006	299372	244279	431830	306971	47976	16419	
2007	539726	389012	744479	499537			
2008	646674	467143	926417	613012			
2009	925713	655309	1114240	641419			
2010	1379942	932676	1768768	1041810			
2011	1801422	1253585	2377933	1515983			
2012	1873131	1331335	2672293	1693464			
2013	2232886	1623472	3077821	1943088			
2014	2517282	1785730	3685557	2379303			
2015	2438310	1622913	3718067	2330739			
2016	2276231	1632488	3970408	2668690			

10—2 地方财政收入

Local Financial Revenue

单位:万元 （2016） （10 000 yuan）

指 标	Item	合 计 Total	市 区 City	永宁县 Yongning	贺兰县 Helan	灵武市 Lingwu
本年收入总计	**Total Government Revenue This Year**	**2276231**	**1632488**	**155924**	**184703**	**303116**
公共财政预算收入	**General Budget Revenue**	**1731960**	**1213995**	**132821**	**150809**	**234335**
税收收入	Total Tax Revenue	1062224	702230	79733	88344	191917
增值税	Value-added Tax	313220	195191	18769	17045	82215
营业税	Business Tax	237068	156934	29434	22085	28615
企业所得税	Corporate Income Tax	74792	56939	3463	5200	9190
个人所得税	Individual Income Tax	34936	26097	1115	1607	6117
资源税	Resource Tax					
城市维护建设税	City Maintenance and Construction Tax	112427	86107	4942	4320	17058
房产税	House Property Tax	48212	32472	2458	3358	9924
印花税	Stamp Tax	27072	18540	1419	1808	5305
城镇土地使用税	Urban Land Use Tax	30764	15258	4005	6093	5408
土地增值税	Land Appreciation Tax	39649	30648	1680	5056	2265
车船税	Tax on Vehicles and Boat Operation	20533	15826	506	2994	1207
耕地占用税	Farm Land Occupation Tax	34910	7422	8066	1901	17521
契税	Deed Tax	88641	60796	3876	16877	7092
非税收入	Total Non-tax Revenue	669736	511765	53088	62465	42418
专项收入	Special Program Recipts	87804	62765	4663	3985	16391
行政事业性收费收入	Charge of Administrative and Institutional Units	73679	37877	8243	22470	5089
罚没收入	Penalty Receipts	33931	17947	5079	5962	4943
国有资本经营收入	Operating Income of State-owned Capital	7385	3333	2448		1604
国有资源(资产)有偿使用收入	Income from National Resources(assets)Paid Using	424785	356137	31904	24033	12711
其他收入	Other Income	20266	14184	252	5596	234
基金预算收入	**Fund Budget Revenue**	**539079**	**413301**	**23103**	**33894**	**68781**
国有土地使用权出让收入	Income from the use of state-owned land	496673	384555	19764	31192	61162
国有资本经营预算收入	**State-owned Capital Management Budget Revenue**	**5192**	**5192**			
国有资本经营收入	Income from State-owned Capital Operation	5192	5192			

10—3 地方财政支出

Local Financial Expenditure

单位:万元　　　　　　（2016）　　　　　　（10 000 yuan）

指 标	Item	合 计 Total	市 区 City	永宁县 Yongning	贺兰县 Helan	灵武市 Lingwu
本年支出总计	**Total Government Expenditure This Year**	**3970408**	**2668690**	**326031**	**365619**	**610068**
公共财政预算支出	**General Budget Expenditure**	**3310717**	**2162047**	**300914**	**322582**	**525174**
一般公共服务支出	Expenditure for General Public Services	181872	129358	14353	16178	21983
国防支出	Expenditure for National Defense	3256	1770	968	100	418
公共安全支出	Expenditure for Public Security	179252	137933	13180	12485	15654
教育支出	Expenditure for Education	322099	192985	45974	38684	44456
科学技术支出	Expenditure for Science and Technology	49503	32652	3276	4209	9366
文化体育与传媒支出	Expenditure for Culture,Sports and Media	66506	52964	6709	2345	4488
社会保障和就业支出	Expenditure forSocial Safety Net and Employment Effort	286635	164227	32847	42501	47060
医疗卫生与计划生育支出	Expenditure for Medical and Health Care	184216	128357	23730	14681	17448
节能环保支出	Expenditure for Environment Protection	114246	71091	5875	9133	28147
城乡社区支出	Expenditure forUrban and Rural Community Affairs	1019690	788352	48516	43125	139697
农林水支出	Expenditure for Agriculture,Forestryand Water Conservancy	308597	125941	54955	59277	68424
交通运输支出	Expenditure for Transportation	59469	38578	4572	2662	13657
资源勘探信息等支出	Expenditure for Resource Exploration,Electricityand Information Technology	96038	33925	599	29409	32105
商业服务业等支出	Expenditure for Business Service Industry Affairs	62462	46320	1969	10868	3305
金融支出	Expenditure for Financial	52033	48470	930	1130	1503
国土海洋气象等支出	Expenditure forLand Resources And Meteorology Affairs	24330	20657	952	1013	1708
住房保障支出	Expenditure for Affordable Houses	181780	79681	31200	25237	45662
粮油物资储备支出	Expenditure for Reserve for Cereals and Oils	851	523	62	46	220
其他支出(类)	Other Expenditure	36621	35269	289	532	531
债务付息支出	Expenditure for Debt Principal and Interest	81261	32994	9958	8967	29342
政府性基金支出	**Governmental fund Expenditure**	**651691**	**498643**	**25117**	**43037**	**84894**
国有土地使用权出让相关支出	Expenditure for State-owned Land Use Right Transfer	575025	461145	19764	31415	62701
城市公用事业附加相关支出	Expenditure for Urban Public Utilities	7016	2900	180	290	3646
农业土地开发资金相关支出	Expenditure for Agricultural Land Development Funds	3542	162	2154	637	589
新增建设用地土地有偿使用费安排的支出	Expenditure for Arrangement of fee for The New Construction Land use	9097	251	1419	6775	652
城市基础设施配套费相关支出	Expenditure for The cost of the urban infrastructure	19434	16359		1075	2000
污水处理费相关支出	Expenditure for Sewage Disposal	7549	5869	400	679	601
散装水泥专项资金相关支出	Expenditure for Special Fund for Bulk Cement	146	146			
新型墙体材料专项基金相关支出	Expenditure for Special Fund for New wall materials	2799	2390	51		358
彩票公益金相关支出	Expenditure for Lottery Ticket Public Welfare Fund	9886	4902	714	1286	2984
其他政府性基金相关支出	Other Expenditure	14240	2681	196	60	11303
国有资本经营支出	**Expenditure for State-owned Capital Operation**	**8000**	**8000**			

10—4 主要年份金融机构存、贷款余额

Total Deposits and Loans of Financial Institutions in Main Years

单位:万元 (10 000 yuan)

年 份 Year	各项存款余额 Total Deposits	# 国家银行 State Bank	# 居民储蓄 Saving Deposits	各项贷款余额 Total Loans	# 国家银行 State Bank	# 工业贷款 Loans to Industrial Sector	# 商业贷款 Loans to Commercial Sector	# 农业贷款 Loans to Agricultural Sector
1951	27	27	8	13	13		2	7
1952	51	51	12	25	25		2	10
1953	92	92	19	39	39	2	5	21
1954	1137	1137	135	1092	1092	28	43	19
1955	2256	2256	155	2605	2605	80	1213	29
1956	2525	2525	248	2966	2966	50	569	178
1957	3282	3282	355	3523	3523	10	426	118
1958	5898	5898	413	6088	6088	225	1700	49
1959	19157	19157	625	19480	19480	1548	4528	89
1960	31169	31169	757	31608	31608	3248	2093	167
1961	18809	18809	752	19481	19481	2002	8101	178
1962	12994	12994	936	13213	13213	883	633	536
1963	9310	9310	670	10824	10824	538	1767	520
1964	8908	8908	892	9326	9326	456	2294	404
1965	13077	13077	1009	13907	13907	256	3375	438
1966	21340	21340	1195	20958	20958	415	6076	966
1967	23802	23802	1291	24300	24300	489	6405	804
1968	21700	21700	1361	22263	22263	679	6991	633
1969	26827	26827	1333	27592	27592	848	7299	577
1970	26021	26021	1455	27210	27210	2461	10592	563
1971	29952	29952	1723	30038	30038	5528	13362	751
1972	26818	26818	2025	27003	27003	4970	12852	379
1973	29112	29112	2303	28643	28643	2019	13350	354
1974	28487	28487	2575	28972	28972	4309	12420	337
1975	36203	36203	2774	36696	36696	3864	14235	445
1976	37683	37683	2957	38506	38506	4596	12950	642
1977	41410	41410	3383	42337	42337	4041	14454	759
1978	49659	49659	3903	50310	50310	3802	17152	934
1979	50928	50928	5135	50453	50453	4044	17681	1131
1980	83659	83659	6734	83659	83659	6700	16611	908
1981	98680	98680	8862	99103	99103	7519	20505	758

10—4 续表 continued

单位:万元 (10 000 yuan)

年 份 Year	各项存款余额 Total Deposits	# 国家银行 State Bank	# 居民储蓄 Saving Deposits	各项贷款余额 Total Loans	# 国家银行 State Bank	# 工业贷款 Loans to Industrial Sector	# 商业贷款 Loans to Commercial Sector	# 农业贷款 Loans to Agricultural Sector
1982	71523	71523	11802	72742	72742	6803	22173	676
1983	107439	107439	15814	106354	106354	8699	20620	464
1984	148583	148583	23568	149627	149627	12361	24332	4228
1985	95110	95110	30382	98640	98640	26876	40067	4992
1986	115343	115343	42416	126374	126374	36572	46583	6282
1987	128112	128112	57368	170829	170829	47666	55486	8961
1988	149310	149310	71642	224608	224608	62190	79357	8570
1989	180472	180472	93624	257532	257532	78071	89926	11639
1990	225386	225386	122634	311791	311791	108775	100529	12956
1991	281564	281564	154230	399997	399997	131676	107238	13563
1992	345822	345822	186737	468094	468094	156467	128217	13913
1993	416441	416441	236156	570809	570809	184433	151318	15877
1994	674904	549733	362184	796435	690839	205252	168235	26422
1995	863818	708656	493414	900108	782052	233542	175200	23903
1996	1097742	933259	628206	1051645	931411	294426	239680	27268
1997	1242053	1091149	714143	1201302	1032897	328032	275001	33885
1998	1389316	1215715	813962	1310574	1164919	335518	290594	42587
1999	1903393	1642217	913344	1848119	1655668	377651	433091	46311
2000	2232318	1885173	998236	2053071	1774688	362999	373399	49141
2001	2813614	2319854	1239655	2353019	1970644	405628	315090	75352
2002	3583910	2666719	1548067	2854180	2177933	407808	283762	136569
2003	4641305	3069964	1930771	3724738	2543640	458811	262614	218000
2004	5139463	3455615	2188016	4013796	2840865	496620	267837	261023
2005	6126851	4200698	2649514	5517095	4152282	456304	308036	331312
2006	7182299		3063847	6612150		450296	336665	356859
2007	8096592		3264143	7960248		669992	371927	390264
2008	9939064		4231523	9650819		1172224	292573	330976
2009	12789671		5194029	12891250		1142625	325506	410443
2010	15979613		6344542	16410628				
2011	18101999		7252604	19454215				
2012	21082811		9014685	22829704				
2013	23409309		10152220	26606157				
2014	26089685		10898949	31859330				
2015	30177702		13049710	36539817				
2016	33434020		13913467	40765663				

10—5 金融机构年末存、贷款余额

Total Deposits and Loans of Financial Institutions at Year-end

单位:万元　　　　(2016)　　　　(10 000 yuan)

指 标	Item	合 计 Total	市 区 City	永宁县 Yongning	贺兰县 Helan	灵武市 Lingwu
年末各项存款余额	**Total Deposits at Year-end**	**33434020**	**29025495**	**1281466**	**1344104**	**1782954**
境内存款	Domestic Deposits	33427572	29019395	1281333	1344063	1782782
住户存款	Households Deposits	13913467	10979245	921131	971614	1041477
活期存款	Demand Deposits	5999193	4763347	338546	352615	544685
定期及其他存款	Time Deposits and Others	7914273	6215899	582584	618999	496792
非金融企业存款	Non-financial Deposits	10722387	9984443	164143	215680	358121
活期存款	Demand Deposits	6114714	5609594	132433	159715	212971
定期及其他存款	Time Deposits and Others	4607673	4374849	31710	55964	145150
广义政府存款	Deposits of Government in Broad Money	7981272	7248284	195063	155748	382177
财政性存款	Fiscal Deposits	648576	564656	12485	13055	58380
机关团体存款	Organizations & communities Deposits	7332696	6683628	182579	142693	323797
非银行业金融机构存款	Non-banking Financial Institutions Deposits	810446	807422	995	1021	1007
境外存款	Overseas Deposits	6448	6101	134	41	172
年末各项贷款余额	**Total Loans at Year-end**	**40765663**	**36318691**	**1217646**	**1118316**	**2111010**
境内贷款	Domestic Loans	40765094	36318163	1217606	1118316	2111010
住户贷款	Households Loans	7473261	5690206	489634	579441	713979
短期贷款	Short-term Loans	2404141	1533329	234258	262032	374522
消费贷款	Consumption Loans	806971	705370	18908	38223	44470
经营贷款	Business Loans	1597170	827959	215350	223810	330052
中长期贷款	Medium & Long-term Loans	5069121	4156878	255377	317409	339457
消费贷款	Consumption Loans	3662933	3147430	161854	207039	146612
经营贷款	Business Loans	1406187	1009448	93523	110370	192846
非金融企业及机关团体贷款	Non-financial Corporationsand Organizations& communities Loans	33291833	30627956	727971	538874	1397031
短期贷款	Short-term Loans	7935808	6569235	345310	263809	757454
中长期贷款	Medium & Long-term Loans	22489870	21299547	342736	233133	614454
票据融资	Bill Financing	2840713	2738088	35570	41932	25123
各项垫款	Every Advance Money	25442	21087	4355		
境外贷款	Overseas Loans	569	529	40		

10—6 中资全国性大型银行年末存、贷款余额

Total Deposits and Loans of Financial Institutions at Year-end

单位:万元 （2016） （10 000 yuan）

指　标	Item	合 计 Total	市 区 City	永宁县 Yongning	贺兰县 Helan	灵武市 Lingwu
年末各项存款余额	**Total Deposits at Year-end**	**17028703**	**14903309**	**652021**	**523474**	**949900**
境内存款	Domestic Deposits	17022934	14897887	651887	523432	949727
个人存款	Personal Deposits	7304315	5979365	432506	397562	494882
活期储蓄存款	Demand Savings Deposits	4078384	3253308	244044	217655	363375
定期储蓄存款	Time Savings Deposits	1991860	1647907	141750	121580	80623
结构性存款	Structured Deposits	262207	251154	1385	1994	7674
单位存款	Unit Deposits	9416668	8619585	218386	124859	453838
活期存款	Demand Savings Deposits	5146458	4669681	137970	85904	252903
定期存款	Time Savings Deposits	1901018	1758697	63336	11190	67795
保证金存款	Margin Deposit	593674	488302	16670	22040	66661
结构性存款	Structured Deposits	85520	82720		2000	800
国库定期存款	Treasury Time Deposit					
非存款类金融机构存款	Non-deposit Financial Institutions Deposits	301951	298937	995	1012	1007
境外存款	Overseas Deposits	5769	5422	134	41	172
年末各项贷款余额	**Total Loans at Year-end**	**27634740**	**25383795**	**485482**	**392841**	**1372621**
境内贷款	Overseas Loans	27634239	25383334	485442	392841	1372621
短期贷款	Short-term Loans	4320812	3387179	211085	109277	613272
个人贷款及透支	Personal Loans and Overdrafts	636166	511249	43230	18581	63107
个人消费贷款	Personal Consumption Loans	421069	391716	7339	5912	16103
单位贷款及透支	Unit Ordinary Loans and Overdrafts	3684646	2875930	167855	90697	550165
经营贷款及透支	Business Loans and Overdrafts	3402367	2642098	166260	90697	503312
固定资产贷款	Fixed Asset Loans	8393	1893			6500
贸易融资	Trade Finance	273886	231938	1595		40353
中长期贷款	Medium & Long-term Loans	21975290	20664941	274358	282407	753585
个人贷款	Personal Loans	3486503	2913280	175689	206588	190947
个人消费贷款	Personal Consumption Loans	3086511	2593765	154946	193047	144752
单位贷款	Corporate Loans	18488787	17751661	98669	75819	562637
经营贷款	Business Loans	1225983	1069195	18689	3200	134898
固定资产贷款	Fixed Asset Loans	17229066	16648728	79980	72619	427739
并购贷款	Annexation loans	33738	33738			
票据融资	Bill Financing	1333903	1326980		1157	5765
各项垫款	Every Advance Money	4235	4235			
境外贷款	Overseas Loans	501	461	40		

10—7 政策性银行年末存、贷款余额

Total Deposits and Loans of Policy Banks at Year-end

单位:万元 （2016） （10 000 yuan）

指　标	Item	合 计 Total	市 区 City	永宁县 Yongning	贺兰县 Helan	灵武市 Lingwu
年末各项存款余额	**Total Deposits at Year-end**	**636895**	**456468**	**57871**	**79608**	**42948**
单位存款	Unit Deposits	636895	456468	57871	79608	42948
活期存款	Demand Savings Deposits	614005	452909	53241	78707	29149
定期存款	Time Savings Deposits	8810	2500	4310		2000
保证金存款	Margin Deposit	14080	1059	320	901	11799
年末各项贷款余额	**Total Loans at Year-end**	**1230147**	**736580**	**272328**	**81798**	**139441**
短期贷款	Short-term Loans	366123	181396	77828	1798	105101
单位贷款及透支	Unit Ordinary Loans and Overdrafts	366123	181396	77828	1798	105101
经营贷款及透支	Business Loans and Overdrafts	366123	181396	77828	1798	105101
中长期贷款	Medium & Long-term Loans	864024	555184	194500	80000	34340
单位贷款	Corporate Loans	864024	555184	194500	80000	34340
非存款类金融机构贷款	Non-deposit Financial Institutions Loans					
票据融资	Bill Financing					
融资租赁	Finance Leases					
各项垫款	Every Advance Money					

注:2010年国家开发银行进行了股改,表中政策性银行仅包括农业发展银行。
a)The National Development Bank shares changed in 2010, Policy banks in the table only includes the Agricultural Develpoment Bank.

10—8 地方性金融机构年末存、贷款余额

Total Deposits and Loans of Local Financial Institutions at Year-end

单位:万元　　（2016）　　（10 000 yuan）

指　标	Item	合 计 Total	市 区 City	永宁县 Yongning	贺兰县 Helan	灵武市 Lingwu
年末各项存款余额	**Total Deposits at Year-end**	**11652607**	**9639579**	**559090**	**722213**	**731725**
个人存款	Personal Deposits	6093538	4485381	488624	572938	546595
活期储蓄存款	Demand Savings Deposits	1563853	1153082	94502	134960	181310
定期储蓄存款	Time Savings Deposits	2721239	1597446	364229	414980	344584
结构性存款	Structured Deposits	1768579	1703615	28447	21092	15426
单位存款	Unit Deposits	5024232	4619361	70466	149275	185131
活期存款	Demand Savings Deposits	2782477	2514643	53431	103488	110914
定期存款	Time Savings Deposits	1431444	1343292	7283	14738	66131
保证金存款	Margin Deposit	528287	492816	2098	27888	5485
结构性存款	Structured Deposits	195710	185496	7653	61	2500
非存款类金融机构存款	Treasury Time Deposit	534837	534837			
年末各项贷款余额	**Total Loans at Year-end**	**8230879**	**6570086**	**459836**	**602009**	**598948**
短期贷款	Short-term Loans	3759419	2681279	290655	373881	413603
个人贷款及透支	Personal Loans and Overdrafts	1668303	923393	191028	242467	311415
个人消费贷款	Personal Consumption Loans	363382	291660	11569	31786	28367
单位贷款及透支	Unit Ordinary Loans and Overdrafts	2091116	1757886	99627	131414	102188
经营贷款及透支	Business Loans and Overdrafts	2075341	1744036	99627	131414	100263
固定资产贷款	Fixed Asset Loans	15775	13850			1925
贸易融资	Trade Finance					
中长期贷款	Medium & Long-term Loans	3205112	2722516	129254	187354	165987
个人贷款	Personal Loans	1120008	781771	79688	110040	148510
个人消费贷款	Personal Consumption Loans	191868	169754	6908	13347	1859
单位贷款	Corporate Loans	2085104	1940746	49567	77314	17477
经营贷款	Business Loans	1704442	1608344	17947	61574	16577
固定资产贷款	Fixed Asset Loans	380662	332402	31620	15740	900
票据融资	Bill Financing	1245140	1149438	35570	40774	19358
各项垫款	Every Advance Money	21208	16852	4355		

注:地方性金融机构包括宁夏银行、石嘴山银行、农村商业银行、农村信用社、村镇银行。

a)Local financial institutions included Bank of Ningxia, Yellow River Rural Commercial Bank, Rural Credit Cooperatives and Village Bank.

10—9 保险业务情况

Basic Statistics for Insurance Companies

单位:万元　　　　(2016)　　　　(10 000 yuan)

指　标	Item	保费收入 Premium	赔款支出 Reparation
总　计	**Total**	**783093**	**243241**
财产险	**Property Insurance**	**270214**	**138320**
企业财产险	Enterprise Property Insurance	9343	5609
家庭财产险	Family Property Insurance	301	45
责任险	Liability Insurance	11293	5483
机动车辆险	Motor Vehicle Insurance	222494	109546
货物运输险	Freight Transport Insurance	940	282
工程险	Engineering Insurance	4403	762
农业险	Agriculture Insurance	13712	14317
其他险	Other Insurance	7726	2272
人身险	**Personal Accident Insurance**	**512879**	**104920**
人寿险	Life Insurance	406505	78503
意外伤害险	Accident Injury Insurance	19619	5784
健康险	Health Insurance	86754	20633

主要统计指标解释

【地方财政收入】是地方通过财政各个环节筹集的财政资金的总称,它是保证地方行使其职能 不可缺少的部分。包括地方一般预算收入、基金预 算收入和国有资本经营预算收入地方一般预算收入主要包括各项税收(主要有 增值税、营业税、企业所得税、个人所得税、城市维 护建设税、房产税、印花税、城镇土地使用税、土地 增值税、资源税等)、非税收入(主要有专项收入、国 有资产收益、罚没收入和纳入预算管理的行政性收费)以及其他预算内收入。

基金预算收入是国家为满足某一时期特定需 要的收入形式,主要包括:国有土地使用权出让收 入、城市公用事业附加收入、城市基础设施配套费 收入、污水处理费收入、以及国家设立的相关特定 基金收入。

【地方财政支出】是地方政府为行使其职能,对筹集的财政资金进行有计划的分配使用的总 称。地方财政支出体现政府的活动范围和方向,反 映财政资金的分配关系。

【存款】企业、机关、团体或居民根据可以收回的原则,把货币资金存入银行或其他信用机构保 管并取得一定利息的一种信用活动形式。根据存 款对象的不同可划分为企业存款、财政存款、机关 团体存款、城乡居民储蓄存款等科目。它是银行信 贷资金的主要来源。

【贷款】银行或其他信用机构根据必须归还的原则,按一定利率,为企业、个人等提供资金的一 种信用活动形式。我国银行贷款分流动资金贷款、中短期设备贷款以及农户贷款等科目。

【保费收入】保险费收入指投保人或被保险人为获得保险保障而付给保险人的代价。储金收 入指投保人为取得经济保障而存入保险公司的存 款,保险期满,保险公司连同部分利息退还投保人。

【赔款支出】赔款指财产保险在被保险财产发生保险合同规定的损失后,保险公司按实际损失 给予的经济补偿金额。给付指人身保险在保险责 任发生的意外伤害或事故及返还性保险期满,保险 公司给保险人支付的款项。

【保险金额】指保险对象的投保价值,也是保险承担经济补偿或给付的最高金额。

11 人民生活和物价

People's Living Conditions and Price Indices

11—1 主要年份城市居民收支及价格指数情况

Income and Expenditure of Uran Households and Price Indices in Main Years

年 份 Year	城镇居民人均可支配收入(元) Per Capita Disposable Income of Uran Households(yuan)	城镇居民人均消费性支出(元) Per Capita Consumption Expenditure of Uran Households(yuan)	恩格尔系数(%) Engel's Coefficient (%)	居民消费价格总指数(%) Consumer price Index(%)	#服务项目价格指数 Service Items Price Price	商品零售价格指数(%) Retail Price Index(%)
1949	118.64	110.96	60.1			
1950	136.13	135.94	60.1			
1951	156.15	166.52	60.11	123.7		113.3
1952	179.24	204.02	60.11	106.7		102.6
1953	187	205.38	60.03	104.7		102.8
1954	195.04	206.7	59.94	101.4		102.1
1955	203.43	208.05	59.85	100.7		101.2
1956	212.18	209.44	59.75	100.1		100.2
1957	221.56	211.09	59.65	102.5		101.5
1958	222.31	210.03	60.04	102.4		101.7
1959	222.97	209.52	60.24	102.9		102
1960	223.64	209.74	60.24	104.3		104.4
1961	224.31	210.79	60	120.2		120.6
1962	224.99	212.85	59.48	95.1		95.3
1963	226.08	216.48	58.66	88.9		89.1
1964	233.73	218.25	58.66	94.9		95.7
1965	263.9	235.81	57.02	97.7		97.5
1966	268.74	238.59	57.49	98.2		98.1
1967	273.58	241.75	57.87	102.5		102.5
1968	278.5	245.26	58.18	101.3		101.3
1969	283.51	249.08	58.44	102.5		102.5
1970	288.62	253.26	58.62	100.8		100.8
1971	293.81	257.74	58.76	99.8		99.7
1972	299.1	262.5	58.84	100.4		100.4
1973	304.49	267.59	58.88	100.3		100.3
1974	309.97	272.97	58.87	100.4		100.4
1975	315.55	278.65	58.83	100.6		100.7
1976	321.23	284.62	58.74	100.9		101.1
1977	327.01	291.24	58.75	108.2		108.4
1978	346.08	306.12	58.75	100.6	100	100.7
1979	369.49	314.13	60.04	101.2	100.1	101.3
1980	488.18	403.32	54.75	106.5	105	106.5

11—1 续表 continued

年 份 Year	城镇居民人均可支配收入(元) Per Capita Disposable Income of Uran Households(yuan)	城镇居民人均消费性支出(元) Per Capita Consumption Expenditure of Uran Households(yuan)	恩格尔系数(%) Engel's Coefficient(%)	居民消费价格总指数(%) Consumer price Index(%)	#服务项目价格指数 Service Items Price Price	商品零售价格指数(%) Retail Price Index(%)
1981	485.01	422.9	52.5	101.7	103.2	101.6
1982	501.36	448.07	52.92	101.2	102.6	101.1
1983	550	477.46	55.05	101.8	98.5	101.7
1984	672.43	583.3	54.69	103.8	101.9	103.8
1985	815.45	703.41	47.92	108.9	112.3	108.6
1986	972.44	830.82	46.35	107.3	109.8	107.1
1987	1050.51	916.73	49.26	110.1	100.7	111
1988	1170.23	1177.16	46.9	117.2	107.6	118.1
1989	1298.92	1241.06	53.1	115.8	105.6	116.7
1990	1580.72	1432.67	52.92	106.3	145.3	102.9
1991	1708.5	1490	49.42	106	113.3	105.3
1992	1961.6	1683.8	46.11	109.7	117.1	108.9
1993	2326	2159.5	42.09	116.7	140.3	113.9
1994	3410.4	3036.1	43.89	124.3	115.9	119.1
1995	3931.7	3540.5	44.15	117.3	120.3	114.7
1996	4252.07	3684.99	44.5	107	107.7	106.2
1997	4471.08	4016.61	42.67	104.1	114.1	102.2
1998	4821.05	4398.48	39	100.2	117.7	97.1
1999	5167.67	4484.4	36.25	100.1	105.5	98.7
2000	5621.51	5369.05	34.15	99.2	107.6	97.7
2001	6256.61	5507.79	33.73	101.4	109.6	100.6
2002	6845.28	5979.36	35.68	99.5	103.9	98.7
2003	7245.32	6093.01	36.37	101.7	104.5	99.8
2004	7984.33	6728.85	37.37	103.2	102.9	102
2005	8852.42	7311.38	35.76	101.7	102.9	100.6
2006	10067.76	8288.47	34.62	101.6	101.9	101.2
2007	12185.47	9176.42	36.28	105.3	102.1	103.6
2008	14458	11455	35.38	107.6	101.5	105.9
2009	15715.44	12271.76	32.81	99.7	100.4	98.5
2010	17073.12	13589	32.07	103.8	104.8	102.5
2011	19480.85	14931.24	35.28	105.5	104.1	104.2
2012	21900.5	16389.53	33.38	102.6	102.6	100.6
2013	23776.41	16843.79	32.26	103.5	101.8	102.3
2014	26117.69	20401.22	30.5	102.1	102.8	100.8
2015	28261.37	21694.03	30.32	101.6	103.4	100.2
2016	30477.81	22897.85	29.08	101.7	101.8	100.8

11—2 城镇居民家庭就业情况

(2016)

指 标	Item	单 位	unit
调查人口和就业情况	**Statistics of Survey Population and Employment**		
户均常住人口	Resident Population of Average Household	人	person
由本户供养的在校学生	Enrollment Students Supported by the Family	人/户	Person / household
不由本户供养的在校学生	Enrollment Students Non-Supported by the Family	人/户	Person / household
非在校学生	Non School Students	人/户	Person / household
受教育程度	Education Level	人/户	Person / household
未上过学	Never go to School	人/户	Person / household
小学	Primary School	人/户	Person / household
初中	Junior Secondary School	人/户	Person / household
高中	Senior Secondary School	人/户	Person / household
大学专科	Junior College	人/户	Person / household
大学本科	Undergraduate	人/户	Person / household
研究生	Postgraduate	人/户	Person / household
常住劳动力情况	Labor Situation		
劳动力人数	Number of Labor Force	人/户	Person / household
整劳动力人数	Number of Full Labour Force	人/户	Person / household
半劳动力人数	Number of Semi Labour Force	人次	person-time
常住从业人员情况	**Employment Situation**		
常住成员从业人数	Number of Employment	人/就业者	Person / employment
参加医疗保险情况	Basic Medical Care Insurance		
新型农村合作医疗	New Rural Co-operative Medical System	人/户	Person / household
城镇职工基本医疗保险	Urban Workers	人/户	Person / household
(城镇)居民基本医疗保险	(urban)Non-employment Residents	人/户	Person / household
公费医疗	Free Medical Care	人/户	Person / household
商业医疗保险	Commercial Medical Insurance	人/户	Person / household
其他医疗保险	Other Medical Insurance	人/户	Person / household
没有参加任何医疗保险	Non-Participated in any Medical Insurance	人/户	Person / household
参加养老保险情况	Basic Pension Insurance	人/户	Person / household
新型农村社会养老保险	New Rural Old-age Insurance	人/户	Person / household
城镇职工基本养老保险	Urban Workers	人/户	Person / household
(城镇)居民社会养老保险	(urban)Non-employment Residents	人/户	Person / household
商业养老保险	Commercial Pension Insurance	人/户	Person / household
其他养老保险	Other Pension Insurance	人/户	Person / household
没有参加任何养老保险	Non-Participated in any Pension Insurance	人/户	Person / household

Employed Conditions of Urban Households

总平均 Total Average	低收入户 Low Income Households	中低收入户 Lower Middle IncomeHouseholds	中等收入户 Middle Income Households	中高收入户 Upper Middle IncomeHouseholds	高收入户 High Income Households
2.78	3.47	3.00	2.74	2.42	2.29
0.50	0.96	0.62	0.44	0.29	0.24
2.16	2.27	2.25	2.16	2.07	2.00
2.66	3.23	2.87	2.60	2.36	2.24
0.08	0.17	0.10	0.06	0.05	0.04
0.38	0.63	0.46	0.41	0.32	0.13
0.72	1.09	0.84	0.72	0.65	0.26
0.66	0.77	0.72	0.65	0.57	0.58
0.44	0.34	0.56	0.53	0.31	0.50
0.36	0.23	0.19	0.20	0.45	0.69
0.02		0.01	0.03	0.02	0.05
2.00	2.10	2.18	1.98	1.90	1.81
1.16	1.63	1.51	1.23	0.81	0.63
0.84	0.47	0.67	0.75	1.09	1.19
1.36	1.43	1.68	1.44	1.09	1.12
0.15	0.32	0.23	0.16	0.02	0.00
0.76	0.39	0.77	0.85	0.79	0.98
0.32	0.63	0.53	0.28	0.13	0.08
					0.01
0.07	0.03	0.07	0.06	0.07	0.13
			0.02		
0.11	0.09	0.13	0.09	0.14	0.04
0.07	0.17	0.11	0.04	0.00	0.02
0.77	0.45	0.81	0.84	0.79	0.94
0.08	0.08	0.08	0.15	0.05	0.05
0.03	0.05	0.05	0.05	0.01	0.02
0.41	0.67	0.63	0.37	0.24	0.09

11—2 续表

（2016）

指　标	Item	单位　unit
从事行业	**Engaged in Sector**	
第一产业	Primary Industry	人/户　Person / household
第二产业	Secondary Industry	人/户　Person / household
采矿业	Mining	人/户　Person / household
制造业	Manufacturing	人/户　Person / household
电力、热力、燃气及水生产供应业	Production and Distribution of Electricity	人/户　Person / household
建筑业	Construction	人/户　Person / household
第三产业	Tertiary Industry	人/户　Person / household
批发和零售业	Wholesale and Retail Trades	人/户　Person / household
交通运输、仓储和邮政业	Traffic,Transports,Storage and Post	人/户　Person / household
住宿和餐饮业	Hotels and Catering Services	人/户　Person / household
信息传输、软件业和信息技术服务业	Information Transmission,Computer Services and Software	人/户　Person / household
金融业	Financial Intermediation	人/户　Person / household
房地产业	Real Estate	人/户　Person / household
租赁和商务服务业	Leasing and Business Services	人/户　Person / household
科学研究和技术服务业	Scientific Research and Technical Service	人/户　Person / household
水利、环境和公共设施管理业	Management of Water Conservancy,Environment	人/户　Person / household
居民服务、修理和其他服务业	Services to Households and Other Services	人/户　Person / household
教育	Education	人/户　Person / household
卫生和社会工作	Health and Social Welfare	人/户　Person / household
文化、体育和娱乐业	Culture, Sports and Entertainment	人/户　Person / household
公共管理、社会保障和社会组织	Public Management,Social Security and Social Organization	人/户　Person / household
国际组织	International Organization	人/户　Person / household
从事职业	**Engaged in Occupation**	
国家机关、党群组织、企业、事业单位负责人	Head of State organs, Party organizations, Enterprises and Government-affiliated institutions	人/户　Person / household
专业技术人员	Professionals	人/户　Person / household
办事人员和有关人员	Staff and Related Personnel	人/户　Person / household
商业、服务业人员	Business and Service Personnel	人/户　Person / household
农、林、牧、渔、水利业生产人员	Production Personnel of Agricultural, Forestry, Animal Husbandry, Fishery and Water Conservancy Industry	人/户　Person / household
生产、运输设备操作人员及有关人员	Production, Transport Equipment Operators and Related Personnel	人/户　Person / household
军人	Soldier	人/户　Person / household
不便分类的其他从业人员	Other Practitioners without Classification	人/户　Person / household

continued

总平均 Total Average	低收入户 Low Income Households	中低收入户 Lower Middle IncomeHouseholds	中等收入户 Middle Income Households	中高收入户 Upper Middle IncomeHouseholds	高收入户 High Income Households
0.02	0.04	0.03	0.04	0.01	
0.35	0.34	0.40	0.38	0.33	0.30
0.08	0.04	0.07	0.08	0.12	0.08
0.12	0.13	0.17	0.17	0.11	0.05
0.07	0.02	0.05	0.05	0.10	0.15
0.07	0.16	0.11	0.08	0.01	0.02
0.99	1.05	1.25	1.02	0.74	0.82
0.29	0.33	0.55	0.24	0.18	0.06
0.15	0.12	0.21	0.15	0.11	0.15
0.06	0.07	0.06	0.15	0.02	0.02
0.04	0.04	0.04	0.03	0.01	0.06
0.05	0.01	0.03	0.05	0.03	0.16
0.01	0.00	0.05		0.00	0.00
0.02	0.03	0.01	0.03	0.05	0.01
0.01	0.02			0.01	0.02
0.01	0.00	0.02	0.02	0.01	0.02
0.15	0.30	0.13	0.15	0.10	0.06
0.07	0.06	0.08	0.07	0.10	0.06
0.04	0.03	0.02	0.07	0.04	0.05
0.02	0.02	0.01	0.03	0.02	0.02
0.07	0.02	0.04	0.02	0.07	0.15
0.02	0.01	0.02		0.01	0.04
0.22	0.15	0.22	0.26	0.23	0.24
0.32	0.11	0.30	0.30	0.29	0.55
0.44	0.57	0.66	0.51	0.34	0.10
0.01	0.03	0.02	0.02	0.00	0.00
0.28	0.38	0.39	0.27	0.21	0.17
0.07	0.17	0.06	0.07	0.02	0.01

11—3 城镇居民家庭年末主要消费拥有情况

（2016）

指 标	Item	单 位	unit	总平均 Total Average
摩托车	Motorcycle	辆	unit	9.07
助力车	Powered Bicycle	辆	unit	31.56
家用汽车	Automobile	辆	unit	35.53
洗衣机	Washing Machine	台	set	98.28
电冰箱	Refrigerator	台	set	98.01
彩色电视机	Color Television Set	台	set	99.46
计算机	Computer	台	set	81.37
组合音响	Hi-Fi Stereo Component	套	set	4.04
摄像机	Video Camera	架	set	7.91
照相机	Camera	架	set	30.69
其它中高档乐器	Secondary and Top Grade Musical Instrument	件	set	6.50
微波炉	Microwave Oven	台	set	66.45
空调器	Air Conditioner	台	set	21.64
淋浴热水器	Water Heater for Shower	台	set	93.98
消毒碗柜	Disinfection Cupboard	台	set	2.10
洗碗机	Dishwasher	台	set	0.43
健身器材	Health Equipment	套	set	3.50
固定电话	Telephone	部	unit	29.75
移动电话	Mobile Telephone	部	unit	237.93
#接入互联网移动电话	Mobile Telephone Accessed to Internet	部	unit	187.74
接入有线电视机	Television Accessed to Network	台	set	83.16
接入互联网计算机	Computer Accessed to Internet	台	set	70.06

Employed Conditions of Urban Ownership Volume of Major Consumer Goods by Urban Households at Year-end

低收入户 Low Income Households	中低收入户 Lower Middle Income Households	中等收入户 Middle Income Households	中高收入户 Upper Middle IncomeHouseholds	高收入户 High Income Households
13.84	9.46	9.03	8.03	5.89
40.75	34.86	32.91	24.56	23.24
28.68	31.93	43.11	32.39	40.18
97.54	100.00	96.09	98.11	99.50
94.53	99.27	94.17	100.49	101.31
99.55	99.88	91.62	101.61	104.51
70.55	81.60	76.60	83.24	92.28
1.81	2.28	8.14	1.19	7.16
1.37	8.34	6.24	8.58	14.22
11.27	24.93	35.10	28.21	52.60
1.00	9.90	2.63	7.29	12.16
50.48	58.37	64.99	76.96	78.77
3.40	11.24	22.15	16.72	51.73
90.88	96.00	87.85	93.87	100.64
0.00	0.00	1.50	1.25	7.91
0.00	0.00	1.26	0.00	0.92
0.00	1.21	7.77	0.99	7.83
16.52	15.24	22.75	40.52	50.12
261.87	249.69	226.59	227.03	221.62
193.81	205.03	175.53	174.13	182.45
74.17	81.54	78.25	88.46	91.64
56.45	69.83	66.83	74.77	83.33

11—4 城镇居民家庭收支情况(年人均)

(2016)

指 标	item	总平均 Total Average
可支配收入(新口径)	**Disposable Income (new caliber)**	**30477.81**
工资性收入	Income from Wages and Salaries	19772.63
工资	Wages	18560.05
实物福利	Material Benefits	13.80
其他	Others	1198.78
经营净收入	Net Income from Business	2805.01
第一产业经营净收入	Primary Industry	58.85
第二产业经营净收入	Secondary Industry	446.47
第三产业经营净收入	Tertiary Industry	2299.69
财产净收入	Net Income from Properties	1756.89
利息净收入	Interest	-178.65
红利收入	Dividend	11.70
储蓄性保险净收益	Net Profit of Savings Insurance	2.82
转让承包土地经营权租金净收入	Rent Income of Transfer Contract Land Management Right	8.68
出租房屋财产性收入	Rental Housing Property Income	402.71
出租机械、专利、版权等资产的收入	Rent Income of Machinery, Patents, Copyrights and Other Assets	37.50
其他财产净收入	Others	-8.18
房屋虚拟租金	Virtual Rent of House	1480.32
转移净收入	Net Income from Transfer	6143.28
转移性收入	Transfer Income	8306.72
养老金或离退休金	Pension	7740.79
社会救济和补助	Social Relief	80.48
转移性支出	Transfer Expenditure	2163.45
个人所得税	Individual Income-tax	86.60
社会保障支出	Social Security Expenditures	1966.39
外来从业人员寄给家人的支出	Expenses for Family by Foreign Employees	0.00
赡养支出	Support Expenditures	72.61
其他转移性支出	Others	37.85
消费支出	**Consumption Expenditure**	**22897.85**
食品烟酒	Food, Cigarettes and Liquor	5929.03
食品	Food	3499.39
谷物	Cereal	404.37
薯类	Potatoes	44.33
豆类	Beans	48.83
食用油	Edible Oil	136.34
蔬菜和食用菌	Vegetable and Edible Fungus	504.91
肉类	Meat	770.91
禽类	Poultry	159.43
水产品	Aquatic Products	135.28
蛋类	Eggs	76.91
奶类	Dairy Products	280.11
干鲜瓜果类	Dry and Fresh Fruits	578.46
糖果糕点类	Sweets and Cakes	127.25
其他食品	Others	232.25
烟酒	Cigarettes and Liquor	440.95
烟草	Tobacco	311.81
酒类	Wine	129.13
饮料	Beverag	110.66

Basic Statistics of Cash Income and Expenditure by Urban Households(Annual Average)

低收入户 Low Income Households	中低收入户 Lower Middle IncomeHouseholds	中等收入户 Middle Income Households	中高收入户 Upper Middle IncomeHouseholds	高收入户 High Income Households
12012.58	**21883.62**	**29979.00**	**39566.85**	**57784.08**
8693.53	17199.94	20227.68	21543.21	36201.17
8500.64	16425.73	19340.19	19868.95	33281.64
2.34	3.82	14.86	19.61	37.95
190.55	770.40	872.63	1654.64	2881.58
1698.37	2825.94	2410.34	2887.48	2685.29
−28.04	176.88	138.38	0.06	−0.02
309.71	249.49	730.32	540.22	520.40
1416.69	2399.57	1541.64	2347.20	2164.91
1204.77	1384.12	1669.68	1687.60	3251.40
−124.26	−221.07	43.10	−373.21	−156.13
0.00	4.16	0.00	21.84	43.33
0.00	0.00	0.00	0.00	17.32
11.58	20.91	7.45	0.00	0.00
517.61	343.27	293.71	289.25	602.60
15.00	60.51	71.89	0.00	44.05
0.79	−17.82	−1.78	−10.62	−14.81
784.05	1194.16	1255.32	1760.34	2715.03
415.91	473.61	5671.30	13448.56	15646.22
1394.49	2138.89	8106.37	15633.43	19663.18
851.75	1920.84	7562.96	15054.90	18574.51
308.71	21.81	5.75	0.00	0.00
978.58	1665.28	2435.07	2184.86	4016.96
2.90	68.10	47.94	47.00	310.29
939.78	1537.05	2274.22	2044.92	3412.35
0.00	0.00	0.00	0.00	0.00
30.96	39.05	73.90	57.11	201.22
4.95	21.08	39.00	35.82	93.11
14021.93	**18121.70**	**22381.31**	**27337.15**	**36529.69**
4003.54	5232.29	5652.85	7153.82	8434.24
2636.52	3061.66	3247.90	4498.14	4594.88
350.30	379.44	340.41	512.04	486.49
40.20	42.24	35.48	61.62	48.85
38.84	45.76	42.42	67.17	58.48
110.12	118.94	132.76	171.98	172.04
392.57	440.98	459.38	651.03	658.87
573.21	648.56	758.44	1025.81	963.67
119.21	140.33	147.71	227.38	193.21
61.79	103.89	123.24	211.48	206.49
59.08	60.67	64.96	106.20	108.90
221.75	242.68	270.26	339.39	371.44
414.24	490.82	515.32	724.47	836.52
91.03	125.51	123.90	143.19	178.13
164.17	221.86	233.61	256.37	311.78
262.66	429.35	435.74	474.95	639.40
217.91	292.59	323.32	337.08	425.15
44.74	136.76	112.43	137.87	214.25
82.51	111.25	87.85	133.58	153.18

11—4 续表

(2016)

指　标	Item	总平均 Total Average
饮食服务	Catering Services	1878.03
食堂用餐	Dining Room	33.14
其他在外饮食	Other Dining Outside	1844.47
食品加工服务费	Food Processing Service Charge	0.42
衣着	Clothing	1968.72
衣类	Clothes	1577.94
鞋类	Shoes	390.78
居住	Residence	4057.34
租赁房房租	Rent of Rental Housing	210.03
住房维修及管理	Housing Maintenance and Management	420.11
水电燃料及其他	Hydropower Fuel and Others	920.07
自有住房折算租金	Converted Rent of Owned Housing	2507.13
生活用品及服务	Daily Necessities and Services	1440.75
家具及室内装饰品	Furniture and Interior Decoration	314.21
家用器具	Household Appliances	291.98
家用纺织品	Home Textiles	135.05
家庭日用杂品	Family Daily Necessities	286.21
个人用品	Personal Items	376.29
家庭服务	Domestic Service	37.03
交通通信	Transport and Communications	3720.14
交通	Transport	2671.92
交通工具	Traffic Tools	1122.89
交通费	Traffic Expense	449.99
交通工具用燃料	Fuel for Transportation	528.23
交通工具使用及维修	Use and Maintenance of Transportation	570.81
车辆保险支出	Expenses of Vehicle Insurance	255.38
通信	Communications	1048.21
通信工具	Communication Tools	362.74
通信服务	Communication Services	685.48
教育文化娱乐	Education, Culture and Recreation	3054.15
教育	Education	1384.71
学前教育	Pre-primary Education	140.38
小学教育	Primary Education	170.41
初中教育	Junior Secondary Education	190.25
高中教育	Senior Secondary Education	222.72
中专职高教育	Vocational Secondary Education	34.54
大专及以上教育	Junior College and Above Education	532.27
成人教育	Adult Education	94.14
文化娱乐	Cultural and Recreation	1669.44
文娱耐用消费品	Entertainment and Durable Consumer Goods	194.88
其他文娱用品	Other Entertainment Products	258.18
文化娱乐服务	Cultural Entertainment Service	1216.39
医疗保健	Health Care and Medical Services	2140.26
医疗器具及药品	Medical Apparatus and Medicine	1042.43
医疗服务	Medical Service	1097.84
门诊总费用	Total Cost of Outpatient Service	470.90
住院总费用	Total Hospitalization Expenses	626.94
其他用品和服务	Other Articles and Services	587.46
其他用品	Other Articles	353.31
其他服务	Other Services	234.14

continued

低收入户 Low Income Households	中低收入户 Lower Middle IncomeHouseholds	中等收入户 Middle Income Households	中高收入户 Upper Middle IncomeHouseholds	高收入户 High Income Households
1021.86	1630.03	1881.36	2047.15	3046.79
28.96	21.31	59.51	18.69	42.51
992.62	1608.16	1821.67	2028.03	3003.48
0.27	0.56	0.18	0.43	0.79
1180.68	1678.68	1996.59	2149.02	3176.22
918.06	1293.68	1591.25	1712.42	2648.70
262.62	385.00	405.34	436.60	527.52
2454.81	3620.98	3554.11	4823.62	6550.80
201.35	230.30	179.51	131.06	339.25
137.65	622.40	369.00	469.30	575.61
606.12	731.74	862.61	1204.49	1385.31
1509.70	2036.55	2142.99	3018.77	4250.64
621.40	1296.05	1429.04	1501.35	2813.34
69.47	275.93	158.46	298.94	916.99
117.51	289.65	282.89	333.09	553.68
51.50	108.96	227.81	114.43	214.59
153.59	246.29	291.54	351.96	468.92
211.47	346.03	426.30	371.88	584.45
17.86	29.18	42.03	31.04	74.70
2439.13	2364.28	3865.23	5578.68	5229.52
1725.36	1315.95	2791.25	4407.10	3856.67
868.54	211.24	1110.67	2445.54	1426.93
298.39	330.28	374.95	597.23	776.37
298.27	455.61	663.34	514.82	773.01
260.16	318.81	642.28	849.51	880.37
67.04	119.43	350.74	411.62	370.71
713.77	1048.34	1073.97	1171.57	1372.84
258.68	405.23	397.83	368.17	399.09
455.09	643.11	676.14	803.40	973.76
2009.68	2543.60	2667.37	2715.43	5416.71
1264.96	1502.80	1251.07	1229.45	1729.74
181.45	133.35	41.90	36.63	330.32
194.29	123.78	236.64	181.38	124.31
201.81	161.83	259.24	108.30	236.07
117.01	421.59	288.73	180.08	108.16
118.91	18.06	9.95	0.00	0.00
398.82	562.57	238.15	616.08	859.56
52.67	81.62	176.48	106.99	71.34
744.72	1040.80	1416.30	1485.97	3686.96
67.35	235.68	229.78	224.04	280.40
144.66	195.02	285.42	279.03	382.94
532.71	610.09	901.09	982.90	3023.63
1024.65	953.73	2707.82	2729.22	3759.33
395.21	494.04	1625.42	1237.07	1724.91
629.44	459.68	1082.39	1492.16	2034.42
256.56	285.74	492.73	554.41	852.07
372.88	173.95	589.66	937.75	1182.35
288.04	432.09	508.31	686.01	1149.53
133.01	281.53	314.70	384.73	723.99
155.03	150.56	193.61	301.28	425.54

11—5 城镇居民平均每人全年购买商品数量

（2016）

指　标	item	单位	unit	总平均 Total Average
食用植物油	Edible Vegetable Oil	千克	kg	8.26
猪肉	Pork	千克	kg	7.64
牛肉	Beef	千克	kg	3.34
羊肉	Mutton	千克	kg	6.04
禽类	Poultry	千克	kg	6.67
鲜蛋	Fresh Eggs	千克	kg	7.84
鱼	Fish	千克	kg	3.86
鲜菜	Fresh Vegetables	千克	kg	98.92
白酒	Liquor	千克	kg	1.09
啤酒	Beer	千克	kg	2.27
鲜瓜果	Fruits	千克	kg	70.12
糕点	Cake	千克	kg	3.17
鲜奶	Fresh Dairy Products	千克	kg	16.93
酸奶	Yogurt	千克	kg	6.92
鞋类	Shoes	双	pair	2.64
液化石油气	Liquefied Petroleum Gas	千克	kg	2.21
管道天然气	Pipeline Natural Gas	立方米	cu.m	78.01

Employed Conditions of Urban Households

低收入户 Low Income Households	中低收入户 Lower Middle Income Households	中等收入户 Middle Income Households	中高收入户 Upper Middle IncomeHouseholds	高收入户 High Income Households
6.96	7.33	7.98	10.30	10.01
4.93	6.00	7.82	10.70	10.24
2.87	2.82	3.48	4.08	3.90
5.11	5.48	6.03	7.46	6.74
4.93	6.03	6.53	9.46	7.69
5.98	6.29	6.80	10.53	11.01
2.00	3.20	3.50	6.45	5.25
80.86	86.85	88.72	128.49	122.96
0.46	0.81	0.81	1.14	2.07
2.87	2.80	2.48	2.04	0.89
58.32	64.00	60.63	90.30	87.11
2.52	3.40	3.15	3.78	3.42
13.52	14.09	15.98	23.43	20.12
5.12	6.26	6.83	8.67	9.08
2.48	2.86	2.73	2.57	2.66
3.65	1.87	2.77	0.67	1.72
45.73	69.93	52.16	93.35	134.00

11—6 城镇居民家庭住房基本情况

（2016）

指　标	Item	单 位	unit	总平均 Total Average
现住房建筑面积	Housing Sonstruction Area	平方米	sq.m	31.13
本住户居住空间样式	Residential Space Style			
单栋楼房	Single Building	%	%	0.76
单栋平房	Single Bungalow	%	%	2.35
四居室及以上单元房	Four and above Bedroom	%	%	2.46
三居室单元房	Three Bedroom	%	%	30.14
二居室单元房	Two Bedroom	%	%	62.75
一居室单元房	One Bedroom	%	%	0.34
筒子楼或连片平房	Tube-shaped apartment or Many of the Bungalow	%	%	1.20
其他	Others			
主要建筑材料	Main Building Materials	%	%	
钢筋混凝土	Reinforced Concrete	%	%	30.95
砖混材料	Brick Material	%	%	68.09
砖瓦砖木	Tile and Brick	%	%	0.96
竹草土坯	Bamboo Grass Mud	%	%	
其他	Others	%	%	
现住房房屋来源	Source of House			
租赁公房	Lease Public Housing	%	%	1.28
租赁私房	Lease Private Housing	%	%	5.12
自建住房	House Built by Oneself	%	%	1.98
购买商品房	Purchase Commercial Housing	%	%	49.48
购买房改住房	Purchase Reform Housing	%	%	25.55
购买保障性住房	Purchase Affordable Housing	%	%	5.30
拆迁安置房	Removal and Resettlement Housing	%	%	6.83
继承或获赠住房	Inheritance or Gift of Housing	%	%	0.91
免费借用房	Free Use of Housing	%	%	1.78
雇主提供免费住房	Provided Free Housing by Employers	%	%	1.77
其他来源	Others	%	%	

Housing Statistics of Urban Households

低收入户 Low Income Households	中低收入户 Lower Middle IncomeHouseholds	中等收入户 Middle Income Households	中高收入户 Upper Middle IncomeHouseholds	高收入户 High Income Households
23.84	27.04	29.57	35.53	43.61
2.57	0.35	0.46		0.50
5.40	3.94	2.46		0.24
0.00	3.50	0.00	0.50	8.46
20.50	18.73	26.66	37.08	45.67
70.32	70.52	68.83	60.33	45.13
			1.70	
1.21	2.96	1.59	0.39	
18.75	28.75	30.30	29.83	45.14
80.55	69.48	68.15	69.29	54.86
0.70	1.77	1.55	0.88	
1.57	1.36	1.13	1.12	1.36
9.60	3.87	7.35	0.89	4.48
4.59	2.63	2.69		0.23
50.45	47.11	43.18	49.42	52.56
15.87	26.80	25.12	34.22	27.89
1.36	2.17	4.00	8.81	10.57
12.30	11.73	3.97	4.47	2.38
1.42		3.26		
2.84	4.33	1.37	0.54	
		7.93	0.55	0.53
				000

11—7 农村居民家庭就业情况

（2016）

指 标	Item	单 位	unit
调查人口和就业情况	**Statistics of Survey Population and Employment**		
户均常住人口	Resident Population of Average Household	人	person
由本户供养的在校学生	Enrollment Students Supported by the Family	人/户	Person / household
不由本户供养的在校学生	Enrollment Students Non-Supported by the Family	人/户	Person / household
非在校学生	Non School Students	人/户	Person / household
6周岁及以上住户成员受教育程度	**Education Level**		
未上过学	Never go to School	人/户	Person / household
小学	Primary School	人/户	Person / household
初中	Junior Secondary School	人/户	Person / household
高中	Senior Secondary School	人/户	Person / household
大学专科	Junior College	人/户	Person / household
大学本科	Undergraduate	人/户	Person / household
研究生	Postgraduate	人/户	Person / household
常住劳动力情况	**Labor Situation**		
劳动力人数	Number of Labor Force	人/户	Person / household
整劳动力人数	Number of Full Labour Force	人/户	Person / household
半劳动力人数	Number of Semi Labour Force	人/户	Person / household
常住从业人员情况	**Employment Situation**		
常住成员从业人数	Number of Employment	人/就业者	Person / employment
参加医疗保险情况	Basic Medical Care Insurance		
新型农村合作医疗	New Rural Co-operative Medical System	人/户	Person / household
城镇职工基本医疗保险	Urban Workers	人/户	Person / household
(城镇)居民基本医疗保险	(urban)Non-employment Residents	人/户	Person / household
公费医疗	Free Medical Care	人/户	Person / household
商业医疗保险	Commercial Medical Insurance	人/户	Person / household
其他医疗保险	Other Medical Insurance	人/户	Person / household
没有参加任何医疗保险	Non-Participated in any Medical Insurance	人/户	Person / household
参加养老保险情况	Basic Pension Insurance		
新型农村社会养老保险	New Rural Old-age Insurance	人/户	Person / household
城镇职工基本养老保险	Urban Workers	人/户	Person / household
(城镇)居民社会养老保险	(urban)Non-employment Residents	人/户	Person / household
商业养老保险	Commercial Pension Insurance	人/户	Person / household
其他养老保险	Other Pension Insurance	人/户	Person / household
没有参加任何养老保险	Non-Participated in any Pension Insurance	人/户	Person / household

Employed Conditions of Rural Households

总平均 Total Average	低收入户 Low Income Households	中低收入户 Lower Middle IncomeHouseholds	中等收入户 Middle Income Households	中高收入户 Upper Middle IncomeHouseholds	高收入户 High Income Households
3.56	4.07	3.89	3.77	3.23	2.83
0.70	1.00	1.01	0.70	0.43	0.35
2.65	2.84	2.61	2.74	2.65	2.40
0.32	0.41	0.37	0.27	0.35	0.21
0.93	1.05	1.20	0.80	0.81	0.77
1.47	1.65	1.43	1.56	1.29	1.37
0.46	0.49	0.43	0.65	0.48	0.26
0.12	0.17	0.06	0.10	0.13	0.14
0.06	0.07	0.12	0.07	0.02	0.02
				0.01	
2.47	2.52	2.40	2.59	2.48	2.33
1.52	1.66	1.77	1.53	1.50	1.13
0.95	0.86	0.63	1.06	0.98	1.20
2.14	2.06	2.09	2.20	2.23	2.13
1.95	1.86	1.90	1.94	2.09	1.92
0.07	0.06	0.02	0.13	0.07	0.07
0.12	0.14	0.15	0.13	0.05	0.11
					0.01
0.02	0.01		0.03		0.04
		0.01			
0.01		0.01		0.02	0.01
1.52	1.28	1.39	1.65	1.59	1.67
0.08	0.07	0.03	0.13	0.07	0.11
0.08	0.07	0.09	0.12	0.04	0.07
0.01	0.02	0.01	0.00	0.02	
0.04	0.05	0.05	0.01	0.09	0.02
0.41	0.57	0.52	0.29	0.45	0.25

11—7 续表

(2016)

指 标	Item	单位	unit
从事行业	**Engaged in Sector**		
第一产业	Primary Industry	人/户	Person / household
第二产业	Secondary Industry	人/户	Person / household
采矿业	Mining	人/户	Person / household
制造业	Manufacturing	人/户	Person / household
电力、热力、燃气及水生产供应业	Production and Distribution of Electricity	人/户	Person / household
建筑业	Construction	人/户	Person / household
第三产业	Tertiary Industry	人/户	Person / household
批发和零售业	Wholesale and Retail Trades	人/户	Person / household
交通运输、仓储和邮政业	Traffic,Transports,Storage and Post	人/户	Person / household
住宿和餐饮业	Hotels and Catering Services	人/户	Person / household
信息传输、软件业和信息技术服务业	Information Transmission,Computer Services and Software	人/户	Person / household
金融业	Financial Intermediation	人/户	Person / household
房地产业	Real Estate	人/户	Person / household
租赁和商务服务业	Leasing and Business Services	人/户	Person / household
科学研究和技术服务业	Scientific Research and Technical Service	人/户	Person / household
水利、环境和公共设施管理业	Management of Water Conservancy,Environment	人/户	Person / household
居民服务、修理和其他服务业	Services to Households and Other Services	人/户	Person / household
教育	Education	人/户	Person / household
卫生和社会工作	Health and Social Welfare	人/户	Person / household
文化、体育和娱乐业	Culture, Sports and Entertainment	人/户	Person / household
公共管理、社会保障和社会组织	Public Management,Social Security and Social Organization	人/户	Person / household
国际组织	International Organization	人/户	Person / household
从事职业	**Engaged in Occupation**		
国家机关、党群组织、企业、事业单位负责人	Head of State organs, Party organizations, Enterprises and Government-affiliated institutions	人/户	Person / household
专业技术人员	Professionals	人/户	Person / household
办事人员和有关人员	Staff and Related Personnel	人/户	Person / household
商业、服务业人员	Business and Service Personnel	人/户	Person / household
农、林、牧、渔、水利业生产人员	Production Personnel of Agricultural, Forestry, Animal Husbandry, Fishery and Water Conservancy Industry	人/户	Person / household
生产、运输设备操作人员及有关人员	Production, Transport Equipment Operators and Related Personnel	人/户	Person / household
军人	Soldier	人/户	Person / household
不便分类的其他从业人员	Other Practitioners without Classification	人/户	Person / household

continued

总平均 Total Average	低收入户 Low Income Households	中低收入户 Lower Middle IncomeHouseholds	中等收入户 Middle Income Households	中高收入户 Upper Middle IncomeHouseholds	高收入户 High Income Households
0.87	0.92	0.93	0.73	0.72	1.03
0.46	0.32	0.48	0.54	0.59	0.34
0.02	0.02	0.01	0.03	0.02	
0.12	0.08	0.11	0.13	0.22	0.06
0.02	0.02	0.00	0.02	0.06	0.01
0.29	0.20	0.36	0.35	0.29	0.26
0.82	0.82	0.68	0.93	0.92	0.76
0.19	0.23	0.12	0.19	0.20	0.21
0.18	0.21	0.18	0.13	0.17	0.19
0.06	0.04	0.07	0.06	0.11	0.05
0.01	0.03		0.01	0.01	0.02
0.04	0.03	0.02	0.07	0.07	0.00
0.23	0.19	0.22	0.29	0.29	0.18
0.01	0.00	0.02	0.02	0.01	0.03
0.02	0.01		0.03	0.03	0.01
0.01	0.01	0.01	0.01	0.01	0.00
0.06	0.07	0.04	0.12	0.03	0.08
		0.01		0.01	
0.07	0.05	0.06	0.09	0.11	0.06
0.10	0.06	0.05	0.25	0.05	0.09
0.19	0.26	0.08	0.19	0.27	0.17
0.84	0.88	0.92	0.73	0.68	0.98
0.27	0.35	0.27	0.23	0.24	0.24
0.67	0.46	0.71	0.71	0.87	0.58

11—8 农村居民家庭收支情况(年人均)

(2016)

指 标	item	总平均 Total Average
可支配收入(新口径)	**Disposable Income (new caliber)**	**12036.71**
工资性收入	Income from Wages and Salaries	5578.72
工资	Wages	5507.14
实物福利	Material Benefits	5.60
其他	Others	65.98
经营净收入	Net Income from Business	5230.78
第一产业经营净收入	Primary Industry	3304.51
第二产业经营净收入	Secondary Industry	96.28
第三产业经营净收入	Tertiary Industry	1829.99
财产净收入	Net Income from Properties	318.64
利息净收入	Interest	-56.03
红利收入	Dividend	8.42
储蓄性保险净收益	Net Profit of Savings Insurance	0.00
转让承包土地经营权租金净收入	Rent Income of Transfer Contract Land Management Right	114.69
出租房屋财产性收入	Rental Housing Property Income	185.40
出租机械、专利、版权等资产的收入	Rent Income of Machinery, Patents, Copyrights and Other Assets	59.06
其他财产净收入	Others	7.11
房屋虚拟租金	Virtual Rent of House	0.00
转移净收入	Net Income from Transfer	908.57
转移性收入	Transfer Income	1434.03
养老金或离退休金	Pension	627.95
社会救济和补助	Social Relief	59.93
转移性支出	Transfer Expenditure	525.46
个人所得税	Individual Income-tax	0.83
社会保障支出	Social Security Expenditures	452.68
外来从业人员寄给家人的支出	Expenses for Family by Foreign Employees	0.00
赡养支出	Support Expenditures	4.10
其他转移性支出	Others	67.85
总支出	**Total Expenditure**	**23098.52**
消费支出	**Consumption Expenditure**	**11060.88**
食品烟酒	Food, Cigarettes and Liquor	3101.70
食品	Food	2408.40
谷物	Cereal	483.29
薯类	Potatoes	29.16
豆类	Beans	19.30
食用油	Edible Oil	149.02
蔬菜和食用菌	Vegetable and Edible Fungus	286.76
肉类	Meat	677.08
禽类	Poultry	136.49
水产品	Aquatic Products	30.71
蛋类	Eggs	35.69
奶类	Dairy Products	101.83
干鲜瓜果类	Dry and Fresh Fruits	289.13
糖果糕点类	Sweets and Cakes	49.49
其他食品	Others	120.45
烟酒	Cigarettes and Liquor	249.42
烟草	Tobacco	213.19
酒类	Wine	36.23
饮料	Beverag	59.83

Income and Expenditure by Rural Households (Annual Average)

低收入户 Low Income Households	中低收入户 Lower Middle IncomeHouseholds	中等收入户 Middle Income Households	中高收入户 Upper Middle IncomeHouseholds	高收入户 High Income Households
3760.37	**8006.16**	**11072.85**	**15063.03**	**24924.83**
3240.21	5221.54	7261.37	7017.23	5961.12
3234.56	5209.09	7134.98	6832.04	5862.44
3.33	1.33	8.96	11.79	3.08
2.32	11.12	117.43	173.40	95.60
131.24	2022.01	2737.10	6449.21	16172.54
-73.17	1084.09	1987.40	3202.56	10322.87
0.52	-11.71	33.64	431.70	82.29
203.90	949.64	716.06	2814.96	5767.38
123.06	100.30	353.55	393.37	772.04
-91.14	-42.02	-43.37	-40.28	-62.26
0.16	0.00	13.67	4.88	28.38
0.00	0.00	0.00	0.00	0.00
103.28	67.41	156.26	135.39	114.18
102.89	69.49	197.41	292.12	339.28
22.70	6.62	15.44	4.86	300.40
-14.83	-1.20	14.15	-3.61	52.06
0.00	0.00	0.00	0.00	0.00
265.86	662.32	720.83	1203.22	2019.13
813.04	1090.53	1155.75	1901.35	2611.16
318.61	305.69	478.24	929.34	1353.43
85.89	65.95	65.78	50.02	17.27
547.19	428.22	434.92	698.13	592.03
0.00	0.17	2.70	0.14	1.99
444.16	389.75	392.30	586.35	511.67
0.00	0.00	0.00	0.00	0.00
1.75	2.20	5.06	7.46	4.90
101.28	36.11	34.86	104.17	73.47
20233.52	**17488.23**	**19046.30**	**26316.46**	**36806.38**
9666.84	**10129.66**	**10201.19**	**12649.16**	**13472.07**
2659.15	2761.47	3035.08	3310.61	3715.55
2013.83	2235.24	2355.23	2576.92	2709.36
373.33	403.83	392.41	454.71	455.73
24.81	38.16	28.03	23.78	31.12
16.26	17.60	19.37	21.44	24.38
136.77	145.70	148.51	161.63	161.96
263.26	256.51	283.34	314.80	344.99
533.27	597.33	735.01	733.75	844.65
137.33	145.55	136.12	159.80	161.38
26.39	24.98	29.70	36.07	37.12
31.43	38.25	35.65	38.68	43.34
88.81	112.41	95.46	118.06	95.31
237.38	289.72	280.36	319.84	327.85
41.53	49.75	50.64	52.33	55.16
103.27	115.44	120.64	142.04	126.38
225.14	216.19	262.15	217.98	382.55
185.69	188.56	241.22	172.84	329.20
39.45	27.63	20.93	45.14	53.35
63.10	47.40	54.66	70.11	69.54

11—8 续表 1

(2016)

指 标	item	总平均 Total Average
饮食服务	Catering Services	384.05
食堂用餐	Dining Room	15.75
其他在外饮食	Other Dining Outside	358.23
食品加工服务费	Food Processing Service Charge	10.07
衣着	Clothing	934.74
衣类	Clothes	703.83
鞋类	Shoes	230.91
居住	Residence	2072.23
租赁房房租	Rent of Rental Housing	57.47
住房维修及管理	Housing Maintenance and Management	394.67
水电燃料及其他	Hydropower Fuel and Others	624.62
自有住房折算租金	Converted Rent of Owned Housing	995.46
生活用品及服务	Daily Necessities and Services	767.48
家具及室内装饰品	Furniture and Interior Decoration	119.45
家用器具	Household Appliances	195.87
家用纺织品	Home Textiles	98.47
家庭日用杂品	Family Daily Necessities	198.32
个人用品	Personal Items	141.53
家庭服务	Domestic Service	13.83
交通通信	Transport and Communications	1755.76
交通	Transport	1226.84
交通工具	Traffic Tools	501.24
交通费	Traffic Expense	136.08
交通工具用燃料	Fuel for Transportation	326.19
交通工具使用及维修	Use and Maintenance of Transportation	263.32
车辆保险支出	Expenses of Vehicle Insurance	106.23
通信	Communications	528.92
通信工具	Communication Tools	192.12
通信服务	Communication Services	336.80
教育文化娱乐	Education, Culture and Recreation	1141.20
教育	Education	843.58
学前教育	Pre-primary Education	67.60
小学教育	Primary Education	59.70
初中教育	Junior Secondary Education	159.00
高中教育	Senior Secondary Education	230.98
中专职高教育	Vocational Secondary Education	67.25
大专及以上教育	Junior College and Above Education	215.59
成人教育	Adult Education	43.46
文化娱乐	Cultural and Recreation	297.61
文娱耐用消费品	Entertainment and Durable Consumer Goods	92.08
其他文娱用品	Other Entertainment Products	84.97
文化娱乐服务	Cultural Entertainment Service	120.56
医疗保健	Health Care and Medical Services	1026.73
医疗器具及药品	Medical Apparatus and Medicine	357.21
医疗服务	Medical Service	669.52
门诊总费用	Total Cost of Outpatient Service	319.47
住院总费用	Total Hospitalization Expenses	350.06
其他用品和服务	Other Articles and Services	261.04
其他用品	Other Articles	126.64
其他服务	Other Services	134.40

continued

低收入户 Low Income Households	中低收入户 Lower Middle IncomeHouseholds	中等收入户 Middle Income Households	中高收入户 Upper Middle IncomeHouseholds	高收入户 High Income Households
357.08	262.63	363.05	445.60	554.10
5.34	16.43	38.65	7.12	8.47
341.42	238.46	314.90	429.11	531.37
10.32	7.75	9.50	9.37	14.26
751.73	915.66	941.74	1057.44	1072.01
569.67	635.20	724.19	812.33	839.90
182.05	280.46	217.56	245.11	232.11
1877.55	1692.90	2052.52	2514.63	2472.37
81.25	68.23	37.71	47.11	46.26
223.75	237.76	535.99	636.20	426.06
607.66	569.77	613.74	630.84	731.41
964.89	817.15	865.08	1200.48	1268.65
567.14	612.28	909.63	913.14	924.30
103.58	62.24	138.77	181.56	123.80
127.39	167.32	209.77	236.65	282.30
74.34	59.76	194.83	91.25	65.07
138.81	201.94	192.59	219.83	262.19
117.46	111.86	145.99	166.36	181.97
5.56	9.17	27.69	17.50	8.97
1720.32	1781.25	1312.44	1913.89	2199.18
1287.21	1291.45	801.98	1245.56	1611.79
659.25	704.09	209.65	246.35	669.93
95.17	148.20	147.78	139.70	157.64
239.98	288.99	258.15	485.76	426.22
292.82	150.16	186.41	373.76	358.00
135.66	32.45	95.94	138.22	146.13
433.11	489.81	510.47	668.33	587.39
138.62	183.69	208.00	248.08	193.04
294.49	306.12	302.47	420.25	394.35
1133.79	1317.42	931.04	1099.70	1246.65
931.58	1004.84	603.64	735.74	926.81
125.43	95.96	30.91	46.68	18.55
78.09	63.12	56.52	60.44	31.31
115.12	143.94	174.27	163.25	213.57
297.96	298.35	192.72	204.78	120.98
44.62	64.77	1.87	1.37	263.32
230.82	290.68	113.88	234.65	202.38
39.54	48.01	33.46	24.58	76.71
202.21	312.59	327.40	363.97	319.84
47.11	119.73	134.77	94.65	57.61
65.34	144.32	70.95	66.88	72.61
89.76	48.54	121.68	202.44	189.63
786.13	762.02	819.69	1585.12	1398.37
255.57	286.40	326.56	525.04	469.01
530.56	475.62	493.13	1060.09	929.36
269.25	298.52	321.54	412.54	317.20
261.31	177.10	171.59	647.54	612.16
171.04	286.66	199.04	254.62	443.64
82.21	180.61	76.11	98.65	213.61
88.83	106.05	122.93	155.97	230.03

11—8 续表 2

(2016)

指　标	item	总平均 Total Average
生产经营费用支出	Expenditure of Production and Operating	4334.32
第一产业经营费用支出	Operating Expenditure of Primary Industry	3343.25
农业	Farming	2405.42
林业	Forestry	7.70
牧业	Animal Husbandry	813.82
渔业	Fishery	116.31
第二产业生产费用支出	Production Expenditure of Secondary Industry	56.24
采矿业	Mining	0.00
制造业	Manufacturing	14.40
电力、热力、燃气及水生产和供应业	Production and Distribution of Electricity	
建筑业	Construction	41.84
第三产业经营费用支出	Operating Expenditure of Tertiary Industry	934.83
批发和零售业	Wholesale and Retail Trades and Catering Services	110.02
交通运输、仓储和邮政业	Transport, Postal and Telecommunication Services	642.17
住宿和餐饮业	Hotels and Catering Services	12.96
房地产业	Real Estate	
租赁和商务服务业	Leasing and Business Services	3.85
居民服务、修理和其他服务业	Services to Households and Other Services	74.64
其他	Others	0.66
农林牧渔服务业	Agriculture, Forestry, Animal Husbandry and Fishery Service	90.53
财产性支出	Property Expenditure	96.25
转移性支出	Transfer Expenditure	525.46
部分商业保险支出	Part of Commercial Insurance Expenditure	170.48
购置资产及非经常性转移支出	Purchase Assets and Non Recurrent Transfer Expenditure	4786.75
借贷性支出	Borrowing Expenditure	2124.38

continued

低收入户 Low Income Households	中低收入户 Lower Middle IncomeHouseholds	中等收入户 Middle Income Households	中高收入户 Upper Middle IncomeHouseholds	高收入户 High Income Households
4834.35	2422.40	2942.59	3822.68	8443.69
3692.24	1740.76	2629.77	2940.51	6224.70
2703.57	1383.43	1455.96	2212.05	4698.72
1.65	9.39	1.32	1.53	29.32
548.92	347.94	1172.49	726.93	1393.07
438.10				103.58
70.22	51.66	10.25	116.25	35.42
		1.58	77.57	
70.22	51.66	8.68	38.69	35.42
1071.88	629.98	302.57	765.92	2183.58
184.48	287.34	0.32	19.82	9.70
842.73	194.78	195.99	362.83	1867.63
21.06	37.38			0.27
				32.25
		1.49	325.83	94.87
				4.08
23.62	110.48	104.78	57.45	174.78
123.44	102.97	51.92	104.18	100.29
547.19	428.22	434.92	698.13	592.03
193.06	65.11	112.64	319.31	188.31
3450.02	3008.56	4475.35	6153.87	8285.38
1418.62	1331.31	827.69	2569.12	5724.60

11—9 农村居民家庭住房基本情况

（2016）

指 标	Item	单 位	unit
现住房建筑面积	**Housing Sonstruction Area**	**平方米**	**sq.m**
本住户居住空间样式	Residential Space Style		
单栋楼房	Single Building	%	%
单栋平房	Single Bungalow	%	%
四居室及以上单元房	Four and above Bedroom	%	%
三居室单元房	Three Bedroom	%	%
二居室单元房	Two Bedroom	%	%
一居室单元房	One Bedroom	%	%
筒子楼或连片平房	Tube-shaped apartment or Many of the Bungalow	%	%
其他	Others		
主要建筑材料	Main Building Materials	%	%
钢筋混凝土	Reinforced Concrete	%	%
砖混材料	Brick Material	%	%
砖瓦砖木	Tile and Brick	%	%
竹草土坯	Bamboo Grass Mud	%	%
其他	Others	%	%
现住房房屋来源	Source of House		
租赁公房	Lease Public Housing	%	%
租赁私房	Lease Private Housing	%	%
自建住房	House Built by Oneself	%	%
购买商品房	Purchase Commercial Housing	%	%
购买房改住房	Purchase Reform Housing	%	%
购买保障性住房	Purchase Affordable Housing	%	%
拆迁安置房	Removal and Resettlement Housing	%	%
继承或获赠住房	Inheritance or Gift of Housing	%	%
免费借用房	Free Use of Housing	%	%
雇主提供免费住房	Provided Free Housing by Employers	%	%
其他来源	Others	%	%

Housing Statistics of Rural Households

总平均 Total Average	低收入户 Low Income Households	中低收入户 Lower Middle	中等收入户 Middle Income Households	中高收入户 Upper Middle	高收入户 High Income Households
36.48	**32.44**	**32.46**	**32.98**	**40.88**	**48.23**
4.18	3.95	4.00	3.95	5.68	3.25
86.45	90.83	87.74	79.24	85.55	89.29
0.63	1.24	0.00	0.63		1.28
3.72	1.66	3.60	3.74	5.52	3.98
3.95	2.32	3.52	10.07	2.05	1.63
0.74		1.14	1.97		0.57
0.33			0.40	1.20	0.00
6.11	2.78	4.87	13.44	4.15	5.03
43.30	49.82	35.21	39.80	43.96	47.11
49.44	47.40	1.77	1.56	48.99	46.15
0.68				1.68	1.71
0.47		1.12		1.22	
87.28	81.90	91.13	83.95	88.54	91.17
1.83	0.58	1.63	2.60	2.39	1.91
0.35	1.76				
0.36		0.81			0.98
10.18	15.76	6.43	13.45	9.07	5.94

11—10 农民人均消费品消费量

单位:公斤 (2016)

指 标	item	单位	unit	总平均 Total Average
粮食消费量	Grain Consumption	公斤	kg	177.06
谷物消费量	Cereal Consumption	公斤	kg	172.06
小麦	Wheat	公斤	kg	90.49
稻谷	Unhusked Rice	公斤	kg	78.93
玉米	Corn	公斤	kg	0.71
其他谷物	Others	公斤	kg	1.94
薯类消费量	Potatoes Consumption	公斤	kg	1.52
豆类消费量	Beans Consumption	公斤	kg	3.48
油脂类消费量	Oil Consumption	公斤	kg	9.14
蔬菜及菜制品	Vegetable and Vegetable Products	公斤	kg	90.96
肉类	Meat	公斤	kg	17.52
猪肉	Pork	公斤	kg	5.41
牛肉	Beef	公斤	kg	4.16
羊肉	Mutton	公斤	kg	7.28
禽类	Poultry	公斤	kg	7.63
水产品	Aquatic Products	公斤	kg	2.21
蛋类及蛋制品	Eggs and Eggs Products	公斤	kg	4.38
奶和奶制品	Dairy Products	公斤	kg	10.00
干鲜瓜果类	Dry and Fresh Fruits	公斤	kg	75.58
糖果糕点类	Sweets and Cakes	公斤	kg	3.95
饮料	Beverage	公斤	kg	0.21
烟叶	Tobacco	公斤	kg	23.55
酒	Wine	公斤	kg	2.02

Per Capita Consumption of Consumer Goods by Rural Households

(kg)

低收入户 Low Income Households	中低收入户 Lower Middle IncomeHouseholds	中等收入户 Middle Income Households	中高收入户 Upper Middle IncomeHouseholds	高收入户 High Income Households
158.28	160.94	170.94	200.88	208.00
154.28	155.60	165.61	196.28	202.01
83.19	86.07	90.92	91.94	105.08
69.61	67.04	72.12	100.56	93.38
0.08	0.19	0.64	1.58	1.66
1.40	2.30	1.93	2.21	1.89
1.23	2.31	1.59	0.89	1.47
2.77	3.03	3.73	3.71	4.52
8.48	8.91	8.83	9.87	10.06
86.29	82.52	85.60	93.82	113.97
13.37	15.21	19.93	18.64	22.29
4.27	4.49	5.83	5.69	7.32
3.56	3.12	6.58	3.52	4.20
5.09	7.07	6.62	8.92	9.76
7.23	7.53	7.10	8.26	8.39
2.06	1.92	2.30	2.36	2.63
3.68	4.63	4.20	4.57	5.06
8.79	11.41	9.02	11.69	9.19
63.09	78.94	69.61	85.74	86.21
3.49	3.71	4.36	4.01	4.25
0.21	0.14	0.26	0.23	0.25
19.96	20.42	25.09	19.68	37.48
2.68	1.78	0.83	1.95	3.11

11—11　农民百户耐用消费品拥有量

（2016）

指标	Item	单位	unit	总平均 Total Average
家用汽车	Automobile	辆	unit	33.65
摩托车	Motorcycle	辆	unit	73.58
助力车	Powered Bicycle	辆	unit	71.30
洗衣机	Washing Machine	台	set	104.43
电冰箱	Refrigerator	台	set	98.39
微波炉	Microwave Oven	台	set	15.49
彩色电视机	Color TV Set	台	set	114.85
接入有线电视	Access Cable TV	台	set	41.16
空调	Air Conditioner	台	set	2.04
热水器	Water Heater	台	set	81.36
太阳能热水器	Solar Water Heater	台	set	69.43
消毒碗柜	Disinfection Cupboard	台	set	0.17
洗碗机	Dishwasher	台	set	0.20
排油烟机	Lampblack Machine	台	set	23.60
固定电话	Telephone	部	set	9.80
移动电话	Mobile Telephone	部	set	275.56
接入互联网	Access the Internet	部	set	131.75
计算机	Computer	台	set	27.44
接入互联网	Access the Internet	台	set	7.72
摄像机	Video Disc Player	台	set	0.40
照相机	Camera	架	set	4.13
中高档乐器	Secondary and Top Grade Musical Instrument	台	set	
健身器材	Health Equipment	台	set	0.33
组合音响	Hi-Fi Stereo Component	套	set	5.19

Number of Durable Consumer Goods Owned Per Hundred by Rural Households

低收入户 Low Income Households	中低收入户 Lower Middle IncomeHouseholds	中等收入户 Middle Income Households	中高收入户 Upper Middle IncomeHouseholds	高收入户 High Income Households
26.60	36.04	33.83	36.57	36.00
74.69	82.25	68.54	62.44	78.61
71.27	67.84	65.98	75.57	76.54
105.25	106.30	105.67	100.95	103.87
98.29	99.01	98.66	95.84	100.17
11.69	8.87	21.02	16.55	20.44
117.50	116.37	115.74	118.86	106.79
39.85	44.22	36.28	43.33	41.19
1.16	3.66	0.72	0.00	4.61
85.41	75.87	84.58	86.65	74.82
74.97	68.96	65.80	75.00	63.30
0.86				
1.01				
23.07	15.64	33.04	29.70	17.21
10.22	6.49	8.22	11.80	12.03
287.49	275.81	272.96	288.78	254.22
141.82	150.79	123.62	130.22	110.96
21.13	27.01	34.77	25.31	30.54
7.22	6.39	8.27	7.84	8.68
			1.13	0.85
1.78	2.16	9.93	3.91	2.69
				2.92
10.21	5.66	2.73	7.17	0.21

11—12 居民消费价格指数

单位:%　　　　　　　　　　　　　　　　　　　　　　　　(2016,以上年价格为 100)

指　标	Item	年度 Year	月份 Month 一 Jan.	二 Feb.
居民消费价格总指数	**Consumer Price Index**	**101.7**	**100.3**	**101.4**
非食品烟酒价格指数	Price Index of Excluding Food ,Tobacco and liquor	101.1	99.4	99.4
食品(原口径)指数	Food(Previous Definitions) Index	103.0	102.2	105.8
非食品(原口径)指数	Non-Food(Previous Definitions) Index	101.1	99.5	99.6
服务价格指数	Service Items Price Index	101.8	100.4	100.0
工业品价格指数	Producer Price Index	100.5	98.5	99.0
鲜活食品价格指数	Fresh Food Price Index	107.0	104.6	114.4
消费品价格指数	**Consumer Goods Price Index**	**101.6**	**100.2**	**102.1**
能源价格指数	Energy Price Index	98.1	96.9	97.3
非食品价格指数	Non-food Price Index	101.0	99.7	99.7
扣除食品和能源价格指数	Price Index of Excluding Food and Energy	101.2	99.8	99.9
扣除鲜菜鲜果价格指数	Price Index of Excluding Fresh Vegetables and Fresh Fruits	101.2	99.8	100.1
扣除自有住房价格指数	Price Index of Excluding Private Housing	101.8	100.6	101.8
居住(扣自有住房)价格指数	Residence(Excluding Private Housing) Price Index	101.0	99.9	99.4
食品烟酒	Food ,Tobacco and Liquor	102.9	102.3	105.7
食品	Food	104.4	102.9	108.3
粮食	Grain	100.7	101.6	101.0
大米	Rice	102.6	103.6	103.3
面粉	Flour	100.7	101.5	101.8
其他粮食	Others	95.8	97.5	96.5
粮食制品	Grain Products	101.4	101.7	100.5
薯类	Tubers	119.7	102.3	137.6
薯类	Tubers	119.7	102.3	137.6
豆类	Beans and Products	100.7	100.4	101.4
干豆	Beans	98.9	98.0	98.0
豆制品	Bean Products	100.7	100.5	101.5
食用油	Edible oil and Fats	99.1	98.4	99.0
食用植物油	Edible Vegetable Oil	99.0	98.1	98.9
食用动物油	Edible Animal Oil	101.1	106.7	100.0
菜	Vegetables	116.8	119.2	138.7
鲜菜	Fresh Vegetables	117.4	119.9	139.9
干菜及菜制品	Dry Vegetables and Related Products	103.4	102.2	101.7
畜肉类	Livestock Meat	105.5	101.4	105.1
猪肉	Pork	116.8	116.5	126.3
牛肉	Beef	101.9	100.4	100.3
羊肉	Mutton	99.4	92.2	94.9
畜肉副产品	Meat by-products	111.5	100.6	104.6
其他畜肉及制品	Others	101.5	99.1	99.9
禽肉类	Poultry	101.6	102.7	104.2
鸡	Chicken	99.7	99.4	102.2
鸭	Duck	96.7	97.8	99.8
其他禽肉及制品	Others	106.1	110.7	108.9

Consumer Price Indices

(2016, preceding year=100) (%)

月份 Month									
三 Mar.	四 Apr.	五 May.	六 June.	七 July.	八 Aug.	九 Sept.	十 Oct.	十一 Nov.	十二 Dec.
101.5	**100.4**	**100.6**	**100.5**	**101.2**	**102.1**	**103.2**	**103.1**	**102.8**	**102.9**
99.8	99.0	99.6	100.0	101.1	102.3	103.1	103.0	103.0	103.5
105.1	103.3	102.8	102.0	101.4	101.5	103.5	103.8	102.7	101.7
100.0	99.2	99.7	100.0	101.1	102.3	103.0	102.9	102.9	103.4
100.7	99.4	99.7	99.7	101.4	102.5	104.3	104.2	104.4	104.6
99.1	98.7	99.5	100.2	100.9	102.1	102.1	101.9	101.8	102.6
113.2	106.6	105.3	103.7	102.8	103.0	109.0	110.2	106.7	103.3
101.8	**100.8**	**101.0**	**100.9**	**101.1**	**101.8**	**102.6**	**102.7**	**102.1**	**102.1**
95.6	96.0	95.3	96.4	97.0	98.0	99.9	99.7	101.0	104.2
100.1	99.4	99.7	100.0	101.0	102.0	102.7	102.5	102.5	103.0
100.3	99.6	100.0	100.2	101.2	102.2	102.8	102.7	102.6	102.9
100.3	100.1	100.5	100.6	101.3	102.0	102.5	102.4	102.4	102.9
101.8	100.8	101.0	100.9	101.3	102.1	103.0	102.8	102.4	102.5
100.0	99.7	99.7	100.1	100.9	101.9	102.6	102.7	102.8	102.4
105.0	103.4	102.8	101.8	101.3	101.4	103.3	103.5	102.5	101.6
107.3	104.6	104.2	103.0	102.2	102.3	105.3	105.8	104.1	102.4
100.4	100.2	100.8	100.3	100.2	100.9	101.0	101.0	100.6	100.8
103.4	102.3	103.8	102.0	102.7	102.7	102.9	103.1	101.6	100.5
101.5	100.9	101.1	101.6	99.9	100.0	100.5	100.0	100.0	100.2
95.4	95.0	94.9	95.2	95.5	94.9	94.7	95.8	95.7	98.7
99.5	100.5	100.6	100.3	100.3	102.7	102.8	102.3	102.3	102.7
111.4	157.8	142.5	126.6	102.5	105.6	103.0	106.0	116.8	119.1
111.4	157.8	142.5	126.6	102.5	105.6	103.0	106.0	116.8	119.1
101.3	101.8	99.9	99.1	99.5	99.5	101.1	101.5	101.3	101.2
96.5	96.3	98.8	100.1	100.9	100.2	99.8	99.2	99.0	100.0
101.4	102.0	99.9	99.1	99.4	99.5	101.1	101.6	101.3	101.3
97.8	96.3	98.8	100.3	100.1	100.1	99.7	98.8	100.4	99.6
97.7	96.2	98.8	100.2	100.1	100.1	99.7	98.8	100.4	99.6
101.1	100.0	100.0	104.3	101.1	100.0	100.0	100.0	100.0	100.0
143.3	118.5	112.4	101.8	100.7	101.5	117.4	122.1	114.1	101.5
144.9	119.2	112.9	101.9	100.6	101.4	118.0	122.9	114.3	101.4
101.7	101.4	101.7	100.4	101.7	103.9	106.0	106.1	108.1	105.4
105.9	108.9	110.5	109.5	107.3	104.4	103.5	102.8	103.3	104.3
127.1	132.6	131.8	127.6	115.5	109.5	107.2	105.0	105.5	107.0
101.0	102.4	103.0	102.6	102.6	102.4	102.7	102.3	101.8	101.5
95.7	97.8	101.2	101.6	104.0	100.8	99.9	100.8	101.8	103.8
105.1	115.0	119.6	118.5	115.2	112.2	112.3	109.7	112.2	112.5
100.6	102.4	102.4	101.7	102.1	101.8	102.5	101.7	101.7	101.7
102.3	102.4	100.5	100.6	100.8	101.4	101.7	101.9	100.9	100.0
100.4	100.9	98.2	98.4	98.8	99.4	99.7	99.9	99.8	99.7
97.8	95.9	95.9	93.9	94.3	96.3	96.5	98.5	97.1	96.1
107.0	106.2	105.8	106.1	105.9	106.4	106.4	106.4	103.6	100.8

11—12 续表 1

单位:%　　　　(2016,以上年价格为 100)

指　标	Item	年度 Year	月份 Month 一 Jan.	二 Feb.
水产品	Aquatic Products	102.8	97.8	104.6
淡水鱼	Freshwater Fish	100.1	94.1	106.6
海水鱼	Marine Fish	106.1	98.1	101.2
虾蟹类	shrimps,Prawn and Crabs	107.0	105.4	107.7
其他水产品及制品	Others	102.8	99.0	98.0
蛋类	Eggs	97.7	94.4	97.4
鸡蛋	Chicken	97.6	94.0	97.2
其他蛋及制品	Others	98.7	100.0	100.7
奶类	Milk	100.8	98.9	98.2
鲜奶	Fresh Milk	100.0	96.6	95.3
酸奶	Yoghourt	100.7	101.1	100.9
奶粉	Milk Powder	102.6	100.2	99.6
其他奶制品	Others	100.4	101.4	102.0
干鲜瓜果类	Dried and Fresh Melons and Fruits	99.6	94.2	96.5
鲜瓜果	Fresh Melons and Fruits	99.1	91.3	95.3
坚果	Nuts	101.4	100.2	98.8
瓜果制品	Products of Melons and Fruits	98.3	98.3	99.4
糖果糕点类	Sugar,Candy and Cake	100.0	101.2	101.6
食糖	Sugar	101.5	102.2	102.1
糖果	Candy	101.5	100.9	102.0
糕点	Cake	99.2	101.2	101.6
其他糖果糕点	Others	100.1	100.1	98.7
调味品	Flavoring	102.5	105.2	102.2
食用盐	Edible Salt	100.0	100.0	100.0
酱油	Sauce	103.2	114.1	103.0
食醋	Edible Vinegar	105.3	105.6	105.6
调味酱	Bechamel	106.4	104.2	102.8
味精	MSG	102.4	105.4	105.6
其他调味品	Others	100.4	100.5	100.0
其他食品类	Other Food	102.4	102.8	101.2
方便食品	Convenience Food	102.1	103.7	101.6
淀粉及制品	Starch and Derived Products	104.5	103.7	101.7
膨化食品	Puffed Food	100.0	100.0	100.0
茶及饮料	Tea and Beverages	100.2	98.6	98.6
茶叶	Tea	99.9	97.9	99.6
固体咖啡	Solid Coffee	98.5	95.5	95.2
其他固体饮料	Other Solid Drink	105.2	108.5	107.0
饮用水	Drinking Water	98.6	92.9	92.9
果汁饮料	Juice	103.9	101.0	102.5
其他液体饮料	Others	99.4	102.9	100.3

continued

(2016, preceding year=100) (%)

月份 Month									
三 Mar.	四 Apr.	五 May.	六 June.	七 July.	八 Aug.	九 Sept.	十 Oct.	十一 Nov.	十二 Dec.
100.6	100.5	101.6	102.2	103.5	106.2	105.6	104.5	102.4	103.8
96.6	96.7	97.4	99.2	101.6	106.0	103.1	99.9	98.5	101.7
102.9	103.7	103.8	104.9	107.7	109.8	110.6	114.3	109.8	106.7
109.1	109.1	109.4	107.9	106.5	105.8	106.6	106.7	104.4	105.4
99.9	98.6	103.0	102.3	102.7	104.8	107.7	107.5	105.7	105.4
91.9	98.2	102.6	104.4	98.8	90.8	97.2	101.3	101.4	96.1
91.4	98.0	102.8	104.8	98.7	90.4	97.2	101.6	101.8	96.0
98.9	99.9	100.3	99.9	99.6	97.0	97.0	97.2	97.1	96.9
98.6	99.1	102.1	102.5	102.7	102.1	102.2	101.3	100.9	101.3
95.3	96.1	101.9	102.1	103.7	103.0	104.6	100.6	100.4	100.6
100.9	100.0	100.0	102.3	102.7	100.0	100.0	100.6	100.0	100.0
102.5	103.3	104.8	105.1	102.5	103.4	100.4	103.8	102.8	102.8
99.3	100.6	100.6	97.4	98.6	98.6	102.0	100.1	100.1	103.5
91.7	91.0	91.2	96.3	98.8	105.1	111.7	112.5	105.2	106.3
87.8	86.4	85.6	93.8	97.1	108.1	119.4	119.7	108.0	109.2
100.1	101.5	102.7	101.5	102.7	101.7	100.6	102.6	101.4	102.6
98.3	97.4	97.4	97.4	98.3	98.3	98.3	98.3	99.2	99.6
100.9	101.1	100.5	99.0	98.0	97.8	99.1	100.0	100.7	100.2
98.3	101.4	100.4	103.1	102.1	102.1	102.1	101.9	101.5	100.5
102.0	101.8	101.5	101.2	102.2	101.2	101.6	101.2	101.2	101.2
101.0	101.0	100.3	97.3	95.6	95.6	97.4	99.1	100.5	99.8
100.1	100.1	100.1	100.1	100.5	100.5	100.5	100.5	100.0	100.0
102.9	102.1	103.3	103.2	102.4	102.4	102.5	101.5	101.4	101.3
100.0	100.0	100.0	100.0	100.0	100.0	100.0	100.0	100.0	100.0
103.0	102.2	103.2	102.7	102.7	103.7	102.6	100.8	100.8	100.5
105.6	104.6	107.7	109.2	106.1	106.1	106.1	104.0	102.6	101.1
108.3	109.4	109.9	109.0	107.3	105.6	105.6	103.4	106.0	105.8
105.8	104.9	109.2	103.9	101.4	100.0	100.0	100.0	97.4	96.7
100.0	97.4	98.7	100.0	100.0	100.0	101.7	101.7	101.7	102.3
102.6	105.3	103.6	103.0	103.7	102.3	102.3	101.9	100.7	100.0
102.6	106.5	104.8	103.0	102.9	101.3	101.3	101.3	98.8	97.7
104.4	107.9	105.1	105.1	107.1	105.1	105.1	103.9	103.2	102.5
100.0	100.0	100.0	100.0	100.0	100.0	100.0	100.0	100.0	100.0
99.0	98.8	101.3	100.3	99.6	101.5	100.9	102.1	100.3	101.4
99.6	97.5	102.9	101.2	99.6	102.8	101.2	99.5	96.3	100.7
97.0	96.3	99.0	96.6	96.7	102.0	100.3	103.2	100.7	100.0
107.0	100.9	104.4	105.9	106.6	105.5	105.0	104.4	104.4	103.1
92.9	99.9	98.5	98.9	96.8	96.8	98.0	106.1	106.1	105.1
99.7	101.2	102.7	103.9	103.9	107.2	107.9	105.2	105.2	107.1
101.7	101.7	102.1	100.0	100.0	97.5	97.5	97.5	95.4	96.2

11—12 续表 2

单位:%

(2016,以上年价格为 100)

指　标	Item	年度 Year	月份 Month 一 Jan.	二 Feb.
烟酒	**Tobacco and Liquor**	**101.7**	**103.9**	**103.7**
烟草	Tobacco	102.2	106.2	106.2
烟草	Tobacco	102.2	106.2	106.2
酒类	Liquor	100.4	99.2	98.6
白酒	White spirit	100.3	99.0	98.0
葡萄酒	Wine	100.3	100.0	100.0
啤酒	Beer	100.8	99.1	99.9
其他酒类	Others	99.8	100.0	97.4
在外餐饮	Out-dining	100.3	100.9	100.9
正餐	Dinner	100.0	100.0	100.0
快餐	Fast Food	100.0	100.0	100.0
地方小吃	Local Snacks	102.0	106.3	106.4
其他在外餐饮	Others	100.0	100.0	100.0
衣着	**Clothing**	**102.6**	**101.1**	**102.0**
服装	Garments	102.9	100.7	101.7
男式服装	Men's Clothing	101.9	98.2	100.3
男式西服	Western-style Clothes	102.1	97.1	99.0
男式冬衣	Winter Coat	99.2	90.3	96.9
男式夹克衫	Clip Grams Shirt	103.8	97.7	99.3
男式毛线衣	Wool Sweaters	102.1	103.4	102.6
男式运动装	Sport swear	104.2	99.6	103.1
男式衬衫T恤	Shirts and T-shirts	101.9	98.1	98.1
男式裤子	Trousers	106.4	101.6	105.6
男式内衣	Underwear	98.2	102.0	102.0
女式服装	Women's Clothing	103.7	102.8	102.8
女式外套	Outerwear	99.4	98.7	98.7
女式冬衣	Winter Coat	100.3	100.0	99.9
女式毛线衣	Wool Sweaters	104.9	105.1	106.0
女式运动装	Sport swear	110.1	107.7	108.7
女式衬衫T恤	Shirts and T-shirts	108.0	107.5	106.5
女式裤子	Trousers	103.9	98.8	99.6
女式裙子	skirts	103.1	104.7	103.8
女式内衣	Underwear	102.7	101.3	101.3
儿童服装	Children Clothing	102.6	100.8	102.6
婴幼服装	Baby's Clothing	102.6	98.7	100.3
儿童上衣	Upper Outer Garment	103.8	102.1	107.7
儿童裤子	Trousers	95.8	100.8	99.9
儿童裙子	Skirts	108.4	100.0	97.7

continued

(2016, preceding year=100) (%)

月份 Month									
三 Mar.	四 Apr.	五 May.	六 June.	七 July.	八 Aug.	九 Sept.	十 Oct.	十一 Nov.	十二 Dec.
104.0	**104.6**	**102.2**	**100.1**	**100.1**	**100.2**	**100.2**	**100.4**	**100.3**	**100.3**
106.2	106.2	103.0	100.0	100.0	100.0	100.0	100.0	100.0	100.0
106.2	106.2	103.0	100.0	100.0	100.0	100.0	100.0	100.0	100.0
99.3	101.4	100.5	100.3	100.5	100.7	100.8	101.2	101.1	101.1
99.1	100.8	100.5	100.4	100.4	100.6	100.8	101.3	101.4	101.7
100.0	100.0	101.1	100.0	100.0	101.3	100.0	101.3	100.0	100.0
99.5	104.3	100.4	100.4	101.1	101.1	101.1	101.1	101.1	100.3
100.0	100.0	100.0	100.0	100.0	100.0	100.0	100.0	100.0	100.0
100.9	100.9	100.0	100.0	100.0	100.0	100.0	100.0	100.0	100.0
100.0	100.0	100.0	100.0	100.0	100.0	100.0	100.0	100.0	100.0
100.0	100.0	100.0	100.0	100.0	100.0	100.0	100.0	100.0	100.0
106.3	106.3	100.0	100.0	100.0	100.0	100.0	100.0	100.0	100.0
100.0	100.0	100.0	100.0	100.0	100.0	100.0	100.0	100.0	100.0
102.0	**100.5**	**101.9**	**104.1**	**103.9**	**106.4**	**104.2**	**102.7**	**100.9**	**101.6**
102.5	101.3	102.7	104.9	104.3	107.0	104.1	102.8	101.1	101.7
101.8	100.4	101.9	103.4	102.8	105.7	103.1	102.4	101.9	101.2
103.6	99.0	102.2	103.2	102.4	102.0	100.1	104.9	108.6	103.1
99.5	99.5	99.5	99.5	99.5	99.5	99.5	99.5	101.7	106.4
103.2	100.8	103.8	104.2	109.1	113.7	111.1	105.8	99.6	99.0
101.7	104.3	104.3	104.3	104.3	104.3	104.3	100.3	100.5	92.5
107.3	104.4	106.6	110.3	107.0	110.0	103.1	100.6	98.1	100.8
98.5	102.1	103.2	105.1	105.7	106.2	103.3	103.0	99.1	100.8
103.9	98.7	103.6	108.7	103.1	110.7	112.2	108.9	112.8	108.6
100.6	98.3	96.2	97.2	97.2	107.1	97.1	95.3	91.2	95.2
103.1	102.5	103.3	106.3	105.6	107.7	104.4	103.3	101.1	102.0
98.9	97.2	99.4	100.1	100.3	96.3	100.1	102.3	100.4	100.4
99.9	99.9	99.9	99.9	99.9	99.9	99.9	99.9	101.4	103.2
105.0	107.8	107.8	107.8	107.8	107.8	107.8	103.6	100.6	94.0
116.1	112.8	118.6	120.9	115.6	118.9	106.7	100.6	98.1	100.7
103.8	103.2	106.0	115.0	111.6	116.9	112.7	108.0	103.6	102.7
97.6	98.2	98.8	103.9	108.2	107.7	106.7	110.3	109.0	109.0
103.8	103.8	102.6	103.6	104.7	107.6	99.4	100.3	99.4	103.6
106.1	102.8	101.7	105.6	102.5	110.8	101.9	100.3	96.0	102.4
101.8	97.4	103.6	103.6	103.7	111.2	108.4	101.4	95.8	102.5
101.8	101.8	102.3	101.8	101.8	105.0	106.0	107.0	103.9	100.7
104.9	98.5	109.4	104.7	104.0	112.2	108.0	99.8	95.1	101.3
97.2	89.8	95.0	100.5	98.2	108.0	98.5	89.6	80.7	95.8
100.9	100.2	103.6	106.1	111.3	119.2	124.0	115.2	109.2	114.9

11—12 续表 3

单位:%　　（2016,以上年价格为 100）

指　标	Item	年度 Year	月份 Month 一 Jan.	二 Feb.
服装材料	Clothing Material	100.0	100.0	100.0
服装材料	Clothing Material	100.0	100.0	100.0
其他衣着及配件	Other Clothing and Accessories	100.2	99.2	99.8
袜子	Socks	100.0	100.0	100.0
帽子	Hats	100.0	100.0	100.0
其他衣着配件	Others	100.5	98.0	99.6
衣着加工服务费	Clothing Manufacturing Services	100.0	100.0	100.0
衣着洗涤保养	Cleaning and Maintenance	100.0	100.0	100.0
衣着加工	Clothing Manufacturin	100.0	100.0	100.0
鞋类	Shoes	102.3	102.7	103.8
鞋	Shoes	102.1	102.5	103.7
男鞋	Male	99.5	102.4	102.2
女鞋	Female	102.4	102.7	105.4
童鞋	Children	106.3	102.4	102.4
鞋类加工服务	Shoes Manufacturing Services	121.6	111.9	111.9
鞋类加工服务	Shoes Manufacturing Services	121.6	111.9	111.9
居住	**Residence**	**100.7**	**98.4**	**98.0**
租赁房房租	Rental Housing Rent	102.9	100.6	97.5
公房房租	Public Houses	100.0	100.0	100.0
私房房租	Private Houses	103.7	100.7	96.9
住房保养维修及管理	Housing Maintenance and management	101.8	99.3	99.3
住房装潢材料	Housing Decoration Materials	101.2	98.6	98.7
木地板	Wood Flooring	104.8	99.9	99.9
瓷砖	Ceramic	105.6	100.0	100.0
水泥	Cement	96.3	91.4	91.4
涂料	Painting	100.0	100.0	100.0
板材	Boarding	103.4	100.0	101.7
管材	Tubing	102.4	100.0	100.0
厨卫设备	Hutch Defends Equipment	102.3	99.5	99.5
门窗	Door & Window	97.6	94.1	94.1
其他住房装潢材料	Others	92.0	100.0	100.0
物业管理费	Property Management Fee	105.1	100.0	100.0
物业管理费	Property Management Fee	105.1	100.0	100.0
住房装潢维修	Housing Decoration Maintenance	100.0	100.0	100.0
装潢维修费	Decoration Maintenance fee	100.0	100.0	100.0
其他住房费用	Other Housing fee	100.0	100.0	100.0

continued

(2016, preceding year=100) (%)

月份 Month									
三 Mar.	四 Apr.	五 May.	六 June.	七 July.	八 Aug.	九 Sept.	十 Oct.	十一 Nov.	十二 Dec.
100.0	100.0	100.0	100.0	100.0	100.0	100.0	100.0	100.0	100.0
100.0	100.0	100.0	100.0	100.0	100.0	100.0	100.0	100.0	100.0
100.5	98.4	99.9	101.5	102.1	101.2	100.1	100.8	99.5	99.6
100.0	100.0	100.0	100.0	100.0	100.0	100.0	100.0	100.0	100.0
100.0	100.0	100.0	100.0	100.0	100.0	100.0	100.0	100.0	100.0
101.2	96.2	99.8	103.8	105.4	103.0	100.3	101.9	98.7	98.9
100.0	100.0	100.0	100.0	100.0	100.0	100.0	100.0	100.0	100.0
100.0	100.0	100.0	100.0	100.0	100.0	100.0	100.0	100.0	100.0
100.0	100.0	100.0	100.0	100.0	100.0	100.0	100.0	100.0	100.0
101.0	98.3	99.7	102.4	103.3	106.3	105.7	103.2	100.6	101.7
100.8	97.9	99.3	102.1	103.0	106.1	105.5	103.0	100.3	101.5
97.4	96.1	95.5	97.5	97.9	102.6	103.2	101.8	98.6	99.6
104.4	98.8	101.1	106.2	105.8	107.0	102.7	99.4	96.9	99.1
98.8	99.5	102.4	101.6	106.3	110.2	116.4	113.4	111.4	110.5
120.5	128.1	128.1	128.1	128.1	120.5	120.5	120.5	120.5	120.5
120.5	128.1	128.1	128.1	128.1	120.5	120.5	120.5	120.5	120.5
98.9	**97.5**	**97.5**	**98.2**	**100.4**	**101.7**	**103.7**	**104.9**	**105.0**	**104.8**
98.8	97.7	97.7	100.2	104.1	106.6	109.6	109.6	109.0	105.4
100.0	100.0	100.0	100.0	100.0	100.0	100.0	100.0	100.0	100.0
98.5	97.1	97.1	100.2	105.1	108.3	112.2	112.2	111.4	106.8
100.7	100.2	100.1	100.4	101.1	103.2	103.9	104.2	104.4	104.7
101.4	100.4	100.2	100.8	102.1	100.7	102.1	102.6	103.2	103.8
112.2	103.8	103.8	105.0	111.6	104.6	104.6	104.6	104.6	104.6
103.2	107.1	107.1	107.1	107.1	107.1	107.1	107.1	107.1	107.1
91.4	91.4	91.4	94.6	94.6	94.6	102.1	102.1	104.9	107.9
100.0	100.0	100.0	100.0	100.0	100.0	100.0	100.0	100.0	100.0
103.3	102.1	102.1	102.1	102.1	102.7	103.6	105.5	106.5	108.8
97.3	97.3	97.3	100.4	103.5	104.5	105.4	105.4	105.4	112.5
100.6	102.1	102.8	103.0	103.3	103.3	103.3	103.3	103.3	103.3
94.6	94.6	94.6	94.6	94.6	95.3	101.1	103.9	105.8	105.8
96.5	93.1	91.1	91.1	91.1	88.2	88.2	88.2	88.2	88.2
100.0	100.0	100.0	100.0	100.0	112.3	112.3	112.3	112.3	112.3
100.0	100.0	100.0	100.0	100.0	112.3	112.3	112.3	112.3	112.3
100.0	100.0	100.0	100.0	100.0	100.0	100.0	100.0	100.0	100.0
100.0	100.0	100.0	100.0	100.0	100.0	100.0	100.0	100.0	100.0
100.0	100.0	100.0	100.0	100.0	100.0	100.0	100.0	100.0	100.0

11—12 续表 4

单位:%　　　　(2016,以上年价格为 100)

指　标	Item	年度 Year	月份 Month 一 Jan.	二 Feb.
水电燃料	Water,Electricity and Fuel	100.0	100.0	100.0
水	Water	100.0	100.0	100.0
水	Water	100.0	100.0	100.0
电	Electricity	100.0	100.0	100.0
电	Electricity	100.0	100.0	100.0
燃气	Gas	100.0	100.0	100.0
管道燃气	Pipeline Natural Gas	100.0	100.0	100.0
液化石油气	Liquefied Petroleum Gas	100.0	100.0	100.0
取暖费	Heating fee	100.0	100.0	100.0
取暖费	Heating fee	100.0	100.0	100.0
其他燃料	Other Fuel	101.3	100.0	100.0
其他燃料	Other Fuel	101.3	100.0	100.0
自有住房	Private Housing	100.3	96.1	95.9
自有住房	Private Housing	100.3	96.1	95.9
生活用品及服务	**Articles of daily use and Services**	**100.7**	**100.1**	**99.5**
家具及室内装饰品	Furniture and Upholstery	99.1	99.7	98.1
家具	Furniture	99.0	99.6	97.8
柜	Cabinets	98.8	100.7	95.7
床	Beds	97.3	98.1	97.6
桌	Tables	101.7	100.6	100.2
椅	Chairs	101.5	99.4	99.4
沙发	Sofas	99.3	100.2	99.1
其他家具	Others	95.1	96.7	95.2
室内装饰品	Upholstery	99.7	100.0	99.6
灯具	lamps and Lanterns	99.8	100.0	99.5
其他室内装饰品	Other	99.6	100.0	100.0
家用器具	Home Appliances	97.7	94.4	94.9
大型家用器具	Major	96.9	94.3	94.4
洗衣机	Washing Machine	96.7	95.4	95.6
电冰箱(柜)	Refrigerator(cabinet)	99.0	97.3	97.0
抽油烟机	Exhaust Fan	94.5	89.8	89.8
空调器	Air Conditioner	101.0	89.8	90.1
热水器	Water Heater	95.8	98.0	100.6
炉具灶具	Cooker	92.3	88.9	88.9
微波炉	Microwave Oven	91.9	94.2	92.2
其他大型家用器具	Others	94.8	96.9	96.9

continued

(2016, preceding year=100) (%)

月份 Month									
三 Mar.	四 Apr.	五 May.	六 June.	七 July.	八 Aug.	九 Sept.	十 Oct.	十一 Nov.	十二 Dec.
100.0	100.0	100.0	100.0	100.0	100.0	100.0	100.0	100.3	100.3
100.0	100.0	100.0	100.0	100.0	100.0	100.0	100.0	100.0	100.0
100.0	100.0	100.0	100.0	100.0	100.0	100.0	100.0	100.0	100.0
100.0	100.0	100.0	100.0	100.0	100.0	100.0	100.0	100.0	100.0
100.0	100.0	100.0	100.0	100.0	100.0	100.0	100.0	100.0	100.0
100.0	100.0	100.0	100.0	100.0	100.0	100.0	100.0	100.0	100.0
100.0	100.0	100.0	100.0	100.0	100.0	100.0	100.0	100.0	100.0
100.0	100.0	100.0	100.0	100.0	100.0	100.0	100.0	100.0	100.0
100.0	100.0	100.0	100.0	100.0	100.0	100.0	100.0	100.0	100.0
100.0	100.0	100.0	100.0	100.0	100.0	100.0	100.0	100.0	100.0
100.0	100.0	100.0	100.0	100.0	100.0	100.0	100.0	107.7	107.7
100.0	100.0	100.0	100.0	100.0	100.0	100.0	100.0	107.7	107.7
97.1	94.5	94.5	95.5	99.6	101.3	105.4	108.5	108.5	108.5
97.1	94.5	94.5	95.5	99.6	101.3	105.4	108.5	108.5	108.5
99.3	**99.8**	**100.5**	**100.5**	**100.6**	**101.0**	**101.3**	**101.5**	**101.9**	**102.2**
97.5	98.3	98.3	98.7	99.3	99.3	99.3	99.9	100.1	101.0
97.4	98.2	98.0	98.7	99.3	99.3	99.3	100.0	100.2	100.5
96.0	96.0	96.0	98.3	100.6	100.6	100.6	100.6	100.6	100.6
97.1	96.9	96.7	96.7	96.7	96.7	96.7	98.1	98.1	98.1
99.7	102.1	102.1	102.5	102.6	102.2	102.2	102.2	102.2	102.2
99.4	102.3	102.3	102.3	102.3	102.3	102.3	102.3	102.3	102.3
98.1	99.3	98.5	98.5	98.5	98.5	98.5	99.6	100.4	101.9
93.6	93.6	93.6	93.6	94.3	95.1	95.1	96.7	96.7	96.7
98.4	98.9	100.0	98.8	99.5	99.4	99.4	99.4	99.4	104.1
98.1	98.6	100.0	98.5	99.4	99.4	99.4	99.4	99.4	105.2
100.0	100.0	100.0	100.0	100.0	99.0	99.0	99.0	99.0	99.0
94.3	95.2	96.9	97.1	97.3	99.2	99.9	100.5	101.6	101.5
93.8	94.0	96.2	97.0	97.3	98.2	98.7	98.8	100.2	100.2
96.2	94.6	96.5	96.2	93.1	94.8	100.0	99.7	100.4	98.6
97.6	96.1	98.8	99.7	100.7	101.8	99.1	98.3	100.6	100.8
84.5	87.5	92.1	100.9	100.1	99.4	100.1	97.1	98.4	97.1
91.4	97.0	102.0	98.5	101.7	102.7	103.9	110.1	112.1	114.8
96.7	97.3	96.0	94.6	94.2	93.8	94.3	93.9	95.0	94.8
88.9	87.2	88.3	91.5	94.9	96.2	96.2	96.2	96.2	96.2
92.2	92.2	91.6	91.1	91.1	91.1	91.1	91.1	92.0	93.3
94.9	94.9	92.2	90.1	92.4	96.2	94.8	95.1	96.8	96.8

11—12 续表 5

单位:%　　　　(2016,以上年价格为 100)

指　标	Item	年度 Year	月份 Month 一 Jan.	二 Feb.
小家电	Small	100.0	95.0	96.3
厨房小家电	Kitchen	100.0	90.3	90.3
生活小家电	Household	100.1	101.1	104.2
家用纺织品	Home textile	102.6	101.5	101.6
床上用品	Bed Articles	103.4	98.9	99.1
被子	Quilt	99.1	98.2	98.7
床单被套	Bed Sheet and Duvet Cover	111.1	100.7	100.0
其他床上用品	Others	97.9	97.3	98.2
窗帘门帘	Curtain	103.8	108.6	108.6
窗帘门帘	Curtain	103.8	108.6	108.6
其他家用纺织品	Others	99.5	99.6	99.6
其他家用纺织品	Others	99.5	99.6	99.6
家庭日用杂品	Household Articles Daily Use	101.9	102.2	102.1
洗涤卫生用品	Washing Sanitary Articles	101.2	102.2	102.2
清洗用品	Cleaning Articles	101.6	101.2	100.9
清洁用具	Cleaning Appliance	102.5	104.2	104.2
清洁用纸	Cleaning Paper	99.9	101.7	101.7
厨具餐具茶具	Kitchen,Tableware and Tea Set	101.0	100.6	100.5
厨具	Kitchen	101.0	101.8	101.8
餐具	Tableware	99.8	99.0	97.9
茶具	Tea Set	104.3	100.0	102.6
家用手工工具	Hand Tools for Household Use	100.1	100.3	100.3
家用手工工具	Hand Tools for Household Use	100.1	100.3	100.3
其他家庭日用杂品	Others	104.7	104.7	104.5
配电附件	Distribution Accessories	109.4	106.3	106.3
雨具	Rain Gear	99.9	100.0	99.2
其他日用杂品	Others	105.1	106.1	106.1
个人护理用品	Personal-care Products	101.6	100.2	100.2
化妆品	Cosmetics	102.2	100.0	100.0
清洁化妆品	Cleaning	100.0	100.0	100.0
护肤化妆品	Skin-care	100.0	100.0	100.0
彩妆化妆品	Make-up	107.5	100.0	100.0
化妆器具	Make-up Appliances	100.0	100.0	100.0
其他护理用品类	Other Nursing Materials	100.6	100.4	100.5
清洁类护理用品	Cleaning	101.2	100.2	101.7
护发美发用品	Bath & Slim	100.0	99.4	100.0
护理器具	Nursing Appliances	101.1	102.4	100.0
其他护理用品	Others	100.0	100.0	100.0

continued

(2016, preceding year=100) (%)

月份 Month									
三 Mar.	四 Apr.	五 May.	六 June.	七 July.	八 Aug.	九 Sept.	十 Oct.	十一 Nov.	十二 Dec.
95.7	98.7	99.0	97.4	97.4	102.0	103.5	105.6	105.7	105.2
92.3	97.6	98.2	96.9	96.9	103.5	106.5	110.3	110.6	109.7
100.1	100.1	100.1	98.0	98.0	100.1	100.1	100.1	100.0	100.0
103.4	100.6	103.2	101.0	101.6	102.3	103.5	103.5	103.5	106.1
104.6	101.3	106.3	102.1	103.1	103.1	104.0	104.0	104.0	110.0
102.1	97.9	102.6	96.8	97.5	97.5	98.0	98.0	98.0	104.7
109.2	106.1	112.8	112.2	113.7	113.7	115.1	115.1	115.1	120.0
101.2	98.6	101.7	94.9	95.7	95.7	96.3	96.3	96.3	102.7
104.1	100.0	100.0	100.0	100.0	102.8	105.6	105.6	105.6	105.6
104.1	100.0	100.0	100.0	100.0	102.8	105.6	105.6	105.6	105.6
99.6	99.6	99.6	99.6	99.6	99.6	99.6	99.6	99.6	98.0
99.6	99.6	99.6	99.6	99.6	99.6	99.6	99.6	99.6	98.0
102.4	102.7	102.2	102.4	102.2	101.6	101.6	101.0	101.1	101.2
101.9	102.2	101.6	101.8	101.2	100.0	100.7	100.1	100.3	99.6
101.1	100.7	101.2	101.9	101.8	101.8	102.4	102.1	101.8	101.7
103.2	104.7	101.7	102.0	99.6	101.8	103.9	101.9	102.9	100.5
101.7	101.7	101.7	101.7	101.7	97.4	97.4	97.4	97.4	97.4
101.6	101.4	100.9	101.1	101.3	101.0	100.3	100.7	101.0	101.7
101.8	101.4	100.4	100.8	101.2	100.8	99.4	100.1	100.8	102.0
100.2	100.2	100.2	100.2	100.2	100.0	100.0	100.0	100.0	100.0
104.9	104.9	104.9	104.9	104.9	104.9	104.9	104.9	104.9	104.9
100.3	100.3	100.3	100.3	100.1	100.0	100.0	100.0	100.0	100.0
100.3	100.3	100.3	100.3	100.1	100.0	100.0	100.0	100.0	100.0
104.7	105.4	105.4	105.4	105.4	105.3	105.3	103.3	102.9	103.6
106.3	110.3	110.3	110.3	110.3	110.3	110.3	108.7	110.3	113.0
100.0	100.0	100.0	100.0	100.0	100.0	100.0	100.0	100.0	100.0
106.1	106.1	106.1	106.1	106.0	105.9	105.9	103.0	101.8	102.0
100.0	101.3	102.2	102.4	102.2	102.2	102.2	102.2	102.2	102.3
100.0	101.5	103.1	103.1	103.1	103.1	103.1	103.1	103.1	103.1
100.0	100.0	100.0	100.0	100.0	100.0	100.0	100.0	100.0	100.0
100.0	100.0	100.0	100.0	100.0	100.0	100.0	100.0	100.0	100.0
100.0	105.3	110.5	110.5	110.5	110.5	110.5	110.5	110.5	110.5
100.0	100.0	100.0	100.0	100.0	100.0	100.0	100.0	100.0	100.0
100.1	100.8	100.5	101.2	100.6	100.7	100.7	100.7	100.7	100.8
101.7	101.7	101.7	102.6	100.6	100.9	100.9	100.9	100.9	100.9
99.0	101.0	100.0	100.0	100.0	100.0	100.0	100.0	100.0	100.4
100.0	100.0	100.0	101.5	101.5	101.5	101.5	101.5	101.5	101.5
99.0	100.0	100.0	100.0	100.1	100.1	100.1	100.1	100.1	100.1

11—12 续表 6

单位:%　　　　(2016,以上年价格为 100)

指　标	Item	年度 Year	月份 Month 一 Jan.	二 Feb.
家庭服务	Home Service	104.7	112.6	105.8
家政服务	Housekeeping	105.8	117.5	106.6
家庭维修服务	Maintenance	102.9	104.4	104.4
交通和通信	**Transportation and Communication**	**99.1**	**95.7**	**96.6**
交通	Transportation	98.3	94.1	95.0
交通工具	Transportation Facility	94.1	91.2	91.2
小型汽车	Sedan	93.6	90.4	90.4
电动自行车	Electric Bicycle	98.3	98.6	98.6
自行车	Bicycles	99.6	98.1	98.1
其他交通工具	Others	100.0	100.0	100.0
交通工具用燃料	Fuel of Vehicles Use	94.2	90.9	91.9
汽油	Gasoline	95.7	92.1	93.4
柴油	Diesel Oil	95.2	92.7	92.4
其他车用能源	Others	86.2	84.4	84.4
交通工具使用和维修	Use and Maintance of Transporatation Facility	108.8	99.0	99.0
停车费	Parking Fees	129.1	100.0	100.0
车辆使用费	Fees for Vehicles Use	111.4	100.0	100.0
交通工具零配件	Accessories	95.3	95.3	95.3
车辆修理与保养	Repair and Maintenance of Vehicles	100.0	100.0	100.0
交通费	Traffic Fare	101.0	97.9	100.9
市内公共交通	Urban Traffic	100.0	100.0	100.0
出租汽车	Taxi	100.0	100.0	100.0
飞机票	Air Tickets	103.9	90.8	103.8
火车票	Train Tickets	100.0	100.0	100.0
长途汽车	Coach	100.0	100.0	100.0
其他交通费	Others	100.0	100.0	100.0
通信	Communication	100.9	99.6	100.2
通信工具	Communication Facility	101.1	97.5	99.7
固定电话机	Telephone	101.0	100.0	100.0
移动电话机	Mobile Telephone	101.1	97.4	100.0
通信工具零配件	Accessories	101.6	96.6	96.6
通信服务	Communication Service	100.9	100.3	100.3
固定电话费	Telephone	100.0	100.0	100.0
移动通信费	Mobile Communications	100.0	100.0	100.0
上网费	On Network Costs	102.5	100.0	100.0
其他通信服务	Others	103.5	110.0	110.0

continued

(2016, preceding year=100) (%)

月份 Month									
三 Mar.	四 Apr.	五 May.	六 June.	七 July.	八 Aug.	九 Sept.	十 Oct.	十一 Nov.	十二 Dec.
103.9	103.9	103.0	103.0	103.0	103.0	103.0	105.1	105.1	105.1
103.6	103.6	103.6	103.6	103.6	103.6	103.6	106.9	106.9	106.9
104.4	104.4	102.2	102.2	102.2	102.2	102.2	102.2	102.2	102.2
96.9	**95.9**	**96.7**	**96.1**	**98.7**	**100.3**	**103.8**	**102.1**	**102.3**	**104.2**
95.2	93.7	94.8	94.5	98.4	100.0	104.7	102.3	102.5	104.9
92.9	91.4	90.3	91.4	92.8	95.8	96.4	98.8	99.2	99.3
92.3	90.6	89.5	90.8	92.3	95.3	96.0	98.7	99.2	99.2
98.6	98.6	96.8	96.8	96.8	98.7	98.7	98.7	98.7	100.1
98.9	97.2	97.2	97.2	96.3	103.0	103.0	103.0	103.0	101.0
100.0	100.0	100.0	100.0	100.0	100.0	100.0	100.0	100.0	100.0
87.5	88.4	87.0	90.0	91.7	94.1	99.6	99.1	101.9	111.8
88.1	89.2	87.5	91.0	93.0	95.9	102.6	102.0	104.2	113.0
86.6	87.8	86.0	89.9	91.9	95.5	102.9	101.9	104.7	114.7
84.4	84.4	84.4	84.4	84.4	84.4	84.4	84.4	89.6	104.3
99.0	99.0	99.0	99.0	118.6	118.6	118.6	118.6	118.6	118.6
100.0	100.0	100.0	100.0	158.1	158.1	158.1	158.1	158.1	158.1
100.0	100.0	100.0	100.0	122.7	122.7	122.7	122.7	122.7	122.7
95.3	95.3	95.3	95.3	95.3	95.3	95.3	95.3	95.3	95.3
100.0	100.0	100.0	100.0	100.0	100.0	100.0	100.0	100.0	100.0
102.6	97.7	105.9	99.9	99.3	99.0	111.9	99.3	97.5	100.1
100.0	100.0	100.0	100.0	100.0	100.0	100.0	100.0	100.0	100.0
100.0	100.0	100.0	100.0	100.0	100.0	100.0	100.0	100.0	100.0
114.2	91.1	127.5	99.8	97.6	96.9	148.1	97.2	88.9	100.3
100.0	100.0	100.0	100.0	100.0	100.0	100.0	100.0	100.0	100.0
100.0	100.0	100.0	100.0	100.0	100.0	100.0	100.0	100.0	100.0
100.0	100.0	100.0	100.0	100.0	100.0	100.0	100.0	100.0	100.0
100.8	101.2	101.1	99.8	99.5	100.9	101.7	101.6	101.7	102.6
102.3	103.6	103.4	99.4	98.4	99.2	101.9	101.6	101.8	104.9
100.0	100.0	100.0	100.0	100.0	100.0	100.0	100.0	104.2	108.2
102.6	104.0	103.9	99.2	98.0	99.0	101.8	101.4	101.4	104.8
101.2	101.2	101.2	101.2	101.2	101.2	104.8	104.8	104.8	104.8
100.3	100.3	100.1	100.0	100.0	101.8	101.8	101.8	101.8	101.8
100.0	100.0	100.0	100.0	100.0	100.0	100.0	100.0	100.0	100.0
100.0	100.0	100.0	100.0	100.0	100.0	100.0	100.0	100.0	100.0
100.0	100.0	100.0	100.0	100.0	106.1	106.1	106.1	106.1	106.1
110.0	110.0	104.8	100.0	100.0	100.0	100.0	100.0	100.0	100.0

11—12 续表 7

单位:%　　　　　　　　　　　　　　　　　　　　　　　　　　　(2016,以上年价格为 100)

指　标	Item	年度 Year	月份 Month 一 Jan.	二 Feb.
邮递服务	Postal Service	100.3	102.1	102.1
邮政邮寄	Post	100.0	100.0	100.0
快递服务	Expressage	100.5	103.0	103.0
教育文化和娱乐	**Education,Culture and Recreation**	**101.1**	**101.8**	**100.9**
教育	Education	101.7	102.2	102.2
教育用品	Education Products	102.3	104.0	104.0
工具书	Reference Book	100.4	100.0	100.0
教材	Textbook	103.5	103.2	103.2
参考资料	Reference Material	102.1	105.9	105.9
其他教育用品	Others	100.0	100.0	100.0
教育服务	Educational Service	101.6	101.9	101.9
学前教育	Pre-school	108.5	100.0	100.0
小学初中教育	Primary and Junior Schools	108.7	109.5	109.5
高中中职教育	High and Vocational Schools	100.0	100.0	100.0
高等教育	Higher Education	100.0	100.0	100.0
课外教育	Professional Skills Training	100.0	100.0	100.0
专业技能培训	Professional Skills Training	98.9	111.8	111.8
文化娱乐	Cultural and Recreation	100.3	101.3	99.1
文娱耐用消费品	Durable Consumer Goods for Cultural and Recreation	98.6	96.4	96.3
电视机	TV Set	98.4	95.1	95.3
照相机	Camera	99.2	96.5	99.1
台式计算机	Desktop Computer	96.8	97.5	94.4
笔记本平板	Tablets	100.2	94.3	95.7
乐器	Musical Instruments	100.0	100.0	100.0
音响	Sound Equipment	99.2	100.7	100.7
其他文娱耐用消费品	Ohters	97.3	98.6	98.3
其他文娱用品	Other Entertainment Products	101.3	100.8	100.8
书报杂志	Newspapers and Magazines	100.0	100.0	100.0
纸张文具	Paper and Stationery	100.5	100.0	100.0
体育户外用品	Sports and Outdoor Products	103.3	104.5	104.5
游戏用品和玩具	Games and Toys	98.5	98.5	98.5
园艺花卉及用品	Gardening Flowers and Products	101.2	100.0	100.0
宠物及用品	Pets and Products	102.9	100.0	100.0
其他文化娱乐用品	Ohters	101.6	100.9	100.9
文化娱乐服务	Cultural and Recreation Services	100.2	101.5	101.5
电影票	Movie Tickets	100.0	100.0	100.0
景点门票	Attractions Tickets	100.0	100.0	100.0
有线电视	Cable Television	100.0	100.0	100.0
健身活动	Fitness Activities	101.0	106.5	106.5
其他文娱服务	Others	100.0	100.0	100.0

continued

（2016, preceding year=100）　　　　（%）

月份 Month									
三 Mar.	四 Apr.	五 May.	六 June.	七 July.	八 Aug.	九 Sept.	十 Oct.	十一 Nov.	十二 Dec.
100.0	100.0	100.0	100.0	100.0	100.0	100.0	100.0	100.0	100.0
100.0	100.0	100.0	100.0	100.0	100.0	100.0	100.0	100.0	100.0
100.0	100.0	100.0	100.0	100.0	100.0	100.0	100.0	100.0	100.0
101.4	**100.4**	**100.2**	**99.9**	**100.5**	**101.3**	**101.2**	**101.1**	**101.9**	**102.7**
102.8	101.0	101.2	101.2	101.2	102.0	101.6	101.6	101.6	101.7
101.1	101.1	101.1	101.1	101.1	101.1	103.2	103.2	103.2	103.6
100.0	100.0	100.0	100.0	100.0	100.0	100.0	100.0	100.0	104.7
100.2	100.2	100.2	100.2	100.2	100.2	108.8	108.8	108.8	108.8
102.2	102.2	102.2	102.2	102.2	102.2	100.2	100.2	100.2	100.2
100.0	100.0	100.0	100.0	100.0	100.0	100.0	100.0	100.0	100.0
103.2	101.0	101.2	101.2	101.2	102.2	101.3	101.3	101.3	101.3
109.1	109.1	109.1	109.1	109.1	109.1	111.8	111.8	111.8	111.8
109.5	109.5	109.5	109.5	109.5	109.5	107.2	107.2	107.2	107.2
100.0	100.0	100.0	100.0	100.0	100.0	100.0	100.0	100.0	100.0
100.0	100.0	100.0	100.0	100.0	100.0	100.0	100.0	100.0	100.0
100.0	100.0	100.0	100.0	100.0	100.0	100.0	100.0	100.0	100.0
111.8	93.3	95.3	95.3	95.3	102.6	93.5	93.5	93.5	93.5
99.4	99.6	98.8	98.2	99.6	100.4	100.8	100.4	102.4	104.1
96.5	96.9	98.4	97.9	97.8	100.3	100.4	100.8	100.8	100.8
92.1	93.9	98.3	97.8	96.2	101.8	103.0	102.8	102.5	102.4
100.6	99.3	100.0	100.0	100.0	100.0	98.7	98.7	98.7	98.7
94.1	93.4	93.9	94.7	97.0	99.7	98.5	99.5	99.9	99.9
102.7	102.7	102.7	100.0	100.0	100.0	100.0	101.4	101.4	101.4
100.0	100.0	100.0	100.0	100.0	100.0	100.0	100.0	100.0	100.0
100.7	100.7	98.4	98.4	98.4	98.4	98.4	98.4	98.4	98.4
97.7	97.7	96.9	96.2	96.4	96.7	96.8	96.8	96.8	98.6
101.0	101.2	101.2	101.2	102.2	102.2	101.7	101.0	101.0	101.0
100.0	100.0	100.0	100.0	100.0	100.0	100.0	100.0	100.0	100.0
100.0	100.0	100.0	100.0	101.1	101.1	101.1	101.1	101.1	101.1
104.5	104.5	104.5	104.5	104.5	104.5	104.5	100.0	100.0	100.0
98.5	98.5	98.5	98.5	98.5	98.5	98.5	98.5	98.5	98.5
101.4	102.7	102.7	102.7	102.7	102.7	100.0	100.0	100.0	100.0
100.0	100.0	100.0	100.0	105.8	105.8	105.8	105.8	105.8	105.8
100.9	100.9	100.9	100.9	102.2	102.2	102.2	102.2	102.2	102.2
101.5	101.5	101.5	100.0	100.0	100.0	100.0	98.5	98.5	98.5
100.0	100.0	100.0	100.0	100.0	100.0	100.0	100.0	100.0	100.0
100.0	100.0	100.0	100.0	100.0	100.0	100.0	100.0	100.0	100.0
100.0	100.0	100.0	100.0	100.0	100.0	100.0	100.0	100.0	100.0
106.5	106.5	106.5	100.0	100.0	100.0	100.0	93.9	93.9	93.9
100.0	100.0	100.0	100.0	100.0	100.0	100.0	100.0	100.0	100.0

11—12 续表 8

单位:%　　　　　　　　　　　　　　　　　　　　　　　　　　(2016,以上年价格为 100)

指　标	Item	年度 Year	月份 Month 一 Jan.	二 Feb.
旅游	Touring and Outing	102.6	109.0	100.1
旅行社收费	Travel Agent Fees	103.1	111.1	100.1
其他旅游	Others	100.0	100.0	100.0
医疗保健	**Health Care**	**102.4**	**100.9**	**100.9**
药品及医疗器具	Medicines and Medical Apparatus	102.3	99.7	99.7
中药	Traditional Chinese Medicines	99.5	99.3	99.0
中药材	Traditional Chinese	97.8	99.1	97.9
中成药	Chinese Patent Medicine	100.4	99.5	99.6
西药	Western Medicines	99.0	96.4	96.6
抗微生物药	Antimicrobial	97.9	95.1	95.1
消化系统用药	Digestive System	92.6	87.4	87.4
呼吸系统用药	Respiratory	101.2	94.9	96.5
解热镇痛药	Antipyretic and Analgesic	98.2	96.5	96.5
抗肿瘤药	Antineoplastic	97.2	94.6	94.6
激素及影响内分泌药	Hormone and Endocrine	104.0	106.9	106.9
心血管系统用药	Cardiovascular	99.0	94.5	94.5
血液系统用药	Hematological system	102.0	100.0	101.1
治疗精神障碍药	Antipsychotics	100.8	100.0	100.0
神经系统用药	Nervous System	96.2	90.0	90.0
消毒防腐及创伤外科用药	Disinfection Antiseptics and Traumatology Department	100.0	97.7	97.7
泌尿系统用药	Urinary System	99.5	98.8	98.8
维生素、矿物质类药	Vitamin and Mineral	105.9	110.0	110.0
调节水、电解质及酸碱平衡药	Regulate water Electrolyte and Acid-base Balance	100.0	100.0	100.0
滋补保健品	Nourishing Health Products	116.2	108.9	108.9
医疗卫生器具	Medical Apparatus	101.8	100.0	100.0
医疗卫生器具	Medical Apparatus	101.8	100.0	100.0
保健器具	Health Care Apparatus	100.4	100.0	100.0
保健器具	Health Care Apparatus	100.4	100.0	100.0
医疗服务	Medical Services	102.5	102.5	102.5
综合医疗类	Comprehensive Medical	104.6	107.8	107.8
一般医疗服务	General Medical Services	109.8	114.1	114.1
一般治疗操作	General Treatment Operation	102.3	106.1	106.1
护理	Nursing	100.0	100.0	100.0
其他综合医疗服务	Others	100.0	100.0	100.0
诊断类	Diagnosis	100.0	100.0	100.0
病理学诊断	Pathology	100.0	100.0	100.0
实验室诊断	Laboratory	100.0	100.0	100.0
影像学诊断	Iconography	100.0	100.0	100.0
临床诊断	Clinic	100.0	100.0	100.0

continued

(2016, preceding year=100) (%)

月份 Month									
三 Mar.	四 Apr.	五 May.	六 June.	七 July.	八 Aug.	九 Sept.	十 Oct.	十一 Nov.	十二 Dec.
101.2	101.1	95.4	95.6	100.6	100.2	101.6	101.7	110.1	118.4
101.5	101.3	94.3	94.6	100.7	100.2	101.9	102.1	112.6	123.4
100.0	100.0	100.0	100.0	100.0	100.0	100.0	100.0	100.0	100.0
100.7	**100.8**	**102.6**	**102.6**	**102.4**	**103.1**	**103.4**	**103.6**	**103.8**	**103.9**
99.2	99.4	102.2	101.7	104.0	104.1	104.1	104.4	104.7	105.0
97.9	97.7	97.3	97.3	100.3	100.3	100.8	101.5	101.2	101.5
96.3	97.5	97.2	97.2	97.2	97.2	98.5	98.5	98.5	98.5
98.8	97.9	97.4	97.4	102.0	102.0	102.0	103.1	102.6	103.1
96.3	96.9	96.8	96.9	101.0	101.3	101.0	101.2	102.0	102.5
95.1	96.3	96.3	96.3	100.2	100.2	100.2	100.2	100.2	100.2
87.4	87.5	87.5	87.5	98.3	98.3	98.3	99.1	98.3	99.1
96.5	96.5	98.2	101.5	105.2	105.2	105.2	105.2	105.2	105.2
96.5	96.5	96.5	96.5	100.0	100.0	100.0	100.0	100.0	100.0
94.6	94.6	94.6	94.6	100.0	100.0	100.0	100.0	100.0	100.0
106.9	99.7	99.7	98.7	104.2	104.2	99.4	99.4	111.1	111.1
94.5	95.2	94.8	94.8	98.2	102.8	102.8	102.8	107.2	107.2
101.1	102.1	102.5	102.5	102.5	102.5	102.5	102.5	102.5	102.5
100.0	100.0	100.2	100.2	100.2	100.2	100.2	100.2	100.2	108.2
90.0	95.5	95.5	95.5	100.0	100.0	100.0	100.0	100.0	100.0
97.7	97.7	97.7	97.7	100.0	100.0	100.0	104.5	104.5	104.5
98.8	99.5	99.5	97.6	100.5	100.0	100.0	100.0	100.0	100.0
104.1	107.7	104.1	104.1	106.2	106.2	104.9	104.9	104.9	104.9
100.0	100.0	100.0	100.0	100.0	100.0	100.0	100.0	100.0	100.0
108.9	108.9	127.0	121.1	118.2	118.2	118.2	118.2	118.2	118.2
100.0	100.0	100.0	103.0	103.0	103.0	103.0	103.0	103.0	103.0
100.0	100.0	100.0	103.0	103.0	103.0	103.0	103.0	103.0	103.0
100.0	100.0	100.0	100.0	100.0	100.0	101.3	101.3	101.3	101.3
100.0	100.0	100.0	100.0	100.0	100.0	101.3	101.3	101.3	101.3
102.5	102.5	103.2	103.7	100.6	102.0	102.6	102.6	102.6	102.6
107.8	107.8	110.1	110.1	100.1	99.5	101.5	101.5	101.5	101.5
114.1	114.1	120.7	120.7	105.8	103.8	103.8	103.8	103.8	103.8
106.1	106.1	106.1	106.1	95.7	96.0	100.3	100.3	100.3	100.3
100.0	100.0	100.0	100.0	100.0	100.0	100.0	100.0	100.0	100.0
100.0	100.0	100.0	100.0	100.0	100.0	100.0	100.0	100.0	100.0
100.0	100.0	100.0	100.0	100.0	100.0	100.0	100.0	100.0	100.0
100.0	100.0	100.0	100.0	100.0	100.0	100.0	100.0	100.0	100.0
100.0	100.0	100.0	100.0	100.0	100.0	100.0	100.0	100.0	100.0
100.0	100.0	100.0	100.0	100.0	100.0	100.0	100.0	100.0	100.0
100.0	100.0	100.0	100.0	100.0	100.0	100.0	100.0	100.0	100.0

11—12 续表 9

单位:%　　　　(2016,以上年价格为 100)

指　标	Item	年度 Year	月份 Month 一 Jan.	二 Feb.
治疗类	Therapy	100.3	100.7	100.7
临床手术治疗	Clinical Operation	100.8	101.6	101.6
临床非手术治疗	Non-Clinical Operation	100.0	100.0	100.0
康复类	Rehabilitation	100.0	100.0	100.0
康复医疗	Rehabilitation Therapy	100.0	100.0	100.0
中医医疗服务类	Chinese Medicine Service	111.2	100.0	100.0
中医治疗	Chinese Medicine Therapy	111.2	100.0	100.0
其他医疗服务	Others	100.0	100.0	100.0
其他用品和服务	**Other Goods and Services**	**102.7**	**98.6**	**99.9**
其他用品类	Other Items	103.5	95.6	97.6
首饰手表	Jewellery and Watches	105.4	94.6	96.4
金饰品	Gold	116.9	99.0	102.2
银饰品	Silver	99.7	90.1	94.5
铂金饰品	Platinum	96.4	88.6	89.7
手表	Watches	104.6	100.6	99.0
其他杂项用品	Others	99.6	97.7	100.3
箱包	Luggage	97.5	100.0	100.0
母婴用品	Maternal and Child Products	101.5	101.3	101.3
眼镜	Glasses	101.0	90.5	99.7
其他服务类	Other Services	102.1	101.1	101.6
旅馆住宿	Hotel Accommodation	99.7	98.2	100.8
宾馆住宿	Hotel	99.2	97.0	101.4
其他住宿	Others	100.4	100.0	100.0
美容美发洗浴	Beauty,Hairdressing and Bath	101.2	102.6	102.5
美容	Beauty	100.0	100.0	99.6
美发	Hairdressing	101.2	101.2	101.3
洗浴	Bath	103.0	109.4	109.4
养老服务	Service for the aged	104.1	100.0	100.0
金融保险	Finance and Insurance	103.5	102.6	102.6
金融服务	Finance Services	93.2	88.1	88.1
车辆保险	Vehicle Insurance	100.0	100.0	100.0
旅行保险	Travel Insurance	100.0	100.0	100.0
其他保险	Other Insurance	109.2	108.9	108.9
其他服务类	Other Services	100.0	100.0	100.0
中介服务	Intermediary Agent	100.0	100.0	100.0
其他服务	Others	100.0	100.0	100.0

continued

(2016, preceding year=100) (%)

月份 Month									
三 Mar.	四 Apr.	五 May.	六 June.	七 July.	八 Aug.	九 Sept.	十 Oct.	十一 Nov.	十二 Dec.
100.7	100.7	100.7	100.7	100.0	100.0	100.0	100.0	100.0	100.0
101.6	101.6	101.6	101.6	100.0	100.0	100.0	100.0	100.0	100.0
100.0	100.0	100.0	100.0	100.0	100.0	100.0	100.0	100.0	100.0
100.0	100.0	100.0	100.0	100.0	100.0	100.0	100.0	100.0	100.0
100.0	100.0	100.0	100.0	100.0	100.0	100.0	100.0	100.0	100.0
100.0	100.0	100.0	105.9	105.9	124.5	124.5	124.5	124.5	124.5
100.0	100.0	100.0	105.9	105.9	124.5	124.5	124.5	124.5	124.5
100.0	100.0	100.0	100.0	100.0	100.0	100.0	100.0	100.0	100.0
101.5	**101.7**	**101.5**	**101.7**	**104.7**	**105.0**	**104.1**	**104.3**	**104.9**	**104.9**
100.8	100.8	102.2	102.2	107.2	107.8	107.4	106.4	107.4	107.4
100.9	101.7	103.8	103.7	111.1	111.5	110.6	109.3	110.9	111.2
110.2	111.6	116.0	116.0	128.1	126.8	126.4	124.8	125.2	118.9
94.5	96.6	96.6	98.4	103.1	103.1	103.1	103.1	103.1	111.6
91.6	92.0	94.9	92.6	100.8	102.3	100.2	97.9	101.8	105.6
105.0	105.0	103.3	105.0	105.0	106.5	106.5	106.5	106.5	106.5
100.5	99.0	98.7	99.0	99.2	100.1	100.8	100.3	100.1	99.9
100.0	96.7	96.7	96.7	96.7	96.7	96.7	96.7	96.7	96.7
101.3	101.3	100.2	99.1	99.1	101.6	102.8	104.0	103.4	102.8
100.4	100.4	100.4	102.7	103.4	104.2	105.4	102.1	102.1	102.1
102.2	102.4	100.9	101.3	102.8	102.7	101.5	102.7	102.9	103.1
103.0	103.8	98.5	100.4	100.4	100.3	94.7	98.6	98.4	99.2
105.2	99.9	98.1	100.9	101.8	101.7	91.9	97.8	97.3	98.7
100.0	110.1	99.2	99.6	97.9	97.9	100.0	100.0	100.0	100.0
102.6	102.6	100.5	100.5	100.5	100.5	100.5	100.5	100.5	100.5
100.0	100.0	100.0	100.0	100.0	100.0	100.0	100.0	100.0	100.0
101.2	101.2	101.2	101.2	101.2	101.2	101.2	101.2	101.2	101.2
109.4	109.4	100.0	100.0	100.0	100.0	100.0	100.0	100.0	100.0
100.0	100.0	100.0	100.0	108.2	108.2	108.2	108.2	108.2	108.2
102.9	102.9	103.1	103.2	103.5	103.5	103.5	104.3	104.8	104.8
90.2	90.2	91.6	92.6	94.7	94.7	94.7	95.5	100.0	100.0
100.0	100.0	100.0	100.0	100.0	100.0	100.0	100.0	100.0	100.0
100.0	100.0	100.0	100.0	100.0	100.0	100.0	100.0	100.0	100.0
108.9	108.9	108.9	108.9	108.9	108.9	108.9	110.0	110.0	110.0
100.0	100.0	100.0	100.0	100.0	100.0	100.0	100.0	100.0	100.0
100.0	100.0	100.0	100.0	100.0	100.0	100.0	100.0	100.0	100.0
100.0	100.0	100.0	100.0	100.0	100.0	100.0	100.0	100.0	100.0

11—13 商品零售价格分类指数

Retail Price Indices by Classification

单位:% （2016,以上年价格为 100）

指 标	Item	指数 Indice
商品零售价格指数	**Retail Price Index**	**100.8**
食品	**Food**	**102.8**
粮食	Grain	101.1
大米	Rice	102.6
面粉	Flour	100.7
其他粮食	Others	95.8
粮食制品	Grain Products	101.4
薯类	Tubers	119.7
薯类	Tubers	119.7
豆类	Beans and Products	100.1
干豆	Beans	98.9
豆制品	Bean Products	100.7
食用油	Edible oil and Fats	99.7
食用植物油	Edible Vegetable Oil	99.0
食用动物油	Edible Animal Oil	101.1
菜	Vegetables	113.7
鲜菜	Fresh Vegetables	117.4
干菜及菜制品	Dry Vegetables and Related Products	103.4
畜肉类	Livestock Meat	106.4
猪肉	Pork	116.8
牛肉	Beef	101.9
羊肉	Mutton	99.4
畜肉副产品	Meat by-products	111.5
其他畜肉及制品	Others	101.5
禽肉类	Poultry	100.9
鸡	Chicken	99.7
鸭	Duck	96.7
其他禽肉及制品	Others	106.1
水产品	Aquatic Products	102.3
淡水鱼	Freshwater Fish	100.1
海水鱼	Marine Fish	106.1
虾蟹类	shrimps,Prawn and Crabs	107.0
其他水产品及制品	Others	102.8
蛋类	Eggs	98.0
鸡蛋	Chicken	97.6
其他蛋及制品	Others	98.7
奶类	Milk	100.8
鲜奶	Fresh Milk	100.0
酸奶	Yoghourt	100.7

11—13 续表 1　continued

(preceding year =100)　　(%)

指　标	Item	指 数 Indice
奶粉	Milk Powder	102.6
其他奶制品	Others	100.4
干鲜瓜果类	Dried and Fresh Melons and Fruits	99.3
鲜瓜果	Fresh Melons and Fruits	99.1
坚果	Nuts	101.4
瓜果制品	Products of Melons and Fruits	98.3
糖果糕点类	Sugar,Candy and Cake	100.5
食糖	Sugar	101.5
糖果	Candy	101.5
糕点	Cake	99.2
其他糖果糕点	Others	100.1
调味品	Flavoring	104.0
食用盐	Edible Salt	100.0
酱油	Sauce	103.2
食醋	Edible Vinegar	105.3
调味酱	Bechamel	106.4
味精	MSG	102.4
其他调味品	Others	100.4
其他食品类	Other Food	102.1
方便食品	Convenience Food	102.1
淀粉及制品	Starch and Derived Products	104.5
膨化食品	Puffed Food	100.0
在外餐饮	Out-dining	100.3
正餐	Dinner	100.0
快餐	Fast Food	100.0
地方小吃	Local Snacks	102.0
其他在外餐饮	Others	100.0
饮料、烟酒	**Beverages , Tobacco and Liquor**	**100.9**
茶及饮料	Tea and Beverages	100.4
茶叶	Tea	99.9
固体咖啡	Solid Coffee	98.5
其他固体饮料	Other Solid Drink	105.2
饮用水	Drinking Water	98.6
果汁饮料	Juice	103.9
其他液体饮料	Others	99.4
烟草	Tobacco and Liquor	102.2
烟草	Tobacco	102.2
酒类	Liquor	100.3
白酒	White spirit	100.3

11—13 续表 2 continued

单位:%　　　　(2016,以上年价格为 100)

指　标	Item	指 数 Indice
葡萄酒	Wine	100.3
啤酒	Beer	100.8
其他酒类	Others	99.8
服装、鞋帽	**Garments ,Shoes and Hats**	**102.4**
服装	Garments	103.4
男士服装	Men's Clothing	102.4
男式西服	Western-style Clothes	102.1
男式冬衣	Winter Coat	99.2
男式夹克衫	Clip Grams Shirt	103.8
男式毛线衣	Wool Sweaters	102.1
男式运动装	Sport swear	104.2
男式衬衫T恤	Shirts and T-shirts	101.9
男式裤子	Trousers	106.4
男式内衣	Underwear	98.2
女士服装	Women's Clothing	104.1
女式外套	Outerwear	99.4
女式冬衣	Winter Coat	100.3
女式毛线衣	Wool Sweaters	104.9
女式运动装	Sport swear	110.1
女式衬衫T恤	Shirts and T-shirts	108.0
女式裤子	Trousers	103.9
女式裙子	skirts	103.1
女式内衣	Underwear	102.7
儿童服装	Children Clothing	102.7
婴幼服装	Baby's Clothing	102.6
儿童上衣	Upper Outer Garment	103.8
儿童裤子	Trousers	95.8
儿童裙子	Skirts	108.4
鞋帽袜	Shoes ,Hats and Socks	101.5
鞋	Shoes	101.9
男鞋	Male	99.5
女鞋	Female	102.4
童鞋	Children	106.3
袜子	Socks	100.0
袜子	Socks	100.0
帽子	Hats	100.0
帽子	Hats	100.0
其他衣着配件	Others	100.5
其他衣着配件	Others	100.5

11—13 续表 3 continued

（preceding year =100）　　（%）

指 标	Item	指 数 Indice
纺织品	**Textile**	**103.7**
服装材料	Clothing Material	100.0
服装材料	Clothing Material	100.0
床上用品	Bed Articles	104.3
被子	Quilt	99.1
床单被套	Bed Sheet and Duvet Cover	111.1
其他床上用品	Others	97.9
家用电器及音像器材	**Home Appliances and Audio & Video Equipment**	**97.1**
家庭设备	Household Equipment	97.0
洗衣机	Washing Machine	96.7
电冰箱(柜)	Refrigerator(cabinet)	99.0
抽油烟机	Exhaust Fan	94.5
空调器	Air Conditioner	101.0
热水器	Water Heater	95.8
炉具灶具	Cooker	92.3
微波炉	Microwave Oven	91.9
厨房小家电	Kitchen	100.0
生活小家电	Household	100.1
其他大型家用器具	Other Home Appliances	94.8
文娱用耐用消费品	Durable Consumer Goods for Cultural and Recreation	98.4
电视机	TV Set	98.4
照相机	Camera	99.2
音响	Sound Equipment	99.2
其他文娱耐用消费品	Others	97.3
专业音像器材	Professional Audio and Video Equipment	91.9
专业音响器材	Audio	100.0
专业声像器材	Video	82.6
文化办公用品	**Cultural and Office Goods**	**99.3**
纸张文具	Paper and Stationery	100.5
台式计算机	Desktop Computer	96.8
笔记本平板	Tablets	100.2
电脑附件	Computer Accessories	100.0
打印复印机	Printers	100.0
教学设备	Teaching Equipment	100.0
日用品	**Commodity**	**100.9**
日用百货	General Merchandise	99.6
电动自行车	Electric Bicycle	98.3
自行车	Bicycles	99.6
雨具	Others	99.9
护理器具	Nursing Appliances	101.1

11—13 续表 4 continued

单位:% (2016,以上年价格为 100)

指 标	Item	指 数 Indice
清洁用纸	Cleaning Paper	99.9
化妆器具	Make-up Appliances	100.0
厨具餐具茶具	Kitchen,Tableware and Tea Set	101.6
厨具	Kitchen	101.0
餐具	Tableware	99.8
茶具	Tea Set	104.3
清洗用品	Cleaning Articles	101.6
清洗用品	Cleaning Articles	101.6
其他日用品	Others	100.1
灯具	lamps and Lanterns	99.8
箱包	Luggage	97.5
母婴用品	Maternal and Child Products	101.5
眼镜	Glasses	101.0
其他护理用品	Other Nursing Materials	100.0
其他日用杂品	Other Daily Groceries	105.1
体育娱乐用品	**Sports and Entertainment Goods**	**101.9**
体育户外用品	Sports and Outdoor Products	103.3
体育户外用品	Sports and Outdoor Products	103.3
娱乐用品	Recreation Products	100.8
乐器	Musical Instruments	100.0
游戏用品和玩具	Games and Toys	98.5
园艺花卉及用品	Gardening Flowers and Products	101.2
宠物及用品	Pets and Products	102.9
其他文化娱乐用品	Others	101.6
交通、通信用品	**Transportation and Communication Articles**	**97.2**
交通运输机械	Transport machinery	95.1
小型汽车	Sedan	93.6
大中型客车	Large and Medium Coach	96.1
交通工具零配件	Accessories	95.3
通信器材	Telecom Equipment	100.8
固定电话机	Telephone	101.0
移动电话机	Mobile Telephone	101.1
其他通信器材	Others	100.0
家具	**Furniture**	**98.7**
柜	Cabinets	98.8
床	Beds	97.3
桌	Tables	101.7

11—13 续表 5 continued

(preceding year =100) (%)

指 标	Item	指 数 Indice
椅	Chairs	101.5
沙发	Sofas	99.3
其他家具	Others	95.1
化妆品	**Cosmetics**	**101.3**
清洁化妆品	Cleaning	100.0
护肤化妆品	Skin-care	100.0
彩妆化妆品	Make-up	107.5
清洁类护理用品	Cleaning Nursing Materials	101.2
护发美发用品	Bath & Slim Materials	100.0
金银饰品	**Gold and Silver Jewellery**	**106.3**
金饰品	Gold	116.9
银饰品	Silver	99.7
铂金饰品	Platinum	96.4
中西药品及医疗保健用品	**Traditional Chinese & Western Medicines and Health Care Products**	**100.1**
医疗卫生器具	Medical Apparatus	101.8
医疗卫生器具	Medical Apparatus	101.8
中药	Traditional Chinese Medicines	98.7
中药材	Traditional Chinese	97.8
中成药	Chinese Patent Medicine	100.4
西药	Western Medicines	98.9
抗微生物药	Antimicrobial	97.9
消化系统用药	Digestive System	92.6
呼吸系统用药	Respiratory	101.2
解热镇痛药	Antipyretic and Analgesic	98.2
抗肿瘤药	Antineoplastic	97.2
激素及影响内分泌药	Hormone and Endocrine	104.0
心血管系统用药	Cardiovascular	99.0
血液系统用药	Hematological system	102.0
治疗精神障碍药	Antipsychotics	100.8
神经系统用药	Nervous System	96.2
消毒防腐及创伤外科用药	Disinfection Antiseptics and Traumatology Department	100.0
泌尿系统用药	Urinary System	99.5
维生素、矿物质类药	Vitamin and Mineral	105.9
调节水、电解质及酸碱平衡药	Regulate water Electrolyte and Acid-base Balance	100.0
保健器具及用品	Health Equipment and Supplies	110.4

11—13 续表 6 continued

单位:%　　　　　　　　　　　　　　　　　　　　　　　　　　　　(2016,以上年价格为 100)

指　标	Item	指 数 Indice
保健器具	Health Care Apparatus	100.4
滋补保健品	Nourishing Health Products	116.2
书报杂志及电子出版物	**Books,Newspapers, Magazine and Electronic Publications**	**100.7**
教材及参考书	Textbook and Supplies	102.2
工具书	Reference Book	100.4
教材	Textbook	103.5
参考资料	Reference Material	102.1
其他教育用品	Others	100.0
书报杂志	Newspapers and Magazines	100.0
书报杂志	Newspapers and Magazines	100.0
计算机办公软件	Computer Office Software	100.0
计算机办公软件	Computer Office Software	100.0
燃料	**Fuel**	**97.5**
煤炭及制品	Coal and Related Product	101.3
原煤	Raw Coal	101.9
煤制品	Coal Product	101.3
石油及制品	Oil and Related Product	97.3
管道燃气	Pipeline Gas	100.0
液化石油气	Liquefied Petroleum Gas	100.0
汽油	Gasoline	95.7
柴油	Diesel Oil	95.2
建筑材料及五金电料	**Building Materials and Metal Materials**	**102.0**
建筑装璜材料	Building Decoration Materials	100.6
木地板	Wood Flooring	104.8
瓷砖	Ceramic	105.6
水泥	Cement	96.3
涂料	Painting	100.0
板材	Boarding	103.4
管材	Tubing	102.4
厨卫设备	Hutch Defends Equipment	102.3
门窗	Door & Window	97.6
其他住房装潢材料	Others	92.0
五金水暖	Hardware Plumbing	105.0
家用手工工具	Hand Tools for Household Use	100.1
配电附件	Distribution Accessories	109.4
水暖器材	Plumbing Equipment	105.0

11—14 各种物价总指数

Variety of Price Indices

单位:%　　(%)

指　标	Item	居民消费价格总指数 Consumer Price Index	商品零售价格总指数 Retail Price Index
以1957年价格为100	Year of 1957=100	878.4	589.4
以1962年价格为100	Year of 1962=100	699.1	473.4
以1965年价格为100	Year of 1965=100	848.2	569.5
以1970年价格为100	Year of 1970=100	805.3	541.1
以1978年价格为100	Year of 1978=100	722.3	483.1
以1980年价格为100	Year of 1980=100	670.2	447.8
以1985年价格为100	Year of 1985=100	565.9	380.2
以1990年价格为100	Year of 1990=100	331.8	225.4
以1992年价格为100	Year of 1992=100	285.5	196.5
以1995年价格为100	Year of 1995=100	167.6	126.4
以1997年价格为100	Year of 1997=100	163.8	116.4
以1998年价格为100	Year of 1998=100	150.3	119.8
以1999年价格为100	Year of 1999=100	150.2	121.4
以2000年价格为100	Year of 2000=100	153.4	128.4
以2001年价格为100	Year of 2001=100	149.4	123.5
以2002年价格为100	Year of 2002=100	150.2	124.9
以2003年价格为100	Year of 2003=100	147.6	125.3
以2004年价格为100	Year of 2004=100	143.0	122.9
以2005年价格为100	Year of 2005=100	145.8	126.4
以2006年价格为100	Year of 2006=100	138.4	120.9
以2007年价格为100	Year of 2007=100	131.5	116.6
以2008年价格为100	Year of 2008=100	122.1	110.0
以2009年价格为100	Year of 2009=100	122.5	111.7
以2010年价格为100	Year of 2010=100	117.8	108.5
以2011年价格为100	Year of 2011=100	111.9	104.7
以2012年价格为100	Year of 2012=100	109.2	104.1
以2013年价格为100	Year of 2013=100	105.5	101.8
以2014年价格为100	Year of 2014=100	103.3	101.0
以2015年价格为100	Year of 2015=100	101.7	100.8

11—15　工业生产者出厂价格指数

单位:%　　　　（以上年价格为 100）

指　标	Item	2009
全部工业品出厂价格总指数	**Total Industry Products Price Index**	**97.1**
核心指数	Core Index	—
高技术	Hi-technology	—
能源	Enery	—
按轻重工业分	Grouped by Light and Heavy Industry	
轻工业	Light Industry	95.5
以农产品为原料	Raw Material of Agricultural Products	92.8
以非农产品为原料	Raw Material of Non-Agricultural Products	98.9
重工业	Heavy Industry	97.8
采掘	Mining & Quarrying	103.3
原料	Raw Material	98.6
加工	Process	93.6
按生产生活资料分	Grouped by Means of Production and Means of Livilyhood	
生产资料	Means of Production	96.8
采掘	Mining & Quarrying	102.0
原料	Raw Material	98.4
加工	Process	93.4
生活资料	Consumer Goods	99.1
食品	Food	100.4
衣着	Clothing	97.4
一般日用品	Artiales for Daily Used	96.6
耐用消费品	Durable Cinsumer Goods	99.7
按初级中间最终产品分	Grouped by Primary Products Intermediate Products and fiual Products	
初级产品	Primary Products	—
矿产品	Minerals	—
废料	Waste	—
中间产品	Intermediate Products	—
最终产品	Final Products	—
最终投资品	Final Investment	—
最终消费品	Final Consumption Goods	—
按工业部门分	Grouped by Industry Branch	
冶金工业	Metallurgy Industry	81.2
电力工业	Electric Power Industry	99.7
煤炭及炼焦工业	Coal and Coking Industry	102.0
石油工业	Petroleum Industry	99.7
化学工业	Chemistry Industry	93.5
机械工业	Machinery Industry	98.1
建筑材料工业	Building Materials Industry	119.9
森林工业	Forest Industry	100.5

Industrial Producer Price Indices

(preceding year =100) (%)

2010	2011	2012	2013	2014	2015	2016
108.8	**109.1**	**99.4**	**95.0**	**97.1**	**94.5**	**98.9**
—	112.2	97.4	96.2	96.3	97.3	99.2
—	106.1	89.1	94.0	98.0	102.7	102.6
—	106.5	100.9	94.3	97.4	92.3	98.5
108.3	119.4	100.4	97.6	99.8	99.5	99.5
111.5	117.6	101.8	100.2	101.3	99.9	98.9
103.8	128.3	93.3	83.4	90.4	97.1	103.2
109.0	107.2	99.2	94.5	96.6	93.5	98.7
123.1	112.1	92.5	71.5	92.6	89.8	96.2
108.3	105.8	101.6	98.4	98.0	93.0	99.5
101.2	108.3	96.4	95.7	94.6	97.0	98.2
109.1	108.6	99.8	95.1	97.0	93.9	98.7
123.1	112.1	92.5	71.5	92.6	89.8	96.2
108.3	105.7	102.0	98.7	98.0	92.8	99.4
105.9	112.7	98.5	97.1	96.4	97.8	98.5
106.2	114.3	95.2	93.7	98.3	99.9	100.0
108.3	109.5	100.1	100.4	102.5	101.0	98.2
104.7	114.3	108.2	103.4	104.8	98.4	93.8
102.7	120.6	88.2	84.5	91.3	98.8	103.8
105.4	101.1	100.5	100.0	100.2	101.0	100.1
—	112.1	92.5	71.5	92.6	89.8	96.2
—	112.1	92.5	71.5	92.6	89.8	96.2
—	—	—	—	—	—	—
—	108.9	100.4	97.7	97.4	94.8	99.2
—	107.0	101.2	98.3	98.5	95.1	98.2
—	111.9	102.3	97.1	96.5	89.6	97.0
—	103.0	100.2	99.3	100.0	99.4	99.2
—						
108.1	110.5	95.9	94.8	94.4	91.9	102.4
105.8	100.4	100.9	100.0	100.0	99.3	99.3
123.1	110.1	92.6	75.2	91.2	87.7	100.3
110.2	115.8	108.3	98.5	96.9	81.5	95.9
105.4	116.8	91.3	89.4	90.6	97.5	97.7
101.1	103.0	100.5	98.3	99.6	99.6	99.9
97.5	102.6	95.2	97.2	96.4	93.3	99.3
102.1	100.1	100.5	100.3	100.3	101.1	100.1

11—15 续表

单位:% （以上年价格为100）

指 标	Item	2009
食品工业	Food Industry	100.1
纺织工业	Textile Industry	84.2
缝纫工业	Sewing Industry	97.2
皮革工业	Leather Industry	96.3
造纸工业	Papermaking Industry	99.8
文教艺术用品工业	Culture and Education Articles Industry	95.5
其它工业	Others Industry	94.9
按工业行业分	Grouped by Industry Sector	
煤炭开采和洗选业	Mining and Washing of Coal	102.0
农副食品加工业	Processing of Food from Agricultural Products	97.6
食品制造业	Manufacture of Foods	101.5
饮料制造业	Manufacture of Beverages	103.7
纺织业	Manufacture of Textile	85.3
纺织服装、鞋、帽制造业	Manufacture of Textile Wearing Apparel,Footware and Caps	103.6
皮革、毛皮、羽毛(绒)及其制品业	Manufacture of Leather,Fur,Feather and Related Products	96.3
木材加工及木、竹、藤、棕、草制品业	Processing of Timber,Manufacture of Wood,Bamboo,Rattan,Palm and Straw Products	101.3
家具制造业	Manufacture of Furniture	99.8
造纸及纸制品业	Manufacture of Paper and Paper Products	99.8
印刷业和记录媒介的复制	Printing,Reproduction of Recording Media	95.3
石油加工、炼焦及核燃料加工业	Processing of Petroleum,Coking,Processing of Nuclear Fuel	99.6
化学原料及化学制品制造业	Manufacture of Raw Chemical Materials and Chemical Products	92.6
医药制造业	Manufacture of Medicines	90.2
化学纤维制造业	Manufacture of Chemical Fibers	94.1
橡胶制品业	Manufacture of Rubber	96.6
塑料制品业	Manufacture of Plastics	90.2
非金属矿物制品业	Manufacture of Non-metallic Mineral Products	115.9
黑色金属冶炼及压延加工业	Smelting and Pressing of Ferrous Metals	79.1
有色金属冶炼及压延加工业	Smelting and Pressing of Non-ferrous Metals	77.0
金属制品业	Manufacture of Metal Products	94.0
通用设备制造业	Manufacture of General Purpose Machieery	98.6
专用设备制造业	Manufacture of Special Purpose Machieery	99.3
交通运输设备制造业	Manufacture of Transport Equipment	100.0
电气机械及器材制造业	Manufacture of Electrical Machinery and Equipment	94.7
仪器仪表及文化、办公用机械制造业	Manufacture of Measuring Instruments and Machinery for Cultural Activity and Office Work	99.7
电力、热力的生产和供应业	Production and Suppy of Electric Power,Steam and Hot Water	99.7
燃气生产和供应业	Production and Suppy of Gas	101.6
水的生产和供应业	Production and Suppy of Tap Water	100.0

continued

(preceding year =100) (%)

2010	2011	2012	2013	2014	2015	2016
108.5	108.9	100.7	101.3	102.6	99.8	98.3
116.4	126.7	102.4	99.7	100.4	100.1	100.1
104.7	109.6	105.4	100.5	104.2	100.5	98.3
98.0	115.6	109.4	107.4	102.7	94.9	88.9
106.7	104.2	100.2	97.8	100.0	100.0	100.2
100.9	102.8	104.8	103.9	100.3	100.0	100.0
107.4	115.1	101.3	98.3	97.7	101.6	100.4
123.1	112.1	92.5	71.5	92.6	89.8	95.7
105.6	108.7	102.8	104.6	100.6	99.3	101.0
109.8	123.2	91.1	85.8	96.1	96.6	98.1
111.1	106.6	102.6	98.6	102.3	103.0	99.6
115.6	126.4	102.5	99.7	100.6	100.1	99.9
100.3	102.4	102.2	101.7	101.1	100.0	100.1
98.0	115.6	109.4	107.4	102.7	94.9	88.9
101.0	98.9	100.3	100.7	100.6	101.1	100.1
102.6	100.9	100.6	100.0	100.2	101.2	100.1
106.7	104.2	100.2	97.8	100.0	100.0	100.2
98.7	102.8	105.2	104.2	100.4	100.0	100.0
110.5	114.1	105.4	97.0	94.6	80.4	99.8
105.2	116.2	102.0	94.3	90.8	102.5	93.2
102.3	106.2	88.1	93.6	98.0	102.9	102.9
90.9	—	—	—	—	—	—
108.4	117.8	85.0	87.1	85.7	89.8	92.1
103.0	106.0	99.7	96.9	102.0	92.1	95.0
98.6	104.9	96.2	97.3	96.3	93.9	99.1
103.9	107.9	94.6	96.9	90.0	86.9	98.3
115.4	110.6	94.3	93.0	94.9	92.6	106.5
94.1	113.6	102.5	97.5	98.4	95.8	98.2
102.5	103.7	100.2	99.8	99.9	99.8	99.6
97.6	100.1	99.8	97.3	97.1	100.0	99.7
100.0	101.8	100.0	100.0	100.0	100.0	—
98.4	102.2	100.0	96.0	99.4	99.4	100.1
94.4	104.8	100.9	99.3	97.6	100.1	100.2
105.8	100.4	102.6	100.0	100.0	99.3	99.3
100.0	100.0	133.0	114.9	115.6	101.3	90.7
120.3	115.1	102.0	100.0	101.2	111.4	103.0

11—16 工业生产者购进价格指数

单位:%　　　　　　　　　　　　　　　　　　　　　　　　　　　　　(以上年价格为100)

指　标	Item	2009
全部原材料购进价格总指数	**Purchasing Price of Materials**	**94.6**
按初级中间最终产品分	**Grouped by Intermediate Product and Final Product**	
初级产品	Primary Product	—
农产品	Agricultural Product	—
矿产品	Minerals	—
废料	Scrap	—
中间产品	Intermediate Product	—
九大类原材料购进价格指数	**Classification of Purchasing Price of Materials**	
燃料、动力类	Fuel and Power	95.7
黑色金属材料类	Ferrous Metals	83.8
钢材	Steel	84.6
其它	Others	70.9
有色金属材料及电线类	Nonferrous Metals and Electric Wires	76.9
化工原料类	Raw Chemical Materials	99.9
木材及纸浆类	Timber and Paper Pulp	100.3
建筑材料及非金属类	Building Materials and Non-metallic Mineral	107.7
其它工业原材料及半成品类	Others Industry Raw Materials and Semi-manufantures	98.2
农副产品类	Agricultural Products	93.9
纺织原料类	Textile Materials	90.4

11—17 房地产价格指数

单位:%　　　　　　　　房地产月同比价格指数　　　　　　　　(2016,以上年同月价格为100)

指　标	Item	1月	2月
新建住宅价格指数	**New Residential Buildings Sales Price Index**	**96.4**	**96.9**
新建商品住宅价格指数	**New Commercialized Houses Sales Price Index**	**96.4**	**96.9**
$90m^2$及以下	Housing of 90 Square Meters Below	96.0	96.1
$90-144m^2$	Housing of Square Meters Below 90 and 140	96.7	97.2
$144m^2$以上	Housing of 144 Square Meters Above	95.9	96.6
二手住宅价格指数	**Second-hand House Sales Price Index**	**98.2**	**98.5**
$90m^2$及以下	Housing of 90 Square Meters Below	98.0	98.2
$90-144m^2$	Housing of Square Meters Below 90 and 140	98.4	98.7
$144m^2$以上	Housing of 144 Square Meters Above	98.5	98.8

房地产月环比价格指数　　　　　　　　(2016,以上月价格为100)

指　标	Item	1月	2月
新建住宅价格指数	**New Residential Buildings Sales Price Index**	**99.7**	**100.0**
新建商品住宅价格指数	**New Commercialized Houses Sales Price Index**	**99.7**	**100.0**
90㎡及以下	Housing of 90 Square Meters Below	99.5	99.7
90-144㎡	Housing of Square Meters Below 90 and 140	99.7	100.0
144㎡以上	Housing of 144 Square Meters Above	99.6	99.9
二手住宅价格指数	**Second-hand House Sales Price Index**	**99.9**	**99.9**
90㎡及以下	Housing of 90 Square Meters Below	100.0	99.9
90-144㎡	Housing of Square Meters Below 90 and 140	99.9	100.0
144㎡以上	Housing of 144 Square Meters Above	100.0	99.9

Purchasing Price Indices of Industrial Producer

(preceding year =100) (%)

2010	2011	2012	2013	2014	2015	2016
115.8	**115.0**	**104.2**	**96.9**	**97.0**	**84.6**	**96.4**
—	119.7	106.8	95.8	96.9	76.4	92.3
—	115.5	101.0	101.3	101.7	96.3	96.8
—	121.9	109.7	93.2	94.5	65.9	90.0
—	117.7	90.9	86.7	89.7	76.8	99.6
—	108.4	100.2	98.5	97.1	96.1	102.3
116.0	116.5	107.4	96.0	96.4	74.3	94.1
110.2	108.9	93.8	89.4	92.1	92.1	103.3
107.5	107.5	96.2	88.9	93.4	96.8	104.0
118.6	112.5	87.7	90.5	88.8	79.8	101.0
128.5	104.2	94.2	94.3	91.3	97.1	97.8
116.1	120.8	100.3	93.9	93.8	88.4	98.1
101.6	101.9	100.8	99.4	99.7	99.8	102.2
111.0	123.0	110.3	87.4	91.4	90.2	98.7
110.0	108.7	103.1	104.9	98.9	98.0	101.6
116.3	115.5	101.0	101.3	101.7	96.3	96.7
109.1	114.7	97.3	98.6	100.7	99.6	99.2

Price Indices of Real Estate

(2016, preceding year =100) (%)

3月	4月	5月	6月	7月	8月	9月	10月	11月	12月
97.7	**98.8**	**99.9**	**100.0**	**100.7**	**101.0**	**101.1**	**101.3**	**101.5**	**102.1**
97.7	**98.8**	**99.9**	**100.0**	**100.7**	**101.0**	**101.1**	**101.4**	**101.5**	**102.1**
96.6	98.2	99.6	100.0	101.5	101.5	101.6	102.7	102.5	103.4
98.2	99.4	100.5	100.5	101.0	101.2	101.4	101.4	101.7	102.1
97.1	97.8	98.3	98.6	99.4	100.1	100.3	100.3	100.3	101.4
99.1	**99.3**	**99.5**	**99.5**	**99.7**	**99.8**	**99.9**	**99.9**	**100.1**	**100.2**
98.8	99.1	99.4	99.6	99.8	99.9	100.1	100.1	100.4	100.5
99.2	99.4	99.6	99.4	99.7	99.8	99.9	99.9	100.1	100.1
99.3	99.6	99.7	99.2	99.4	99.2	99.0	99.0	98.9	99.0

(2016, preceding month =100) (%)

3月	4月	5月	6月	7月	8月	9月	10月	11月	12月
100.2	**100.7**	**100.6**	**99.9**	**100.2**	**100.1**	**100.2**	**100.1**	**100.2**	**100.3**
100.2	**100.7**	**100.6**	**99.9**	**100.2**	**100.1**	**100.2**	**100.1**	**100.2**	**100.3**
100.2	100.7	101.1	100.3	100.8	100.0	100.2	100.2	100.3	100.3
100.2	100.8	100.7	99.8	100.0	100.0	100.3	100.0	100.3	100.2
100.1	100.4	100.2	99.8	100.1	100.4	100.2	100.2	100.0	100.4
100.3	**100.0**	**100.1**	**99.9**	**100.0**	**100.1**	**100.1**	**100.0**	**99.9**	**100.0**
100.3	100.1	100.2	100.2	99.9	100.1	100.0	99.9	100.0	100.0
100.2	100.0	100.1	99.7	100.0	100.1	100.2	100.0	99.9	99.9
100.2	100.0	100.1	99.5	100.1	99.8	99.9	99.9	99.5	100.0

主要统计指标解释

【城乡居民人均可支配收入(新口径)】指调查户在调查内获得的、可用于最终消费支出和储蓄 的总和,即调查户可以用来自由支配的收入。可支 配收入既包括现金,也包括实物收入。按照收入的 来源,可支配收入包含四项,分别为:工资性收入、经营净收入、财产净收入和转移净收入。

可支配收入=工资性收入+经营净收入+财产净 收入+转移净收入

其中:经营净收入=经营收入—经营费用—生 产性固定资产折旧—生产税

财产净收入=财产性收入—财产性支出 转移净收入=转移性收入—转移性支出

【城镇居民人均可支配收入(老口径)】指城镇 家庭总收入扣除交纳的个人所得税和个人交纳的 社会保障支出之后,按照城镇居民家庭人口平均的 收入水平。其中家庭总收入是指该家庭中生活在 一起的所有家庭人员从各种渠道得到的所有收入 之和。

可支配收入=家庭总收入—交纳所得税—个人 交纳的社会保障支出—记账补贴

【农村居民人均纯收入(老口径)】指农村住户 当年从各个来源得到的家庭总收入扣除有关费用 性支出后,最终归农村居民所有的收入总和,按照 农村住户人口平均的纯收入水平。

注 :2013 年之前新口径数据的推算办法(从 2014 年 1 季度开始。正式对外发布新口径数据, 2013 年新老口径同时使用)。

公式:2012 年新口径农村居民收入=2013 年新 口径农村居民收入 ÷(1+2013 年老口径农村居民收 入的增速)

【城乡居民消费支出(新口径)】指住户用于满 足家庭日常生活消费需要的全部支出,包括用于消 费品的支出和用于服务性消费的支出。根据用途 不同,消费支出可划分为食品烟酒、衣着、居住、生 活用品及服务、交通通信、教育文化娱乐、医疗保健、其他用品及服务八大类。根据来源不同,消费 支出可划分为现金消费支出、实物消费支出(含自产 自用、来自单位、来自政府和其它社会组织)。

【居民消费价格指数(简称 CPI)】是指城乡居 民购买并用于日常生活消费的商品和服务项目的 价格。居民消费价格调查的任务是调查、搜集和整 理这些商品和服务项目的价格,并编制居民消费价 格指数(英文名称:Consumer Pr ice Index 缩写:CPI),旨在反应一定时期内居民所消费商品及服务项目 的价格水平变动趋势和变动程度。居民消费价格 水平的变动率在一定程度上反映了通货膨胀(或紧 缩)的程度。

【商品零售价格指数(简称 RPI)】商品的零售 价格是商品在流通过程中最后一个环节的价格,是 工业、商业、餐饮和其他零售企业向城乡居民、机关 团体出售生活消费品和办公用品的价格。商品零 售价格调查的任务是系统地调查、搜集和整理市场 商品零售价格资料,编制商品零售价格指数(RPI),以此反映市场商品零售价格的变动趋势和变动程 度。其目的在于掌握商品价格的变动趋势,为国家 宏观调控和国民经济核算提供参考依据。

【工业生产者价格指数】包括工业生产者出丿 价格指数(简称 PPI)和工业生产者购进价格指数(简称 IPI),是反映工业产品价格变化趋势和变动幅 度的统计指标,是工业品价格在不同时间和空间条 件下平均变动的相对数。工业生产者价格包括工 业品第一次出售时的出厂价格和企业作为中间投 入的原材料、燃料、动力购进价格,是进行国民经济 核算和经济管理的重要依据。

【房地产价格指数】是综合反映住宅商品价格水平总体变化趋势和变化幅度的相对数,住宅销售价格指数由全国 70 个大中城市的新建住宅销售价格指数和二手住宅销售价格指数组成。新 建住宅含保障性住房;新建商品住宅不含保障性 住房。

12 城市公用事业

City Public Utilities

12—1 主要年份城市设施水平

指 标	Item	单位	Unit
人均日生活用水量	Per Capita Daily Water Consumption for Residential Use	升	liter
用水普及率	Coverage Rate of Urban Population with Access to Tap Water	%	%
每万人拥有公交车辆	Number of Public Transportation Vehicles Per 10 000 Population	标台	unit
燃气普及率	Coverage Rate of Urban Population with Access to Gas	%	%
人均拥有城市道路面积	Per Capita Area of Paved Roads	平方米	sq.m
排水管道密度	Density of City Sewage Pipes	公里/平方公里	km/sq.km
污水处理率	Rate of Sewage Disposal	%	%
#污水处理厂集中处理率	Rate of Sewage Disposal	%	%
粪便处理率	Rate of Disposal of Excrement and Urine	%	%
清运生活垃圾无害化处理率	Rate of Life Garbage Disposal	%	%
人均公园绿地面积	Per Capita Park Green Area	平方米	sq.m
建成区绿地率	Parks and Green land Rate of Developed Areas	%	%
建成区绿化覆盖率	Green Covered Rate of Completed Area	%	%

注:城市公用事业数据资料均来自相关部门。

12—2 主要年份城市环境卫生

指 标	Item	单位	Unit
从业人数	Number of Employed Persons	人	person
道路清扫保洁面积	Area under Cleaning Program	万平方米	10 000 sq.m
#机械清扫	Mechanical Cleaning	万平方米	10 000 sq.m
生活垃圾清运量	Volume of Garbage Disposal	万吨	10 000 tons
生活垃圾无害化处理厂(场)	Harmless Treatment Plant of Garbage(Field)	座	unit
生活垃圾无害化处理能力	Harmless Treatment Capacity of Garbage	吨/日	ton/day
生活垃圾无害化处理量	Harmless Treatment quantity of Garbage	万吨	10 000 tons
粪便清运量	Volume of Excrement and Urine Disposal	万吨	10 000 tons
公厕数量	Number of Public Lavatories	座	unit
#水冲式	Flush	座	unit
市容环卫专用车辆	NumberSanitationof Special Vehicles for Environmental	辆	vehicle

The Level of Urban Facilities in Main Years

2008年	2009年	2010年	2011年	2012年	2013年	2014年	2015年	2016年
180.2	162.0	164.9	153.2	163.0	163.5	165.0	184.0	194
99.1	99.5	99.5	85.0	96.3	97.3	96.0	96.0	96
15.2	14.1	11.0	11.5	13.3	14.3	13.9	17.4	10.25
97.6	97.8	82.4	73.9	82.6	83.3	99.6	89.9	96
15.0	15.1	15.3	12.2	13.6	19.8	13.7	13.7	15.28
3.9	3.8	3.7	4.1	4.0	4.0	4.2	4.0	7.65
87.6	87.0	91.8	92.0	92.0	93.0	93.0	93.8	95.2
87.6	87.0	91.8	92.0	92.0	93.0	93.0	93.8	95.2
100.0	100.0	100.0	100.0	100.0	100.0	100.0	100.0	100
100.0	100.0	100.0	100.0	100.0	100.0	100.0	100.0	97
14.0	14.0	12.1	12.2	13.4	15.1	16.1	16.3	16.52
41.7	43.2	43.2	43.3	41.9	41.1	40.4	40.9	41.48
43.0	43.0	43.0	43.2	41.7	41.1	40.4	40.9	41.51

a) Date in this table came from related department.

Environmental Sanitation in Main Years

2008年	2009年	2010年	2011年	2012年	2013年	2014年	2015年	2016年
2958	2591	3290	3045	3233	3734	4028	4476	4589
1564	1793	1503	1916	2544	3697	3885	4188	4156
372	490	520	520	520	556	1090	1443	1578
24.8	26	29	29.6	37	41	44	51	46.7
1	1	1	1	1	1	1	2	2
1000	1000	1000	1000	1000	1000	1000	2500	2500
24.8	26	29	29.6	37	41	44	51	45.3
1.3	0.8	1	1	1	1	0.8	1	6
293	288	338	338	392	214	215	263	285
251	251	301	301	355	211	214	263	285
215	279	340	301	299	634	818	1100	1033

12—3 主要年份城市供水

指 标	Item	单位	Unit
年末水厂个数	Number of Waterworks at Year-end	个	unit
地下水综合生产能力	Synthesize Productivity of Groundwater	万立方米/日	10 000 cu.m/day
水质综合合格率	Qualified Rate of Water Quality at Year-end	%	%
年末供水管道总长度	Length of Water Supply Pipelines	公里	km
全年供水总量	Total Annual Volume of Water Supply	万立方米	10 000 cu.m
#生产用量	Volume of Productive Use	万立方米	10 000 cu.m
居民生活用量	Volume of Residential Use	万立方米	10 000 cu.m
城市公共管网漏失率	Rate of City Public Pipe Network	%	%
用水户数	Number of Households with Access to Tap Water	万户	10 000 household
用水人口	Number of Residents with Access to Tap Water	万人	10 000 person
城市居民人均生活用水量	Volume of Per Capita in Urban Life	升/人·日	liter/person·day
节约用水量	Volume of Water Conservation	万立方米	10 000 cu.m

12—4 主要年份城市园林绿化

指 标	Item	单位	Unit
园林绿地面积	Area of Parks and Green land	公顷	hectare
#公园绿地面积	Area of Public Parks and Green land	公顷	hectare
年末绿化覆盖面积	Green Covered Area at Year-end	公顷	hectare
#建成区	Completed Area	公顷	hectare
公园个数	Number of Parks	个	unit
公园面积	Area of Parks	公顷	hectare

12—5 主要年份城市公共交通

指 标	Item	单位	Unit
公共汽车运营车辆数	Number of Public Vehicles under Operation	辆	unit
标准运营车辆	Number of Standard Vehicles under Operation	标台	unit
运营线路网长度	Network Length	公里	km
客运总量	Volume of Passenger	万人次	10 000 person-times
出租汽车数	Number of Taxi	辆	unit
出租汽车从业人员	Drivers of Taxi	人	person

Tap Water Supply of City in Main Years

2007 年	2009 年	2010 年	2011 年	2012 年	2013 年	2014 年	2015 年	2016 年
6	6	6	6	6	6	7	8	8
47	44	44	41	39.4	40.2	34.5	44.6	44.6
100	100	100	100	100	100	100	100	100
794	831	841	850	859	641	724	739	772.87
9059	10225	10525	11249	11468	11835	9717	10824	11445
2789	2917	2671	2642	2413	2445	2101	2655	2984
3413	4452	5104	5182	5381	5776	6316	6718	6925
8	9.8	10.2	9.9	10.1	11.7	11.5	13.4	13.4
22.8	22.9	23	36.3	34.6	36.5	38.1	37.8	39.5
88	105.3	107.6	125.4	122	128	140	138.9	140
106	162	165	153	163	167	115	133	145
767	210	151	90	193	180	176	584	337

Parks and Green Areas of City in Main Years

2008 年	2009 年	2010 年	2011 年	2012 年	2013 年	2014 年	2015 年	2016 年
5239	5181	5407	5584	5884	7413	8506	9022	9683.42
1385	1545	1556	1651	1780	2173	2213	2263	2322.12
5403	5403	5701	5865	6165	7694	8694	9209	9868.54
4765	4976	5188	5332	5632	6102	6506	6821	9868.54
16	17	17	17	17	17	19	20	20
486	532	532	950	532	532	660	730	730

Public Transportation of City in Main Years

2008 年	2009 年	2010 年	2011 年	2012 年	2013 年	2014 年	2015 年	2016 年
1348	1321	1401	1377	1535	1645	1616	1949	1818
1113	1492	1421	1514	1762	1942	1907	2398	2246.3
415	410	420	450	489	1594	1755	1979	657.74
15257	17378	18171	19920	25445	30048	30271	30653	31025
5006	5006	5006	5006	5278	5364	5364	5364	5364
11840	11000	9667	12000	12000	12000	13193	12000	13400

12—6 主要年份市政建设及城市燃气

指 标	Item	单位	Unit	2008 年
市政建设	**Public Facilities**			
年末实有道路长度	Length of Paved Roads at Year-end	公里	km	469
道路面积	Area of Street	万平方米	10 000sq.m	1335
#人行道面积	Area of Sidewalk	万平方米	10 000sq.m	290
年末实有桥梁数	Number of Bridge at Year-end	座	unit	47
#立交桥	Overpass	座	unit	2
排水管道长度	Length of Draining Water Pipelines	公里	km	426
路灯盏数	Number of Street Lights	盏	unit	114068
污水年排放量	Volume of Sewage Annual Emission	万立方米	10 000cu.m	9546
污水处理厂座数	Number of Sewage Treatment Plant	座	unit	4
污水年处理量	Volume of Sewage Annual Disposal	万立方米	10 000cu.m	8363
液化石油气	**Liquefied Petroleum Gas**			
供气总量	Volume of Gas Supply	吨	ton	7867
#家庭用量	Volume of Household	吨	ton	7867
用气户数	Number of Household Used Gas	户	household	123247
#家庭用户	Household	户	household	123247
用气人口	Population with Access to Gas	万人	10 000 persons	36.97
天然气	**Natural Gas**			
供气总量	Volume of Gas Supply	万立方米	10 000cu.m	87840
#家庭用量	Volume of Household	万立方米	10 000cu.m	11810
用气户数	Number of Household Used Gas	户	household	154000
#家庭用户	Household	户	household	154000
用气人口	Population with Access to Gas	万人	10 000 persons	49.7
供气管道长度	Length of Gas Pipelines	公里	km	1326
集中供热	**Heating**			
供热能力(热水)	Heating Capacity(hot water)	兆瓦	mega watts	2887
#热电厂供热(热水)	Heating by Thermal Power Plan(t hot water)	兆瓦	mega watts	822
锅炉房供热	Heating by Boiler Room	兆瓦	mega watts	2051
供热总量(热水)	Quantity of Heat Supplied(hot water)	万吉焦	10 000gigajoules	2948
#热电厂供热(热水)	Heating by Thermal Power Plan(t hot water)	万吉焦	10 000gigajoules	1019
管道长度(热水)	Length of Heating Pipelines(hot water)	公里	km	663
供热面积	Area of Centralized Heating	万平方米	10 000sq.m	3090
#住宅	Residence	万平方米	10 000sq.m	2480
集中供热率	Rate of Heating	%	%	71

12—7 主要年份城市规模及用地情况

指 标	Item	单位	Unit	2008 年
城市建成区面积	**Developed Areas of Cities**	**平方公里**	**sq.km**	**110.8**
城市建设用地面积	**Land Used of City Areas and Floor Space of Buildings**	**平方公里**	**sq.km**	**110.8**
#居住用地	Land Used of Residence	平方公里	sq.km	36.6
公共设施用地	Land Used of Public Facilities	平方公里	sq.km	18.8
工业用地	Land Used of Industry	平方公里	sq.km	14
仓储用地	Land Used of Warehousing	平方公里	sq.km	5.4
对外交通用地	Land Used of External Transport	平方公里	sq.km	5
市政公用设施用地	Land Used of Municipal Utilities	平方公里	sq.km	5.1

Public Transportation of City in Main Years

2009年	2010年	2011年	2012年	2013年	2014年	2015年	2016年
490	506	551	563	598	605	616	687
1594	1652	1796	1809	1837	1881	1897	2535
478	352	395	398	407	447	447	537
47	49	49	49	52	85	90	86
2	2	2	2	2	4	4	3
436	451	522	538	544	683	689	1136
115305	118093	120900	128000	134530	137198	143534	132466
9203	10525	10931	13281	15283	15658	15664	15992
4	4	5	5	5	6	6	6
8004	9662	10057	12125	14214	14568	14724	15227
7890	7684	6950	11084	12321	14000	6570	5117
7890	7684	6950	5500	5573	5000	5528	4566
150000	100000	90000	72500	77060	97000	90000	101000
150000	100000	90000	72500	75198	97000	80000	90000
45	39.9	35.92	28.3	20.45	21.34	13.5	13
55092	86937	95626	147354	172394	172394	162000	163000
55092	86937	95626	45666	63261	60130	19785	46139
195000	278617	305588	336116	458688	519000	522531	562435
195000	278617	305588	336116	458609	519000	520000	557868
58.5	66.36	72.95	80.2	113.29	123.76	124.8	135
1334	1527	1560	1751	2124	2417	2542	2674.72
2947	2994.72	3107.72	3394.4	3551.62	3519.32	4028.1	4081.8
977.22	977.22	977.22	977.2	989.22	935.22	1027	1027
1955.5	2003.5	2130.5	2417.2	2562.4	2584.1	3001.1	3054.8
2894	2940	2066.52	2462.7	2058.43	2176.65	2254.77	2539.67
905	905	638.4	843.4	679.2	748.39	732.45	732.45
656	755	963	1297	1384	1299	1672.68	1874.18
3279	3452	3564	3914	4093	4247	4663	5710.84
2721	2790	2680	3012	3197	3412	3699	4452.51
71	71	71.1	72.4	73	71	71	71.3

Size and Land Used of City in Main Years

2009年	2010年	2011年	2012年	2013年	2014年	2015年	2016年
115.7	**120.6**	**126.4**	**135.1**	**148.6**	**160.8**	**166.8**	**170.7**
115.7	**120.6**	**126.4**	**135.1**	**148.6**	**160.8**	**166.8**	**170.7**
36.9	37.7	39.7	42.8	45.5	49.4	50.9	52.16
22.5	23.1	24	25.1	27.1	27.6	27.9	28.65
14.6	14.8	15	15.2	15.5	15.7	15.8	16.65
5.4	5.4	5.7	6.4	7.2	7.2	7.2	7.43
5	5.2	5.2	5.4	7.3	10.1	11.7	27.36
5.2	5.2	5.2	6.5	6.6	6.6	6.9	9.33

主要统计指标解释

【水综合生产能力】 指按供水设施取水、净化、送水、出厂输水干管等环节设计能力计算的综合生产能力。包括在原设计能力的基础上，经挖、革、改增加的生产能力。计算时，以四个环节中最薄弱的环节为主确定能力。原则上按设计能力填报，对于经过更新改造后，实际生产能力与设计能力相差很大的，按实际能力填报。

【供水管道长度】 指从送水泵至用户水表之间所有管道的长度。不包括新安装尚未使用、水厂内以及用户建筑物内的管道。在同一条街道埋设两条或两条以上管道时，应按每条管道的长度计算。

【供水总量】 指报告期供水企业（单位）供出的全部水量。包括有效供水量和漏损水量。

有效供水量指水厂将水供出厂外后，各类用户实际使用到的水量。包括售水量和免费供水量。售水量指报告期供水企业(单位)收费供应的水量。免费供水量指无偿供应的水量，比如消防用水，特困居民免收水费的水量等。漏损水量指在供水过程中由于管道及附属设施破损而造成的漏水量、失窃水量以及水表失灵少计算的水量。

管道及附属设施漏水量指供水管道、闸井、表井、消火栓及中间加压设施（水池、水库、水塔）等各种管道及附属供水设施的明漏、暗漏、溢流、渗漏等漏失的水量。

【集中供热】 指从一个或多个热源通过热网向城市的热用户供给生产和生活热能的方式。要求具有一定的规模：大、中城市供热设备的单机容量在7兆瓦及以上（锅炉单台容量在10吨/时及以上），民用建筑供热面积在10万平方米及以上；小城市供热设备的单机容量在3兆瓦及以上（锅炉单台容量在4吨/时及以上），民用建筑供热面积在4万平方米及以上。工业供热能力不得小于7兆瓦（单台锅炉容量不小于10吨/时）。

【供热总量】 指在报告期供热企业（单位）向城市热用户输送全部蒸汽和热水的总热量。

【运营线路网长度】 指公共交通线路所通过的运营线路净长度。计算公式：

运营线路网长度＝运营线路总长度－Σ重复的线路长度

【污水处理能力】 指污水处理厂（或污水处理装置）每昼夜处理污水量的设计能力。

【绿化覆盖面积】 指城市中的乔木、灌木、草坪等所有植被的垂直投影面积。包括公园绿地、防护绿地、生产绿地、附属绿地、其他绿地的绿化种植覆盖面积、屋顶绿化覆盖面积以及零散树木的覆盖面积，不含各类绿地中的水域面积以及没有被植被覆盖的面积（硬化道路、无屋顶绿化的建筑物等）。乔木树冠下重迭的灌木和草本植物不能重复计算。

【绿地面积】 指报告期末用作园林和绿化的各种绿地面积。包括公园绿地、生产绿地、防护绿地、附属绿地和其他绿地的面积。

【公园绿地】 城市中向公众开放的、以游憩为主要功能，有一定的游憩设施和服务设施，同时兼有健全生态、美化景观、防灾减灾等综合作用的绿化用地。它是城市建设用地、城市绿地系统和城市市政公用设施的重要组成部分。

13

教育、科学、文化

Education, Science and Culture

13—1 主要年份各类学校在校学生数

单位:人

年份 Year	高等学校 Higher Education	# 普通高等学校 Regular Institutions of Higher Education	中等职业教育 Vocational Secondary Education	# 中等专业学校 Regular Specialized Secondary Schools	# 职业学校 Vocational Education Schools	普通中学 Regular Secondary Education Schools	小学 Primary Schools
1949			190	190		482	11151
1950			419	419		562	11459
1951			708	708		508	11975
1952			1247	1247		729	14769
1953			1389	1389		885	17549
1954			1379	1379		1219	16939
1955			1088	1088		1638	20483
1956			1720	1720		2530	27199
1957			1673	1673		3526	31500
1958	329	329	2254	2254		5285	52329
1959	784	784	2609	2609		6918	60622
1960	1079	1079	4522	4522		7081	65047
1961	1288	1288	2817	2817		6205	51191
1962	1174	1174	919	919		5729	44091
1963	1084	1084	724	724		6804	50397
1964	1056	1056	816	816		7497	62525
1965	982	982	1005	1005		9322	71561
1966	808	808	900	900		9278	67636
1967	627	627	635	635		8766	66962
1968	351	351	612	612		7696	70280
1969						11696	73706
1970			200	200		16141	70880
1971			300	300		19701	78410
1972	441	441	445	445		19741	91292
1973	1025	1025	693	693		25048	102186
1974	1614	1614	800	800		31220	112264
1975	2023	1719	1438	1438		40450	119871
1976	3097	2089	1440	1440		53128	125505
1977	2929	2160	1766	1766		61198	126011
1978	2690	2476	1896	1896		66814	126512
1979	7919	2542	2025	2025		63285	126062
1980	8582	3432	2648	2648		59887	123975

Number of Students Enrollment by Level and Type in Main Years

(person)

年份 Year	高等学校 Higher Education	# 普通高等学校 Regular Institutions of Higher Education	中等职业教育 Vocational Secondary Education	# 中等专业学校 Regular Specialized Secondary Schools	# 职业学校 Vocational Education Schools	普通中学 Regular Secondary Education Schools	小学 Primary Schools
1981	7145	5078	3512	2668		55417	119041
1982	8776	4204	3349	2677		52891	115465
1983	10485	4563	4254	3342	279	54279	116699
1984	8519	5025	5757	3362	1377	54361	124486
1985	11139	5790	7547	4423	1580	72492	127998
1986	12536	6540	7420	5435	708	65506	128881
1987	12035	6681	11389	6216	2962	71233	130626
1988	12849	6949	12530	6539	3318	66622	129165
1989	13327	7183	12398	6539	2922	63840	126347
1990	12338	7279	11939	6463	2724	69628	123323
1991	11581	7234	18482	11526	2822	68373	119993
1992	11554	7803	20740	12399	3063	67684	118854
1993	13625	8848	22937	13638	3452	63037	119394
1994	15246	9701	28962	18678	3511	63064	172321
1995	14645	9873	22719	12613	3488	65217	123587
1996	15090	9700	23373	12730	3150	67636	131027
1997	11301	10173	24652	13692	3046	69072	127990
1998	19283	10522	28895	17979	3366	69797	132165
1999	22025	12249	29100	19240	3447	70811	132018
2000	28879	15901	32327	22977	4174	77013	136022
2001	43441	20134	35105	26993	3816	84674	136781
2002	55489	25947	31965	24391	3809	92068	135561
2003	62235	30891	35733	26667	3734	99186	134594
2004	57434	36801	36163	26421	4363	104201	140541
2005	60034	40925	42516	30650	5284	107253	142453
2006	71558	46073	45616	31351	7007	106880	147824
2007	74904	52657	48823	30071	8624	109841	149188
2008	79619	60505	57608	33912	10350	115179	149977
2009	86307	62432	64499	40496	9536	120550	147663
2010	98132	69678	64730	46079	9404	123331	147483
2011	98975	74082	67992	50330	11903	123785	148184
2012	107978	78721	60456	45429	11060	125665	147703
2013	117248	88477	53923			128649	151903
2014	124760	97593	42020			130551	156931
2015	123507	97996	44739			130200	162121
2016	122993	98912	41434			129365	167635

13—2 主要年份各类学校专任教师数

单位:人

年份 Year	高等学校 Higher Education	#普通高等学校 Regular Institutions of Higher Education	中等职业教育 Vocational Secondary Education	#中等专业学校 Regular Specialized Secondary Schools	#职业学校 Vocational Education Schools	普通中学 Regular Secondary Education Schools	小学 Primary Schools
1949			21	21		40	433
1950			30	30		31	453
1951			42	42		37	508
1952			78	78		41	637
1953			67	67		45	487
1954			84	84		55	442
1955			55	55		62	525
1956			101	101	118		646
1957			103	103	142		779
1958	79	79	124	124	293		1223
1959	165	165	157	157	313		1397
1960	247	247	189	189	298		1682
1961	336	336	272	272	348		1622
1962	320	320	217	217	364		1591
1963	293	293	223	223	416		1682
1964	273	273	109	109	455		1965
1965	272	272	113	113	480		2214
1966	223	223	74	74	535		2447
1967	217	217	67	67	549		2079
1968	264	264	49	49	551		2264
1969	230	230	43	43	620		2612
1970	230	230	116	116	747		2862
1971	514	514	117	117	877		2679
1972	374	374	144	144	1047		3128
1973	467	467	161	161	1278		3512
1974	496	496	189	189	1393		3660
1975	535	518	330	330	1623		3969
1976	595	534	237	237	2132		4170
1977	674	580	232	232	2530		4433
1978	658	637	208	208	2503		4479
1979	718	712	370	370	2640		4369
1980	766	738	473	388	2913		4563

Number of Full-time Teachers by Level and Type of Schools in Main Years

(person)

年份 Year	高等学校 Higher Education	# 普通高等学校 Regular Institutions of Higher Education	中等职业教育 Vocational Secondary Education	# 中等专业学校 Regular Specialized Secondary Schools	# 职业学校 Vocational Education Schools	普通中学 Regular Secondary Education Schools	小学 Primary Schools
1981	724	720	506	506		2938	4551
1982	990	862	1715	1378		3543	5063
1983	1173	1004	1695	1430	19	3622	5111
1984	1270	1126	1715	1363	89	3623	5082
1985	1426	1251	1737	1363	81	4135	5428
1986	1526	1322	2277	1853	46	4002	5314
1987	1590	1371	1512	969	200	3945	5338
1988	1789	1432	1747	969	217	3913	5407
1989	1749	1492	1984	975	221	5099	5534
1990	1717	1466	1672	950	273	4473	5388
1991	1803	1486	1948	1180	237	4210	5216
1992	1870	1562	2163	1328	233	4328	5536
1993	1829	1499	2232	1364	251	4382	5853
1994	1889	1736	2377	1465	248	4348	5988
1995	1792	1627	2428	1534	277	4466	6087
1996	1626	1626	2174	1364	240	4518	6054
1997	1779	1669	1872	975	263	4600	6140
1998	1777	1589	2249	1622	294	4625	6214
1999	1829	1646	2331	1516	299	4683	6543
2000	1897	1714	2352	1454	311	4855	6961
2001	2062	1867	2095	1345	320	5013	7087
2002	2063	1876	2159	1373	297	5256	7066
2003	2791	2711	1468	721	305	5675	6950
2004	2917	2917	1431	651	273	5873	6752
2005	3161	3161	1380	549	323	6146	6856
2006	3407	3407	1648	720	364	6398	6873
2007	3564	3564	1645	723	366	6424	6949
2008	3957	3892	2159	862	421	6941	6937
2009	3720	3655	2739	902	440	7185	7200
2010	5069	5004	2222	743	437	7310	7236
2011	5356	5290	1970	734	299	7555	7356
2012	5771	5703	1880	810	493	7789	7582
2013	6189	6119	2142			7940	7820
2014	6678	6606	2048			8182	8049
2015	7013	6937	1187			8537	8280
2016	6996	6920	1196			8752	8581

13—3 教育事业

（2016）

指 标	Item	单位	Unit	总计 Total	市 区 City	永宁县 Yongning	贺兰县 Helan	灵武市 Lingwu
学校数	**Number of Schools**							
普通高等学校	Regular Institutions of Higher Education	所	unit	16	14	2		
成人高等学校	Institutions of Higher Education for Adult	所	unit	1	1			
中等职业学校	Regular Specialized Secondary Schools	所	unit	16	11	2	2	1
中学	Secondary Education Schools	所	unit	91	60	13	8	10
小学	Primary Schools	所	unit	203	101	31	39	32
本年毕业生数	**Graduates in This Year**							
普通高等学校	Regular Institutions of Higher Education	人	person	25110	22848	2262		
#研究生	Postgraduates	人	person	1507	1507			
成人高等学校	Institutions of Higher Education for Adult	人	person	11121	11121			
中等职业学校	Regular Specialized Secondary Schools	人	person	12194	9407	1108	884	795
中学	Secondary Education Schools	人	person	42606	28792	4948	4362	4504
小学	Primary Schools	人	person	25458	15282	3629	3293	3254
本年招生数	**Number of New Student Enrollment This Year**							
普通高等学校	Regular Institutions of Higher Education	人	person	27720	24137	3583		
#研究生	Postgraduates	人	person	1759	1759			
成人高等学校	Institutions of Higher Education for Adult	人	person	11522	11522			
中等职业学校	Regular Specialized Secondary Schools	人	person	13975	10202	2159	536	1078
中学	Secondary Education Schools	人	person	43497	28421	5802	4599	4675
小学	Primary Schools	人	person	29300	18572	3817	3585	3326

Education

指 标	Item	单位	Unit	总计 Total	市 区 City	永宁县 Yongning	贺兰县 Helan	灵武市 Lingwu
本年在校学生数	**Number of Students Enrollment in This Year**							
普通高等学校	Regular Institutions of Higher Education	人	person	98912	86775	12137		
#研究生	Postgraduates	人	person	4539	4539			
成人高等学校	Institutions of Higher Education for Adult	人	person	24081	24081			
中等职业学校	Regular Specialized Secondary Schools	人	person	41434	30657	4905	2624	3248
中学	Secondary Education Schools	人	person	129365	85858	16325	13247	13935
小学	Primary Schools	人	person	167635	102587	23475	20899	20674
本年教职工数	**Number of Teachers and Staff in This Year**							
普通高等学校	Regular Institutions of Higher Education	人	person	10190	9361	829		
成人高等学校	Institutions of Higher Education for Adult	人	person	123	123			
中等职业学校	Regular Specialized Secondary Schools	人	person	1747	1314	187	114	132
中学	Secondary Education Schools	人	person	9923	6578	1324	1005	1016
小学	Primary Schools	人	person	8841	5226	1180	1243	1192
本年专任教师数	**Number of Full-time Teachers in This Year**							
普通高等学校	Regular Institutions of Higher Education	人	person	6920	6269	651		
成人高等学校	Institutions of Higher Education for Adult	人	person	76	76			
中等职业学校	Regular Specialized Secondary Schools	人	person	1196	870	124	70	132
中学	Secondary Education Schools	人	person	8752	5804	1139	856	953
小学	Primary Schools	人	person	8581	5111	1167	1115	1188

13—4 学龄儿童入学和小学、初中毕业生情况

Enrollment of School-age Children and Graduates of Primary and Secondary Schools

指 标	Item	单位	Uint	2015 年	2016 年
学龄儿童入学情况	**Enrollment of Children at School-age**				
学龄儿童数	Number of Children at School-age	人	person	150888	158924
已入学学龄儿童数	Total Enrollment		person	150888	158924
学龄儿童入学率	Persontage of Children at School-age Enrollment	%	%	100	100
小学毕业生升学情况	**Enrollment of Graduates of Primary Schools**				
小学毕业生数	Number of Graduates of Primary Schools	人	person	24079	25458
初级中学学校招生数	New Enrollment of Junior Secondary Schools	人	person	24215	25631
小学毕业生升学率	New Enrollment Percentage of Graduates of Primary Schools	%	%	100	100
初中毕业生升学情况	**Enrollment of Graduates of Junior Secondary Schools**				
初中毕业生数	Number of Graduates of Junior Secondary Schools	人	person	24009	24293
高中学校招生数	New Enrollment of Senior Secondary Schools	人	person	18824	17866
普通高中升学率	New Enrollment Percentage of Graduates of Regular Secondary Schools	人	person	58.4	61.8

13—5 广播电视基本情况

Basic Statistics on Radio and TV Stations

指 标	Item	单位	Unit	2015 年	2016 年
广播	**Broadcasting**				
广播发射台和转播台	Broadcast Transmitting and Repeating Stations	座	unit	6	6
广播人口覆盖率	Population Coverage on Radio	%	%	100	100
节目套数	Program	套	unit	6	6
全年播出时间	Total Broadcasting-time This Year	时	hours	26565	26452
新闻资讯	News Programs	时	hours	8781	8805
专题服务	Special Subject Programs	时	hours	5526	5494
综艺类	General Entertainment Programs	时	hours	5881	5868
广告	Advertising Programs	时	hours	5225	5268
其他	Others	时	hours	1152	1017
广播节目制作	Production of Broadcasting	小时	hour	7338	7354
新 闻	News	小时	hour	2212	2237
专 题	Featured	小时	hour	1751	1735
教 育	Education	小时	hour	789	783
文 艺	Arts and Crafts	小时	hour	2425	2442
服务性	Services	小时	hour	161	157
电视	**TV**				
电视发射台和转播台	TV Transmission and Relaying Stations	座	unit	8	8
电视人口覆盖率	Viewer Rate	%	%	100	100
节目套数	Program	套	unit	6	6
全年播出时间	Production of TV Programs	时	hours	37032	37101
新闻资讯	News Programs	时	hours	2889	2914
专题服务	Special Subject Programs	时	hours	3364	3379
综艺类	General Entertainment Programs	时	hours	3556	3551
广告	Advertising Programs	时	hours	6573	6603
影视剧	TV Play Programs	时	hours	18313	18394
其他	Others	时	hours	2337	2260
电视节目制作	Production of TV Programs	小时	hour	4671	7354
新闻资讯	News Programs	时	hours	1286	2237
专题服务	Special Subject Programs	时	hours	1572	1735
综艺类	General Entertainment Programs	时	hours	537	783
广告	Advertising Programs	时	hours	1103	2442
其他	Others	时	hours	173	157

13—6 新闻出版情况

Publication of Books,Magazines and Newspapers

指 标	Item	单位	Uint	2015 年	2016年
图书出版种数	**Total**	**种**	**kind**	**2560**	**3098**
新出版	New Publication	种	kind	1441	1645
总印数	Printed Copies	万册	10 000 copies	4745	4549
总印张	Printed Sheets	千印张	1000 sheets	342563	462663
期刊出版种数	**Number of Magazine Publication**	**种**	**kind**	**37**	**37**
总印数	Printed Copies	万册	10 000 copies	840	679
总印张	Printed Sheets	千印张	1000 sheets	65166	54238
报纸出版种数	**Number of Newspaper Publication**	**种**	**kind**	**19**	**19**
总印数	Printed Copies	万份	10 000 copies	11108	10469
总印张	Printed Sheets	千印张	1000 sheets	338175	275443

13—7 公共图书馆基本情况

(2016)

指 标	Item	总藏书量(册) Total Collections (volumes)	# 开架书刊 Open-shelf Books	书架单层总长度(米) Total Length of Shelves(m)
合 计	**Total**	3922573	2571121	63600
其中:宁夏图书馆	Ningxia Library	2283000	1817000	44896
市属合计	**Public Libraries at Yinchuan Municipal Level**	**1639573**	**754121**	**18704**
银川市图书馆	Yinchuan	916247	394304	12212
兴庆区图书馆	Xingqing	108090	76368	12
金凤区图书馆	Jinfeng	38700	20105	750
西夏区图书馆	Xixia	88541	43400	1000
永宁县图书馆	Yongning	121274	121111	1500
贺兰县图书馆	Helan	221724	87916	3200
灵武市图书馆	Lingwu	144997	10917	30

13—8 艺术表演团体基本情况

(2016)

指 标	Item	本团原创首演剧目 Original Created and Showed Performances	国内演出场次 Number of Domestic Performances
合 计	**Total**	9	2232
区属合计	**Total of Provincial Level**	**4**	**1080**
宁夏歌舞团	Ningxia Sing and Dance Troupe	1	239
宁夏京剧团	Ningxia Peking-opera Troupe		297
宁夏话剧团	Ningxia Drama Troupe	2	254
宁夏秦腔剧团	Ningxia Qinqiang Troupe	1	290
市属合计	**Total of Yinchuan Municiqal Level**	**5**	**1152**
银川艺术剧院有限公司	Yinchuan Art Theatre Ltd.	5	1152

13—9 群众艺术馆、文化馆基本情况

(2016)

指 标	Item	举办展览个数(个) Number of Exhibitions (unit)
合 计	**Total**	**76**
其中:宁夏文化馆	Ningxia Cultral Center	36
市属合计	**Total Cultral Center at Yinchuan Municiqal Level**	**40**
银川市文化艺术馆	Yinchuan	8
兴庆区文化馆	Xingqing	2
金凤区文化馆	Jinfeng	11
西夏区文化馆	Xixia	8
永宁县文化馆	Yongning	3
贺兰县文化馆	Helan	8
灵武市文化馆	Lingwu	

Facilities and Services of Public Libraries

发放借书证数(个) Number of Library Cards Distributed(unit)	总流通人次(千人次) Total Number of Circulation (1000person-times)	#书刊外借千人次 Number of Books Borrowed by Readers	为读者举办各种活动 Activites Hold for Readers 次数(次) Times(times)	参加人次(人次) Participated (Person-times	阅览室座席(个) Seating Capacity of Rerding-rooms	#少儿阅读室座席 Seats for Younger Children
114252	1918.6	924.97	238	36997	3389	737
54923	670	413.33	36	7700	1200	85
59329	**1248.6**	**511.64**	**202**	**29297**	**2189**	**652**
37789	606.94	312.72	61	15665	646	186
2592	78.48	2.44	16	3460	193	78
3564	8.56	4.57	20	1138	240	60
4352	92	50	19	1880	164	48
920	35.4	17.97	49	3180	280	46
9756	337	71.73	37	3974	490	108
356	90.21	52.21			176	126

Basic Statistics of Art Performance Troupes

#农村演出场次 Shows in Rural Areas	国内观众人次(千人次) Number of Domestic Spectators (1000person-times)	国外演出场次(场) Number of Perfofmances Showed Abroad (unit)
692	1075.36	752
572	**982.75**	
47	200.5	
183	40.38	
142	159.27	
200	582.6	
120	**92.61**	**752**
120	92.61	752

Basic Statistics of Mass Art Centres and Cultral Centres

组织文艺活动次数(次) Art Performances and Story-telling Sessions (times)	举办训练班 Training Courses 班次(次) Number of Classes(times)	培训人次(人次) Number of Persons Completing Courses(person-times)
2016	**1326**	**64938**
127	960	45000
1889	**366**	**19938**
261	120	5000
256	68	2000
356	96	1156
360	40	5182
198	10	2000
108	24	3000
350	8	1600

13—10 银川市规模以上工业企业科技活动情况

Basic Statistics on Scientific Reserch of Indusrtial Enterprises above Designated Size in Yinchuan

指　标	Item	2016 年
企业数(个)	Number of Enterprises(unit)	463
# 有 R&D 活动的企业	Number of Enterprises Having R&D Activities	106
# 有研发机构单位数	Number of Enterprises Having R&D Institutions	72
R&D 人员折合全时人员当量(人年)	Full-time Equivalent of R&D Persone(1 man-year)	3762
基础研究	Basic Research	
应用研究	Applied Research	88
试验发展	Experimental Development	3674
R&D 经费内部支出(万元)	Intramural Expenditure on R&D(10000 yuan)	136850.7
按经济活动类型分	Grouped by Type of Intramural Expenditure on R&D	
# 基础研究支出	Basic Research	
应用研究支出	Applied Research	3775.9
试验发展支出	Experimental Development	133074.8
按资金来源分	Grouped by Fund Resource	
# 企业资金	Self-raised Funds by Enterprises	128260.5
政府资金	Government Funds	7123.4
其他资金	Others	
境外资金	Foreign Funds	1466.8
R&D 经费内部支出相当于国内生产总值比例(%)	Proportion of Intramural Expenditure on R&D to GDP(%)	0.85
专利申请数(件)	Patent Applications(item)	1060
# 发明专利	Inventive Patent	655
发表科技论文(篇)	Scientific Papers Issued(pieces)	831
新产品开发项目数(项)	Number of New Products R&D Projec(t item)	625
新产品开发经费支出(万元)	Expenditure of New Products R&D Projec(t 10000 yuan)	104892.1
新产品产值(万元)	Output Value of New Products(10000 yuan)	1395417.9
新产品销售收入(万元)	Sales Revenue of New Products(10000 yuan)	1237648.5
技术改造经费支出(万元)	Expenditure of Technology Update(10000 yuan)	201286.1
技术引进经费支出(万元)	Expenditure of Technology Introduction(10000 yuan)	857.4
消化吸收经费支出(万元)	Expenditure for Assimilation of Technology(10000 yuan)	304.6
购买国内技术经费支出(万元)	Expenditure for Purchase of Domestic Technology(10000 yuan)	41798.9

主要统计指标解释

【高等学校】 指按国家规定审批程序批准举办，通过全国统一招生考试招收高级中等学校毕业生或具有同等学历者，实施高等教育，培养高等专门人才的学校。包括大学、专门学院、高等专科学校和短期职业大学。

【成人高等学校】 指按照国家规定的审批程序批准举办，招收高中毕业或同等学历者，利用多种形式对成人实施高等教育，培养相当普通高等学校专科或本科毕业水平的专门人才的学校。包括广播电视大学、职工高等学校、农民高等学校、干部管理学院、教育学院、独立函授学院以及普通高等学校举办的函授、夜大学等。

【毕业生数】 指上学年度内，具有学籍的学生学完教学计划规定的全部课程，考试及格，实际毕业的学生数。不包括结业生和肄业生数。

【招生数】 指新学年开学时，一年级实际招收入学的新生数。不包括留级生和复学生数。

【在校学生数】 指学年初具有学籍的在校生总数。

【专任教师】 指主要从事教育工作人员。包括临时(一年以内)调去帮助做其他工作的教学人员。不包括调离教学岗位，担任行政领导工作或其他工作的原教学人员；不包括兼任教师和代课教师。

【艺术表演团体】 指从事戏曲、音乐、舞蹈、杂技等专业艺术表演，有独立账户，实行单独核算的团体。不包括半工半艺、半农半艺的业余剧团。

【艺术表演观众人数(人次)】 指售票、包场演出或民族地区免费演出的艺术表演观众人次数。不包括彩排审查和内部观摩演出的观看人次数。

卫生、体育、民政、司法及其他

Public Health, Sports, Civil Administration, Justic and Others

14—1 主要年份卫生发展情况

年份 Year	卫生机构数(个) Number of Health Care Institutions (unit)	医院、卫生院(个) Hospitals and Health Centers(unit)	#医院 Hospitals	卫生技术人员(人) Medical Technology personnel(person)	#医生 Doctors	卫生机构床位数(张) Number of Beds in Health Care Institutions(bed)
1949	3	13	1	124	102	40
1950	18	15	4	158	14	40
1951	31	15	4	182	122	50
1952	26	15	4	251	148	120
1953	37	19	8	371	189	150
1954	51	21	10	471	231	200
1955	56	22	11	514	239	255
1956	83	21	10	708	396	276
1957	83	22	11	779	422	341
1958	96	25	14	992	487	501
1959	129	25	14	1210	648	635
1960	176	26	15	1379	777	726
1961	195	35	24	1444	735	739
1962	175	36	25	1344	692	795
1963	167	36	25	1500	756	924
1964	205	37	26	1712	815	1126
1965	199	37	26	1707	788	1234
1966	195	42	31	1834	812	1296
1967	190	42	31	1858	820	1313
1968	177	42	31	1905	852	1348
1969	176	42	31	1951	912	1448
1970	182	43	32	1993	993	1432
1971	192	47	36	2174	1060	1764
1972	208	48	37	2867	1273	1830
1973	243	47	36	3002	1396	1891
1974	257	46	35	3478	1605	2075
1975	275	53	42	3625	1653	2429
1976	313	55	44	3950	1813	2650
1977	331	57	46	4275	1934	2953
1978	312	60	60	4280	2000	2859
1979	337	58	58	4572	2078	2653
1980	392	60	60	5126	2354	2749
1981	416	61	61	5400	2352	3008

注:从 2007 年起含社区卫生服务中心、诊所卫生所和医务室,从 2011 年起含村卫生室。

Basic Statistics of Health Care Development in Main Years

年份 Year	卫生机构数(个) Number of Health Care Institutions (unit)	医院、卫生院(个) Hospitals and Health Centers(unit)	#医院 Hospitals	卫生技术人员(人) Medical Technology personnel(person)	#医生 Doctors	卫生机构床位数(张) Number of Beds in Health Care Institutions(bed)
1982	466	61	61	5785	2440	3180
1983	474	63	63	6085	2610	3237
1984	438	63	63	6093	2613	3470
1985	433	59	59	6252	2758	3495
1986	475	53	53	6720	3021	3792
1987	478	45	45	7060	3221	3797
1988	455	56	56	7316	3418	4237
1989	447	55	55	7650	3585	4253
1990	510	54	54	7876	4082	4491
1991	472	51	51	8224	4060	4906
1992	471	53	53	8567	4136	5082
1993	389	50	50	8798	4364	5645
1994	403	74	74	7493	3641	5680
1995	134	76	76	7552	3845	5759
1996	148	67	67	7820	3678	5575
1997	135	67	67	7990	3754	5730
1998	136	67	67	7881	3564	5908
1999	136	40	40	7894	3612	5761
2000	137	39	39	7932	4033	6166
2001	137	86	49	8189	3860	6148
2002	130	83	42	7900	3357	6155
2003	149	94	53	8256	3582	6845
2004	163	107	62	8751	3762	7726
2005	158	104	59	8619	3660	8058
2006	143	95	52	8581	3631	8132
2007	495	101	58	10733	4541	7975
2008	595	101	59	11532	4827	8333
2009	533	101	61	12626	5096	8506
2010	543	99	61	13667	5301	9472
2011	862	99	61	14651	5461	10329
2012	903	91	53	15952	5829	11313
2013	931	92	54	17562	6429	12898
2014	939	92	53	19288	7059	13688
2015	964	92	53	20408	7578	14079
2016	967	104	65	22077	8306	15494

a)Since 2007, date in this table included community sanitary serive center, clinic health conter and infirmary, included village clinic since 2011.

14—2 卫生机构、床位、人员数

单位:人　　　　(2016)

指　标	Item	机构数(个) Health Care Institutions (unit)
总　计	**Total**	**967**
医院	Hospitals	65
综合医院	Ceneral Hospitals	31
中医医院	Hospitals Specialized in Chinese Medicine	8
中西医结合医院	Hospitals of Traditional Chinise and Western Medicine	1
专科医院	Specialized Hospitals	25
基层医疗卫生机构	Primary level of Medieal and Health Institutions	865
社区卫生服务中心(站)	Community Health Centers(station)	69
卫生院	Health Centers	39
村卫生室	Village Clinics	230
门诊部	Clinics	10
诊所、卫生所、医务室	Clinics,Health Centers and Dispensaries	517
专业公共卫生机构	Professional Publil Health Agencies	29
急救中心(站)	Emergency Centers(station)	1
采供血机构	Blood Stations	1
妇幼保健院(所、站)	Maternity and Child Care Centers(unit, station)	5
疾病预防控制中心	Center for Disease Control and Prevention	8
卫生监督所(中心)	Health Supervision centers(center)	8
计划生育服务机构	Family Planning Centers	3
健康教育所(站、中心)	Health Education Centers(station,center)	3
其他卫生机构	Other Institutions	8
医学在职培训机构	Health In-service Training Centers	
疗养院	Sanatoriums	1
统计信息中心	Statistical Information Center	1
其他	Others	6

Number of Health Care Institutions,Beds and Persons

(person)

床位数(张) Beds(bed)	工作人员 Number of Staff	卫生技术人员 Medical Technical Personnel	#医生 Doctors	其他技术人员 Other Technical Personnel	管理人员 Administrators	工勤人员 Workers
15494	**27016**	**22077**	**8306**	**1176**	**1419**	**1898**
14201	20166	16480	5840	937	1236	1513
10837	15668	13015	4643	681	957	1015
1587	1845	1584	572	90	35	136
30	87	75	28	4	6	2
1747	2566	1806	597	162	238	360
727	4443	3671	1792	74	40	212
199	930	848	283	36	21	25
528	891	802	307	24	10	55
	471	25	19			
	295	217	109	14	9	55
	1856	1779	1074			77
466	2234	1843	633	134	117	140
	33	20	12	2	1	10
	138	93	11	20	9	16
466	1349	1149	370	69	52	79
	454	372	223	26	30	26
	212	182		11	11	8
	26	18	10	2	6	
	22	9	7	4	8	1
100	173	83	41	31	26	33
100	42	27	13	4	11	
	15	5	1	7	3	
	116	51	27	20	12	33

14—3 卫生事业

Health Protection

(2016)

指 标	Item	全市 Yinchuan	#市区 City
机构数(个)	Health Care Institutions(unit)	967	614
#医院	Hospitals	65	54
床位数(张)	Beds(bed)	15494	13375
人员数(人)	Number of Staf(f person)	27016	23067
卫生技术人员	Medical Technical Personnel	22077	19010
执业(助理)医师	Licensed and Assistant Doctors	8306	7226
#执业医师	Licensed Doctors	7769	6883
注册护士	Regietered Nurses	9498	8368
药师(士)	Phamacis(t person)	1268	1048
技师(士)	Technician(person)	1190	957
#检验师	Library Technician	807	683
其他	Others	1815	1411
其他技术人员	Other Technical Personnel	1176	1017
管理人员	Administrators	1419	1295
工勤技能人员	Workers	1898	1644

14—4 中心敬老院、敬老院情况

Basic Statistics of Homes for the Elderly

(2016)

指 标	Item	全市 Yinchuan
院数(个)	Number of Geracomiums(unit)	24
床位数(张)	Beds(bed)	3389
年末在院人员数(人)	Adoptd Persons at Year-end(person)	1284

14—5 群众体育活动情况

Basic Statistics of Mass Sports

(2016)

指 标	Item	举办全民健身活动次数(次) Number of Mass Sports Activities hold (times)	参加活动人数(万人) Number of Attendees (10000persons)
总 计	**Total**	**158**	**37.3**
银川市	Yinchuan	158	37.3
兴庆区	Xingqing	46	5
西夏区	Xixia	15	2.3
金凤区	Jinfeng	24	8.6
永宁县	Yongning	34	5.6
贺兰县	Helan	20	9.6
灵武市	Lingwu	19	6.2

14—6 体育场地数(标准)

Number of Sports Venues(Standard)

单位:个　　　　(2016)　　　　(unit)

指 标	Item	体育场 Stadium	体育馆 Gymnasium	游泳馆 Natatorium	游泳池 Swimming Pool	综合训练馆 Comprehenswe Training Venue
总　计	**Total**	24	14	11	4	21
兴庆区	Xingqing	8	5	8	1	1
西夏区	Xixia	7	5	1	2	19
金凤区	Jinfeng		2	1		
永宁县	Yongning	4				
贺兰县	Helan	1	1			
灵武市	Lingwu	4	1	1	1	1

注:2016年不包括大中专院校的体育场、馆。
a)The date in above table is not included colleges and technical secondary school in 2016.

14—7 重点优抚对象人员情况

Basic Statistics of Key Preferencial Treatment Group

单位:人　　　　(person)

指 标	Item	2015年	2016年
重点优抚对象总人数	Total Number of Recsiving Key Preferential Treatnent	3127	3385
革命伤残人员	Revolution Disabled Staff	1118	1136
“三属”人员	Three Types of Family Members	90	95
#烈士家属	Family Members of Martyr	41	43
牺牲军人家属	Family Members of Sacrifice Soldiers	25	25
病故军人家属	Family Members of Disseas Dead Soldiers	24	27
在乡退伍红军老战士、在乡西路军红军老战士、红军失散人员	Retired Old Soldiers ofRed Army in the Township, Old Soldiers of Xilujun in the Township and Lost Staff of Red Army	1	1
在乡复员军人	Number of Demobilized Soldiers in Rural Areas	434	396
带病回乡退伍军人	Number of Returning Soldiers With Disseas	68	68
参战退役人员	Number of Ex-serviceman of War -participater	315	318
参核退役人员	Number of Ex-serviceman of Nuclear-participater	131	131

14—8 社会救济对象情况

Basic Statistics of Social Relief

单位:人 (person)

指 标	Item	2015 年	2016 年
城乡低保对象	Number of Persons Receiving Minimum Living Allowance in Urban and Rural Areas	48216	43072
#城市低保对象	Number of Persons Receiving Minimum Living Allowance in Urban Areas	20841	17849
农村低保对象	Number of Persons Receiving Minimum Living Allowance in Rural Areas	27375	25223
五保老人总数	Number of Persons Receiving Livelihood Guaranteed in Five Aspects in Rural Areas	1082	1286
#集中供养	Concentrated Support	480	425
散居供养	Scatterd Support	602	861

14—9 律师、公证、调解工作基本情况

Basic Statistics on Lawyers,Notarization and Mediation

指 标	Item	单位	Unit	2015 年	2016 年
律师工作	Lawyers				
律师事务所	Number of Law Offices	家	unit	51	62
律师	Lawyers	人	person	1206	1360
担任法律顾问	Legal Advisors	家	unit	1494	1598
民(商)事代理	Agent of Civil Cases	件	case	13851	14678
刑事辩护	Defender of Criminal Cases	件	case	1154	1138
非诉讼事件	Agent of Non–Litigious Legal Affairs	件	case	1140	1969
解答法律询问	Agent of Legal Advisory	人次	person–time	11938	19041
代写法律事务文书	Agent of Legal Documents Written on Behalf of Clients	件	case	3893	5330
公证工作	Notarization				
公证处	Number of Notary Offices	家	unit	5	5
公证员	Notaries Personnel	人	person	48	56
办理公证	Number of Notarized Documents	件	case	29149	29448
办理涉外公证	Number of Notarized Documents Concerning Foreign Affairs	件	case	3498	3884
人民调解	People's Mediation				
人民调解委员会	Number of Full–time Judicial Assistants	个	unit	742	851
人民调解员	Number of People's Mediation Committees	人	person	5094	4522
调解民间纠纷	Number of Mediators	件	case	8167	8545

14—10 社会治安

Public Security

指 标	Item	单位	Unit	2015年	2016年
火灾	**Fire Accidents**				
火灾起数	Number of Fire Accidents	起	case	1350	2085
火灾死亡、伤亡人数	Number of Deaths and Injuries	人	person	4	3
#死亡人数	Number of Deaths	人	person	4	3
火灾事故经济损失	Losses Converted into Cash	万元	10 000 yuan	872.4	619.3
交通事故	**Traffic Accidents**				
交通事故起数	Number of Traffic Accidents	起	case	813	789
交通事故死亡、伤亡人数	Number of Deaths and Injuries	人	person	1080	1046
#死亡人数	Number of Deaths	人	person	97	101
交通事故经济损失	Economil Loss of Traffic Accident	万元	10 000 yuan	389.01	447.37
刑事案件	**Criminal Cases**				
刑事案件立案数	Registered Criminal Cases	起	case	22158	22519
刑事案件破案数	Solved Criminal Cases	起	case	7924	9276

14—11 银川市一级以上地震情况

Basic Statistics of Level One Grade above Earthquake

年份 Year	发震时间 Earthquake Occurrence					震中位 Epicenter			震级 Earthquake magnitude
	月 Month	日 Date	时 Hour	分 Minute	秒 Second	经度 Longitude	纬度 Latitude	地点 Place	Ms
2016	5	5	2	21	0	106.27°	38.43°	银川	1.1
2016	11	15	10	11	49	106.28°	38.06°	灵武	2.0
2016	11	16	10	11	49	106.24°	38.05°	灵武	1.5
2016	11	26	10	46	28	106.29°	38.06°	灵武	1.5

注：据宁夏地震台网测定，不含离台较远的单台地震。

a)The data in above table excluding from the station far single seismic station.

14—12 工业“三废”排放及处理利用情况

指　标	Item	单位	Unit
工业废水排放总量	**Industrial Waste Water Discharge**	**万吨**	**10 000 tons**
工业废水中污染物排放量	**Pollutant Emissions of Volume Industrial Waste Water**		
化学需氧量	Chemical Oxygen Demand	吨	ton
氨氮	Ammonia Nitrogen	吨	ton
镉	Cadmium	千克	Kilogram
六价铬	Hexavalent Chromium	千克	Kilogram
铅	Lead	千克	Kilogram
砷	Arsenic	千克	Kilogram
挥发酚	Volatile Phenol	千克	Kilogram
氰化物	Cyanide	千克	Kilogram
石油类	Oil Type	吨	ton
工业废气排放总量	**Waste Air Emission Volume of Industrial**	**万标立方米**	**standard10 000cu.m**
工业二氧化硫排放量	**Emission Volume of Industrial Sulphur Dioxide**	**吨**	**ton**
工业氮氧化物排放量	**Emission Volume of Industrial Nitrogen Oxide**	**吨**	**ton**
烟(粉)尘排放量	**Emission Volume of Soot(dust)**	**吨**	**ton**
工业固体废物产生量	**Solid Wastes Produced Volume of Industrial**	**万吨**	**10 000 tons**
工业固体废物综合利用量	**Solid Wastes Utilized Volume of Industrial**	**万吨**	**10 000 tons**
工业固体废物贮存量	**Solid Wastes Stored Volume of Industrial**	**万吨**	**10 000 tons**
工业固体废物处置量	**Solid Wastes Dealed Volume of Industrial**	**万吨**	**10 000 tons**
工业固体废物排放量	**Solid Wastes Discharge Volume of Industrial**	**万吨**	**10 000 tons**
工业用水总量	**Water Volume of Industrial**	**万吨**	**standard10 000cu.m**

注:2011 年,烟尘与工业粉尘合并统计,指标更名称为“烟(粉)尘”排放量。

14—13 万元工业增加值主要污染物排放强度

单位:吨/万元

指　标	Item	2009 年
万元工业增加值废水排放强度	Emission Intensity of Waste Water	23.34
万元工业增加值化学需氧量排放强度	Emission Intensity of ChemicalOxygen Demand	0.0053
万元工业增加值烟(粉)尘排放强度	Emission Intensity of Industrial Fumes(dust)	0.003
万元工业增加值二氧化硫排放强度	Emission Intensity of Sulfur Dioxide	0.0087

Basic Statistics of Industrial Waste Water,Waste Gas&Solid Wastes Discharge and Utilization

2015 年	2016 年
4873.77	**3672.26**
9932.34	4697.29
2427.35	551.5
	5.94
0.008	
17.38	9.3
1515.6	1286.84
25.48	166.57
24.11	21.95
19123649	**24966392.44**
64883.17	**24365.73**
60490.61	**26006.22**
18794.69	**11220.04**
803.32	**902.39**
353.52	**334.96**
99.81	**261.19**
350.66	**309.39**
84013.25	**5954.94**

a)The data in above table that soot and industrial dust merger statistics, index name changed to soo(t dust)emissions Since 2011.

Intensity of Main Pollutant Emissions by Ten Thousand Value Added of Industry

(ton/10 000yuan)

2010 年	2011 年	2012 年	2013 年	2014 年	2015 年	2016 年
21.07	19.73	15.33	12.64	11.84	8.5	6.08
0.0053	0.005	0.0046	0.0035	0.0032	0.0018	0.0008
0.003	0.0028	0.0067	0.0056	0.005	0.0033	0.0019
0.0086	0.0081	0.019	0.0224	0.0202	0.0115	0.004

主要统计指标解释

【卫生机构】 指各个部门(军事部门除外)、各种性质的设有专职卫生技术人员的卫生事业机构包括:医院、卫生院、门诊部、采供血机构、妇幼保健院(所、站)、专科疾病防治院(所、站)、疾病预防控制中心(防疫站)、卫生监督所、医学科学研究机构、医学在职培训机构、健康教育所(站、中心)、其他卫生机构。

【医院】 指名称为医院、设有固定床位能收容病人住院并能为病人提供医疗、护理服务的医疗机构。包括县及县以上医院、农村乡卫生院、其他医院三部分,按所属性质分为卫生部门、工业及其他部门、集体所有制三类。其中县及县以上医院按业务性质分为综合医院和专科医院。

【卫生技术人员】 指卫生事业机构支付工资的全部固定职工和合同制职工中现任职务为卫生技术工作的人员。包括执业医师、执业助理医师、注册护士、药剂人员、检验人员、其他。

【医生】 指经卫生部门审查合格,从事医疗工作的专业人员。包括卫生技术人员中的执业医师、执业助理医师、其他。

【公证员】 是国家的法律工作者,是在公证处专门行使国家证明权,独立办理公证事务的法律专业人员。

【公证文书】 是指公证处根据当事人的申请,依照事实和法律,按照法定程序制作的,具有特殊法律效力的司法证明文书。

【废水排放总量】 废水包括生产废水和生活废水。生产废水指企业事业单位在生产、科研、医疗等工作中,向外环境排放的所有废水。

【工业废水达标量】 指全国达到国家排放标准的外排工业废水量(包括经过处理和未经处理的)。但不包括虽经处理仍未达到国家排放标准的工业废水。

【工业粉尘回收量】 指经过各种回收处理装置回收的工业粉尘和尘泥量(包括干法和湿法)。

【工业粉尘排放量】 指生产工艺过程中排放的固体粉状物重量。

【工业固体废物产生量】 指工矿企业、事业单位在生产(试验)过程中产生的工业固体废弃物总量,不包括矿山开采的剥离废石和掘进废石(煤矸石除外)。

【工业固体废物综合利用量】 指已用作农业服料、造田、生产建筑材料以及其他方式综合利用的工业固体废物量(不包括填埋和焚烧量)。

【三废综合利用产品产值】 指企业利用“三废”作为主要原料生产的回收利用的产品产值。

【三废综合利用利润】 指企业利用“三废”作为主要原料生产和回收利用的产品售后所得的利润额。

【污染事故】 指由于某种原因引起的、偶然的、突发性的向环境排放污染物,从而造成环境污染和损害,其直接经济损失在千元以上的事件。

全区分市县资料

Statistical Data by City and County

15—1 各市县地区生产总值

Gross Domestic Product by City and County

单位:万元 （2016） （10 000 yuan）

地 区 Region	地区生产总值 Gross Domestic Product	第一产业 Primary Industry	第二产业 Secondary Industry			第三产业 Tertiary Industry	人均地区生产总值（元/人） Per Capita GDP （yuan/person）
				工业 Industry	建筑业 Construction		
全区总计 Total	**31685900**	**2416000**	**14884400**	**10543400**	**4342000**	**14385500**	**47194**
银 川 市 Yinchuan	**16177071**	**586145**	**8256113**	**6037435**	**2219337**	**7334812**	**74288**
银 川 市 District	9733671	173129	3520139	1977651	1543047	6040403	69709
兴庆区 Xingqing	4755034	62327	949769	558942	391031	3742938	64489
西夏区 Xixia	3024355	77908	1612663	1065663	547261	1333784	85364
金凤区 Jinfeng	1954282	32895	957707	353046	604755	963681	64052
永 宁 县 Yongning	1254903	149836	687191	412506	274685	417876	52913
贺 兰 县 Helan	1342276	163556	756636	596318	160371	422084	52708
灵 武 市 Lingwu	3846221	99624	3292147	3050960	241234	454450	132875
石嘴山市 Shizuishan	**5135744**	**260901**	**3235647**	**2718681**	**516966**	**1639196**	**64880**
石嘴山市 District	3634560	67876	2363633	1972077	391556	1203052	71846
大武口区 Dawukou	2124644	9373	1349940	1132667	217273	765332	69741
惠农区 Huinong	1509916	58503	1013693	839410	174283	437720	75031
平 罗 县 Pingluo	1501184	193025	872014	746604	125410	436145	52547
吴 忠 市 Wuzhong	**4424283**	**553370**	**2504950**	**1827387**	**677969**	**1365962**	**32039**
利 通 区 Litong	1638951	169256	978856	695017	283839	490840	40214
红寺堡区 Hongsipu	172884	45597	76261	45021	31436	51026	8696
盐 池 县 Yanchi	722135	59947	414928	293019	122119	247260	46636
同 心 县 Tongxin	547257	108283	225391	153120	72271	213583	16750
青铜峡市 Qingtongxia	1343056	170288	809514	641210	168304	363254	45842
固 原 市 Guyuan	**2398058**	**490916**	**611318**	**302211**	**309279**	**1295825**	**19720**
原 州 区 Yuanzhou	1033238	142957	262787	152752	110172	627495	24685
西 吉 县 Xiji	554330	147856	120009	36260	83749	286465	16052
隆 德 县 Longde	225695	51409	64574	24183	40391	109711	14414
泾 源 县 Jingyuan	147770	25884	48176	14426	33750	73710	14770
彭 阳 县 Pengyang	437026	122810	115772	74590	41217	198444	22348
中 卫 市 Zhongwei	3391289	524905	1491077	1051817	439439	1375307	29549
沙坡头区 Shapotou	1557157	230133	583466	477740	105855	743558	38480
中 宁 县 Zhongning	1344882	179037	740340	483048	257342	425505	39172
海 原 县 Haiyuan	489251	115735	167271	91029	76242	206244	12240

注：1.本表绝对数按当年价格计算。

2.各市县产业数据按照最新三次产业划分执行。

Notes: a) Level data in this table are calculated at current prices.

b) The data of all cities and counties was calculated according to the division of the latest three strata industries.

15—1　续表　continued

地 区 Region	构成(%) Conposition(%)			指数(上年=100) Indices(preceding year=100)				
	第一产业 Primary Industry	第二产业 Secondary Industry	第三产业 Tertiary Industry	地区生产总值 Gross Demestic Product	第一产业 Primary Industry	第二产业 Secondary Industry	第三产业 Tertiary Industry	人均地区生产总值 Per Capita GDP
全区总计 Total	**7.6**	**47.0**	**45.4**	**108.1**	**104.5**	**107.9**	**109.0**	**107.0**
银川市 Yinchuan	**3.6**	**51.0**	**45.3**	**108.1**	**104.4**	**106.6**	**110.3**	**106.6**
银川市 District	1.8	36.2	62.1	108.3	102.4	103.9	111.4	107.1
兴庆区 Xingqing	1.3	20.0	78.7	109.7	102.2	104.5	111.6	108.6
西夏区 Xixia	2.6	53.3	44.1	105.4	102.2	101.5	110.3	104.4
金凤区 Jinfeng	1.7	49.0	49.3	109.2	102.2	106.9	111.8	107.6
永宁县 Yongning	11.9	54.8	33.3	104.0	104.9	103.6	104.3	102.4
贺兰县 Helan	12.2	56.4	31.4	110.6	105.6	112.2	109.6	108.5
灵武市 Lingwu	2.6	85.6	11.8	108.4	105.1	109.1	103.6	105.6
石嘴山市 Shizuishan	**5.1**	**63.0**	**31.9**	**106.6**	**104.2**	**105.8**	**108.8**	**105.2**
石嘴山市 District	1.9	65.0	33.1	106.4	103.6	105.0	109.5	105.0
大武口区 Dawukou	0.4	63.6	36.0	106.3	105.2	104.3	110.1	105.1
惠农区 Huinong	3.9	67.1	29.0	106.6	103.2	105.8	108.9	104.7
平罗县 Pingluo	12.9	58.1	29.0	107.3	104.4	108.1	107.0	105.7
吴忠市 Wuzhong	**12.5**	**56.6**	**30.9**	**109.0**	**104.9**	**110.2**	**108.7**	**107.6**
利通区 Litong	10.3	59.7	29.9	110.5	106.2	113.2	106.9	109.0
红寺堡区 Hongsipu	26.4	44.1	29.5	110.2	105.2	110.1	115.6	107.2
盐池县 Yanchi	8.3	57.5	34.2	112.7	105.1	114.3	111.9	111.5
同心县 Tongxin	19.8	41.2	39.0	111.6	103.4	115.5	112.3	110.9
青铜峡市 Qingtongxia	12.7	60.3	27.0	104.5	104.6	103.8	106.0	103.3
固原市 Guyuan	**20.5**	**25.5**	**54.0**	**108.2**	**104.4**	**107.6**	**109.9**	**108.5**
原州区 Yuanzhou	13.8	25.4	60.7	108.9	104.6	106.5	111.1	108.2
西吉县 Xiji	26.7	21.6	51.7	108.1	104.6	109.5	109.2	108.8
隆德县 Longde	22.8	28.6	48.6	106.9	103.6	111.1	106.1	108.8
泾源县 Jingyuan	17.5	32.6	49.9	109.2	104.1	109.7	110.8	110.3
彭阳县 Pengyang	28.1	26.5	45.4	106.8	104.4	105.7	109.2	107.0
中卫市 Zhongwei	**15.5**	**44.0**	**40.6**	**106.8**	**104.4**	**105.0**	**110.0**	**105.9**
沙坡头区 Shapotou	14.8	37.5	47.8	107.0	105.0	105.1	109.3	106.3
中宁县 Zhongning	13.3	55.0	31.6	107.1	104.7	104.6	113.0	105.9
海原县 Haiyuan	23.7	34.2	42.2	105.6	102.7	106.5	106.7	104.7

注：本表指数按可比价格计算。
Note: Indices in this table was calculated at constant prices.

15—2 各市县农林牧渔业总产值

Gross Output Value of Agriculture, Forestry, Animal Husbandry and Fishery by City and County

单位:万元　　（按现行价格计算 calculated at current price）（2016）　　（10 000 yuan）

地　区　Region	农林牧渔业总产值 Gross Output Value of Agriculture, Forestry, Animal Husbandry and Fishery	农业 Agriculture	林业 Forestry	牧业 Animal Husbandry	渔业 Fishery	农林牧渔服务业 Output Value of Services for Agriculture, Forestry, Animal Husbandry and Fishery	农林牧渔业总产值指数（上年=100）Indices of Gross Output (preceding year=100)
全区总计 Total	**4936047**	**3118880**	**101064**	**1317149**	**169665**	**229289**	**104.4**
银川市 Yinchuan	**1166414**	**744467**	**10576**	**266881**	**73863**	**70628**	**104.3**
银川市 District	354657	198174	3273	94932	18346	39932	102.8
永宁县 Yongning	281200	214358	2217	46705	8254	9667	104.4
贺兰县 Helan	325896	221185	1675	52253	40878	9905	106.1
灵武市 Lingwu	204661	110751	3411	72991	6384	11124	104.0
石嘴山市 Shizuishan	**512338**	**345266**	**3428**	**94696**	**50564**	**18384**	**104.1**
大武口区 Dawukou	24895	7651	575	2978	9812	3880	105.1
惠农区 Huinong	116883	74913	1423	33649	3494	3404	103.0
平罗县 Pingluo	370561	262702	1430	58070	37258	11100	104.4
吴忠市 Wuzhong	**1133089**	**599262**	**19216**	**446995**	**19138**	**48478**	**105.0**
利通区 Litong	350186	146531	2083	176983	4609	19980	105.9
红寺堡区 Hongsipu	91065	65761	3963	18110		3230	104.8
盐池县 Yanchi	135166	53869	5946	67259	215	7878	105.3
同心县 Tongxin	236076	132097	5093	92047		6840	103.5
青铜峡市 Qingtongxia	320597	201005	2132	92597	14314	10550	105.0
固原市 Guyuan	**1105152**	**691416**	**55938**	**295592**	**1372**	**60835**	**104.5**
原州区 Yuanzhou	319641	220884	4248	75059	601	18850	105.1
西吉县 Xiji	324806	235462	4860	66325	609	17550	105.0
隆德县 Longde	123424	70368	9435	37302		6320	103.6
泾源县 Jingyuan	79270	15249	13840	39263	162	10756	102.7
彭阳县 Pengyang	258011	149453	23555	77644		7359	104.1
中卫市 Zhongwei	**1019053**	**738470**	**11906**	**212986**	**24728**	**30963**	**104.2**
沙坡头区 Shapotou	430178	323304	2848	74169	18389	11468	104.2
中宁县 Zhongning	356218	257392	4165	77155	6057	11450	104.9
海原县 Haiyuan	232657	157775	4893	61661	283	8045	103.1

15—3 各市县农林牧渔业增加值

Value-added of Agriculture, Forestry, Animal Husbandry and Fishery by City and County

单位:万元　　（按现行价格计算 calculated at current price）(2016)　　（10 000 yuan）

地　区　Region	农林牧渔业增加值 Value Added of Agriculture, Forestry, Animal Husbandry and Fishery	农业 Agriculture	林业 Forestry	牧业 Animal Husbandry	渔业 Fishery	农林牧渔服务业 Output Value of Services for Agriculture, Forestry, Animal Husbandry and Fishery	农林牧渔业增加值指数（上年=100） Indices of Value Added of Agriculture, Forestry, Animal Husbandry and Fishery (preceding year=100)
全区总计 Total	**2562646**	**1758846**	**35507**	**556508**	**65109**	**146676**	**104.5**
银川市 Yinchuan	**631307**	**448641**	**3694**	**106319**	**27491**	**45162**	**104.4**
银川市 District	198725	127333	1162	37935	6700	25596	102.8
永宁县 Yongning	156008	127989	743	17930	3174	6172	104.8
贺兰县 Helan	169854	127526	590	20397	15043	6298	105.5
灵武市 Lingwu	106720	65794	1199	30058	2574	7096	105.0
石嘴山市 Shizuishan	**272627**	**202165**	**1259**	**37451**	**20025**	**11726**	**104.2**
大武口区 Dawukou	11943	4144	198	1309	3809	2483	105.1
惠农区 Huinong	60557	43970	555	12554	1336	2141	103.2
平罗县 Pingluo	200127	154051	506	23588	14880	7102	104.4
吴忠市 Wuzhong	**584390**	**333594**	**6910**	**205470**	**7396**	**31020**	**104.8**
利通区 Litong	182043	76665	763	89943	1885	12788	105.8
红寺堡区 Hongsipu	47664	37214	1182	7201		2067	105.1
盐池县 Yanchi	64988	29423	2182	28255	87	5042	104.9
同心县 Tongxin	112650	66453	2020	39810		4367	103.4
青铜峡市 Qingtongxia	177044	123839	763	40261	5425	6756	104.6
固原市 Guyuan	**529869**	**349664**	**19500**	**121528**	**223**	**38954**	**104.3**
原州区 Yuanzhou	154992	113512	1500	27944		12036	104.6
西吉县 Xiji	159062	117284	1770	28579	223	11206	104.6
隆德县 Longde	55483	31602	3462	16346		4073	103.6
泾源县 Jingyuan	32824	6815	4970	14099		6940	103.1
彭阳县 Pengyang	127508	80451	7799	34559		4699	104.4
中卫市 Zhongwei	**544453**	**424782**	**4144**	**85740**	**9973**	**19814**	**104.4**
沙坡头区 Shapotou	237186	194684	898	26694	7591	7320	104.9
中宁县 Zhongning	186348	144096	1459	31101	2381	7311	104.7
海原县 Haiyuan	120919	86003	1788	27945		5183	102.8

15—4 各市县规模以上工业企业主要经济指标

Main Economic Indicators on Industrial Enterprises above Designated Size by City and County

单位:个、万元　　(2016)　　(unit,10 000 yuan)

地　区	Region	企业单位数 Number of Enterprises	亏损企业 Loss-suffering Enterprises	资产总计 Total Assets	流动资产 Current Assets	固定资产 Fixed Assets
全区总计	**Total**	**1174**	**300**	**85211765**	**28143075**	**36890874**
银 川 市	**Yinchuan**	**462**	**86**	**34131380**	**11441165**	**16690546**
兴庆区	Xingqing	20	3	4946715	668135	3233823
西夏区	Xixia	74	25	5687958	2238404	2849226
金凤区	Jinfeng	43	5	3437229	1123875	721836
永 宁 县	Yongning	79	9	2215120	1037102	838695
贺 兰 县	Helan	118	20	2419688	1192304	897548
灵 武 市	Lingwu	128	24	15424670	5181344	8149419
石嘴山市	**Shizuishan**	**199**	**95**	**9499327**	**4377032**	**4017457**
大武口区	Dawukou	41	19	2196937	1179658	858031
惠农区	Huinong	77	39	3556266	1469649	1537668
平 罗 县	Pingluo	81	37	3746124	1727725	1621758
吴 忠 市	**Wuzhong**	**340**	**73**	**11987061**	**3784432**	**6050697**
利 通 区	Litong	121	26	3934865	1343031	1488297
红寺堡区	Hongsipu	11	1	806495	137195	524111
盐 池 县	Yanchi	45	8	1830238	406924	1265235
同 心 县	Tongxin	49	5	1713537	625224	892330
青铜峡市	Qingtongxia	114	33	3701926	1272057	1880724
固 原 市	**Guyuan**	**52**	**8**	**1451767**	**355539**	**999197**
原 州 区	Yuanzhou	22	4	626309	213232	350155
西 吉 县	Xiji	11		164276	49611	95254
隆 德 县	Longde	9	2	64820	18529	43437
泾 源 县	Jingyuan	4	2	39997	17785	10594
彭 阳 县	Pengyang	6		556366	56383	499757
中 卫 市	**Zhongwei**	**120**	**38**	**14022217**	**5878907**	**4113363**
沙坡头区	Shapotou	73	27	5423118	1743322	2520827
中 宁 县	Zhongning	43	11	7828477	3877093	1082778
海 原 县	Haiyuan	4		770622	258493	509757
其　他	**Others**	**1**		**14120012**	**2306001**	**5019613**

15—4 续表1 continued

单位:万元 (10 000 yuan)

地 区	Region	固定资产原值 Original Value of Fixed Assets	累计折旧 Accumulated Depreciation	流动负债 Liquid Liabilities	非流动负债合计 Total Non-current Liabilities	所有者权益 Owners' Equities
全区总计	**Total**	**50057822**	**15964307**	**36196290**	**20723030**	**27455953**
银 川 市	**Yinchuan**	**21849293**	**6861892**	**13240464**	**8610402**	**11839083**
兴庆区	Xingqing	5428147	2453939	1498901	1841393	1603069
西夏区	Xixia	3753905	1442072	2253966	1074343	2323353
金凤区	Jinfeng	1256622	539886	980432	906748	1549635
永 宁 县	Yongning	1248332	462291	1086352	213680	871878
贺 兰 县	Helan	1092386	327009	1086680	275627	970885
灵 武 市	Lingwu	9069902	1636696	6334133	4298612	4520263
石嘴山市	**Shizuishan**	**5368329**	**1974753**	**5253297**	**910433**	**3231215**
大武口区	Dawukou	1315088	509262	1069383	258272	811718
惠农区	Huinong	2375484	1086277	2109697	199185	1231058
平 罗 县	Pingluo	1677757	379214	2074218	452976	1188438
吴 忠 市	**Wuzhong**	**8193399**	**2405156**	**4827153**	**3211456**	**3827210**
利 通 区	Litong	1921431	459104	1663273	857438	1388745
红寺堡区	Hongsipu	517212	69837	120290	374256	310750
盐 池 县	Yanchi	1166105	179537	512813	629552	620181
同 心 县	Tongxin	934024	47009	588171	584395	529611
青铜峡市	Qingtongxia	3654627	1649669	1942607	765815	977924
固 原 市	**Guyuan**	**839191**	**144283**	**364060**	**458330**	**512125**
原 州 区	Yuanzhou	266420	36736	224594	78643	213071
西 吉 县	Xiji	120922	28694	51495	34816	77964
隆 德 县	Longde	46316	9018	23595		38939
泾 源 县	Jingyuan	27784	13055	8666	1005	25361
彭 阳 县	Pengyang	377750	56780	55710	343866	156790
中 卫 市	**Zhongwei**	**5299318**	**1184173**	**6984308**	**2488150**	**4497574**
沙坡头区	Shapotou	2935045	560496	2457994	1037688	1924660
中 宁 县	Zhongning	1833905	573209	4259751	1148523	2370793
海 原 县	Haiyuan	530368	50467	266562	301939	202121
其 他	**Others**	**8508293**	**3394052**	**5527008**	**5044258**	**3548746**

15—4　续表2　continued

单位:万元　(10 000 yuan)

地　区	Region	实收资本 Total Paid-up Capital	国家资本 National	主营业务收入 Revenue from Principal Business	主营业务成本 Cost of Principal Business	管理费用 Overhead Charges
全区总计	**Total**	**16583887**	**3994115**	**36461043**	**30621002**	**1448578**
银川市	**Yinchuan**	**7620855**	**1775539**	**17963320**	**14843525**	**574232**
兴庆区	Xingqing	634927	310693	3676929	3460951	47178
西夏区	Xixia	1815187	763566	3783075	2533001	126126
金凤区	Jinfeng	889146	38026	1287585	1113057	53106
永宁县	Yongning	313951	3980	1328692	1048327	90709
贺兰县	Helan	700936	25255	2049278	1575217	99290
灵武市	Lingwu	3266708	634018	5837763	5112973	157823
石嘴山市	**Shizuishan**	**1797802**	**221670**	**6008821**	**5446354**	**192053**
大武口区	Dawukou	521992	165938	1034915	896133	79971
惠农区	Huinong	728278	55204	2207233	2082180	51719
平罗县	Pingluo	547533	529	2766674	2468041	60363
吴忠市	**Wuzhong**	**2419876**	**662500**	**5753335**	**4837621**	**151838**
利通区	Litong	660368	194919	2222285	1829489	68640
红寺堡区	Hongsipu	246799	33114	95453	60545	4095
盐池县	Yanchi	446242	93603	484807	357697	19912
同心县	Tongxin	318079	84095	546294	447389	6767
青铜峡市	Qingtongxia	748389	256769	2404496	2142502	52425
固原市	**Guyuan**	**359694**	**38769**	**361084**	**276234**	**19811**
原州区	Yuanzhou	152884	16359	127433	97073	5035
西吉县	Xiji	37215	14500	68560	56560	2315
隆德县	Longde	15975		31488	25219	2082
泾源县	Jingyuan	14363	7713	30434	24936	2130
彭阳县	Pengyang	139258	197	103170	72446	8248
中卫市	**Zhongwei**	**2274512**	**261175**	**3966168**	**3570523**	**132430**
沙坡头区	Shapotou	1285207	82647	1837815	1598169	77735
中宁县	Zhongning	862386	63608	1897986	1798987	53979
海原县	Haiyuan	126920	114920	230368	173368	716
其　他	**Others**	**2111147**	**1034462**	**2408313**	**1646746**	**378215**

15—4 续表3 continued

单位:万元 (10 000 yuan)

地 区	Region	利息支出 Interest Expenses	利润总额 Total Profits	亏损企业 亏损总额 Losses Value of Loss-suffering Enterprises	本年应付职工薪酬 Employee Earnings Payable This Year	全部职工年平均人数(人) Annual Average Employed Persons(person)
全区总计	**Total**	**1280070**	**1432324**	**604628**	**2435924**	**307389**
银川市	**Yinchuan**	**614878**	**709386**	**369602**	**705485**	**106290**
兴庆区	Xingqing	81054	82166	4945	130940	15222
西夏区	Xixia	88926	228559	69002	140483	24673
金凤区	Jinfeng	65062	95834	7832	64909	9829
永宁县	Yongning	30249	76373	3941	79065	11857
贺兰县	Helan	17952	63947	22680	73765	14140
灵武市	Lingwu	331635	162508	261204	216323	30569
石嘴山市	**Shizuishan**	**169513**	**62325**	**117627**	**375633**	**60222**
大武口区	Dawukou	32634	21308	20393	111033	15693
惠农区	Huinong	33205	-17410	63391	154387	22775
平罗县	Pingluo	103674	58427	33843	110212	21754
吴忠市	**Wuzhong**	**211760**	**337402**	**41721**	**287038**	**46365**
利通区	Litong	56263	132425	9930	106563	18526
红寺堡区	Hongsipu	12549	17206	28	3759	671
盐池县	Yanchi	28942	67767	4403	16173	4771
同心县	Tongxin	34161	58675	863	8520	2088
青铜峡市	Qingtongxia	79845	61330	26498	152024	20309
固原市	**Guyuan**	**16267**	**21235**	**7478**	**65655**	**7785**
原州区	Yuanzhou	6670	15537	756	9528	2072
西吉县	Xiji	2020	7212		4659	1368
隆德县	Longde	272	-641	1903	2716	869
泾源县	Jingyuan		-2209	4819	2887	508
彭阳县	Pengyang	7306	1336		45866	2968
中卫市	**Zhongwei**	**132842**	**249969**	**68200**	**214157**	**38286**
沙坡头区	Shapotou	83409	61944	51548	88676	15208
中宁县	Zhongning	32358	155650	16652	124048	22797
海原县	Haiyuan	17075	32375		1433	281
其 他	**Others**	**134811**	**52007**		**787956**	**48441**

15—5 各市县固定资产投资

Investment in Fixed Assets in Urban Area by City and County

单位:万元　　　　(2016)　　　　(10 000 yuan)

地 区	Region	计划总投资 Total Planned Investment	本年完成投资 Investment Completed This Year	住 宅 Residential Buildings	本年新增固定资产 Newly Increased Fixed Assets This Year
全区总计	**Total**	**126149718**	**37502615**	**4684717**	**20094756**
银 川 市	**Yinchuan**	**63066341**	**16288530**	**2897988**	**8176999**
银 川 市	District	30289530	7428849	2278251	4239467
兴 庆 区	Xingqing	12659764	2763409	540875	1504814
西 夏 区	Xixia	4747703	1445556	301203	634383
金 凤 区	Jinfeng	12882063	3219884	1436173	2100270
永 宁 县	Yongning	5153471	1565393	228252	1212754
贺 兰 县	Helan	5801650	1986640	282538	1216870
灵 武 市	Lingwu	21821690	5307648	108947	1507908
石嘴山市	**Shizuishan**	**11826601**	**4399145**	**217406**	**3116093**
石嘴山市	District	7140624	2901909	139056	2127594
大武口区	Dawukou	4358228	1125850	124475	663119
惠 农 区	Huinong	2782396	1776059	14581	1464475
平 罗 县	Pingluo	4685977	1497236	78350	988499
吴 忠 市	**Wuzhong**	**17638417**	**6950544**	**606777**	**3888155**
利 通 区	Litong	6684768	2603303	306056	1515726
红寺堡区	Hongsipu	987725	591720	74651	413150
盐 池 县	Yanchi	4086909	1711166	61640	718872
同 心 县	Tongxin	1485480	780159	92967	654059
青铜峡市	Qingtongxia	4393535	1264196	71463	586348
固 原 市	**Guyuan**	**9575329**	**3396452**	**550654**	**1942393**
原 州 区	Yuanzhou	4619319	1467323	364679	753982
西 吉 县	Xiji	859857	447010	86940	220886
隆 德 县	Longde	1411789	521778	2415	197476
泾 源 县	Jingyuan	922921	436792	61716	205557
彭 阳 县	Pengyang	1761443	523549	34904	564492
中 卫 市	**Zhongwei**	**12556186**	**2950501**	**411892**	**2124512**
沙坡头区	Shapotou	4606289	1371797	319666	1207330
中 宁 县	Zhongning	6315174	1037431	52238	614800
海 原 县	Haiyuan	1634723	541273	39988	302382
不分地区	**Not Classified by Region**	**11486844**	**3517443**		**846604**

15—5 续表1 continued

单位:万元、平方米、个 (10 000 yuan,sq.m,unit)

地 区 Region	本年施工房屋面积 Floor Space of Buildings Under Construction This Year	本年竣工房屋面积 Floor Space of Buildings Completed This Year	施工项目个数 Number of Projects Under Construction	本年新开工 Started This Year	本年投产项目个数 Number of Project Put into Use This Year
全区总计 Total	**18199476**	**3626943**	**4219**	**3145**	**2944**
银川市 Yinchuan	**10827780**	**2442228**	**1294**	**987**	**800**
银川市 District	7326870	1586507	594	390	294
兴庆区 Xingqing	3490419	743533	245	152	117
西夏区 Xixia	3156934	721046	149	93	39
金凤区 Jinfeng	679517	121928	200	145	138
永宁县 Yongning	868325	156401	225	208	195
贺兰县 Helan	1037870	615116	290	273	242
灵武市 Lingwu	1594715	84204	185	116	69
石嘴山市 Shizuishan	**554472**	**49102**	**714**	**631**	**630**
石嘴山市 District	499227	47220	435	374	419
大武口区 Dawukou	243981	43620	159	137	123
惠农区 Huinong	255246	3600	276	237	296
平罗县 Pingluo	55245	1882	279	257	211
吴忠市 Wuzhong	**2776212**	**424708**	**908**	**621**	**616**
利通区 Litong	2089257	113565	240	142	124
红寺堡区 Hongsipu	51705		117	88	84
盐池县 Yanchi	98964	30679	136	99	90
同心县 Tongxin	370143	179414	222	164	163
青铜峡市 Qingtongxia	166143	101050	193	128	155
固原市 Guyuan	**1594725**	**593386**	**597**	**455**	**435**
原州区 Yuanzhou	162497		140	95	85
西吉县 Xiji	329448	108520	120	75	85
隆德县 Longde	477463	4123	107	93	70
泾源县 Jingyuan	318131	317631	88	75	83
彭阳县 Pengyang	307186	163112	142	117	112
中卫市 Zhongwei	**1986847**	**117519**	**522**	**348**	**330**
沙坡头区 Shapotou	323298	54968	153	112	95
中宁县 Zhongning	1630087	62551	170	106	95
海原县 Haiyuan	33462		199	130	140
不分地区 Not Classified by Region	**459440**		**184**	**103**	**133**

15—6 各市县社会消费品零售额

Total Retail Sales of Consumer Goods by City and County

单位:万元 （2016） （10 000 yuan）

地 区	Region	社会消费品零售额 Total Retail Sales of Consumer Goods	批发业 Wholesale Trade	零售业 Retail Trade	住宿业 Hotels	餐饮业 Catering Services
银川市	**Yinchuan**	**5141927**	**588782**	**3998914**	**47062**	**507170**
兴庆区	Xingqing	2485685	200885	1957327	24821	302652
西夏区	Xixia	243154	62248	150932	1360	28614
金凤区	Jinfeng	739680	137075	500812	16425	85368
永宁县	Yongning	185556	51110	114423	77	19946
贺兰县	Helan	1330140	108471	1170984	3490	47195
灵武市	Lingwu	157711	28993	104435	889	23394
石嘴山市	**Shizuishan**	**1023161**	**187317**	**605518**	**5629**	**224697**
大武口区	Dawukou	460969	51275	264806	3870	141018
惠农区	Huinong	323384	66850	204358	83	52092
平罗县	Pingluo	238809	69191	136354	1677	31587
吴忠市	**Wuzhong**	**1027632**	**266020**	**335408**	**7287**	**418917**
利通区	Litong	521914	138002	75813	4284	303816
红寺堡区	Hongsipu	57301	6053	44375	685	6188
盐池县	Yanchi	122955	72012	20342		30601
同心县	Tongxin	120114	30179	74803	594	14539
青铜峡市	Qingtongxia	205348	19775	120076	1724	63773
固原市	**Guyuan**	**649800**	**141222**	**299752**	**24018**	**184808**
原州区	Yuanzhou	318513	58716	169695	7184	82918
西吉县	Xiji	151366	22057	61607	4761	62941
隆德县	Longde	59973	26450	24393	948	8181
泾源县	Jingyuan	40608	15040	2007	8033	15529
彭阳县	Pengyang	79341	18959	42051	3092	15239
中卫市	**Zhongwei**	**658505**	**172534**	**394711**	**4892**	**86367**
沙坡头区	Shapotou	362453	69950	230163	3786	58554
中宁县	Zhongning	201530	62366	120003	841	18320
海原县	Haiyuan	94522	40218	44545	265	9493

15—7 各地市县地方公共财政收入

单位:万元 (2016)

地 区	Region	1978	1980	1985	1995	2000
全区总计	**Total**	**30225**	**19389**	**28064**	**85740**	**197082**
区 级	**Autonomous Regional Level**	**14502**	**10237**	**6228**	**37174**	**50592**
地市县级	**Prefecture Level**	**15723**	**9152**	**21836**	**48566**	**146490**
银川市	**Yinchuan**	**7267**	**3880**	**13172**	**26402**	**83064**
银川市	District	5466	2396	10545	20868	24832
兴庆区	Xingqing					
西夏区	Xixia					
金凤区	Jinfeng					
永宁县	Yongning	401	410	604	1674	4299
贺兰县	Helan	375	365	614	1673	4218
灵武市	Lingwu	1025	709	1409	2187	6257
石嘴山市	**Shizuishan**	**4141**	**2125**	**4957**	**9555**	**29192**
石嘴山市	District	3141	1413	3651	723	8827
大武口区	Dawukou					
惠农区	Huinong					
平罗县	Pingluo	1000	712	1306	2360	6194
吴忠市	**Wuzhong**	**3398**	**2122**	**2897**	**8689**	**24610**
利通区	Litong	1598	783	1504	3230	5413
红寺堡区	Hongsipu					
盐池县	Yanchi	213	224	290	539	2549
同心县	Tongxin	241	198	139	697	1455
青铜峡市	Qingtongxia	1346	917	964	4052	11162
固原市	**Guyuan**	**1182**	**833**	**538**	**3208**	**7874**
原州区	Yuanzhou	602	479	308	1274	3017
西吉县	Xiji	245	156	102	380	1058
隆德县	Longde	123	106	6	603	1781
泾源县	Jingyuan	63	45	22	206	545
彭阳县	Pengyang			65	436	651
中卫市	**Zhongwei**	**1081**	**1109**	**1236**	**4764**	**12912**
沙坡头区	Shapotou	516	564	462	2892	7425
中宁县	Zhongning	375	374	774	1670	4487
海原县	Haiyuan	190	171		202	1000

注:1. 各县(区、市)合计数不等于大市数据,大市包含市本级数据;

2. 2015年以前沙坡头区数据包含中卫市本级,2015年起沙坡头区数据不包含中卫市本级。

Local Public Government Revenue by Prefecture, City and County

(10 000 yuan)

2005	2010	2011	2012	2013	2014	2015	2016
477216	**1535507**	**2199767**	**2639569**	**3083376**	**3398627**	**3734474**	**3876576**
130904	**384429**	**546301**	**672106**	**801381**	**872639**	**1065445**	**1182353**
346312	**1151078**	**1653466**	**1967463**	**2281995**	**2525988**	**2669029**	**2694223**
181645	**640368**	**966202**	**1131320**	**1345999**	**1535998**	**1709831**	**1731960**
44311	150824	206395	244566	277306	317148	357466	381232
	48220	70212	81749	100352	115067	129600	140966
	14222	18673	22634	26567	30910	35105	41365
	18312	26386	33275	39587	46830	53105	58502
8129	42091	75064	91101	108862	125520	144588	132821
7325	55158	93361	112730	130241	145449	156220	150809
11452	103414	141809	137703	157766	181635	186642	234335
72900	**216460**	**263831**	**297937**	**309948**	**291020**	**267490**	**247391**
14796	45689	51939	63516	66344	62683	57155	54433
	33824	35867	44479	47605	42101	34682	31857
	11865	16072	19037	18739	20582	22473	22576
21036	51965	68241	76568	85731	92585	86162	80185
50177	**156690**	**219148**	**287426**	**324749**	**351384**	**319659**	**325587**
8978	12628	19041	27847	33429	29601	32596	34516
1850	5474	8388	10907	14630	17518	16051	17310
4971	23492	36470	57956	69581	85230	75713	77184
3423	8941	12230	17014	21061	20246	22254	21550
20856	53619	68681	79102	92263	104150	69944	74827
14024	**52581**	**79788**	**103345**	**130567**	**152950**	**159094**	**157827**
2220	9594	14967	20169	23298	25037	25071	25070
1803	4460	8460	9505	11420	13604	16675	15213
1204	3290	4636	6378	9637	11479	13500	12834
1080	2535	3531	4597	6422	10138	12613	13637
1319	9066	16519	20269	25436	29296	22100	21866
27566	**84979**	**124497**	**147435**	**170732**	**194636**	**212955**	**231458**
15572	42555	63333	73434	82080	6	8	14
10395	36472	54660	65420	76091	86143	94129	101718
1599	5952	6504	8581	12561	15819	17412	20106

a) The total data of all cities and counties is not equal to the data of big city, and the data of big city induding city level data.
b) The data of Shapotou area does not contain the level of Zhongwei city since 2015.

15—8 各地市县地方公共财政支出

单位:万元

地 区	Region	1978	1980	1985	1995	2000
全区总计	**Total**	**57485**	**57163**	**97811**	**229963**	**608020**
区 级	**Autonomous Regional Level**	**30989**	**29029**	**48071**	**92232**	**266998**
地市县级	**Prefecture Level**	**26496**	**28134**	**49740**	**137731**	**341022**
银川市	**Yinchuan**	**6794**	**6669**	**12224**	**42953**	**110739**
银川市	District	3915	3411	6974	28798	29658
兴庆区	Xingqing					
西夏区	Xixia					
金凤区	Jinfeng					
永宁县	Yongning	935	898	1454	4190	7910
贺兰县	Helan	1073	1300	1587	4077	7818
灵武市	Lingwu	871	1060	2209	5888	15498
石嘴山市	**Shizuishan**	**3861**	**3561**	**6233**	**23364**	**50874**
石嘴山市	District	2513	2212	4089	3714	18783
大武口区	Dawukou					
惠农区	Huinong					
平罗县	Pingluo	1348	1349	2144	6982	11589
吴忠市	Wuzhong	4964	5830	10138	27021	61721
利通区	Litong	1724	1652	3260	8234	12046
红寺堡区	Hongsipu					
盐池县	Yanchi	1100	1467	2578	3922	12561
同心县	Tongxin	1042	1675	2389	5353	14519
青铜峡市	Qingtongxia	1098	1036	1911	7522	15805
固原市	**Guyuan**	**7032**	**7565**	**13578**	**26417**	**77143**
原州区	Yuanzhou	2747	3210	3927	6955	19851
西吉县	Xiji	1471	1959	3191	6129	16873
隆德县	Longde	972	1042	1659	4166	12249
泾源县	Jingyuan	468	545	1228	1997	7181
彭阳县	Pengyang			2025	3394	12605
中卫市	**Zhongwei**	**3845**	**4509**	**7567**	**17976**	**40545**
沙坡头区	Shapotou	1624	1742	2908	7878	15896
中宁县	Zhongning	1074	1054	1736	5170	9608
海原县	Haiyuan	1147	1713	2923	4928	15041

注:1. 各县(区、市)合计数不等于大市数据,大市包含市本级数据。

2. 2015年以前沙坡头区数据包含中卫市本级,2015年起沙坡头区数据不包含中卫市本级。

Local Public Government Expenditure by Prefecture, City and County

(10 000 yuan)

2005	2010	2011	2012	2013	2014	2015	2016
1602509	**5575285**	**7059096**	**8643616**	**9224819**	**10004526**	**11384858**	**12545380**
718290	**1605095**	**2000263**	**2231298**	**2188943**	**2409918**	**3112664**	**3066278**
884219	**3970190**	**5058833**	**6412318**	**7035876**	**7594608**	**8272194**	**9479102**
353762	**1199157**	**1472546**	**1867446**	**2205311**	**2639036**	**2878980**	**3310717**
152513	285922	365452	438868	467468	549048	606096	714366
	99352	136417	151863	180970	216748	217824	241068
	53459	62863	82435	82454	95396	97518	143515
	48910	63075	79441	86731	110626	148964	183511
21859	140892	180797	206078	243312	278827	314378	300914
21387	136129	163715	225419	248186	272002	271869	322582
33666	217375	253272	342965	393173	452049	434581	525174
149331	**614539**	**648406**	**777175**	**831682**	**791844**	**793531**	**882217**
40298	162447	148990	190568	208903	194426	187021	208437
	78101	72687	90449	106418	95946	87073	98097
	84346	76303	100119	102485	98480	99948	110340
46954	183737	202261	227146	253365	273453	285316	302472
84708	785706	1081638	1399324	1398375	1447684	1568074	1766106
25671	48368	74942	102394	93356	93616	113444	135629
10906	60782	115570	142014	151210	155705	174971	220625
26806	119543	175361	209240	239415	262616	284015	329841
34122	180538	229261	300557	308046	315483	361316	436715
40048	164900	218102	259627	222046	232467	247527	274418
185472	**786629**	**1081060**	**1359933**	**1494503**	**1654252**	**1835195**	**2090434**
43043	141508	186667	227775	269458	264392	309841	350140
38614	184889	258553	316371	339132	355083	386036	448286
24900	118627	142897	171967	192861	195738	216547	254826
16357	70234	102210	117061	141378	148593	149616	191508
26098	124768	168121	213969	244376	282891	275921	303766
110946	**584159**	**775183**	**1008440**	**1106005**	**1061792**	**1196414**	**1429628**
46362	233508	302723	394290	445093	48944	62723	92030
30941	175274	237504	312803	306257	287355	319633	377858
33643	175377	234956	301347	354655	373434	409121	457150

a) The total data of all cities and counties is not equal to the data of big city, and the data of big city induding city level data.
b) The data of Shapotou area does not contain the level of Zhongwei city since 2015.

15—9 主要年份各市县农村居民人均可支配收入

单位:元,%

地区	Region	2010年		2011年		2012年	
		收入水平 Income	比上年增长 Growth	收入水平 Income	比上年增长 Growth	收入水平 Income	比上年增长 Growth
全区总计	**Total**	**5125**	**15.5**	**5931**	**15.7**	**6776**	**14.2**
银川市	**Yinchuan**	**6369**	**14.3**	**7309**	**14.8**	**8341**	**14.1**
兴庆区	Xingqing	7363	12.9	8425	14.4	9538	13.2
西夏区	Xixia	4970	18.7	5787	16.4	6678	15.4
金凤区	Jinfeng	5691	13.2	6535	14.8	7450	14.0
永宁县	Yongning	6247	15.0	7195	15.2	8225	14.3
贺兰县	Helan	6585	13.4	7591	15.3	8692	14.5
灵武市	Lingwu	6650	14.8	7649	15.0	8707	13.8
石嘴山市	**Shizuishan**	**6298**	**14.0**	**7248**	**15.1**	**8279**	**14.2**
大武口区	Dawukou	5537	13.3	6354	14.8	7252	14.1
惠农区	Huinong	6344	14.9	7298	15.0	8321	14.0
平罗县	Pingluo	6428	13.9	7420	15.4	8486	14.4
吴忠市	**Wuzhong**	**5153**	**10.5**	**5921**	**14.9**	**6767**	**14.3**
利通区	Litong	6736	16.0	7741	14.9	8770	13.3
红寺堡区	Hongsipu	3443	15.5	3956	14.9	4533	14.6
盐池县	Yanchi	4128	11.6	4668	13.1	5392	15.5
同心县	Tongxin	3610	17.4	4159	15.2	4783	15.0
青铜峡市	Qingtongxia	6464	12.3	7466	15.5	8542	14.4
固原市	**Guyuan**	**3695**	**17.4**	**4297**	**16.3**	**4984**	**16.0**
原州区	Yuanzhou	3857	18.0	4501	16.7	5214	15.8
西吉县	Xiji	3613	17.5	4195	16.1	4866	16.0
隆德县	Longde	3598	17.5	4174	16.0	4834	15.8
泾源县	Jingyuan	3325	16.2	3861	16.1	4529	17.3
彭阳县	Pengyang	3743	16.8	4363	16.6	5050	15.7
中卫市	**Zhongwei**	**4510**	**15.2**	**5260**	**16.6**	**6021**	**14.5**
沙坡头区	Shapotou	5628	14.0	6499	15.5	7353	13.1
中宁县	Zhongning	5434	14.5	6243	14.9	7148	14.5
海原县	Haiyuan	3304	17.8	3852	16.6	4488	16.5

注:根据2013年城乡一体化住户调查新口径测算方法,按照年度间收入增幅不变的原则,对2010-2015年的农民人均纯收入统一调整为农民人均可支配收入。

Per Capita Annual Disposable Income of Rural Households by City and County in Main Years

(yuan,%)

2013年		2014年		2015年		2016年	
收入水平 Income	比上年增长 Growth	收入水平 Income	比上年增长 Growth	收入水平 Income	比上年增长 Growth	收入水平 Income	比上年增长 Growth
7599	**12.1**	**8410**	**10.7**	**9119**	**8.4**	**9852**	**8.0**
9341	**12.0**	**10275**	**10.0**	**11148**	**8.5**	**12037**	**8.0**
10663	11.8	11677	9.5	12625	8.1	13600	7.7
7827	17.2	8618	10.1	9334	8.3	10112	8.3
8359	12.2	9187	9.9	9941	8.2	10746	8.1
9223	12.1	10130	9.8	10995	8.5	11865	7.9
9694	11.5	10667	10.0	11628	9.0	12560	8.0
9752	12.0	10756	10.3	11650	8.3	12546	7.7
9278	**12.1**	**10215**	**10.1**	**10995**	**7.6**	**11829**	**7.6**
8124	12.0	8896	9.5	9563	7.5	10261	7.3
9325	12.1	10269	10.1	11074	7.8	11850	7.0
9530	12.3	10502	10.2	11300	7.6	12196	7.9
7605	**12.4**	**8442**	**11.0**	**9150**	**8.4**	**9938**	**8.6**
9823	12.0	10787	9.8	11589	7.4	12576	8.5
5211	14.9	5837	12.0	6408	9.8	7081	10.5
6211	15.2	6975	12.3	7674	10.0	8532	11.2
5457	14.1	6123	12.2	6711	9.6	7388	10.1
9457	10.7	10435	10.3	11200	7.3	12040	7.5
5695	**14.3**	**6395**	**12.3**	**7002**	**9.5**	**7714**	**10.2**
5944	14.0	6693	12.6	7296	9.0	8070	10.6
5539	13.8	6222	12.3	6857	10.2	7566	10.3
5535	14.5	6199	12.0	6769	9.2	7462	10.2
5176	14.3	5805	12.1	6375	9.8	7032	10.3
5807	15.0	6530	12.4	7158	9.6	7861	9.8
6681	**11.0**	**7403**	**10.8**	**8002**	**8.1**	**8626**	**7.8**
8146	10.8	8971	10.1	9669	7.8	10375	7.3
7945	11.1	8819	11.0	9580	8.6	10356	8.1
5139	14.5	5765	12.2	6258	8.5	6872	9.8

a)Pursuant to 2013 urban-rural integration resident survey new method,we follow the priciple of constant yearly income growth rate to uniformly adjust the 2010-2015 farmers´ per capita net income as farmers´ per capita disposable income.

15—10 各市县城镇居民人均可支配收入

Per Capita Annual Disposable Income of Urban Households by City and County

单位:元 (yuan)

地 区	Region	2016	2015	增量 Increment	增长 Growth(%)
全 区	**Total**	**27153.0**	**25186.0**	**1967.0**	**7.8**
银川市	**Yinchuan**	**30477.8**	**28261.4**	**2216.4**	**7.8**
兴庆区	Xingqing	32780.8	30513.9	2266.9	7.4
西夏区	Xixia	24976.3	23125.5	1850.9	8.0
金凤区	Jinfeng	32733.6	30361.3	2372.3	7.8
永宁县	Yongning	26948.0	25091.4	1856.6	7.4
贺兰县	Helan	26468.0	24548.1	1920.0	7.8
灵武市	Lingwu	28329.5	26255.0	2074.5	7.9
石嘴山市	**Shizuishan**	**25970.1**	**24168.3**	**1801.8**	**7.5**
大武口区	Dawukou	28855.4	26767.6	2087.7	7.8
惠农区	Huinong	23110.1	21495.0	1615.1	7.5
平罗县	Pingluo	22738.5	21216.1	1522.4	7.2
吴忠市	**Wuzhong**	**23351.5**	**21552.9**	**1798.5**	**8.3**
利通区	Litong	25303.1	23581.9	1721.2	7.3
红寺堡区	Hongsipu	19412.1	17875.4	1536.7	8.6
盐池县	Yanchi	22673.2	20919.5	1753.7	8.4
同心县	Tongxin	20277.2	18758.0	1519.1	8.1
青铜峡市	Qingtongxia	23633.2	22003.2	1630.0	7.4
固原市	**Guyuan**	**22716.8**	**21144.0**	**1572.8**	**7.4**
原州区	Yuanzhou	24153.5	22463.2	1690.3	7.5
西吉县	Xiji	21410.6	19965.3	1445.3	7.2
隆德县	Longde	20047.3	18631.7	1415.6	7.6
泾源县	Jingyuan	21158.2	19735.4	1422.9	7.2
彭阳县	Pengyang	21611.6	20048.5	1563.1	7.8
中卫市	**Zhongwei**	**23276.7**	**21604.3**	**1672.5**	**7.7**
沙坡头区	Shapotou	24338.8	22702.7	1636.2	7.2
中宁县	Zhongning	23141.3	21481.2	1660.1	7.7
海原县	Haiyuan	20591.8	19045.7	1546.0	8.1

注:2013年国家统计局实施了城乡一体化住户调查改革,此表数据是改革后新口径数据。

The NBS implemented integrated household income and expenditure survey reform in 2013,The data shown in this table is of new scope that is different from this before 2013.

附记

Apprndix

2016年大事记

1月份

1月11–14日，自治区统计局督导银川市调查登记及PDA的使用工作。

1月26日–1月28日，银川市统计局拿出3.6万多元开展春节前慰问活动。对26户帮扶村贫困户、22名离退休干部职工、2户残疾人、6名困难职工、武警银川支队十五中队等开展了广泛的慰问活动。

2月份

2月24日，银川市统计局机关党委对荣获2015年度先进党支部、优秀共产党员和优秀党务工作者进行了表彰。

2月25日，银川市统计局被评为"全市污染减排及蓝天工程工作先进单位"。

2月26日，银川市统计局组织干部职工参加全市卫生整治活动。

2月29日，银川市统计局工业能源统计处被授予"银川市巾帼文明岗"荣誉称号。

3月份

3月7日，银川市统计局全面部署"数据造假、以数谋私"专项治理工作。

3月10日，中卫市直机关工委书记芮国庆一行3人，在银川市直机关工委副书记陈燕等陪同下到银川市统计局观摩学习星级支部创建工作，局党组书记、局长、机关党委书记王琦介绍了银川市统计局党建工作。

3月16日，银川市委办公厅、政府办公厅联合下发了《关于落实国家统计局关于开展"数据造假以数谋私"专项治理工作的有关通知》(银党办综【2016】15号}，在全市开展专项治理工作。

3月18日《银川市2015年国民经济和社会发展统计公报》在银川日报公开发布。

3月24日，银川市第三次全国农业普查工作领导小组办公室组织开展"三农普"综合试点方案学习培训工作。

3月31日，国家统计局服务业司副巡视员王群英来银举办了新经济、新产业、新业态统计专题讲座。银川市人大、政府、政协分管领导、各县(市)区政府领导、经济综合部门负责人、服务业企业负责人及统计员等500多人参加。银川市人民政府副市长杨有贤主持。

4月份

4月14日，银川市统计局召开"两学一做"学习教育动员会议。

4月29日，银川市统计局团支部组织全体团员开展环境卫生综合治理志愿服务活动。

是日，中共银川市委宣布，孙志强同志任银川市统计局党组成员、书记、局长职务；免去王琦同志银川市统计局党组书记、局长职务。

5月份

5月4日，银川市统计局团支部组织了以"铭记历史青春志坚定信念跟党走"为主题的团日活动。

5月31日，银川市统计局在市直机关第十九届职工运动会中取得了集体跳绳第2名、广播体操第7名好成绩。

6月份

6月21日，自治区统计局总统计师金国华一行调研督查银川市第三次全国农业普查工作。

6月22日，中共银川市委"两学一做"学习教育第五督导组督导检查银川市统计局“两学一做”学习教育学习情况。

6月29日，银川市统计局召开庆祝中国共产党成立95周年表彰大会，对先进基层党组织、优秀共产党员和优秀党务工作者进行了表彰。

6月28–29日，自治区统计局总经济师崔祝平对银川市投资项目数据进行核查。

7月份

6月30日–7月1日，自治区统计局副局长徐秀梅带队来银调研银川市上半年经济运行情况。银川市人大副主任陈军等陪同调研。

7月25日，中共银川市委“两学一做”学习教育第五督导组、市直机关工委第四网格督导组督导检查银川市统计局“两学一做”学习教育进展情况。

8月份

8月3日，国家统计局党组成员、副局长郑京平一行三人，来银调研统计工作。自治区统计局局长贾红邦、银川市委常委、常务副市长马凯、国家统计局宁夏调查总队党组书记、总队长李强、银川市统计局局长孙志强等领导陪同调研。

8月4日，郑京平副局长在自治区统计局党组书记局长贾红邦和银川市市委常委、常务副市长马凯、国家统计局宁夏调查总队总队长李强的陪同下，来到银川市统计局，亲切看望了银川市统计系统干部职工。

9月份

9月7日，自治区召开全区“六五”普法总结表彰暨“七五”普法动员大会，银川市统计局于建亮同志被评为全区“六五”普法先进个人。

9月10日，银川市统计局于建亮撰写的《围绕服务型机关建设 打造“数海扬帆”统计服务品牌的实践和探索》一文，在银川市直机关党建研究会征文比赛中荣获优秀论文三等奖。

11月份

11月22日，自治区统计局调研银川市商贸统计工作。

12月份

12月15日，国家统计局副局长贾楠一行7人来银调研“五证合一”登记制度改革落实工作。自治区统计局局长贾红邦、银川市人民政府市长白尚成等区、市领导陪同调研。

是日，银川市新经济调查队正式挂牌成立。国家统计局副局长贾楠、自治区统计局局长贾红邦、银川市人民政府市长白尚成等国家统计局、自治区统计局、银川市领导参加了挂牌仪式。贾楠副局长和贾红邦局长为银川市新经济调查队揭牌。

中国统计出版社最新图书简目

（仅供参考，以实际出版为准）

统计资料

中国统计年鉴 中国统计摘要 中国发展报告
中国经济普查年鉴 国际统计年鉴 金砖国家联合统计手册
中国-东盟国家统计手册 中国农村统计年鉴 中国县域统计年鉴
中国城市统计年鉴 中国对外直接投资统计公报 中国地区经济监测报告
中国贸易外经统计年鉴 中国零售和餐饮连锁企业统计年鉴 中国商品交易市场统计年鉴
大中型批发零售和住宿餐饮企业统计年鉴 中国农产品价格调查年鉴 中国住户调查年鉴
中国价格统计年鉴 中国能源统计年鉴 全国农产品成本收益资料汇编
中国环境统计年鉴 中国建筑业统计年鉴 国外资源、能源和环境统计资料汇编
中国工业统计年鉴 中国城乡建设统计年鉴 中国县城建设统计年鉴
中国城市建设统计年鉴 中国科技统计年鉴 中国房地产统计年鉴
中国证券期货统计年鉴 中国劳动统计年鉴 中国第三产业统计年鉴
工业企业科技活动资料 中国社会统计年鉴 中国高技术产业统计年鉴
中国人才资源统计报告 中国教育统计年鉴 中国人口和就业统计年鉴
文化及相关产业统计概览 中国文化及相关产业统计年鉴 中国教育经费统计年鉴
中国民族统计年鉴 中国残疾人事业统计年鉴 中国民政统计年鉴
中国乡镇街道行政区域简册 中国基本单位统计年鉴 中国妇女儿童状况统计资料（英）

省级综合统计年鉴系列

北京 天津 河北 山西 内蒙古 辽宁 吉林 黑龙江 上海 江苏 浙江 安徽 福建 江西 山东 河南 湖北 湖南
广东 广西 海南 重庆 四川 贵州 云南 西藏 陕西 甘肃 青海 宁夏 新疆 新疆生产建设兵团

市(县)级综合统计年鉴系列

滨海新区 石家庄 唐山 邯郸 保定 沧州 邢台 廊坊 承德 衡水 秦皇岛 张家口 太原 大同 阳泉 长治 晋城
朔州 晋中 运城 忻州 临汾 吕梁 呼和浩特 呼和浩特新城区 鄂尔多斯 包头 沈阳 大连 长春 吉林 延吉 四平
通化 松原 哈尔滨 齐齐哈尔 黑龙江垦区 上海浦东新区 南京 无锡 徐州 常州 苏州 南通 连云港 淮安 盐城
扬州 镇江 泰州 宿迁 江阴 丹阳 海门 杭州 宁波 温州 嘉兴 湖州 绍兴 金华 衢州 舟山 台州 丽水 合肥
安庆 马鞍山 福州 厦门 宁德 漳州 龙岩 南昌 九江 上饶 新余 抚州 萍乡 赣州 吉安 景德镇 济南 青岛 潍坊
枣庄 日照 滕州 郑州 洛阳 平顶山 三门峡 商丘 信阳 济源 汝州 武汉 十堰 荆州 宜昌 荆门 咸宁 长沙 广州
深圳 惠州 东莞 汕尾 南宁 柳州 桂林 来宾 河池 防城港 海口 三亚 成都 贵阳 黔南 毕节 昆明 西安 咸阳
延安 宝鸡 安康 铜川 汉中 榆林 兰州 庆阳 银川 乌鲁木齐 兵团一师 兵团十师

调查年鉴系列

天津 山西 内蒙古 辽宁 吉林 上海 福建 江西 河南 湖北 湖南 广西 重庆 四川 云南 甘肃 宁夏 新疆

统计方法应用/实用手册

实用SAS统计分析教程 马克威统计分析与数据挖掘应用案例 统计公文知识问答
乡镇统计人员岗位知识培训系列教材：辅助调查员岗位基础知识 乡镇统计人员岗位基础知识
县级统计人员岗位知识培训系列教材：Excel在统计工作中的应用 简明统计分析
地市级统计人员岗位知识培训系列教材：统计报告与演示 Excel在统计工作中的应用

统计通俗读物/统计科普图书

国家统计局核心统计指标变迁 货架上的统计 账本里的统计

重点图书

砥砺奋进的五年——从十八大到十九大 新编英汉汉英统计大词典 中华医学统计百科全书
新常态下的中国服务业：理论与实践 新动能新产业发展报告-2017
挑大学选专业2018—考研择校指南 挑大学选专业2018—高考志愿填报指南